# 新制度派経済学による
# 組織入門 第4版

## 市場・組織・組織間関係へのアプローチ

アーノルド・ピコー／ヘルムート・ディートル／エゴン・フランク—【著】
丹沢安治・榊原研互・田川克生・小山明宏・渡辺敏雄・宮城 徹—【共訳】

Organisation
Arnold Picot, Helmut Dietl and Egon Franck

東京 白桃書房 神田

Language Translation copyright ©2007 by Hakuto-
Shobo Publishing Company.

Arnold Picot, Helmut Dietl and Egon Franck
Organisation: Eine ökonomische Perspektive. 4.
aktualisierte und erweiterte Auflage.
Copyright©2005 by Schäffer-Poeschel Verlag GmbH
All right reserved.
Japanese translation published by arrangement with
Schäffer-Poeschel Verlag GmbH through The English
Agency(Japan)Ltd.

# 序文

　私たちは，様々な組織にかこまれて生活している。企業内の分業，または企業間の分業は，生産性を改善したり，効率性をめぐって競争する上で推進力になっている。それゆえ組織というテーマが，ずっと以前から経営学の中心にあり，各論の1つとして深められてきたこと，また経済学，社会学，工学，心理学などの多くの隣接学科が組織の問題に関わるようになってきていることは，驚くにあたらない。
この20年の間に，ドイツ語圏では組織をテーマとする優れた教科書が数多く出版されている。それらは学習者からも教師からもおしなべて良好な反応を得ているし，一部のものはかなり版を重ねている。それではどうしてこれ以上，組織論の教科書が必要なのだろうか。それには，次のような三つの理由がある。
1．この20年足らずの間に組織に関する国際的な議論の高まりに対して新制度派経済学の展開が，理論においてもまた実務においてもかなりの影響を与えている。このような展開を取り入れた経営組織論の教科書はドイツ語圏ではまだない。私たちが意図しているのは，このような理論的基礎を持つ経営組織論を世に問うことである。私たちは，それによって教科書レベルから専門的な議論ができるようになるだけでなく，特に経営組織論の現状を明らかにし，さらに発展させるのにこの新制度派経済学的なアプローチがどれほど実り豊かであるか，示せると思う。本書の副題が，新制度派的アプローチとなっているのはそのためである。
2．ほとんどの経営組織論の教科書で用いられている組織概念は，ふつう，企業の内部組織に限られているため，狭すぎるように思われる。しかし実務においてもまた理論的な考察においても，むしろ企業の周囲にある組織（例えば，競争政策，会社法）や企業とその外部との境界線上にある組織（例えば，アウトソーシング，提携，ネットワーク）が，企業構造のデザインと成功にとって重要なのである。組織とは分業によって価値連鎖を統治する制度であるとして伝統的な組織概念を拡大したうえで，より包括的に理解することが，企業組織を理論的に分析し，そして実務的にデザインしていくさいに非常に重要なのである。
3．私たちは，この数年間，組織に関わる理論的問題，実務上の問題について，ときには共同で，またときには別々に，しかし共通の観点から様々な講義や研究プロジェクトに関わってきた。とりわけこれらの経験をこの教科書に取り入れたいと思う。
　本書は，経営学や経済学を専攻している学生を主な読者として想定しているが，企業組織に関心のある実務家，研究者にも十分に興味の持てる内容となっている。私たちは，組織の基本問題，理論的な基礎，そして様々なレベルでのデザインを，理論的かつ具体的に書くよう努めた。さらに，限られた紙幅の中で様々な組織問題とそれらに対するいくつかの制度的解決策を示すよう努めた。
　スヴェン・ショイブレ［Sven Scheuble］は，献身的な熱意と幅広い専門知識と大い

なる熟練をもって本書の最終編集を引き受け，すべての校正作業を調整した。彼には特に感謝したい。

カローラ・ユングヴィルト［Carola Jungwirth］は，校正原稿ができあがる度に繰り返し目を通し，様々に改善してくれた。心から彼女に感謝したい。原稿のタイプにあたっては，クラウディア・ヴィーガント［Claudia Wiegand］に感謝している。アンドレア・シュヴァルツ［Andrea Schwartz］，ハイノ・フロイデンベルク［Heino Freudenberg］，ヴィンフリート・ガスナー［Winfried Gaßner］，フロリアン・プフィングステン［Florian Pfingsten］からは，重要な指摘をしてもらったことに感謝したい。タチアナ・ヤール［Tatiana Jahl］は，文献リストを作り，図表の作成については，マルチン・サドラー［Martin Sadler］とグイド・アメント［Guido Amendt］の手によった。彼らにも感謝しなければならない。

さらに私たちは，本書の内容のチェックを手伝ってくれた，ミュンヒェンとフライベルクの講座のメンバーに感謝したい。シェッファー・ポェシェル出版社のダーベルシュタイン［Dabelstein］には，好意的かつ建設的に協力していただいたことに感謝する。

もちろん，内容とあるいはまだ残されている誤りの責任が，すべて私たちにあることはいうまでもない。

1997年1月　ミュンヒェン，ウンターハッフング，フライベルク

　　　　　　　　アーノルド・ピコー／ヘルムート・ディートル／エゴン・フランク

## 日本語版への序文

　日本とドイツの経営学研究者の間には伝統的に非常に親しい交流の歴史がある。この関係は，お互いの国への訪問，研究や講演のための滞在，出版によって絶えず保たれてきたし，なお発展しつつある。こういった背景のもとで，ちょうど本書の原稿を完成しつつある頃に，この組織論の教科書をできる限りすみやかに日本語でも出版しようという，何人かの日本側の同僚からの発案があった。私たちはこの要請を非常に名誉に思い，その実現のためにできる限りの支援を惜しまなかった。一冊のドイツ語の教科書を日本語へ翻訳するということは，まったく容易でないことであるが，このプロジェクトがこのように素早く取り組まれ，二年もたたぬ内に実現するのは，非常に大きな喜びである。これについては，なによりも，私たちの同僚である，丹沢安治（中央大学），榊原研互（慶應義塾大学），田川克生（愛知大学），小山明宏（学習院大学），渡辺敏雄（関西学院大学），宮城徹（駒沢大学）の各氏に感謝しなければならない。彼らは本書の日本における出版を発案しただけでなく，チームを組み，ドイツ語とドイツや国際的な経営学に関する非常に優れた識見に基づいて翻訳を行った。このことは高く評価すべきであり，心から感謝したいと思う。白桃書房に対しても，日本語版の出版の労をとり，日本の市場での本書の普及に尽力してくれたことについて感謝しなければならないのはいうまでもない。

　この『組織入門－市場・組織・組織間関係への新制度派経済学のアプローチ－』は，一方では，一般に新制度派経済学と呼ばれている国際的な組織研究の流れにつらなるものである。他方でそれはドイツ経営学の組織論の様々な伝統とも密接に結びついている。その点で本書は，英米圏のわずかではあるがすでに存在する新制度派経済学の組織論の教科書と異なるところがある。私たちの課題は，経済学的な考え方を専門的かつ実務的なやり方で企業と市場における問題と経験に結びつけることにある。これは古典的な組織論と現代の新制度派経済学とを組み合わせることで成功したのではないかと思っている。

　できる限り正確に翻訳するために，私たちは絶えず翻訳者たちと連絡を取っていた。ピコーは1998年に東京を訪ねた。ディートルは1995／96年に客員研究員として，また1998年に客員教授として一橋大学のイノベーション研究センター（かつての産業研究所）に滞在した。この滞在は，それぞれドイツ学術協会及び日本の文部科学省から資金を提供されたものだった。また翻訳者の1人である，丹沢教授は，1998年4月にフライベルクにフランクを訪れている。さらに，翻訳者と私たちの間には，絶えず，集中的なe-mailによるコンタクトがあった。

　私たちは日本の読者に，――場合によっては本書の翻訳者を通じて――みなさんの経験，提案，コメントを，今後の仕事のために，お送りいただけたらと思っている。

1998年12月　　ミュンヒェン，パーダーボルン，フライベルク

　　　　　　　　　　アーノルド・ピコー／ヘルムート・ディートル／エゴン・フランク

# 訳者序文
――新しい組織問題と伝統的な組織問題の結合――

　本書は,『Organisation-Eine ökonomische Perspektive-』Arnold Picot/Helmut Dietl/Egon Franck, 1997を訳出したものである。直訳すれば,『組織―経済学的パースペクティブ―』となる。この訳者序文では,いろいろな翻訳上の背景に触れておくとともに,経済学的なパースペクティブが新しい組織問題と伝統的な組織問題を結合させているという本書の特色を簡単に説明しておこう。

　オーストラリアの24の中小企業の集まりである,テクニカル・コンピュータ・グラフィック社(TCG)は,ネットワーク企業と呼ばれている(本書第5章4.3参照)。おのおのの会社は,独立しているのだが,グループ全体で200人の従業員を持ち,4300万ドルの年間売り上げを上げている。1つひとつの会社はネットワークの外部から受注し,その件については自ら中核企業となってグループ企業に下請けに出す。
　こういった形態は,今日の情報・コミュニケーション・テクノロジーの発達とともに登場したものであり,ここに見られる競合会社間の一体化した共生関係は,まさに今日の新しい組織問題であると言えるだろう。
　それに加えて伝統的なミクロ組織,マクロ組織という枠組みもすでに以前から修正を迫られていた。例えば,カンバン方式などは伝統的なミクロ組織の枠組みの中で扱われる問題であったが,むしろ日本的経営として注目されてきた。さらには,系列取引や企業グループもまた,これまで事業部制組織などの伝統的なマクロ組織の枠組みとの関係を明確にしないまま論じられてきた感がある。しかし,今日から見れば,これは企業組織間に見られる組織つまり組織間関係であり,本書においては,系列,コンソーシアム,提携などとして明確に整理されている(本書第5章4.4参照)。情報テクノロジーの発達とともに現れてきた新しい組織形態や,日本的経営の研究の中で必ずしも伝統的な組織論との関係が明らかにされていなかった問題が,組織と組織間関係の問題として結合されていると言えるだろう。
　この結合を可能にしたのが,本書において採用されている新制度派経済学のアプローチである。新制度派経済学は,プロパティー・ライツ理論,取引費用理論,プリンシパル・エージェント理論をさすが,経済問題を,資源の配分という観点から理解することにより,市場も「1つの資源配分のための組織」と捉える点に特徴を持つ。それゆえ,従来はミクロ経済学において取り扱われてきた市場の理論も,組織間関係,伝統的な組織内部の問題とともに射程に入れることを可能にした。
　この分野の教科書としてはすでに,ミルグラム/ロバーツの『組織の経済学』(奥野他訳)があるが,どちらかというと同書が,市場のミクロ経済学的分析から組織間関係,組織内部の問題に言及しているのに対して,本書は,組織内部の問題から出発して市場的調整にまで「組織の観点」を拡大しているところに特徴があると言えよう。

この三人の著者はそれぞれミュンヒェン大学（ピコー,A.とフランク,E.），チューリッヒ大学（ディートル,H.）において経営経済学，組織論，情報と組織を専門としている。翻訳のきっかけは，日本語版序文にもあるとおり，この内の1人である，ディートル教授が1996年から半年間，一橋大学に客員研究員として滞在し，（後に1998年にも客員教授として滞在）本書の構想について丹沢と話し合ったことにさかのぼる。丹沢はまず，本書の理論的フレームワークの基礎に新制度派経済学の枠を越える可能性のある，制度の発生についての進化論的な説明が取り入れられている点に興味を持った。この新しいアプローチは，今後組織論において長く影響力を持ち続ける基本的スタンスであり，この点にも本書の優れた価値が見いだされるだろう。したがって，翻訳の調整をしながら，本書を通読して言えることは，本書が学生向けの教科書であると同時に，多くの研究上のシーズを示していることである。研究者もまた本書から得るところは多いだろう。

　訳出にあたっては，各自が分担分を訳した後，東京にいて時間の都合がついた丹沢，榊原（そして部分的に小山も加わり）が，訳語・表現の統一，解釈の統一を行った。ドイツ語からの翻訳は，これまで，表現が硬く，教科書として使用することは難しいといわれてきたが，この統一・調整作業によってかなりリーダブルな翻訳になったと思う。しかしすべての「組織論の教科書」が示しているとおり，分業による生産性の向上は，あまりに多くの調整の困難をもたらすものであったことはいうまでもない。

　ただ，特筆すべきことは，情報テクノロジーの発達は翻訳という作業にも大きな影響を与えたことである。著者の1人であるディートル教授が日本に滞在していたこともあるが，今日のe-mailの発達により，非常に頻繁に翻訳上の疑問点を問い合わせることができた。そしてもう1つ，この困難な調整作業が最後まで続けられたのは，翻訳分担者の1人である榊原の義理のご両親宅が作業の場を提供してくれたおかげであることにも触れておかねばならない。ともすれば遅々として進まないわれわれの作業を静かな環境を提供し，見守っていただけたことに心から感謝したい。

　最後に，この翻訳書の出版にあたり，ご尽力いただいた白桃書房にも訳者一同心から感謝したい。

1998年12月

訳者を代表して　丹沢安治

**再版への序文**

　出版から1年が経ち，市場から好意的に受け入れられたこともあって，この教科書を再版することが必要となった。修正は，市場で本書が入手しにくくならないよう，ごく短期間のうちに，誤植やその他細かな事柄について行うにとどめた。本書を好意的に評価し，数多くの励ましを届けてくれたすべての読者に感謝するとともに，今後もさらに指摘やコメントをいただけることを期待している。

1998年3月　ミュンヘン，パーダーボルン，フライベルク

　　　　　　　　　アーノルド・ピコー／ヘルムート・ディートル／エゴン・フランク

## 第2版への序文

　第2版を出すということで，原稿全体について集中的に加筆や補足を行う機会を得た。多くの変更を行ったが，その中でも以下の点を強調したい。
　――第3章から第7章までは，理解度や学習度を確認するために，演習問題と課題を付け加えた。
　――第3章「組織の経済理論」に，取引費用理論とプリンシパル・エージェント理論について形式的な分析を加えることで，内容を豊かにし，深めた。
　――第5章「組織間関係としての組織」の構成を変えた。新たに加えられた5.3節において，プロスポーツにおけるリーグ組織を例として取り上げ，市場支配力の点からも効率性の点からも解釈できるような協調形態が紹介されている。

　また，多くの節や章の一部を新たに書き加え，その他にも多くの補足や改善を行ったが，それらは読者からの指摘や提案によるものである。この場をかりて心から感謝したい。
　また，本書を日本語に訳した，丹沢安治，榊原研互，田川克生，小山明宏，渡辺敏雄，宮城徹の各氏が有益な指摘をしてくれたことにも感謝したい。
　新版の編集については，カローラ・ユングヴィルト女史が，幅広い知識と強い意欲を持って進め，調整してくれた。彼女に対しては特に感謝しなければならない。ベルトホルド・ハス［Berthold H. Hass］，マルクス・パウリ［Markus Pauli］，スザンネ・ロイヤー［Susanne Royer］，スヴェン・ショイブレとクラウディア・ヴェルカー［Claudia Werker］もまた援助を惜しまなかった。心から感謝したい。

1999年5月　ミュンヘン，パーダーボルン，フライベルク

　　　　　　　　　　アーノルド・ピコー／ヘルムート・ディートル／エゴン・フランク

# 第3版への序文

本書の第2版は，短期間のうちに再び品切れとなった。新たに第3版を出すという機会を利用してテキストに書き加え，補ったところはあったが，本書の基本的構成は変わっていない。細かい修正や形式上の改善のほかに，特に内容的に以下のような変更と補足が加えられた：

第6章（企業内の組織）における企業形態に関する部分を，本書の新制度派的な視点を用いながら，ガバナンス構造についての解説に置き換えた。事業部制組織についての説明のところでは，市場志向的な企業管理の考察を付け足した。さらに，生産組織に関する部分では，サービスの生産という考え方を付け加えた。

第5章（組織間関係としての組織）では，カルテルに関する部分を垂直統合システムに関する説明に置き換えた。

第3章の，組織の経済理論のための数理的・形式的考察に，チームにおけるモラル・ハザード，マルチタスキングのさいの業績競争と業績指標に関する節が加えられた。

最後に，第7章（リオーガニゼーション）の中に，組織変革のさいのインセンティブ問題とインフルエンス行動に関する考察を付け加えた。

以上のことにより，この分野における最新の問題を取り上げ，本書の理論的枠組を新しくしたと思う。今後も読者から批判的かつ建設的なフィードバックをいただければ，と思っている。

スザンネ・シューラー［Susanne Schuller］女史は，第3版の改訂に関わる様々な仕事を熱心かつ手堅く調整してくれた。彼女には幾重にも感謝しなければならない。ミヒャエル・ティール［Michael Thiel］氏は親切にも最終編集のさいに献身的に手助けしてくれた。さらに，カローラ・ユングヴィルト女史，トーステン・プダック［Torsten Pudack］，メンアンドリ・ベンツ［Men-Andri Benz］ならびに，スザンネ・ロイヤー女史とレムコ・ヴァンデアヴェルデン［Remco van der Velden］の各氏が提案や指摘をくれたことに感謝する。

2002年6月　ミュンヘン，パーダーボルン，チューリッヒ

アーノルド・ピコー／ヘルムート・ディートル／エゴン・フランク

# 第4版への序文

　増補第3版が好意的な評価を受けたので，比較的短期間のうちに新たな第4版が必要となった。この機会に，2つの重要な補足が行われた。第3章では，垂直統合，関係的契約と信頼についての理論的分析ならびに事例的なモデルが加えられ，深められた。第5章の最後には，（まったく今日的な問題である）スポーツリーグの例を用いていわゆる過当競争では過剰投資という現象が生ずることを示した。もちろんこの他にも，見出された誤りを修正し，こまごまとした改良を施した。

　この新版を発行するに当たり手助けしてくれた，デボラ・シュタイナー［Debora Steiner］女史に感謝したい。

　読者の方々には，今後もこの教科書をさらに成長させるための指摘や提案といただければ，と思っている。

2005年1月　ミュンヘン，チューリッヒ

　　　　　　　　　アーノルド・ピコー／ヘルムート・ディートル／エゴン・フランク

# 第4版訳者序文

　本書は，"Organisation: Eine ökonomische Perspektive" Arnold Picot, Helmut Dietl, Egon Franck, 4. Auflage, SCHÄFFER/POESCHELの翻訳である。1994年に第1版の翻訳を上梓して以来，8年の歳月が流れ，本書は，第4版の改訂訳版である。当時は，経済学的な視点から企業組織を描くことはまれであったし，かなり多くの読者を得られた。

　この間，多くの変化があった。著者のピコー教授は相変わらずミュンヒェン大学で，経営経済学，組織論を担当しているが，フランク教授はミュンヒェン大学に移籍し，また，ディートル教授はスイスのチューリッヒ大学に移籍している。ピコー教授は以前からであるが，他の二人もドイツにおけるこの分野の代表的な研究者となっている。私は，長い間，改訂版の改訳を依頼されてきたが，私自身も大学を移籍し，多くの仕事にかまけて手をつけることができなかったものである。

　改訳の依頼には，当然の理由があった。原書は，この分野の研究の深化とともに絶えず書き換えられ，新たな内容が付け加えられていたからである。本書においては，特にプリンシパル・エージェントモデルにかんする章において，より多くの数理的なモデルが取り入れられている。また，コーポレートガバナンスを扱う各論の分析や，わが国ではまだ珍しいスポーツビジネスにたいする理論的分析が加えられている。もちろんそのほかにも多数の文章表現の変更，数行の追加など，細かい修正が見られるのは言うまでもない。また，教科書としては，各章末に演習問題が付け加えられていることも大きな変化である。

　ただ，本書の「ドイツ的な」特徴について注意を加えておいたほうがいいかもしれない。他にも「組織」にたいする経済学的なアプローチを標榜する「教科書」はあるが，本書の第1章「組織問題の発生」，と第2章「組織問題の解決」の部分は，原理的な問題を扱っており，確かに本書の基礎となる部分であるが，その部分に関しては，初学者には難しいかもしれない。こういった原理的な記述を先行させることは，英米のテキストには見られない，ドイツ的な特徴である。しかし故に，本書の予定する読者は，学生から，社会人，そして研究者まですべてをカバーしているのであるが，初学者には，第3章から読み進めることをお勧めしたい。そして，「組織に対する経済学的なアプローチ」の全体観を持った上でもう一度，第1章の「組織問題の発生」について，特にこれから研究者として活躍しようという院生諸君に熟読していただけたらと思っている。

　本改訳では，第1版の翻訳をベースとして，変更点があるかどうか，すべての文章をチェックし，さらに付け加えられた部分を丹沢が翻訳した。したがって，翻訳の分担は複雑なものとなったが，本書は相変わらず，第1版のメンバーによる共訳であると思う。また，改訳の過程で，さまざまな点について慶應義塾大学博士後期課程の院生である柴田明氏にお手伝いをしていただいた。結果的に改訳部分のみならず，私は

すべての旧原稿にも目を通し，訳をこなれたものにした。さらに，数理的なモデルの翻訳部分については，私の同僚で数学者である友知政樹氏にチェックしていただいた。このお二人には心から感謝したい。もちろん，改訳された部分に残るありうる誤りについてはすべての責任を丹沢が負うものであることは言うまでもない。

最後に，仕事が遅れがちな私に対して，粘り強く支援していただいた白桃書房の大矢栄一郎氏に感謝するとともに，寛大に改訳版の完成を待ってくれたドイツとスイスの同僚たちに心から感謝の意を表したい。

2007年2月12日（月）

訳者を代表して
丹沢安治

**訳注**
①原文におけるゴチックはゴチックとし，イタリックはイタリックとした。
②《　》は，「　」とした。
③人名，初出はオリジナルをつけた。例：クンツ［Kunz, H.］
④外来語としてこなれていないがどうしても使う場合，原語を入れた。
⑤書名は，『　』にした。
⑥定訳のないものについては，［　］で原語を挿入した。また，適宜訳注を付した。

**翻訳分担**

| 丹沢安治 | 中央大学総合政策学部 | 教授 | （序文，第1章，第2章，第7章，第1版以降の追加箇所，各章の設問） |
| 榊原研互 | 慶應義塾大学商学部 | 教授 | （第6章第3節） |
| 田川克生 | 愛知大学経営学部 | 教授 | （第6章第4節） |
| 小山明宏 | 学習院大学経済学部 | 教授 | （第3章） |
| 渡辺敏雄 | 関西学院大学商学部 | 教授 | （第6章第1，2節） |
| 宮城徹 | 駒沢大学経営学部 | 教授 | （第4章，第5章） |

# 目次

序文 …… i
日本語版への序文 …… iii
訳者序文 …… iv
再版への序文 …… vi
第2版への序文 …… vii
第3版への序文 …… viii
第4版への序文 …… ix
第4版訳者序文 …… x

## 第1章　組織問題の発生 …………………………………………… 1
### 1.1 稀少性 ……………………………………………………………… 1

### 1.2 経済活動 …………………………………………………………… 1
 1.2.1 分業と専門化…1
 1.2.2 交換と同期化…2

### 1.3 経済プロセスにおける不完全性 …………………………………… 3

### 1.4 組織問題－調整とモチベーションによる不完全性の除去－ …5

### 1.5 調整・モチベーションのツールとしての制度 …………………8
 1.5.1 基本的制度…10
 1.5.2 派生的制度…12
 1.5.3 立憲的制度…17
 1.5.4 代替制度…19

## 第2章　組織問題の解決 ……23

### ■ 2.1 組織に対する様々なアプローチ ……23
2.1.1 組織理論…24
2.1.2 組織概念…24
2.1.3 伝統的な経営組織論における組織理解の問題点…25

### ■ 2.2 本書の基礎にあるフレームワーク ……26
2.2.1 組織概念：組織構造ないし制度のシステムとしての組織…26
2.2.2 応用組織論の目標：説明とデザイン…27
2.2.3 知識を得るための道具としての経済理論…28
2.2.4 認識の対象としての3つの組織レベル…29

## 第3章　組織の経済理論 ……31

### ■ 3.1 共通の出発点 ……31
3.1.1 経済理論に共通する基本的公理…31
3.1.2 経済学的なアプローチの多様性への分岐点：合理性の問題…32
3.1.3 様々なアプローチを紹介するためのスキーム…34

### ■ 3.2 新古典派アプローチ ……35
3.2.1 理論の基本的特徴…35
3.2.2 優位性の基準としての複合的な効率性尺度…36
3.2.3 仮定（Annahmen）と条件…38
3.2.4 新古典派アプローチによる説明とデザインへの貢献…39

### ■ 3.3 新制度派のアプローチ ……46
3.3.1 プロパティー・ライツ理論…46
　　3.3.1.1 理論の基本的特徴…46／3.3.1.2 外部性による厚生の損失と優位性の基準としての取引費用…48／3.3.1.3 仮定と条件…51／3.3.1.4 説明とデザインへの貢献…54
3.3.2 取引費用理論…57
　　3.3.2.1 理論の基本的特徴…57／3.3.2.2 優位性基準としての取引費用…57／3.3.2.3 仮定と条件…59／3.3.2.4 説明とデザインへの貢献…63
3.3.3 プリンシパル・エージェント理論…72

3.3.3.1 理論の基本的特徴…72／3.3.3.2 優位性の基準としてのエージェンシー・コスト…73／3.3.3.3 仮定と条件…74／3.3.3.4 説明とデザインへの貢献…77

3.3.4 形式的，数学的説明とデザインへの貢献…81
 3.3.4.1 逆選択…81
  3.3.4.1.1 シグナリング…83／3.3.4.1.2 スクリーニング…84／3.3.4.1.3 自己選択…86
 3.3.4.2 モラル・ハザード…89
  3.3.4.2.1 離散モデル…89／3.3.4.2.2 連続的モデルのケース…95
 3.3.4.3 ホールド・アップ…122
  3.3.4.3.1 モデル事例Ⅰ…122／3.3.4.3.2 モデル事例Ⅱ…129
 3.3.4.4 関係的契約…131
  3.3.4.4.1 非公式的な権限…135／3.3.4.4.2 主観的な判定基準…140／3.3.4.4.3 関係的契約とホールド・アップ…145

3.3.5 新制度派組織論の比較による要約…148
◆第3章のための演習問題 …………………………………………………148

# 第4章　競争のフレームワークとしての市場組織 ……………155

## 4.1 市場を構成する様々な制度の発生 ………………………………155

## 4.2 経済政策上の原則の決定 …………………………………………156
4.2.1 競争制限的政策と競争促進政策…158
4.2.2 規制緩和と規制…163
4.2.3 民営化と国営化…171
◆第4章のための演習問題 …………………………………………………177

# 第5章　組織間関係としての組織 ……………………………… 179

## ■ 5.1 市場支配を目指した協調形態 …………………………… 179

5.1.1 カルテル…179

5.1.2 垂直的結合…180

## ■ 5.2 効率性向上を目指した協調形態 ………………………… 183

5.2.1 単純な効率性追求型協調形態の選択…185

　5.2.1.1 ライセンス供与…186／5.2.1.2 ジョイント・ベンチャー…188／5.2.1.3 コンソーシアム…189／5.2.1.4 資本参加…189／5.2.1.5 デュアル・ソーシング・オプションを持つ長期供給契約…190

5.2.2 複雑な効率性追求型協調形態…192

　5.2.2.1 協同組合…192／5.2.2.2 フランチャイズ組織…194／5.2.2.3 ダイナミック・ネットワーク…198／5.2.2.4 系列…202／5.2.2.5 LBO（レバレッジド・バイアウト）企業…205

## ■ 5.3 市場支配的にも効率性的にも説明可能な協調形態としてのプロスポーツ・リーグ ……………………………………… 208

5.3.1 スポーツ・リーグという組織構造の基本要素…209

5.3.2 スポーツ・リーグ組織において選ばれたルールの市場支配効果…212

5.3.3 スポーツ・リーグ組織の選択的ルールがもつ効率性への影響…216

◆第5章のための演習問題 ……………………………………… 230


# 第6章　企業の内部領域としての組織 ………………………… 235

## ■ 6.1 企業組織の基礎 …………………………………………… 235

6.1.1 組織構造の制約条件としての職務の特質…235

6.1.2 組織構造の変数…238

　6.1.2.1 職務の配分…238／6.1.2.2 意思決定権の配分…243／6.1.2.3 命令権の配分…245／6.1.2.4 プログラム化…252

6.1.3 内部組織構造の3つの考察レベル：企業形態，マクロ組織，そしてミクロ組織…255

## ■ 6.2 企業形態／ガバナンス構造 ……………………………… 256

6.2.1 プロパティー・ライツと残余請求権（Residualansprüche）…256

6.2.2 株式公開会社（「近代企業（modern corporation）」）…258

6.2.2.1 公開会社が持つ本質的な欠点：経営陣へのインセンティブ…258／6.2.2.2 公開会社の持つ本質的な強み：リスク処理…277／6.2.2.3 特殊な人的資本とステークホルダー…280／6.2.2.4 公開会社のその他のメリット…283

6.2.3 所有者企業…285

6.2.4 共同経営形態（パートナーシャフト，Die Partnerschaft）…287

6.2.4.1 分散型のプロジェクトと現場でのモニタリング・インセンティブの必要性…287／6.2.4.2 現場での残余請求権とピア・コントロールによる品質のシグナリング…288／6.2.4.3 人的資本の限定的利用，期間的に制限された残余請求権とフレキシブルな分配ルール…288

6.2.5 相互会社など（Mutuals）…290

6.2.6 非営利組織…291

## ■ 6.3 マクロ組織の諸形態 …293

6.3.1 個々の事業単位の組織…293

6.3.1.1 機能別組織…293／6.3.1.2 プロセス組織…298／6.3.1.3 プロジェクト組織…310

6.3.2 複数の事業単位を持つ企業組織—事業部制組織…314

## ■ 6.4 ミクロ組織の諸形態／生産の組織 …334

6.4.1 伝統的な生産組織の形態…337

6.4.1.1 ジョブ・ショップ生産…337／6.4.1.2 流れ作業生産…342

6.4.2 職務条件の変化と企業の対応策…348

6.4.3 新しい形態の生産組織…352

6.4.4 リーン生産…375

6.4.5 サービス生産におけるミクロ組織…388

6.4.5.1 サービスという概念の区分（Abgrenzung）…388／6.4.5.2 サービスを生産する際の特殊性…390／6.4.5.3 サービス・プロセスをコントロールする際の特殊性…391／6.4.5.4 サービスの生産に対するデザインのための提言…392

◆第6章のための演習問題 …394

# 第7章　リオーガニゼーション：組織の再編成 ..................399

## 7-1 リオーガニゼーションが必要となる理由 ..................399
### 7.1.1 新しい組織形態の開発…400
### 7.1.2 重要な状況特性の変化…405
7.1.2.1 稀少性・選好の変化…405／7.1.2.2 新しいテクノロジー…406／
7.1.2.3 基本的変形…408
### 7.1.3 よりよい理論の開発…408

## 7.2 リオーガニゼーション・コスト ..................408
### 7.2.1 レント・シーキング…409
### 7.2.2 インフルエンス行動とインフルエンス・コスト…411
7.2.2.1 概念の解説…411／7.2.2.2 インフルエンス行動の概説…412
### 7.2.3 デザインのための提言…414
7.2.3.1 参加可能性の限定…416／7.2.3.2 配分上の効果の限定…417
◆第7章のための演習問題 ..................418

文 献…420

索引…440

# 第1章
# 組織問題の発生

## ■■ 1.1 稀少性

　今日の世界のいわゆる豊かな国々で生活している人々ですら必ずしもすべての点で満足しているわけではない。仕事を探す、より高い賃金を求める、より多くの自由時間を望む、こういった願望は常にあるし、さらにより健全な環境が望まれたり、住居への需要が拡大したり、車などの移動手段や休暇への願望が高まったりすることは、これらの国々においても人間のすべての欲求が完全に満たされているわけではないことを示している。自分の願望を実現するのに十分なほど稼いだり所有したりしていると思う者はほとんどいないのである。

　さらに、世界中の発展途上国やいろいろな危機を抱えた国々を見れば、稀少性という問題はいっそう明らかである。飢餓、戦争、難民、人口爆発は、土地、食料、住居、教育などの資源が十分でないことを示している。

　自分が必要とするものを自分の欲求充足に使える財と比べる時、稀少性を感じるという事実は、われわれすべてが確認できる現実世界における基本的な事実である。この稀少性がいわゆる経済活動の出発点なのである。経済活動には、稀少性を減少させようとして行われるあらゆる人間活動が含まれる。結局、欲求充足を最大化するように利用可能な資源を投入することが重要なのである。

## ■■ 1.2 経済活動

### 1.2.1 分業と専門化

　稀少性の克服に最も貢献するのは、分業と専門化である。アダム・スミスは、そのことを1776年に出版された『国富論』において詳しく論じた。

　「分業は、他の何よりも労働の生産力を促進し、改善するだろう。同じことが、熟練、専門知識、経験による専門化についてもいえる。分業は、あらゆるところで専門化とともに実行されるのである。」（スミス［Adam Smith］1776, p.9）。

　スミスは、分業と専門化によって生産性が大きく上昇することを伝統的な手工業におけるピン製造とその当時発生しつつあった工場生産とを比較して明らかにする。ピンを最後の完成品まで製造する労働者と異なり、工場労働者は1人ひとりが全製造プ

ロセスの内の特定の部分のみを受け持っていたのである。

製造プロセスを個々の作業に分割し，それらを専門化した工場労働者に割り振ると，彼らにより高い熟練，専門知識，経験がもたらされる。さらに彼らが別の工程に移るさいに必要な準備時間も省かれる。さらにまた，構造化された部分工程の技術的・機械的改善の可能性を考えれば，分業と専門化の結果として得られるおびただしい生産性の利得が容易に理解できる。アダム・スミスはそこに国家繁栄の推進力を見たのである。

分業と専門化の結果として生じる生産性の利得は，迂回生産を行うと増大する場合がある（ベーム・バベルク［Böhm-Bawerk］1889参照）。ベーム・バベルクは，現在財を生産のために使うことを迂回生産と呼ぶ。手元にある資源は，直接消費されず，資本財を生産するために投入される。これらの資本財を用いてもともと可能だった以上の消費財が生産されうる。「迂回生産の実り多さ」は，従って現在財とより多くの将来財との交換に基づいており，その実り多さは，今日の消費と明日のより多くの消費との交換によりあがなわれている。

分業と専門化とは現代の社会システムにとって根本的な特徴である。産業革命以前の自給自足に頼っていた私たちの先祖は，食料から住まい，着るもの，道具，自分自身を守ることにいたるまで，ほとんどすべてを自分で用意していた。今日私たちは，これらの仕事のごく一部のみを遂行し，そして，職業，部や課，企業，産業部門，国家といった，様々に相互依存する複雑な分業構造に組み込まれている。

## 1.2.2 交換と同期化

アダム・スミスによって指摘された分業と専門化から生ずるおびただしい生産性の上昇は，コインの片方の側面でしかない。そのもう1つの重要な側面は，分業と専門化に伴い，行為者が経済的な自給自足を失うことから生ずる。

1人でピン全体を製造し，ゆえに販売できる財を生産している1人ひとりの職人もすでに，材料や工具などを供給する第三者に依存するようになっている。専門化した工場労働者の依存関係はもっと大きい。自分の前後の生産工程にいる仲間がちゃんと同期化され，自分の持ち場をこなし，さらに引き継ぐと前提できなければ，彼の労働力はまったく無駄になってしまうのである（ミルグラム／ロバーツ［Milgrom/Roberts］1992, p.25参照）。

専門化は，明らかに交換と調整という問題を生じさせる。現代の産業社会では1人ひとりの人間が，自分の欲求を満たすために必要な財のほんのごく一部しか自分で作っていないので，彼は日常的に他の専門化した行為者と同期化し，作ったものを交換しなければならない。私たちは毎日，様々な交換と同期化のために，時間をかけ，骨折り，そしてお金を使っている。交換と同期化もまた，そうでなければ直接自分の欲求の充足にまわせる資源の一部を消費しているのである。現代の工業社会において交換と同期化のために消費される資源は，わずかなものではない。ウォリス／ノース

[Wallis/North] (1986) は，米国のGNPの約半分が，いわゆる取引部門に，つまり交換の準備と実施に関連していると試算している。

## 1.3 経済プロセスにおける不完全性

　これまで述べてきたように，分業，専門化，交換，そして同期化は，稀少性を克服するのに有効である。それらは経済活動の基本的な構成要素である。

　分業，専門化，交換，そして同期化の構造は，自然法則のような予定調和的なプロセスの帰結として生ずるのではなく，人間の意思決定行為の意図された，または意図されざる帰結である。それらは，稀少性を処理するという目標にある程度，役立ちうるものだろう。しかし不適切にデザインしてしまうという意味での不完全さは，分業・専門化の領域でも生じるし，また交換・調整のプロセスにおいても生じうるのである。

**分業と専門化の領域における不完全性**

　共通点のないいくつかの職務が，1人の人間の職務または1つの組織部門にまとめられると，分業と専門化はたいてい生産的でなくなる。学習効果を生かしたり，生産性の高い特殊技能を開発したり，伝えたりしにくくなるからである。さらに質の異なる職務間を行ったりきたりすることは，（精神的にも）かなりの準備コストがかかる。さらに，それぞれの質の異なる職務領域が，ノウハウ集約的であるほど，それぞれの領域での専門能力の維持は難しくなる。能力に欠ける者や資格のない者による意思決定は，作業結果の質と量を損なう。このような状況は，例えば1人の患者の治療に必要なすべての職務（特に麻酔，外科，介護）を1人の医師に任せてしまう病院や，原子力発電所の建造，心臓のペースメーカー，パソコンのような複数の異質な生産職務を1つの生産部門にまとめてしまう企業を想像して見れば明らかだろう。前者では，治療の責任者が，また後者では，生産部門の管理者が，上述のような学習とノウハウの問題に直面し，この問題は，意思決定や管理とコントロールにかなりの制約を受けるのである。

　しかしながら，他方で専門化が行きすぎてもまた生産性が失われるといわれている。もし一挙手一動作ごとに専門化されると，能力向上機会の喪失，単調さ，疎外，偏った負担，柔軟性の欠如といった問題が発生し，生産性に対してマイナスに作用するだろう。

　要約すると，「誤った」分業と専門化が引き起こす不完全性とは，**生産性のポテンシャルを生かしきっていないということ**といえるだろう。

**交換と同期化の領域における不完全性**

　誤った分業と専門化に加えて，専門化された行為者間の同期化または交換のさいに

も不完全さが生じることがある。より優れた同期化や交換のやり方が見落とされるかもしれないし，必要以上の出費が生じてしまうかもしれない。

その例としては何よりも，完成車メーカーと部品サプライヤとの関係をあげることができる。たとえ分業と専門化が生産的であっても，交換または同期化のやり方が「誤って」いれば，その利得は失われるかもしれない。例えば，供給部品が非常に特殊ならば，つまり1つの完成車メーカー専用の部品で，それ以外に利用できないならば，購入契約など市場を通じた同期化は，高いコストを引き起こすだろう。サプライヤによるノウハウや設備への投資は，その専用部品を製造するためにのみ使われ，代替的な取引先がないため，そのサプライヤは，後になって完成車メーカーに「脅される」ことを心配しなければならないだろう。しかしこのような心配のために「保証手段」をもうけて短期的な購入契約を結ぶことには問題がある。むしろそうではなくて，サプライヤがその完成者メーカーとより強く統合（長期契約，協調契約，資本参加，垂直統合による内製）してしまえば，脅されるという問題は軽減し，関係する費用も減少するだろう（この問題についてはより詳しくは5.2.1を参照）。サプライヤが完成車メーカーに統合されたとしても必ずしも実際の生産工程やそこでの分業・専門化そのものは，変化するわけではない。例えば，同じ供給部品が，同じ作業工程と同じ専門化で内部作業員によって製造されうるのである。

第2の例は，企業の事業部間，事業領域間，または部門間の同期化について見られるものである（これについて詳しくは，6.3.2を参照）。例えば，異質なテクノロジーに基づく製品群を持っていて，異質で多様な職務を持つ企業では，たいてい関連する職務が1つの事業部にまとめられるよう配置されている。このおかげで，その事業部での管理上の特殊なノウハウの保存が容易になり，その事業部内で先に述べた学習効果，専門化の効果が得られ，またさらに有効な意思決定，管理が可能になる。そのとき，事業部間の同期化は経営者の仕事である。そこでもし経営者が，事業部の内部プロセスの管理とコントロールに用いるのと同じ道具（例えば，同じレベルのプロセス・プログラム）を用いて同期化しようとすると，事業部化することで得られた生産性の向上の大部分は，非常に高い情報コストのために再び失われてしまうだろう。事業部内のプロセスを効率的に管理しコントロールすることを可能にする事業部としての専門化という考えが，まさに経営者のレベルで欠けているのである。それゆえ通常，事業部は外部からも容易に調べられるコスト，利潤，収益性といった指標を規準として，成果志向で運営されている。事業部の内部プロセス管理とコントロールは，事業部の専門管理者に委ねられる。

要約すると，誤った同期化と交換のメカニズムによって引き起こされる不完全性とは，**生産性の利得が再び失なわれることだ**ということができよう。

## ∷ 1.4 組織問題－調整とモチベーションによる不完全性の除去－

　分業と専門化がうまくいくと同時に，交換と同期化もうまく行かせることはもちろんできないことではない。不完全性は，一方では生産性のポテンシャルを利用しつくせないという形で，他方では生産性の利得を失ってしまうという形で現れる。組織問題とは，このような不完全性を取り除くことだといえよう。ポテンシャルを生かしきった時の生産性上昇分と，交換・同期化による消耗分との差を最大化することで，稀少性の克服に最大限貢献する分業・専門化と交換・同期化の構造を実現することが問題なのである。

図1　分業・専門化と交換・同期化のトレード・オフ

```
分業と専門化による生産性の上昇
―）交換と同期化による資源の消耗
―――――――――――――――――――
       純効果　→最大化
```

　できる限り高い生産性をもたらすよう分業・専門化をするという側面と，できる限りスムーズに交換・同期化をするという側面には，同時に注意を払い続けるべきである。分業・専門化の最適化は，必ずしも交換・同期化を促進するわけではないし，また逆もそうである。両者がお互いに相容れないような例もある。その場合，一方でより大きなメリットが得られるなら，他方で意識的に制約する場合もある（この点及び以下の内容については，フランク[Franck] 1995a, p.26以下を参照）。

　半導体産業においては，ふつうセカンド・ソーシングと呼ばれる経営政策が採用されている（シェパード[Shepard] 1987参照）。その眼目は，半導体メーカーが，新製品をライセンス契約により，競争者にも製造できるようにするところにある。多かれ少なかれその新しい半導体を用いて機械装置を製造しなければならない顧客は，1つの半導体メーカーに依存することを恐れる。例えばその半導体メーカーは，後で価格と出荷量を顧客に不利なように変更できるだろう。セカンド・ソーシングによって，顧客が脅しをかけられるリスクが低められ（これは以下においては，ホールドアップ・リスクと呼ばれる；詳しくは，3.3.3.4を参照），交換は本質的に単純化され，販売が促進されるのである。しかしながら，セカンド・ソーシングは，同時に専門化のメリットを損なうかもしれない。もしその新しい半導体の総販売量の内のライセンサーのシェアが，セカンド・ソーシングしない時よりも小さいならば，そのライセンサーは明らかに生産量をみすみすとられていることになる。その結果この半導体メーカーは，規模拡大によるコスト逓減（規模の経済性，学習効果）のメリットを逸し，

より高い単位コストで生産しなければならないのである。結局，セカンド・ソーシングは，それによって得られる交換コストの節約分が，「専門化構造の変更」，つまり生産の分割によって引き起こされる追加コストより大きい時にのみ，有効なのである。

ノース[North,1992]の制度史的考察は，できる限り生産的な分業・専門化とできる限りスムーズな交換・同期化プロセスという2つの基準が，経済発展にとって決定的に重要であったことをありありと示している。もし交換コストの最小化のみが重要だったら，極端な言い方をすれば，われわれは未だに石器時代の部族社会に生きていただろう。というのは，部族社会ではほとんど交換が行われないからである。血族の絆，同じように社会化されたことによる考え方の近さ，同じ経験を持っていることによる同じ知識水準などは，部族社会における交換プロセスを比較的容易にしている。さらに，部族社会はごくわずかしか専門化されていないので，必要とされる交換もわずかなものでしかない。しかしながら，明らかにわれわれの祖先は，この「交換コストのパラダイス」よりも高度に専門化した「生産性のパラダイス」を選んだのである。極端な専門化とそれに伴って現れる行為者のイデオロギー上，知識上の疎外，交換の非人格化などは，現代の国民経済がその資源の約半分を交換と同期化に費やすことの原因になっている。しかし差し引きして見れば，帳尻はあっているように見える。つまりより優れた分業・専門化による生産性の上昇は，明らかによりコストのかかる交換・同期化によって費やされる以上の追加的成果をもたらしたのである。

以上の2つの基準から見てよりよい分業・専門化構造と同期化・交換構造を実現するには，経済行為者は2つの分析的に分離できる問題を解決しなければならない（この2つの問題については，ミルグラム／ロバーツ1992, p.25以下を見よ）。

## 調整問題

行為者はまず，そのよりよい分業・専門化構造の中で自分がそもそもどんな役割を担っているかについて知っていなければならない。企業を例にすると，企業が効率的に機能するには，従業員たちが企業目標の達成に貢献するために何をしなければならないか，どのような活動と貢献をどのような質と量でどの時点でどのような費消でもたらさなければならないかを知っていなければならない。そのとき，その従業員がその役割を本当に果たすかどうかは，また別の問題なのである。

第1の問題は，何をすべきかに関する**無知**を解消するという問題である。この問題はもちろん情報が限定されている時にはじめて生ずる。完全な情報を持つ行為者は，富を最大化する分業・専門化の構造（あるいは，そこでの自分の役割）を常に知っているだろう。ミルグラム／ロバーツ（1992, p.25）にならって，以下においては，より優れた分業・専門化構造についての情報，そしてまたより優れた交換・同期化方法についての情報を獲得するという問題を調整問題と呼ぶことにしよう。

## モチベーション問題

経済主体は公式に与えられた分業などの構造に自ら進んで従うという仮定を放棄

すると，新たな次元の問題が生ずる。実際のところ，行為者は自分と他人とをどのようにしたら，一定の期待に本当に応える気にさせられるか，考えなければならない。1人ひとりの行為者に特定の分業・専門化ないし交換・同期化に従う気にさせることを，ミルグラム／ロバーツ（1992, p.25）は，モチベーション問題と呼んでいる。

　調整問題は行為者の**無知**を解消することである。それに対してモチベーション問題では**意欲のなさ**の解消が問題なのである。

　期待された仕事を行い，取り決められたゲームのルールを守る気があるという意味でのモチベーションは，彼が与えられた仕事を達成することで自分自身の目標（例えば，興味深い仕事，所得，将来の展望）をよりよく達成できるほど強くなる。その場合，その組織構造は，**インセンティブと一致している**という（ミルグラム／ロバーツ 1992, ラウックス［Laux］1995参照）。インセンティブと一致している度合いが少ないほど，すなわち公式の仕事から得られる個人的効用が小さいほど，モチベーション問題は大きくなり，課された仕事とルールは達成されなくなるだろう。

　課された仕事を行わず，またルールも守らなければ，分業が普及している世界では，1人ひとりの個人としての効用が影響を受けるばかりでなく，第三者の効用の状態も影響を受けることになる。経済行為者は意思決定を行うさいに，たとえ他の行為者にコストと損害を与え，現行のルールに違反することになっても**自分の目標**を追求し続けるかもしれない。とりわけ，他の行為者による制裁が効力を持たない時，すなわちコントロールしたりルールを強制したりするコストが高いような状況では，このようないわゆる機会主義的行動が生じやすい（これについて詳しくは，3.1.1を参照）。損害を受けた者が，機会主義的な行動に制裁を加えないことがあるとすれば，その理由は，例えば権利についての不完全な定義，依存関係，禁止的な監視費用にあるかもしれない（これについては，3.3を参照）。

　確かに専門化は，一方的な依存関係を引き起こし，依存している方の行為者の制裁能力を麻痺させるかもしれない。その例としては，コンピュータの専門業者が，中小企業のために「特注の」ソフトウェアをプログラムし，それにより依存関係を作って，将来必ず生ずるメンテナンス・改良作業で高い値段を押し付けることが想起されよう。同じように，専門化が進めば，特定の専門家の仕事を他の専門家が評価することが難しくなる。つまり情報の非対称性が強まるということになる。その行為者は，このような情報の障壁をたてにして，密かに自分の利益のために振る舞い，協調パートナーの利害に背くかもしれない。様々に専門化した部下がちゃんとやっているかどうかを査定できない上司，株式会社の取締役の行為を評価できない株主，医師による処置の質を評価する能力のない患者などは，この種の情報の非対称性のよく見られる例である。

　このような危険があることを考えると，経済活動の構造において1人ひとりの役割がどのようであるか，知っているだけでは，明らかに不十分である。つまり決められた役割は，行為者たちによって自動的に実行されるわけではない。個人の目標との不一致，依存関係，権利の不完全な定義，そして情報の偏在は，決められたことを守ら

ず，自分の効用水準を上げる様々な方策を可能にする。例えば，信号が赤でも横断歩道を渡らなかっただろうか，あるいは速度制限を越えて自動車を運転したことはなかっただろうか。

　本節の内容を要約してみよう（図2参照）。組織問題とは，経済活動における不完全性をいかにして取り除くか，ということである。分業・専門化の領域における不完全性は，生産性のポテンシャルが，利用しつくされていないことである。交換・調整の領域における不完全性は，その一度得られた生産性の利得を失うことだった。これらの不完全性を取り除くには，調整（行為者たちに彼らの役割について情報を与えること）とモチベーション（行為者が割り振られた役割を果たすようインセンティブを作ること）を必要とする。問題は，調整とモチベーションを行う方法である。

図2　組織問題

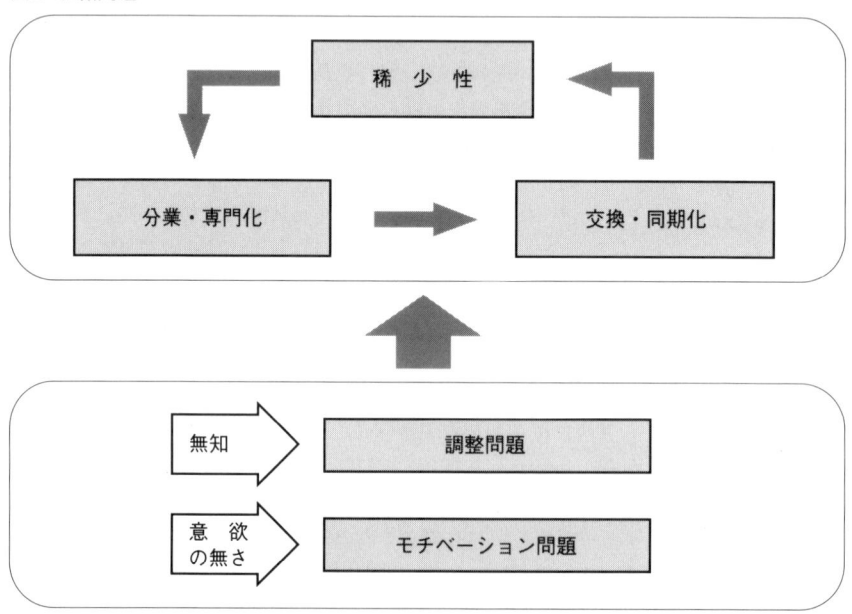

## ■ 1.5 調整・モチベーションのツールとしての制度

　調整とモチベーションを行うために，経済主体は様々なツールを持っている。どのようなものがあるかは，例えば株式会社を思い浮かべてみれば明らかである。

　株式会社の所有者は株主である。彼らは年次株主総会で取締役会への株主代表を選ぶ。取締役会のそのほかのメンバーは，共同決定法に従って被用者から選ばれる。取締役会は執行役員を任命したり，解任したりする権限を持っている。企業を経営するのは，この執行役員である。執行役員会のメンバーは，機能，プロセス，あるいはプ

ロジェクト，及び対象によって担当する領域を決めるかもしれない。また，それぞれの執行役員会メンバーは，自分が担当する領域における意思決定のごく一部を自分で行うにすぎない。残りは部下の管理職に委譲されている。この管理職もまた権限を委譲することができる。計画の決定とその実施・コントロールの担当者を分ける結果，同期化が問題になる。この問題は，様々なやり方で解決される。例えば購入部門の課長には，一定の範囲内で自由にできる年間予算が与えられるだろうし，財務部長は自分の部下に有価証券の売買について詳しく指示する。歩合制は，営業部門の管理者を動機づけるだろう。「環境テクノロジー」というプロジェクト・グループにおいて，責任者は，グループ討論によってプロジェクトの進行手順についてメンバーのコンセンサスを得ようとする。作業の現場を見てみると，流れ作業の工程が，組立工に同期化された行動を促しているのがわかる。企業の構成員が持っている共通の価値観，規範は，組織において行われることを支えている。株式会社と顧客やサプライヤとの関係は，購入契約や提携契約によって規定されている。債権者は，貸借対照表法によって守られている。株主は，企業の経営を妨げることなく，自分の所有権を株式市場で売却できる。彼は，企業の資産を売却できるのではなく，自分の持ち分を売却できるにすぎない。その価格は，需要と供給の関係によって決まる。国家に対する株式会社の財務上の義務は，税法において規定されている。

　こういったツールはいくらでもあげることができる。所有権，選挙，立法，権限の委譲，資源配分，命令，歩合制，参加，製造ラインの組み立てなど技術上の制約，契約，価値観・規範，ならびに価格といったツールとともに，例えば言語，貨幣，人権もまた経済主体の調整とモチベーションに貢献している。

　これらの調整とモチベーションのツールは，制度と呼ばれるものである。**制度**とは，1人あるいは複数の個人の行動パターンに対する，制裁可能な期待である。期待は，1人の個人に対しても（例えば株式会社の執行役員会議長），複数の個人に対しても（例えば株主）あるいは社会のすべてのメンバーに対しても（例えば私的所有権を認めることについて）向けられる。制度は，1人ひとりの個人が，彼の行為の計画を練り，実行するさいの指針として役立つ。制度は自分の行為の可能性と限界について，また他者に向けられた期待についても情報を与える。このような制度の概念には，ルールとか規範（人権，法，客のもてなし方，言語など）が含まれるとともに，法人（企業，団体，国家など）も含まれる。また，制度は個々別々に作用するものではなく，総体的な組み合わせの中ではじめて十分に機能する。価格メカニズムは，例えば私的所有権，契約の自由，そして信頼できる貨幣システムのもとで機能するのである。

　制度には上位の制度と下位の制度がある。上位にある制度はそれより下位にある制度をデザインするさいに制約となる。例えば労働法は，個々の雇用契約書を作るさいの枠組みとなっている。雇用契約は，作業プロセスのレイアウトを決めるさいに考慮すべき基本情報である。他方で労働法は，例えば一般的に受け入れられた基本的人権のようなより上位の制度の制約のもとで制定されねばならない。それゆえ，1つひとつの制度は階層化されており，全体として見ると制度の階層ができあがる。最上位に

は基本的な制度があり，そのもとに基本的な制度から派生した二次的な制度がある（これについては，また以下の論述については，ディートル［Dietl］1993aを参照）。このような制度の階層は図3に表されている。

制度デザインの可能性については，ここに示された制度の階層によって答えることができる。最下位の階層レベルでは，デザインの余地は上位の諸制度によって大きく限定されている。そこには比較的わずかなデザイン・オプションしかない。けれどもデザインの結果は容易に見通すことができる。制度階層を上方に移動すれば，行為とデザインの余地は拡がる。しかし同時にデザインの帰結はより複雑になる。なぜなら下位レベルでのあらゆる影響を考えなければならないからである。経営者に経営権を与える企業の所有者は，商法の中で「経営権の付与」について定めた立法者よりも容易に自分の行為の結果を評価できるのである。

### 1.5.1 基本的制度

基本的制度は最上位の階層レベルにある。それらは人間の意図的デザインによって成立しているものではなく，長期にわたる進化プロセスにおいて，人間の様々な行為の結果として生じている（ファーガソン［Ferguson］1767；ハイエク［Hayek］1969）。この種の基本的なルールと規範とはたいてい無意識のうちに守られるものである。最も重要な基本的制度としては，人権，一般的なルール・規範，言語そして貨幣があげ

**図3 制度の階層**

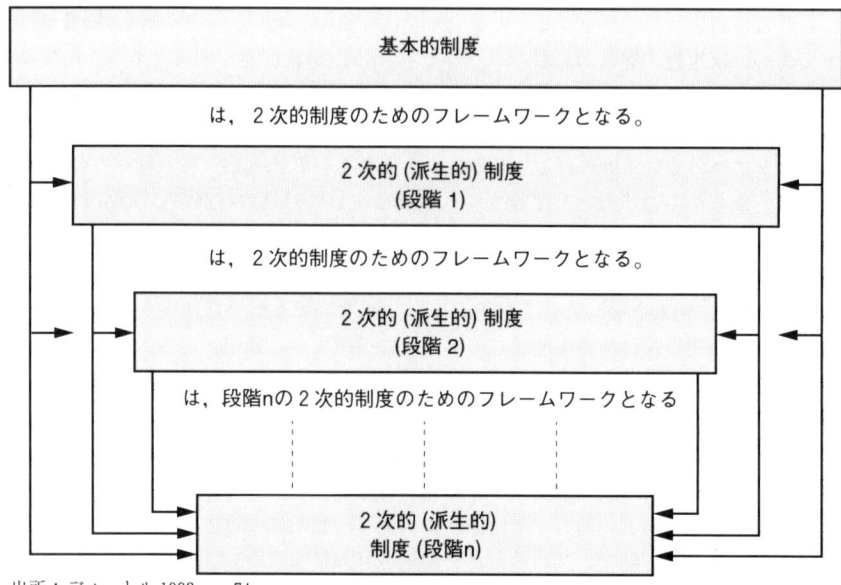

出所：ディートル 1993a, p.74

られる。そしてすべての制度がこれらの基本的な制度に基づいて組み立てられている。それらは，1人ひとりの社会メンバーに行為や意思決定の基本的な権利あるいは義務を与えているのである。

基本的制度は合理的にデザインできるものではない。基本的制度は，長い年月にわたる変異と淘汰による進化プロセスにおいて定着してきたものであり，何らかの計画委員会が入手できるよりもずっと多くの知識を体現している。意識的な介入によって基本的な制度を「改善」しようという試みは，失敗する可能性が大きいし，しばしば社会全体の厚生を損なうものである。

### 人権

人権は，文化や国家形態の様々な違いにも関わらず，世界中で広く認められている。人権に対する侵害が続けば，公衆からの批判，経済制裁，または軍事制裁さえ加えられることがある。人権の種類と範囲は，時代とともに絶えず変わるし，また人権侵害は絶えず存在するとはいえ，人権の意義はますます増している。

### 基本的ルールと規範

人権とならんでさらに，1つひとつの社会領域において進化的に形成された一連の基本的ルールと規範がある。例えば，商慣習，職業的伝統，客のもてなし方がそれである。基本的ルールと規範を守らなければ，その社会領域ではやはり制裁を受ける。基本的ルールや規範の大部分は，成文化されていない。これらはしばしば無意識のうちに遵守されるものである。

市場経済には，限られた範囲内でのみ成文化されているが，もともと進化的に発生した基本的ルールや規範が数多くある。現代の東欧における移行経済は，限られた範囲内でのみ計画可能であるものの成文化されていない行動スタイル，伝統，習慣などを学習しなければ，市場経済も政策的担当者の「中身のないそら言」になることを証明している。市場経済は，政策担当者が思っていたよりもずっと基本的制度である部分が多いことが明らかになったのである。

### 言語

言語は最も重要な制度の1つである。言語も社会の進化プロセスの中で形成されている。今日ドイツではドゥーデン，フランスではアカデミー・フランセーズのような言語を保存する機関があるとしても，われわれの言語は合理的な計画に基づいてデザインされたものではない。ドゥーデンがドイツ語を発明したとは誰も主張しないだろう。

自然言語は，今もなお継続して進化のプロセスにあるが，そのプロセスは，非常に限定的にのみ意図的なデザインによって影響される。エスペラントによって人工的な世界語を作ろうとした企ては失敗したが，それはこのことの典型的な例である。とはいえそもそも分業とは，情報とコミュニケーションに依存しているものなので，言語

は組織的なツールとして飛び抜けて重要である。言語の進化ではなく言語の使用法であれば，かなり目標を定めてデザインすることができる。

### 貨幣

言語と同じように貨幣の発生も社会的進化によっている。貨幣は交換プロセスを促進する。貨幣があれば，交換しようとする者は，彼が求めるものを提供すると同時に，彼が提供するものを求める人を探さねばならないという事態から解放される。加えて，貨幣の価値保管機能により，投資と消費の決定を時間的にずらすことができるようになる。

貨幣そのものは合理的な計画の所産ではないが，貨幣制度を利用することで通貨政策・貨幣量に関わる政策から企業内の移転価格を用いた独立採算の事業部間の調整にいたるまで，数多くのデザインの可能性が開かれている。もちろんそのさい問題になるのは，基本的制度のレベルではない。

要約すると，基本的制度は進化的に発生したといえよう。それらの合理的なデザインはできない。基本的制度は，人間の行為に関する基本的な権利と義務を規定している。それらは，組織プロセスの基礎となっているのである。

### 1.5.2 派生的制度

特定の社会メンバーが他のメンバーの行為を制限する権利が，基本的制度によって認められている範囲内で，その基本的制度から派生する2次的制度が生まれる。基本的制度は進化するものであるが，派生的制度のデザインないし変更は，対照的に合理的に行われうるものである。このことは，すべての2次的制度がはじめから合理的にデザインされたものであるいうわけではない。派生的制度は合理的にデザインされねばならないわけではないが，されうるものである。派生的制度を基礎としてさらに派生的制度をデザインすることができる。このようにして，図3のような階層ができあがる。最上位に基本的制度があり，その下に多くの派生的制度が続く。派生的制度を計画的にデザインすると，一方で契約によって意思決定権ないし所有権の完全または部分的な移転が生ずる。他方，より上位の行為権は，立法と司法の判断によって具体化され，制約される。

### 法

法は特定の行為を助長したり，排除したりすることで調整とモチベーションに貢献する。行為を規則によって助長したり，禁止することで不確実性が減少する。極端な場合，法の強制によって行為の代替案は，たった1つになる。そして法に違反すれば制裁が加えられるのである。

規範の発生はゲームの理論を用いて説明することができる（ウルマン＝マルグリッ

ト［Ullmann-Marglit］1977；クンツ［Kunz］1985参照）。以下において法律の例でこれを示してみよう。その原理はもちろんそのまま他の制度の発生にも転用できる。クンツによると，法律には維持するために監視が必要なものと，自己維持的なものとがある。自己維持的な制度とは，関係者が制度を確立し，それを遵守することで，制度による調整を受けない時よりも，彼ら全員により高い効用水準が与えられるならば，常に発生するものである。彼らにとってその制度を維持することは，それから逸脱すれば不利益をもたらすだけなので，監視される必要はない。そのような自己維持的規範の例は，対人コミュニケーションの言語ルール（文構造，文法），貨幣あるいはヨーロッパ大陸諸国における左側通行禁止のような道路往来などの基本的なルールである。それに対して監視を必要とする制度が発生し守られる場合には，少なくとも一部には，関係者の利害のコンフリクトが現れる。

**自己維持的な法律の発生**

　自己維持的な法の発生は，ゲームの理論ではすべての関係者が集団に同調的に行動すれば，自分たちの効用水準が上がるような協調ゲームとしてモデル化されうる（これについては図4を見よ）。

**監視を必要とする法の発生**

　監視を必要とする法はゲーム理論では以下のように表される。1人あるいは複数の社会メンバーがある規範を守らないことで，その規範を守る人々の負担で（例えば税法や環境法の違反にさいして）個人的な利得を得るような場合である。この利得はしかしながら，法の違反者の数が多くなるとなくなってしまう。図5は，このような状況を2人の個人からなる社会という単純なケースを用いて示している。両者が法を守れば，効用はそれぞれ10単位になる。一方だけが法に違反すれば，その人の効用は12単位になるが，もう1人の効用は1単位に落ちてしまう。両者ともに法に反すれば，

**図4　協調ゲーム　自己維持的な法律の発生**

|  |  | B | |
|---|---|---|---|
|  |  | 法律を守る | 法律を守らない |
| A | 法律を守る | 6/6 | 2/5 |
|  | 法律を守らない | 5/2 | 1/1 |

**図5 囚人のジレンマ・ゲーム（制裁なし）**

|  | B 法律を守る | B 法律を守らない |
|---|---|---|
| A 法律を守る | 10/10 | 1/12 |
| A 法律を守らない | 12/1 | 4/4 |

それぞれ4単位の効用を得る。

　相手がどのように決定するにせよ，行為者は法を守らない方がいつもよりよい立場になる。この種の状況は社会的ジレンマと呼ばれている（例えば，ドーズ［Dawes］1980を参照）。このタイプのゲームの典型的な例は，囚人のジレンマ状況である（アクセルロッド［Axelrod 1984］を参照）。囚人のジレンマ状況は，複数の可能な行為から自由に選択できるそれぞれの行為者が，自分にとってのみ最善の結果を達成しようとするために，その行為の期待される結果が，全関与者にとって最善である解を達成できなくしてしまう状況といえる。それゆえ結局，ゲームにおける行為者たちが協調的な行動をとった時よりも，すべての関与者にとってより悪い結果をもたらすような状態になってしまう。

　たとえそうであっても，両行為者が，それぞれ10単位の効用を実現できるように法を守ることは，彼らにとって努力する価値のあるものだろう。この努力は行為者たちが合意できる時か，またはその法への違反が罰せられるときにのみ長期にわたって実を結ぶものである。その制裁は，法の違反者がもはや純利得を期待できないほどの厳しさでなければならない。例えば，すべての法の違反が，（罰金，自由剥奪，特定の職業への就業禁止などを通じて）4単位の効用損失によって罰せられるような場合だろう。図6はこのような制裁を考慮した場合の効用の値を示している。

　この場合，法を侵すインセンティブはもはや存在しない。ここでは，法の成文化，採択，モニター，そして強制するコストがないものと単純化されている。さらに単純化のために，法の違反は確実に発見されるものと前提している。このような単純化の仮定を取り去ると，効用行列における制裁コストを考慮し，それぞれの効用の値を期待値として解釈しなければならない。現実のモニタリング・コスト，強制コストが高いほど，また法に対する違反が罰せられそうにないほど，法律を確実に維持することは困難になる。

**図6　修正された囚人のジレンマ・ゲーム（規範あり）**

|   |   | B | |
|---|---|---|---|
|   |   | 法律を守る | 法律を守らない |
| A | 法律を守る | 10/10 | 1/8 |
|   | 法律を守らない | 8/1 | 0/0 |

**裁判所の判決**

　法に対する違反の制裁は裁判所に任されている。それだけでなく裁判所は，係争事件の仲裁にも貢献している。裁判所の判決それ自体も派生的制度である。判事は，法を解釈し，行為の規則と禁令を強制するために与えられている意思決定権を行使する。裁判所の判決は，他の制度を強制するための制度である。

**契約**

　契約によって所有権が，全面的または部分的に，継続的または期限付きで，1人の個人または多数の個人から他の1人の個人または多数の個人に移転される。契約形態は，幅広く多様であるが，古典的契約，新古典的契約，関係的契約に分けることができる（マクニール［Macneil］1974, 1978；図7参照）。

・*古典的契約*

　古典的契約は瞬間的に行われる。そこでは，（契約の）代償の授受が時間的に一致し，契約締結の時点で一義的に明確に示すことができる。契約の結果にとって契約パートナーがどのような人間であるかは，それまでの関係でもそれからの関係でも重要ではないため，何の意味もない。係争事件が起きても，形式的な基準に基づいて裁判所が一義的に解決できる。例えば，高速道路のガソリン・スタンドでガソリンを購入するような単純な購入契約が，典型的な古典的契約である。

・*新古典的契約*

　古典的契約とは対照的に，新古典的契約ではすべての可能性があらかじめ考慮されているわけではない。契約は不可避的に不完全であり続ける。さらに契約パートナーがどのような人間であるかが重要である。双方は中期的な関係を結び，契約の破棄は損失を引き起こすので，契約の成就に関心がもたれる。新古典的契約では，係争事件

になった場合の仲裁には，第三者による調停が予定されている。裁判所への訴訟は費用がかかりすぎるし，また時間もかかりすぎる。さらに取引が中断してしまう危険があるだろう。専門知識を持つ第三者は，係争事件を素早くかつ双方の利害にそって仲裁するのに必要な専門的知識も権威も持っている。例えば，建築契約のさいには，しばしば建築家が契約当事者間の意見の相違を仲裁するために呼び出されるが，これは典型的な新古典的契約の例である。

図7　契約形態の分類

| 契約形態・契約法 | 属性 | 係争事件の解決 | 例 |
| --- | --- | --- | --- |
| 古典的 | ● 瞬間的<br>● 完全な契約<br>● 契約パートナーがどのような人間かは重要でない | 形式的基準に基づき，裁判所が行う。 | 単純で，とっさの購入契約，スポット市場 |
| 新古典的 | ● 期間的（はじめから限定された契約期間を持つ）<br>● 契約の部分的不完全性<br>● 契約パートナーがどのような人間かが重要 | 第三者（調停者）が行う。 | フランチャイジング，建築契約，委託契約 |
| 関係的 | ● 期間的（長期的な関係を持つ）<br>● 不完全な契約<br>● 契約当事者がどのような人間かは重要 | 契約者自身が行う。 | 無期限の労働契約，企業の事業部門間の関係，研究開発提携 |

・関係的契約

　関係的契約の関係では，1つひとつの交換が不連続であって別々のものであるという古典的契約の想定から離れている。契約者は，長期的な交換関係を結ぶ。契約締結の時点で　将来の（契約の）履行とその代償の内容は，不完全にしか明らかにされない。契約的に一義的に確定され，かつ文書化された明示的な協定ではなく，暗黙のうちの相互依存関係の自覚に基づく協定が結ばれる。関係的契約関係を，形式的基準では十分に判定することはできない。それゆえ，係争事件は，裁判官や調停者のような第三者の介入なしに調停されるだろう。調停のために必要な知識を持っているのは契約当事者だけであり，調停のために共通の規範と価値観が生ずることもよくある。いくつかのケースにおいては，裁判所が，関係的契約関係における係争事件に裁定を下

すことを拒むことすらあるだろう。例えば，企業内の移転価格に関する意見の相違について裁判所が取り扱うことはない。このような関係的契約にはとりわけ，提携契約，雇用契約がある。

**組織的解決**

　企業内または企業間の組織デザインは，すべて派生的制度である。例えば２つの企業が長期的な提携関係に入れば，この提携はそのとき，明示的であれ，暗黙裡であれ，投入された資源とその収益の所有権を提携パートナーに分配する契約をベースにして行われる。株式会社の経営者が，機能別組織から事業部制組織への移行を決意する時（これについては，6.3.2を見よ），彼は，株式会社の定款が彼に与えている（これについては，6.2.2を見よ）意思決定権とプロパティー・ライツ［property rights］[1)]とを，契約によってその企業の構成員となっている行為者の意思決定権とプロパティー・ライツの再編のために利用しているのである。

### 1.5.3 立憲的制度

　立憲的制度は，基本的制度の性格も持っているし，また二次的な制度の性格も持っている。これらの立憲的制度の起源は，それらをデザインする動機に由来しているのであって，それらの発生の種類と仕方にはあまり関係していない。立憲的制度は，各個人の行為の権利と義務を決定し，社会における人間の共同生活を統制するものである。それらは社会契約の一部として定められ，しばしば後になって憲法として成文化される。社会契約は，社会のメンバーが，合意したルールと規範を認めて共同生活する義務を負うことに同意しているとして結ばれる仮定契約である（ブキャナン／タロック［Buchanan/Tullock］1962，ブキャナン1975）。社会契約の起源は，自分の自由が他者の自由によって制約されるという認識にある。すべての社会メンバーが，自分の自由を他者の自由のために限定する準備があると宣言する。そのさい，その自己制約は純粋な利他主義から行われるのではなく，自由の喪失が厚生上の利得によって埋め合わされるという期待のもとで行われる。社会のメンバーは単純なコスト・ベネフィット計算に基づいて社会契約を仮定的に是認している。すべての社会メンバーは，社会契約があれば，それがない時よりも良い状態になることを出発点としているのである。

　誰もが持つ立憲的な行為の権利と義務は，不可侵の自由権，立憲的意思決定権，プロパティー・ライツに区分される（図8参照）。これらの行為権は今日多くの憲法にはっきり定められ，さらに別の（派生的）制度によって具体化されているが，もともとは進化的に発生したものである。それらは決して政治家の意図的なデザインによって作り出されたのではない。それらが憲法の中に成文化されているのは，それらの進化プロセスの帰結なのである。

**図8 立憲的制度**

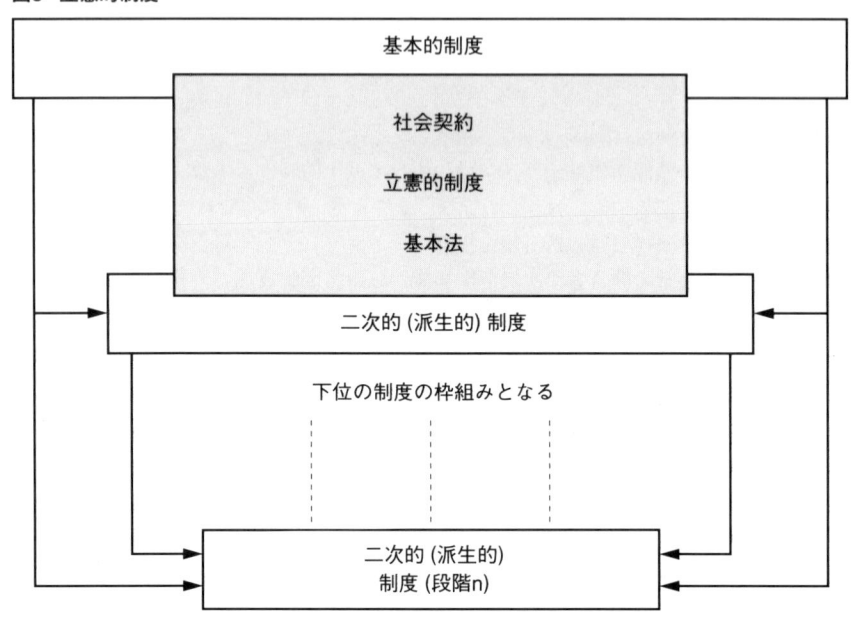

```
┌─────────────────────────────────────────────┐
│              基本的制度                      │
│        ┌──────────────────────┐             │
│        │      社会契約         │             │
│        │                      │             │
│        │      立憲的制度       │             │
│        │                      │             │
│        │      基本法           │             │
│  →     └──────────────────────┘       ←     │
│   ┌─────────────────────────────────┐       │
│   │       二次的 (派生的) 制度        │       │
│   └─────────────────────────────────┘       │
│                                             │
│         下位の制度の枠組みとなる              │
│           ┆    ┆    ┆    ┆                  │
│   ┌─────────────────────────────────┐       │
│  →│       二次的 (派生的)             │←      │
│   │       制度 (段階n)                │       │
│   └─────────────────────────────────┘       │
└─────────────────────────────────────────────┘
```

### 不可侵の自由権

不可侵の自由権は，決して制約されてはならない社会契約として個人に関連するすべての権利を包括するものである。主として憲法において成文化されている前述の人権が重要である。

### 立憲的意思決定権

立憲的意思決定権とは，社会メンバーの行為権を誰が，どのようにして決めたら良いかを決定する。例えば，選挙権，法と規範を定める権利，係争事件に裁定を下す権利が，立憲的意思決定権に属する。

### プロパティー・ライツ

自由権及び立憲的意思決定権とは対照的に，プロパティー・ライツは直接，経済財の扱いに関わっている。プロパティー・ライツは，物的または非物的な経済財について行使できる権利（と義務）である。それらは以下の権利の束を含む（フルボトン／ペヒョビッチ［Furubotn/Pejovich］1972を参照）：
- 財を利用する権利（usus）
- 財の形態と内容を変更する権利（abusus）
- 発生した利潤を自分のものにする権利，または損失を負担する義務（usus fructus）
- 財を譲渡し，清算による収益を受け取る権利

立憲的意思決定権ならびにプロパティー・ライツは，2つのやり方で配分ないしは制約されうる。第1に4つのすべての権利が1人の行為者に帰属する必要はない（例えば，環境の無制約な利用権とその他の権利との分離）。第2に，複数の人々が，割り当てられた権利を持ちうる（例えば多数の株主，共同相続）。意思決定権とプロパティー・ライツは，自由権とは対照的に，他の社会メンバーに移転することができる。

　自由権，立憲的意思決定権そしてプロパティー・ライツを持つことで，社会のメンバーは，組織問題をかなりの程度まで自主的に解決することができる。これは派生的制度のデザインを通じて行われる。

### 1.5.4 代替制度

　制度以外にも調整・モチベーション問題の解決に役立つツールがある。それらは代替制度ということができる。

**技術上の制約**

　技術上の制約とは，鉄道路線の状態，組立ラインの構造，建物の構造，コンピュータ・プログラムなどである。これらは，法やその他の制度と同じく，時にははるかに有効に人間の行為に制約を与える。技術上の制約は，行為の不確実性を減らすだけではなく，調整問題も解決する。また技術上の制約は，合意した行為パターンから逸脱する可能性を狭めるという意味で，モチベーション問題も解決する。技術上の制約と，この制約による行動範囲の限定は，経済主体が意思決定権と所有権を行使する結果，自動的に生ずるものである。

**コミュニケーション・プロセス**

　関係者の言葉による相互理解は，最も重要な調整・モチベーション・ツールの1つである。現代社会におけるコミュニケーション・プロセスは，貨幣，法または企業の組織形態のような制度的メカニズムのおかげで目立たないものになっているが，それらは相変わらず人間の行為の最も重要な基礎の1つである（ハバーマス［Habermas］1981，1984）。コミュニケーション・プロセスは，制度と同じように行為の相互作用を規則的かつ安定的にネットワーク化する。コミュニケーション・プロセスが調整・モチベーションのツールとして持つ意義を裏付ける例にはいろいろなものがある。例えば，後に扱う様々な形態の組織間関係があげられる（第5章参照）。協調は，企業の自発的な参加の意思決定に基づいている。そこで必要とされる前提が，信頼とコミュニケーションの存在ないし形成なのである（リッパーガー 1998を参照）。信頼とは，制度と同じく，1人または複数の個人の行為と行動に関わる期待である。これらの期待は，1人の個人に向けられることもあるし，多数の個人または社会のすべてのメンバーに向けられることもある。そして人々が行動計画を決めるさいの指針として

利用される。取引の実行や行為の調整にとって信頼とコミュニケーションの持つ重要性は明白である（フクヤマ [Fukuyama] 1995, p.24）。例えばフクヤマは，家族という自然に生じた狭い信頼の世界がそれを越える信頼の共有によって乗り越えられるところでのみ，より大きな法人的構成体，例えば企業が発生しうるとしている。

コミュニケーション・プロセスを分析するための認識論的なモデルとして，いわゆる生活世界という考え方がある（生活世界という考え方については，ハバーマス，1981, 1984を参照。その議論については，ピコー／ライヒヴァルト／ヴィーガント [Picot/Reichwald/Wigand] 1996, p.82, フランク1991, p.129以下を参照）。生活世界とは特定の生活・言語を体現するものである。これによって行為者の思考と会話の可能性と限界が決まる。コミュニケーションを成立させる必要条件である共通の背景知識は，生活世界ごとに異なっている。従って発言やニュースは，コンテクストと独立した意味を持っているのではなく，絶えず特定の経験と思考パターンに基づいて解釈されている。従って，生活世界の異なる行為者間のコミュニケーションは，かなり難しいかもしれない。ヴィトゲンシュタイン [Wittgenstein]（1953）は，言語ゲームについて語っているが，それは，特定の生活世界にいる人間が，他の生活世界のメンバーとコミュニケーションをするために使いこなさなければならないルールを持つゲームである。これらのルールや背景的知識は社会化のプロセスにおいて習得されるものであり，このプロセスにおいて，信念や期待のシステムが徐々に形作られるのである。

コミュニケーションの相手がまったく異なる生活世界に属する場合，かなりのコミュニケーション問題が生ずるかもしれない。異なる文化圏に属する企業間のコミュニケーションはまさにそのケースといえる。文献には，欧米の企業と極東の企業との文化の違いに由来するコミュニケーションの障害についての無数の例が見いだされる（例えば，ケラー [Keller] 1992を参照）。しかし企業の内部でも，例えば従業員と管理職との間に文化の違いに由来するコミュニケーション問題が生ずるかもしれない。このような問題は，異なる生活世界の出身者が企業の中で協同する時には常に起こりうるものである。しかしながら従業員たちが，彼らの日常的な私的生活・言語に加えて企業組織の生活世界にもとけ込むにつれて，この企業組織という生活世界が共有された生活世界としてコミュニケーションをうまく機能させるための適切なプラットフォームとなるのである。

## 競争

競争もまた，期待を安定化し，行為の範囲を限定するのに役立つもう1つの重要な調整・モチベーションのツールである。どのような将来目標をどのような資源を用いてどのように達成するかについての意思決定は，たいてい1つの包括的な計画にまとめられた期待に基づいて行われる。分業を行い，専門化がもたらすメリットを享受する社会では，人々の計画は，他の経済参加者の計画との関係を考慮しなければならない。例えば，パン屋は，彼のパンを買おうとする人々が十分にいることを期待しているのである。

これまでの論述において示されたように、制度はこのような「期待についての期待」を調整するために重要な方向付けを与えるものである。多くの互いに異なる期待があるために多くの両立しない計画があり、それらが制度によって事前に互いに調整されない場合、競争が事後的に競争に固有の修正機能を行使し、互いに相容れない期待からなる計画の実施を妨げることになる（ディートル、1993a, p.191以下参照）。パン屋が、自分の行動計画を決めるときに、同じ町内の競争相手が半額でパンを提供していることを考慮に入れなければ、競争によって彼の計画は修正を強いられるのである。

1）訳注(p.17)：著者に確認したところ、英語のproperty rightsとドイツ語のVerfügungsrechteを同義語として用い、これらをEigentumsrechte（英語のownership）と区別している。後者は、法律家によって単に「所有関係を表す」ために用いられるが、彼らによると前者はさらに、「財を利用する権利」、「財の形態と内容を変更する権利」、「発生した利潤を自分のものにする権利、または損失を負担する義務」、「財を譲渡し、清算による収益を受け取る権利」を含み、単に「所有権」という言葉によって表現される概念ではない。
　property rights theoryは、わが国では所有権理論（希に財産権理論）と訳されることが多いが、以上の理由から本書では、property rights とVerfügungsrechteをプロパティー・ライツと訳し、Eigentumsrechteを所有権と訳す。

# 第2章
# 組織問題の解決

　これまでに述べてきたように，組織問題は調整問題とモチベーション問題とからなる。問題は，分業・専門化によって得られる生産性の上昇から交換・同期化によって生ずる資源の消耗分を差し引いた純効果を最大化することである。このため第1に，経済行為者に経済プロセスにおける彼の役割について情報を与えなければならないし，第2に同意した役割を実際に果たすようモチベートしなければならない。このような2つの組織問題の解決は，組織化と呼ばれている。

　組織に関わる科学は，経営学の他の領域ではほとんど見られないほど，経営学，経済学，法学，社会学，心理学，政治学，または工学といった様々な学科の交差する領域である。ここでは組織科学の様々な発展の系譜を詳細に述べようとは思わないが，本書で採用される経済学的パースペクティブとその認識の対象について説明する前に，まず組織についてとりうる様々なアプローチを簡単に説明しておこう。

## ■■ 2.1 組織に対する様々なアプローチ

　「6人の盲人が象に出くわした。1人は牙を掴み，象とは槍のようなものにちがいないと考えた。もう1人は，象の腹にさわり，象とは壁のようなものだと言った。3人目は足に触れ，象は木と大いに似ていると告げた。4人目は鼻を掴み，象とは蛇のようなものだと考えた。5人目は耳を掴み，象は扇のようなものだと言い，尻尾に触った6人目は，そうではない，象は太い綱のようなものだと言った。」(モルガン[Morgan] 1986, p.340, キーザー[Kieser] 1995, p.1より引用)。

　様々な理論や手法を用いてもいつも実在の一側面しか描写できない組織研究者も，この寓話における盲人と同じである。従って，この学科の発展のためになされる貢献も多様であり，お互いに異なるものである。組織理論におけるこれらの様々な考え方の検討には意味があるし，組織問題をより深く理解するには望ましいのであるが，本書ではそれを詳しく行うものではない。それは，本書の範囲を超えているし，他の著作が十分に行っていると思われるからである（組織理論を概観する最も重要な著作としては，アルバッハ[Albach] 1989, フレーゼ[Frese] 1992, 1995a, ヒル／フェールバウム／ウルリッヒ[Hill/Fehlbaum/Ulrich] 1992, キーザー2001, クリューガー[Krüger] 1994, ラウックス／リアマン[Laux/Liermann] 1993, モルガン1986, シャ

ンツ［Schanz］1996，シュナイダー［Schneider］1994，シュライエク［Schreyögg］2001，ヴェルゲ［Welge］1987を参照）。

## 2.1.1 組織理論

　理論は複雑な現実において方向付けを与えるのに役立つ。この目的のために理論は，問題ごとに現実の特定の要素を強調し，他を無視する。それらは，職人の使う道具と同じように，研究者の認識の道具であるといえる。この道具のありがたみは，具体的な問題に適用してはじめて明らかになる。

　実在を余すところなく認識しつくすという要請は，どんな理論によっても近似的にすら満たされることはない。夜景の特定の領域だけを照らしだし，他は暗いままにしておくサーチライトの光を当てた観察のように，（科学哲学的な問題については，ポパー［Popper］1998，サーチライトの隠喩については，キルシュ／エッサー／ガベレ［Kirsch/Esser/Gabele］1979を参照），1つひとつの理論はすべて，それらが「照らしだす」断片的な組織問題の中での作用の関係に集中している。

## 2.1.2 組織概念

　これらの多くのサーチライトは，それぞれが，独自の組織へのアプローチとなっている。理論的な視点が異なるたびに，組織はサイバネティックなシステムであったり，契約的構成体であったり，生産要素であったりする。従って組織概念にもいろいろなものがある。それらの組織概念は，組織の特定の側面を強調し，他を無視して得られる特定のイメージを表しているのである。

　組織を調整・モチベーション問題のための「薬」であると考えるなら，それもまた1つの道具としての組織概念である（これ以降の論述については，ピコー1999，［Picot］1999, p.114f.を参照）。この見方からすると，組織は，組織問題を解決するための手段である（「企業は，道具として組織を**持っている。**」）。それに対して組織を社会システムとして解釈するのは，制度的組織概念である。そのとき組織とは，個人間の分業を伴う目的を持つ行為システムである（「企業とは組織**である。**」キーザー／クビチェク［Kieser/Kubicek］1992，キルシュ／メファート［Kirsch/Meffert］1970, p.21）。

　組織とは組織問題を解決するものであるとするとき，組織概念にはなお2つの解釈の余地がある。この解決は行為（**組織化すること**）の意味でも，またこの行為の結果（**ルール・システム**）としても理解できるのである。前者では，組織問題を処理するプロセスが重要であり，後者では人間の行動を左右する制度という形でのプロセスの結果が議論の中心になる。企業組織が持つルールの総体は，組織構造と呼ばれる。組織構造は3つの異なる視点から論ぜられる（ペニングス［Pennings］1973）。

　**公式的な**組織構造とは，計画され，公に採用されたルールである。それらは例えば企業のレベルでは，しばしばいわゆる職務規定の中に成文化され，国や社会のレベル

では法や行政上の通達において成文化されている。

**実在する**組織構造は，組織内の経済行為者の行為を観察することから明らかになる。彼らの行動が公式的なルールから離れているほど，またはその空白を補っているほど，公式的構造と現実の構造とは互いに乖離している。

公式的組織構造を1人ひとりの行為者が知覚し，解釈したときに**主観的**組織構造と呼ばれるものが生ずる。

さらに，組織というものは，継続的な現象であると考えられる。その場合，職務担当者が担っている複数の職務間の関係が注目される。ここで問題となるのは**構造としての組織**（Aufbauorganisation）である。それに対して**プロセスとしての組織**（Ablauforganisation）という場合，職務担当者が実施する，具体的，時間的に進行する実行プロセスが中心になる。

## 2.1.3 伝統的な経営組織論における組織理解の問題点

伝統的な経営組織論は，企業のような複数の人々からなる構成体を対象として，もっぱらその内的な機能を研究してきた。このような研究は確かに重要であるが，その内的機能の考察において支配的なのは，集権化・分権化の問題，命令権と意思決定権のデザインの問題，プロセスの標準化・公式化の問題，組織開発の問題などをめぐる議論である。

しかしながら，競争，顧客，市場を重視するならば，組織構造の外部との関係にも注目しなければならない。また伝統的なパースペクティブは，他にもいくつかの理由から補う必要があるように思われる。

第1に，企業内のルールや制度のシステムは必然的に上位の制度の階層全体に組み込まれている。例えば，コンツェルンの組織構造を，株式法や競争法または国家の競争政策のような上位の制度と関連させずに説明したり，デザインしたりできるかどうかは疑わしい。もちろん株式法もまた，例えば私的所有や契約の自由のようなさらに上位の制度に組み込まれている。実際，企業の「内部組織」とは，要するに上位にある基本的制度，立憲的制度そして派生的制度を補完するものとして理解すべきなのである。企業にとって上位にある制度的枠組みが安定しているならば，内部の考察に集中するのは正当である。しかしながら，上位にある制度的枠組みが変化したり，あるいは，これまでの内部組織に対する処方箋を他の制度的環境に移植しようとするなら，外部との関係にも注目せざるをえないのである。

第2に，企業というものは，与件として与えられたものではなく，まさに（意図された，あるいは意図されざる）組織化プロセスの結果である。組織問題を解決するシステムは企業だけではない。市場，協同組合，民主的選挙，企業を越えて広がる「クラン」，提携，協調そして多くの契約システムもまた，分業と専門化ないしは同期化と交換のルールであると解釈できる。実際，それらは経済行為者から見ると，企業というタイプの制度の代替案とも言えるのである。経済行為者はいつでも，自分の目標

に最も役立つ制度を選ぶとすると，企業は決して安定した永続的存在ではない。彼が企業を選択するのは，（例えば緩い協調または市場取引のような）他の制度がより高い効用を約束しない場合だけである。それゆえ現実には，企業の境界は流動的であり，今日では様々な理由から曖昧になる傾向がある（これについては，ピコー／ライヒワルト／ヴィーガント［2001］を参照）。企業内部のある生産段階を（例えば分社化したり，その工程を他の企業に生産委託することによって）動かすことは，垂直統合戦略またはアウトソーシングというキーワードのもとで頻繁に議論されている，合理化の道具である（これについては，ピコー［1991b］を参照）。このケースでは，企業という制度の一部が市場という制度に取って代わられているが，（例えば，以前は独立していた企業に資本参加したり，新たに自社の製造設備や販売施設を建設して）それまで企業の外側にあった生産・マーケティング段階を統合する場合には，反対のことが起こる。

　要約すれば，従来の経営組織論が内部にばかり目を向けてきたことは，補完される必要がある。第1の理由は，企業組織は周囲に何の制度もない真空の中にあるのではなく，包括的な制度の階層（枠組み条件）の中にあるものと考えられるからである。そして第2に，企業組織の内部制度そのものも，様々な内部制度（例えば機能別組織vs.事業部制組織）をその代替案として持っているばかりでなく，多様な外部の制度（例えば，事業部制組織vs.分社化vs 法的に独立した企業のネットワーク組織など）を代替案として持っているからである。

## 2.2 本書の基礎にあるフレームワーク

　科学の目的は知識を獲得することである。抽象的な言い方をすれば，科学的な作業とは，選ばれた研究対象に対し，知識を得るために道具を適用することといえる。科学的な作業は，特定の知識への関心によって方向付けられているのである。

　この節では，本書の基礎にあるフレームワークを簡単に描いてみよう。すなわち，本書において考えられている組織概念はどのようなものか，追求されている知識としての理論とはどのようなものか，知識を得るための道具として経済学理論を用いること，そして研究対象としての3つの組織レベルについて説明してみよう。

### 2.2.1 組織概念：組織構造ないし制度のシステムとしての組織

　本書では，組織を特に組織構造としてみている。経営学では，企業におけるルールの総体を組織構造と呼んでいる。制度研究（3.3参照）の用語を使うと，組織構造は制度のシステムである。それは，企業メンバーの行為を限定し，彼らの行動を目標に向けて方向付け，そうすることで調整とモチベーションとを行う。制度の研究は，「企業」という研究対象に縛り付けられている経営学と異なり，企業の内部領域にば

かり注意を向けているわけではない。経済活動（分業と専門化，交換と同期化）が，企業内でのみ見られるわけではないのと同じように，経済行為者の行動を左右するルールという意味での制度も，企業内でのみ見られる特質というわけではない。例えば株式市場のような市場もまた，ルール・システムなしには考えることができない。ここでは，このルール・システムに従って，比較的精密に職務を分割し，それらの職務に専門化した職務担当者は，職務を標準化した交換・同期化プロセスによって処理するのである。しばしば完全市場の例として，ゆえに企業の対極にあるものの例として挙げられる株式市場も，成文化された制度（例えば証券取引所法）と成文化されていない制度（例えば商慣習，社会的に受け入れられた行動パターンと制裁メカニズム）からなる非常に複雑なシステムなのである（これについては，ピコー／ボルテンレンガー／ロェール [Picot/Bortenlänger/Röhrl] 1996参照）。

それゆえ組織構造という概念は，本書においては，企業**内**のルールや制度について**のみ使われるわけではない**。市場，企業ネットワーク，国家などもまた1つの組織構造を持っており，企業レベルのルールと相互作用するのである。

### 2.2.2 応用組織論の目標：説明とデザイン

この教科書は応用経営学の伝統（ハイネン [Heinen] 1991を参照）を受け継いでいる。それゆえ，理論的な**説明という目標**も実務のための**デザインという目標**も持っている。

説明とは，現象が発生する理由を述べることである。それは，複雑な事態を少数の一般的な原理または法則に還元することだとも言える。応用科学では，説明のみが目的なのではなく，説明はデザインに関わる提言（政策的な提言）のための前提となっている。応用科学の意義は実務上の問題解決に役立つことにある。応用科学は，いわゆる実務に従事している経済主体に，現実についての知識を与えるだけでなく，政策的な提言を与えることで彼の仕事を手助けしようとする。

科学的な研究の主たる動機は，知識を得るという目標である。目標というものは，達成すべき結果が指針となるという意味で研究を方向付ける機能を持っている。知識を得るという目標も，その目標が本当に達成できるかどうかとは関わりなく，このような機能を持っている。1.5節で述べた制度の階層組織を考えてみると，応用組織論が果たしうる説明やデザインへの貢献は，基本的制度のレベルから立憲的制度のレベルを経て，派生的制度のレベルに降りてくるほど大きくなるだろう。

応用組織論に特有な構造は，次のような構成要素によってより詳しく説明されよう。

**行動変数**

応用組織論は定義からして，組織構造を（多かれ少なかれ）デザインすることは可能だと仮定している。従ってそれは，組織内の経済主体が，意思決定や行為の選択肢

を持つことも前提しなければならない。もし彼が，決まりきったやり方で意思決定し，行為しなければならないとすると，組織論に提言や助言を求める必要はないだろう。しかし，組織のデザイン（他者による組織化）がどの程度可能なのか，内部の行為による組織形成（自己組織化）がどの程度の範囲のものなのか，はさしあたり未解決のままである。

**効率性基準**

　政策的提言をまとめるには，経済主体の持つ意思決定や行為の選択肢が存在することとともに，様々に提言される意思決定や行為の有利さを測る尺度が必要である。一般的に組織構造は，第1章3節で述べられた経済活動における問題点を，調整・モチベーションによってどの程度取り除いているかという点について比較されるべきである。しかしながら問題点の除去という第1章で使用された基準では，あまりにも抽象的なので，理論的な裏付けのあるさらに操作的な，効率性という基準に代えなければならない。

**条件**

　制度的環境による限定や専門化と分業による相互依存性のため，経済主体の持つ意思決定や行為の選択肢の範囲は無制限ではない。それゆえ，組織論の提言や助言は，考察されている状況で経済主体の選択の自由度を制約している条件を考慮しながら，出されるべきである。考えうるすべての条件下で組織問題を解決させるような普遍妥当なデザインの提言などないということは，いわゆるコンティンジェンシー理論または状況アプローチが多くの経験から得た洞察である（これについては，例えば，ピコー1999，p.124，キーザー／クビチェク1992；ヒル／フェールバウム／ウルリッヒ1994，1998を参照）。

**理論**

　所与の条件のもとでの特定の行動の影響を効率性という基準で評価するためには，結局，一般的な因果関係と法則，つまりいわゆる理論が必要となる。理論というものは，例えば行為者の行動についての特定の公理仮定を基礎としながら，行動変数，条件，効率性基準という上記の構成要素間に再現可能で経験的に確認された関係を確立したものなのである。

## 2.2.3　知識を得るための道具としての経済理論

　すでに説明したように，実在のすべての側面を単独で説明する理論は存在しない。1つで「すべてを照らし出す」サーチライトなどは存在しないので，「組織という暗闇」に少しでも多くの光を当てるためには，様々なサーチライトを順次試してみる必要があろう。

このような考えを理論的多元論という。しかしながらそうは言ってもいくつかの留保付である。第1に，様々な理論がもつ基本的な仮定や伝統はしばしばお互いに両立しないものである。その結果，それらの理論を同じような問題に適用したときでさえ，比較できないということになる。このようなケースは理論の**共約不可能性**といわれる（ブレル／モルガン［Burrell/Morgan］1994，キーザー2001参照）。第2に，理論があまりに多様であると，様々なサーチライト的立場の善し悪しについて（メタ理論について）ばかり議論が行われ，もともと研究対象となった風景（実践的問題）に十分に注意が向けられないという危険に注意しなければならない。

　このような点を考え，本書では，組織という「暗闇の」風景を探求する道具としては，もっぱら経済学的な組織理論を用いる。従って，第3章ではいくつかの経済的な組織理論を概観する。経済理論の分野では，この20年間に研究についても応用に関してもかなりの進歩がみられたにも関わらず，ドイツの経営組織論への移転が体系的に行われたことはない。本書はそれを試みるものと理解されよう。このように経済学的なサーチライトに限定しているため，他の理論は問題にされず，考慮されていない。例えば行動科学やシステム理論を用いれば探求されうる多くの問題が，暗闇の中に，場合によっては「経済学的サーチライト」の「投げかける光」の中にも疑いもなく残っている。しかし逆の場合にも同じことが当てはまることは言うまでもない。

### 2.2.4　認識の対象としての3つの組織レベル

　現実の多様な制度や組織現象に対して余すところなく光を当てることは本書の目的ではない。様々な経済理論を用いて「光を当てる」べき対象領域はむしろはじめから限定されている。

　この経済学的組織論は，応用経営学の一部である。経営学は，知識を得る道具として利用する理論を限定してはいない。経営学は，理論的多元論に基づく学科であって，そこでは経済学的研究が，行動科学的研究やシステム理論的研究と共存している。経営学は，研究対象として企業（同義語：経営）を選択するということで自らの範囲を限定しているのである。

　それゆえ，本書は，企業という経営学の研究対象を主に扱っているという意味で経営学書である。しかし本書は，伝統的な経営組織論とちがって，企業組織に対する純粋に「内からの視点」を出発点としない。企業組織は，必然的に上位の制度的枠組みを背景として存在しているので，企業組織はそれら制度的枠組みの延長として把握すべきであるし，またその枠組みに影響を与えてもいる。さらに企業内部の組織構造は（従って企業の形成そのものでさえ），経済行為者の調整とモチベーションのための企業外部にある他の制度と絶えず競合している。

　企業組織に対する「内からの視点」と「外からの視点」を結びつける結果，必然的に次のような3つの問題が考慮されねばならなくなる。

**企業の内部領域としての組織**

伝統的な経営組織論と同一の観点になるこのレベルでは，企業内の組織という古典的な問題が扱われる。経済理論は，企業形態の選択，企業のマクロ組織（例えば，機能別組織と事業部制組織），そして，ミクロ組織（例えば，セル生産方式とジョブショップ生産）の問題（第6章参照）に対して様々な説明・デザインのヒントを提供する。

**組織間関係としての組織**

分業，専門化，交換，同期化は企業の内部でのみ見られるものではない。企業自体，経済行為者の調整とモチベーションのための多くのオプションの1つでしかないことがわかっている。企業も，1人ひとりの行為者も，専門化した他の行為者との交換関係を，これらの行為者を法的に統合せずに，組織化する様々なオプションを持っている。組織間関係としての組織のレベルでは，垂直的，水平的，横断的，そしてコングロマリットといった様々な協調形態をとる。このような企業の「外部の組織」にも詳細に光が当てられる（第5章参照）。

**競争のフレームワークとしての市場組織**

組織のデザインは，提携といった企業間組織のレベルでも，また企業内部の組織レベルでも，様々な上位の制度によって限定されている（1.5節を参照）。

ゆえに政府は，競争政策（反トラスト法，規制・規制緩和，国有化・民営化など）によって組織者として競争プロセスに介入する。この場合，上位の基本的・立憲的制度（市場経済，私有権など）を背景として理解すべき派生的制度が問題になる。国家による介入は，計画的・デザイン的なものであり，ゆえに合理的に分析することができる。国家のデザインする競争組織を理解することは2つの理由から重要である。第1に，それは，企業の意思決定と行為を競争政策的なフレームワークに予め適応させることを可能にするし，第2に，その適応を改善できるようにするからである。

# 第3章
# 組織の経済理論

## ■■ 3.1 共通の出発点

　本書では,「暗闇の中にある組織」を探求するための理論的な枠組みとして経済学的なアプローチを採用している。このアプローチには長い伝統がある。すでにアダム・スミスが,1776年に出版した『国富論』において,分業と専門化による生産性の上昇を明らかにし,組織問題が経済科学の中心的問題であることを強調している(1.2.1を参照)。それ以来,経済学者だけでなく社会学者,心理学者や他の分野の研究者たちが組織問題に取り組み,それぞれの視点から多くのアプローチや理論が展開されている。本書ではそれらを紹介しないが,それについては例えばアルフレッド・キーザーの『組織論』を参照されたい(キーザー[Kieser] 2001を参照)。

　以下の節では,様々な経済学的な組織論が紹介されている。これらの理論が持つ経済学的な特徴とは,方法論的個人主義とか個人の効用極大化といった基本的公理である。違いが生じるのは,経済的な行為者がもつ情報の状態についての仮定である。すなわち,新古典派経済学は,行為者に対して完全な合理性を仮定しているが,新制度派経済学にとっては,経済的行為者の限定合理性の仮定が出発点となっているのである。

### 3.1.1 経済理論に共通する基本的公理

　以下の2つの仮定は,あらゆる経済学的アプローチの公理となっている。

**方法論的個人主義**
　理論を組み立てるさいには,原則的に個々の行為者の意思決定を出発点とする。制度や組織構造は,彼らの行為や意思決定の結果であるとして理論を組み立てる。例えば社会学に見られるアプローチのように,社会システムの創発的な現象とはされない。

**個人の効用極大化と機会主義**
　個人の効用極大化は,経済学的なアプローチにとって中心的な仮定である。個々の行為者に注目し,彼の行動は,効用関数として示される明確な目標関数を持つと仮定される。人々は,自分の効用を極大化しようとするが,このような仮定はあまりに一

般的でその経験内容はむしろわずかなものである。個々人の効用はまったく様々な要因によって満たされうるものだからである。例えば，利他主義や極端な自己犠牲も，社会的な認知や他者の幸福を当該行為者の効用関数の一部とみなせば，効用極大化の仮定によって説明できる。まったく同じように，人々は，事情によっては他人を犠牲にしたり損害を与えたりしても，あるいは正当なルールを破ってまでも自分の目標を追求する場合があることを考慮に入れなければならない。特に，制裁が実行されない状況，またコントロールやルールを強制するコストが高いような状況では，コストを負担せずに自分の利害を実現することができるのである。

行為者が自分の利益を実現するために意識的に他者の損害に目をつぶるような行動は，「機会主義的な行動」とか「機会主義」と呼ばれている（ウィリアムソン[Williamson] 1975参照）。この機会主義の仮定と個人の効用極大化との違いは，単なる視点の違いでしかない。個人の効用極大化は，経済**行動**を個々の行動主体の視点から見るのに対し，機会主義という場合は，効用を極大化している行為者の**行動の結果**を，外部の観察者の視点から見たものだからである。

機会主義はいくつかの経済モデルにおいても中心的な仮定となっているが，多くの制度は，もっぱら利己的で他者を犠牲にして自分の目標を追求する人間の行動を制限するようにデザインされている。この仮定は，人間について片寄った考えを示しているようにも見えるが，重要なものであることは間違いない。多くの人々が警備のない銀行があっても襲う気を持たないということは事実であるが，それでも銀行は強盗に襲われるという可能性に対して十分な保安設備を設置するのである（この例についてはミルグロム／ロバーツ[Milgrom/Roberts] 1992, p.42を参照せよ）。同じように交換関係のデザインのさいにも，行為者は，例えば情報の非対称性や一方的な依存関係を機会主義的に利用するという原則的な可能性を考慮に入れねばならないのである。

この効用極大化という仮定をもっと精密にし，解釈しようとする試みが，経済学でも様々に行われている。例えば，効用極大化という仮定は，行為者が世界について完全情報を与えられている場合についても（客観的な合理性），また，不完全な情報を持っている場合についても（限定された合理性）用いることができる。この仮定に特殊な解釈を与えたり，別の仮定をつけ加えることで，経済学的な理論は様々なアプローチや学派へとわかれていく。この章では，その中でも最も重要なものの概略を紹介している。

### 3.1.2 経済学的なアプローチの多様性への分岐点：合理性の問題

個人の効用極大化の仮定を基本的な公理としてそれ以上問わないとしても，経済行為者の持っている情報についての仮定を様々に変えることで，彼の行動は様々に描写されることになる（サイモン 1986, p.210を参照せよ）。

まず第1に，経済行為者の知識と情報処理能力は無限であると仮定することができる。この場合，行為者がいる世界と彼がイメージしている世界とは定義により同一で

あり，同じ物である。世界について認識を得るという問題は，解決されていることになる。行為者は，自動的に，世界について適切で完全な情報を持っているので，彼は常に自分の欲求に関して（「真の」世界で）客観的に最善の意思決定を行う。このような行動は**完全に合理的**であるといわれている。

次に，行為者の知識と情報処理能力は限定されていると仮定することもできる。そうすると，現実の世界と行為者がイメージする世界との関係が問題になる。現実の世界と自分の知覚したものとの間に違いが生じうるならば，理解とか情報獲得の問題が重要になる。完全な情報を持ちえない行為者は，必然的に世界について主観的な知覚しか持ちえない。彼らの最適化行動は，もはや客観的に合理的であるとは言えなくなる。なぜなら，彼らの意思決定は，せいぜいその限定された，イメージされた世界（つまり彼らに利用できる知識）に関してのみ最適だからである。彼らの合理性はそれゆえ実質的ではなく，単に手続き的なものである。このような行為者は，限定された合理性を持つといわれるようになっている。**限定的に合理的である**というのは，意図としては合理的であるが，しかし行為者の入手できる知識やイメージとしての世界に依存しているため，その意図がほんの限定的にのみ果たされるような行動ということである。

経済行為者の情報処理能力についてこれら2つの仮定のどちらを選ぶかは，経済学のアプローチを分岐させるポイントになっているのである（この点及び以下の論述についてはフランク 1995a, p.21以下参照）。

## 新制度派のアプローチ：合理性の代用物としての制度

経済学の中でも，新制度派のアプローチは，行為者の限定された合理性を仮定している。新制度派のすべてのアプローチにおいて，限定された合理性が何らかの形で，「損失」を引き起こすと前提している。この「損失」は誤った分業・専門化のために生産性を高める機会を失っていたり，交換と同期化のコストが高くなりすぎるという形で現れる。経済行為者は，この損失を調整とモチベーションを通して最小化し，できるだけ高いレベルの効用極大化を実現するために，合理性の代用物，すなわち制度をデザインする。合理性の欠陥を「組み込まれた」経済行為者は，「**合理性の代用物としての制度**」をデザインすることで，最適化を行うのである。例えば，事業部長が自分の事業部の成果に関する情報を共有するという制度は，部下の努力，活動，意図に対する経営陣の観察力不足の代用となりうる。このように，新制度派のアプローチとは，まず経済行為者の合理性の欠落のために生じうる問題を明らかにし，次に合理性の代用物として適切な制度をデザインするという試みであると言えよう。

## 新古典派アプローチと産業組織アプローチ：市場支配の道具としての制度

客観的に（つまり完全に）合理的な行為者が，合理性の代用物を必要としないのは明らかである。彼らはいわゆる「有り余るほどの合理性」を持っており，限定された合理性のために生ずる損失を少なくするための制度には，定義により関心を持たない。

また一方で，客観的合理性という仮定を置く研究は，事実についての主張と見なされるべきではない。現実の人間としての個人が完全な情報を持たず，そのために客観的な意味で合理的になれないことが確かだとしても，それは客観的に合理的な行為者を仮定する経済学を拒否する理由にはならない（この点と以下の部分については，フランク 1995a, p.57以下に詳しい）。このような人間像を伴う研究は，情報の問題と関係しない経済的な効果を制度から分離するための，1つの作業仮説と理解すべきだろう。誇張していえば，客観的に合理的な行為者というこの人間像によって，制度によるもの以外の経済効果を浮き彫りにするために，合理性という道具の領域で意識的に弱点をさらけ出しながら，まったく新しい視角を選んでいるのである。そのとき，限定された合理性を処理するのに必要な道具としての制度ということの他に，制度にはどのような意味があるのか，が問題になる。

新古典派アプローチや多くの産業組織アプローチにおいて用意されている答えは，制度とは経済行為者が，**市場支配**を築くために，または**市場支配**に抗して防御するために使う道具であるというものである。例えば，知的財産権のように独占を保護する制度は，高い価格を設定し，適応と合理化の圧力から逃れるために，より堅固な市場支配の地位を得させている。これらのアプローチにおいても，そのやり方は新制度派のそれとは異なったものであるが，制度と組織は道具として使用されている。行為者は，この「制度」という道具で，合理性の不完全さを補うのではなく，市場支配ないしは市場での対抗パワーを作り出しているのである。

**進化論的アプローチ：限定的に道具化されうる制度**

進化論的アプローチ（例：ネルソン／ウィンター［Nelson/Winter］1982, マッケルビー／オールドリッチ［McKelvey/Aldrich］1983）は，新制度派アプローチと同じく，限定された合理性を持つ行為者を取り上げる経済学的アプローチである。限定された合理性の仮定はしかしここではさらに徹底されている。新制度派では合理性の不完全さは，合理的な制度のデザインによって埋め合わされるが，進化論的なアプローチにおいては，このような企ての結果が疑われる。制度が人間による行動の結果だということは明らかなことであるが，人間の合理性の限定を見ると，すべての制度が人間の計画の結果であるということは非常に疑わしいものであるとされる。制度は，まっさらな白紙にデザインしたものではなく，経路依存的な進化プロセスの結果なのである。

進化論的説明が，基本的な制度について非常に重要であることは疑いえないだろう。

### 3.1.3　様々なアプローチを紹介するためのスキーム

以下の節では，新古典派経済学のアプローチと新制度派の3つのアプローチがさらに詳しく紹介されている。

様々なアプローチの共通点や相違点を明白に，目に見える形に表せるように，それらアプローチはそれぞれ同じスキームに従って紹介される。まず第一に，**理論の基本的特徴**が概略される。ここで重要なのは，その理論は，どこに「サーチライトの光」を向けるのか，この理論から導きだせる提言は，どのような意思決定や行為に関係しているのか，というものである。

次に，その理論が持つ**優位性の基準**を紹介する。政策的な提言を提出するためには，経済主体の意思決定，行為の選択肢を示すとともに，様々な選択肢の有効性を比較する基準が必要となる。簡単に言えば，組織に対する提言がなぜ「よい」のか判定できなければ，提言は無意味である。一般的には組織構造は，それが，どの程度1.3節で描かれたような経済プロセスにおける「不完全性」を，調整やモチベーションによって除去しているかについて判定される。しかしながら，第1章で用いられた「不完全性の除去」の度合いを比較するという基準は，あまりにも抽象的であり，それゆえもっと操作的な，それぞれの理論に固有の効率性基準ないし優位性基準を紹介しよう。

その次のステップでは，理論の基礎にある公理的な**仮定**と，その理論が取り上げる**条件**が詳しく説明される。ここでは，仮定と条件との違いに注意する必要があるだろう。例えば，効用極大化行動のような仮定は，決して取って代えることのできない基本的な構成要素であるが，条件は，状況に応じて経済主体の選択肢の範囲を限定するのであるが，様々に変化しうるものである。だから例えば，効用極大化を追求する限定的に合理的な行為者は，カスタマイズされたサービスへの需要を繰り返し持つこともあれば，標準化されたサービスへの需要を繰り返し持つこともある。この条件（カスタマイズされたものの繰り返しと，標準化されたものの繰り返し）に応じて，そのサービスを自分で生み出すべきか，ほかから購入するべきかについての提言がなされるだろう。

この取引費用理論（それについては3.3.2節を参照）から持ってきた例から明らかなのは，**説明とデザインへの貢献**の節（3.3.2.4）ではこのステップが話題になっているということである。すなわち，そこでは，この理論に固有の効率性基準から見て，できる限り大きな優位性を持つ組織をデザインするために，様々な条件が行動変数として表現されているのである。

## 3.2 新古典派アプローチ

### 3.2.1 理論の基本的特徴

新古典派ミクロ経済学の中心にあるコンセプトは，競争市場のモデルである。市場は，理念型として，生産要素の提供者とその需要者としての企業が出会う生産要素市場と 生産したものの提供者としての企業と消費者としての家計が出会う消費財市場

の2つに分けられる。いつも数多くの供給者と需要者がいる競争市場では，市場清算的な均衡価格は個々の市場参加者によって決められるのではなく，市場の相互作用（いわゆる「見えざる手」；3.2.4参照）という全体のプロセスを通じて決められる。いわゆる家計の理論あるいは需要理論の中心には，価格が与えられた時に消費者が様々な財と様々な財の量についてどのように選択するか，という問題がある。それに対して，生産理論ないし企業理論は，生産者が所与の財・要素価格に直面した時，生産すべき財，その量とそのために必要な生産要素と生産技術をどのように選択するかということを探求する。新古典派アプローチの仮定のもとでは，競争が行為者たちの決定を効率的な総合的結果に導くことが示される。それに対して，市場支配とそれによる競争制限は，効率的な総合的結果の達成を妨げるものである。

### 3.2.2 優位性の基準としての複合的な効率性尺度

新古典派の競争理論においては，様々な優位性の基準が市場プロセスの結果を判断するために取り上げられている（シェファード[Shepherd] 1990, p.26以下を参照せよ）。それらの基準は同時に，政府や行政官庁が組織的に介入するさいの目標ともなる。提案される基準に関する理論の説明力は，そのさい様々である。ここで最も重要な基準は，資源配分の効率性である。

**効率性**
効率的であるということは，所与の資源状態から最善の結果を達成すること，あるいは，一定の結果をできるだけ少ない資源消費で達成するということである。「効率性」という優位性基準は，レベルの異なる経済的な考慮のさいに用いられ，複数の基準が階層化されて用意されている。それはまた，記述的尺度としても，また規範的規準としても理解されるという意味でも階層的である。競争理論においては，効率性は次の2つの基準を用いて議論される。

・*内的効率性（X-効率性）*
この基準は企業内の付加価値プロセスに関わるものである（ライベンシュタイン[Leibenstein] 1996を参照せよ）。企業は，ある一定のアウトプット・レベルを最低のコストで生産するときに，効率的といえる。その前提としては，生産要素量が節約されること，また労働者が最大限に努力することがあげられる。理想的なX-効率の状態から乖離した部分は，スラックと呼ばれる。

・*配分の効率性*
配分の効率性は複合的な効率性である。これを実現するためには多岐にわたる均衡条件が満たされなくてはならない。配分の効率性の持つ多様な側面には以下のようなものがある：

・**生産経済的な全体的効率性**

　まず，生産部門全体が，所与の要素の在り高から効率的なアウトプット・ベクトルを生産することが要求される。アウトプット・ベクトルは，すべての生産単位の生産量をそれぞれの生産物について集計するものである。効率的なアウトプット・ベクトルが実現するのは，企業（あるいは生産単位）に対して，1つ以外のすべての財について少なくとも出発点でのベクトルと同じだけの量を含み，かつある1つの財についてより多く含むようなアウトプット・ベクトルをもたらすような生産要素の再分配がもはや存在しないときである。このような要求がX-効率性の条件をはるかに上回っているということは明らかであろう。すべての企業がX-効率的に生産しているだけでなく，様々な生産における諸要素の生産性の相違も適切に考慮されていなければならないからである。ある生産における要素代替はその生産のアウトプットを変えずに行われるが，同時に，他の生産においてアウトプットの増加をもたらすような要素代替が可能になる。この場合，X-効率性を変化させない生産への要素の再分配によって，1つ以外のすべての種類の財について同量のアウトプットをもたらし，そしてある1種類の財についてより多くのアウトプットをもたらすようなアウトプット・ベクトルが作り出される。経済全体の生産効率性は，この種の再分配の機会がすべて利用されていることを前提している。

・**効率的生産構造とパレート最適な配分**

　ある特定の要素在り高から，生産経済の全体効率性の基準を満たすようなアウトプット・ベクトルは数多く存在する。例えば，2つしか財のない経済を考えてみよう。そのとき，1つの財の量が，他の財の量を減らさなければ，増加しないような要素分配は，すべて効率的である。この基準から見ると効率的な2つのアウトプット・ベクトル，すなわち，それぞれ1つの財についてはより多く，他方についてはより少なく含む，2つのアウトプット・ベクトルを比較しても，それらに生産経済の全体効率性の観点からは順位をつけることはできない。一方の財を多く生産し，他方を少なく生産すべきなのか，あるいはその逆にすることがよいかどうかは明らかではない。それは，効率的なアウトプット・ベクトルが消費者の選好と対峙してはじめて可能になる。そこで，効率的な生産構造とパレート最適な配分という基準が得られる。この基準は，一言で言うと，全体経済の生産効率性が実現していることに加えて，さらに，効率的なアウトプット・ベクトルの内の1つが，ある1人の消費者の効用を高めるように財を再分配すると，他の消費者の効用を下げてしまうように選ばれ，消費者に分配されていることを，前提としている。そのような状態は，**パレート最適**といわれる。それは，1人の消費者の効用を高めるような，財のありうるすべての再分配が，自動的に他の消費者の効用を減少させるような状態が生じたときに，達せられる。従って，アウトプット・ベクトルのパレート最適な配分は数多く存在し，一方の消費者の効用を大きくすると，他者のそれを低くしてしまうような2つの配分の状態は，他の事情が一定ならば，パレートの意味では比較不能なのである。

パレート最適の基準には，しかし次のような問題がある。われわれがパレート最適な配分を実際に公平と感じるかどうかは，それが調和の取れたものかどうかに依存している。人々が，まったく同じ財の束を持つ配分の状態から出発して，各人が，よりよい状態にするような財の束を所有するまで自由に交換が行われるというのは，確かに，容認できるものだろう。しかし「1人がすべて所有し，他の人は何も所有しない」という配分があった場合，そこでも1人の効用の上昇は，他の人の効用の減少によってのみもたらされるのであり，それは，パレートの意味で，最適であると見なされてしまうのである。この例から明らかになることは，パレートの基準は，個々人がそれぞれ最適と感じている現状の維持が最優先されるという規範に基づいているということである。

### 3.2.3 仮定（Annahmen）と条件

新古典派経済学の基本モデルは，完全競争状態を描写しており，この極限的な状況を引き起こさせるような仮定をおいている。それは，**経済学のスタンダードモデル**でもある（フリッチュ／ヴァイン／エヴァース［Fritsch/Wein/Ewers］2001, p.28）。以下においてはその仮定を緩めていくことで，このスタンダードモデルをさらに展開させている。

#### 行動上の仮定

新古典派ミクロ経済学は，経済行為者の行動が客観的に合理的であると仮定している。すべての市場行為者は現在，未来のあらゆる市場展開を問題なく，またコストなしで知ることができる（完全情報）。彼らは，客観的な世界の中で最大化を行う者として振る舞う。消費者は自分の効用を，生産者は利潤を最大化するのである。

#### 環境の仮定

完全競争モデルにとって最も重要な環境に関わる仮定には，以下のものがある（例えば［フリッチュ／ヴァイン／エヴァースFritsch/Wein/Ewers］2001, p.34 und シェファード［Shepherd］1990, p.31を参照）。
- 原子的市場構造：わずかなマーケットシェアを持つ無数の小規模生産者と消費者が対峙している
- 財の同質性
- 市場の透明性：すべての情報がコストなしで直ちに入手可能である
- 選好，テクノロジー，その他の環境が安定していること
- すべての財と生産要素の無制限な分割可能性
- 外部性による自発的でない交換関係が存在しないこと（例えば生産設備による大気汚染がないこと）
- すべての生産要素と財の完全な可動性

● 適応プロセスの無時間性

## 凹関数としての生産関数の仮定

新古典派の生産関数は，通例凹関数であると仮定されている。このことが意味するのは，ある1つの生産要素の投入量を増やし，他の生産要素の投入量を一定とするとき，アウトプットは増大するが，しかしある特定の要素投入量から逓減的にのみ増大する，ということである。従って，限界費用もまたそれぞれの追加的なアウトプットとともに上昇する。

## 環境についての条件

以上のような仮定を置くことによって，市場行為者には行為の自由が与えられないことになる。完全競争モデルが設定する仮定のもとでは，彼らは量的な適応者としてのみ振る舞うように強いられているからである。しかしながら環境についての仮定を緩めて，独占的市場構造のようにある特定の財の唯一の提供者としての生産者が，多くの消費者と対峙しているようなケースを認めるなら，環境についての条件が，市場支配力の構築を促進したり，あるいは妨げたりするかもしれない。そのような条件には，例えば財の様々な諸特性，企業が持つ様々な資源あるいは生産技術があるだろう。

## 3.2.4 新古典派アプローチによる説明とデザインへの貢献

### 見えざる手

新古典派ミクロ経済学の理論は，以上のような仮定のもとで進行する市場プロセスが，やはり先に述べた効率性のすべての側面を満たす状況をもたらすという。このことについて注目すべき点は，これが中央の計画機関による何らかの計画や介入なしにもたらされるということである。この結果は，純粋に私利を追求する経済行為者の相互作用からむしろ自動的に生じるのである。これらの行為者たちは，他人の幸福などにはまったく関心を持たないが，すべての行動が「見えざる手」（スミス1776参照）によって導かれるかのように，効率的な状態にいたるのである。

ここでは，ミクロ経済学の基本が問題になっているので（例えばフィッシャー[Fischer]1990，シェファード1990，シューマン[Schumann]1999，ベリアン[Varian]2001参照），その本質を明らかにするため，数式を用いない説明を与えておこう（以下はフランク1995a, pp.59-63参照）。

個々の企業は財や要素の価格に対して，何の影響力も持っていない。それらは純粋に生産量によって適応的に行動しているだけである（この点及び以下については図9参照）。

企業は，利潤を最大化するために限界費用が製品価格に等しくなる点まで生産量を増やす。その点で消費者が製品の増加分1単位のためにちょうど支払うであろうとい

**図9　完全競争における価格形成**

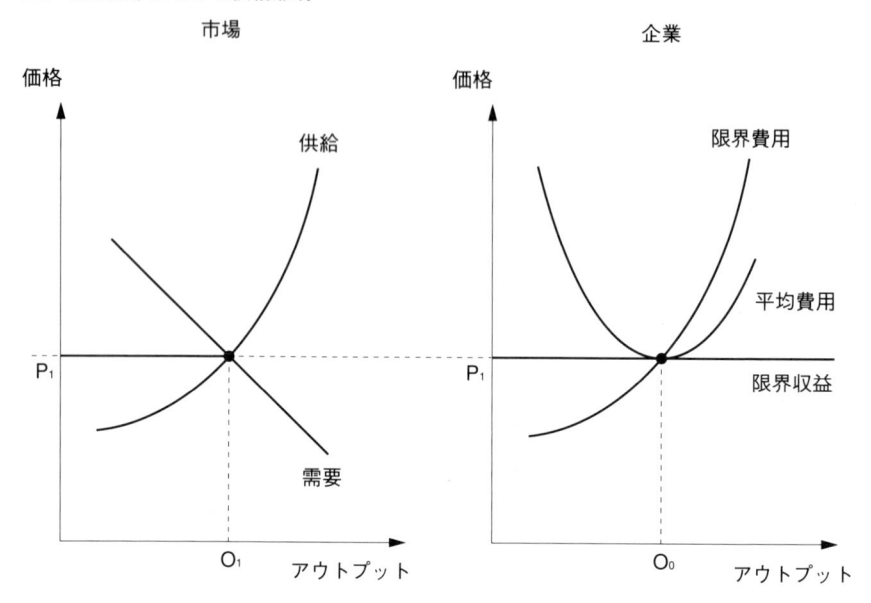

市場

価格

供給

需要

$P_1$

$O_1$　アウトプット

企業

価格

限界費用

平均費用

限界収益

$P_1$

$O_0$　アウトプット

う価格が，ちょうどその生産のために費やされた費用をカバーする。そのさい，すべての要素供給者は，限界生産物価値に応じて支払われる。最終的に需要された要素単位は要素市場における価格とちょうど同じ額だけ生産価値に貢献する。企業は，最適な生産計画が判明したこの時点で，単なる価値移転者として行動している（フィッシャー1990, p.5参照）。企業は消費者が追加的な生産単位に対して払う用意のある価値を要素供給者に伝え，彼らはその価値と同じ額を追加的な生産上の貢献に対する報酬として要求するのである。

　問題は，このような企業が利潤をあげられるかどうかということである。この問いには容易に答えを出すことはできない（フィッシャー 1990, p.5参照）。しかし，経済学者の一致した意見としては，企業は「長い目で見て」「過度な」利潤はあげられないということである。その理由は，単純に競争のためである。市場価格が平均費用よりも高いだけ，それぞれの生産単位は，それぞれ利潤を得る。しかし高い利潤は競争市場ではそう長続きしない。高い利潤は，追加的な生産者をその生産計画へと引き寄せ，既存の供給者の間に，利潤をもたらす製品生産への生産移動を引き起こす。個々の生産者がその意思決定によって価格に影響を与えられないとしても，供給部門全体は影響を及ぼすことができる。需要者は，より多くの供給量を，なるべく安い市場価格で買おうとする。このより安い市場価格は，その後は，生産者が生産量を決定するための与件となる。同時に，財の生産の拡大は要素市場における高い需要を引き起こし，それは要素価格を上昇させる。要素価格の上昇と財の価格の下降に直面して，は

じめに想定された「過度な」利潤がなくなっていく。このように利潤は，生産者の競争を通じてなくなっていくのである。長期的には，生産者が平均費用の最小点で生産するという状況へと落ち着いていく。

この均衡状況では，限界費用曲線は，平均費用曲線とその最小点で交わり，その結果最低の平均費用での生産にさいしては，「価格は限界費用に等しい」というルールが依然として当てはまる。最後に生産された単位の費用が，それまでに生産されたすべての単位の平均費用よりも低い限り，平均価格はこの単位の生産によって下がる。最後に生産された単位の限界費用が平均費用よりも高いならば，平均費用は生産により上昇しなければならない。それゆえ，限界費用曲線は平均費用曲線の一番低いところで交わる。このことから，競争市場における合理的生産者の行動は「**価格＝限界費用＝平均費用の最小値**」というルールに基づいて描けるといえるだろう。

このような競争システムでは，最小限の単位あたり費用で生産している企業のみが生き残る。彼らは，その低い単位あたり費用水準まで下がった価格で生産しても，なお損失を出さない。もっと高い単位あたり費用によっている，すべての非効率的な企業は，そこですでに損失を出してしまう。それゆえ，競争システムにおける企業は，内的効率性を達成するか，さもなければ市場から退出しなければならないのである。

競争はほかのすべての効率性要求をも満たしていると言える。生産要素は支払われる価格によって，最も生産的な利用（最高の限界価値生産物）へと導かれる。もっと生産的に使用させるための要素の再配分は，生産性の差がなくなるまで行われる。限界収益の減少は，要素投入の増加を伴う要素単位の限界価値生産物を減少させる。均衡においては，生産要素は，最後に投入された1単位がすべての使用方法において同じ限界価値生産物を，得るように配分される。

しかし，消費者の意思決定も競争モデルにおいては効率的である。消費者は，最終的に消費される1単位の限界効用が，彼がその財のために支払わねばならない価格に等しくなるまで，財の消費量を増やす。競争モデルでは，すべての財は，最後に生産された1単位の限界効用が価格に等しいといえる数量だけ生産される。こうしてのみ，市場を清算するという条件が満たされる。同時にほかの誰か少なくとも1人のものに悪い影響を与えずに，ある消費者の状態を改善するようなアウトプットのシフトは存在しない。

## 独占

前節の条件を一点だけ変えてみよう（フィッシャー1990, pp.6-7参照）。多数の小企業ではなくて，たった1人の供給者が，同質的で代替できない製品を供給しているとしよう。

この状況を分析するために，たった1人の大供給者が，多数の小さな消費者に対峙する製品市場を仮定しよう。このような場合を，供給独占と呼ぶ。これに対して，唯一の需要者が市場において多数の供給者に対峙する場合には，需要独占（Monopson）となる。需要も供給もどちらの市場サイドも，1人の行為者しかいないときには，双

**図10 供給独占における価格決定**

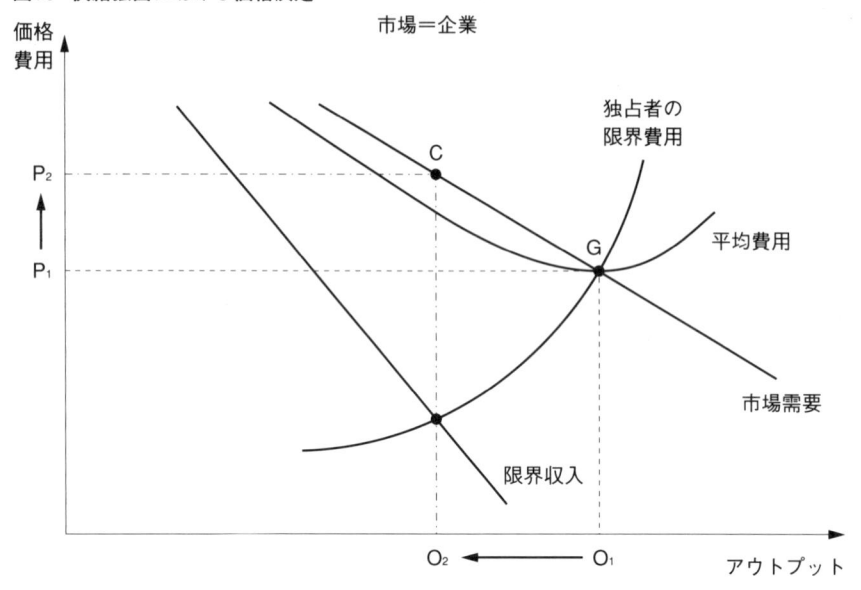

市場＝企業

独占者の限界費用

平均費用

市場需要

限界収入

$P_2$　C

$P_1$　G

$O_2$ ← $O_1$　アウトプット

方独占になる。

　供給独占者には、もはやほかの供給者との競争関係はない。このことによって、彼は完全競争の供給者とは異なり、莫大な市場支配力を意のままにするのである。以下の分析では、この独占パワーの効果が明らかになる（図10参照）。

・*需要曲線*

　完全競争における供給者は、市場価格を与件として受け入れ、生産量を適応させる。マーケットシェアが非常に小さいことから、供給者は、生産量を自分で決定しても価格に影響を及ぼすことはできない。それに対して、独占者は、当該製品の生産量に関しても価格に関しても、影響力を持っている。彼は100％のマーケットシェアを持っているため、市場の総需要曲線は同時に彼の需要の曲線になる。その曲線は負の傾きを持ち、どの需要量についても、それが市場で受け入れられる価格を示している。

・*限界収入曲線*

　限界収入曲線は、需要曲線の下方にある。需要曲線は、販売量に価格を対応させるものであるが、限界収入曲線は、販売量に最後に売れた製品単位によって生じた収入の変化を対応させる。この最後に売られた製品1単位によって生じた収入の変化は、独占者においては、製品単位の価格よりも小さい。生産量を変化させて適応するものにとっては、限界収入と価格が同一である。追加的に販売された製品単位はまさしく追加収入としての価格になる。それは、供給者による生産量の決定が市場の原子的な

構造のために，いかなる価格効果ももたないからである。生産量による適応者は，現状の市場価格で，すべての製品量を売ることができるが，独占者の場合はそうではない。独占者は，価格に左右される（価格弾力性のある）市場需要に直面している。製品をもっと売りたければ，製品の価格を，需要曲線の指示通りに下げなければならない。追加的に販売された単位によって，収益を変化させる2つの効果が生じる：1つは，この単位は市場価格を与える。しかしながら，もう1つは，他のすべての単位も，最後に生産された単位と同じ割り引かれた市場価格でしか売れないということである。他のすべての単位についても，需要の拡大がなければ起こらなかったであろう収入の損失を甘受しなければならない。この収入の損失は，最後に売れた単位の市場価格から差し引かれる。生産量による適応者のケースとは違い，独占の場合は，限界収入はそれゆえ，価格の弾力的な市場需要を前提として，常に単位の市場価格の下方にある。これに対応して，限界収入曲線は需要曲線を下回っている。

・*最適なアウトプットと利益を最大化する価格－クールノーの点*

　独占者が競争市場におけるすべての供給者の純粋な統合により生じたとするならば，独占者の限界費用は，もともと独立した供給者の限界費用曲線を合計すれば導き出される。この仮定は，供給者競争から独占への移行は，何の費用効果もないということを保証している。これによって独占化の収入面のマイナスの効果がうまく分離される。例えば，ある独占者が，規模の利益（スケールメリット）を実現できたら，上述の仮定は無効になる。独占の収入面でのマイナスの効果は，事情によっては，費用の利益によって過度に補われ，隠されてしまうだろう。とは言っても，さしあたり上述の仮定から出発してみよう。

　生産量による適応者と似て，独占者もまた，最後に生産された単位による収益がその費用に対応する点までアウトプットを拡大できれば，自分の利潤を最大化する。図を用いると独占者の最適な生産計画は，限界費用曲線と，限界収入曲線の交点によって決定される。この交点から，数量の軸に垂線をおろすと，最適な生産量が得られる。これを需要関数に代入すると，対応する独占価格が得られる。

　このような，独占価格の算出方法は，経済学者のクールノーによって導入された。こうして，利潤を最大化する数量$O_2$をクールノー量とし，利潤を最大化する価格$P_2$をクールノー価格とした。図10における点Cは，いわゆるクールノーの点であり，利潤を最大化する数量と，そのときの価格である。

・*独占の生産量と価格への影響*

　しかしながら，生産量による適応者においては限界収入が，価格と一致するとしても，独占者において限界収入は，上述のように基本的に価格を下回る。これは限界収入曲線－限界費用曲線の交点と需要曲線との間の距離として示される。

　独占の影響を明らかにするために，数多くの独立した供給者がいる競争状況において，どのような集計化された価格・需要の組み合わせが実現されるか，考えてみよう。

上述したように，独占化が費用状態に何の影響も与えないとすると，独占者の限界費用曲線は，競争市場におけるすべての供給者の限界費用曲線の合計と完全に等しい。供給者は競争市場において，原子的構造のゆえに価格形成に何の影響も与えないので，生産量を「価格イコール限界費用」というルールに従って決定することは合理的である。どの個別供給者にとっても限界費用曲線は自動的に供給曲線になる。集計化された限界費用曲線はそのため，競争市場における集計化された供給曲線となる。同じように，独占者の需要曲線は，競争市場の供給者も直面していた集計化された需要曲線と等しい。集計化された供給曲線ないし限界費用曲線と，集計化された需要曲線の交点で，競争市場は均衡に達する。

競争市場における最適な価格・需要の組み合わせ（図10の点G）と独占者の最適な価格・需要の組み合わせ（図10の点C）を比べると，2つの影響が見て取れる。独占は，他の事情が同じならば，当該製品の**相対的不足**と**価格上昇**をもたらすのである。

・*独占の場合の効率性損失*

独占の場合は効率性の条件ももはや満たされない。もし，独占が維持されるならば，独占利潤は競争でなくなることはない。内部の非効率性は独占者にとっては存在を危うくするものにはならない。独占者の単位あたり価格よりも安い価格で供給できる人は他にいないのである。

しかし，独占者が何らかの理由で，内部的な効率性を実現しながら生産したとしても，配分上の歪みが生じるであろう。生産量の不足と価格上昇，それに伴う消費者の搾取が供給独占の明らかな問題なのである。消費者は，追加的な単位を生産するための犠牲に対応する価値のために，生産を促すことはできない。それは，価値の破壊（または付加価値創造の放棄）ということになるだろう。

供給独占のインプットの側面でも，配分上の歪みがある。生産量の縮小に伴い，独占者は，完全競争と比べて，彼らのインプットに対する需要をも減らしている。こうしてインプットは自動的に，限界価値生産物がもっと低い他の用途へまわされてしまう。これもまた，経済学的な価値低下ならびに価値破壊である。押しのけられたインプットはまたもや，本来あるべきインプットを押しのけるような，限界生産物価値が低くなるほうへとまわされる。このようにして独占の配分上の誤りはどんどん，隣接する市場へと続いていくのである。

また，いわゆる需要独占（Monopson）のような特殊なケースでも，配分上の歪みが示される。この場合，1企業（Monopsonist）が，ある特定の要素市場にたった1人の需要者として登場する。その企業はふつうの競争市場とは違って，自らの要素需要を，その要素の限界生産物価値がその価格に等しくなる点まで拡大はしない。その企業は価格弾力性のある要素供給に直面しているため，つまり集計化された，市場供給に直面しているので，1単位の要素需要拡大が，その1単位のための要素価格を上げるだけでなく，需要された他のすべての単位の価格の上昇を意味することをも考える。結果的に，そのサービス・財の1単位をちょうど，生産のための，その直接的な価値に

相当する価格で供給する要素所有者は，これを売ることができなくなる。その代わり，最後に投入された要素単位の供給者は彼のインプット単位の直接生産価値から，他のすべてのインプット単位に含まれる価格上昇分を引いて残った分の金額のみを受けとる。「限界費用イコール限界生産物価値」というルールに従って需要する需要独占者も結果として，競争市場と比べて要素価格と需要量を減らす。そしてそれは要素供給者の非効率的な搾取につながる。要素需要がすでに，最後に投入された単位の生産価値がその要素価値に対応する点の前で止まるため，価値形成のオプションは，逃されてしまう。需要独占者による要素需要の不足はもちろん，生産後退を経由して，財市場にも影響を及ぼす。さらに，もし，必要とされなかった要素が，代わりに，消費者の観点から見てより低く評価されている用途に流れ，そこから前述の，さらに押しのける波のために，隣接している要素市場にも影響を与える。

この配分上のゆがみに加えて，文献においては，独占による，進歩を妨げる効果もまた強く主張されている（例えばティロール［Tirole］1992, p.390-392）。イノベーションが平均費用を低下させるとすると，もともと生産量の少ない独占者はイノベーション活動から得るところが少ない。いわゆる社会計画の担当者や独占者にも生産量による適応者と同等のイノベーション・コストがかかるとすると，他の事情が一定ならば，独占の形成は，イノベーションへのインセンティブをもたらさないという結果をもたらす。

まとめると，競争市場において私利を追求する行為者を効率的な結果に導く「見えざる手」が，独占においては失敗する，ということである。それは，市場支配力，つまり**価格を操作する**独占者の能力によって取り除かれてしまうのである。

### パースペクティブへの依存

新古典派理論を用いてどのように組織が解明され，デザインされるかは，どのようなパースペクティブから考察するかにかかっている。

個々の企業の視点から見ると，監督官庁による制裁の恐れがない限り，独占によるレントを享受するために市場支配を高める制度を導入することは合理的である。競争者との提携，市場への参入障壁を築くこと（例えば垂直的統合，合併，談合，カルテルなど）は，その分野における競争を制限し，消費者と供給者に対する市場支配力を集中と結託によって高めるものである。結局のところ現代の産業組織論の基礎となっているこの理論から見ると（例えばポーター［Porter］2000, 1999参照），企業のすべての組織上の制度的な解決策は，より大きな市場支配力と，独占によるレントをめぐる手段と解釈できる。

しかし，新古典派理論は，政府と官庁による競争政策の理論的な基礎としても用いられる。この競争政策の制度的枠組みは，社会的レベルでは，競争法のような法的な規範のデザインや，連邦カルテル庁のような監督官庁をデザインすることで与えられる。このような社会的なレベルでデザインのために理論を用いることは，もっともである。競争には優れた配分達成の力があることから，ふつうは産業における集中，及

び経済的な独占力集積の防止，または既存の支配力の集中の排除が政策的処置の目標である（自然独占の問題については4.2.2節を参照）。

## 3.3 新制度派のアプローチ

　新制度派経済学とは，不完全な行為者，つまり限定された合理性とモラルを持つ人間が，その経済的行為にあって相互に依存しあっている世界での経済活動を説明する，様々なアプローチの集まりである。まさにこの20年間に，新制度派経済学という分野には，非常に生産的な発展が見られた。

　新制度派アプローチの中心には，「制度」がある。第1章5節において，制度は1人あるいは複数の個人の行動パターンに関わる，社会的に制裁可能な「期待」として表現された。新制度派経済学は，例えば契約や組織構造などの制度が，人間行動に及ぼす影響を取り扱う。それは特に組織の効率的なデザインの可能性を研究する。そのさい，新制度派経済学には2つの基本的な仮定がある。つまり「制度は(1)重要であり，(2)分析可能である」（マシューズ［Mathews］1986, p.903）というものである。

　新制度派経済学は今日，統一的な理論体系を持っているとはいえない。むしろそれは，いくつかの方法論的によく似た複数のアプローチから成っており，それらのアプローチは互いに重なったり，補い合ったり，部分的には相互に依拠しあったり，あるいは異なっていたりしている（リヒター／フルボトン［Richter/Furubotn］1999，エアライ［Erlei］1998を参照）。すべての新制度派経済学のアプローチは，人間行動について同一の仮定を持っている。すなわち，個々人の効用極大化と限定された合理性が行為者の行為を記述し，また導いているというものである。さらに，すべての新制度派のアプローチは，方法論的個人主義を採用している（3.1.2を参照せよ）。

　この多様な研究は，大まかに言って3つの流れ，プロパティー・ライツ理論，取引費用理論，そしてプリンシパル・エージェント理論に分けられる。以下においてこれらを詳しく紹介しよう。

### 3.3.1 プロパティー・ライツ理論

#### 3.3.1.1 理論の基本的特徴

　プロパティー・ライツ理論（これについてはフルボトン／ペヒョビッチ［Furubotn/Pejovich］1972, 1974，アルシァン／デムゼッツ1972，ピコー1981，バーゼル［Barzel］1989を参照せよ）は，財の存在の結果として生じ，またその財の利用に関連して経済行為者たちが行いうるすべての行動に注意を向ける（これについては，1.5.3も参照せよ）。

　ある財に対するプロパティー・ライツは通例4つの権利に分けられる（これについてはアルシァン／デムゼッツ1973, p.783，アルシァン1950，アルシァン／アレン

[Alchian/ Allen] 1974，デムゼッツ1964, 1967)：
— 財を利用する権利（usus）
— 財の形態と内容を変更する権利（abusus）
— 発生した利潤を自分のものにする権利，または損失を負担する義務（usus fructus）
— 財を譲渡し，清算による収益を受け取る権利

　経済行為者から見ると，財の価値はその物理的特性のみによって決まるのではなく，その財に対するプロパティー・ライツにも依存している。例えば土地の価値というものは，その状態や大きさだけでなく，耕作権や抵当権その他これに類するものによってかなり左右される。例えば免許停止処分を受けると，自動車の経済的価値は，その所有者にとって限られたものになる。賃貸料条件，期限付き賃貸，売却の禁止などは，不動産を所有する魅力を減ずることになる。

　その財のプロパティー・ライツが制限されるとき，プロパティー・ライツが分散しているといわれる。プロパティー・ライツは2つの方法で分散しうる。第1に，上記の4種の権利がすべてまとまっているとは限らない，または，同じ行為者に持たれているとは限らない。第2に，そのように割り振られた権利は同時に複数の人々に分配されうる（図11を参照）。

　プロパティー・ライツという概念は，経済的な問題と法的な問題を分けて考えられないことを明らかにしている（コース［Coase］1960，ポズナー［Posner］1998，ピコー／ディートル［Picot/Dietl］1993を参照せよ）。法システムの変更は，経済的な意味を持ち，このため経済的にも評価されなくてはならない。

**図11　プロパティー・ライツ分散の2つの次元**

| | | プロパティー・ライツの持ち主の数 | |
|---|---|---|---|
| | | 少ない | 多い |
| プロパティー・ライツがまとまっている度合 | 高い | 集中したプロパティー・ライツ構造　例：個別企業 | 分散したプロパティー・ライツ構造　例：株式公開会社 |
| | 低い | 分散したプロパティー・ライツ構造　例：財団 | 強く分散したプロパティー・ライツ構造　例：ADACのような大連盟 |

プロパティー・ライツ理論のパースペクティブから見ると，経済主体間の契約は，財に対するプロパティー・ライツを移転するという機能を持つ。それに対し企業の中では，プロパティー・ライツは，職務規定によって割り振られている。その基礎を与えてくれるのは定款であり，それは立憲的契約として，派生的な制度を階層的に形成するためのプロパティー・ライツを規定している。従って，例えば株式会社という形態は，事業を遂行するために執行役員会に権力を与える。執行役員会がプロパティー・ライツを委譲することによって，内部組織が発生する。

経済主体がプロパティー・ライツを様々な形で移転できると考えるならば，そこに代替的なプロパティー・ライツの配置（契約，組織規定）を経済的に評価するという問題が現れる。

この評価のためにプロパティー・ライツ理論は，複合的な優位性の基準を用意している。

### 3.3.1.2 外部性による厚生の損失と優位性の基準としての取引費用

外部性とは，経済主体が自らの行為によって他の社会メンバーに引き起こす，補填されない効用の変化である。効用が減少する場合，負の外部性と呼び，効用が増加する場合，正の外部性と呼ぶ。

**負の外部性**の場合，そこで発生している社会的費用の合計は，行為者の私的費用よりも高い。その行為者が得ている効用が彼の私的費用を上回っている限り，彼には自分の行動をやめるインセンティブはない。その典型的な例は，生産プロセスにおいて環境を汚染している企業である。その企業の総費用には，生産費用とともに環境汚染の費用も算入されるべきである。環境汚染の費用が公共へと転嫁されると，この企業は非効率な生産をすることになる。すなわち，生産の限界費用の増加は逓増するという一般的な条件のもとでは，生産量は最後に生産された1単位の生産費用がその売上利益でちょうど補われる点まで引き上げられる。それに対して，効率的と言えるのは最後に生産された単位の売上利益がその生産費用とそこから生じた環境破壊をもちょうどカバーできる点までしか生産量を引き上げない場合だろう。負の外部性によって引き起こされる過剰生産は，企業の追加的な私的利益が，その利益を上回る公共の犠牲によってあがなわれるという結果をもたらす。結局のところ厚生の低下につながるのである。

これに対して**正の外部性**は，社会的な効用が私的なそれを越えた場合に存在する。この場合，不適切なインセンティブ構造のために，社会全体から見て望ましい行為が，行われないという危険がある。例えば，知的財産権が効果的に保護されていないと，研究者は費用をすべて自分で負担しなければならないのに，その成果から他人が利益を得ることになってしまうことから，研究へのインセンティブは著しく損なわれる。

外部性と，それに伴う厚生の損失の度合いは，**経済行為者の行動の帰結が，彼らにどれほど一義的に関係づけられるか**に依存している。これは，資源に対するプロパティー・ライツを経済行為者へ配分するという問題である（これについてはデムゼッ

ツ［Demsetz］1967, p.348, コース［Coase］1960, p.8を参照せよ）。

　財に対するプロパティー・ライツが行為者に，より完全に割り当てられるほど，彼らはより効率的に行動するであろう。財を使用し，その形を変える権利と，利益と損失を引き受け，その財を売る権利とを結合すると，行為者は彼らの行為の帰結すべてに責任を持つことになる。行為者は自分が資源をどう扱うかによって，利益を得たり，責任を負わねばならなくなったりするので，資源を効率的に使用する強いインセンティブを持つ。資源に対するプロパティー・ライツが行為者に完全に関係づけられるならば，定義により外部性による厚生の損失は生じない。

　コース（1960）は，取引費用のない世界ではプロパティー・ライツの完全な配分はどうでもよいということを示した。非効率的な外部性はそこでは自動的に，市場取引を通じて取り除かれる。これは，追加的な利益を，それを上回る近隣住民への損害によって得る工場の例を用いて説明される。例えば，住民が工場の非効率的な過剰生産の放棄を，それによる逸失追加利益を補填する価格で買うとしたら，払われた価格を越える環境破壊が回避されるので，定義により全体の厚生はより良くなるだろう。こうして過剰生産が中止されるだろう。反対に工場が住民から環境を破壊する権利を買い取る場合,彼らがそれに必要な価格を過剰生産の追加利益で賄うことは無理だろう。従って工場は過剰生産をやめるだろう。この場合，どちらの行為者に資源としての環境，またはきれいな空気に対するプロパティー・ライツがあるかは，問題ではなく，非効率的な外部性は自動的に取り除かれる。

　この議論を背景とすると，様々なプロパティー・ライツの配分としては，権利をできるだけ完全に行為者に関係させるもの（集中したプロパティー・ライツ）が推奨される。

　しかしながら，このような理想的な状態にすることは，現実には取引費用が存在するために失敗に終わることになる。この場合，関係している行為者がプロパティー・ライツを確立し，割当て，委譲し，そして執行するさいに負担すべき労力と損失が問題なのである。上の例では，きれいな空気への権利を定義し，それを取引し，監視し，調節するのに必要な費用である（詳しくは3.3.2参照のこと）。

　補償もなしに，大気汚染をやめる工場の例は，取引費用の問題をも明らかにする。社会的な費用の内部化は，工場の大気汚染が正確に測定され，その悪影響も確認でき，行為者に割り当られることを前提としている。障害は，工場の経営者も住人も両者とも戦略的に振る舞い，相手の情報不足につけこむインセンティブを持つことである。例えば個々の住人は，彼らが補償金を期待しているのか，それとも生産中止へ追い込みたいのかによって個人的な損害を，故意に誇張することもできるし，小さく見せることもできる。同様に例えば，工場には完璧な監視は不可能なため，合意した量を越える大気汚染排出物を，密かに出すという可能性がある。

　取引費用が存在すると，プロパティー・ライツの配分は外部性による厚生の損失という基準によってだけでは評価されないことになる。外部性の内部化が，内部化によって得られる厚生上の利益を上回る取引費用を通じて行われるならば，対応する契

**図12 外部性による厚生の損失と取引費用とのトレード・オフ関係**

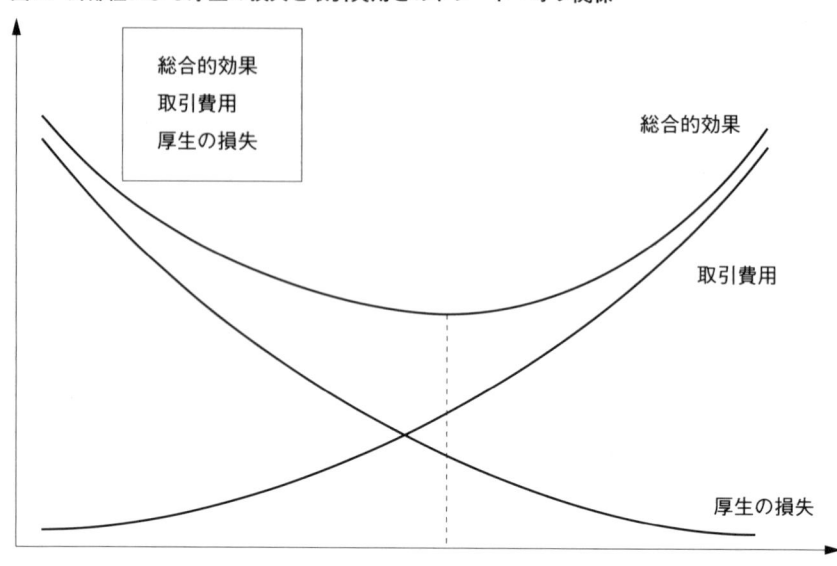

約，及び組織的規則は非効率的なものとなる（図12参照）。

　様々なプロパティー・ライツの中から，取引費用と外部性による厚生の損失との合計が最小化されるものが優位性を持つことになる。

　取引費用と，外部性が引き起こした厚生の損失との間のトレード・オフ関係は，デムゼッツ（1967）によって示された次の例からも明らかである。ラブラドール半島のインディアン達は，毛皮取引が始まるまでは，狩猟権などなしで暮らしていた。野生動物の狩猟は日々を生き抜くためだけのものだったので，プロパティー・ライツを特定していなくとも，経済的なデメリットは生じなかった。これが，毛皮取引の発達と共に変化しはじめた。毛皮取引のために，日々の生活の需要を満たす以上の，野生動物の狩猟が利益をもたらすものとなった。きちんと配分された狩猟権がないため，過剰狩猟の恐れが出てきたのである。どのインディアンの家族も，しとめた動物から大きな利益を得るようになった。このために生じた野生動物の生息数の減少は，負の外部性という形で，すべての家族に配分された。このように厚生上の損失が高まっているという条件のもとでは，狩猟権を形成し，配分し，そして監視する取引費用を負担することが効率的となる。すべてのインディアンの家族に，1つの狩猟テリトリーの排他的狩猟権が割り当てられた。その野生動物は比較的，定住性が高かったので，狩猟権を守らせるための取引費用は，それほど高くはなかったのである。

### 3.3.1.3　仮定と条件
**行動仮定**
　プロパティー・ライツ理論で考えられている行為者の行動に関する仮定は，すでに本節のはじめ，新制度派経済学の導入の部分で明らかにされている。すなわち，限定された合理性と個人としての効用の極大化である。

**環境の特徴**
　まず，強調しておきたいのは，経済的な行為者の行動上の特性（限定された合理性と個人の効用の極大化）のために，プロパティー・ライツの定義，移転そして強制のさいに生じる問題をもたらす環境の特徴は，取引費用理論においても，詳しく議論されるということである（3.3.2参照）。例えば，特殊性という要因に関する取引費用理論的な考察は，原則としてプロパティー・ライツ理論の文脈へ移すことができる。プロパティー・ライツ理論は，取引をしている行為者への集中的な所有権の分配が，禁止的な取引費用のために失敗するという状況を，取引費用理論の考え方を部分的に拡大した概念的に独自の用具を使って説明している。とりわけ，3つの状況が代表的である。

・*分離することのできない生産プロセス（チーム生産）*
　複雑な財を生産するためには，しばしば複数の経済主体の共同の努力が必要となる。仕事に対する1人ひとりの貢献が明確であり，さほどの費用を必要とせずにそれを測定できる限り，業績給を通じて彼の行動の成果を配分することはもちろん可能である。外部性による厚生の損失はありえない。
　仕事に対する1人ひとりの貢献がもはや明確でなく，費用をかけずには測定できないならば，それ相応の取引費用をもたらす報酬とコントロールが問題となる。この問題は，いわゆるチーム生産のさいに特に顕著である（アルシャン／デムゼッツ1972参照）。チーム生産とは，ある生産プロセスのアウトプットが，チームメンバーの個々の貢献すべての合計として加法的に得られるのではなく，すべてのチームメンバーの協力によってのみ達成される場合に存在する（例えば研究グループのようなもの）。従って，アウトプットから個々のチームメンバーの貢献を知るための，経済的に確かな方法はない。このため，手抜きをするインセンティブが生ずる。なぜなら，働かないことによるメリットはすべてその手抜きをするもののものとなり，一方，アウトプットの減少という形でのデメリットはチームのメンバー全員に配分されるからである。
　チーム生産という問題を制度的に解決する（契約，組織ルール）さいには，手抜きの外部性を抑制することによる厚生の増加に対する評価のみならず，そのために負担される取引費用についても評価すべきである。

・レバレッジ・エフェクト（てこの効果）

経済行為者の行為の効果は，しばしばいわゆるレバレッジ（てこ）で何倍にも強められる。例えば現代のテクノロジーは，相当なレバレッジ・エフェクトを持っているかもしれない（バーゼル1989参照）。「飛行機」という道具は，ふつうの人間であるパイロットの行動の可能な収入・効用面の成果を高める。これに匹敵するのが，例えば工業的な生産システムと輸送システム，電子的マスメディアである。制度も，この種のかなりの注目すべきレバレッジ・エフェクトを提供する。ジーメンスという株式会社は，制度として社長の行動・意思決定による収入・効用面の成果を高めているのである。

レバレッジ・エフェクトが，行為者の行動の経済的成果を格段に拡大させるところでは，行動の結果をすべてその行為者だけに割り振るような制度をデザインすることはできない。ありうる飛行機事故の損害はおよそ，1人のパイロットの補償能力を越えている。それに加えて，この損害は，事故に遭った人には，とり返しのつかないものである。ジーメンスという株式会社のありうる損失はおよそ，その社長の補償能力を越えている。ジーメンス株式会社の取引相手であり，同時に航空会社の客でもある人は，もし，社長，ならびにパイロットに責任を負わせることが唯一の制度的な解決策だとするならば，確実に，その取引関係を断つだろう。この行為者に起こる可能性のある外部性は，その大きさのため，内部化できないのである。

・*所有権の代用物*

所有権と類似したインセンティブ効果を持つすべての要因が所有権の代用物になりうる。所有権の代用物は，所有権の分散のために生ずる外部性，または厚生上の損失を減少させる。自分の行動の結果のすべてを1人で負担する必要のない経済行為者は，確かに他人に損害を与えることはできるが，所有権の代用物があれば，それをしない。最も重要な所有権の代用物には，文化的要因や競争による規律づけ効果などがある（ピコー1981，ピコー／ミヒャェリス［Picot/Michaelis］1984，ピコー／カウルマン［Picot/Kaulmann］1989参照）。

例えば，文化的要因は，チーム生産の例で明らかにできる。チームメンバーの仲が深まれば，彼らにとってはフェアな相互作用が，効用をもたらす価値そのものになる。友達を犠牲にした手抜きは，フェアにやるという前提のもとでは，ありえないことである。同じようなことが，社会的，そして宗教的なグループのフェアさへのイメージにも当てはまる。

競争という所有権の代用物の効果は，株主には厳しくコントロールできない株式会社の経営者の例で説明できる（これについて詳しくは6.2.2参照）。例えば，企業の製品市場に競争圧力があれば，利益を犠牲にして，そしてそれによって株主を犠牲にして自分の利己的な目標を追求するという経営者の意思決定の自由はかなり狭められる。企業の利益を最大化する行動から外れることはつまり，企業の存続を危険にさらすし，そしてそれによって経営者の地位を危険にさらす。競争という所有権の代用物

### 図13 プロパティー・ライツ構造のデザインと取引費用削減的制度の利用による企業構造の効率性

|  | 取引費用削減的制度 | |
|---|---|---|
|  | なし | あり |
| プロパティー・ライツ　集中 | I 効率 | II 効率 |
| プロパティー・ライツ　分散 | III 非効率 | IV 効率 |

出典：ピコー／シューラー［Picot / Schuller］2001, p. 80

は，経営者が株主に対して，負の外部性を及ぼすことがないようにさせているのである。

　制度をデザインする場合にはいつも，外部性を内部化する可能性とそのため負担しなければならない取引費用を検討するだけでなく，有効な所有権の代用物があるかどうかも検討すべきである。そうすると内部化するという戦略が不必要であったり，所有権の代用物をデザインする方がはるかに簡単である可能性もあるからである。

　図13はこの関連を明らかにしている。一方で，プロパティー・ライツが集中している構造は，効率性のメリットをもたらす。他方で，プロパティー・ライツの分散による効率性の低下を補いうる，「競争」のような取引費用削減的制度を利用することができる。この区分によって，4つのセルを識別することができる。

　セルIにおいては，プロパティー・ライツが集中しており，ここでは競争は存在しない。このセルに分類される所有権構造は効率的なので，さらに別の取引費用を削減させる制度がなくても，集中したプロパティー・ライツは，効率的な資源の利用をもたらす。セルIIは，集中したプロパティー・ライツと，取引費用を削減させる制度としての競争の存在という2つの特徴を持つ。この状況もまた効率的であり，それはプロパティー・ライツの集中と同様に，取引費用を低下させる制度の存在に起因している。セルIIIとセルIVでは，プロパティー・ライツが分散している。セルIIIでは競争がないので，その結果プロパティー・ライツの分散によって非効率となった状況が相殺されていない。セルIVではそれに対して，企業は競争環境にある。それによって，プロパティー・ライツの分散による非効率性は，取引費用削減的な制度によって相殺することができるのである。

#### 3.3.1.4 説明とデザインへの貢献

プロパティー・ライツ理論の説明とデザインへの貢献は，密接な関係にある取引費用理論（3.3.2参照）と広範囲にわたって重複している。そのためここでは，取引費用理論を補う，またはより深化させる貢献のみを取り上げてみよう。

**代替的な権利配分のアレンジ**

プロパティー・ライツ理論による説明と提言は，代替的な権利配分のアレンジに関する限り，すべてのレベルの制度に関係する。どの制度レベルでも，その意思決定に関連した取引費用と，厚生上の損失のみを考慮に入れればよい。例えば，企業が株式会社か有限会社か，どちらの形で設立されるべきかという問題では，商法や株式法を制定する費用はその意思決定とは関係ない。

もし，外部性の大きさや，取引費用の高さが変わるのであれば，以前は効率的であった権利構造を調節する必要がある。外部性の大きさの変化は稀少性関係が変化する結果として生じ，取引費用の変化は技術革新の結果として始まる。環境保護は両方の側面を持つ例である。環境汚染がひどくなったために，きれいな空気が稀少になる。外部性の大きさは増す。同時に，有効な環境汚染規制に基づく部分的な内部化は，新しい測定技術によって取引費用的に有利になる。

しかしプロパティー・ライツ理論は，法律や条例，法的に独立した行為者間の契約などの分析を可能にしただけではなく，企業という制度の繊細な描写にも貢献している。そこでは，企業はダイナミックなネットワーク状の契約関係として理解される。理論の主たる適用領域は，企業に参加しているものと，利害関係にあるもの（企業のオーナー，経営者，従業員，国家）の間でのプロパティー・ライツの様々な配分－これは企業形態の中にはっきりと示されているが，－の効率性に関する効果である（6.2参照）。原則として企業内のプロパティー・ライツの変更をもたらすすべての意思決定の研究が可能である。

まさしく，プロパティー・ライツ理論的に考えると，分業または専門化の構造と，同期化または交換の構造の区別は，単に分析的な価値を持つにすぎないことがわかる。プロパティー・ライツという視点から見ると，分業／専門化と交換／同期化は同時にデザインされるのである。

プロパティー・ライツ理論による組織への一般的な提言は，**取引費用的に許される範囲内で，できるだけすべてそろった権利の束**が経済資源の利用と結びつけられ，行為者に配分されるよう，プロパティー・ライツを分配するというものである。

こうしてプロパティー・ライツ理論は，テイラー主義的な作業構造を相対化し，克服する努力のために理論的な基礎を提供する。全体性とか，職務担当者に必要な意思決定権を与えるとか，成果配分とか，管理的活動と執行活動との分離などが，強度の機能的セグメント化に取って代わって登場する。理想的なケースでは，資格（意思決定権），職務そして責任（意思決定の結果への参加）が，1人の人間にすべてそろえて配分されるのである。

## モジュール化

　プロパティー・ライツを集中させるということは，個々の職場や個人のレベルでのみ行われることとは限らない。例えば企業のモジュール化のさいには，自律的なグループによって統合的に運営される独立した職務のセグメント化を目標にしている（この点と以下についてはピコー／ライヒワルト／ウィーガント2001参照）。機能的かつ階層的に組織されている企業内で，水平的に広く配分されている行為権または執行権は，プロセスごとにモジュール内に集中される。同時に意思決定権は，経営者層から垂直方向に下層の現場に近いレベルへと移される。こうしてそれぞれ内外の供給者と直接的に接触し，単純で標準化されたインターフェイスを経由してサービスを交換する，自己制御的なグループのネットワークとしてのモジュール化された企業という姿が浮かび上がる（フランク1995b参照）。

　モジュールへのプロパティー・ライツの委譲は，もともと予定されていた職務について行うという意味で，プロパティー・ライツの内の資源の利用権利（usus）に関わるものである。それ以外の権利の委譲に関しては，企業レベルごとに異なるモジュール化のコンセプトが見いだされる。例えば，事業活動からの利益を留保する権利は，損失を自分で負担する義務（usus fructus）と共に，コスト・センターあるいはプロフィット・センターのモジュールのようなレベルのモジュールで委譲される。しかし，たいてい企業の経営陣は，例えばモジュール間で資本的資源を戦略的に使いまわすために，このプロパティー・ライツを完全に放棄することはない。財の形態と内容を変更する権利（abusus），第三者へ譲渡する権利などのプロパティー・ライツも，モジュール化が行われても，所有者ないし所有者によって企業経営の全権を委任されている経営陣に残される。

## 取引費用が禁止的に高い場合のプロパティー・ライツの分散

　例えば，チーム生産のように生産プロセスが分離不可能であったり，大きなレバレッジ・エフェクトがもたらされるさいの取引当事者の一方あるいは双方に，禁止的な取引費用が生ずるとき，プロパティー・ライツの集中を伴う専門化・交換構造を形成することは，難しくなる。そのような場合は，反対にプロパティー・ライツを分散化した方が効率的になる場合がある。

### ・分割不能な生産プロセス（チーム生産）

　従って，例えばチーム生産という状況では，専門化されたモニタリングが導入される。1人のチームメンバーに，意思決定権とコントロール権が与えられるのである。彼は生産プロセスの監視の専門家となり，チームを個々のメンバーの手抜きから守る。こうして問題は，今度はモニターをするコントローラー自身が，手抜きをしないようにするというものになる。この問題は，他のチームメンバーに報酬を支払った後に残る利益を，そのモニターをするコントローラーに与えることで解決する。こうすることで，最上位のコントローラーが所有者であるような階層的な企業像が登場する（詳

しくはアルシァン／デムゼッツ1972を参照)。彼は従業員と契約を結び，生産プロセスをコントロールする。結果的に専門のモニターにプロパティー・ライツが集中し，同時にチームメンバーの行為・意思決定権が制限される。この場合，専門化・交換構造は，この構造がどれくらいモニターの監視活動を容易にするかによって評価される。こういった点から見れば，テイラー的な作業構造は非常に効率的でありうる。

　モニタリングとそれに伴う階層的な企業の登場は，おのずと誰に，どのプロパティー・ライツを委譲すべきかという問題を発生させる。できるだけ多くの行為を内部化するというモットーから見ると，プロパティー・ライツを与えられたときに一番強く企業の成果に影響を及ぼせるチームメンバーをモニターにするという方法が理にかなっている。従って知識集約的産業では，たいてい人的資本の持ち主が最上位の決定権とコントロール権を持っていることは，容易に理解できる。この種の産業における生産プロセスのアウトプットは，物的資本を提供するメンバーによるよりも，コントロールの難しい人的資本の持ち主の貢献により大きく左右される。例えば，私立大学では，教授陣がアカデミックな用件を最終的に決断するのがふつうである。さらに人的資本の提供者への意思決定権とコントロール権の分配は，建築事務所，会計事務所，弁護士会，私立病院などでよく見受けられる。

・プロパティー・ライツの分配のレピュテーション・エフェクト
　さらに，プロパティー・ライツの分配のさいにはレピュテーション・エフェクト（評判による効果）を考慮に入れることが大切である（ミルグラム／ロバーツ1992, p.33以下参照）。企業は法人として，自然人としてよりもずっと長い間存在することができる。そのため，企業はレピュテーションのメリットを生かすのに向いている。絶えず高品質の製品を作り続け，しっかりした経済的な基盤を持ち，従業員に対する福祉で知られている企業は，長期間にわたって有効なレピュテーションのレントを得ている。しかし，レピュテーションを形成する行為は，法人つまり企業によってではなく，そのメンバーによって実行される。また，レピュテーションのレントから最終的に利益を得るのは，自然人である。かくして，目先のことしか考えない者が利己的に振る舞ってレピュテーション形成を妨げるという問題が現れる。これを回避するには，企業のレピュテーションに最も持続的な影響を及ぼせる者に，プロパティー・ライツを譲渡し，清算による収益を受け取る権利を与えることである。そうするとレピュテーション形成に貢献することで彼らの所有権の現在価値が，最大化されることから，彼らには，そうすることに正当な関心が生ずる。これは，有効な資本市場では，割引かれた将来のレピュテーション・レントに対応している。チームのアウトプットへの影響を考慮して，意思決定権とコントロール権を与えられた行為者には，レピュテーション・エフェクトという視点から，プロパティー・ライツを譲渡し，清算による収益を受け取る権利も認めるべきである。

・レバレッジ・エフェクト（てこの効果）

　行為者の行為が技術的，あるいは制度的なレバレッジ・エフェクトによって強められると，得られる効用や所得が行為者の保証能力を超える可能性も出てくる。このような行為の結果を内部化しようとすると，禁止的な取引費用によって業務遂行に困難になる。すでに述べられている例によって，このことは明らかである。例えば，大きな株式会社の経営者は，彼の行為の考えられる結果の全範囲にわたって責任をとることはもはやできない。そこで，ビジネスのたびに煩雑な交渉をして潜在的な取引相手に個人的な保証能力を納得させる代わりに，もっと簡単な道が選択される。特殊な保証供与者，つまり自己資本提供者が現れて，経営陣の行為をいわば保証するのである。同時に彼らは，保証しなくてはならない状況にならないように，様々なコントロールメカニズム（取締役会，株主総会，会計報告の提示など）を使って，経営陣の行為を制限する。ここでも取引費用のために，行為者のプロパティー・ライツが分散することになる。コントロールしている者とコントロールされている者との間の同様の相互作用が，テクノロジーによるレバレッジが働いている状況でも見られる。例えばパイロットが服さねばならないような，とても厳しいコントロールはよく知られており，旅行者が航空会社と取引するさいの前提となっている（この保証問題についてはバーゼル1989を参照）。

### 3.3.2 取引費用理論

#### 3.3.2.1 理論の基本的特徴

　プロパティー・ライツ理論においてはプロパティー・ライツのデザインと分配が制度分析の主たる対象となっているのに対して，取引費用理論においてプロパティー・ライツの配分の状態は主題となっていない。取引費用理論の基本的な研究対象は（例えばコース1937，ウィリアムソン1975, 1979, 1981a, 1990a, 1993, ピコー 1982, 1985, 1986, 1991a) 1つひとつの**取引**である。この取引とは，分業的経済システムでの専門化した行為者間の様々な交換関係である。そのさい行為者という概念は，まず個々の個人に当てはめられるが，だんだん一般化されて，例えば企業や国家のような組織化された構成体にも当てはめられる。ここでは専門化した行為者間の財の交換だけが関心を持たれているのではなく，財の交換とは論理的に区別すべきであるプロパティー・ライツの移転も関心の対象になっている（ティーツェル［Tietzel］1981, p.207以下，ピコー1991a, p.145以下参照）。これを取引と呼ぶ。

　取引においては，それを行う者に対して取引費用が発生する。

#### 3.3.2.2 優位性基準としての取引費用

　取引費用は，交換の当事者が財・サービスの交換のために負担すべき，すべての犠牲やデメリットである（ピコー1991b, p.344参照）。特に以下のようなものがあげられよう：

- **開始**(例えば,調達,販売,開発そして製造準備のために必要な旅費,コミュニケーション費用,コンサルタントに対する費用,一定の共通経費)
- **合意への到達**(例えば,交渉費,法的助言に関わる費用,販売・開発・製造そして調達間の同期化と計画の費用)
- **実行**(例えば,交換プロセスの統御,管理と調整のためのコスト)
- **コントロール**(例えば,品質・納期の監視,調達のベンチマークの決定)
- **事後処理**(例えば,事後的な品質,数量,価格または納期に関する変更のために生ずる追加費用)

金銭的に把握できるものだけではなく,例えば契約の実行を監視するさいに必要になる努力や時間といった,定量化の難しいデメリットも考慮しなければならない(ピコー/ディートル1990,p.178参照)。

取引費用理論に関わる文献の重点は,主に,第1章の3節で述べられた,経済プロセスにおける不完全性という側面の考察におかれる。「正しい」分業ないし専門化がもたらす生産性の向上と,「間違った」分業ないし専門化がもたらす厚生の損失は,暗黙のうちにしか考察されない。分業と専門化は,多くの取引費用理論的な研究において,他の事情が等しければという条件のもとで所与あるいは不変と仮定されている。中心にあるのは,専門化した経済行為者間の交換と調整の費用なのである。それにも関わらず,取引費用理論は「正しい」分業及び専門化の問題にも適用される。しかし,交換ないし調整の問題に対しては取引費用理論という「サーチライト」の「光」が中心的に当てられるのに対して,分業と専門化の問題には「散光」が当てられるにすぎない。

取引費用の高さは,特定の条件の組み合わせと,選択された組織デザイン活動に依

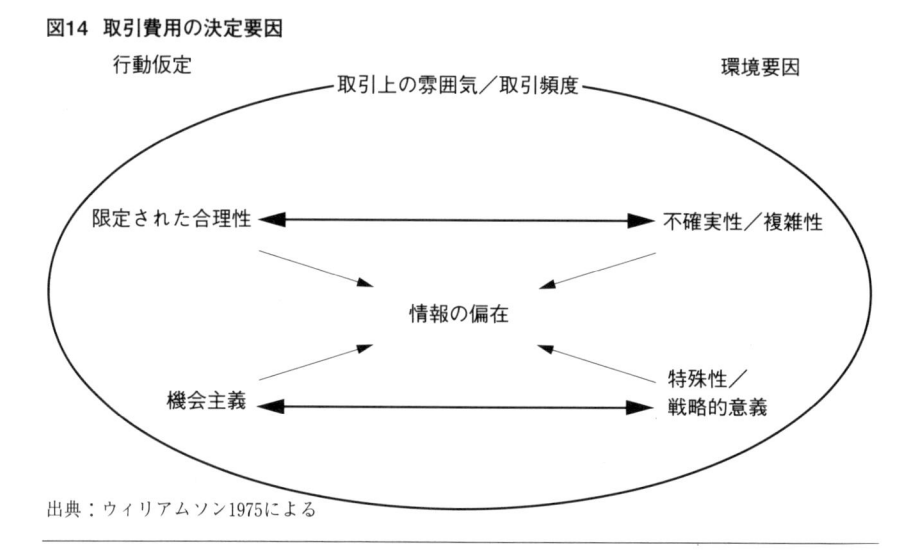

**図14 取引費用の決定要因**

行動仮定　　　　　　　　　　　　　　　　　　　環境要因

取引上の雰囲気／取引頻度

限定された合理性　　⟷　　不確実性／複雑性

情報の偏在

機会主義　　⟷　　特殊性／戦略的意義

出典:ウィリアムソン1975による

存している。これらの決定要因とそれぞれの取引費用の高さの関係を説明するために，ウィリアムソンは**組織の失敗のフレームワーク**として広く知られているモデルを発展させた（図14参照）。

### 3.3.2.3　仮定と条件

取引費用理論は本質的に３つの条件を主題としている。すなわち行動仮定，環境要因，そして取引の雰囲気である。

#### 行動仮定

取引費用理論における行為者は，２つの中心的な行動上の特徴を持っている。すなわち，**限定された合理性**と**機会主義**である。

サイモン（1957，1976，1986）によると，経済主体は，合理的に行動しようという意思を持っているが，そのための十分な情報を持っていない。１つの理由としては，人間の理性には情報処理能力に限界があるということがあげられる。もう１つの理由は，ポラニー（1962）によると，ある特定のクラスの知識は，言語によってコミュニケーションすることができないというものである。例えば実務上の能力とかスキルとかは，言葉では言い表せないし，伝えることもできない（これについてはフランク1992，ショイブレ（Scheuble）1998参照）。

機会主義の仮定はすべての経済理論の基礎にある個人の効用極大化というコンセプトを別の視点から言い換えたものにすぎない。この仮定によると，経済行為者は（常にではないがしばしば）自分の利益を実現するために他人の不利益を引き起こしたり，社会的規範を無視したりする（詳しくは3.1.1参照のこと）。

この２つの行動仮定については，個人のレベルでも議論されるが，企業のレベルでも議論される。従って例えば，企業もサプライヤなどとの関係において，限定された合理性のもとで，かつ機会主義的に行動しうる。

#### 環境の条件

最も重要な環境の条件は，取引の不確実性，特殊性，戦略的意義，頻度と測定コスト（Messkosten）である。

行為者の限定された合理性は，不確実性のために事前にすべての取引条件について正確な取り決めができないときにはじめて経済的な問題を引き起こす。不確実性とは，取引が行われている間の財・サービスの提供に関する取り決めに必要とされる変更の回数と予測可能性の度合いである。この変更は，例えば品質や納期，量，予算，価格などに関するものである。変更の必要性が頻繁で予測できなければできないほど，取引パートナー間で公平と感じられるような財・サービスの提供に関する取り決めの開始，合意の達成，処理，コントロールそして適応は難しくなる。不確実性は事前には予測できない自由裁量の余地を作り出す。なぜなら，お互いの保護のための事前的な取り決めは，後の可能な展開のすべてを考慮には入れられないからである。

取引の状況が，特殊性という特徴を伴う場合，経済行為者はますます機会主義的に行動する。特殊性とは，資源をその取引にしか利用できない資産に投資する場合に生ずるものである。意図されている用途と次善的な用途でのこの資源の価値の差が大きいほど，取引の特殊性は高い（クライン／クロウフォード／アルシァン［Klein/Crawford/Alchian］1978参照）。

特殊性が発生する例としては，たった1人の需要者にしか使われない部品を生産するために，その部品生産に専門化した機械と，特殊能力に投資する供給者をあげることができる。極端な場合，その需要者はたった1人の顧客であり，供給者は特殊なサービスのたった1人の生産者である（少数者間取引）。例えば関係の決裂をちらつかせて，価格を自分に有利なように取り決めようとする機会主義的な行動の危険性が，両サイドにまったく不必要な保証手段を発生させる（これについてはウィリアムソン1975参照）

— 財・サービスの提供者は，彼が行う，他の用途には使えない投資の価値が，危険にさらされていると考える。
— 財・サービスの受け手は，財・サービスの提供者の特殊なノウハウへ依存する危険を減少させたいと考える（例えば供給された部品を用いてさらに開発する必要がある場合）。

この場合，双方に受け入れられるような交換の取り決めをするのは，相応に費用のかかることである。

取引関係における特殊性は，不変なものではない。従って例えば標準的な交換関係から始まって，時間の経過するうちに取引関係は，システム・ノウハウに関わる依存関係に変化することがある。契約の開始時ないし契約以前（事前的）には特殊でなかった財・サービスの提供関係が，ある一定期間の契約経過後に（事後的に）特殊なものとなることを**基本的変形**と呼ぶ（ウィリアムソン1990a，pp.70-72参照）。この変化により，後になって機会主義的な行為へのインセンティブが生じる。例えば不可欠の存在になった供給者は，より高い価格を課すことで，自分のコストを従属的な買い手に転嫁しようとするだろう。そもそもマーケティングとは，はじめは特殊でなかった財・サービスの提供関係から特殊なそれへと移すことをめざしているのである。供給関係の基本的変形の例としては（ディートル1993a，p.111参照），標準化された一次加工品を調達して在庫しておく取引関係から，製造に同期化させた調達取引（ジャスト・イン・タイム）への移行が挙げられよう。物的資本と人的資本への非可逆的な投資のため，ジャスト・イン・タイム・システムの導入後の取引パートナーの変更は，高いコストを伴うものとなる。

ウィリアムソン（1989, p.143）は，実務に見られる取引の中から次のような特殊性を識別した。

— 場所の特殊性：取引パートナーが取引相手の所在地の近くに自分の施設を建築するため投資する。
— 物理的な資産の特殊性：取引パートナーが特殊な製造機械とテクノロジーに投

資する。
— 人的資産の特殊性：取引パートナーが，従業員の特殊な能力へ投資する。
— 特定目的の資産：取引パートナーの投資は，特殊ではない設備に行われるが，しかしそれは，計画された取引だけのために使用され，契約後は過剰能力となる。

　特殊性の重要性は，取引されるものの内容が，取引パートナーの一方に対して，または双方に対して持つ**戦略的な重要性**によって相対化される。それゆえ高度に特殊な資産への投資を含むために躊躇される取引も，もしそれが戦略的に重要ならば，問題ではない。例えば，提供される財・サービスによってその産業の競争状態が変えられたり，決定的な成功要因が手に入れられる場合である。往々にして取引パートナーにとって戦略的に重要な財・サービスは，新しい分野への特別な一歩である。それによってたいてい，競争相手や伝統的なビジネスモデルとの差別化が試みられるのである。戦略的に重要な財・サービスについては，従って，それを描写し評価しやすくする参考例も存在しないし，従来からの市場も存在しない。これに加えて，さらに戦略的な財・サービスの交換を難しくする問題点がある。それはつまり，模倣されないように秘密を保持する必要性があることである。

　調整形態の取引費用の高さを決定するその他の要因は，交換パートナー間で特定のタイプの取引が繰り返される頻度である。頻度が問題になるのは，それぞれの調整形態がいろいろな程度の開始投資を必要とするためである。従って例えば，特殊な1次加工品を企業の内部で製造する能力を構築するには，かなりの先行投資を前提とするが，それは，交換の頻度が十分に大きくなった（当該1次加工品への高い需要）ときにはじめて償却されるのである。

　しかし，頻度の影響は「従属的な」ものである。特殊性が少なく，戦略的に重要でない，完全に確実な1次加工品，例えば標準的なネジなどの供給は，高い需要があっても（高い頻度）取引パートナー間での特別な情報・安全の問題には発展しない。標準的製品の場合，いつも複数の潜在的供給者と需要者が存在し，そこで，取引パートナーのどちらも，必要なときには，大した労力もデメリットも被らずに交換できるのである。交換の頻度は，特殊性や戦略的な意義などと関わり合いを持ってはじめて，効率的な調整・モチベーションの用具を選択するための意思決定に重要になるのである。

　ヨーラム・バーゼル［Yoram Barzel］1982は，取引における**測定の問題**（**Messprobleme**）が重要な環境条件になりうることを指摘している。測定の問題のために，取引の結果や取引した製品の品質評価のさいに，探索コストやコントロールコストが吊り上げられるのである。3.3.1節において，チーム生産のさいの測定問題を分析したアルシアン／デムゼッツ［Alchian/Demsetz］のアプローチがすでに詳しく紹介された。ここで明らかになったことは，測定の問題が，成果を抑制するような組織的インセンティブ引き起こす，ということである。この問題は，チーム生産に限らず，財・サービスを交換する取引パートナー間においても重要である。製造物責任，

出版契約，ブランドネームの確立やいわゆる「一括契約」のような制度によるアレンジは，測定コストを減少させるための措置としても説明することができる（ケニー／クライン［Kenney/Klein］1983を参照）。一括契約の場合には，商品は個別にではなく，ブロック単位で販売される。この典型的な例は，小口に分けて包装された果物や野菜であるが，映画あるいは放送権などもこれに当てはまる。すべて一括で売却することで，買い手の側と売り手の側で品質コントロールや価格交渉のコストを避けることができる。例えばサッカーワールドカップの放送権が，一括で販売されず，1ゲームごとに販売される場合，売り手である世界サッカー連盟FIFAも，すべての潜在的購入者（テレビ放送局）も，ゲームごとにそれぞれそのゲームの面白さを分析しなければならないだろう。そのうえ価格交渉でも多くの資源を使い果たしてしまうだろう。価格交渉への投資は，それが個々の買い手や売り手から見て，実行する価値のあるものである場合にのみ，行われるのである。

　**取引の雰囲気**としては，様々な調整・モチベーションの用具の取引費用を左右する，すべての社会的・文化的，技術的な要素が考慮される。いわゆる「相互作用効果」が現れ，相互作用に加わっている経済行為者が「価値それ自体」を認めるとき，（ウィリアムソン1975, p.37参照），単純な行動仮定－環境要因モデルの説明力は，もはや不十分となる。

　例えば，親しい友人の間では，かなり特殊な取引でも機会主義的な行為に対する費用のかかる保障処置はいらなくなる。なぜなら，彼らにとってフェアな相互作用が「価値それ自体」だからである。さらに，友人の間で共有された「考え方」がコミュニケーションを容易にするということもある（これについては1.5.4の「コミュニケーション・プロセス」の部分を参照せよ）。さらに友情は，機会主義的な行為を制裁可能にする担保である。

　同様の作用を持つものには，レピュテーション，教育や社会化を通じて伝えられる文化的，宗教的あるいは社会的な規範や価値がある。それらははじめから機会主義的行為の余地を狭めている。さらにそれらは，取引パートナーに受け入れられ，理解されたルール・考え方として，交換に伴う情報・コミュニケーション・プロセスをかなり円滑にし，そうすることで不確実性を吸収する。従って，様々な文化的・社会的なグループが（例えば宗教団体や職業グループ，人種集団）が（特殊性，不確実性などに関して）同じような状況でも異なる制度を調整の用具やモチベーションの用具としてうまく使っているとしても驚くにはあたらない。

　オーウチ（1980）が描写したようなクラン組織は，例えば共有された規範，価値や意見のような，特に雰囲気的な要素を持っている。

　利用可能な技術的なインフラストラクチャーも調整とモチベーション構造の取引費用に重要な影響を与えている。

　従って例えば，新しい交通システムや特に現代の情報・コミュニケーション・システムは，生産要素と最終製品の移動を容易にしているので，特定の投資の立地に関わる特殊性を減らすのに役立っている（ピコー／ディートル 1990, p.180参照）。これに

よって，相互依存の状態を機会主義的に悪用されないようにするため費用のかかる保証メカニズムを必要とする，少数者交換の状況も，場合によっては回避される。

様々なコミュニケーション・メカニズムの取引費用に関して特に重要なのは，新しい情報・コミュニケーション・テクノロジーである（ピコー／フランク1992参照）。すなわち，多くの領域において人間の情報処理能力とコミュニケーション能力の限界が広げられている。それによって，交換の開始，合意への到達，処理，コントロールと事後処理が，以前より容易になる。不確実な取引が，より多くの柔軟性と透明性によって，特殊な取引が，よりよいコントロール・記録可能性によってより容易に実行されるようになり，こうして新たな種類の組織が実現可能になる（ピコー／ライヒワルト／ウィーガント2001参照）。

### 3.3.2.4　説明とデザインへの貢献

第1章第2節では，経済プロセスは分析的に2つの局面に分けられた。分業・専門化は生産性ポテンシャルを利用しつくすことを可能にするが，同時に同期化と交換を前提とし，この同期化と交換のためには，そうでなければ需要を満たすために利用される資源が使われるのである。

経済行為者の最適化戦略は，それゆえに2つの出発点を選ぶことができる――1つはできるだけ生産性の高い分業・専門化であり，もう1つはできるだけ「摩擦のない」交換プロセス，または調整プロセスである。

取引費用理論は，その説明とデザインの命題を特に経済活動の交換と同期化の局面に集中させている。それにも関わらず，その説明・デザインのポテンシャルは，「適切な」分業と専門化の問題にも応用されうるものである。

#### 「適切な」分業への貢献

職務は様々な形で，個々の部分的な職務に分けられる。この「分解のロジック」は生産性に大きな影響を及ぼす。この点に関して取引費用理論ではあまり述べるところはない。

「分解のロジック」はしかし，分割された職務をその担当者に割り当てた後で必要となる同期化と交換というデメリットに影響を及ぼす。すでに職務を分割するさいに，職務の達成において発生する交換の取引費用ができるだけ少なく済むように，注意することが可能である。取引費用理論の観点からすると，職務を分割するさいには，以下のことが要求される。すなわち，「分解のロジック」は，同じ労働生産性を実現する複数の分割の仕方の中で，できるだけ簡単な取引を伴う分割，つまり他の分割された職務，買い手や供給者とできるだけ簡単な関係を伴うような職務の分割を見出さなければならない。そのためには，2つの特性が決定的に重要である。

・*分割された職務間の相互依存の最小化*

分割された職務同士が相互依存的であるほど，該当する職務担当者はより統合のた

めに働き，分割された職務間の相互依存性が少ないほど，職務担当者間の同期化の必要は少なくなる。分割された職務間の依存性が，情報に関連して少ないようにデザインされていれば，該当する職務担当者が負担する取引費用は少なくなる。この問題を例証するために，トンプソン（1967）とヴァンドベン／フェリー［van de Ven/Ferry］(1980) によると，職務間の相互依存性について4つのタイプが識別される：

(1) **共有資源についての相互依存**
（各分野は間接的にのみ相互に依存している，例えば稀少な資本をめぐる競争）
(2) **継起的な相互依存**
（1分野のアウトプットが他のインプットである）
(3) **互恵的な相互依存**
（分野間の相互的なサービス・財の交換）
(4) **チーム志向的な相互依存**
（各分野は，職務を遂行するために相互作用的，同時的に活動しなければならない）

各分野間の相互依存の度合いが高くなるほど（(1)から(4)にいくにつれ，同期化の必要性が増す），1つの組織単位への統合が必要になる。各分野間の相互依存の度合いが少ないほど，その自律性は高く，また，組織的な分権化の度合いも高くなる。

### 知識経済的に成熟している段階での職務の分割

もう1つのタイプの分割された職務間の相互依存は，ある種の人間の知識（経験で培った身体的なスキルと能力）の表現力が欠けている場合に見られる。例えば，職務担当者間の知識の移転は，難しい経済問題である。経験的に培ったスキルや能力のような暗黙知は「言葉とは別に」費用のかかる実践の上での教えとして，親方から弟子に伝えられる。しばしば禁止的な取引費用が，この資源を消耗する移転方法の結果として必要になる。そのため，職務を分割するさいにすでに，専門的な取引パートナー間の知識の移転ができるだけ少なくなるように行う必要がある。このことは，必要な交換プロセスが単純になることで，取引費用の低下をもたらす。

知識経済的な成熟（これについては基本的にディートル1993a, pp.171-179を見よ）のコンセプトを用いると，この実践的な要求に応えられる。簡単にいうと，個々の職務担当者の間にノウハウの移転ができるだけ必要ではないように職務を分割することである。専門的な職務担当者が，取引相手にとってもはや重要でない暗黙知を組み込んだ製品と財・サービスを提供することで，この目的は達成される。製造のために必要なノウハウへ立ち戻らずに次の段階での使用が可能であるような財・サービスを，知識経済的に成熟しているという。加工された財・サービスが知識経済的に成熟しているといえる段階は，総合的な職務を分解するのに適したポイントである。というのはここでその分解は，費用のかかる知識の移転プロセスを標準化された交換プロセスにおきかえるからである。

## 分割された職務の企業内での集権化と分権化

　分割された職務をどのような職務担当者へ配分すべきかは，取引費用の視点から最適化される。

　適切なのは，職務を実行するのに必要な暗黙のノウハウをすでに持っている職務担当者である。その職務の実行のためにこれから暗黙の知識を得なければならないような職務担当者に，知識経済的に成熟した職務を配分しても，成果は出ないだろう。禁止的な取引費用を伴う知識移転をしないということが，付加価値を生み出す前提であろう。

　企業経営において非常に重要な問題，つまり職務を集権的に処理するか，または分権的に処理するかという問題によって，暗黙のノウハウをどのように考えるべきか，説明される（ピコー1990参照）。

　完全な特殊性とは，生産要素をたった１つの使用代替案へ専一的に投入することと定義される。企業における職務を見てみると，２つのタイプの基本的な職務が見いだされる。経営政策的・インフラストラクチャー的な職務は，戦略，組織，管理，人事そして技術という分野で一般的で包括的な枠組みのデザインと運営に関わっている。このような職務が，その企業によって他の企業とは異なったやり方で実行されると，特殊であるという。従って例えば，情報・コミュニケーション・テクノロジー，ユニークなインセンティブ・制裁システム，あるいは「独自な」戦略的計画といった分野にその企業に特殊なインフラストラクチャーが存在する。これらの点で企業は自らを競争者から差別化していくのである。この場合を，経営政策的なインフラストラクチャーの特殊性と呼ぶ。

　それに対して，専門的な職務が，ラインでの付加価値プロセスにおいて現れる。それには，直接的に財・サービスの製造に関わるすべての機能が含まれる。ここでは，企業のインフラストラクチャーではなくて，多くの具体的で個別的な問題の「現場での」直接的解決が重要なのである。このような専門的な職務も特殊である可能性はある。いわゆる企業のコア・コンピタンス（プラハラッド／ハメル［Prahalad/Hamel］1990参照）は，競争相手からの差別化を可能にするユニークな能力・スキルである。それらはラインでの付加価値プロセスに関わるものである。

　この２つの特殊性を組み合わせてみると，３つのタイプの特殊な職務が生ずる（図15参照）。

　タイプ１は，まったく特殊でない職務である。これらは以下においては，考察の対象とならない。なぜなら，次節で明らかなように，これらの職務においては，集権的処理か分権的処理かは問題にならず，むしろそもそもそれらを企業内で処理すべきかどうかが問題だからである。残りの３つの職務タイプについて分権化または集権化の決定をするには，２つの前提が必要である。すなわち第１に，それらの職務タイプが職務担当者にどのようなノウハウを要求しているか，明らかにすることである。第２に，そのときに必要とされるタイプのノウハウの獲得と維持のための条件が，分権化にあっているのか，集権化にあっているのかという問題に答えるというものである。

**図15 3つのタイプの特殊な職務**

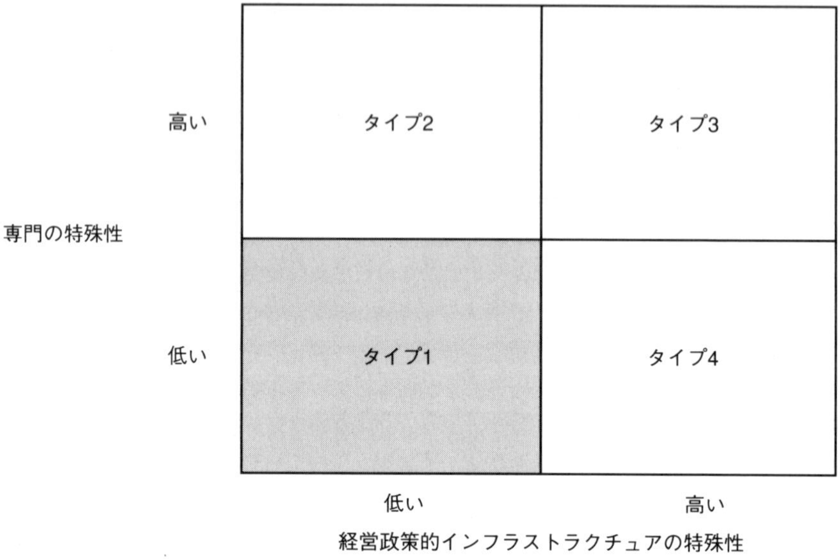

|  | 低い | 高い |
|---|---|---|
| 高い | タイプ2 | タイプ3 |
| 低い | タイプ1 | タイプ4 |

縦軸：専門の特殊性
横軸：経営政策的インフラストラクチュアの特殊性

　タイプ2の職務の特徴は主に，専門性が高いということである。これらは直接，ラインでの付加価値プロセスへの迅速で実践的かつ状況に合った介入を必要とする。ここでは，具体的な問題に近い，応用的で，実践的な専門知識の蓄積が前提となっている。「やりながら学ぶ［learning by doing］」ことが，職務遂行において不可欠の前提条件である。具体的な問題に近く，かつ実践的な専門知識は，もっぱら「現場で」「ケースごとに」効率的に力を発揮し，自動的に更新されていく。このため，専門的で特殊な職務はなるべく「実務に近い」職務担当者に任されるべきである，つまり分権化されるべきであろう。集権化のような形態は，暗黙の内の専門知識の移転を前提としているため，禁止的な費用がかかり，ゆえに劣っているのである。
　タイプ4の職務の特徴は，主に経営政策的インフラストラクチャーの特殊性が高いということである。そこでは，組織，管理，テクノロジーなどのような，いろいろな個々の具体的なケースに対して有効性を持つ包括的な枠組みについての詳しい知識が，要求されている。さしあたり応用的，実践的な専門知識が問われているのではなく，一般化可能で，様々な分野と関係するような広い視野にたった知識が問題とされている。このような知識を取得するための前提は，「現場での」付加価値プロセスという具体的な日常的業務からある程度切り離されることである。こうして切り離してはじめて，個々のケースを相対化して考えること，そして包括的で多分野にわたるコンテキストを理解することが可能になる。経営政策的インフラストラクチャーの特殊性という特徴を持つ職務は，それゆえ，できり限り全体を見渡すことができ，具体的な「現場での」専門的職務から切り離された，比較的，独立した職務担当者によって

処理されるべきである，つまり集権化されるべきであろう。

　タイプ3の職務は，ラインの専門的な特殊性と経営政策的なインフラストラクチャーの特殊性の双方の特徴を持っている。上述の考察によると，このような職務は，全体を見渡している政策担当者と，ラインの専門家との協調においてのみ果たされることがわかる。一般化された広い視野に立った知識の取得と維持は，日常的業務から離れてはじめて可能になる。それに対して実務的な応用に関わる知識は，現場での継続的な訓練によって得られる。タイプ3の職務は，禁止的な移転プロセスを避けるべきならば，知識の取得とその利用との2つのケースを同時に前提としている。解決策は，例えばプロジェクト・グループやワーク・チームのような，集権的かつ分権的に配置された職務担当者という意味で，混合的な集権化ないし分権化だろう。

### 交換・調整プロセスの最適化への貢献

　取引費用理論の主な関心は，専門化した行為者間の財・サービスの交換を最適化することにある。すでに述べたように，分業／専門化は生産性のポテンシャルを汲み尽くすことを可能にするが，同時に同期化と交換を前提としており，この同期化と交換のためには，本来ならば需要を満たすのに使われる資源が使われてしまうのである。同期化と交換は，すなわち生産要因の投入を必要とし，取引費用という費用を発生させる。

　現代の社会経済において取引費用がどれほど大きな割合を占めているかは，ウォリスとノース [Wallis/North]（1986）の実態調査によって明らかにされている。この2

**図16　アメリカ合衆国の総社会生産における取引費用の割合**

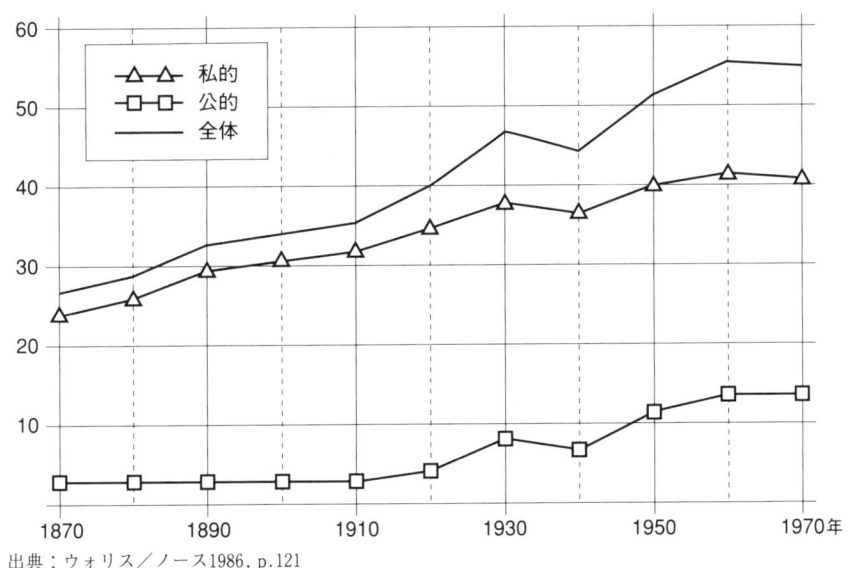

出典：ウォリス／ノース1986, p.121

人は1870～1970年のアメリカ経済における経済全体の取引費用を調査した。結果は図16のようなものになった。1870年に、全経済活動のたった4分の1が取引行動の準備に関連していたのに対して、1970年にはこれの割合は国民総生産の半分以上（54.71％）を占めることになった。

### 企業理論への貢献

　新古典派ミクロ経済学のモデルでは、この取引費用という経済行為者の調整とモチベーションにとって本質的に重要な論点は、おろそかにされてきた。そこでは、価格がすべての重要な情報を反映し、価格は、時間や資源を消費せずに形成されると前提されていた。また、行為者の情報獲得は、摩擦なく、また費用なしで行われ、ゆえにすべての行為者に同一の情報が与えられていると仮定されていた。

　このような完全情報と完全合理性の世界では、企業は交換と同期化プロセスを最適化するための制度であるとは考えられない。すべての交換・同期化は市場を経由して費用なしでかつ摩擦なく行われるので、企業は何か別のものでしかない。

　そのため、新古典派的、産業組織的アプローチは企業を主として技術的な生産単位（生産関数）として描き、その制度的機能が非常に狭く解釈されきたことは不思議なことではない。彼らによれば、企業は、カルテルや提携などの他の制度と同じように、**市場支配力**に対抗して防御するための、経済行為者が使う道具なのである（3.1.2参照）。新古典派経済理論における企業に対するこのような狭すぎる考え方は、コース（1937）によってはじめて緩められた。彼は新古典派的理論と異なり、企業の存在を、交換と同期化とが費用を伴うことに起因するとした。コースによってまず「マーケティング費用」と呼ばれ、後に取引費用（コース1960）と名づけられたこの費用は、ここで紹介されている取引費用理論の基礎となった。階層組織として統合されているが、内部に分業を持つ企業は、分業による財・サービスの生産に伴う調整・モチベーション問題を、外部のパートナーと市場を通じて解決するよりも、企業の内部でよりよく解決できるときにのみ、存在することができる。それゆえ、組織問題とは、様々な制約を考慮に入れながら、職務に関連した構成員間の関係をできるだけ摩擦なしに処理させる、つまり取引費用をできるだけ少なくするような調整・モチベーションのモデルを、分割された職務のために見つけることである。

　取引関係において用いられる調整・モチベーションの用具は様々に分類される。最も頻繁に使われる分類では、関連する経済主体間の垂直統合の度合いが基準とされている。

　完全に垂直統合された取引パートナーというのは、両者が長い期間にわたって有効な、いわゆる関係的契約（例えば労働契約）を結んでいる場合である（関係的契約については1.5.2参照）。ウィリアムソン（1990c）は、このような調整メカニズムを階層的調整もしくは階層組織と呼んでいる。

　垂直的に完全に分権化された取引パートナーは、市場を通じて取引を行う。自発的で市場的な取引は法的に言うと、古典的、スポット的な購入契約である（古典的契約

**図17 垂直統合の度合いを最適化する代替案の例**

```
自己開発と内製

サプライヤまたは買い手への資本参加

サプライヤの隣接地への立地

開発提携
 ・後に内製する
 ・後に外製する

長期的協定
 ・特殊な内部で開発された部品について
 ・特殊な外部で開発された部品について

年間契約
 ・納期と数量がオープンである
 ・納期と数量が固定している

市場での購入
```

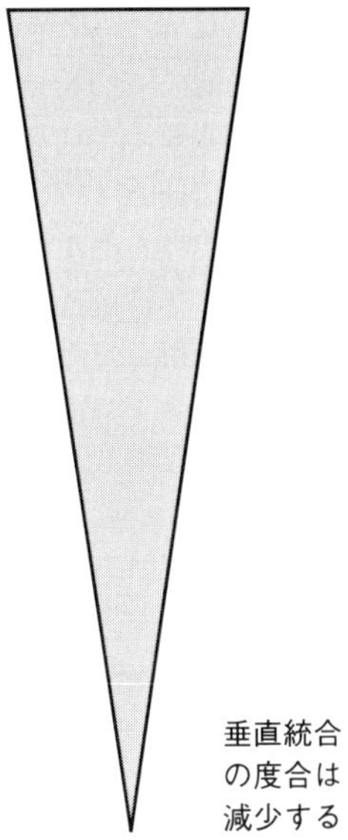

垂直統合の度合は減少する

出典：ピコー1991b, p.340

については1.5.2参照）。ウィリアムソン（1990c）は，この調整メカニズムを，階層組織の対極として単に市場と呼んでいる。

　市場と階層組織の間には，さまざまな中程度に統合された垂直統合形態がある。図17はサプライヤの組織を例としてこれを説明している。取引関係が，市場での購入より濃密でより長期的であるが，しかし完全には企業内（または似たような階層組織的な構成体の中）で行われていなければ，ハイブリッドな調整形態と言える。提携は，中程度の統合の最も多い例である。

　このような垂直統合の連続体を背景とすると，以下のような提言が得られよう（ピコー1990b, p.340，ピコー／フランク1993参照）。

　市場的な価格メカニズムに基づく調整は，機会主義的に行動し，必然的に限定的にのみ合理的な経済主体が，特殊で不確実で戦略的に重要な交換関係に入るとき，その優位性を失う。ここでは，双方にとって満足できる財・サービス交換の購入契約を実行するには，費用がかかりすぎることが明らかである。なぜならこれを実行するために必要な，財・サービスすべての詳細を明記し，不測の事態をあらかじめ明記し，文書で記しておくことは，禁止的な資源消費をもたらすからである。この種の取引を行うためには，交換パートナーがより長期間にわたって関係を結ぶ，または統合することがより経済的である。労働契約，企業間提携などは，一般的で長期的に有効な枠組みに関わる協定であり，個々の財・サービスの交換内容を完全に明記するものではな

い。

　統合した場合には，相互に認めあった長期的原則，あるいは既存資源の共有，制度化されたインセンティブ・制裁システム，そして様々な「雰囲気」（例えば，友情，徹底的なコミュニケーションによって得られる同一の世界観）といった条件などを通じて，取引パートナーの間により強力な利害の一致と，柔軟な漸次的適応が現れる。このことによって統合は一方で短期的なメリットを追求する機会主義的な搾取を阻止し，他方で不確実性をよりよく処理するのである。それに加えて，統合されていない外部の財・サービス供給者は，高度に特殊な財・サービスの場合には，規模の経済性を生かして生産費用を節約することができない。財・サービスの特殊性を考慮すると，複数の顧客の需要を１つにまとめることは，定義的にありえないのである。

　あまり複雑ではなく，安定的で戦略的に重要でない標準的な財・サービスを交換する場合，市場を通じて購入するという調整形態が優れている。取引行為者はこの場合，数多くの潜在的な買い手の需要を満たすことができ，規模を小さくし，リスクを分散するというメリットも得られる。相互依存と情報の問題を伴う少数者間取引といった状況は，ここでは定義的にありえない。

　最後に，中程度の戦略的重要性，特殊性，不確実性を持つ財・サービスの交換では，中程度の統合形態（例えば長期的な提携契約）が適切な調整モデルとして勧められる。これらは中間的な領域にある安全性と複雑性減少へのニーズを，最も少ない取引費用で満たしている。

　戦略的に重要で，特殊で不確実な財・サービスを頻繁に製造するほど，取引パートナーは垂直的に統合する傾向が強くなる。長期的な統合構造への投資は，取引量が大きいほど迅速に回収される。取引量の多くない，個々の行為者や小規模な階層組織は，従って戦略的に重要で，特殊で不確実な財・サービスの場合にも，完全な統合ないし自製よりも，むしろ第三者との緊密な提携に頼らねばならない。ノウハウと資本の入手も，個々の行為者と小規模な階層組織にとっては，相対的に高い統合の障壁となっている。

　図18では，財・サービスの交換のさいの特殊な資産への投資の度合いに関して垂直統合の度合いをデザインするための，取引費用理論による提言がまとめられている。

　この図によると，特殊な資産への投資が中程度の場合には，提携の取引費用がいちばん低く，低い場合には市場的交換が，また高い場合には，完全な統合が取引費用的に優れていることになる。

　バーゼル（1982）は，取引の特殊性や不確実性だけでなく，測定コストもまた後方への垂直的統合の理由となりうることを指摘している。彼はまずアウトプットによってコントロールされる生産プロセスと，インプットによってコントロールされる生産プロセスとを区別している。アウトプットによってコントロールされる生産プロセスにおいては，生産段階の財・サービスは，獲得されたアウトプットを用いれば比較的容易に測定可能である。しかし，インプットによってコントロールされる生産プロセスでは，生産段階の財・サービスはコントロールされえないか，あるいは獲得された

**図18 取引費用，特殊な資産への投資の度合い，垂直統合形態**

取引費用

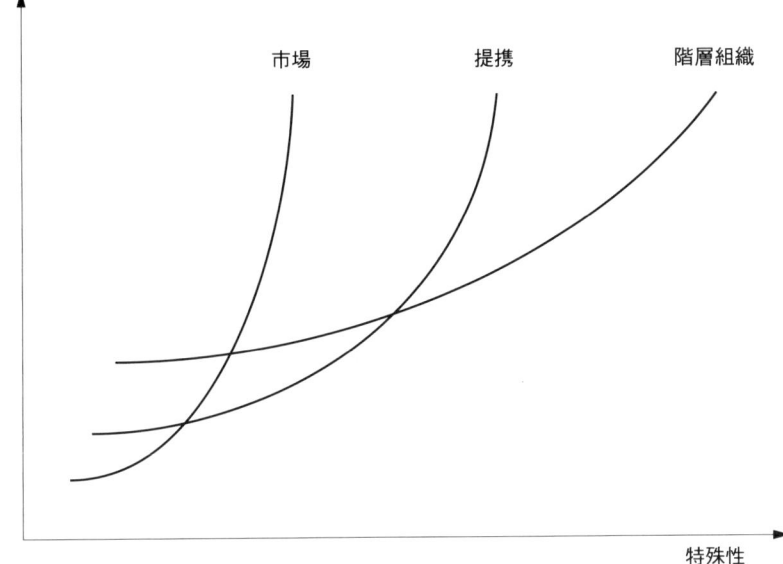

市場　　　提携　　　階層組織

特殊性

出典：ウィリアムソン，1991, p. 284

アウトプットを用いて，禁止的に高い測定コストをかけることによってのみコントロールすることになる。この場合，インプットの側から財・サービスをコントロールすることが，コスト的に有利である。このことの典型的な例は，有機農業である。アウトプット，この場合は穀物であるが，それを手がかりにして，農場主の財・サービスを測定するには，非常に高いコストがかかる。穀物から，それがどの程度化学的，生物学的有害物質を含んでいるのかを見ようとはしないだろう。農場主の財・サービスは，利用された種，使用された肥料，土地の状態，投入された農薬をコントロールすることによって，コスト的にずっと有利に測定することができる。また，例えば鉄鋼の生産あるいは化学的な合成のような，工業生産のプロセスにおいても場合によっては，アウトプットではなくてインプットを通して財・サービスを測定することがコスト的に有利である。

　このような測定コストの理由から，インプットによってコントロールされる生産プロセスを垂直的に統合することが考えられうる。後方の2段階にわたってインプットが測定されなければならない場合がそれである。3つの独立した企業として運営される，3段階の連続した生産プロセスをイメージしよう。1段階目の企業と2段階目の企業のアウトプットは，測定するためには非常にコストがかかり，それゆえインプットを通してコントロールされる。2段階目の企業の生産段階の財・サービスを判定するためには，3段階目の企業は，やはり1段階目の企業のインプットを通してのみ判定可能である，2段階目の企業のインプットを測定しなければならない。もっとも，

1段階目の企業のインプットは2段階目の企業によっても測定されるのであり，その結果1段階目のインプットについては，二重に測定が行われるということになるが，それは垂直統合によって回避することができる。確かに2段階目の企業は1段階目の企業のインプットの評価を，3段階目の企業に対する財・サービスの一部として売却することもできよう。しかしながら3段階目の企業は，その評価データが正しいかどうかを評価することはできないのであり，そのうえ2段階目の企業が，価格を吊り上げるために，インプットを過大評価するインセンティブを持っているなら，なおさらである。インプットによってコントロールされる生産段階がさらに数多く続いている場合，問題はさらに深刻になる。今度は，独立した組織がインプットのモニタリングを引き受ければ，個々の生産段階はそれによって負担をやわらげられるのである。個々の生産段階でのインプットのモニタリングやそれに伴う測定コストの軽減もまた，企業の重要な職務なのである（バーゼル 1982，p.41を参照）。

### 3.3.3 プリンシパル・エージェント理論

#### 3.3.3.1 理論の基本的特徴

プリンシパル・エージェント理論（これについては，ジェンセン／メックリング [Jensen/Meckling] 1976，プラット／ツェックハウザー [Pratt/Zeckhauser] 1985，シュプレーマン [Spremann] 1988, 1989, 1990参照）は取引費用と深く関連したアプローチである。取引費用理論が経済行為者間の財・サービスの交換関係をまったく一般的に考察するのに対して，プリンシパル・エージェント理論は，対象とする財・サービスの交換関係をもっと特殊な委託者（プリンシパル）と受託者（エージェント）の関係として取り上げる。

いわゆるプリンシパル・エージェント関係にとって本質的なのは，受託者（エージェント）の行為が自分の効用水準だけではなく，委託者（プリンシパル）の効用水準にも影響を及ぼすことである。プリンシパル・エージェント関係は，例えば資金の貸し手と借り手の間や，株主と取締役会，雇用者と従業員，患者と医者，保険者と被保険者との間に存在する。

誰がプリンシパルで誰がエージェントかは状況によって決まることが多い。1人の人物がプリンシパルであると同時にエージェントであることもある。例えば株式会社の取締役会は，執行役員会に対してはプリンシパルであるが，株主に対してはエージェントである。1人が複数の人間ないし機関のエージェントである可能性もある。こうして例えば病院の勤務医は患者のエージェントであるだけではなく，病院の経営者と健康保険に対してもエージェントである。

同じ行為者の間で複数のプリンシパル・エージェント関係が重複する場合もありうる。配当金を重視する株主に対して，従業員の給料・能力開発への利害の保護が問題になると，株式会社の執行役員会は従業員に対してエージェントになる。同時に企業戦略の実行に関して取締役会は，従業員のプリンシパルである。

このようなことから，例えば企業は，互いに入り組んだプリンシパル・エージェント関係の絡み合ったネットワークとして解釈することもできる。

### 3.3.3.2 優位性の基準としてのエージェンシー・コスト

情報にコストがかからない世界では，すべての行為者は完全な情報を持っており，調整問題やモチベーション問題は決して存在しないだろう。常に最も生産的な分業・専門化の構造が実現されるように，委託契約が与えられる，ないしは意思決定権が委譲されることになる。将来の環境と行為者のありうる反応のすべてが事前に知られているので，行為者は，彼の契約相手に知られずに契約から外れた行動をとる余地はないだろう。交換と同期化は最適に機能するだろう，つまり情報の費用が無料の世界では定義により無料で機能するだろう。これらの条件のもとで生じる，厚生を最大化するような分業／専門化と交換／同期化の構造は，いわゆるファースト・ベスト解と呼ばれている。

現実には，なかば禁止的な情報獲得費用のため，経済行為者の知識が不完全になったり，しばしば不均等に配分されることになる。プリンシパル・エージェント関係ではそのため，完全にコントロールされていないエージェントに対して自由裁量的な行動の余地が開かれる。エージェント達は，プリンシパルとエージェントの利害が一致していないとして，その余地を自らの利害とプリンシパルの損失のために利用できるし，またするだろう。その対策としてプリンシパルは，エージェントの行動余地を追加的な監視・コントロール・メカニズムを使って狭められるし，またそうするだろう。しかしそれによって，場合によっては意思決定権限の委譲により得られた専門化のメリットの大部分を使い尽くしてしまうことにもなる。潜在的なプリンシパルがエージェントに搾取される危険を非常に高く見積もると，彼はひょっとしたらプリンシパル・エージェント関係をまったく断念してしまうだろう。分業と専門化のメリットはコントロール問題を懸念するあまり生かされないままになる。

不完全かつ不均等に配分された情報のために，現実には前述のファースト・ベスト解とは異なった状態へ行き着くと要約することができる。それが，いわゆるセカンド・ベスト解である。完全情報のもとで達成可能なファースト・ベスト解と，不完全な情報のもとで実現されるセカンド・ベスト解の差が**エージェンシー・コスト**である。

エージェンシー・コストは詳しくいうと，3つの構成要素から成る（ジェンセン／メックリング1976参照）：

— エージェントのシグナリング・コスト
— プリンシパルのコントロール・コスト
— 残された厚生上の損失

エージェントのシグナリング・コストには，彼自身がプリンシパルとの間の情報の非対称を減らすために行う努力のすべてが含まれる。例えば，求職者が提出する勤務成績証明書，売り手の出す品質保証書，あるいは借り主の担保供与などがある（スペ

ンス［Spence］1973を参照）。プリンシパルのコントロール・コストには，彼がエージェントに対して持つ情報上の劣勢を小さくするために彼が行うすべての努力が含まれる。例えば，国家が企業に対する環境保護規制を実施するさいの継続的な環境汚染測定，あるポストへの応募者の選抜のさいの人事選考，及び資金貸付に際しての銀行による与信審査などがある。

シグナリング及びコントロールの努力にも関わらず，たいていは最適な分業・専門化構造には到達しない。不完全な知識のために，生産性を最大化する構造の発見（調整問題）が妨げられ，さらに不均等に配分された知識が機会主義的な義務の回避（モチベーション問題）を可能にする。こうして厚生上の損失，すなわち現実の実現した状態の完全情報のもとで考えられる状態からの乖離が残されるのである。

これら3つの構成要素，つまりエージェントのシグナリング・コスト，プリンシパルのコントロール・コスト及び残された厚生上の損失の間にはトレードオフの関係がある。例えば残された厚生上の損失は，非常に高いコントロール・コストをかけることによって大きく引き下げることができる。シグナリングを増やすことで残された厚生上の損失と同様に，コントロールの必要性も少なくすることができる。

エージェンシー・コストの額は，一連の条件とともに，選ばれた制度に依存している。エージェンシー理論的な制度デザインの目標は，ファースト・ベスト解に最も近いセカンド・ベスト解の発見による，エージェンシー・コストの状況依存的な最小化である。

### 3.3.3.3 仮定と条件
**行動の仮定**

プリンシパル・エージェント・アプローチの行動仮定は，取引費用理論のそれに非常に似ている。

限定された合理性という取引費用理論的な仮定は，経済行為者が世界とその事実について「完全な」知識を得られないことを表している。同じこと，つまり人間の認識能力の欠陥をプリンシパル・エージェント理論は，不完全情報の仮定という形で表現する。

それに加えて，個人的な効用最大化の仮定は，よく知られているように取引費用理論によって機会主義というパースペクティブに拡大されているが，これは双方のアプローチの基礎となっている（これについては3.1.2におけるコメント参照）。かくしてエージェントがプリンシパルに意識的に害を与えても，彼はその機会を自分に有利になるように利用することを，プリンシパルは，計算に入れておかなければならない。

プリンシパル・エージェント理論は，取引費用理論を越えて，人間のリスクに対する態度を考慮に入れ，制度選択のさいに重要になるこの行動上の特徴をテーマにしている。プリンシパル・エージェント関係にある行為者たちのリスクに対する態度が互いに異なる場合はいつも，制度は効率的なリスク配分という視点から研究される。

**環境の条件**

プリンシパル・エージェント理論においては，3つの情報問題が環境条件として見出されるが，そのそれぞれがある特定の調整問題やモチベーション問題の基礎となっている。すなわち，逆選択，モラル・ハザードそしてホールド・アップである。

**・逆選択**

ここで情報問題とは，プリンシパルが，エージェント自身に関する，あるいはエージェントによって提供される財・サービスに関わる，変更不可能な（あるいは少なくともコストなしで変更することができない）特性について，契約締結より前に，知ることができない，ということである。プリンシパルは，契約の後になってようやく真の特性を知ることになる。

この場合，質の悪い，ないし平均以下の特性を持つエージェントが，この特性を意識的に隠し，質のよい，ないし平均以上の特性を持つエージェントがその特性を知らしめることができず，市場から退出するという危険がある（後者の反応についてはアカロフ［Akerlof］1970を参照。彼は，「レモン」モデルの中で，平均以上の質の供給者が徐々に退出していくことを通して市場が崩壊することを表現している）。そのことは，望ましくない契約パートナーが生き残っていくという問題（**逆選択**）を引き起こす。例えば保険会社は，この問題に常に直面している。保険会社は，潜在的な被保険者のリスクを個別に知っているわけではない。保険会社が統計上の平均値から算出した保険料率で保健サービスを提供すると，自分は平均以上のリスクにさらされていると考えている人だけが保険契約を結ぶ，ということを保険会社は考慮に入れる必要がある。同様の問題は，新しい従業員の採用，信用供与やいわゆる経験財を購入するさいにも発生する。経験財の品質は，（監視財とは反対に）それを利用してみてはじめて判断されるものである。

**・モラル・ハザード**

逆選択とは反対にモラル・ハザードの場合には，プリンシパルとエージェントの関係の中で生ずる，事後的な情報の非対称性が問題となる。

そのさい，プリンシパルはエージェントの行為を契約締結の後に，観察できないか，または評価できないかのどちらかである。例えば観察の問題は，時間がないために上司が部下を完全に監視することができない場合に起こる。それに対して，プリンシパルがエージェントの行為を確かに観察はできるが，評価することができない場合，評価の問題が存在する。例えば，患者は医学的知識がないので，医者の治療を評価することはできないのである。

双方の場合において，プリンシパルは確かにエージェントの行為の結果を知っているが，しかしそれがどれだけエージェントの努力によるものだったのか，どういった外生的要因によったかということがわからない。例えば株式会社の取締役会が，経営業績の向上したときに，執行役員の指示した企業戦略のおかげで達成されたのか，あ

るいはその企業戦略にも関わらず達成されたのかを判断するのは難しい。エージェントが，プリンシパルの情報不足を機会主義的に利用する危険は，**モラル・ハザード**といわれる。この問題はまず保険の領域で議論されたが，何も被保険者が注意義務に従っているかを判定できない保険会社に特有のものではない。委託行為と意思決定権の委譲は，しばしばモラル・ハザード問題を隠し持っている。

・ホールド・アップ

　ホールド・アップを引き起こすのは，契約当事者（プリンシパルないしエージェント）間の情報の非対称性ではなく，契約当事者と第三者，とりわけ裁判所との間の情報の非対称性である。契約当事者は契約相手の機会主義的行動を観察できるが，しかし阻止することができないのである。なぜなら彼らは，特殊な資産への投資を行うことによって，依存関係にあるからである。

　原理的には，完全で裁判所によって明確に検証可能な契約を締結できれば，ホールド・アップ問題は解決可能である。しかし，現実にはこれが往々にしてできないのである。様々な偶然性のために，契約に事前の予防策を用意できないほどの不確実性がしばしば存在する。このような契約の不備は契約当事者に，機会主義的に行動する余地を与える。しかし，あらゆる偶然性が契約上考慮されえたとしても，契約が達成されたか否かを契約パートナーだけが知っていて，第三者（例えば裁判所）がまったく知らされていないようなところでは，いたるところに行動の余地が生まれるのである。そのとき裁判所には，場合によっては，証言とそれに対する反証が提供されている。

　契約理論的に見れば，ホールド・アップ問題は何よりも**過少投資の問題**である。このことは例えば，アルミニウム生産の例で明らかにすることができる。アルミニウムを精錬するさいに重要な役割を果たすのが，ボーキサイト鉱石の組成である（スタッキー［Stuckey］1983を参照）。精錬工場は，精錬されるボーキサイト鉱石の組成に合わせて建造されていればいるほど，その工場はより生産的になる。様々な鉱山から得られるボーキサイトの組成がそれぞれ異なっているがゆえに，ある鉱山のボーキサイトが持つ特殊な組成に合わせて精錬している工場は，この鉱山からのボーキサイトのみを用いるかもしれない。それゆえ，**生産性の利得**Qを，精錬工場の所有者による鉱山に特殊な投資 s の関数とする。そこでは $Q'(s)>0$ と $Q''(s)<0$ が成り立っている。すなわちその鉱山に特殊な投資が増せば，生産性の利得は**逓減的に増加する**。生産性の利得と投資コストの差，$Q(s)-s$ を最大にすることによって，最適な投資額が得られる。最適量は $Q(s^*)=-1$ となる。精錬工場の所有者と鉱山の持ち主との契約が完全でない，あるいは裁判所でも検証できない場合，精錬工場の所有者は，自分が行う特殊な投資による生産性の向上のすべてを自分のものにすることができない，という危険がある。彼がこのホールド・アップ問題を懸念している限り，彼による鉱山に特殊な投資は最適量を下回ったままであろう。例えば，彼が生産性の利得の半分だけを事後的に自分のものにすることができる，と見越しているなら，彼は（$Q'(s)=-2$ のときの）s の範囲でのみ投資をするだろう。

プリンシパル・エージェント理論におけるホールド・アップ問題の議論は内容的に取引費用理論における特殊な投資の問題（3.3.2.3参照）の取り扱いと大きく重なっている。

### 3.3.3.4　説明とデザインへの貢献

　プリンシパル・エージェント理論は分業・専門化の問題と交換・同期化の問題を統合的に取り扱う。プリンシパル・エージェント理論の効率性基準では，非生産的な分業ないし誤った専門化をいわゆる厚生の損失としてはっきりと考慮している。また，ファースト・ベスト解から見ると取引を結ばないことが有利であっても，エージェンシー・リスクを考慮すると，それは，非生産的な分業ないし誤った専門化による厚生の損失をもたらすのである。それに対して高すぎる交換費用と同期化費用は，シグナリング費用とコントロール費用という形で大きな影響力を持っている。エージェンシー・コストを最小化する組織をデザインするということは，つまり必然的に，できる限り生産的な分業・専門化とできる限り「摩擦のない」交換・同期化プロセスとの間で，厚生を最大化するような折衷案をみつけることである。このため，プリンシパル・エージェント理論の分業・専門化の説明・デザインへの貢献と，交換・同期化プロセスの説明・デザインへの貢献の区別はできない。

　プリンシパル・エージェント理論は，基本的な情報問題という視点から，懸念されている行動問題（逆選択，モラル・ハザード，ホールド・アップ）を，それぞれできる限り少ないエージェンシー・コストで解決する制度的アレンジメントを導き出す（ディートル1993a，pp.145-152）。推奨されるデザインは図19にまとめられている。エージェンシー・コストは，まだ正確に定量化されているとはいえないため，今のところ発見的な評価基準という機能が与えられている。

　逆選択の問題は，存在する情報の落差を事前に，つまり契約締結の前になくせねば，緩和することができる。そのためにシグナリング，スクリーニング，自己選択という3つの方法がある。

　**シグナリング**によって，高い質のサービスを提供するエージェントは，質の悪いサービスを提供するエージェントと自らを差別化できる。例えば就職を希望する者は勤務成績証明書を示すことで彼の能力を明確にできる。品質保証シール，手工業証明書（手工業会議所が発行する証明書），審査報告，資格証明書，同業組合のメンバー資格などは勤務成績証明書と同様に，潜在的なエージェントとして望ましい達成を意味する特性を持つとプリンシパルに納得させるシグナルとなる。シグナルによって情報の非対称性を解消させるためには以下のような前提条件が満たされなければならない：

— シグナルを送ることによるメリットは「望ましい」エージェントにとってはそれを送ることにかかる費用より大きくなければならない。
— シグナル送ることによるメリットは「好ましくない」エージェントにとってはそれを送ることにかかる費用より小さくなければならない。

　シグナルを送るということを資源分配の改善という観点からのみ考えることは，実

**図19 プリンシパル・エージェント理論が勧めるデザイン**

| 識別基準＼組織問題 | 逆選択 | | | モラル・ハザード | | ホールド・アップ |
|---|---|---|---|---|---|---|
| プリンシパルの情報問題 | 契約パートナーの提供する財・サービスの品質が不明 | | | 契約パートナーの行動を観察できない，ないし評価できない | | 契約パートナーの意図が不明 |
| 問題の原因または本質的影響要因 | 性質を隠すことができる | | | 資源の柔軟性；監視可能性とコスト | | 資源依存性と資源の一回性；撤退可能性 |
| エージェントの裁量の余地 | 契約締結の前 | | | 契約締結の後 | | 契約締結の後 |
| 例 | 資金の貸し手と借り手；人事採用 | | | 患者と医師；スタッフの達成行動 | | 漁師と缶詰工場；スタッフの居座り |
| 問題処理の種類 | 情報の非対称性の除去 | | 利害の一本化 | 利害の一本化 | 情報の非対称性を削減 | 利害の一本化 |
| | シグナリング，スクリーニングによる | 自己選択による | | | | |
| 問題点を減らす方法（たとえば） | 貸借対照表証明書品質証明 | さまざまな提携契約 | 契約パートナーのレピュテーション | 契約パートナーの成果への参加（たとえば，報奨金制度または資本参加） | たとえば，計画，コントロールシステム，報告制度による | 保証（たとえば，供給保証，保証金，相対取引）垂直統合 |

際的ではない。例えば成績証明書によるシグナルのように，どのような教育を受けたかは，シグナルとなりうるが，同時に，シグナルの送り手の生産性を上げるものでもあるからである。この生産性上昇に取り組んでいるのが，人的資本についての文献である（ベッカー［Becker］1993を参照）。とはいえ，市場の失敗の条件下では，シグナリングの純粋な分配機能を探求することは合理的であろう（これについては3.3.4節を参照）。

エージェントのシグナリングに対応しているのが，プリンシパルの**スクリーニング**である。スクリーニングとは，プリンシパルに関係するエージェントの質に関する特徴（例えばその業績）に関するより詳しい情報を得ようとするプリンシパルの行動すべてを指す。この中には雇用のさいの採用試験，自動車の試乗，与信審査なども含まれる。

シグナリングやスクリーニングと同じように**自己選択**という方法も多様な質の供給者が入り混じった市場を分割するのに役立っている。寄せ集められた市場では様々な質に関する情報が事前には明らかになっていない。例えば健康保険会社は潜在的な被保険者の病気のリスクを事前には知らない。このリスクはその客に質問しても知ることはできない。なぜなら，通常，保険会社よりも自分の健康状態を良く知っている申請者は，自分が不利になることを恐れて，正直な情報を提供しないからである。真のリスクは，差別化をした契約を提供することで部分的に明らかにできる。例えば保険

会社は差別化した料金や，超過的自己負担を定めた条項によって顧客が自分の病気のリスクとリスク性向にあった契約を自ら選ぶようにできる（社会保証が自己選択に対して制約的に作用することについてはユングヴィルト［Jungwirth］1998を参照）。

　シグナリング，スクリーニング，自己選択によるプリンシパル・エージェント間の情報格差の縮小に加え，さらに代替案として，**適切な制度によってエージェントの利害を**プリンシパルのそれと**一致**させるというものがある。潜在的なエージェントは，プリンシパルが望む成果を提供するように自分の利害を合わせるのである。例えばエージェントによる品質保証，プリンシパルによるクーリングオフのような制度があれば，エージェントの側に質の悪いものを提供するインセンティブはなくなる。プリンシパルによるレイティングによるレピュテーションを失う危険性も，プリンシパルとエージェントの間の利益の一本化につながる。

　モラル・ハザードの危険性は，エージェントの行動の自由度が大きいほど，またプリンシパルのコントロールが難しいほど（またはコントロール費用が高いほど）大きくなる。不十分な監視，ないし「監視可能であっても評価ができない」ため，プリンシパルはエージェントの行動に対し，直接的に報酬を与えたり，罰したりすることができない。行動の結果に連動させることができるのは，制度に組み込まれたインセンティブ・制裁システムだけである。例えば，利益に応じた管理者報酬など，成果への参加を通じてエージェントとプリンシパルの間の利害が一本化されるのである（アイゼンハート［Eisenhardt］1988参照）。

　最適なインセンティブ・制裁システムの決定は，しかしながらモラル・ハザードの危険性という局面のもとにのみではなく，プリンシパル・エージェント間のリスク分配という背景のもとでも見ることができる（ミルグラム／ロバーツ1992, p.206以下及びフランク1995a, p.43以下参照）。インセンティブ・制裁システムが行動結果に連動させられているが，それが外生的な要因（例えば一般的な景気変動）と切り離せない場合，このことはプリンシパルからエージェントへの部分的なリスク転嫁になる。これはリスク回避的なエージェントの場合，リスク・プレミアムをもってあがなわれなければならない。基本的にこのプレミアムはそのリスク回避的な行為者がリスクに多く関わるほど高くなければならない。例えば（前もって自分のポートフォリオを分散しているので）あまりリスク回避的でない企業家が，成果賃金を予定した契約を従業員と結ぶときに，従業員にとって決定的に重要な結果がコントロール不能の偶然に従っているならば，企業家は平均してより高い賃金を支払わなければならない。その理由は，リスク回避的な従業員は，定義により少ないけれど確実な収入を，いくぶん多いがリスクが大きい収入よりも好むからである。われわれの例では，企業家がリスクすべてを負担すればリスク・プレミアムは最小限で済む。これはさしあたり成果給を固定給におきかえることを意味する。しかしこのような契約は，従業員をリスクに対して無感覚にするだけではなく，達成のインセンティブからも切り離すことになる。インセンティブ・システムとリスク配分の最適化は，明らかに相反する下位目標であり，プリンシパルとエージェント間の利害の軋轢を全体的に解決するためには，リス

クの誤った配分のために支払うプレミアムと，契約で保護された行為者のモラル・ハザード行動による取引費用とを比較考量しなくてはならない。最適な解決法は，追加的なリスク負担によるインセンティブの増加が，追加的に支払うべきプレミアムによってちょうど補填されるときに得られる（詳細は3.3.4.2節を参照）。

モラル・ハザードにとって本質的な情報の非対称性は，インセンティブと制裁とによる利害の一本化とともに，**モニタリング**行動によっても削減されうる。公式的な計画・コントロール，原価計算や簿記，報告制度などは，例えば企業内では管理者と部下の情報非対称性を緩和することができ，部下の自由裁量に任された行動の余地を狭めることができる。株式会社の取締役会などのコントロール機関には，執行役員会の行動の透明性を作り出すという目的がある。環境庁による大気汚染測定は，監視されている大気汚染を引き起こしている人の行動の余地を制限するのに役立つ。

**一方的な依存関係**を**相互的なもの**に変えることによって，一面的な依存関係に見られるホールド・アップ問題を緩和することができる。例えば，プリンシパルはエージェントに一種の担保を要求することで関係を変えられる。担保は，プリンシパルにとってエージェントによる一方的な搾取に対する制裁として役に立つ。担保としては例えば，相対取引や支払額確定注文（いわゆるtake-or-pay条項），資本参加，抵当権やエージェントのレピュテーションがその機能を果たす。担保によってエージェントとプリンシパルの間で利害が一本化する。エージェントは今やプリンシパルの意向に添って行動をすることに興味を持つ。さもなければ差し迫った制裁のため彼は，メリットよりも大きなデメリットを得ることになるからである。

ホールド・アップ問題を扱うために，すでに取引費用理論のフレームワークで詳しく取り上げられたもう１つのやり方は，多くの場合，制度的**統合**である。従って，例えばサプライヤのノウハウに依存する完成車メーカーは，サプライヤのホールド・アップ行動を，長期的契約，資本参加，完全なテイクオーバー（所有権の取得）や，自ら生産能力を持つことなどにより，妨げられる。完全に垂直的統合する場合，所有によって，さもなければ脅しによって失われる資源に対して最大限のコントロールを及ぼす。

プリンシパル・エージェント理論の説明・デザインの上での貢献は３つの考慮すべき組織レベルのすべてに見られる。従って競争の場としての市場組織では，例えば連邦カルテル庁のような政府の監督官庁と，情報の非対称性を利用して競争政策の裏をかこうとする企業との間に，プリンシパル・エージェント関係が発生する。例えば水平的または垂直的提携において現れるような組織間関係もまた，提携パートナー間に，不均等に分布し不完全な情報という問題をなげかける。もちろんプリンシパル・エージェント理論は企業の内部関係に関する理論とも言える。上司と部下の関係や，所有者と管理者のそれはまさに古典的な委託者－受託者の関係である。

## 3.3.4 形式的，数学的説明とデザインへの貢献

### 3.3.4.1 逆選択

　保険市場，中古車市場，労働市場，情報市場や金融市場は，逆選択のために崩壊してしまうかもしれない市場の例として典型的である。これは，信用供与を例とした数学的説明を用いて説明することができよう。

　単純化のために，2期間モデルを用いることにしよう。0時点で銀行は，利子（価格）$p$ をつけ，様々な属性の持ち主が寄せ集められた市場で投資家に融資する。市場が「様々な属性の持ち主が寄せ集められた」というのは，個々の投資家の誰に貸し倒れリスクがあるのかを銀行には判断することができない状態を表している。信用供与の後で，借り手はみな，信用の総額 $k$ を投資する。時点1になると，投資リスク $s$（そのさい，$0 \leq s \leq 0.5$）に応じて，0.5の確率で $(1, 1+s)k$（収益あり）の金額が，0.5の確率で $(1-2s)k$（収益なし）の金額が投資から投資家である借り手それぞれに返ってくる。その後で，借り手は銀行に債務を返済する。借り手は，時点1での投資の償還のほかには，銀行による債権の清算のために提供できる財産を持っていないとしよう。従って，借り手にとってありうる損失は重要ではないとする。

　投資リスク $s$ の増加に伴い，銀行が負担すべき信用リスクが上昇するので，完全情報のもとにある銀行は，$s$ に応じてそのつど様々な利子を要求する。不完全情報の場合，それはできない。というのも銀行は，個々の借り手の誰に，どのような投資リスクがあるのかを知らないからである。そのつどの投資リスクを知っているのは，借り手のみである。それゆえ銀行は，0時点ですべての借り手に対して均一な利子 $p$ を定めなければならないのである。

　すべての投資家がリスク中立的に振る舞うとすると，投資家にとって $0.1+s \geq p$ が成り立つ場合にのみ，彼らは貸付を受けるであろう。それにより，他の市場との決定的な違いが明らかになる。利子（価格）の額 $p$ は信用リスクに影響を与え，それとともに銀行の信用コストにも作用する。この点で，信用は本や冷蔵庫，他の財とは違うのである。本の価格あるいは冷蔵庫の価格が，本の印刷コストないし冷蔵庫の生産コストに影響を与えることは決してない。それに対して信用供与の場合，信用コストは利子（価格）の関数なのである。

　この関連をはっきり示すために，投資リスク $s$ が潜在的な借り手の様々な持ち主が寄せ集められた市場の内部で0と0.5の間で均等に分布すると仮定しよう。銀行が利子（価格）を $p \leq 0.1$ で求める限り，投資家はみんな貸し付けを求める。そのとき，借り手の平均的な投資リスクは0.25である。この数値は，最も高い投資リスク（$s=0.5$）を持つ借り手と，最も低い投資リスク（$s=0$）を持つ借り手の信用リスクの算術平均である。銀行の側に，貸付単位ごとに $c$ の借り換えコストや管理コストが発生する場合，貸付単位ごとに期待される利益は：

$$EG(p \leq 0.1) = 0.5p - 0.5 \cdot 2 \cdot 0.25 - c \tag{1}$$

である。

　方程式の第1項は平均的な利子収入を，第2項は平均的な貸し倒れコストを，そして第3項は平均的な借り換えコストと管理コストを表している。変形すれば以下の式を得る：

$$EG(p \leq 0,1) = \frac{p-0,5}{2} - c < 0 \tag{1'}$$

　$p \leq 0,1$ である限り，銀行は平均して損失を被る。その場合，銀行は利子（価格）を上げるだろう。しかし利子の上昇によって，最も低い投資リスクを持っている投資家はこれ以上貸付を求めないので，借り手の平均的な投資リスクと，それによる利子（価格）の上昇を伴った銀行の貸し倒れリスクは上昇する。銀行が利子を $0,1 < p \leq 0,6$ の水準に上げると同時に，もはや投資リスクが $s \geq p-0,1$ であるような投資家のみが貸し付けを求めるようになる。そのとき平均的な信用リスクは以下のように上昇する：

$$\frac{0,5+p-0,1}{2} = \frac{0,4+p}{2}$$

　この数値は，最も高い投資リスク（$s=0,5$）を持つ借り手と，最も低い投資リスク（$s=p-0,1$）を持つ借り手の信用リスクの算術平均として算定されうる。ここから，貸付単位ごとに期待利潤を表す（2）式が導かれる：

$$EG(0,1 \leq p \leq 0,6) = 0,5p - 0,5 \cdot 2 \cdot \frac{0,4+p}{2} - c = -0,2 - c < 0 \tag{2}$$

　利子を高くしているにも関わらず，銀行は平均すると依然として損失を被ることになる。従って銀行は，さらに高い利子を要求しようとするだろう。しかし，利子が0,6を上回るようになると，投資家は誰もこれ以上貸付を受けようとはしない。市場の崩壊である。

　しかしながら効率的になるのは，銀行が投資リスク $s \leq \bar{s}$ であるすべての投資家に貸し付ける場合である。そのとき平均的な信用リスクは $\bar{s}/2$ となる。再びそれは，最も高い（$s=\bar{s}$）投資リスクを持つ借り手と，最も低い（$s=0$）投資リスクを持つ借り手の信用リスクの算術平均である。その結果銀行と借り手は利潤を互いにわかちあうことができ，以下の式が成り立つ：

$$0,5(0,1 + \frac{\bar{s}}{2}) - 0,5(2\frac{\bar{s}}{2}) - c > 0 \tag{3}$$

ないし

$$\bar{s} < 0,2 - 4c \tag{3'}$$

　$c < 0,05$ ならば，銀行は投資リスクが $s < 0,2-4c$ であるすべての投資家に貸し付ける場合に効率的となる。

#### 3.3.4.1.1　シグナリング

　もし市場参加者が信頼できるシグナルを使って様々な属性の持ち主の寄せ集めである市場を分割することができれば，市場崩壊の危険はなくなる。このことを，経営コンサルタントの市場を用いて説明しよう。

　ここで，経営コンサルタント・サービスについての，様々な属性の持ち主の寄せ集め市場が，20％の有能なコンサルタントと，80％の能力のないコンサルタントからなるとしよう。有能なコンサルタントは，彼のコンサルタントを通じて600の割引限界生産物価値の業務を提供する。それに対して能力のないコンサルタントは，自分のコンサルタントを通じて100の割引限界生産物価値の業務しか提供しない。依頼人が不完全にしか情報を持っておらず，有能なコンサルタントと能力のないコンサルタントを区別することができないとすると，競争条件下ではどのコンサルタントも，コンサルタント全体の平均的な限界生産物価値に応じて報酬が支払われる。すべてのコンサルタントの平均的な限界生産物価値は，$0,2 \cdot 600 + 0,8 \cdot 100 = 200$ である。

　以上のことから，有能なコンサルタントは自分の限界生産物価値以下の報酬が支払われ，能力のないコンサルタントは自分の限界生産物価値以上の報酬が支払われることになる。従って有能なコンサルタントは，そこに存在している情報の非対称性を取り払い，自分の能力をシグナリングしようという強いインセンティブを持つのに対して，能力のないコンサルタントは情報を非対称のままにしておこうとする。

　有能なコンサルタントは例えば，大学の卒業資格によって自分の能力をシグナリングしようとするかもしれない。ただし大学の卒業資格が信頼できるシグナルであるためには，それは以下の特性を持っていなければならない。つまり，有能なコンサルタントにとっては，シグナリングをすることの効用が，そのコストを上回っていなければならないのである。同時に，能力のないコンサルタントに対しては，シグナリング・コストがその効用を上回っていなければならないだろう。さもないと能力のないコンサルタントもシグナルを生産するということになり，それでは市場が様々な属性の持ち主の寄せ集めのままになってしまうのである。

　シグナリングの効用には，分割された市場での有能なコンサルタントに対する割引かれた所得（600）と，分割された市場での能力のないコンサルタントに対する割引かれたコンサルティング報酬（100）という差がある。ここで大学の卒業資格を得るコストを，有能なコンサルタントの場合 $K_B$，能力のないコンサルタントの場合 $K_U$ とすると，以下のような「大学卒業」というシグナルの信頼性のための条件がもたらされる：

$$600 - 100 > K_B$$
$$600 - 100 < K_U$$

　そこから言えることは，大学卒業資格の取得コストは，有能なコンサルタントにとっては500以下でなければならず，それに対して能力のないコンサルタントにとっ

ては500以上でなければならない，ということである。このようなコストの違いがあるのは，例えば有能な者が能力のない者より容易に卒業試験をパスすることができるためである。

この例では，大学での学習がコンサルティング能力それ自体には影響を与えないと仮定されている。大学の卒業資格は，単に有能なコンサルタントを特定するための信頼できるシグナルである。能力や，それがもたらすコンサルティング・サービスの限界生産物価値は，学習から影響を受けないままであるので，全体経済の観点から見ればシグナリングをすることによってシグナリング・コストの分だけ厚生の損失が生じることとなる。

### 3.3.4.1.2　スクリーニング

スクリーニングと呼ばれる活動とは，プリンシパルが事前に，すなわち契約を締結する前に，情報の非対称性を低減させるために行う活動のことである。それゆえ様々な属性の持ち主の寄せ集めである市場ではどのプリンシパルも，(1) 高い情報の非対称性のために，取引を断念する（市場の崩壊）か，(2) 高い情報の非対称性にも関わらず，リスクを伴う取引を行うか，または (3) あらかじめスクリーニング活動に投資する，という選択を迫られている。例えば適正テストや品質コントロールのようなスクリーニング活動は，コストのかかるものであるので，スクリーニングによる効用が，そのコストを上回る場合にのみ，プリンシパルはスクリーニング活動に投資するだろう。

完全情報をもたらすようなスクリーニングが行えれば，スクリーニングによる効用は比較的容易に測定可能である。スクリーニングが情報の不確実性を軽減させるだけで，完全に除去することができない場合には効用の測定がより困難になる。

経営者が，成績優秀な商学部卒業生を雇いたがっている状況を想定してみよう。経営者は，成績が優秀であるすべての応募者のうちの半分が，業務に適していることを知っている。しかしながら，すべての応募者が自分をそれにふさわしい人物であると考えているので，経営者は様々な属性の持ち主の寄せ集めである市場に直面することになる。候補者がそれにふさわしいかどうかは，早くても一年の研修期間の後になって明らかになることである。適格なものではなくて不適格なものが雇用される場合，420.000ユーロのコストが発生する。このコストは，生産性の損害，余分に増える労働，解雇のコストや新たな雇用のコストからなる。それに対して適格な候補者が雇用される場合，企業は，経営者の負担軽減により360.000ユーロの剰余利潤を得る。この条件のもとでは，リスク中立的なプリンシパルは，新たに雇用することを断念するであろう。雇用による期待利得は$-30.000$ユーロだからである（$0,5 \cdot 360.000 - 0,5 \cdot 420.000$より）。

完全に情報を持っている場合，経営者は確実に適格な候補者を雇うことができるだろう。この場合完全情報の価値は360.000ユーロ（$360.000-0$より）である。それに対して，すべての適格な候補者のうち80％を適格であると評価し，すべての不適格な候

**表1 実際の候補者の適格さとテスト結果の確率分布**

| | | 候補者の実際の特性 | |
|---|---|---|---|
| | | 適格 | 不適格 |
| テスト結果 | 適格 | $w=0,8$ | $w=0,4$ |
| | 不適格 | $w=0,2$ | $w=0,6$ |

補者のうち60％を不適格であると評価する採用試験の価値はどのくらいなのだろうか？　候補者の実際の適格さとテスト結果の確率分布は，表1に記されている。

　テストが有効であるために決定的に重要なことは，適格であると評価された候補者が，実際にも適格である確率である。この条件付確率は，**アポステリオリな確率**（A-posteriori-Wahrscheinlichkeit）と呼ばれる。それを，適格な候補者がテストの枠内で適格であると評価されるという条件付確率と混同してはならない。アポステリオリな確率は，ベイズの定理（Satz von Bayes）を使って算定することができる。それによれば：

$$w(B|A) = \frac{w(A|B) \cdot w(B)}{w(A)} \tag{1}$$

　ここで $w(A|B)$ は，Bという条件でのAにとっての条件付確率を意味している。$w(B|A)$ はアポステリオリな確率を，$w(B)$ はアプリオリな確率を表している。**アプリオリな確率**は，スクリーニングをする前の情報水準である。アポステリオリな確率は，スクリーニングをした後の情報水準である。ベイズの定理は，スクリーニングの情報を含めることでアプリオリな確率を修正する。その結果はアポステリオリな確率に現れている。ここでの例では以下のことが成り立つ：

$w$(候補者は適格である｜「適格である」というテスト結果) ＝
$w$(「適格である」というテスト結果｜候補者は適格である)・
$w$(候補者は適格である)・$1/w$(「適格である」というテスト結果) 　　　　(2)

　適格な候補者がテストの枠内で適格であると評価される条件付確率は，0,8であることがわかっている。また，候補者が適格であるという，いわゆるアプリオリな確率も，0,5であることがわかっている。テストによって適格であると評価された候補者が実際にも適格であるというアポステリオリな確率を見出すためには，ここではさらに，テストの結果が「適格である」とする確率が必要である。この確率は，テストの結果が適格な候補者ないし不適格な候補者にとって「適格である」ことを表している

条件付確率を，それぞれのアプリオリな確率と掛け，加えることで得られる：

$w$(「適格である」というテスト結果) = $w$(「適格である」というテスト結果 | 候補者は適格である)・$w$(候補者は適格である) + $w$(「不適格である」というテスト結果 | 候補者は不適格である)・$w$(候補者は不適格である) = 0,8・0,5 + 0,4・0,5 = 0,6

ここから生じるのは，テストによって適格であると評価された候補者が実際に適格であるアポステリオリな確率のための以下の数値である：

$$\frac{0{,}8 \cdot 0{,}5}{0{,}6} = \frac{2}{3}$$

1/3の確率で，不適格な候補者がテストで適格であると評価されてしまう。同様に，適格な（不適格な）候補者が不適格であると評価されてしまう確率は，1/4（3/4）である。

従って経営者はテスト結果が適格である（不適格である）と出た場合には，候補者を採用する（採用しない）だろう。結果的に，期待雇用利得はテスト結果を考慮すれば以下のようになる：

$$0{,}6\left(\frac{2}{3} \cdot 360.000 - \frac{1}{3} \cdot 420.000\right) + 0{,}4 \cdot 0 = 60.000$$

その結果，採用試験の価値は60.000ユーロ（60.000－0）となる。つまり，テストの費用が60.000ユーロより安い限りで，（リスク中立的な）経営者は採用試験に対して投資を行うであろう。

### 3.3.4.1.3 自己選択

様々な属性の持ち主の寄せ集めである市場を属性ごとに分割する3つ目の可能性は，市場参加者に効率的な提案を自分の利害から選択する気にさせるような，差別化された契約を提案することである。以下の例を用いてそれを明らかにしてみよう。

あるアパレル企業は，自社のブランドをさらに展開するために，東南アジアで新たにフランチャイズのライセンスを与えることを考えている。タイプAとタイプBの候補者が，フランチャイズのライセンスを求めているとする。タイプAの候補者は，ライセンスを得るために年間＄50.000まで支払う用意がある。それに対してタイプBの候補者は，ライセンスを得るために年間＄60.000まで調達する用意がある。タイプBの候補者が高い金額を支払える理由は，彼がブランドネームの維持のために注意を払おうとせず，それによって少ないコストしかかからないことによっている。もっともそのことで，アパレル企業には年間＄100.000に及ぶレピュテーションの損失が発生する。タイプAの候補者はブランドネームに投資するので，追加的な損害はもたらされない。

アパレル企業は，タイプAとタイプBの候補者を区別することはできない。ただタ

イプAの候補者とタイプBの候補者の割合が，様々な属性の持ち主の寄せ集めである市場において2：3であることのみを知っている。ここから，アパレル企業にとって以下のような状況が現れる。アパレル企業が $x \leq \$50.000$ の年間ライセンス料を要求する限り，期待収益（損失）はライセンスごとに $0,4x+0,6(x-\$100.000)$ となる。その結果，ライセンス料が $x=\$50.000$ のとき，供与されたライセンスごとに $\$10.000$ の期待損失が発生する。ライセンス料が $\$50.000 < x < \$60.000$ である場合，もはやタイプBの候補者しかフランチャイジーに応募しない。アパレル企業は，供与したライセンスにつき，$x-\$100.000$ の損失を計上する。年間ライセンス料が $x > \$60.000$ である場合，もう誰もライセンスを買う用意はないだろう。そのときライセンス市場は成立しないことになる。

ライセンスを与える代わりに，アパレル企業は候補者に対して，下請けとなるよう提案することもできる。その場合，タイプAの候補者は，契約金を支払う前で $\$1.000.000$ の年間売り上げ増をもたらす。もっとも，アパレル企業はタイプAの候補者に少なくとも $\$900.000$ の年間契約金を支払う場合にのみ，アパレル企業は彼を下請けとすることができる。そうでなければ，タイプAの候補者はそのアパレル企業の競争相手と契約してしまう。タイプBの候補者は，$\$500.000$ の年間売り上げ増をもたらし，1年につき $\$480.000$ の契約金を求める。ここでアパレル企業は，もはや1年につき下請けから $\$20.000$ 以上を得られない，という問題に直面する。年間契約金が $y < \$480.000$ の場合，候補に志願するものはいない。年間契約金が $\$480.000 \leq y < \$900.000$ の場合には，アパレル企業は下請けごとに $\$500.000-y$ の年間収益（損失）を達成する。年間給与が $\$900.000$ 以上になると，$0,4(\$1.000.000-y)+0,6(\$500.000-y)=\$700.000-y$ という平均的な年間収益が生み出される。従って，アパレル企業は，下請け関係ごとに最大 $\$500.000-\$480.000=\$20.000$ を得ることができるのである。

このアパレル企業は，代替的な契約を組み合わせることによって収益を高めることはできるのだろうか？　その答えは「イエス」である。その企業は，タイプAの候補者にフランチャイズ・ライセンスを購入するよう，タイプBの候補者には下請け関係に入るよう説得しなければならない。そのとき契約関係ごとの平均的な年間収益は，$0,4x+0,6(\$500.000-y)$ から算出される。

その問題は，形式的に以下のように表される：

$$\text{Max}_{x,\ y}\ G = 0,4x + 0,6(\$500.000-y) \tag{1}$$

周辺条件として：

$$\$50.000 - x > y - \$900.000 \tag{2}$$

$$\$60.000 - x < y - \$480.000 \tag{3}$$

$x \leq \$ 50.000$                       (4)

$y \geq \$ 480.000$                     (5)

$x \geq 0$                          (6)

最初の周辺条件(2)は，タイプAの候補者が，下請け関係よりもフランチャイズ・ライセンスの取得を優先的に選択することを表している。2つ目の周辺条件(3)は，タイプBの候補者が，フランチャイズ・ライセンスの取得よりも下請け関係を選択することを表している。その次の2つの周辺条件は，タイプAの候補者(4)とタイプBの候補者(5)が競争相手と契約せず，このアパレル企業と契約することを保証している。最後の周辺条件 (6) は，ライセンス料の価値が負ではないことを証明している。

アパレル企業は，これらの周辺条件のもとで線形最大化問題に直面している。その問題は，線形計画法を使って解くことができる。このような単純な事例では，グラフを使って解くこともできる。ここで重要なのは，$x$と$y$という2つの変数のみを持つ線形最適化問題なので，6つすべての周辺条件と収益関数を，調整システム (Koordinationssystem) に移すことができる (図20を見よ)。直線の斜線側は，そこが周辺条件を満たす領域である，ということである。それは，周辺条件(2), (3), (4),

**図20 線形最適化問題のグラフによる解法**

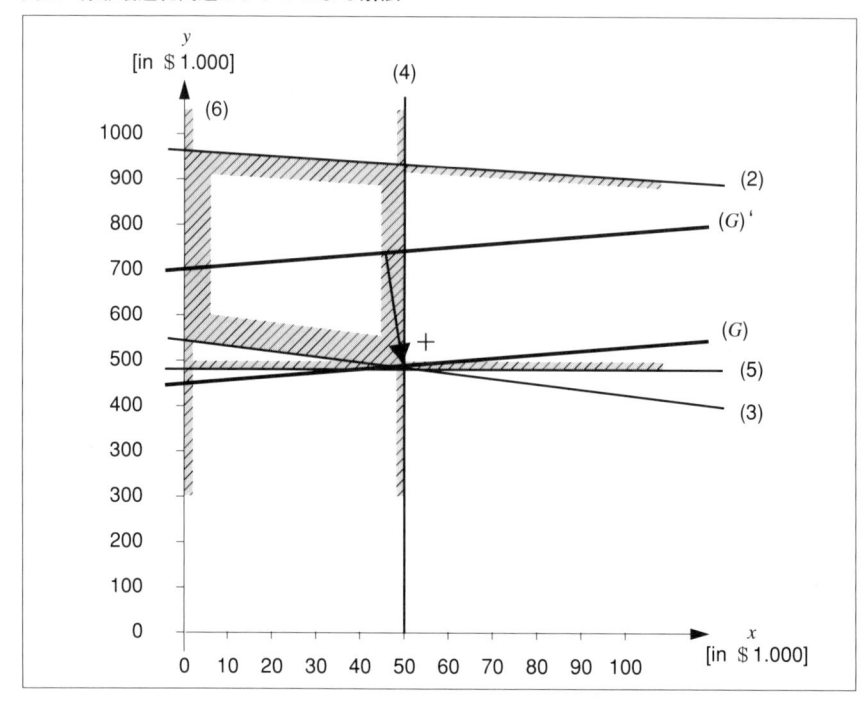

(6)によって形作られた四角形による解領域をもたらす．目的関数は，正の傾きを持っている．$G$の値は，x軸の方向へ直線を平行移動させたところまで下がる．最大かつ妥当な移動は，直線(4)と(5)の交点である．そこで$G$は有効な解の範囲にある最大値を得る．

結果としてここでは，＄50,000のライセンス料$x$と，＄490,000より限界単位だけ大きい年間契約金$y$を得る．その結果，タイプAの候補者は＄50,000というぎりぎりで受け入れられる価格でライセンスを購入することになる．下請け関係は彼らにとって問題にはならない．なぜなら，年間契約金が＄900,000よりも小さいからである．

ライセンス料をもっと低くすれば，企業の全体収益は減少する．ライセンス料$x$が＄50,000である場合，タイプBの候補者は＄10,000の追加効用（レント）を持っているので，彼らは＄60,000まで支払う用意があるだろう．フランチャイズ・ライセンスのさいの貨幣金額が，下請け関係のさいの貨幣金額と同じ効用をもたらす，と仮定する場合，タイプBの候補者が下請け関係においてライセンス手続きよりも高い効用（高いレント）を得る時，彼らは即座に下請け関係を結ぶだろう．それに従えば，＄480,000の年間契約金は，＄10,000分だけ増えて＄490,000まで上げられるべきである．ここではまた，賃金をより高くすれば，その分収益を少なくする．候補者ごとの平均収益は，限界単位を差し引いて＄26,000となる（0,4・＄50,000＋0,6(＄500,000－(＄490,000＋限界単位)))．

### 3.3.4.2 モラル・ハザード

以下のモデルと数学を用いた事例は，モラル・ハザードによって発生するエージェンシー・コストをどうしたら最小化できるか，を示している．そのさいここでは，離散モデルと連続モデルが区別される．離散モデルは，エージェントが行為の代替案を有限集合から選択すると仮定している．連続モデルの場合，行為の結果は，エージェントによって選ばれた努力水準の微分可能な関数となる．

#### 3.3.4.2.1 離散モデル

まず，はじめに次のような例を見てみよう．株式会社の取締役は，非常に努力するか，少しだけ努力するか，あるいはまったく努力しない，という選択をすることができる．ここではそのことを，$a=10$（非常に努力する），$a=3$（少しだけ努力する），$a=0$（努力しない）という3つの行為の選択肢として表すことにする．彼が非常に努力する場合，彼は$w=0,8$の確率で1000万ユーロの企業収益を達成し，$w=0,2$の確率で100万ユーロの損失を計上する．彼が少しだけ努力する場合，1000万ユーロの収益を達成する確率は$w=0,5$，100万ユーロの損失を甘受しなければならない確率は，$w=0,5$となる．同じようにまったく努力しない場合，1000万ユーロの収益を達成する確率は$w=0,1$，100万ユーロの損失を甘受しなければならない確率は，$w=0,9$となる．これらの情報は，表2にまとめられている（期待値の決定については，この節の期待値と分散についての注釈も見よ）．

**表2 努力水準に依存した期待収益**

|  | $a=10$ | $a=3$ | $a=0$ |
|---|---|---|---|
| 1000万ユーロの収益 | $w=0,8$ | $w=0,5$ | $w=0,1$ |
| 100万ユーロの損失 | $w=0,2$ | $w=0,5$ | $w=0,9$ |
| 期待収益（単位：100万ユーロ） | 7,8 | 4,5 | 0,1 |

　取締役が非常に努力する場合，株主は（取締役の報酬を支払う前で）780万ユーロにもなる企業の期待収益に満足する。少しだけ努力する場合，ないしはまったく努力しない場合，期待収益はそれぞれ450万ユーロ，10万ユーロになるにすぎない。

　株主が取締役の努力について完全な情報を与えられている限り，彼らは，取締役の努力水準に応じ，直接彼に報酬を払うことができる。そこではモラル・ハザード問題は存在しない。株主が取締役の努力をもはや観察できなくなるやいなや，モラル・ハザード問題が出現してくる。株主は収益だけを知っているが，ここから取締役がどの程度努力したのかを知ることはできない。1000万ユーロという収益を，努力しないでも幸運によって達成することもできるのである。それゆえ努力に応じた報酬の支払いは，不可能である。この条件で株主が取締役にどの程度の報酬を支払うべきかについては，彼自身のリスク性向と取締役のリスク性向に依存している。以下においては，プリンシパル（ここでは株主）は，常にリスク中立的に行動するのに対し，エージェント（取締役）は，リスク中立的であるかリスク回避的であるかのいずれかである，と仮定している。

### リスク中立的なエージェントの場合

　ここでは，（リスク中立的な）取締役は次のような効用関数を持つとする：

　　$U(l, a) = l - 10.000a$

　ここで，$a$ は選択された努力水準を，$l$ は報酬である。彼の留保効用 $\bar{u}$ は250.000である。**留保効用**は，エージェントがプリンシパルと契約関係に入るためには，少なくともどの程度の効用水準が達成されるべきかを規定するものである。というのもエージェントは，自分のそれまでの状況に比べて，あるいは他の選択肢に比べて，悪くならない限りにおいて契約に同意するからである。彼が提案された契約を拒否したとしても，彼はいずれにせよ留保効用を実現しているのである。ここでの例では，留保効用は他の株主による最善の競合的提案と解釈できる。

　モラル・ハザードが問題となるのは，株主が取締役に $l \geq 250.000$ という固定的報酬を与える場合には確かに，取締役は株主と契約関係を結ぶだろうが，しかし固定的報

酬では努力しようというインセンティブを取締役が持たないことによる。

株主は，どのようにしたら取締役に自分の提案した契約を受け入れさせ，同時に努力させることができるのだろうか？　それを解決するには，取締役に対して成果に応じた報酬を支払うことである。株主は取締役に以下の契約条件を提供しなければならない。すなわち，彼が1000万ユーロの企業収益を達成した場合に，437.500ユーロの給料を受け取り，また100万ユーロの損失を出した場合は，給料がない，という契約条件である。

そのとき取締役には4つの可能性が残されている

a）彼は提案された契約を拒絶し，自分の留保効用 $\bar{u}=250.000$ を実現する。
b）彼は提案された契約を受諾するが努力しない。そのとき彼の期待効用は
　　　$0,1 \cdot 437.500 + 0,9 \cdot 0 - 10.000 \cdot 0 = 43.750.$
c）彼は提案された契約を受諾し，少しだけ努力する。そのとき彼の期待効用は
　　　$0,5 \cdot 437.500 + 0,5 \cdot 0 - 10.000 \cdot 3 = 188.750.$
d）彼は提案された契約を受諾し，非常に努力する。そのとき彼の期待効用は
　　　$0,8 \cdot 437.500 + 0,2 \cdot 0 - 10.000 \cdot 10 = 250.000.$

この提案の場合，取締役はこのままでは代替案（a）と代替案（d）に関して無差別である。そこで株主が取締役に，限界的により良い提案（例えば1000万ユーロの収益に対して437.501ユーロの給料を与える）を提示すれば，取締役はその提案を受諾し，非常に努力することになるだろう。

## リスク回避的なエージェントの場合

エージェントがリスク回避的である場合，プリンシパルはジレンマに直面することになる。モラル・ハザード問題を無視できるとすると，プリンシパルがすべてのリスクを引き受け，エージェントに固定給を支払うことが効率的になろう。エージェントはリスク回避的であるので，彼の効用はリスクが上昇するとともに下がっていく。数学的に定式化すると，リスクに応じた効用関数の偏微分は負である。それに反してそもそもプリンシパルの効用関数には，リスクは入れられない。エージェントは，プリンシパルが彼から引き取るどのリスク単位でも自分の効用を高めることができるのに対して，プリンシパルの効用水準はこれによって変化することはない。パレート効率（Pareto-Effizienz），すなわち他の人を悪くすることなくこれ以上改善することができない状況は，プリンシパルがリスクのすべてを引き受ける場合に達成される。

この問題を明らかにするために，ここでもう1度例を挙げて考えよう。先の状況とは反対に，取締役は今，以下のリスク回避的な効用関数を持っている：

$$u(l, a) = \sqrt{l} - 100a$$

彼の留保効用は500である。取締役が契約を受け入れ，なおかつ同時に非常に努力

することを株主が望んでいる場合，株主はこの条件でどのような契約を取締役に提示すればよいだろうか？今，株主が取締役に，1000万ユーロの企業収益を達成した場合に，$x_1^2$の報酬を支払うこと，そして100万ユーロの損失を出した場合には，$x_2^2$の報酬を支払うことを提案したとすると，取締役は以下のように選択する可能性を持っている：

a）彼は提案された契約を拒絶し，500の彼の留保効用を実現する。
b）彼は提案を受け入れるが，努力はしない。彼の期待効用はそのとき，$0,1x_1 + 0,9x_2 - 100.0$となる。
c）彼は提案を受け入れ，少しだけ努力する。そのとき彼の期待効用は，$0,5x_1 + 0,5x_2 - 100 \cdot 3$となる。
d）彼は提案を受け入れ，非常に努力する。そのとき彼の期待効用は，$0,8x_1 + 0,2x_2 - 100 \cdot 10$となる。

株主が，最低限可能な報酬コスト $k$ で取締役に契約を結ばせ，そして非常に努力させたい場合，彼らは以下の最小化問題（Minimierungsproblem）を解決しなければならない：

$$\text{Min}_{x_1^2 x_2^2} \quad k = 0,8x_1^2 + 0,2x_2^2 \tag{1}$$

それは以下の周辺条件を持つ：

$$0,8x_1 + 0,2x_2 - 100 \cdot 10 > 500 \tag{2}$$

$$0,8x_1 + 0,2x_2 - 100 \cdot 10 > 0,1x_1 + 0,9x_2 - 100 \cdot 0 \tag{3}$$

$$0,8x_1 + 0,2x_2 - 100 \cdot 10 > 0,5x_1 + 0,5x_2 - 100 \cdot 3 \tag{4}$$

最初の周辺条件(2)は，取締役が提案を受け入れるためには満たされているべきである。残りの2つの周辺条件(3)ないし(4)は，彼が非常に努力することを保証する。最初の周辺条件を**参加条件**と呼び，後の2つの周辺条件を**インセンティブ条件**と呼ぶことにする。

報酬は負であってはならない，と仮定すると，解は以下のようになる：

$$x_1^2 = 5.444.444,44 €\ ;\ x_2^2 = 0 €$$

この特殊な例については，グラフを使って解くこともできる。図21が示しているように，決定的な制限（ausschlaggebende Restriktion）は，1の正の傾きを持つ。それは $x_1 = 2.333,33$ のところで横軸と交わる。報酬は負であってはならない，ということを出発点とすると，その $x_1$ の値が少なくとも 2.333,33，$x_2$ の値が 0 であるかあるいはそ

**図21 最小化問題のグラフによる解法**

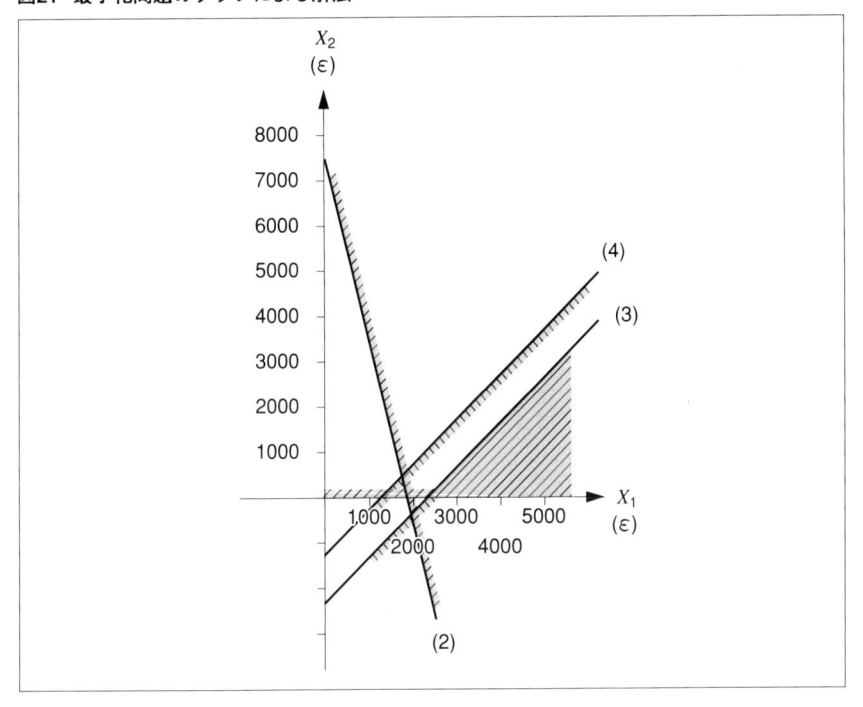

れ以上であるような解のみが可能である。

　$x_1$ ないし $x_2$ による 0 以上の値で評価された象限について目的関数が最小化されるべきなので，$x_1=2.333,33$ と $x_2=0$ の組み合わせで利得が最大となる。営業上の収益が1000万ユーロの場合，取締役は $(2.333,33)^2=5.444.444,44$ ユーロの給料を，100万ユーロの損失を出した場合には給料はない。

**一般的な解のモデル**

　モラル・ハザードの問題は，離散的な場合，以下の一般的なモデルに従ってプリンシパルの視点から解かれる。エージェントは，プリンシパルと契約関係を結んだ後で，有限数の行為の代替案から A＝$\{a_1, a_2, \cdots, a_n\}$ を選ぶことができる。プリンシパルは，エージェントがどのような行為の可能性を選んだのかは知らない。プリンシパルは，有限数のシグナル S＝$\{s_1, s_2, \cdots, s_m\}$ の中からシグナル s を観察できるだけである。さらにプリンシパルは，確率 $w_{ij}$ を知っている（ここで，$i=1, 2, \cdots, n$, $j=1, 2, \cdots, m$）。$w_{ij}$ は，エージェントが行為の代替案 $a_i$ を選ぶ時，シグナル $s_j$ はどの程度の確率で発生するのかを示す。それぞれの $i=1, 2, \cdots, n$ に対して $\sum_{j=1}^{m} w_{ij}=1$ が当てはまる。

　ここではさらにそれ以上のことを仮定している。すなわちすべての $i=1, 2, \cdots, n$ と $j=1, 2, \cdots, m$ に対して $w_{ij}>0$ が当てはまる，すなわち，すべてのシグナル $s_j$ は，そ

れぞれの行為の代替案 $a_i$ の結果でありうるのである。

エージェントの効用関数 $U(l, a) = u(l) - k(a)$ は，狭義単調増加関数であり，無条件に微分可能で凹性である。それは2つの部分関数 $u(l)$ と $k(a)$ から構成されている。$u(l)$ は，報酬 $l$ に応じた効用を表している。$k(a)$ は，行為の代替案 $a$ によって左右される（負の効用の）コストを表している。

関数 $G(a)$ は，エージェントによって選択された行為の代替案 $a$ によって左右される，プリンシパルの期待（総）収益を表している。（リスク中立的な）プリンシパルの期待純益は，期待された報酬支払いを差し引いて得られる。プリンシパルから見た問題とは，期待純益を最大にするのはどのような報酬システムなのだろうか，ということである。

この問題は，グロスマン／ハート [Grossman/Hart] (1983) によって，以下のようないくらかより一般化された仮定のもとに解かれた：

1. 行為の代替案 $a_i \in A$ について，エージェントが契約を受け入れ，行為の代替案 $a_i$ を選ぶことを保証するような，最も有利な報酬システムがまず見い出されねばならない。

プリンシパルの立場から見て最も有利な報酬システムとは，彼が最低の報酬を支払う（ないしは，最低限の**期待**報酬支払いを覚悟しておく）べきであるようなシステムである。この最小化問題に関する意思決定変数は，現れているシグナル $s_j$ によって決まる，エージェントの報酬効用水準である。この変数を，$j = 1, 2, \cdots, m$ であるような $x_j$ によって表すとき，以下の式が当てはまる。

$$x_j = u(l(s_j)) \tag{1}$$

$u(\cdot)$ とは，連続的な単調増加関数である。ここで $v$ を使って，$u$ の逆関数を表すことにする。すなわち，エージェントがシグナル $s_j$ の発生のときに受け取る報酬 $l$ に対して，以下の式が妥当する。

$$l(s_j) = v(x_j) \tag{2}$$

それゆえ報酬を，意思決定変数 $x_j$ の関数として表すことができる。プリンシパルが支払うべき期待報酬は，エージェントが行為の代替案 $a_i$ の選択をするとき，意思決定変数 $x_j$ によって以下のようになる。

$$\sum_{j=1}^{m} w_{ij} v(x_j) \tag{3}$$

そのつどシグナル $s_j$ の発生に応じて，$v(s_j)$ の報酬を受け取るエージェントが特定の行為代替案 $a_i$ を選ぶには，以下の条件が満たされねばならない。第1に，エージェントは $a_i$ の選択によって少なくとも自分の留保効用を達成しなければならない。この条件は，以下の式が成り立つ時に満たされる。

$$\sum_{j=1}^{m} w_{ij}x_j - k(a_i) \geq \overline{u} \tag{4}$$

ここで $k(a_i)$ は，行為の代替案 $a_i$ のコストを（上を見よ），$\overline{u}$ は留保効用である。第1項 $\sum_{j=1}^{m} w_{ij}x_j$ は，以下の式から u の逆関数 v を経てもたらされる。

$$\sum_{j=1}^{m} w_{ij}u(v(x_j)) \tag{5}$$

第2に，エージェントは $a_i$ の選択のときに，少なくとも他の行為の代替案のどれとも同じ高さの効用水準を達成していなければならない。

$$\sum_{j=1}^{m} w_{ij}x_j - k(a_i) \geq \sum_{j=1}^{m} w_{i'j}x_j - k(a_{i'}) \quad \forall i' = 1, 2, \cdots, n \tag{6}$$

(4) と (6) の2つの方程式に対して，無差別なエージェントが契約関係を結ぶ，ないしは望ましい代替案を選択する，という仮定が当てはまる。

**最初の**ステップ（der **erste** Schritt）としては，以下のようにまとめることができる。行為代替案 $a_i$ のどれに対しても以下の式を算出する：

$$\min_{x_j} \sum_{j=1}^{m} w_{ij}v(x_j)$$

以下の周辺条件が存在している：

$$\sum_{j=1}^{m} w_{ij}x_j - k(a_i) \geq \overline{u}$$

$$\sum_{j=1}^{m} w_{ij}x_j - k(a_i) \geq \sum_{j=1}^{m} w_{i'j}x_j - k(a_{i'}) \quad \forall i' = 1, 2, \cdots, n$$

これを最大化するという問題の解は，エージェントに行為の代替案 $a_i$ を選択させるために，プリンシパルが報酬を支払うという形で費やさなければならない最低限の期待コストをもたらす。この数値を $C(a_i)$ としよう。

2）今度は，$G(a_i) - C(a_i)$ の差を最大にするような行為の代替案 $a_i \in A$ が算出される。

ここで問題となっていることは，単純な最大化問題である。その解は，望ましい行為の代替案 $a_i$ をもたらす。必要な報酬支払いの約束はすでに最初のステップで算出されたので，問題は解決しているのである。

### 3.3.4.2.2　連続的モデルのケース

連続的モデルのケースでは，エージェントは自分の努力水準 a を，実現可能な努力水準の区間から選び出す。エージェントのアウトプットは，努力水準 a のランダム関数である：

$$G = G(a, \varepsilon)$$

ランダムさの性格は，「攪乱変数」$\varepsilon$ に起因するものと考えることができる。プリンシパルは，この攪乱変数の状態を知らないので，彼は観察可能なアウトプットから

エージェントによって選択された努力水準を逆に推し量ることができないのである。エージェントは，攪乱変数に影響を与えることができない。エージェントが発生した攪乱変数の状態について知るのは，せいぜい彼が自分の努力水準を決めてしまった後である。この攪乱変数は，医療では自然治癒力，スポーツでは調子，企業においては景気の知られざる要因，あるいは簡単に言えば宿命と解釈することができる。

プリンシパルはエージェントの努力水準を観察することはできないし，それをアウトプットから導き出すこともできないので，エージェントには自分が有利になるように，そしてプリンシパルの不利になるように行為する余地がある。プリンシパルは，アウトプットに応じてエージェントに報酬を支払うことによって，この行動リスク（モラル・ハザード）を制限することができる。同時にこれによって，プリンシパルは自分の収入リスクの一部をエージェントに移転するのである。プリンシパルもエージェントもリスク中立的である場合，このことで効用を減らすことはない。このケースでは，双方が総リスクをどのように2人の間で分けるのか，といったことは重要ではない。双方ともリスク中立的で，それゆえリスクに無差別である。大きさがどうであれ，リスクを受け取ることはそのつどの効用に影響を与えることはないのである。

次に，プリンシパルはリスク中立的であるが，しかしエージェントがリスク回避的である場合，プリンシパルが収入リスクのすべてを引き受け，エージェントに基本給を支払うのであれば，リスクの観点から見れば効率的であろう。もっともそのとき，エージェントには努力しようとするインセンティブはない。インセンティブの観点とリスクの観点の間にはコンフリクトがある。大きなインセンティブを与えようとすると，リスク分配の非効率をもたらすし，また逆もそうである。このコンフリクトを明らかにするために，ここではまず最適なリスク配分問題に取り組み，インセンティブの作用については触れないでおくことにする。

**最適なリスク配分**

最適なリスク配分は，様々な統計学上の基礎的ツールを経済学の効用理論と結びつけることによって生み出される。そのために必要な基本は以下で紹介されている（これについてはとりわけベルヌーイ［Bernoulli］1954，ノイマン／モルゲンシュテルン［Neumann/Morgenstern］1944，ボーチ［Borch］1962，ウィルソン［Wilson］1968，アロー［Arrow］1971による研究を参照）。

・*期待値と分散*

偶然変数の期待値は，偶然変数によって実現可能な実現値のすべての加重平均である。そのさいどの実現値も，その発生確率によって加重されている。ここで，営業収益は偶然に依存すると仮定しよう。それは0,4の確率で1000万ユーロ，0,4の確率で500万ユーロ，0,2の確率で−100万ユーロ（損失）になる。期待営業収益の算出は，表3の3列目に表されている。

**表3　期待値と分散の算出**

| 1 | 2 | 3 | 4 | 5 |
|---|---|---|---|---|
| 確率 | 営業収益 | 1 × 2 ($\sum$ ＝期待値) | (営業収益－期待値)$^2$ | 1 × 4 ($\sum$ ＝変数) |
| 0,4 | $10 \cdot 10^6$ | $4 \cdot 10^6$ | $17,64 \cdot 10^{12}$ | $7,056 \cdot 10^{12}$ |
| 0,4 | $5 \cdot 10^6$ | $2 \cdot 10^6$ | $0,64 \cdot 10^{12}$ | $0,256 \cdot 10^{12}$ |
| 0,2 | $-1 \cdot 10^6$ | $-0.2 \cdot 10^6$ | $46,24 \cdot 10^{12}$ | $9,248 \cdot 10^{12}$ |
|  |  | $\sum = 5,8 \cdot 10^6$ |  | $\sum = 16,56 \cdot 10^{12}$ |

　分散は，偶然変数のばらつきの度合いである。それは，偶然変数の実現値と期待値との間の差の2乗を加重平均したものである。加重のために，実現値の発生確率が再び用いられている（表3の4列と5列を参照）。表3は，まさしく今挙げられた例での，期待値と分散の算出をはっきり説明している。期待値は，以下の方程式によって算出される：$0,4 \cdot (10 \cdot 10^6) + 0,4 \cdot (5 \cdot 10^6) + 0,2[(-0,1) \cdot 10^6] = 5,8 \cdot 10^6$ である。分散の算出のために，まずすべての環境状態について，営業収益と期待値との差の2乗を作ることが必要である（例えば1行目で言えば：$(10 \cdot 10^6 - 5,8 \cdot 10^6)^2 = 17,64 \cdot 10^{12}$）。次のステップでは，そのように算出された値が，1列目からそれぞれの確率によって加重され，すべての行について加算されうる。以上から，$16,56 \cdot 10^{12}$ という分散が導き出される。分散は大きければ大きいほど，収入リスクもより大きくなる。分散が大きくなるにつれ，実際の収入が非常に高い値になるか，あるいは非常に低い値になるか，どちらかをとる確率も上昇する。分散が0の場合には，収入リスクは存在しない。収入は一定の値に固定されているからである。

・*確実性等価物*

　リスク回避的な人は，期待値的に同一でもより高い収入の可能性を提供するが，偶然に左右される（リスクを伴う）収入よりも，確実な収入を好む。リスク回避的な人は，0,5の確率で2万ユーロをもらい，0,5の確率で何ももらえない可能性よりも，1万ユーロの確実な収入を好むのである。

　人間のリスク回避度は，その人に，不確実な収入と様々な額の確実な収入との間で選択させることによって確定できる。そのさい重要なことは，その人が確実な収入と不確実な収入とに無差別になる，確実な収入の金額を算出することである。例えば，ある人が8000ユーロの確実な収入と，0,5の確率で20000ユーロをもらい，0,5の確率で何ももらえないという可能性との間で無差別であると述べることが考えられる。8000ユーロの確実な収入は，ここでは0,5の確率で20000ユーロを得るが，0,5の確率で何も得られないという偶然的収入の**確実性等価物**と呼ばれる。

　期待値と分散によって特徴付けられている偶然的収入の確実性等価物は，個々人の

リスク性向に依存する。個々人のリスク性向は，アロー＝プラットのリスク回避係数 $r$ によって形式的に表現される（アロー［Arrow］1971，プラット［Pratt］1964を参照）。個々人のリスク回避係数 $r$ は通常，調査された偶然的収入の期待値の値によって異なる。それは以下の式に相当する：

$$r(\overline{x}) = -\frac{u''(\overline{x})}{u'(\overline{x})} \tag{1}$$

この場合，$(\overline{x})$ は期待値を，$u(\cdot)$ は個々人の効用関数を，$u'(\cdot)$ はその一次導関数，そして $u''(\cdot)$ はその二次導関数である。以下のモデルでは単純化のために，エージェントのリスク回避係数 $r$ は，調査された偶然的収入の期待値の高さに依存しない，と仮定することにする。それゆえここでは $r(\overline{x})=$ 一定とする。

一定のリスク回避係数 $r$ と分散 $\mathrm{Var}(x)$ の期待値 $\overline{x}$ を考慮すれば，以下の公式によって確実性等価物を算出することができる：

$$\text{確実性等価物} = \overline{x} - \frac{1}{2}r\mathrm{Var}(x) \tag{2}$$

$\frac{1}{2}r\mathrm{Var}(x)$ の項は，**リスク・プレミアム**と呼ばれる。リスク・プレミアムは，よりリスクを回避し，リスク（分散）が増大するほど上昇する。エージェントがリスク中立的である ($r=0$)，あるいはリスクがまったくない ($\mathrm{Var}(x)=0$) 場合，リスク・プレミアムは0である。


・リスク分散

適切にリスクを拡散させること（いわゆる**リスク分散**）によって，総リスクを下げることができる。このことを，以下の簡単な数値例を使って説明しよう。ここではAとBという2つの企業を考える。それぞれの企業収益（損失）$x_A$ ないし $x_B$ は，2つの考えられうる環境 $s_1$ と $s_2$ のいずれが実現するかに依存している。2つの環境が起こりうるのは，$w(s_1)=w(s_2)=0.5$ で同確率である。それに相当する企業収益ならびにここから出される期待値と分散は，表4に記されている。

企業Aへの出資 $\alpha$ と企業Bへの $\beta$ から構成されているポートフォリオ $y$ は，次のような期待値を持つ：

$$\overline{y} = \alpha\, \overline{x}_A + \beta\, \overline{x}_B \tag{3}$$

ポートフォリオの分散については次の式が成り立つ：

$$\mathrm{Var}(y) = \mathrm{Var}(\alpha x_A + \beta x_B) = \alpha^2\mathrm{Var}(x_A) + \beta^2\mathrm{Var}(x_B) + 2\alpha\beta\,\mathrm{Cov}(x_A, x_B) \tag{4}$$

$\mathrm{Cov}(x_A, x_B)$ は，2つの確率変数 $x_A$ と $x_B$ の**共分散**である。2つの確率変数の共分散は，偶然変数の期待値からの乖離を算術平均して得られる。それぞれの実現値の確率が，加重値として用いられる。そうすると，以下のようになる：

表4 企業収益，期待値と分散

|  |  | 企業収益 ||
|---|---|---|---|
|  |  | $x_A$ | $x_B$ |
| 環境 | $S_1 : W(S_1) = 0,5$ | 10 | −2 |
|  | $S_2 : W(S_2) = 0,5$ | 0 | 2 |
| 期待値 |  | $\bar{x}_A = 5$ | $\bar{x}_B = 0$ |
| 分散 |  | 25 | 4 |

$$\mathrm{Cov}(x_A, x_B) = \sum_{i=1}^{m} w(s_i)(x_A - \bar{x}_A)(x_B - \bar{x}_B) \tag{5}$$

この数値例では，$x_A$と$x_B$の共分散は−10となる。共分散の負の符号は，2つの偶然変数の負の相関から生じる。企業Aの収益が高ければ企業Bの収益は低い（ないし損失である）し，逆もまたそうである。情報経済学的に言えば，企業Aの高収益は，企業Bの低い収益（ないし損失）のシグナルであるし，逆もまたそうである。

2つの確率変数が正の符号であれば，共分散は正の値をとる。この場合，ある企業の高収益は，他の企業も高収益であることを予測させる。

2つの確率変数が統計上互いに独立の場合，共変数は0である。この場合，ある確率変数の実現値を知っていても，他の確率変数の実現値を逆に予測することはできない。

以上の数値例では，企業Aに100％投資する場合の確実性等価物は，全体として5−12,5rとなる。その結果，一定のリスク回避係数 $r = 0,2$ を持つリスク回避的な投資家は，企業Aへ100％投資することと，2,5の確実な収益とに関して無差別となる。しかしながら，自分の投資予算のうち100％を企業Aに投資するのではなく，そのリスクを分散して投資予算の一部を企業Bに投資する場合に，彼は効用を高めることができる。ここでのリスク回避的な投資家が，例えば投資予算のうち90％を企業Aに，10％を企業Bに投資する場合，彼の確実性等価物は以下のようになる

$$0,9 \cdot 5 + 0,1 \cdot 0 - \frac{1}{2} \cdot 0,2 \cdot (0,81 \cdot 25 + 0,01 \cdot 4 - 0,18 \cdot 10) = 2,651 > 2,5$$

企業Aに対する90％の投資と企業Bに対する10％の投資というポートフォリオによって，リスク回避的な投資家は，自分のすべての投資予算を企業Aに投資する場合よりも高い効用水準を得ることができる。企業Bに対する投資の期待収益は0なので，このような効用の上昇はリスクを拡散させた効果のみが原因であるといえる。

・リスク配分

それぞれ異なるリスク性向を持つ2人あるいは2人以上の人は，効率的な**リスク配分**によって彼らの効用水準を高めることができる。このことは，次のような数学的モ

デルによって2人のケースにおいて証明される。ここで，その2人をAとBとする。彼らはそのつど $x_A$ ないし $x_B$ の不確実な収入を得ている。ここでは，それぞれに対応する期待値を $\overline{x}_A$ と $\overline{x}_B$ で，分散を $\mathrm{Var}(x_A)$ と $\mathrm{Var}(x_B)$ で表すことにする。そこでは $\mathrm{Cov}(x_A, x_B)=0$ である，すなわち2人の収入は，統計的に互いに独立している。2人のリスク回避係数は，$r_A$ と $r_B$ で表すことにする。

リスク配分がない場合，確実性等価物は，Aにとっては $\overline{x}_A - 1/2 r_A \mathrm{Var}(x_A)$，Bにとっては $\overline{x}_B - 1/2 r_B \mathrm{Var}(x_B)$ である。総確実性等価物は，2人それぞれの確実性等価物の合計である：

$$\overline{x}_A + \overline{x}_B - \frac{1}{2} r_A \mathrm{Var}(x_A) - \frac{1}{2} r_B \mathrm{Var}(x_B)$$

Aが自分の収入の持ち分 $(1-\alpha)$ をBに譲り渡し，反対にBから収入の持ち分 $\beta$ ならびに一定の移転料 $\delta$ を受け取る場合，全体の確実性等価物は以下のようになる：

$$\alpha \overline{x}_A + \beta \overline{x}_B + \delta - \frac{1}{2} r_A \mathrm{Var}(\alpha x_A + \beta x_B + \delta) + (1-\alpha)\overline{x}_A + (1-\beta)\overline{x}_B - \delta - \frac{1}{2} r_B \mathrm{Var}((1-\alpha)x_A + (1-\beta)x_B - \delta) \quad (6)$$

これを単純化すると

$$\overline{x}_A + \overline{x}_B - \frac{1}{2} r_A (\alpha^2 \mathrm{Var}(x_A) + \beta^2 \mathrm{Var}(x_B)) - \frac{1}{2} r_B ((1-\alpha)^2 \mathrm{Var}(x_A) + (1-\beta)^2 \mathrm{Var}(x_B)) \quad (6')$$

総確実性等価物は，$\alpha$ と $\beta$ の二次関数である。最大値は以下のようになる：

$$\frac{\alpha}{1-\alpha} = \frac{\beta}{1-\beta} = \frac{r_B}{r_A}$$

$r$ の逆数，すなわち $\frac{1}{r}$ を，ここでは**リスク容認因子**とする。グループのメンバーすべての個々のリスク容認因子を合計したものが，グループのリスク容認因子である。それぞれのグループメンバーが，グループのリスク容認に対する自分の持ち分に相当するリスク分担を負担する場合，効率的なリスク配分がなされている。例えばAが $r_A=0.5$ のリスク回避係数を持ち，Bが $r_B=4$ のリスク回避係数を持っている場合，AとBからなるグループのリスク容認は，$2+0.25=2.25$ となる。効率的なリスク配分のもとでは以下の式が成り立つ：

$$\frac{\alpha}{1-\alpha} = \frac{\beta}{1-\beta} = 8$$

ここから $\alpha = \beta = 8/9$，そして $1-\alpha = 1-\beta = 1/9$ という結論となる。効率的なリスク配分のもとでは，AはBの8倍のリスクを引き受けることになる。これは，リスク容認が8倍高いことと同じである。総リスクに対する彼の分担は，AとBからなるグループのリスク容認に対する彼の分担と，$8/9 = 2/(2+0.25)$ という形で一致してい

る。

効率的なリスク配分のもとでは，グループ全体（AとB）の確実性等価物は以下のようになる：

$$\bar{x}_A + \bar{x}_B - \frac{1}{2} \frac{\mathrm{Var}(x_A + x_B)}{\frac{1}{r_A} + \frac{1}{r_B}}$$

この値は，リスク配分がなければ，確実性等価物全体よりも大きい。高いリスク容認を持つグループのメンバーが，低いリスク容認を持つグループメンバーからリスクの一部を引き受けることで，全体のリスク・プレミアムは下がる，ないしは確実性等価物全体の数値が上昇するのである。

グループのメンバーのうちのある人がリスク中立的である（$r=0$；$1/r=\infty$）が，しかし他のすべてのグループメンバーがリスク回避的である（$r>0$）場合，収入リスクのすべてを，リスク中立的なグループメンバーに委譲することが効率的となる。これについて典型な例を挙げるとすれば，企業の所有者が収入リスクのすべてを引き受け，従業員には固定給を支払うような合名会社である。

## インセンティブ効果

従ってインセンティブ効果を考慮しなくても，（リスク中立的な）プリンシパルが（リスク回避的な）エージェントから収入リスクのすべてを取り除くことは効率的であるといえる。他方でリスク配分効果を考えないとすると，エージェントに，できるだけ高い財・サービスへのインセンティブを介して努力させることは有効である。この2つの効果，すなわちリスクとインセンティブを考慮する場合，2つの間のトレード・オフを最適化する必要がある。

### ・インセンティブ強度

プリンシパルは，リスク・プレミアムによって財・サービスへのインセンティブを手に入れると同時に，プリンシパル・エージェント関係の中での最適なインセンティブ強度という問題に直面する（スペンス／ツェックハウザー［Spence/Zeckhauser］1971，ロス［Ross］1973，スティグリッツ［Stiglitz］1974を参照）。

インセンティブ強度とリスク・プレミアムとのトレード・オフ関係を明らかにするために，ここで以下のようなプリンシパル・エージェント・モデルを見てみることにする。エージェントが選択した努力水準 $a$ と攪乱項 $\varepsilon$ に応じて，プリンシパルは $z=a+\varepsilon$ であるような総収益 $G(z)$ を獲得する。攪乱項 $\varepsilon$ は，$\bar{\varepsilon}=0$ と $\mathrm{Var}(\varepsilon)$ で正規分布している。エージェントは，$k(a)$ の私的な費用を負担する。プリンシパルは，エージェントの努力に対する補償として，彼に $l=A+bz$ であるような報酬を支払う。ここで，$A$ は固定的報酬の額を，$bz$ は成果に応じたボーナスを意味している。プリン

シパルは，エージェントの努力水準 $a$ に直接的に対応した報酬を彼に支払いたいと思うだろう。もっとも，関数 $G(z)$ を知っているプリンシパルは，総収益の額から $z=a+\varepsilon$ を逆に推測することしかできない。

エージェントの側から見れば，$b>0$ である場合，契約はリスク因子 $\varepsilon$ を含んでいる。不運な時には，$\varepsilon<0$ となり，エージェントの報酬は，努力に応じて本来支払われるべき額よりも少なくなる。他方でエージェントは，$\varepsilon>0$ の場合「受けるに値しない」ボーナスを得ることになる。$\varepsilon=0$ のとき，支払われる報酬の期待値は $A+ba$ となる。エージェントが，一定のリスク回避係数 $r$ を持ち，リスク回避的な人物である場合，リスク・プレミアムは $0.5r\text{Var}(A+b(a+\varepsilon))=0.5rb^2\text{Var}(\varepsilon)$ となる。$\text{Var}(a)$ は，エージェントから見れば 0 に等しいので，彼は自分自身で努力水準を決め，従って彼の努力水準について何のリスクも持たない。その上，努力するという私的なコスト $k(a)$ を考慮するなら，エージェントの確実性等価物としては以下の式がもたらされる：

$$\text{エージェントの確実性等価物}=A+ba-\frac{1}{2}rb^2\text{Var}(\varepsilon)-k(a) \qquad (7)$$

リスク中立的なプリンシパルの「確実性等価物」は，彼の期待純利益に相当するものである：

$$\text{プリンシパルの確実性等価物}=G(a)-(A+ba) \qquad (8)$$

総収益の期待値は $G(z)=G(a)$ なので，$\overline{\varepsilon}=0$ であるがゆえに $\overline{z}=a$ が成り立つ。2 つの確実性等価物を加えると，以下の式が得られる：

$$\text{総確実性等価物}=G(a)-k(a)-\frac{1}{2}rb^2\text{Var}(\varepsilon) \qquad (9)$$

固定的報酬 $A$ の額は，ケーキ全体の大きさに影響を与えない。それが影響を及ぼすのは，ケーキがプリンシパルとエージェントにどのように分けられるのか，ということだけである。ケーキの大きさを最大にしたいなら，$A$ を無視してもよい。プリンシパルは，$b$ を通してのみケーキの大きさに影響を与えることができる。$b$ が上昇するにつれてインセンティブ強度は増加していくので，ここでは $b$ をインセンティブ強度としても解釈することができる。インセンティブ強度 $b$ を最適化するために，プリンシパルはさしあたり，エージェントが $b$ に応じてどのように行動するのかを知っていなければならない。

エージェントは，自分の努力水準 $a$ を様々に変えることができるだけである。限界努力コスト $k'(a)$ の上昇が，努力水準の上昇と関連していると仮定するなら（すなわち $k''(a)>0$），エージェントは，以下の式が成り立つように努力水準を選択するだろう：

$$b=k'(a) \qquad (10)$$

このことを理解するために，エージェントの確実性等価物のみを $a$ について微分し，

0と置き，そしてbについて解かなければならない。
　このような行動についての仮定を方程式（9）（総確実性等価物）に導入すると，以下の式が得られる：

$$総確実性等価物 = G(a) - k(a) - \frac{1}{2}r(k'(a))^2 \mathrm{Var}(\varepsilon) \tag{11}$$

　この方程式を$a$について微分し0とおく場合に，最適な努力水準が得られる。それは以下のようになる：

$$G'(a) - k'(a) - rk'(a)k''(a)\mathrm{Var}(\varepsilon) = 0 \tag{12}$$

　$k'(a)$を再び$b$で置き換え，$b$について解くと，以下の式を得る：

$$b = \frac{G'(a)}{1 + rk''(a)\mathrm{Var}(\varepsilon)} \tag{13}$$

　最適なインセンティブ強度は，4つの因子，すなわち$G'(a)$，r，$\mathrm{Var}(\varepsilon)$，$k''(a)$によって決定される。第1の影響因子は，限界収益である。他の条件を一定として，プリンシパルがエージェントに対し財・サービス提供への高いインセンティブを与えるのは，エージェントのより高い努力水準が，プリンシパルの側で高い限界収益をもたらす場合のみである。例えば，企業の生産能力が，すでに向こう5年間フル回転することになっている状態で，販売部門管理者のサービス提供に高いインセンティブを与えることで販売へのより大きな努力をさせようと求めることは非効率的である。
　2番目の影響因子はエージェントのリスク回避係数である。エージェントがリスク回避的であるほど，成果報酬のリスク・プレミアムが高くなっていく。財・サービスへの高いインセンティブは，リスク回避度の高いエージェントについてはコストがかかるものである。
　3番目の影響因子は，攪乱変数$\varepsilon$の分散である。分散が大きいほど，提供された財・サービスの測定が不正確になる。財・サービス提供への高いインセンティブは，財・サービスについての正確な測定，つまり攪乱変数の分散が少ない場合にのみ効率的となる。例えば小学校の教師に対して，そのサービスの成果について正確に測定できないのにサービスへの高いインセンティブを与えるのは非効率的である。
　4番目の影響因子（$k''(a)$）は，エージェントの自由に行動する余地が制限されていることを表している。エージェントの行動の自由度が強く制限されているほど，インセンティブ強度も小さくなっていくであろう。あらかじめ設定された工程時間で作業するベルトコンベヤーの組立工は，財・サービスに対するインセンティブにそもそも応えようがないので，彼に財・サービス提供への高いインセンティブを与えることは非効率的である。それに対して，経営者は行動の自由度が大きく，財・サービス提供への高いインセンティブに対して時としてイノベイティブに応えられるのである。

・*財・サービスの測定*
　不完全情報のもとで財・サービスを効率的に測定するという問題は，現在ではモラ

ル・ハザードを扱う文献が扱っている(例えばシャーベル[Shavell] 1979, ハリス／ラヴィーブ[Harris / Raviv] 1979, ラーザー／ローゼン[Lazear/Rosen] 1981, ホルムシュトレーム[Holmström] 1982, ナーレブッフ／スティグフッツ[Nalebuff/Stiglitz] 1983, マイヤー／ヴィッカース[Meyer/Vickers] 1997)。以下では、単純なプリンシパル・エージェント・モデルを用いてこの問題の基本構造を説明しよう。

　前の節で示されたように、総確実性等価物の度合いは、財・サービスの測定が正確であるかどうかに依存している。財・サービスの測定が正確であるほど、リスク・プレミアムのコストは小さくなるのである。

　これまでは、エージェントの努力水準は、$z=a+\varepsilon$ という財・サービス提供の指標を用いて「測定」される、とされていた。今ここでは、プリンシパルは $\overline{\gamma}=0$ である2番目の指標 $\gamma$ を観察することができる、としよう。この指標は、統計的に $a$ と独立だろう。つまりプリンシパルは、$\gamma$ から直接的に $a$ を推論することはできない。しかしながら、$\gamma$ は $\varepsilon$ と相関しているとしよう。つまり、$\gamma$ を知ることで、攪乱変数 $\varepsilon$ の実現値を推測することができる。例えば $\varepsilon$ が、プリンシパルが観察できないような、企業に特殊な景気要因であるとしよう。しかしプリンシパルは、$\varepsilon$ と相関する一般的な景気要因 $\gamma$ を知っている。この状況では、どの程度 $\gamma$ が財・サービスの測定に取り入れられるべきか、といった問題が発生する。ここで、$\gamma$ を財・サービスの測定に組み込む因子を $c$ で表す場合、エージェントは、自分の努力に対する対価として、以下の額の報酬を得る:

$$l = A + b(z+c\gamma) = A + b(a+\varepsilon+c\gamma) \tag{14}$$

そのときリスク・プレミアムは $0.5rb^2\mathrm{Var}(\varepsilon+c\gamma)$ となる。$c$ は、$\mathrm{Var}(\varepsilon+c\gamma)$ が最小となるように選択されなければならない。よって以下のようになる

$$\mathrm{Var}(\varepsilon+c\gamma) = \mathrm{Var}(\varepsilon) + c^2\mathrm{Var}(\gamma) + 2c\,\mathrm{Cov}(\varepsilon,\gamma) \tag{15}$$

$c$ で微分して 0 と置き、その後で $c$ について解けば、以下の式を得る

$$c = \frac{-\mathrm{Cov}(\varepsilon,\gamma)}{\mathrm{Var}(\gamma)} \tag{16}$$

　この結果は、経済学的には次のように解釈することができる:$\varepsilon$ と $\gamma$ が統計的に独立である($\mathrm{Cov}(\varepsilon,\gamma)=0$)場合、$\gamma$ を財・サービスの測定に算入すべきではない。統計的に独立であるとき、$\gamma$ について知っていることが $\varepsilon$ に関する情報をもたらすわけではないのである。

　$\varepsilon$ と $\gamma$ が正の相関を示す場合($\mathrm{Cov}(\varepsilon,\gamma)>0$)、負の符号を持つ $\gamma$ が財・サービス提供の測定に算入されるべきである($c<0$)。$\gamma$ が正の(負の)値を持つことから、$\varepsilon$ が正の(負の)値を持つことが推測されうる。$z=a+\varepsilon$ であるので、プリンシパルは $\gamma$ が正の(負の)値を持てば、$z$ がエージェントの低い(高い)努力と、攪乱変数 $\varepsilon$ の正の(負の)値の結果であることを導き出すことができるのである。従ってエージェントは、$\gamma$ が正の値のときは「処罰」され、負の値のときは「褒美」

が与えられるのである。

$\varepsilon$ と $\gamma$ が負の相関を示す場合 ($\text{Cov}(\varepsilon, \gamma) < 0$), 正である（負である）$\gamma$ の値は, $G(z)$ が高い（低い）努力の成果である, ということのシグナルとなる。従ってエージェントは, $\gamma$ が正の値のときは「褒美」が与えられ, 負の値のときは「処罰」されるのである ($c > 0$)。

これらの分析を用いると, 財・サービスについての基準としては, どのような場合に絶対的なものが効率的であり, どのような場合に相対的なものが効率的であるのか, という問いにも答えられる。この問題を扱うために, ここで上のプリンシパル・エージェント・モデルを以下のように一部変更しよう。ここで, 2人のエージェントAとBを考える。Aは自分の努力水準 $a_A$ を選択する。プリンシパルは $a_A$ を観察することはできないが, 変数 $z = a_A + \varepsilon_A + \theta$ が実現したものである $G_A(z)$ については知っている。同様にBは, 自分の努力水準 $a_B$ を選択する。ここでもまた, プリンシパルは $a_B$ を観察することはできないが, 変数 $y = a_B + \varepsilon_B + \theta$ が実現したものである $G_B(y)$ については知っている。統計的に互いに独立な攪乱変数 $\varepsilon_A$, $\varepsilon_B$ と $\theta$ の実現値を, プリンシパルは知らない。

$\varepsilon_A$ と $\varepsilon_B$ は, それぞれエージェントの財・サービスの成果のみを左右する, 個々の攪乱変数である。$\theta$ は, 2人のエージェントによる財・サービスの成果を左右する, 共通の攪乱因子である。例えば営業部門の組織の中で, $\varepsilon_A$ と $\varepsilon_B$ は, 営業部門の成果にのみ影響を与える攪乱因子と解釈できるが, 一方で $\theta$ は, 例えば為替レートの変動あるいは一般的な景気後退のような, 共通した攪乱因子である。営業部門の管理者は, その絶対的な営業部門の成果に基づいて判定されるないしは報酬が支払われるべきだろうか, あるいはその相対的な成果に基づいて判定されるないし報酬が支払われるべきなのだろうか？

財・サービスについての絶対的な測定の場合, Aは $z = a_A + \varepsilon_A + \theta$ に応じて報酬を受けとる。相対的な測定の場合, Aは $z - y = a_A - a_B + \varepsilon_A - \varepsilon_B$ に応じて報酬を受け取る。つまり財・サービスを相対的に測定する場合, 共通の攪乱因子 $\theta$ の影響は相殺されるのである。

効率性の比較にとって決定的であるのは, またしても財・サービスの測定の正確さである, つまり分散の度合いである。財・サービスについての絶対的測定の場合は, 分散は $\text{Var}(\varepsilon_A) + \text{Var}(\theta)$ の値をとる。相対的測定の場合, それは $\text{Var}(\varepsilon_A) + \text{Var}(\varepsilon_B)$ である。そこからいえるのは, $\text{Var}(\varepsilon_B) < \text{Var}(\theta)$ が成り立つ時には, 財・サービスについての相対的な測定が効率的となる, ということである。

営業部門の管理者の報酬を, 一般的に彼が影響を与えることができない因子に対応させることは非効率的であろうと推測されるので, この結果は驚くべきものである。この推測に従うのなら, 営業部門の管理者の報酬を他の営業部門の成果に対応させないようにするだろう。しかしこのモデルは, 共通の攪乱因子が, 個々の攪乱因子よりも財・サービスの測定に関する正確さにより大きな影響を及ぼす場合, 報酬の支払いにさいして他の営業領域の成果も一緒に考慮することが効率的であることを示してい

るのである。

・*財・サービスの相対的序列トーナメント*

財・サービス比較のメリットの利用は，財・サービスの序列トーナメントにおいても試みられている（これについてはラーザー／ローゼン[Lazear/Rosen] 1981，ナーレブッフ／スティグリッツ[Nalebuff/Stiglitz] 1983 とグリーン／ストッキー[Green/Stokey] 1983を参照）。しかしながら，前節で説明された財・サービスの相対的な測定と異なり，財・サービスの序列トーナメントにおいては財・サービスの差の程度が重要な役割を果たすわけではない。財・サービスの序列トーナメントのフレームワークにおいては，財・サービスに対する報酬は，財・サービスの**順序による**測定を手がかりにして支払われる，すなわち，ある従業員の労働成果が同僚よりも高いのか低いのか，ということだけが考慮されるのである。労働成果が，どの程度高いのかあるいは低いのかについては触れられない。これによって，自由に使える情報の一部が失われるのであるが，財・サービスの序列トーナメントは効率性というメリットも持っている。このメリットを際立たせるために，単純なモデルを使うことにする。2人の従業員AとBは，それぞれアウトプット$Y_A$と$Y_B$生産している。従業員のアウトプットは，その従業員の努力水準$a_A$ないしは$a_B$，一般的な環境因子$\theta$と従業員それぞれに特殊な影響因子$\varepsilon_A$ないし$\varepsilon_B$を加えたものから構成されている。つまり以下の式で表される：

$$Y_A = a_A + \theta + \varepsilon_A \tag{1a}$$

$$Y_B = a_B + \theta + \varepsilon_B \tag{1b}$$

環境因子$\theta$ならびに従業員それぞれに特殊な影響因子$\varepsilon_A$ないし$\varepsilon_B$については，様々に解釈することができる。例えば$\theta$は，一般的な労働条件，仕事の困難さ，あるいは経営的な条件などである。2人の従業員は同じ程度に，この「環境因子」に影響されている。それに対して，個々の影響因子（$\varepsilon_A$ないし$\varepsilon_B$）は，例えば個々人の能力，素質の違い，あるいはその時々の仕事場の特色のような，従業員に特殊な変数である。例えばソフトウエアの企業では，$\theta$は現在のハードウエアの性能であるのに対し，$\varepsilon_i$はソフトウエア技術者個々人のプログラミング力であろう。100メートル走競技の場合では，$\theta$は，競技中重要な影響を及ぼす風の状況（例えば毎秒2メートルの追い風）であるのに対し，$\varepsilon_i$はスプリンターそれぞれのその日のコンディションを示している。ブドウ栽培においていうなら，$\theta$はある特定の作付け地域において重要な影響を及ぼす気候条件を表す一方，$\varepsilon_i$は，個々のワイン生産者の傾向が表されているのである。

以上のモデルでは，上司（プリンシパル）は2人の従業員が選んだ努力水準（$a_A$と$a_B$）も，一般的影響因子（$\theta$）と特殊な影響因子（$\varepsilon_A$と$\varepsilon_B$）も知らない，としよう。また，従業員（エージェント）も$\theta$，$\varepsilon_A$と$\varepsilon_B$を事前に，すなわち契約の締結前には

知らない。契約の締結後にひょっとすると $\theta$ を観察できるかもしれないが，彼らが自分たちの努力水準を選択する前に $\varepsilon_A$ と $\varepsilon_B$ を観察することはできないのである。

さらに，上司とその従業員は，$\theta$，$\varepsilon_A$ と $\varepsilon_B$ に関して対称的な期待（symmetrische Erwartungen）を持っている，としよう。事前には，すなわち契約締結の前には，$\theta$，$\varepsilon_A$ と $\varepsilon_B$ は参加者の観点から見れば連続的に分布した確率変数である。連続的な確率変数は，（有限あるいは無限の）区間内で，どんな値でもとりうるのである。連続的確率変数の分布は，もはや離散的な確率変数の場合のように，有限数の確率によっては表されえない。連続的な確率変数は，その数値の区間内でどんな値をも取りうる，すなわち無数の値をとりうるので，この値すべての生起確率は，0より大きいということはありえない。他のケースでは，生起確率の合計は1より大きくなるだろう。だから，連続的な確率変数はいわゆる密度関数を使って記述される。例えば上のモデルでは，2つの偶然変数 $\varepsilon_A$ と $\varepsilon_B$ の分布は，密度関数 $f(\cdot)$ を使って表されるとしている。連続的な確率変数の密度関数では，$\int_{-\infty}^{\infty} f(\varepsilon)d\varepsilon = 1$ という特性を持つ，積分可能で，非負であるような関数が問題となっている。$\int_c^d f(\varepsilon)d\varepsilon$ は，$\varepsilon$ が $c$ と $d$ の間の値となる確率を与えている。

図22は，このことを明らかにしている。斜線を引かれた面積の大きさは，$\varepsilon$ が $c$ と $d$ の間の値となる確率を表している。

積分をすることによって，連続的な確率変数の密度関数から，分布関数を導き出すことができる。それは以下のようになる：

$$F(\varepsilon) = \int_{-\infty}^{\varepsilon} f(t)dt \tag{2}$$

**図22 密度関数**

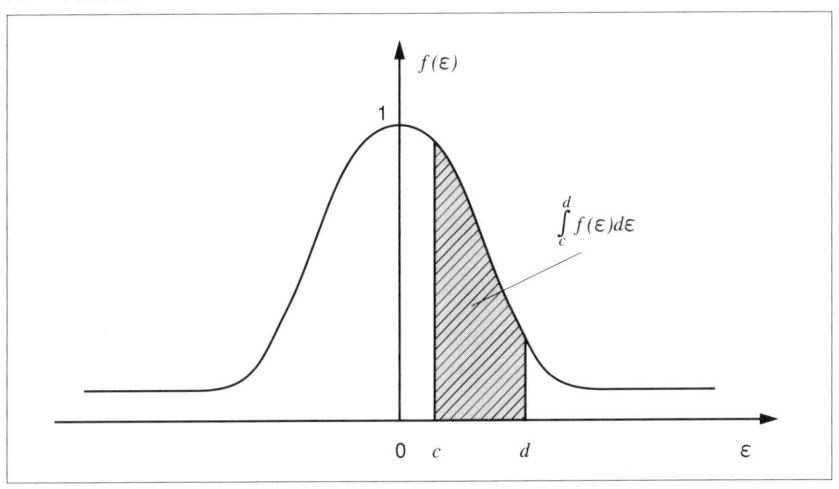

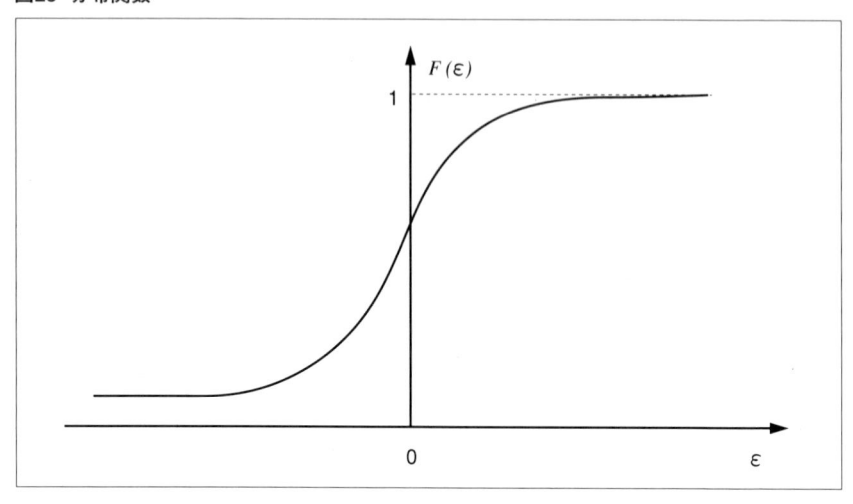

図23 分布関数

εは積分の上限なので，積分変数は $t$ に置き換えられた。分布関数は，偶然変数 ε のどの値に対しても，確率変数が $-\infty$ から ε までの区間でとる値（すなわち ε より小さいか同じ値）の確率を定めている。図23は，分布関数 $F(\varepsilon)$ を示している。

分布関数は密度関数の積分だから，$F'(\varepsilon)=f(\varepsilon)$ が成り立つ。すなわち，分布関数を微分すると，再び密度関数を得る。

連続的に分布した確率変数の期待値と分散については，以下の式が成り立つ：

$$E\varepsilon = \int_{-\infty}^{\infty} \varepsilon f(\varepsilon) d\varepsilon \tag{3}$$

そして

$$\mathrm{Var}\,\varepsilon = \int_{-\infty}^{\infty} (\varepsilon - E\varepsilon)^2 f(\varepsilon) d\varepsilon \tag{4}$$

経営学のモデルではしばしば，数学的に簡単に操作できるという理由から，連続的に分布する偶然変数が考慮される。とりわけ微分や積分を用いることができるために，しばしばモデル分析が容易になるのである。さらに，単純化のために，外生的な，すなわち参加者が左右できない攪乱変数の期待値は0である，とされる。これらのことも，結論の一般的な妥当性を損ねることなく，モデル分析を容易にするのである。

上のトーナメント・モデルでは，密度関数 $f(\cdot)$，分布関数 $F(\cdot)$ と期待値 $E\varepsilon_A = E\varepsilon_B = 0$ から，個々の攪乱変数 $\varepsilon_A$ と $\varepsilon_B$ は一様であり，互いに独立である，と仮定されている。独立であるという仮定が意味するのは，2つの攪乱変数の実現値が互いに相関していない，ということである。形式的に言えば，このことは $\varepsilon_A$ と $\varepsilon_B$ の共分散が0となることを意味している。共通の確率変数 $\theta$ に関する仮定が必要でないのは，いずれにせよ，財・サービスについての相対的測定の場合にはそれが抜け落ちるからである

(式(11)と(12)を参照)。

　標準解として，ここではさしあたり最適厚生，すなわち，いわゆるファースト・ベスト解を用いることにする。ファースト・ベスト解とは，このケースでは利潤極大化，すなわち達成された売上高と生産のためにかかったコストの差を最大にすることに等しい。

　アウトプット($Y_A$ないし$Y_B$)を価格$p$で販売できる場合，売上高は$pY_A$ないし$pY_B$となる。努力コスト(Anstrengungskosten)は$K(a)=\frac{1}{2}a^2$となる。費用関数の一次導関数($K'(a)=a$)は0より大きいので，努力水準が増すほど総費用が上昇する。また費用関数の二次導関数($K''(a)=1$)も0より大きいので，努力水準が増すにつれて限界費用も上昇する。期待利潤は，従業員Aが選択した努力水準に応じて以下のようになる：

$$EG_A(a_A) = EY_A(a_A) - K(a_A) \tag{5}$$

ないし，

$$EG_A(a_A) = p(a_A + E\theta + E\varepsilon_A) - \frac{1}{2}a_A^2 = pa_A + pE\theta + pE\varepsilon_A - \frac{1}{2}a_A^2 \tag{6}$$

　この利潤関数を$a_A$で微分し，0と置き，そして最適な努力水準$a_A^*$について解くことで，最大利潤が得られる。ここから：

$$p - a_A^* = 0 \Leftrightarrow a_A^* = p \tag{7}$$

　従業員Bについても同じように，$a_B^* = p$が得られる。一般的な撹乱変数の期待値は1次導関数を導くさいになくなってしまうので，それは最適化の計算のさいには何の役割も持たない，ということに注意してほしい(個々の撹乱変数の期待値は，いずれにしても0に等しい)。

　財・サービスの相対的序列トーナメントでは，従業員Aが従業員Bよりも高いアウトプットを達成する場合に，彼はトップの対価$P_1$を得る。逆のケースでは，従業員Bがトップの対価を得て，従業員Aが2位の対価$P_2$を得る。従業員Aが従業員Bよりも高いアウトプットを達成する確率を，ここでは$W$で表すことにする。従ってAがトップの対価$P_1$を得る確率は$W$であり，Aが2位の対価$P_2$を得る確率は$1-W$となる。確率$W$は，選択された努力水準$a_A$と$a_B$ならびに，実現している個々の確率変数$\varepsilon_A$と$\varepsilon_B$にのみ左右されるのであり，共通の確率変数$\theta$には影響を受けない。$\varepsilon_A$と$\varepsilon_B$によって与えられた密度関数にとって，$W$はただ努力水準の関数であるだけにすぎない。ここではこの関数を$W(a_A, a_B)$で表すことにする。

　財・サービスの相対的序列トーナメントでは，従業員Aの最適化問題は以下のように表される：

$$\max_{a_A} P_1 W(a_A, a_B) + P_2[1 - W(a_A, a_B)] - K(a_A) \tag{8}$$

同じように従業員Bに対しては：

$$\underset{a_B}{\text{Max}}\ P_1[1-W(a_A,\ a_B)]+P_2W(a_A,\ a_B)-K(a_B) \tag{9}$$

2階の最適化条件（die Optimierungsbedingungen zweiter Ordnung）が満たされている，と仮定する場合，方程式（8）と（9）を微分し，0と置くことで，従業員2人にとっての最適な努力水準が得られる。

従業員Aに対しては，以下の式が得られる：

$$(P_1-P_2)\frac{\partial W(a_A^*,\ a_B)}{\partial a_A^*}-a_A^*=0 \tag{10}$$

この最適条件については以下のように解釈することができる。左辺の第1項 $\left[(P_1-P_2)\dfrac{\partial W(a_A^*,\ a_B)}{\partial a_A^*}\right]$ は，努力を1単位増やした時の限界収益を表している。つまりトップの対価と2番目の対価の差は，収益確率 $\left[\dfrac{\partial W(a_A^*,\ a_B)}{\partial a_A^*}\right]$ を掛けたものである。第2項は努力を1単位増やした時の限界費用（$K'(a_A^*)=a_A^*$）を表している。式（10）は，最適な努力水準が，価格の差 $P_1-P_2$ が増えることによって上昇することを明らかにしている。

上のモデルで従業員Aは，$Y_A > Y_B$ ないし以下の式が成り立つ時に，常にトップの対価 $P_1$ を獲得する

$$a_A+\theta+\varepsilon_A > a_B+\theta+\varepsilon_B \tag{11}$$

これは以下のように単純にすることができる：

$$a_A+\varepsilon_A > a_B+\varepsilon_B \tag{12}$$

この不等式が成立する確率は，所与の $\varepsilon_B$ に対して以下のようになる：

$$1-F(a_B-a_A+\varepsilon_B) \tag{13}$$

任意のどの値 $x$ に対しても分布関数は，当該の確率変数が $x$ より小さい値をとる確率を示しているので，$F(a_B-a_A+\varepsilon_B)$ は，$\varepsilon_A < a_B-a_A+\varepsilon_B$ が成り立つ確率を表している。従って $1-F(a_B-a_A+\varepsilon_B)$ は所与の $\varepsilon_B$ に対して，$\varepsilon_A > a_B-a_A+\varepsilon_B$ である確率を示している。これらのことは，$a_A+\varepsilon_A > a_B+\varepsilon_B$ が成り立つ確率，すなわち従業員Aが従業員Bよりも高いアウトプットを生み出す確率に一致している。さて $\varepsilon_B$ がとりうる値すべてについて，$a_A$ と $a_B$ に応じた従業員Aの収益確率を算出するために，ここでは（13）式を，$\varepsilon_B$ がとりうる値すべてについて，それを密度 $f(\varepsilon_B)$ で加重して積分する必要がある。これにより，以下の式のようになる：

$$W(a_A,\ a_B)=\int_{-\infty}^{\infty}[1-F(a_B-a_A+\varepsilon_B)]f(\varepsilon_B)d\varepsilon_B \tag{14}$$

個々の確率変数は同一に分布しているし，2人の従業員には同一の費用関数が仮定されていたので，2人の従業員は均衡状態において同様の最適な努力水準を選択する

ことになるだろう。つまり，対称均衡においては，$a_A^* = a_B^*$ が成り立つのである。対称均衡のもとで2人の従業員は同一の努力水準を選択し，個々の確率変数は一様に分布しているので，どちらの従業員にとっても収益確率は 1/2 となる。従って従業員は，幻覚に惑わされることになる。彼らが2人とも同じように努力をしない場合（$a_A = a_B = 0$），彼らは同じくそのつど 1/2 の確率でトップの対価を獲得しうることになるだろう。しかしながらどちらの従業員もこれによって自分の収益確率を高めることを期待して，プラスの努力水準を選択するのである。競争相手も同じことを考えるので，利益確率はそれにも関わらず結局のところ，変わらないままとなってしまう。2人の従業員はこうなると，そのつどさらに努力コストを負担しなければならないので，とどのつまり彼らはさらに悪い状況に立たされることさえある。このことから，財・サービスの序列トーナメントに関する潜在的デメリットが導き出される。すなわち，トーナメント参加者が双務協定を結ぶ場合，彼らは財・サービスへのインセンティブを骨抜きにできるのである。もっとも，トーナメント参加者の誰もが，協定を破るというインセンティブを持つため，この双務協定は不安定ではある。他のすべてのトーナメント参加者が協定を守る時に，機会主義的に行動するトーナメント参加者は，より高い努力水準を選択することで自分の収益確率を高め，それによって自分の状況を改善できるのである。

　財・サービスの序列トーナメントの結果をファースト・ベスト解と比較するためには，努力水準の限界的変化（marginale Veränderung）のもとでの収益確率の変化が必要である。ここで収益確率を，式（14）から $a_A^* = a_B^*$ という対称均衡において $a_A^*$ を基準にして導き出せば，以下の式を得る：

$$\frac{\partial W(a_A^*, a_B^*)}{\partial a_A^*} = \int_{-\infty}^{\infty} -\frac{\partial F(a_B^* - a_A^* + \varepsilon_B)}{\partial a_A^*} f(\varepsilon_B) d\varepsilon_B \tag{15}$$

分布関数 $F(\cdot)$ を微分することで密度関数 $f(\cdot)$ が得られ，$a_A^* = a_B^*$ が成り立っているので，結果として以下の式が得られる：

$$\frac{\partial W(a_A^*, a_B^*)}{\partial a_A^*} = \int_{-\infty}^{\infty} f(\varepsilon_B) f(\varepsilon_B) d\varepsilon_B = \overline{f} \tag{16}$$

この結果を最適条件（10）に当てはめれば，以下の式が得られる

$$(P_1 - P_2)\overline{f} - a_A^* = 0 \tag{17}$$

　式（17）が明らかにしていることは，最適な努力水準が，対価の差（$P_1 - P_2$）だけでなく，$\overline{f}$ によっても上昇する，ということである。$\overline{f}$ はアウトプットを算出できるかどうかの基準であるから，この結果は以下のように解釈することができる。トーナメントの結果が従業員の視点から見て，より算出可能になればなるほど，すなわち，従業員がより集中的に自分の努力水準の選択を通してアウトプットを左右することができればできるほど，最適な努力水準は高くなっていく。逆に言えば，個々の偶然要

素がアウトプットに影響する度合いが高くなればなるほど，$\overline{f}$ は小さくなり，最適な努力水準も低くなるのである。

この関係に基づけば，偶然の要素がほとんど何の役割も演じていないような財・サービスのトーナメントにおいては，対価の差が小さくとも比較的高い努力水準が達成可能である。もっとも，このケースでは最適のための2次条件がたいてい達成されていないことを考慮しなければならない。対価の差が小さく，偶然はあまり重要ではないため，最適な努力水準のコストがあまりにも高いのである。このケースでは，努力をしても報われないのである。努力しない従業員は，確かにトップの対価を得るチャンスを放棄しているのだが，逆に言えば，自分の努力コストを節約したともいえるのである。

所与の $\overline{f}$ のもとで，上司は対価の差を大きくすることで従業員の最適な努力水準に影響を与えることができる。上司が損失を受け入れるつもりがない場合，対価の合計 $(P_1+P_2)$ は，達成された売上高全体よりも大きくはなりえない。この達成された売上高の総計は，$a^* = a_A^* = a_B^*$ が成り立つ場合，最適条件において $2p(a^*+E\theta)$ となる。対称均衡のもとではどの従業員にとっても収益確率は $\frac{1}{2}$ であるから，期待売上高のすべてが，対価を通して従業員に分配されているという条件下では，いずれの従業員の期待効用も以下のようになる：

$$p(a^*+E\theta)-K(a^*) \tag{18}$$

上司が，従業員各自の期待効用を最大化したいとき，彼は (18) が最大になるような対価の組み立て $(P_1+P_2)$ を選択する必要がある。これは，対価構造についての1次導関数 (18) が，0に等しくなるようなケースである。これは，(18) が $P_1$ と $P_2$ について微分されねばならないことを意味している。しかし，$P_1$ と $P_2$ は $a^*$ を決定し，直接 (18) 式の期待効用に影響を与えていないので，はじめにここでは $a^*$ について (18) を微分し，その後で $P_1$ ないし $P_2$ について微分しなければならない。このやり方によって以下の式を得る

$$(p-a^*)\left(\frac{\partial a^*}{\partial P_1}\right)=0 \tag{19}$$

または

$$(p-a^*)\left(\frac{\partial a^*}{\partial P_2}\right)=0 \tag{19}$$

第2項 $\frac{\partial a^*}{\partial P_1}$ ないし $\frac{\partial a^*}{\partial P_2}$ は，対価 $P_1$ ないし $P_2$ に応じた，そのつどの最適な努力水準の限界的変化を表している。どちらもそれぞれ0に等しくない。前者 $\frac{\partial a^*}{\partial P_1}$ は，最適

な努力水準が勝者への対価とともに上昇するので，0より大きい。後者は，両従業員に対して高い（敗者への）対価が保証されている場合に，彼は低い努力水準を選択するので，0より小さいのである。

第2項はそれぞれ0に等しくないので，最適条件では第1項（$p-a^*$）は0に等しくなければならない。ここから結論として，$a^*=p$となる。これはまさにファースト・ベスト解に一致している。その結果ここでは，対価の組み立ての選択が適切であれば，財・サービスの序列トーナメントによってファースト・ベスト解が達成可能であることがわかる。もっともこの結論は，トーナメントの参加者がリスク中立的である場合のにのみ成り立つのではあるが。

スポーツと同じように企業においても，しばしば**財・サービスの多段階式トーナメント**が見受けられる。ウインブルドンのテニス・トーナメントと，経営内部での昇進の階段がその典型例である。このさい，対価の差がトーナメントの最高位，すなわちトーナメントの最終段階で最も大きいことがしばしば観察される。例えばテニス・トーナメントの場合，優勝者への対価と決勝戦への参加賞金との差額はたいてい，決勝戦への参加賞金と準決勝戦への参加賞金の差額よりも大きい。企業においても，CEOとその企業の執行役員の報酬の差額は，たいてい執行役員と部門管理者の報酬の差額よりも大きい。このことの根拠は，トーナメントの最終ステップでの報酬の差額は，最終段階での財・サービスに対するインセンティブにとって重要であるのみでなく，それが他のすべてのトーナメント段階の財・サービスへのインセンティブに影響を与えるということにある（ローゼン［Rosen］1986を参照）。グループの管理者が部門管理者への昇進を果たした時，彼（女）は「対価」として部門管理者とグループ管理者との間の報酬の差額を受け取るだけでなく，これによって執行役員への地位，そして最終的にはトーナメント勝者，すなわちCEOのポジションへのチャンスを切り開いているのである。

財・サービスの序列トーナメントは，モラル・ハザード問題を克服するためのインセンティブ機能を持っているだけではない。それは，逆選択問題を軽減するために有益な**選択機能**をも発揮することができる。そこでは，個々の偶然変数 $\varepsilon_A$ と $\varepsilon_B$ を知られざる品質特性，例えば当該従業員の素質と解釈しさえすればよい。対称均衡のもとで2人の従業員は同一の努力水準を選択するので，高い（事前に知られていない）素質を持つ従業員がトーナメントを勝ち得るのである。

もちろん実際には，他の影響要因もあるので常に誤まらずにこの選択がなされるわけではない。誤りを回避する，あるいは少なくとも誤りを減らすために適しているのは，やはり多段階トーナメントである。いくつかのトーナメント・ステップで成果を収めた人にだけ，経営に対する責任が委ねられる。これによって，企業にとって最も重要な意思決定は，それにふさわしい素質を持つ従業員によってのみなされることを担保しようとしているのである。

・同時処理できない多重職務のプリンシパル・エージェント関係におけるインセンティブ

これまで，エージェントはただ１つの職務を達成するだけでいい，と仮定してきた。エージェントがいくつかの職務を履行しなければならない場合に発生するインセンティブ問題は，ホルムストレーム／ミルグラム［Holmström/Milgrom］(1991)によって分析された。彼らの基本的ロジックは，以下の単純なモデルを用いて説明することができる。

エージェントが２つの職務（１と２）を履行しなければならないような，プリンシパル・エージェント関係を考えてみよう。エージェントは２つの職務を同時には履行できないので，職務の達成度合いは，エージェントがどの程度の時間をこの職務の履行に使ったのかに依存している。エージェントが２つの職務の履行達成に使った労働時間を，$t_1$ と $t_2$ としよう。ここでは，職務履行達成のための私的コストとして，履行に使われた時間の機会費用を使う。つまり，努力するということはエージェントにとってコストとなるのではなく，彼に他の事柄（例えば余暇）に振り向ける可能性を失わせることを意味する，と仮定されるのである。このコストを，$k(t_1;t_2)=k(t_1+t_2)$ と表すことにしよう。このコストは，労働時間の投入が増加するにつれて上昇する（$k'(t_1+t_2)>0$）。エージェントは，まず自分の時間のうち，あまり魅力的でないものに利用する機会を放棄し，労働時間に多くの時間を割くようになってはじめて，自分の時間のうち，より魅力的なことに利用する機会も放棄するので，彼の限界費用は労働時間の投入が増加するにつれて上昇する（$k''(t_1+t_2)>0$）。さらにここでは，全体の労働時間が上限 $T$ を上回ることはできない，と仮定する（$t_1+t_2\leq T$）。

プリンシパルは $t_1$ と $t_2$ を知らない。彼は，$z_1=t_1+\varepsilon_1$ ないし $z_2=t_2+\varepsilon_2$ を観察できるだけである。$\varepsilon_1$ と $\varepsilon_2$ は，$\overline{\varepsilon_1}=\overline{\varepsilon_2}=0$ であるような攪乱変数である。今プリンシパルにとって問題なのは，どのような契約をエージェントに申し出るべきか，ということである。成果に応じて報酬を支払うといった場合，賃金の支払い額を $l=A+b_1z_1+b_2z_2$ にあらかじめ決めておく契約が考えられる。そのときエージェントの確実性等価物は，$A+b_1t_1+b_2t_2-\frac{1}{2}r\mathrm{Var}(b_1\varepsilon_1+b_2\varepsilon_2)-k(t_1+t_2)$ となる。

$b_1$ と $b_2$ をどのように決めればいいのだろうか？　この問題に答えるためには，エージェントは $t_1,\ t_2\geq 0$ かつ $t_1+t_2\leq T$ という周辺条件のもとで自分の確実性等価物の大きさを極大化しようとするだろう，ということを考慮する必要がある。$b_1>b_2$ である場合，エージェントは $t_1=0$ とし，職務１の実現だけに時間を費やすであろう。$b_1<b_2$ の場合には，彼は $t_1=0$ とし，職務２の履行だけに集中するであろう。

エージェントが職務の２つともに時間を振り分けることがプリンシパルにとって重要である場合，エージェントは $b_1=b_2$ とする必要がある。これは，事情によっては非常にコストがかかるかもしれない。例えば職務１の履行が比較的簡単に測定できる（$\mathrm{Var}(\varepsilon_1)$ が小さい）のに対し，職務２の履行が非常に不正確にしか測定できない（$\mathrm{Var}(\varepsilon_2)$ が大きい）場合，高いリスク・プレミアムの中で $b_1=b_2$ であるがゆえに，職

務1（$b_1$）の履行に向けたインセンティブ強度が高くなるからである。このリスク・プレミアムは $\varepsilon_2$ が大きい変数であるために禁止的に高くなるので，（職務1は比較的簡単に測定できるにも関わらず）財・サービスへのインセンティブをすべて放棄し，$b_1 = b_2 = 0$ とするのがより好ましい。もう1つの打開策は，2つの職務を1人ひとりに分割することである。そのとき職務1を履行するエージェントには財・サービスへの高いインセンティブを与えることができるし，職務2を履行するエージェントは，固定給を受け取ることができよう。

　これらの考察は，大学教員に対する報酬の支払い問題を用いて説明することができる。ドイツ語圏では，大学教員の仕事は，研究，教育，そして大学運営という職務から構成されている。業績に依存しないで報酬を支払うという，現在支配的となっているやり方を変えたいと思うのであれば，中途半端なことをしてはいけない。例えば業績の測定について，研究に大きな比重を与えれば，教育と大学運営をないがしろにすることになろう。これらの職務は補完性が高いために，職務を1人ひとりの個人に分割することはできないので，（職務を正確に測定できないために）高いリスク・プレミアムを仕方なく負担するのか，業績へのインセンティブを放棄するのかという選択はされないまま残されることになる。

・*同時処理できる多重職務のプリンシパル・エージェント関係におけるインセンティブ*
　前節では，職務は同時処理ができないと仮定されていた。しかし常にそう言えるわけではない。次に，個々の職務が，同時処理できる事例を見てみよう。そのさいプリンシパルは，エージェントによる財・サービス提供への貢献をしばしば「非常に不正確に」しか測定することができない。「非常に不正確」な状態での理解については，後でさらにより厳密に規定することにする。ここでは，いくつか例を挙げておこう。サッカーの世界では，クラブがフォワードに対して，シュートしゴールした数を基準にして報酬を支払うことで，彼らにモチベーションを高めようとした。しかしながら，この試みは思惑通りに行かず，大部分は短期間で挫折し，元に戻ったのであった。なぜならフォワードは，ボールをベストポジションにいるチームメイトにパスせず，ゴールするチャンスがどんなに少なくてもすべての機会をゴールシュートのために利用する，という形でこのインセンティブ構造に反応したからである。サッカーのフォワードの成績全体は，ゴールできた数を基準にしても「非常に不正確に」しか測定できないことは言うまでもない。戦術，ディフェンス行動，チームメイトへのパスなども同じように重要であるのに，「ゴールの数」という成績の指標の中にそれらは含まれていないのである。

　同じような問題が，ほとんどすべての専門分野で見られる。70年代のはじめにヨーロッパの大手保険会社は，自社のセールスマンが持つ営業能力の改善を試み，契約できた保険金額に基づく報酬システムを開発した。まもなく，不誠実な営業が原因で顧客の苦情や訴訟が相次いだので，その企業は報酬システムを手直しするよう強いられることになった。ニューエコノミーのはじめのうちは，多くのスタートアップスの経

営者は，年間売上高上昇の達成を基準として評価されていた。このことは，数多くの企業の桁外れの売上高成長率に加え，急速な損失拡大を示す結果に導いたのであった。

以上のような問題を単純なプリンシパル・エージェント・モデルを使って定式化しよう（これについてはベーカー [Baker] 2002，ディートル／ヴァンデアヴェルデン [Dietl/van der Velden] 2003を参照）。プリンシパル，例えば企業の取締役は，エージェント，例えば営業部門の管理者に，ある特定の任務，例えば営業部門の管理を依頼する。エージェントがプリンシパルのために任務を果たした結果獲得する効用の変化を，ここでは$Y$とする。エージェントは，例えば営業部門の管理者であるので，$Y$は，企業全体の市場価値に対する営業部門の貢献を表している。$Y$には，営業部門の管理者が管理的な意思決定を行うことでもたらした企業の市場価値の変化すべてが含まれているのである。営業部門の管理者が自分の努力の代償として受け取る給料の支払い額やボーナスの支払額$l$は，そこには含まれていない。

今ここで特に興味深いのは，$Y$を観察できない，あるいは別の理由から$Y$を業績の尺度として利用できない事例である。業績の尺度として$Y$を使えないとき，プリンシパルはエージェントに対して，賃金の総計$l=A+bY$が何らかの形で$Y$に対応している契約を提示することもできない。このようなケースはしばしば起こる。例えばたびたび，短期的な企業価値の変動だけが観察され，長期的な企業価値の変動は観察されないものである。非上場企業であれば，たいてい客観的な企業価値はまったく知られていない。そのときは業績の尺度として，例えば企業の成果を「不正確に」しか計れない貸借対照表上の利潤のような補助的指標を使わなければならない。代替的手段としては使えるが，しかし不正確である業績の尺度を，ここでは$Q$としよう。プリンシパルは，場合によっては発生するボーナスの支払額が$Q$だけで決まる契約をエージェントと結ぶことができる。従ってここでは，給料の総計が$l=A+bQ$となるようなケースを考えてみよう。

次にここで，成果に対するエージェントの実際の貢献，すなわち$Y$を，業績尺度$Q$を通してどの程度正確にないし「不正確に」測定できるのか，という問題を見てみよう。$a$をエージェントの（1次元の）努力水準とし，$Y=a+\varepsilon_Y$と$Q=a+\varepsilon_Q$と仮定しよう。$\varepsilon_Y$と$\varepsilon_Q$は，期待値が0であり，同一で独立して分布する偶然変数である。この（外生的な）攪乱変数が実現することに，プリンシパルもエージェントも影響を与えることはできない。このケースでは$Q$が，$Y$に対して有効な業績の尺度である。$l=A+bQ$という契約は，まさに$l=A+bY$という契約と同じほど，業績に対してインセンティブを与えるのである。

エージェントがいくつかの職務を履行しなければならない場合，関係はより複雑になる。そのとき$a$はもはや1次元ではなく，例えば$a=a_1+a_2$のような，多次元のベクトルである。例えば熟練労働者を見れば，数量（製造された量）とならんで，品質もまたしばしば重要な役割を演じている。保険のセールスマンは，できるだけ多くの顧客を獲得するだけではなく，顧客満足をも得なければならないのである。

今，実際の業績の結果 $Y=a_1+a_2$ ではなく，不正確な業績尺度 $Q=a_1$ だけを観察できる場合，この不正確な業績尺度に応じてエージェントに報酬を支払う契約は，インセンティブのゆがみをもたらしてしまう。今問題になっているケースでは，$l=A+bQ$ という契約は，$a_1$ に対する財・サービスへのインセンティブだけを生み出し，$a_2$ に対する財・サービスへのインセンティブは生まない。逆に $Y=a_1$ で $Q=a_1+a_2$ の場合，$a_2$ はプリンシパルの効用にならないのに，$l=A+bQ$ という契約によって任務 $a_2$ を履行しようというインセンティブが生まれてしまう。最悪のケースでは $Y=a_1$ かつ $Q=a_2$ が成り立ってしまう。ここでは $l=A+bQ$ という契約はそもそも意味を成さない。

以上の特殊ケースは，以下のモデルを使って一般化することができる。エージェントの実際の成果に対する貢献が $Y=f_1a_1+f_2a_2+\varepsilon_Y$ となるのに対し，不正確な業績尺度では $Q=g_1a_1+g_2a_2+\varepsilon_Q$ となる。プリンシパルとエージェントは，まず $l=A+bQ$ という契約を結ぶ。引き続きその後で，エージェントは自分の努力水準 $a_1$ と $a_2$ を選択する。これによって彼は，$k(a_1, a_2) = \frac{1}{2}a_1^2 + \frac{1}{2}a_2^2$ のコストを抱えることになる。努力水準を選択した後で，撹乱変数 $\varepsilon_Y$ と $\varepsilon_Q$ が実現していることが知られるようになる。選択された努力水準 $a_1$ と $a_2$ とともに，そのとき $\varepsilon_Y$ と $\varepsilon_Q$ は成果への実際の貢献 $Y$ ないし，業績尺度 $Q$ を決定する。プリンシパルとエージェントが $Q$ を観察した後で，エージェントが賃金 $l=A+bQ$ を受け取るのである。

業績測定の不正確さのゆえに生ずる問題をはっきりさせるために，ここで，エージェントはリスク中立的であると仮定しよう（エージェントがリスク回避的である結果生じる問題については，すでに前節で詳しく説明した）。（リスク中立的な）エージェントは，自分の純効用，すなわち期待賃金支払額と努力のためのコストとの差が最大になるように，自分の努力水準 $a_1$ と $a_2$ を選択する。従ってエージェントは，以下の最大化問題を解くことになる：

$$\max_{a_Q, a_W} A+bEQ-k(a_1, a_2) = A+b(g_1a_1+g_2a_2) - \frac{1}{2}a_1^2 - \frac{1}{2}a_2^2 \tag{1}$$

最適な努力水準として，$a_1(b)=g_1(b)$ と $a_2(b)=g_2b$ が得られる。

インセンティブ強度 $b$ に応じた最適な努力水準を知ることで，再び**効率的なインセンティブ強度**，すなわち総効用を最大にするようなインセンティブ強度を算出できる。このためにここではまず，プリンシパルの期待純効用である $E[Y-l]$ と，エージェントの期待純効用である $E[l]-k$ を加える。ここから総効用が得られる：

$$EY-k=f_1a_1(b)+f_2a_2(b) - \frac{1}{2}[a_1(b)]^2 - \frac{1}{2}[a_2(b)]^2 \tag{2}$$

代入し，$b$ について微分し，0と置いて解けば，$f_1, f_2, g_1$ と $g_2$ に応じたインセンティブ強度 $b$ が得られる：

$$b = \frac{f_1g_1+f_2g_2}{g_1^2+g_2^2} \tag{3}$$

**図24 不完全な業績指標の下での効率的なインセンティブ強度の算出**

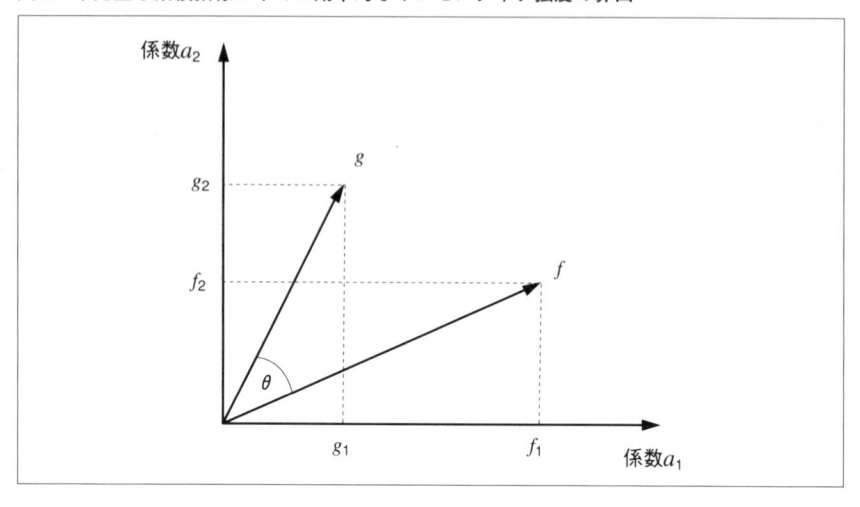

この結果を，図24を使って経済学的に解釈することができよう。図は，ベクトル $f = (f_1, f_2)$ と $g = (g_1, g_2)$ を示している。問題になっているケースでは，$f_1$, $f_2$, $g_1$ と $g_2$ はそれぞれ正である。これは必ず正になる必要があるというものではない。個々の係数は，0あるいは負でもある可能性は十分にある。

さらになお上の例では，$f_1$ は $g_1$ よりも大きいのに対し，$f_2$ は $g_2$ よりも小さい。このことが意味しているのは，エージェントが $l = A + bQ$ という契約を通して，$a_1$ に対する業績へのインセンティブがあまりにも弱く，$a_2$ に対する業績へのインセンティブがあまりにも強くなる，ということである。

業績尺度が効率的であることのために，2つの観点，すなわち係数ベクトルの**向き**と**長さ**が重要である。$Y$ と $Q$ の係数ベクトルが同じ方向を向いている場合，$Q$ は非常に正確な業績尺度であるといえる。このケースでは $Q$ を用いることで，$Y$ を知っている場合と同様の業績へのインセンティブを作り出すことができる。それに対して，ベクトルの向きが互いに直交している場合（例えば $f_1 = 0$ かつ $g_2 = 0$），$Q$ は，業績指標としてまったく価値がない。$l = A + bQ$ という契約は，（$g_2 = 0$ であるから）$a_1$ に対するインセンティブだけを生み出し，$a_2$ に対するインセンティブを生み出さないのである。しかしながら $f_1 = 0$ であるがゆえに実際の業績結果は $a_2$ にだけ対応しているので，$a_1$ に対するインセンティブは意味がないのである。

両係数ベクトルの長さの割合（Verhältnis）は，エージェントが自分の努力水準を変える場合に，業績指標に関係して実際の業績結果はどの程度強く変化するのかを表現している。$f_1$ と $f_2$ は，$g_1$ と $g_2$ よりも非常に小さいと仮定されている。これが意味していることは，エージェントは $a_1$ と $a_2$ を高めることによって，業績指標 $Q$ を非常に高めるのに対し，実際の業績結果 $Y$ の変化は比較的わずかなものにとどまる，という

ことである。このことは，低いインセンティブ強度 $b$ の選択を通して効率的な契約の中で考慮されうる。

要約すると，効率的なインセンティブ強度は，係数ベクトルの向きと，係数ベクトルの長さの割合に依存しているといえる。ピタゴラスの定理によれば，係数ベクトル $f$ の長さは $\sqrt{f_1^2+f_2^2}$ に等しい。同じく係数ベクトル $g$ の長さは，$\sqrt{g_1^2+g_2^2}$ に等しい。したがって，2つの係数ベクトルの長さの割合は，$\dfrac{\sqrt{f_1^2+f_2^2}}{\sqrt{g_1^2+g_2^2}}$ の商で表すことができる。2つの係数ベクトル $f$ と $g$ の向きの違いは，2つのベクトルの間の角度 $\theta$ を用いて測定することができる。以下の式が成り立つ：

$$\cos\theta = \frac{f_1 g_1 + f_2 g_2}{\sqrt{f_1^2+f_2^2}\ \sqrt{g_1^2+g_2^2}}$$

上の式が成り立つがゆえに，(3) は以下のように書き換えられる：

$$b = \frac{\sqrt{f_1^2+f_2^2}}{\sqrt{g_1^2+g_2^2}} \cos\theta \tag{4}$$

この公式を使えば，係数ベクトルが互いに直交している場合に，効率的なインセンティブ強度は0になることをもはっきり見て取れる。そのとき $\theta$ の角度が90度で，コサインの値は0である。他方で $\cos 0 = 1$ が成り立つ，すなわち2つのベクトルが同じ向きを示している場合，効率的なインセンティブ強度は，2つのベクトルの長さの商に等しい。

・チームにおけるモラル・ハザード

モラル・ハザード問題は，プリンシパルとエージェントとの間の垂直的（階層的）な財・サービス提供関係の中にだけ現れるのではない。チームの成果だけが観察できて，チームメンバーそれぞれの努力を観察することができない場合，チームメンバー間の**水平的な財・サービス提供関係**においてもモラル・ハザード問題が生じる可能性がある。このケースでは，チームの成果が個々のチームメンバーの努力と明確に関係付けられるような，インプット・アウトプット関係の場合でさえも，モラル・ハザード問題を引き起こしてしまう。各々のチームメンバーはチームの成果と自分自身の努力水準だけを知っているが，チームメンバーが2人以上いる場合には，以上のことから他のチームメンバーの努力水準をはっきりと推論することはできない。チームメンバーがお互いにこのことを見越して個々の効用極大化を推し進めると，チームメンバーはわずかにしか努力しなくなり，非効率的となる。このようなしばしばフリーライダー現象とも呼ばれるモラル・ハザード問題については，形式的には，以下のように説明することができる（ホルムシュトレーム［Holmström］1982を参照）。チームメンバー $i = 1, 2, \ldots, n$ は，自身の努力 $a_i$ によってチームの成果 $G$ を生産する：

$$G = f(a_1, a_2, \ldots, a_n) = f(a) \tag{1}$$

一義的な解を引き出すために，ここでは部分的な限界利潤（$f_i'(a)$）は最初の努力単位に対して無限に大きいが，努力水準が増えるにつれて減少する，と仮定する。チームの成果 $G$ は，一定の分配規準（$\pi_1,\ \pi_2,\ \cdots,\ \pi_n$）に従って，チームメンバーの間で配分される。そのさいメンバーの誰もが，分け前 $\pi_i$ を受け取る。すべてのチームメンバー効用関数は以下のようになる：

$$U_i(\pi_i G,\ a_i) = \pi_i G - a_i \tag{2}$$

チームメンバー各々が，自分自身の効用を最大にするつもりである場合，彼は，自分の限界効用が 0 に等しい効用水準 $a_i$ を選択するだろう。すなわち，個々人の最適条件において以下の式が成り立つ：

$$\pi_i f_i'(a) = 1 \tag{3}$$

しかしながらチーム全体から見れば，チーム全体の効用，すなわち $\sum_{i=1}^{n}(\pi_i f(a) - a_i)$ を最大にすることが効率的であろう。チームの最適条件のもとでは，（チーム）全体の限界利潤が 0 に等しくなければならない。従ってチームの最適条件のもとでは，以下が成り立っている：

$$f_i'(a) = 1 \qquad \forall i = 1, 2, \cdots\cdots, n \tag{4}$$

チームの成果 $G$ がチームメンバーに 100％分配される場合，予算方程式は以下のようになる：

$$\sum_{i=1}^{n} \pi_i = 1 \tag{5}$$

個々人の最適条件がチームの最適条件に一致するためには，しかしながら $\pi_i = 1 \forall i = 1, 2, \cdots\cdots, n$ が成り立っていなければならない。予算方程式（5）が満たされている限り，個々人のインセンティブが，チームの最適条件をもたらすことはできない。チームメンバー個々人は，自分の追加的な努力に対する限界効用の増分のすべてを受け取ることはなく，同時に，彼らは自分の追加的な努力にかかるコストをすべて自分で負担しなければならないからである。この条件下では，**フリーライダー行動**が引き起こされよう。チームメンバーの誰もが，チームの視点から見て次善の努力水準を選択することで，コスト削減を確実なものとするのである。これによって発生するチーム成果の損失は，大部分他のチームメンバーに「社会化（sozialisiert）」される。しかしながら最終的には，このフリーライダー行動の結果，チーム全体にとって不利益な状態が生まれてしまうのである。個々人の努力水準と全体のチーム成果は，最適な状態には達しないことになる。

通常チームの規模が大きくなるにつれて，フリーライダーが問題となってくる。このことは，以下の例を使って明確にすることができよう。何人かのパートナーと事務所を設立した税理士が，顧客の依頼に対して残業で対応すべきかどうか，という選択に直面している，と仮定してみよう。彼女は同じ時間を研修担当者として働けば，1

万ユーロを得ることができるので，残業は1万ユーロの機会費用を彼女に引き起こすことになる。残業をすれば，彼女は5万ユーロだけ事務所の利潤を上乗せすることができる。しかしながら彼女は，研修担当者としては満額の収入を得るのに対し，事務所の利潤はパートナー間で頭割りされる。その結果，事務所に他に4人以上のパートナーがいない場合にのみ，彼女は残業をするだろう。事務所が10人以上のパートナーで構成されている場合，研修が彼女に5千ユーロだけもたらすなら，そのときすでにこの税理士は残業よりも研修担当者となることを優先させるであろう。

　従ってフリーライダー問題は，チーム構成員の数を減らすことで和らげることができる。しかし，コントロールの仕方を改善することによっても，フリーライダー問題を制限することができる。例えば，彼女があたかも弁護士や経営コンサルタントとチームを結成するかのように，他の税理士とも税理士事務所を作れば，彼女は他のチームメンバーをより容易にコントロールすることができる。

　チームでのフリーライダー問題を緩和するためのもう1つの解決策は，個々人の業績に対するインセンティブに関するものである。例えば，フリーライダー行動をしようというインセンティブは，制裁によって和らげることができる。もっともそのさい，個々のフリーライダーを罰することはできず，チーム全体が罰せられるだけである。チーム成果が次善であるということは，個々のチームメンバーが機会主義的に行動したことのシグナルとなっているだけである。誰が機会主義的に行動したのかは，不明のままである。しかしながら，制裁が十分に大きければ，チームメンバーはもはや，フリーライダーとして行動しようというインセンティブを持たない。例えば，チーム全体が設定された目標を無条件で実現した場合にのみ，製造チームのメンバーは自分のボーナスを受け取れる，とすることで，その製造チームのフリーライダー問題を制限することができる。チームのメンバーにとって，今やフリーライディングすることはもはや魅力がない。確かにこのチームメンバーは，依然として追加的な努力コストを削減するつもりであろう。しかしながら同時に，チームメンバーは自分がフリーライダー行動を取ることで，すべてのボーナスを失うことにもなるのである。チーム全体に報奨を与えるないし処罰を与えることで，非常に強いインセンティブ・ポテンシャルと規律付けポテンシャルを発揮しうるような，集団的圧力が生まれるのである（例えば新兵の訓練所）。

　形式的に見れば，報奨ないし処罰を通して，予算方程式は影響を受けない（verletzen）し，利潤関数の連続性も犯されることはない。このことを通して，なぜチームの多くの状況において，フリーライダー問題が真っ先に発生しないのか，ということをも説明することができる。例えば研究チーム，集団競技のスポーツや政党においてフリーライダー問題は，しばしば重要な問題とはならない。モデル理論的な観点から見れば，利潤関数が跳躍点を持っていることにその原因がある。特許権レースに勝つことができるのは，研究チームだけである。他のチームは，骨折り損に終わることになる。研究チームのメンバーが最善の努力をしない場合，チーム全体は特許権レースに勝つことができない。ここでは，努力水準のわずかな減少は，チームの成果

をわずかに減少させるのではなく、ドラマティックに減少させる。同様のことが、スポーツの試合や選挙にも当てはまる。F1レースにおけるフェラーリの整備工は、目標とされたコスト削減が、発生するであろうデメリット（世界選手権での敗北）と釣り合いがとれないので、F1レースでフリーライダーとして参加し、手抜きをして働こうというインセンティブを持たないのである。

### 3.3.4.3　ホールド・アップ
#### 3.3.4.3.1　モデル事例Ⅰ

　グロスマン／ハート（1986）は、引用されることの多い論文の中で、ホールド・アップ問題を分析するための形式的モデルを紹介している。このモデルのロジックを、以下の代数的なモデルの事例を使って明らかにしてみよう。

　出版社と印刷所が、単純化のために2期にわたるサービスのやり取りをする関係にあるとしよう。双方は0期に契約を締結する。契約の署名に続いて、双方のマネージャーはそれぞれ特殊な投資を行う。印刷所は、生産設備（印刷機）や、それを操作する人的資本（生産ノウハウ）に投資を行う。出版社は人的資本（作家、ジャーナリスト）に投資する。1期には、双方のマネージャーがオペレーショナルな意思決定について交渉する。例えば、出版社がどのような広告キャンペーンを展開すべきか、あるいは印刷所はどのような合理化対策を取るべきか、といったことが問題となる。このようなオペレーショナルな意思決定を、0期に締結された契約の中に織り込むことはできない。そのような意思決定は、1期になって現れる環境の状態に依存しているのである。環境の状態がどうなるかについては、無数の可能性があるので、0期の時点で、出版社がどのような広告キャンペーンを展開すべきか、あるいは印刷所がどのような合理化対策をとるべきか、といったことに関して、後で起こりうる環境状態に対応するような条件付き契約を取りまとめることも不可能である。1期における実際の環境状態を知った後で、必要な広告キャンペーンないしは合理化対策の種類や範囲を明確に確定することができるのである。このようなオペレーショナルな意思決定とは、事前に（0期に）は契約上確定することができない意思決定のことである。そのような意思決定は、事後的に（1期に）なってはじめて契約に明記できる、すなわち、環境状態がどうなっているかを知った後で明記できるものである。

　このような意思決定による経済的成果は、0期になされた投資に依存している。またこのような投資に関する意思決定も、0期の契約内容とすることはできない。とりわけ、種類や範囲を契約上明確に確定できないような、特殊な人的資本への投資が問題となる。このような人的資本への投資に関する種類や範囲を明確に定めることができる場合でさえも、契約の履行を司法に訴えることは決してできない。いかなる裁判所も、特殊な人的資本への投資がどの程度なされたのかを確定することはできないのである。

　以下では、印刷所のマネージャーから見た**特殊な（人的資本への）投資**の程度を$a_D$と、出版社の側から見た**特殊な（人的資本への）投資**の程度を$a_V$と呼ぶことにする。単純化のために、2つの変数は、0,5または1の値だけをとりうると仮定する。

1期におけるオペレーショナルな意思決定とは，残余意思決定(Residual entscheidungen)，すなわち不完全な契約に基づいてなされなければならない意思決定である。残余意思決定権を持っているのは所有者である。この事例では，出版社の所有者はどのような広告キャンペーンを行うのかを決定すべきであるのに対し，印刷所の所有者は合理化対策について意思決定を下す。これらの意思決定をここでは $q_V$（広告キャンペーンについての意思決定）と $q_D$（合理化対策についての意思決定）としよう。ここでもまた単純化のために，これらの意思決定変数がそのつど2つの値だけをとりうる，と仮定しよう。1期には広告キャンペーンが実行されるかされないかのどちらかである。合理化対策についても同様のことが当てはまる。

　0期におけるそのつど下された投資に対する意思決定と，1期でのオペレーショナルな意思決定に応じて，利得表は以下のようになる。

　表5は，印刷所のマネージャーと出版社のマネージャーがそれぞれどの程度の私的総利得を達成するのかを示している。例えば0期において，$a_D=0,5$ そして $a_V=1$ であるような投資の意思決定がなされ，1期においては $q_D=$Yes かつ $q_V=$No であるオペレーショナルな意思決定が下される場合，印刷所のマネージャーは $B_D=0$ の私的総利得を，出版社のマネージャーは $B_V=6$ の私的総利得を獲得する。表5においては，印刷所のマネージャーの私的総利得は，常に三角の部分の左下に，出版社のマネージャーの私的総利得は，三角の部分の右上に記されている。表をさらに詳しく見ると，以下の4つの特徴が見出される。

1．マネージャーによる0期の特殊な（人的資本への）投資額がより高ければ高いほど，彼の私的総利得はより高くなる。0期の特殊な（人的資本への）投資は，1期におけるオペレーショナルな活動の生産性を高めるのである。
2．1期におけるオペレーショナルな意思決定は，互いに補完的な関係にある。0期における投資とは無関係に，1期で広告キャンペーン（合理化対策）が行われれば，印刷所のマネージャー（出版社のマネージャー）はよりよい状態になるといえる。

**表5　印刷所のマネージャーと出版社のマネージャーの私的総利得**

| | | 広告キャンペーン($q_V$) | |
|---|---|---|---|
| | | Yes | No |
| 合理化対策($q_D$) | Yes | $5a_D$ ／ $5a_V$ | 0 ／ $6a_V$ |
| | No | $6a_D$ ／ 0 | $3a_D$ ／ $3a_V$ |

広告キャンペーンを通してより多くの印刷注文が入るので，印刷所のマネージャーはキャンペーンによって利益を得るのである。また，印刷所への発注は合理化対策を通してコスト的に有利になるので，出版社のマネージャーは合理化対策によって利益を得るのである。
3．2人のマネージャーのどちらも，1期で努力したいとは思っていない。印刷所のマネージャーは，合理化対策を実行するという選択肢を取りたくない。出版社のマネージャーも，広告キャンペーンを行いたいとは思わない。これらのことは，それぞれ0期の投資に関する意思決定，そして1期の相手のマネージャーによるオペレーショナルな意思決定とは無関係に当てはまる。印刷所のマネージャー（出版社のマネージャー）は，合理化対策（広告キャンペーン）を実行しないほうが，よりよい状態になるといえるのである。
4．両マネージャーどちらも，1期で努力しない方が，より高い効用水準を得るにも関わらず，1期で合理化対策や広告キャンペーンを実行する場合にだけ，全体の総利得を最大にすることが可能である。

私的総利得の総計は，合理化対策や広告キャンペーンを実行する場合，$5a_D+5a_V$ となる。この値は，0期で下された投資に関する意思決定とは無関係に，常に$0+6a_V$，$6a_D+0$ そして $3a_D+3a_V$ より大きい。

4つ目の特徴から，2人のマネージャーが協調する時，つまり合理化対策や広告キャンペーンを行う場合に，彼らは1期での全体効用を最大にすることができるといえる。ここで，2人のマネージャーは合理的に振る舞い，1期で協調的な解決策をとることに合意する，と仮定する。合意は，移転支出 $k$ の履行を通して実現する。この移転支出の額については，交渉の対象となる。つまり1期では2人のマネージャーは，全体効用を最大化することに合意する。それに続く交渉においては，全体効用の分配だけが集中的に議論される。マネージャー各々が得る分配額は，移転支出の額 $k$ によって決定される。

交渉の成果，すなわち移転支出 $k$ の額は，2人のマネージャーの交渉ポジションによって決められる。交渉ポジションは，当該のマネージャーが協調しないときに達成できる効用水準に依存している。協調しなくても比較的高い効用水準を達成できるマネージャーは，総効用から多くの取り分を受け取る場合にだけ，協調する。協調しないときには比較的少ない効用水準しか得られないマネージャーは，自分の効用増加分の大部分を移転支出 $k$ という形で委譲しなければならない。

つまりここでは，移転支出 $k$ の額を決定するために，1期で協調しない場合に2人のマネージャー各々の効用水準がどうなるのか，をさしあたり考える必要がある。このことは，誰が印刷所の所有者で，誰が出版社の所有者であるのか，ということに再び関係することになる。

— 両社は，統合しなくても，印刷所のマネージャーは，合理化対策の実行に関す

る意思決定権を持っている。出版社のマネージャーは，広告キャンペーンを実行するかどうかについての意思決定を行う。しかし一方だけが努力しないときに，それぞれはよりよい状態を得られるので，結局合理化対策も，広告キャンペーンも実施されないことになる。そのとき印刷所のマネージャーは，$3a_D$の私的総利得を得る。出版社のマネージャーは，$3a_V$の効用水準を得る。

— 後方統合を行う場合，出版社が印刷所の所有者となる。このケースでは，出版社のマネージャーは広告キャンペーンに関する意思決定のみならず，合理化対策に関する意思決定をも行う。彼は自分の私的総利得を最大にしたいので，1期では広告キャンペーンを実施しないと同時に，合理化対策を実施するよう指示する。そのとき彼は，$6a_V$の私的総利得を得るのに対し，印刷所のマネージャーの効用水準は0である。

— 前方統合を行うなら，印刷所が出版社の所有者となる。このケースでは印刷所のマネージャーは，合理化対策の実施と同様に，広告対策の実施についても意思決定を下せる。彼自身の努力と，これに関係するコストをできるだけ低い水準にしておくために，彼は合理化対策を断念し，広告キャンペーンの実施だけを指示する。このことから印刷所のマネージャーは$6a_D$の私的総利得を得るのに対し，出版社のマネージャーは0の私的総利得で満足するよりほかはない。

所有権の配分は，グロスマン／ハート・モデルにおいては説明されるべき変数である。所有権の配分は，残余意思決定権の配分と同義である。所有者は，契約が不完全であるがゆえに生じる契約の不備を，自分の裁量で補う権利を持っている。ここの例では，合理化対策（広告キャンペーン）について意思決定を下すことがすでに0期で契約上定められていない限り，それらを実行するかどうかについて，印刷所（出版社）の所有者は1期で決定してもよいのである。

所有権の配分は，1期における2人のマネージャーの交渉ポジションを決定づける。移転支出の額を通して，所有権の配分はさらに，1期で協調するという解決策に合意した後の2人のマネージャーが受け取る総効用の取り分をも決定する。どちらのマネージャーも0期（$a_D$と$a_V$）に投資に関する意思決定を行う場合，総効用のうちの自分の取り分を見越しているので，所有権の配分は結局，0期での投資に関する意思決定にも逆作用を及ぼすのである。この脈絡は，グロスマン／ハート・モデルの核心となっている。0期での投資に関する意思決定は，確かに検証できないために契約の中に確定することはできないが，それでも所有権の配分によって影響を受けるのである。この脈絡を，再び先の代数的なモデル事例で明らかにしてみよう。

1期において2人のマネージャーは，協調することに合意している。所有権の配分とは無関係に，合理化対策や広告キャンペーンは実施される。これで達成された総効用の増分は，移転支出$k$を使って2人のマネージャー間で均等に配分される。例えば印刷所のマネージャーが，協調するという解決策を取った結果10単位の効用の増加分を獲得するのに，出版社のマネージャーが5単位の効用の増加を実現する場合，全体

の効用増加分は15単位となる。印刷所のマネージャーから出版社のマネージャーの2.5単位の移転支出により，15単位の総効用が均等に配分される。どちらのマネージャーも，移転支出後に7,5単位の私的総利得を獲得することになる。

従って移転支出 $k$ を算出するために，以下の式が成り立つ：

$2k = 5a_D -$ （協調しないときの印刷所マネージャーの私的総利得）$- 5a_V +$ （協調しないときの出版社のマネージャーの私的総利得） (1)

$k$ が正であるなら，印刷所のマネージャーから出版社のマネージャーへ移転支出がなされる。$k$ が負であるなら，印刷所のマネージャーは，出版社のマネージャーからの移転支出を得る。

非統合，後方統合と前方統合という3つのケースについて，以下の移転支出が生み出される：

非統合　：$2k = 5a_D - 3a_D - 5a_V + 3a_V$ (2)
　　　　　　$k = a_D - a_V$ (2′)

後方統合：$2k = 5a_D - 0 - 5a_V + 6a_V$ (3)
　　　　　　$k = 2,5a_D + 0,5a_V$ (3′)

前方統合：$2k = 5a_D - 6a_D - 5a_V + 0$ (4)
　　　　　　$k = -0,5a_D - 2,5a_V$ (4′)

この移転支出を考慮に入れると，表6のような，総効用（$5a_D + 5a_V$）が配分される。

ここで考察をさらに進めるために，0期における $a_D = 0,5$ の投資がコストを引き起こさない，と仮定する。それに対して印刷所のマネージャーが，0期に $a_D = 1$ の投資をするなら，彼は1,5の利得に相当するような私的コストを負担することになる。出版社のマネージャーが0期に $a_V = 1$ の投資をする場合，彼も1,5の利得に相当する私的コストを負担する。

ここで今，表6を用いて，両マネージャーが，自分の将来の交渉ポジションを知っているとして，0期にどのような投資意思決定を下すのかを導き出すことができる。

**表6　移転支出を考慮した私的総利得**

|  | 印刷所のマネージャーの私的総利得 | 出版社のマネージャーの私的総利得 |
|---|---|---|
| 非統合 | $4a_D + a_V$ | $4a_V + a_D$ |
| 後方統合 | $2,5a_D - 0,5a_V$ | $5,5a_V + 2,5a_D$ |
| 前方統合 | $5,5a_D + 2,5a_V$ | $2,5a_V - 0,5a_D$ |

**表7 将来の交渉ポジションを知っている場合の0期における投資意思決定**

| 所有権の配分 | 印刷所の<br>マネージャーの投資$a_D$ | 出版社の<br>マネージャーの投資$a_V$ | 総利得(正味) |
|---|---|---|---|
| 非統合 | 1 | 1 | 7 |
| 後方統合 | 0,5 | 1 | 6 |
| 前方統合 | 1 | 0,5 | 6 |

　非統合の場合，どちらのマネージャーも0期における特殊な（人的資本への）投資を0,5から1へと高めるとき，2の追加的な私的総利得を得る。そこで出てくるのが，1.5の利得に相当する追加コストである。従って，0期に投資額をより高めることは意味のあることである。

　後方統合の場合は，0期における高い投資水準が意味を持つのは，出版社のマネージャーにとってだけである。それに対して印刷所のマネージャーは，より高い投資額（$a_D=1$）を選択することで，0,25に相当する利得分だけ悪化させることになるだろう。前方統合の場合でも同じことが当てはまるが，符合は逆になる。これらの結果は，表7にまとめられている。

　協調するという解決策による総利得の総計 $5(a_D+a_V)$ から，印刷所のマネージャーの投資コスト $3(a_D-0,5)$ と出版社のマネージャーの投資コスト$3(a_V-0,5)$を引くことで，純利得の総計が得られる。投資コスト$3(a_D-0,5)$ないし$3(a_V-0,5)$とは，0期の投資が$a_D=0,5$である場合コストは発生しないが，しかしながら投資が$a_D=1$である場合1,5のコストが発生してしまう，という仮定を反映している。$a_D=0,5$を代入すると，投資コストは $3(0,5-0,5)=0$ となるのに対し，$a_D=1$ を代入すると，$3(1-0,5)=1,5$ のコストが発生してしまうのである。ここでの数値例では，非統合が全体利得を最も高くする。非統合の場合には，2人のマネージャーとも0期に高い特殊な（人的資本への）投資を実行に移すインセンティブを持つ。

　しかしながらこの結果は，一般化できるものではない。むしろこの結果は，ここでの数値例の結果として特殊である。投資の可能性が変化すれば，別の所有権配分が有利になることもありえる。例えばここで，印刷所のマネージャーが $a_D=0,5$ と $a_D=1$ の間ではなく，$a_D=0,5$ と $a_D=2,5$ の間で投資意思決定を選択することができ，そのさい $a_D=0,5$ の意思決定はまたもや私的な追加コストを発生させないのに対し，$a_D=2,5$ の意思決定の場合には8,5の利得に相当する私的な追加コストが発生する，と仮定する場合，状況は以下のように変化するのである。

　非統合の場合，印刷所のマネージャーは $a_D=2,5$ を選択するインセンティブを持っていない。$4\cdot2=8$の追加利得に対して，8,5の追加コストが相対しているからである。後方統合の場合にも，0期に高い特殊投資を行うことに意味はない。前方統合の場合

**表8 印刷所のマネージャーによる修正された条件下での0期の投資意思決定**

| 所有権の配分 | 印刷所の<br>マネージャーの投資$a_D$ | 出版社の<br>マネージャーの投資$a_V$ | 総利得(正味) |
|---|---|---|---|
| 非統合 | 0,5 | 1 | 6 |
| 後方統合 | 0,5 | 1 | 6 |
| 前方統合 | 2,5 | 0,5 | 6,5 |

にだけ，印刷所のマネージャーは $a_D=2,5$ を選択するインセンティブを持つ。出版社のマネージャーにとっては投資へのインセンティブは変わらない。以上のことから，表8に表されているような状況が生じる。

　さて今度は，利得を最大にするのは前方統合だけである。最初の数値例では印刷所のマネージャーによる投資意思決定と出版社のマネージャーによる投資意思決定は同じ意味を持っていたのに対し，2番目の数値例では，出版社のマネージャーによる投資意思決定よりも，印刷所のマネージャーによる投資意思決定が総利得にとって大きな重要性を持っている。印刷所のマネージャーにできるだけ大きな規模の投資をさせようとするなら，合理的なのは彼が印刷所と出版社の所有者になることである。そのとき彼は，1期に合理化対策の実施についても広告キャンペーンの実施についても意思決定を下す権利を持っている。この意思決定権は，1期での有利な交渉ポジションを彼に確約させるものであり，他方でこれは0期での投資への高いインセンティブに現れている。

　このグロスマン／ハート・モデルの根本にある認識は，以下のように一般化することができる。所有権を持ち，その結果事後的な意思決定権を持つ人は，ホールド・アップの危険にはさらされない。所有権を持つ人は，事後の交渉ポジションが有利であることにより，準レント（Quasi-Rente）から高い取り分をせしめることができるので，彼は事前に特殊な（人的資本への）投資を行う高いインセンティブを持つのである。所有権を持っていない人は，事後的にホールド・アップの危険に大きくさらされており，従って特殊な投資をしようというインセンティブを事前に持たないのである。

　従って財・サービスを提供する関係にあっては，現在ある資源に対する所有権は，投資意思決定の意義に応じて分配されるべきだろう。事後的に実現される準レントの額にとって，ある契約パートナーの事前の投資意思決定がもう一方の契約パートナーの事前の投資意思決定よりもはるかに重要であるなら，前者の契約パートナーがすべての所有権を持つべきである。それに対して契約パートナー双方の事前の投資意思決定が，事後に実現される準レントの額にとってほぼ同じ程度の意義を持っているなら，非統合が勧められよう。

**図25 モデルの基本構造**

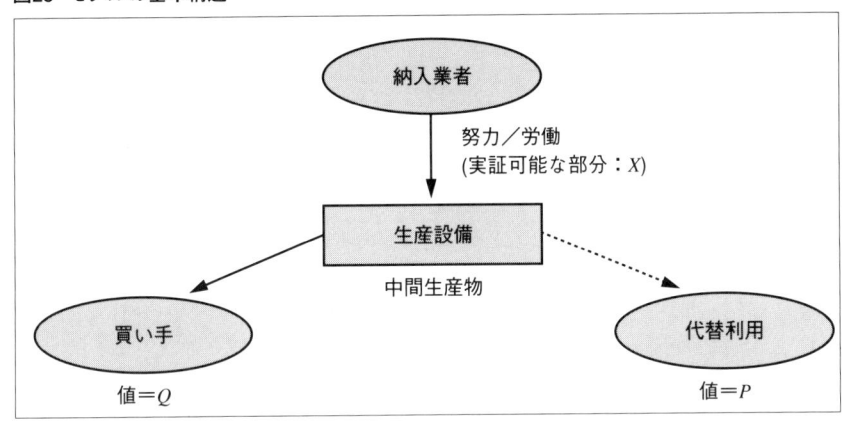

```
          納入業者
             │
             │ 努力／労働
             │ (実証可能な部分：X)
             ▼
          生産設備
         ╱        ╲
        ╱ 中間生産物 ╲
       ▼            ▼
     買い手         代替利用
     値＝Q          値＝P
```

### 3.3.4.3.2　モデル事例 II

　モデル事例 I では，2 者間の，つまり相互のホールド・アップ問題が示された。2 人の取引パートナーとも特殊な資産への投資を行い，その結果彼らは双方とも潜在的なホールド・アップによる機会主義の危険にさらされている場合である。

　それに対して一方的なホールド・アップが問題になるのは，一方の取引パートナーだけが特殊な投資を行う場合である。このケースでも，以下のモデル事例が示しているように（ギボンズ［Gibbons］2001，ディートル／ヴァンデアヴェルデン［Dietl/van der Velden］2004），所有権の割り当てが重要となっている。図25にそのモデルの基本構造が表されている。

　サプライヤは生産設備を使い，買い手によってさらに利用される中間生産物を生産する。中間生産物のプロパティー・ライツ（財産権）は，生産設備の所有者にある。財は買い手にとって，貨幣単位 $Q$ の価値がある。その上さらにサプライヤは財を，$P$ の価値をもたらす代替利用（たいていは別の取引パートナー）にも供給することができる。そのさい，$Q$ は $P$ よりも大きい，と仮定され，従ってこの供給関係は，特殊性の度合いが高いということになる。

　このモデルの構成は一般的なものである。取引パートナーは企業ではなく，個人と見ることもできる。生産設備と先行投資財は，物質的なものとは限らない。従ってサプライヤは，（「生産設備」としての）自分の精神を使って，（「買い手」としての）企業に，（「先行投資財」としての）発明品を売ろうとしている発明家であってもよいのである。

　サプライヤが財・サービスを提供するインセンティブは，生産設備に対するプロパティー・ライツの配分によって決まる。買い手が生産設備に対するプロパティー・ライツを持っている場合，サプライヤは買い手の被雇用者になる。そのとき中間生産物は，買い手のものである。この場合，サプライヤは自分の労働投入 $X$ に対する報酬

を，買い手から受け取る。しばしば労働投入のうち，一側面しか（例えば数量）検証できず，その場合，サプライヤは，自分の労働投入のうち検証された部分についてのみ，報酬を受け取る。そのときサプライヤは，検証できない側面（例えば品質）のために投資しようというインセンティブは持たない。

　サプライヤが生産設備に対するプロパティー・ライツを持っている場合，彼は独立しているし，中間生産物を自由に処分することができる。このケースでは，サプライヤは，売買価格について買い手と交渉するだろう。そのさい，サプライヤには中間生産物を代替的な利用に供給してしまう可能性があるので，買い手は少なくとも $P$ の価格をそのサプライヤに提示しなければならない。他方でサプライヤは，$Q$ 以上の額を要求することはできない。従って双方が受け入れる価格は，$P$ と $Q$ の間になければならない。説明を簡単にするために，両者がちょうど中間で折り合い，$(Q+P)/2$ を売買価格とすると仮定しよう。サプライヤは生産設備（と中間生産物）の所有者として，$P$ か $Q$，あるいは $P$ と $Q$ 両方の額を引き上げることで，売買価格を上昇させることができる。

　この基本モデルを使って，様々なプロパティー・ライツの構造によるインセンティブの作用を分析することができる。生産設備に対するプロパティー・ライツを買い手が持っている場合は，サプライヤは被雇用者であり，$X$ を最適化しようとするだろう。サプライヤが生産設備に対するプロパティー・ライツを持っている場合，彼は独立しており，$(Q+P)/2$ を最適化しようとするだろう。どのようなプロパティー・ライツの配分が効率的なのかについては，どの程度 $X$, $Q$ と $P$ が異なるのか，に依存している。単純化のために，投入された労働の一側面だけが，例えば「数量」($a_1$) だけが検証できるとしよう。それゆえ $X=a_1$ である。買い手にとっての中間生産物の価値（$Q$）が $a_1$ にのみ依存する場合，被雇用者としてのサプライヤが持つ財・サービスへ提供へのインセンティブは効率的である。このとき，生産設備に対するプロパティー・ライツは，買い手にあるべきであろう。$Q=P=a_1$ となる特殊なケースについてのみ，すなわち中間生産物が特殊でない場合にのみ，プロパティー・ライツの配分は重要なものではなくなる。このような場合，$X=(Q+P)/2$ が成り立つ。

　しかしながら，多くのケースで $Q$ は，投入された労働の検証可能な側面だけでなく，検証できないような側面にも依存している。従って次に，$X=a_1$ かつ $Q=a_1+ka_2$ としてみよう。この場合，被雇用者としてのサプライヤに，$a_2$ を実行させることはできない。このケースでは，効率的なプロパティー・ライツの配分は $k$ と $P$ に依存している。$P=a_2$ で $k$ が非常に大きい場合，生産設備に対するプロパティー・ライツはサプライヤが持つべきであろう。そのときにだけ，彼は $a_2$ を実現させるインセンティブを持つのである。それに対して $k$ が非常に小さく，$P$ が $a_1$ にも $a_2$ にも依存せず，むしろ第3の側面 $a_3$（$P=a_3$）に依存している場合，買い手が生産設備に対するプロパティー・ライツを持っている方が効率的になる。このことによって，サプライヤが $a_3$ に投資するインセンティブが妨げられる。$a_3$ は単にコストを引き起こすだけであり，$Q$ を引き上げるものではないのである。

この事例では，プロパティーライツの配分によっては財・サービス提供へのインセンティブの逆機能も発生しうることが明らかである。このケースで，サプライヤが生産設備に対するプロパティー・ライツを持っていたら，彼はこのことを通して$a_3$を最適化し，買い手に対する自分の交渉ポジションを有利にするだろう。

### 3.3.4.4 関係的契約

関係的契約とは，モラル・ハザードやホールド・アップを「解決する」ためのツールである。関係的契約の機能は，正確には繰り返しゲームの理論を使って説明することができる。ここでは次の例を考えてみよう。プリンシパル（例えば企業家）はあるビジネスのアイデアを持っており，それを実現するためにはエージェント（例えば従業員）が必要である。プリンシパルはエージェントを信頼するかもしれないし，信頼しないかもしれない。プリンシパルがエージェントを信頼する場合，プリンシパルはエージェントに$l$の賃金を支払う，という労働契約を提示する。エージェントを信頼しない場合，エージェントに契約を提示しない。プリンシパルがエージェントに契約を提示する時，エージェントは申し出を受け入れるか否かを意思決定する。エージェントが申し出を受け入れる場合，彼は自分に対して示された信頼に報い，一生懸命働くか，あるいは信頼を機会主義的に利用して怠けるか，のいずれかである。このような「信頼ゲーム」が図26にまとめられている。

契約当事者の純利得は，それぞれのゲームの分枝点の先に記載されており，プリンシパルの純利得がそれに対応するエージェントの純利得の上に記載されている。プリンシパルがエージェントを信頼しない場合，契約は結ばれない。そのときプリンシパルは自分のアイデアを実現できず，その結果利得を得られない。この場合，プリンシパルの純利得は 0 である。エージェントは契約を結ばなければ，自分の留保利得（Reservationsnutzen）$\overline{u}$を実現できる。プリンシパルがエージェントを信頼し，エージェントが一生懸命働く場合，プリンシパルは自分のアイデアを実現し，総利得 $v$ を

**図26 信頼ゲーム**

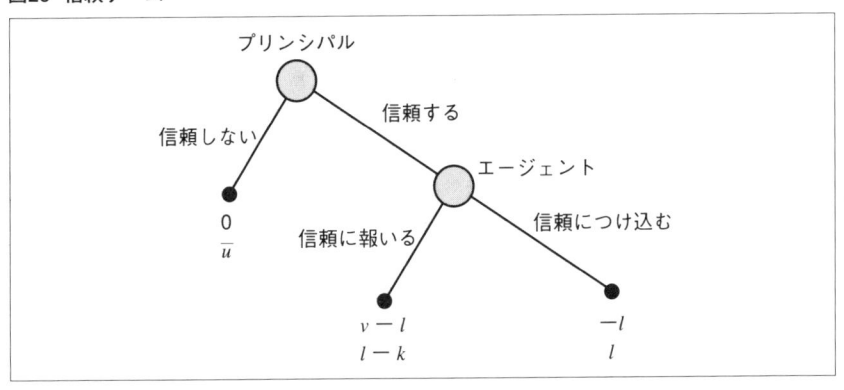

得ることができる。エージェントに対する賃金の支払い$l$を差し引いて，$v-l$の純利得がもたらされる。このケースではエージェントの利得は$l-k$となる。$k$は，彼の努力コストである。

エージェントがプリンシパルの示した信頼につけ込むとき，プリンシパルは自分のアイデアを実現できないのに，エージェントに対して$l$の賃金を支払わなければならない。このケースではエージェントは努力コストを負担しないので，彼の純利得は$l$になる。

$v > \bar{u} + k$であるなら，プリンシパルがエージェントを信頼し，エージェントがこの信頼に報いる時に効率的であるといえる。しかしながら，プリンシパルがエージェントを信頼して契約を提示した後になると，エージェントにとっては怠けることが魅力的となってしまう。「信頼ゲーム」が1度だけ実施され，プリンシパルがエージェントに$l \geq \bar{u}$という契約を提示する場合，エージェントは契約を受け入れ，かつ怠ける。$l < \bar{u}$の場合，エージェントは契約の申し出を断る。それゆえ，エージェントが契約の申し出を受け入れる場合，プリンシパルの純利得は$-l$となり，エージェントが受け入れない場合は0となる。つまりゲームが1回だけ行われる場合には，契約が結ばれないほうが，プリンシパルには有利なことになる。では，どうすれば効率的な解決策にいたることができるのだろうか？

1つの可能性として，インセンティブ契約がある。それは，簡単に言えば，エージェントが努力する場合には$l \geq \bar{u} + k$の賃金支払いを，エージェントが怠ける場合には$l < \bar{u}$の賃金支払いをあらかじめ決めておくものである。エージェントはそのようなインセンティブ契約を受け入れ，努力するだろう。もっともこのようなインセンティブ契約は，プリンシパルがエージェントの努力水準を観察することができ，必要であれば裁判所で証明することもできる，ということを前提としている。

さらにもう1つの解決策として，関係的契約がある。上述の「信頼ゲーム」が各期の開始時に繰り返し行われ，次の「ゲーム」が始まるときに，各当事者が前の「ゲーム」の結果を知っている，と仮定しよう。ゲームが1回だけ実施される状況とは対照的に，繰り返しゲームの場合，両プレーヤーの意思決定はそのつどのゲームの結果だけでなく，相手が将来どのように行動するのかについての両プレーヤーの期待にも影響を与える。このような期待は，さらに両プレーヤーの将来の意思決定や，それによる将来のゲームの結果に影響を与える。結果として，繰り返しゲームという状況のもとでは，短期的な利得を最大化する意思決定は，しばしばもはや最適ではない。繰り返しゲームという状況のもとでは，参加者は自分の長期的な利得を最大にしなければならないし，そのさい事情によっては，短期的なデメリットを甘受しなければならない。

互恵的ゲームについては，以下のように形式的に分析可能である。ゲームは，思いがけない理由で終わるまで繰り返される。プレーヤーは，いつゲームが終わるのか知らない。彼らは単に，ゲームは確率$\delta$で次の期も繰り返され，確率$1-\delta$で打ち切られることを知っているだけである。あるいは，ゲームはどの各期でも繰り返され，$\delta$

は割引率であり，プレーヤーはそれを用いて自分の将来の利得を評価すると仮定することもできよう。例えば割引率が0.9なら，次の期で達成される10単位の利得は，今期では9単位の「価値」しかない。利子率が $r$ の場合，それに対応した割引率は $1/(1+r)$ となる。結局，2つの仮定を結合させることも可能である。そのとき $\delta$ は，割引率とともに，中断の確率をも含んでいる。

次に，以下のゲーム戦略を考えてみよう。プリンシパルは，最初のゲームでエージェントを信頼する。その後に続くすべてのゲームでは，その信頼に対して常に報いがあった時にだけ，プリンシパルはエージェントを信頼する。エージェントが1度でも裏切れば，プリンシパルは次回はエージェントをもはや信頼しない。エージェントもまずはじめに協調的に振る舞い，信頼に報いる。しかしながらプリンシパルがエージェントに対して，$l$ より少ない賃金を提示するやいなや，エージェントはその次の回に，申し出を拒絶する（$l<\bar{u}$ の場合）か，申し出を受け入れて怠けるかのどちらかであろう。

両プレーヤーは，互いに互いを決して赦すことがない。協調が1度崩れると，永遠に協調は打ち切られる。割引率がそれほど小さくない場合，このようなゲーム戦略は，いわゆるナッシュ均衡となっている。つまり相手のプレーヤーが彼の戦略から逸脱しない限り，2人のプレーヤーのどちらにとっても，自分の戦略から逸脱することは報われないのである。

プリンシパルにとっては，$v>l$ である限り，自分の戦略から逸脱することは報われない。プリンシパルが自分の戦略を続けるなら，彼はゲームのどの期においても $v-l$ の利得を得るのである。プリンシパルが逸脱するとすぐに，彼の利得は0に下がる。

次にエージェントについて考えてみよう。$l \geq \bar{u}+k$ である限り，エージェントは契約を受け入れる場合によりよい状態にあるといえる。彼は契約を受け入れた後で，自分に対して示された信頼に報いて一生懸命働くか，怠けることができる。彼が信頼に報い一生懸命働く場合，現在の期でも未来のゲームの期でもすべてにおいて，そのつど $l-k$ を得る。未来の期 $t=1, 2, \cdots, \infty$ は，そのつど割引率 $\delta^t$ によって評価されるので，彼の総利得の現在価値は $\sum_{t=0}^{\infty}\delta^t(l-k)$ となる。この項は，無限数列である。この数列 $R$ の値は，以下のように計算される：

$$R=\sum_{t=0}^{\infty}\delta^t(l-k) \tag{1}$$

この式は以下のように変形可能である：

$$R=(l-k)+\sum_{t=0}^{\infty}\delta^t(l-k)=(l-k)+\delta\sum_{t=0}^{\infty}\delta^t(l-k)=(l-k)+\delta R \tag{2}$$

さらに変形すれば（Umfassen）以下の式を得る：

$$R-\delta R=l-k \tag{3}$$

このことから，以下の結論が導き出される：

$$R = \frac{1}{1-\delta}(l-k) \qquad (4)$$

つまり，エージェントが自分に示された信頼に報い，一生懸命働く時には，彼は $\frac{1}{1-\delta}(l-k)$ の総利得を得るのである。

エージェントがプリンシパルの信頼につけ込み，怠ける時には，彼はこの期に $l$ の利得を得る。その後どの期においても，プリンシパルはエージェントをもはや信頼しない。それゆえ両者の間で契約は実現しなくなり，その結果エージェントは，以後のどの期でも留保利得 $\bar{u}$ を得るのみである。この数列の値は $\frac{1}{1-\delta}\bar{u}$ となる。もっともこれは，数列のはじめ，つまりゲームの第2期のはじめにおいては現在価値となっている。この値に割引率 $\delta$ をかければ，ゲームの第1期のはじめにおける現在価値が得られる。そこから，総利得として $l + \frac{\delta}{1-\delta}\bar{u}$ が得られるのである。

従って全体として見れば，以下のような結果が得られる。以下の式が成り立つ時，エージェントにとっては自分に示された信頼に報いることが望ましい，すなわち：

$$\frac{1}{1-\delta}(l-k) \geq l + \frac{\delta}{1-\delta}\bar{u} \qquad (5)$$

あるいは（変形すれば）：

$$l \geq \bar{u} + \frac{k}{\delta} \qquad (6)$$

説明された状況を図で表せば，以下のようになる：

**図27 エージェントはいつ協調すべきか**

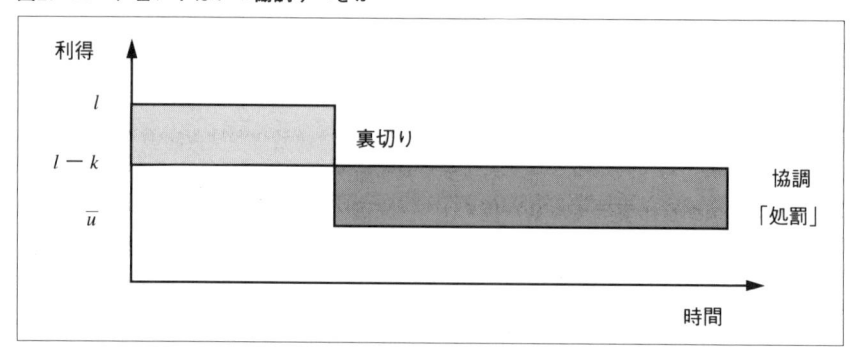

協調する場合（信頼に報いる場合），エージェントはどの時点においても $l-k$ の利得を得る。彼は短期的には，協調をやめる時に $l-k$ から $l$ へと利得を増加させることができる。しかしながら，協調が崩れた後，彼はどの期においてももはや留保利得 $\bar{u}$ を実現することができるだけであるから，彼はそのことで「処罰」されることになる

のである。

　明示的な契約によって保証されておらず，それゆえ司法の場に訴えたり，そこで主張することができないような協調関係は，参加者が長期的にメリットがあると考えていることに基づいて成立しており，文献においてそれは関係的契約と呼ばれている（例えばレヴィン［Levin］2003を参照）。

　このような関係的契約は，非公式的な権限についての理解，主観的な判定基準の分析ならびに，ホールド・アップ問題の克服に適しているといえる。

### 3.3.4.4.1　非公式的な権限

　経済財の所有権あるいはプロパティー・ライツを持っている人は，この経済財について下される意思決定に関して公式的な権限があるといえる。例えば企業の所有者は，企業に関わる出来事に関して公式的な権限を持っている。しかしたいてい企業の所有者は，企業に関連するすべての意思決定を下すわけではない。むしろ彼は，意思決定については従業員に委譲している。この従業員は，時間的に限られた意思決定権を持つだけで，プロパティー・ライツを持つわけではないので，彼らは非公式的な権限だけを持つことになる。プロパティー・ライツを持つ人は，いつでも従業員から再び意思決定権を取り上げることができる。つまり，プロパティー・ライツを持っている人が専門化のメリットを利用したいと考え，細かい意思決定の権限を従業員に委譲する時，常に非公式的な権限が生まれるのである。巨大企業においては，このようにして非公式的な権限の複雑なネットワーク（Geflecht）ができている。プロパティー・ライツを持っている人，例えば株主は，企業の運営を取締役会を通して企業の執行役員に委譲しているが，執行役員はまた，意思決定権の大部分を下の階層レベルへと委譲している。下位の階層レベルには非公式的な権限「しか」ないので，上位にある階層レベルは，下位の意思決定を監査することができる。次にここで発生する調整問題とモチベーション問題を，アギオン／ティロル［Aghion/Tirole］（1997）のモデルを基礎とする，ベーカー／ギボンズ／マーフィー［Baker/Gibbons/Murphy］（1999）によって展開されたモデルを用いて検討してみよう。

　モデルは，経営者と従業員から構成されている。従業員の任務といえば，新しいプロジェクトを発掘し，これを経営者に提案することである。経営者は，提案されたプロジェクトを実現する，あるいは拒絶する公式的な権限を持っているが，しかしこの権限を，従業員にも委譲することができる。モデルの状況は非常に一般的に描かれていて，プロジェクトというメタファーは，経営に関する多数の意思決定を含んでいる。例えば，生産，マーケティング，組織，人事，あるいはファイナンスに関する意思決定が委譲可能なのである。

　さて，ベーカー／ギボンズ／マーフィーは2つのケースを区別している。第1のケースでは，経営者は提案されたプロジェクトを判定するのに必要な情報を持っている。第二のケースでは，経営者はそのような情報を持っていない。もっとも経営者は，自分だけでプロジェクトを発掘することはできない。どちらのケースでも，経営者は

従業員がいないとやっていけない。従業員が提案するプロジェクトは，実現する場合には従業員にとって正の利得か負の利得のどちらか，そして経営者にとって正の利得か負の利得かのどちらかをもたらすものとなる。全体として，プロジェクトの種類は4つある。すなわち：$(X, Y)$, $(X, y)$, $(x, Y)$, $(x, y)$ の4つであり，最初の値が従業員にとってプロジェクトから得る利得を，2番目の値は経営者がプロジェクトから得る利得を表している。そこでは $X>0>x$ と $Y>0>y$ が成り立っている。例えばプロジェクト $(X, Y)$ は，従業員にとって正の利得 $(X)$ を，経営者にとっても正の利得 $(Y)$ をもたらすものである。それに対してプロジェクト $(X, y)$ は，従業員にとっては正の利得 $(X)$ をもたらすが，経営者にとっては負の利得 $(y)$ をもたらすものである。

経営者にとっての利得も従業員にとっての利得も，検証できるものではなく，ゆえに契約書に書くことはできない，すなわち，それらは経営者と従業員との雇用契約の対象にはならないのである。さもなければ，このような組織問題は，3.3.4.2節で説明されたモラル・ハザード問題と同じようにインセンティブ契約によって解決できるだろう。

従業員は，自分に不利益をもたらすようなプロジェクトを提案しようとはしない。従って彼は，自分に正の利得をもたらすプロジェクトだけを提案するだろう。経営者は自分だけでプロジェクトを発掘することはできない。これに関して彼は従業員を必要としている。従業員は探索に要する努力の強度 $s$ 決めることができる。彼はその強度の熱心さで自分にとって魅力的であるような新たなプロジェクトを探すのである。従業員にとって正の利得をもたらすプロジェクトが，経営者にとっても正の利得をもたらすという条件付確率を，$p$ としよう。

このモデルにおける経営者と従業員の意思決定の順序を考えてみよう。まず経営者は，$l$ の固定給で従業員を採用する。この固定給は，少なくとも従業員の留保効用に一致するように選択される。その後で，従業員はプロジェクト発掘のために費やす努力の強度を決める。このような発掘のために費やす努力は，従業員にとっては $\frac{1}{2}s^2$ の個人的コストとなる。従業員は，自分が魅力的だと感じたプロジェクトを見出したあとで，このプロジェクトがもたらす経営者に対する利得を知る。その後で，従業員は経営者にプロジェクトを提案するのである。そのとき経営者は，プロジェクトを実現するのか拒絶するのかを意思決定する。経営者に情報が与えられているケースでは，彼は提案されたプロジェクトが自分にもたらす効用を知っていることになる。情報を与えられていないケースでは，彼はこの効用を知らない。

### 標準的な解

まず，経営者が情報を与えられているケースからはじめることにしよう。このケースでは，経営者が $(X, y)$ タイプのプロジェクトを拒絶し，$(X, Y)$ タイプのプロジェクトだけを実行することを従業員は知っている（もちろん経営者は，$(x, Y)$ タ

イプのプロジェクトであっても実行する。もっとも，従業員はこのようなプロジェクトをそもそも提案しない）。従業員はこのケースでは，自分の全体効用を最大にするような探索強度を選択する：

$$\max_s l + spX - \frac{1}{2}s^2 \tag{1}$$

このケースでは最適な探索強度は以下のようになる：

$$s^Z = pX \tag{2}$$

提案されたプロジェクトを承認する，あるいは拒絶する権利は経営者にあるので，「集権化」のためのべき指数を使ってこのケースを特徴付けてみよう。全体効用，すなわち従業員の効用と経営者の効用の合計は，以下のようになる：

$$V^Z = s^Z p(X+Y) - \frac{1}{2}(s^Z)^2 \tag{3}$$

次の標準解として，従業員がプロジェクトを承認する権利を持っているような状況を考えてみよう。このケースでは，従業員は $(X, Y)$ タイプのプロジェクトと $(X, y)$ タイプのプロジェクトすべてを実現しようとするだろう。このケースでの従業員の最大化問題は以下のようになる：

$$\max_s l + sX - \frac{1}{2}s^2 \tag{4}$$

このケースでの最適な探索強度は以下のようになる：

$$s^D = X \tag{5}$$

ここで指数 $D$ は，権限委譲（ないしは分権化）を表している。$p<1$ であるから，権限委譲下での探索インセンティブは，集権化のもとでの探索インセンティブよりも大きいものとなる（これについてはアギオン／ティロール 1999も参照）。しかしながら，高い探索強度は必ずしもメリットだけをもたらすわけではない。高い探索強度には，権限委譲下では $(X, y)$ タイプのプロジェクトも承認されてしまうというデメリットももたらすのである。$X+y<0$ の場合，純効果が負になる場合もある。

権限委譲がなされた場合，全体効用は以下のようになる：

$$V^D = s^D p(X+Y) + s^D(1-p)(X+y) - \frac{1}{2}(s^D)^2 \tag{6}$$

公式的な権限の委譲が可能なケースでは，$V^D > V^Z$ であれば，常に経営者と従業員は公式的な権限の委譲に合意するだろう。そうでなければ（$V^D < V^Z$），彼らは集権化を選択するだろう。集権化と権限委譲のトレード・オフは，事前にはインセンティブに，事後にはプロジェクトの選択に現れてくる。探索しようとするインセンティブは，権限委譲のもとでより高くなる。プロジェクトの選択は，権限委譲がなされる場合には，$X+y>0$ になる時にだけ好ましいといえる。$X+y<0$ であるなら，権限委譲は非効率的なプロジェクトの承認をもたらすことになる。

2番目の標準解には，公式的な権限の委譲が可能である，という仮定があるが，この仮定は現実的ではない。意思決定権は，プロパティー・ライツと関連している。従って公式的な権限の委譲が可能なのは，同時に所有権も委譲される場合だけである。例えば企業の所有者が，生産に関わる意思決定を行うという公式的な権限を生産管理者に委譲したい場合，彼は最終的には，生産設備に対する所有権を生産管理者に委譲しなければならないだろう。企業の所有者がそうしない限り，生産管理者は非公式的な権限しか持たないのである。非公式的な権限の問題は，それをいつでも再び剥奪されるかもしれない，という点にある。企業の所有者は，生産管理者による提案を実行することもできるが，これを必ず行わなければならないわけではない。意思決定のための主権は，所有者にあるのである。

　次の項では，非公式的権限について2つのモデルを考えてみよう。それらは，関係的契約理論の基礎となっている。また，両モデルにおいて，公式的な権限の委譲は不可能である。それらは，経営者が持つ情報レベルの点で異なっている。

　最初のモデルでは，経営者はプロジェクトを承認すべきか否かを意思決定するときに，プロジェクトの価値についての完全な情報を持っている。このケースは，経営者がプロジェクトを承認する前に，重要な情報すべてを集める時間を彼が十分に持っている，という状況を説明している。2番目のモデルでは，経営者は承認する前には，プロジェクトの価値について不完全な情報しか持っていない。

### 経営者が情報を持っている場合の非公式的な権限

　ここではさしあたり，次のような状況を考えてみよう。経営者は情報を持っているが，できるだけ従業員が持つ探索のためのインセンティブを高くするために，すべてのプロジェクトの承認を「約束する」のである。従って，負の効用（$y<0$）をもたらすようなプロジェクトも含まれることになる。従業員が経営者を「信頼する」場合，従業員は（より高い）探索強度$s^D$を選択するであろう。

　従業員が$(X, y)$タイプのプロジェクトを提案する場合，経営者は，プロジェクトを拒絶しよう，という誘惑に駆られる。経営者が誘惑に負け，プロジェクトを承認しない場合，彼は従業員の信頼を失うことになる。その場合従業員は，それより後は，$s^Z$の探索強度しか選択しないであろう。従って経営者が誘惑に負け，$(X, y)$タイプのプロジェクトを承認しない場合，今後のいかなる期においても彼は$s^ZpY$の期待効用を得る。このような将来の効用流列の現在価値は $\dfrac{\delta}{1-\delta}s^ZpY$ となる。

　経営者が約束を守り，プロジェクトを承認する場合，このことで彼にとっては直接的には効用の損失がもたらされるにも関わらず，従業員は彼をこの先も信頼し，その上探索強度$s^D$を選択するだろう。このケースでは，確かに経営者は$y$という短期的な効用の損失を受け入れなければならないが，しかしその代償として，そのあとすべての期において$s^D[pY+(1-p)y]$を得る。再びこの現在価値を算出すると，経営者が誘惑に勝ち，約束を守るための以下の条件が得られる：

$$y+\frac{\delta}{1-\delta}s^D[pY+(1-p)y] > \frac{\delta}{1-\delta}s^ZpY \tag{7}$$

従業員は，より有利な立場に立てるならば，インフォーマルな権限，すなわち承認権と意思決定権の委譲を受け入れるであろう。それはすなわち以下の場合である。

$$s^DX-\frac{1}{2}(s^D)^2 > s^ZpX-\frac{1}{2}(s^Z)^2 \tag{8}$$

(7) と (8) の条件を足せば，以下のような，非公式的な権限の存在や安定性のための（必要十分）条件が得られる：

$$V^D-V^Z > -\frac{1-\delta}{\delta}y \tag{9}$$

従って，集権化に対する権限委譲のメリット（$V^D-V^Z$）が十分大きい場合には，常に非公式的な権限の委譲が機能するのである。

要約すれば，非公式的な権限の委譲は，ある特定の状況では合理的であり（$V^D > V^Z$），ある特定の状況では可能である（$V^D-V^Z > -\frac{1-\delta}{\delta}y$）という結論に至る。興味深いことに，非公式的な権限の委譲は，他の事情が等しければ，$p$ が上昇するにつれて常に不安定になる，あるいは疑わしいものとなる。$p$ の上昇は，発掘されたプロジェクトに関する経営者と従業員の間で選好がますます調整されていくことを意味している。それによって確かに権限委譲によるデメリットは軽減されるが，同時に $V^D-V^Z$ の差も減少する。このことによって再び，経営者は約束を破ろうという誘惑にますます駆られるようになる。つまり，$p$ が高ければ，委譲する場合の探索強度と集権化の場合の探索強度の間に差はない。実現されたプロジェクトの価値についても違いは生じない。それゆえ経営者は，約束を破った時でも失うものが大きいというわけではないのである。非公式的な権限の委譲は，このような（$p$ が高い）条件下では非常に不安定なのである。

**経営者が情報を持っていない場合の非公式的な権限**

次に，経営者が情報を持っていない状況を考えてみよう。ここで経営者は，プロジェクトの価値を知らずに，プロジェクトを承認するかどうか意思決定しなければならない。このようなケースは，例えば，時間が非常に差し迫った中で承認しなければならないプロジェクト，あるいは経営者が従業員の専門知識を必要とするようなプロジェクトが考えられる。

提案されたプロジェクトが $(X, Y)$ タイプのプロジェクトか，あるいは $(X, y)$ タイプのプロジェクトであるのか，経営者が知らない場合，彼はそのとき 2 つの選択肢を持つ。つまり彼は，プロジェクトすべてを拒絶するか，承認するかのどちらかである。一括して拒絶する場合，経営者の効用は 0 であり，一括して承認する場合，彼の効用は $pY+(1-p)y$ になる。つまり，短期的なゲーム，すなわち 1 期間のゲームを考えると，経営者は，$pY+(1-p)y<0$ の場合一括して拒絶し，$pY+(1-p)y>0$ の

場合には一括して承認するであろう。

逆に，従業員はプロジェクトのもたらす価値を知っており，しかもプロジェクトが自分にもたらす効用だけでなく，経営者にもたらす効用をも知っている。経営者と従業員間のこのような情報の非対称性によって，次のような形の非公式的な権限が提案される。つまり経営者は従業員に，$(X, Y)$ タイプのプロジェクトだけを提案するように「命ずる」のである。経営者はすべてのプロジェクトを承認する代わりに，同時に，従業員が $(X, y)$ タイプのプロジェクトを提案する（そしてそれが引き続いて実行される）場合は，従業員からこの非公式的な権限を取り上げる，と脅すのである。

このような関係的契約のロジックは，経営者が情報を与えられている場合の非公式的な権限の委譲と似ている。従って，ここでは詳細な形式的な叙述をしない。しかしながらこうなると，経営者が情報を持っている場合の非公式的な権限とは異なり，経営者が情報を持っていない場合の非公式的な権限が与えられた時，従業員は関係的契約（もっと言えば協定）を破り，$(X, y)$ タイプのプロジェクトを提案するという誘惑に駆られる。このケースでは，彼の短期的なメリットは $X$ であろう。けれども長期的に見れば，彼は経営者の信頼を失うことになる。例えば，従業員が信頼に報いる限り，経営者は彼にボーナスを支払い，このような誘惑を抑制することができる。

### 3.3.4.4.2　主観的な判定基準

経営上の多くの場面において，従業員による企業価値を高めるための貢献を客観的に測定することはできない。例えば，資産勘定への記帳を禁止した場合の営業部門の収益，発生主義によらない減価償却は，営業部門による本当の成果を測定していないのである。

ここ数年，大手の自動車修理会社が解決しなければならなかったインセンティブ問題は，客観的な判定基準が不正確であるということのもう１つの例である。自動車修理会社の経営者は，年間売上高に基づいて，支店長に報酬を支払っていた。この判定基準は客観的に測定でき，それゆえ司法の場で主張することもできたのであるが，しかし非効率なインセンティブをもたらしてしまった。というのは，支店長は顧客に対してあまりにも多くの，不必要でさえある修理を勧めることで，自分の報酬を最大化しようとしたのである。これは確かに短期的には売上高を上昇させたが，しかしながら長期的には顧客満足を損ない，その結果会社の評判をも傷つけることになったのである。

企業やマネージャーの多くは，主観的な基準を用いて従業員を判定することで，客観的な判定基準の欠如に対処している。例えば大学，投資銀行，コンサルティング・ファームや弁護士事務所では，同僚，パートナー，顧客や上司による主観的な判断に基づいて，昇進に関する意思決定が下されている。多くの企業では，例えばリーダーシップの質，意思決定力ややり抜く力のような主観的な基準を使って，俸給のフレキシブルな部分が算出されている。

次に，モラル・ハザード状況における主観的な判定基準と客観的な判定基準の相対的なメリット，デメリットを分析してみよう。そのさい，この分野の研究の基礎となっているベーカー／ギボンズ／マーフィー（1994）と関連させて説明することにする。

　モデルは，プリンシパルとエージェントから構成されている。プリンシパル，例えば企業家は，企業の市場価値を高めるようエージェントに依頼している。企業が株式を上場している場合，市場価値は客観的に測定可能である。もっとも株式市場は，客観的な判定基準としては最上位の経営者層の評価にのみ適している。ジーメンスやダイムラー・クライスラーのような巨大企業の大部分の従業員にしてみれば，企業の市場価値への個人的貢献を客観的に測定することはできない。

　客観的な判定尺度と主観的な判定尺度のメリット，デメリットを際立たせるために，ここではエージェントがリスク中立的であると仮定し，リスクの効果を無視することにしよう。インセンティブ強度とリスク・プレミアムのトレード・オフについては，3.3.4.2.2節で詳細に説明されている。

　エージェントは自分の努力水準 $a$ を通して，以下の「生産テクノロジー」に応じて $Y$（例えば企業の市場価値の増大）をプリンシパルにもたらすことができる，と仮定しよう：

$$Y = a + \varepsilon \tag{1}$$

　この場合 $\varepsilon$ は，期待値 $E[\varepsilon]=0$ を持つ，正規分布した偶然要素を表している。$\varepsilon$ は，プリンシパルからもエージェントからも影響を受けない。通常のモラル・ハザード状況と同じように，プリンシパルはエージェントの努力水準を観察できない。それに対して $Y$ は，プリンシパルにとってもエージェントにとっても観察可能である。もっとも $Y$ を，プリンシパルもエージェントも第三者（例えば裁判官）に対して証明することはできない。これが意味するのは，$Y$ を基礎にしたインセンティブ契約は，原則的に実行できない，ということである。つまり，このような「暗黙の」契約は，当事者たちの私利に基づき彼ら自身によって維持される場合にのみ機能する。それゆえ $Y$ は，主観的な判定基準である。このような主観的な判定基準に加えて，客観的な判定基準 $X$ を使うこともできる。$X$ については，以下の式が成り立つ：

$$X = \theta a + \varepsilon \tag{2}$$

　この式で $a$ と $\varepsilon$ は，方程式（1）と同じようにエージェントの努力水準ないし確率変数を意味している。$\theta$ は環境パラメーターであり，それは $p=0,5$ の確率で $-1$ の値を，$1=p=0,5$ の確率で $+1$ の値をとるとしよう。

　モデルの時間構造は以下のとおりである。まずプリンシパルはエージェントに，$I=A+bX$ あるいは $I=A+bY$ の形でのインセンティブ契約を申し出る。最初のケースではインセンティブ契約は客観的な判定基準 $X$ に基づき，第2のケースでは主観的な判定基準 $Y$ に基づく。エージェントは，契約を通じて少なくとも $\overline{u}$ の留保効用を得

られれば契約を受け入れる。そうでなければ，契約を拒絶する。エージェントは申し出を受け入れる場合，彼は$\theta$を観察し，その後で自分の努力水準$a$を選択する。プリンシパルは$\theta$も$a$も観察することはできない。$a$を選択することで，エージェントにとっては$\frac{1}{2}a^2$の私的な努力コストがかかる。次に，プリンシパルとエージェントはそれぞれ$X$と$Y$を観察する。インセンティブ契約が客観的な判定基準$X$に基づく場合，エージェントは固定給$A$と成果に対するボーナス$bX$を得る。インセンティブ契約が主観的な判定基準$Y$に基づく場合，エージェントは同様に固定給$A$を得る。エージェントが「暗黙に」取り決められたボーナス$bY$をも受け取るのかどうかについては，このケースではプリンシパルが決める。従ってプリンシパルは，主観的な判定基準に基づく場合，ボーナスの約束を守るか否かについての選択を迫られるのである。その限りでは，客観的な判定基準が「より確実」であろう。しかしながら，しばしば客観的な判定基準は，エージェントの真の業績を正確に測定できない。このモデルにおいて，$X$はゆがめられた業績尺度である。プリンシパルがエージェントに，客観的基準を基礎とした，$I=A+bX$の形での「明示的な」契約を申し出る時，エージェントは（彼が契約を受け入れる限り），自分の効用を最大化する，すなわち期待賃金と私的なコストの差を最大化する努力水準を選択するであろう。それゆえエージェントが$\theta=1$を観察する場合，彼は以下の最大化問題を解決することになる：

$$\max_a A+ba-\frac{1}{2}a^2 \tag{3}$$

1階の最大化条件は以下のようになっている：

$$b-a=0 \tag{4}$$

ここから，$\theta=1$という条件下での最適な努力水準については以下の式がもたらされる：

$$a(\theta=1)=b \tag{5}$$

エージェントが$\theta=-1$であることを観察する場合，彼の最適な努力水準は0となる。すなわち以下の式が成り立つ：

$$a(\theta=-1)=0 \tag{6}$$

$\theta=1$と$\theta=-1$という2つの状況が，それぞれ0,5の確率で生じるので，エージェントの（期待）効用は$b$に応じて以下のようになる：

$$A+\frac{1}{2}b^2-\frac{1}{4}b^2 \tag{7}$$

エージェントが契約を受け入れるためには，それによって少なくとも$\overline{u}$の留保効用が得られなければならない。従って彼が参加するための条件は，以下のようになる：

$$A+\frac{1}{2}b^2-\frac{1}{4}b^2\geq \bar{u} \tag{8}$$

プリンシパルの効用$V^O$は，客観的な業績判定を行う場合 $E[Y-1]$ あるいは$b$に応じて以下のようになる：

$$V^O(b)=E[a]-(A+\frac{1}{2}b^2) \tag{9}$$

$E[a]=\frac{1}{2}b$であるから，以下の式が得られる：

$$V^O(b)=\frac{1}{2}b-(A+\frac{1}{2}b^2) \tag{10}$$

プリンシパルは，参加するための条件（8）がちょうど満たされるように，すなわち $A=\bar{u}-\frac{1}{2}b^2+\frac{1}{4}b^2$ が成り立つようにまさに固定給$A$を選択するだろう。これを（10）に代入すれば以下の式が得られる：

$$V^O(b)=\frac{1}{2}b-\bar{u}-\frac{1}{4}b^2 \tag{11}$$

プリンシパルは，効用 $V(b)$ が最大になるように $b$ を選択するだろう。1階の最大化条件は以下のようになる：

$$\frac{1}{2}-\frac{1}{2}b=0 \tag{12}$$

ここから，財・サービスに対するインセンティブが最適になるのは，以下のときである：

$$b=1 \tag{13}$$

従って，$\theta=1$ ($\theta=-1$) の場合，エージェントは $a=1$ ($a=0$) を選択するだろう。そのとき彼の（期待）効用は$\bar{u}$となり，プリンシパルの効用は $V^O(1)=\frac{1}{4}-\bar{u}$ となる。それゆえ総効用は $\frac{1}{4}$ となるのである。

両者が，主観的な基準$Y$に基づいた暗黙的な（関係的）契約を結ぶ時，プリンシパルはエージェントに不利益をもたらさずに，より満足な状態にいたることはできるのだろうか？

プリンシパルがエージェントに対して $I=A+bY$ の形で暗黙的な契約を申し出て，エージェントが，プリンシパルが契約を守ると仮定する場合，エージェントは以下の最大化問題を解こうとするだろう：

$$\max_a A+ba-\frac{1}{2}a^2 \tag{14}$$

1階の最大化条件は以下のようになる：

$$b-a=0 \tag{15}$$

それゆえ努力水準を最適にするために以下の式が成り立つ：

$$a=b \tag{16}$$

前に取り上げた客観的な判定基準のケースと同じ考え方を使って，ここでのプリンシパルの効用が得られる：

$$V^S(b) = b - \bar{u} - \frac{1}{2}b^2 \tag{17}$$

このケースで最適になるための1階の最大化条件は：

$$1-b=0 \tag{18}$$

ここから，主観的な業績の判定を行う場合，財・サービスに対するインセンティブを最適にするためには：

$$b=1 \tag{19}$$

このケースでのプリンシパルの効用は：

$$V^S(1) = \frac{1}{2} - \bar{u} \tag{20}$$

再びエージェントの効用はちょうど $\bar{u}$ になるので，総効用 $\frac{1}{2}$ となる。

従ってこのモデルの例では，主観的な業績判定の場合の総効用は，不正確ではあるが客観的である基準を用いて業績を測定する場合の2倍となっている。

しかしながら他方で，主観的な業績尺度に基づく暗黙的なインセンティブ契約は，長期的で，関係性を持った業績判定においてのみ「実行できる」ものである。プリンシパルは1期間ゲームでは，約束を守ろうというインセンティブを持たない。主観的な判定基準は実証できないので，プリンシパルは $bY$ でボーナスを支払うという協定を拒むことができる。他方でエージェントはこれを見越して，暗黙的な契約を拒絶するのである。

長期的で関係性を持った契約関係になってはじめて，プリンシパルは自分の約束を守ろうというインセンティブを持つ。彼が約束を破れば，確かに短期的にはボーナスの支払い分を節約することができる。しかし長期で見れば彼は信頼を失うし，その結果それから先は，もはや客観的な業績尺度に基づいてしかインセンティブ契約をデザインすることができなくなるのである。

他の条件が等しければ，主観的な業績基準に基づいた（暗黙的な）関係性をもったインセンティブ契約が持つ，自己強化的に実現する力が大きくなるのは

— インセンティブ強度 $b$ が小さくなる場合

— εの分散が小さくなる場合
— $V^S$と$V^O$の差が大きくなる場合
— 割引率の値が大きくなる場合

である。

　他の条件が等しければ，インセンティブ強度の増大に伴い，ボーナスの支払額が高くなり，それに伴い支払いの約束を破ろうという誘惑も大きくなる。確率変数εの分散が大きくなれば，ボーナスの支払額が非常に高くなる確率が上昇し，その結果再び，信頼が崩れる時の短期的メリットが高いという「危険」も増大するのである。$V^S - V^O$の差が小さければ小さいほど，信頼が崩壊することによる長期的デメリットも小さくなる。従って，比較的正確な客観的判定基準があるならば，当事者たちが主観的な業績尺度で意思疎通しあうことは非常にありそうもないことである。それに対して，使用できる客観的判定基準が不正確であればあるほど，主観的な判定基準に基づいた，関係性を持ったインセンティブ契約がますます安定してくる。割引率の値が小さくなればなるほど，将来はますます強く割り引かれる。これが意味するのは，未来のデメリットよりも，短期的メリットのほうが高く評価される，ということである。従って割引率の値の低下（つまりは利子の上昇）は，関係性を持った契約関係の崩壊へと導くかもしれない。近年日本で，このようなことが見受けられるのである。終身雇用制度からの離脱は，主観的な業績尺度からのますますの離脱をも伴うものである。

### 3.3.4.4.3　関係的契約とホールド・アップ

　関係的契約を使えば，モラル・ハザード問題だけでなく，ホールド・アップ問題をも解決することができる（ベーカー／ギボンズ／マーフィー2001，2002を参照）。これを3.3.4.3節の2つのモデル事例を用いて説明してみよう。図25に表されているように，サプライヤは生産設備を使って中間生産物を作っており，それは買い手にとっては$Q$の価値を持ち，他のことに使うならば$P$の価値を持っている。単純化のために，$P=0$であるとする。

　それに対して$Q$は，サプライヤの特殊投資$s$の大きさに依存している。その関係は：

$$Q = 4s \tag{1}$$

サプライヤにとって特殊投資は，$\frac{1}{2}s^2$の私的費用がかかるものとなっている。サプライヤが生産設備の所有者である場合，彼は中間生産物の売買価格について買い手と交渉するだろう。$s$は検証できないので，サプライヤと買い手は，中間生産物の価格を$s$に対応させることはできない。また買い手は，価格をあらかじめ$s$と独立に定めようというインセンティブも持っていない。そのとき当然サプライヤも，特殊な資

産への投資をしようというインセンティブをもはや持たないだろう。従って $s$ と価格 $P$ に関して契約は不完全なままである。価格 $P$ は、サプライヤと買い手との間の交渉の過程ではじめて決まるのである。両者がこの交渉において、発生した $Q$ の準レントの分配について了解ができていると仮定する場合、彼らは売買価格について $\frac{Q}{2}$ で合意するであろう。このケースではサプライヤの収益 $G$ は、$s$ に対応して:

$$G(s) = \frac{Q}{2} - \frac{1}{2}s^2 = 2s - \frac{1}{2}s^2 \tag{2}$$

従って、1期間で考えれば、サプライヤにとっては $s=2$ の特殊投資を行うことが最適となる。そのとき彼の収益は2である。買い手の収益は $Q-p=Q-\frac{Q}{2}=\frac{Q}{2}=2s=4$ となる。

両者は、繰り返しゲームの枠内で、明らかによりよい状況に移行できると考えられる。関係的契約においては、両者は全体から見て最適な投資額 $s=4$ で暗黙的に合意することができよう。例えば、買い手が $s=4$ で特殊投資を行う場合に、彼は $p=11$ の価格で支払うことをサプライヤに約束することができる。買い手が約束を果たす場合、サプライヤの収益は $p-\frac{1}{2}s^2=11-8=3(>2)$ である。このケースでは買い手は、$Q-p=16-11=5(>4)$ の収益を達成する。

このような関係的契約は、買い手が約束を果たし、取り決められた価格を支払う場合に限って、自己強化的に実現する力を持っている。買い手が対価を支払わない場合、彼は短期的には11の収益というメリットを得るが、しかし長期的に見ればサプライヤはもはや彼を信頼しないだろうし、$s=2$ の特殊投資しか実行しなくなるであろう。このケースでは、両者は1期間の交渉ゲームで再び $p=4$ の価格で合意するであろう。そのとき買い手の収益は、どの時点においても4にしかならない。それゆえ関係的契約は、以下の式が成り立つ場合に限って自己強化的に実現する力を持っている:

$$11 < \frac{\delta}{1-\delta}(5-4) \text{ ないし } \delta > \frac{11}{12} \tag{3}$$

買い手が生産設備の所有者であり、サプライヤを従業員として雇っている場合、状況は以下のように変わる。1期間ゲームにおいてサプライヤが特殊投資をするつもりがないのは、これに対する対価が支払われないとを彼が見越しているからである。買い手が生産設備の所有者であるから、生産設備を使って製造された中間生産物も買い手のものである。これは、買い手が準レントのすべてを自分のものにできる、ということを意味している。

他方で、(従業員である)サプライヤが期間のはじめごとに、中間生産物の価値を高めるための特殊投資をすることができる多期間ゲームでは、関係的契約が可能となる。例えば、(従業員である)サプライヤが $s=4$ の特殊投資を行う場合、買い手は(従業員である)サプライヤに、11の賃金を支払うことを約束することができる。そ

のとき買い手の収益は 16－11＝5 となり，従ってこれは垂直的非統合のさいの関係的契約のケース，すなわちサプライヤが生産設備を所有している場合と同じ額である。しかしながら今問題になっているケースでは，垂直統合のメリットは，関係的契約が自己強化的に実現する力をより強く持っているということにある。買い手が約束を破る場合，確かに短期的にはやはり11の対価ないし賃金を節約できる。しかしながら長期的には，そのとき彼ははるかに大きなものを失うのである。（従業員である）サプライヤが買い手をもはや信じない場合，（従業員である）サプライヤはもはや特殊投資を行わないだろう。そのとき，買い手の収益は後続の期間すべてにおいて0になる。

図28 プロパティー・ライツ理論，取引費用理論，プリンシパル・エージェント理論の比較

|  | プロパティー・ライツ理論 | 取引費用理論 | プリンシパル・エージェント理論 |
|---|---|---|---|
| 研究対象 | プロパティー・ライツの配分 | 取引 | プリンシパルとエージェントの関係 |
| 行動仮定 | 限定された合理性<br>個人の効用極大化 | 限定された合理性<br>効用極大化<br>機会主義 | 限定された合理性<br>個人の効用極大化<br>機会主義<br>行為者のリスク性向 |
| 効率性基準 | 取引費用の総額と外部効果による厚生の損失 | 取引費用 | エージェンシー・コスト<br>シグナリング・コスト<br>コントロール・コスト<br>厚生の損失 |
| 環境の条件 | －分離不能な生産プロセス<br>－レバレッジ・エフェクト<br>－所有の代用物 | －不確実性<br>－特殊性／戦略的意義<br>－頻度<br>－取引の雰囲気 | －知られざる特性<br>－観察できない努力<br>－不完備契約 |
| デザインの提言 | 「外部効果による厚生の損失と，それを内部化するための取引費用とのトレード・オフを最適にするよう，プロパティー・ライツを割り当てる！」 | 「取引費用を最小化するような契約形態において，とりわけその環境の条件を考慮した上で取引をしていくこと！」 | 「プリンシパルとエージェントの間のインセンティブを一致させること，あるいはインセンティブの設定とリスク配分との間のトレード・オフを最適化すること！」 |
| 行動変数 | プロパティー・ライツの集中，あるいは分散 | さまざまな強さの関係を定める契約の選択 | 情報の非対称性の克服や利害の一本化，リスク配分のための道具 |

それゆえ彼は，以下の場合に限り約束を守ろうとするだろう

$$11 < \frac{\delta}{1-\delta}(5-0) \text{ ないし } \delta > \frac{11}{16} \tag{4}$$

従って，垂直統合によって，関係的契約が自己強化的に実現する力が上昇するのである。

### 3.3.5 新制度派組織論の比較による要約

この節では，今１度３つの新制度派アプローチの重要なメルクマールをまとめてみよう。簡略化して説明してあるので，３つのアプローチには重複する部分がなく，それぞれが厳密に線引きされている，という印象を与えるかもしれない。そうではないということは理論を詳しく紹介したさいにすでに明らかになっていた。例えば，特殊投資による依存の問題については，取引費用理論においては「基本的変形」というキーワードで，プリンシパル・エージェント理論においては「ホールド・アップの危険」というキーワードで議論されたのである。

ただ，誤解を恐れずに概要を説明することで，それぞれのアプローチの本質的な特徴をイメージすることができるはずである。制度的な解決策を探しているときにどの理論が最も役に立つのかについては，基本的には問題設定の仕方に依存している。理論が様々な組織問題に応用されている４章，５章と６章からも，このことは明らかであろう。

## ◆第３章のための演習問題

**1.** あなたは，休暇になると毎年同じ場所で過ごすことを楽しみとしている，としよう。そのために，いわゆるタイム・シェアリング（共同使用）という商品がある。その商品を購入することで，長期間（例えば20年）にわたり，リゾート地域にある一定の品質を持った住居を，ふつう，１年のうち２ないし３週間というように時間的に区切って利用する権利を，得るのである。これをしばらくの間借家として賃貸しできるとすると，あなたはタイム・シェアリングの代替案として，住居を購入して所有するということも考えられる。プロパティー・ライツ理論を使って，どのような条件ではどの代替案が効率的であるか，議論してみよう。

**2.** アルツハイマー病は脳が退化する病気である。患者は，脳が退化するために判断力を失い，その結果自分にとっても周りのものにとっても非常に危険であり，本人やその家族の大きな負担となっている。ALという会社が，症状を和らげる薬を開発したとしよう。この薬は製造コストのわりに非常に高い価格で販売され，ALは病気に苦しむ人々の負担で巨額の利益を得ているとしよう。その結果，公共的な

議論において，この薬の特許権を強制的に取り消すことが求められるようになってしまった。特許権が取り消されれば，競争条件のもとで安価で販売されるであろう。このような特許権の取り消しの要求をどのように判断すればよいだろうか。医学的であると同時に社会的でもある問題に取り組むために，実行可能な代替案はあるのだろうか？　この代替案によって，あなたが見出した問題は回避できるだろうか？

**3.** 1997年3月10日から，ドイツでは成長率の高い，革新力を持つスタートアップスのための株式市場として，新たに「ノイアマルクト」が開設された。このような，リスクの高い企業の上場の条件は，旧株主－たいていは企業の創業者か経営者－が，自身の株を上場のあと少なくとも6か月間は持っていなければならない，というものである。新制度派経済学の視点から見て，上場のためのこのような前提条件をどのように判断すればよいのだろうか？

**4.** 19世紀に中国へ行ったイギリス人の旅行者は，彼が乗っていたボートの漕ぎ手たちが仕事をサボるやいなや，野蛮な監督にむちでたたかれているのを見たとき，ひどくびっくりした。ただし，さらにショックを受けたのは，当のむちでたたかれていた漕ぎ手たちがボートの所有者であり，彼らは自分たちを駆り立てるために自ら監督を雇っていたことを聞いた時であった（チャン／Cheung 1983を参照）。ショックを受けたこのイギリス人にこのことをどのように説明すればよいだろうか？

**5.** 多くの中小の新聞社が印刷機を自社で所有しているのに，大きな出版社はむしろ，その印刷作業をもっぱら外部の印刷業者に委託しているのはどうしてだろうか？　また，中小の新聞社は，往々にしてグループを形成して提携し，協調しながら共同の印刷会社を営むようになるのはなぜだろうか？

**6.** ダイヤモンドの原石市場においては，南アフリカの商社であるデビアス（De Beers）が，いわゆる「ダイヤモンド・カルテル」を形成している。顧客が，購入したいという意思を申し出ると，デビアスは，1つひとつの石の価格を厳密に定めずに顧客のイメージにおおよそ一致したダイヤモンドのパッケージを呈示する。そのような，いわゆる「サイト（Sight）」について，デビアスは，交渉の余地のない価格を設定し，契約を求めてくる。宝石は2000以上の等級に分けられるものであるが，それらの等級にはさらに多くの品質の相違がみられるものである。しかしながらデビアスの顧客は，「サイト」したパッケージのすべてを手に入れるか，まったく手に入れない，かのいずれかしか選択できず，気に入った原石のみを得ることはできない（「0か1かのルール」）。さらに，顧客が「サイト」したパッケージを拒否した場合，その後の取引は拒絶されるのである（「入るか出るかのルール（In-or-out-Regel）」）。このようなデビアスのやり方をどのように評価すればよいのだろうか？

**7.** 株式会社が投資資金を調達するために，他人資本による調達が可能であるにも関わらず，自己資本によって調達すると表明するときに，なぜ株式市場でしばしば株価が下落するのか，プリンシパル・エージェント理論を用いて理由を考えてみよう。

**8.** 非常に業績を伸ばしている企業が，営業部に10人の新しい従業員を雇いたいと考えている。企業は，様々な質の応募者からなる労働市場に直面している。この労働市場は，非常に有能な応募者と，ほどほどに有能な応募者からなる。企業は経験的に，有能な応募者の割合はほぼ30パーセントであることがわかっている。非常に有能な応募者は，貨幣単位で100の限界生産物価値を企業にもたらす一方，ほどほどに有能な応募者は50の貨幣単位の限界生産物価値しかもたらさない。このような異なる属性の持ち主の寄せ集めである市場を分割するために，非常に有能な応募者はシグナルを使うことができる。その応募者はシグナルを生産しても自分の限界生産物価値には決して影響を与えないのである。非常に有能な応募者が，市場を分割したいと考えるのはなぜだろうか？　両前提条件がどのようであれば，このシグナルは信じるに値するのだろうか？　その条件下ではエージェンシー・コストはどれくらいで，企業の賃金コストはどれくらいになるのだろうか？

**9.** ある企業家に，唯一無二の投資チャンスが訪れている。それゆえ彼は，$t=0$ の時点で1期間で終わるプロジェクトに2000万ユーロを投資したいと思っている。そのさい，リスク中立的で有限責任の企業家は，自分の投資回収率を知っている。第3者は投資プロジェクトに関して，タイプAのプロジェクトとタイプBのプロジェクトが投資プロジェクトになっているはずだ，ということだけを知っている。さらに彼らは，2つの実現可能なプロジェクトAとBについて，以下のような情報を持っている：

| | 投資回収率 | |
|---|---|---|
| | 環境1<br>(確率50パーセント) | 環境2<br>(確率50パーセント) |
| プロジェクトタイプA | 50 | 50 |
| プロジェクトタイプB | 99 | 0 |

　企業家は，この投資プロジェクトのために銀行から資金を調達したいと考えている。リスク中立的な銀行の経営者は，企業家がタイプAの投資プロジェクトを取る時に，企業家がタイプBの投資プロジェクトを取るときよりも多くの担保を提供する用意がある，ということを知っている。企業家は自分のプロジェクトタイプを明かすつもりはないが，銀行はぜひとも彼に融資したいので，彼らは，借り手の自己選択を引き起こすような担保と利子を組み合わせたパッケージを提示する。そのさい，要求された担保は，企業の資産でなく，企業家の個人資産になる。競争を考慮に入れると，銀行の期待収益は0であると算定する。銀行にとって利子率 $I_b$ は5パーセントである。提示された契約は，そのとき以下のようなものである：

- 提案1：担保なし（$S_1=0$）で利子＝$I_1$
- 提案2：担保あり（$S_2=X$）で利子＝$I_2$

借り手の自己選択に導くような$X$, $I_1$と$I_2$の値を定めてみよう。企業家にとってはXユーロの価値を持つが，銀行にとっては何の価値もない，古い写真集が担保である場合，あなたの結果はどのように変わるだろうか？

**10.** 80年代に，自動車業界において「アンチ・ロック・ブレーキシステム」（ABS）が開発された。このシステムを装備した自動車は，目いっぱいブレーキを踏んでもスピンすることがほとんどなく，従って車をうまくコントロールすることができるのである。ドイツの自動車保険会社は，それが市場に導入されたとき，すぐにこのシステムを装備した車の保険料率を引き下げるという対応を示した。しかしながらほどなくして，保険料は再び引き上げられた。このような現象をどのように説明することができるだろうか？

**11.** 1919年，ゼネラル・モーターズは，豊富であった車種の再編を決定した。車体は木材（いわゆる「コンバーチブル」）ではなく，金属製になった。このような戦略的な意思決定を行うために，金属製の車体を製造している主要な生産者とコンタクトを取ることになった。フィッシャー・ボディー社は，GMの工場の隣接地に工場を建築することになった。両当事者は，これによってホールド・アップのリスクが発生することに気付いていた。それゆえ，車体の価格は，原則としてコストに利益を上乗せしたものと定める契約を締結した。しかしながらこの契約は，フィッシャー・ボディーがホールド・アップによってGMを搾取することを可能にした。1926年に，ゼネラル・モーターズはフィッシャー・ボディーを買収したが，その価格は世間では非常に高いと判断されるものだった。価格は，フィッシャー・ボディーの交渉力を反映したものであった（GMはその当時，圧倒的な最大顧客であった）ので，調達価格は企業の効率性に影響を与えず，単なる2つのパートナー間での移転ではないのか，という問いが提起される。垂直統合についてのホールド・アップの議論を手がかりにして，ゼネラル・モーターズによるフィッシャー・ボディーの買収を分析してみよう。

**12.** ドイツ連邦の厚生大臣は，ドイツの保険医に対して診療業績に応じた報酬を支払い，同時にサービスの質をも上げようと考えている。このために医師たち（保険医の団体）には，医師すべてに対して支払われる報酬の総額（包括的予算）を自由に使うことが許されており，医師団体が点数制に基づいてそれをそれぞれの医師に配分するのである。点数は，診療の実施，その難しさや技術的（＝金銭的）支出に従って測定される。医師は，第3者である患者に対して，医療サービスを行う。このような診療業績対応型の報酬形態をとる場合，どのような問題が起こりえるだろうか？

**13.** アダム・オペル株式会社は，自社工場で，概算15パーセントの生産性向上を実現した。それは，業績対応型の報酬システムを全面的に導入したためであった。この導入によって，生産部門の従業員の賃金は，平均して約9パーセント上昇したのである。このことは，一部は従業員の業績が増えたことに原因を求めることができる。
 a）これ以外にどのような理由で，賃金の上昇が説明されるだろうか？ 生産部門で働く従業員の賃金の追加額は何に対応しているのだろうか？
 b）新しい報酬形態の導入は合理的であったのだろうか？ さらにどのような基準を考慮することができるだろうか？

**14.** 公務員は，一般的には非常にリスク回避的であるといわれている。これが正しいとして，そのとき公務員の報酬はなぜまったく業績連動型ではない，あるいは非常にわずかな範囲でしか業績連動型ではないのだろうか？

**15.** ある企業は，営業部門長に対する現在の，部門の成果に基づく業績連動型の報酬方式を修正しようとしている。その計画によると，報酬は，営業部門がビジネスを行っている分野の成長にも対応させられることになる。1人ひとりの営業部門長は市場全体の成長に影響を与えられないにも関わらず，このことは合理的なのであろうか？

**16.** ある企業は，同質的な財・サービスを扱う販売部門の管理者に対して，業績連動型の報酬システムを企図している。このためには，管理者の販売数が相互に比較されなければならない。
 a）この報酬はどのようなメリットを持っているのだろうか？
 b）それが望ましくない結果をもたらすのはどのような場合であろうか？

**17.** ある有名な企業コンサルタント会社は，従業員に対して，主観的な業績基準に基づく業績連動型の報酬を提案している。それは，総賃金全体のほとんど半分を占めているものであった。1度だけの不払いが裁判所で争われる問題とならず，賃金のために必要な経費の50パーセント分を削減するとするなら，提訴できないボーナスの支払いのために社会を動かす理由はなんだろうか？

**18.** 経済学部の卒業生が，ある特殊な機械のメーカーから，彼がその会社の製品についての知識を習得する意思があるならば，フリーランスの計算専門職として採用するという申し出を得る。会社は，研修に12000ユーロを投資する。その知識は，他の企業にとっては何の価値もないので，卒業生には，任務ごとに1000ユーロという平均以上の報酬が提案されており，そのため彼は最終的には，その契約にサインし，かつひとり立ちする気になっている。彼は知識を習得し，製品の計算をはじめて経験して，1年経った後，彼は賃金の総額を1500ユーロに上げるよう求めるのである。この状況を意思決定ツリーで描写し，今後さらに毎月任務を任せ，会社が月ごとに10パーセント割り戻す場合，企業が要求を受け入れるかどうか考えてみよう。

**19.** 1984年にザイラー（E. Seiler）は，アメリカの500の靴メーカーと服飾メーカーにおける従業員の収入について調査を行った。彼は，労働組合への所属，年齢，性別あるいは所属部門のような影響要因を考慮しない出来高払い賃金のほうが，時間制賃金よりも14パーセント高かったことを発見した。このような事実をどのように説明すればよいのだろうか？

**20.** アレン・エドモンズ製靴会社（AES）は，市場の高価格セグメントをターゲットにし，非常に高品質の靴を製造している。靴の品質は，顧客が繰り返し，あるいは長期的に使用することでようやく明らかになるものである。生産に従事する従業員に対して出来高賃金を導入して1年後に，販売数は劇的に減少した。この事態を，プリンシパル・エージェントの考察から説明してみよう。

**21.** フランケン地方の工作機械製造メーカーの「戦略計画（SP）」部門の従業員は，業績に応じて，すなわち企業価値への貢献（それは将来の収益をも表している）に応じて報酬が支払われるという。その部門は，新たな事業領域や，買収あるいは企業の一部の売却を提案し，取締役はたいていその提案に従ってくれる。これまでの戦略上の意思決定は大部分適切であったが，しかしながら市場の不確実性が高いためいくつかの提案が失敗したこともあった。このケースでは，業績連動型の報酬に賛成の論拠はどのようなもので，反対の論拠はどのようなものだろうか？

**22.** 1997年にイーストマン・コダック社は，IBMとの長期契約（経過期間10年）を延長した。この契約によるとイーストマン・コダック社は，すべてのPCやそれに関連するサービス（システム構築，メンテナンス，修理など）をIBMに委託している。これには意味があるのだろうか？

**23.** 台湾半導体製造会社（Taiwan Semiconductor Manufavturing Co., TSMC）は2000年に，例えばモトローラのような企業向けのチップの製造によって，25億ドルの売上高を達成した。モトローラは1998年に，当時の戦略を修正し，2002年までに，コンピュータ・チップの需要のうち少なくとも50パーセントを外製することにした（1999年には外製比率が12パーセントになった）。TSMCのような企業は，チップのデザインをも引き受けるようになっている。このような状況を評価し，説明してみよう。

**24.** 北米のガソリンスタンドは，原則的には2つのビジネス・モデルにそって営まれている。つまりガソリンスタンドの経営者は，自営商人として自己責任で営業するか，フランチャイズ・システムを利用したフランチャイジーとして営業するかのどちらかである。ガソリンの販売のほかに，自動車修理を行う場合，その事業は自営の形で営まれるか，特別なインセンティブ構造を持つフランチャイズとして営まれるか，のどちらかであることは経験的に証明可能である。このことを説明してみよう。

**25.** 70年代に総合大学（Gesamthochschule）が設立された時，総合大学はしばしば職業養成のための大学と理解された。すなわち労働に関わる学問の領域が対象となったのである。そしていわゆるB教授（B-Professoren）が招聘された。彼らの課題は明らかに，現存の知識を実務に関連させながら伝えることであった。何世代も前からある伝統的な大学では，研究（定評のある雑誌の刊行）に関心が向けられていた。教授の評判は，大学教員としてではなく，研究者としての活動を通して生まれるものであり，採用や昇格（すなわち定評のある大学への招聘）は，研究活動に基づいてなされた。同様に，他大学から与えられる名誉博士の学位，招待講演の申し出などもこのような研究活動を基準として行われる。総合大学の総長や学部長は，このような申し出を無視するのが一番いいのだ，というモットーを持っていたのである。なぜだろうか？　またなぜ何世代も前からある伝統的な大学の学部長は，そのような研究志向の基準を歓迎したのだろうか？

**26.** 大学教授が，職を得る前に，長期間にわたる養成期間と，多くの試験を受けなければならないのはなぜだろうか？　あなたの考えではこの選別プロセスは十分だろうか？

**27.** カーギル・ダウ（Cargill Dow, CD）・LLCは，100％リサイクル可能な包装資材の独占的生産者である。当社は，ゴミ集積所で残渣がなくなるまで分解されるヨーグルト用の容器を開発した。CDが唯一この製品を生産しているとすると，ダノン（Danone）のような世界規模のヨーグルト生産者は，CDを買収すべきだろうか？

**28.** 特に重要な建造物（例えばドイツ連邦議会，記念建造物あるいは博物館）の建築にさいしては，たいてい建築コンペティションを通して決着が付けられる。数多くの建築士や建築事務所は，包括的な計画書を提出する。次に専門家グループが，少数の（しばしば2つの）ドラフトを選択する。選ばれたドラフトは，比較的少額の報酬を受け取り，最終的なドラフトを提出するよう要請される。その後の第2ステップで，最終的ドラフトから勝者が選ばれるのである。彼は非常に多額の報酬と，甚大な名声を受け取るのである。なぜこのような手続きがとられるのだろうか？これは効率的なのだろうか？

**29.** チップ・メーカーであるAMDは長年，マーケット・リーダーであるインテルに追いつこうとしている。そのためにはまず，技術的には少なくとも同等のチップを製造することが重要であった。インテルは，大きく先行していたが，AMDは，同じような研究課題や同規模の資源を持つ様々な研究チームを新たに編成した。ある企業が目標達成のために資源を「浪費する」ことには意味があるのだろうか？

**30.** 中規模の上場企業では，管理職と取締役との間の給与差がしばしば非常に大きいのに対して，大企業では取締役とCEOの間の給与差が非常に大きいのはなぜだろうか？

# 第4章
# 競争のフレームワークとしての市場組織

　そもそも，現代社会経済の主要な特徴となっている市場が成立するためには，市場活動を支える様々な制度が与えられていなければならない。かつての東欧諸国において行われている改革を見ると，計画経済を廃止しても，調整とモチベーションの道具としての市場が自動的に出現しているわけではない。市場は，伝統的な経済学が想定していたようなアプリオリに与えられた制度ではなく，一連の様々な制度を基礎とし，様々な制度が絡み合いながら展開する場なのである。

## ■■ 4.1 市場を構成する様々な制度の発生

　市場を構成する最も重要な制度には例えば，次の４つがある。
　(1) 所有権
　(2) 契約法（会社法と商法を含む）
　(3) 独占禁止法とカルテル法
　(4) 特に，基本的諸制度（例えば，商慣習）。これは，成文化された法体系に先行するだけでなく，それを拡大したり，補ったり，また制定することもできる。

　以上の４つの制度が市場活動のいわばゲームのルールである。これらのルールは，行動を制約したり，方向付けたりする社会的メカニズムとして作用するので，他者の行動や自分の行為の結果について安定した期待を与えてくれる。その結果，それらは複雑性と不確実性を減らし，市場的な調整とモチベーションの取引費用を下げるのである。

　基本的制度とは，人々の間に広く流布した思考パターンや行動パターンと考えられるが，大部分は進化的に発生するものである。すなわち，ある経済主体の行為を他の者がまねることから始まる。成文化された法律とは，すでに実践されている基本的制度を「記録」し，洗練させたものにほかならない。例えば，私有財産という制度は，「制定」法よりはるかに古くから存在しているのである。

　現代社会は，法を創り出し，成文化しそして実施するプロセスをある程度制度化している。そこに創り出された複雑なメカニズムが，三権分立（立法，行政，司法）を基礎とする現代の民主主義である。事実，社会改革の試みは，この「制度をデザインするための制度」のデザインに集中することが極めて多い。この民主的プロセスの１つの結果として，制度を創り出し，成文化し，実施するさい，特に積極的な役割を与

えられる政府という行為者が現れる。制度を計画的にデザインすることの限界は、基本的制度の例について明らかだとしても、現代社会では、国家機関が制度の成立・成文化・改革に積極的に関わっていることを無視してはならない。

本書の中心にある企業という視点からも、とりわけ政府による経済政策上の原則の決定には、関心を寄せられる。

## 4.2 経済政策上の原則の決定

企業が組織をデザインする場合の自由度と企業が市場行動をとる場合の自由度は、上に述べた先行する制度によって決定される。これらの制度の具体的な形態や特徴は、はじめから決まっているわけではない。経済政策的な意思決定を行いながら、それらの制度を具体化するのが、経済政策の任務である。

例えば、所有権という制度は、公企業や私企業が経済プロセスにおいてどんな役割を演じるかについては、何も語っていない。むしろ経済の公共部門と民間部門間の境界は、国営化と民営化によって絶えず新たに決められる。

独占禁止法やカルテル法は、アメリカのように非常に厳しい国もあれば、以前のヨーロッパ共同体委員会のカルテル政策のように、緩いところもある。

また契約法も、契約の自由を定めたり、契約内容を広範囲にわたって規制したりすることができる。市場の規制や、規制されている市場の規制の撤廃という政策決定は、これらの市場での企業家の行動の自由度にかなり影響を与える。

従って根本的な経済政策上の原則の決定とは、非常に単純化すれば、次のようになる。

(1) 競争政策：競争制限的政策と競争促進政策
(2) 規制と規制緩和
(3) 国営化と民営化

現在の経済政策は、民営化と規制緩和という方向に向かっている。競争政策は国際的に収斂してきている。すなわちアメリカの独占禁止政策はいくぶんその厳しさを緩めているが、ヨーロッパや日本においては、ますます積極的に競争を促進する政策が見受けられる。

国営化と民営化、規制と規制緩和、あるいは競争促進政策における政府の干渉は、有効競争を確保したり、回復させたりすることを目指している。ここで政府と官庁はそれぞれ、企業間競争の組織者として働くのである。競争に関わるこのような特殊な組織は、ドイツ語圏の組織研究ではこれまでほとんど注意を向けられてこなかった。ところが、例えば、東欧諸国が市場経済化を目指した時に、まさにこの組織問題の重要性が明らかになったのである。西側の企業と経営コンサルタントたちは、彼らの得意とする企業組織戦略を展開する前に、国有企業の民営化、勃興する私的独占との戦

い,及び生まれつつある市場での規制緩和と規制という厄介な問題を解決しなければならなかった(そして,今もなそうである)(例えばピコー／カウルマン1989,ピコー／ブゥル[Picot/Burr]1996を参照)。

　市場が強く規制されているほど,またこの市場における公企業の市場占有率が大きいほど,他の事情が同じならば,私企業の企業家の活動の余地は,わずかである。それに対して,規制緩和と民営化,すなわち,政府が経済プロセスに干渉しなくなれば,私企業の市場での行動の余地は拡大されるはずである。

　「競争制限的政策と競争促進政策」という第1の対概念は,互いに逆の関係になる。すなわち,自由放任政策は,つまり政府が競争制限的政策を放棄すると,短期的には企業家の自由と発展の可能性が拡大する。しかし市場経済においては,監視なき競争は,集中と排除によって自滅する危険性を常に免れない。それゆえ政府の自由放任政策は,長期的には,市場参加者の市場行動の自由度を縮小させ,競争を制限することもある。従って,政府の独占禁止措置は,長期的には,この措置によって「縛られた」企業の利益にもあっているのである。

　企業組織に関わる人々に経済政策における制度の確立について理解していただくためにも,以下において政府による主要な「公共政策」を紹介しておこう。競争政策,規制と規制緩和,及び国営化と民営化といった公共政策も,第3章で紹介した経済理論によって説明し,裏付けることができるものである。経済理論は公共政策を評価するための枠組みとして役立つのである。

　第3章2節でスケッチした伝統的(新古典派)均衡理論と独占理論は,競争理論の発展に強く影響を与えたものである。この新古典派の競争理論と独占理論の基礎には,極めて数理的で静学的な考え方がある。そこでは,競争理論は価格理論による均衡状態の分析となっている。規制と規制緩和,民営化と国営化及び政府の競争政策と独占禁止政策の措置の評価は,すでに市場に存在する企業間の競争について行われる。それゆえ,競争理論と競争政策においては,現実の競争という考え方が支配的である(バートリング[Bartling]1980,p.9以下を参照)。

　新古典派の伝統に属するこの産業経済的アプローチから見れば,制度とは,経済行為者が**市場支配力**を築いたり,それから身を守ったりするための道具である。例えば,保護された独占は,より高い価格を押しつけ,また,新たな環境への適応と合理化の圧力から免れるために,より安全な市場ポジションを手に入れるのに都合がよいのである。

　このような市場支配力に対する注目をさらに発展させる考え方が,1970年代と80年代に潜在的競争アプローチから生じた。いわゆる**シカゴ学派**(ボーク[Bork],1978,デムゼッツ1976,ポズナー[Posner]2001,スティグラー[Stigler]1968を参照)の効率性仮説によれば,企業の持つ支配的な市場ポジションの源は,その企業の効率性の優位にある。潜在的競争者の競争圧力によって,効率性の優位性は消費者にも転嫁される。その結果,市場支配には消費者に及ぼす有害な作用は予期されない。経済学者であるボーモル[Baumol],パンツァー[Panzar]及びヴィリッヒ[Willig](1982)が

展開した**コンテスタブル市場**の理論は，摩擦のない市場参入と退出の理論である。この理論によれば，競争圧力は，おもに潜在的競争者の市場参入の脅威から起こるのであって，市場におけるライバルの競争的行動からではない。市場がコンテスタブルかどうかに比べると，市場の内部構造の決定要因は，あまり重要ではない。市場は，参入の障壁も退出の障壁もない場合に，完全にコンテスタブルである。

これらの競争理論の系譜をここでたどることはできない（それについてはベルク[Berg] 1992, p.239以下あるいはシェファード1990, pp.20-25, p.520以下を参照）。ここではむしろ以下において，新制度派経済学（取引費用理論，プロパティー・ライツ理論，プリンシパル・エージェント理論）による公共政策の説明と裏付けを詳しく論ずることにしよう。これらの理論は，政府と官庁が行う制度のデザイン行動の理論的基礎として近年ますます重要性を増している。これらの3つの理論の特色を示すために，それらを競争理論と独占理論という伝統的アプローチの命題とそれぞれ対比させてみよう。

### 4.2.1 競争制限的政策と競争促進政策

独占禁止措置は，第1に特定の産業部門の競争構造を矯正するものである。例えば野心的な企業合併の禁止とか，1984年のアメリカのAT＆Tの分割のような，集中排除措置がそれである。それだけでなく，独占禁止措置は，共謀による価格協定，地域協定及び市場分割協定のような，企業の競争制限的行動にも向けられる。独占禁止措置の対極にあるのは，企業の競争制限的行動に口を出さない自由放任政策と言えよう。

企業合併を競争政策的に処理する例と，価格協定に対抗する処置とを例にして，独占禁止政策の効果とその理論的評価について以下でやや詳しく述べてみよう。

#### 企業合併の禁止

企業合併には，水平的合併，コングロマリット型合併，垂直統合の3つがある。

**水平的**合併の場合には，それまで競合していた2つの企業が合併する。両社とも同じ市場にいるので，この合併は，自動的に市場占有率の増加と集中の増大を意味する。従って，水平的合併は競争を制限し，それによって独占的な支配力を得るための直接的な方法である。水平的合併の理論的評価は明らかである。水平的合併がこの産業部門の規模の経済性によって正当化できなければ，効率性のロス，イノベーションに対する低いインセンティブなどを招くことになる。

**コングロマリット**型の合併とは，業種の異なる企業間の合併である。この合併だけでは，できあがったコングロマリットが進出する双方の産業部門における市場占有率を変えることはない。このような合併の場合，とりわけ財政政策上の考慮が重要である。コングロマリットの形成は集中に対してかなり中立的であり，ゆえに理想的なケースでは，市場支配力への影響については相対的に問題がないだろう。

**垂直統合**とは，生産段階が隣接している企業間の合併である。垂直統合をする企業は，取引先と合併するか，あるいはその供給者と合併するかのいずれかである。この

場合，提携または合併の強さという意味で，様々な統合の度合いがある。この統合の度合いは，長期契約から資本参加を経て，法的，組織的な完全な合併になるにつれて高まる（これについては第3章2.4を参照）。

・*垂直統合の評価*

垂直統合は，どのような理論を用いるかによって，様々に評価される。

垂直的統合を検討するための古典的な考え方は，市場支配力アプローチである（ペリー［Perry］1989；スマーレンゼー［Schmalensee］1973；マッキンズィー［McKenzie］1951；バーノン／グラハム［Vernon/Graham］1971を参照）。このアプローチによれば，企業が垂直統合のインセンティブを持つのは，それによって市場支配力を高められるからにほかならない。

垂直統合が企業の市場支配力に及ぼす影響には以下のようなものがある（これについてはピコー／フランク1993, pp.185-187を参照）。

・*共謀コストの引き下げ*

寡占的競争段階にある企業の（例えば価格設定についての）同期化された行動は共謀とみなされる。同期化は，企業間の追加的な情報のやり取りを必要とするので，この追加活動がいわゆる共謀コストを引き起こす。垂直統合は共謀コストを引き下げることができるだろう。競争者同士が複数の生産段階で競合している場合には，共謀の協定を結ぶ行為者（すなわち，経営者）は，複数の生産段階で同一人物である。彼が，ある1つの生産段階で共謀の協定を結べば，隣接する生産段階でのそれ以降の同期化をさらにしやすくなるだろう。つまり，共謀すると，垂直統合によって得られる規模の経済性と同じ利益を得られるのである。さらに，垂直統合は，市場への参入障壁を高めることで（次項以下を参照），関係するすべての生産段階で集中を高める。その結果として少数となった経済行為者は，共謀コストを引き下げるのである。

・*市場への参入障壁を築く*

よくいわれているように，企業が隣接する生産段階を垂直的に統合すると，新たな競争者の市場への参入が困難になる。というのは，それらの競争者は，双方の生産段階に同時に参入しなければならないし，さらには多くの資本とノウハウを必要とするからである。このような議論に対しては，2つの理由が考えられる。

前方統合によって買い手企業への独占的供給が可能になるため，統合をおこなった後方にある企業の競争者の販売市場が著しく狭められる。例えば，あるアルミニウム・メーカーとある食器メーカーとの統合は，他のアルミニウム・メーカーがこの食器メーカーへ供給できなくするのに利用される。同様に，後方にある企業の市場ポジションを有効に利用することで，前方にある企業の競争者に自分と同等の条件で原材料を供給させないことが，この統合によって可能になる。前述の例でいえば，アルミニウム・メーカーと食器メーカーの統合には，他の食器メーカーが有利な材料源を失

うという効果もあるということである。

このようないわゆる「市場からの閉め出し」（ペリー1989, p.244以下を参照）といった理由のほかに，垂直統合によって参入障壁を築くことには，効率上の理由もある。統合されていない企業に比べて，垂直的に統合された企業には効率上の優位性がある場合がある（これについては，第4章2.2の取引費用による理由づけを参照）。潜在的競争者はこのため同じ統合の構造によって競争に応じざるをえない。新たな競争者が，同時に支配しなければならない生産段階が多いほど，それだけそれに必要なノウハウを持ち合わせることはありそうもなくなるし，またそれだけ資本市場での条件も悪くなる。こうして，垂直統合は市場への参入障壁を築き，寡占または独占を招く。さらに，高い市場参入障壁，高い集中そして低い共謀コストの間の相互作用が，この傾向に拍車をかける。これに加えて，企業の統合という形での垂直統合は，同時に自分の本来の生産段階に参入できる潜在的競争者を閉め出すともいえる。一般に隣接する生産段階がコンテスタブルであるほど，それだけその市場への参入障壁は低い。まさにこのとき，自社の生産段階に参入できる潜在的競争者を減らすために，垂直統合によって隣接する生産段階への参入障壁を築き，この生産段階を寡占化することが有効なのである（シャタジェー［Chatterjee］1991, p.437参照）。

・*価格差別*

独占企業（あるいはいくつかの共謀を行っている寡占企業）の前方の生産段階における需要の価格弾力性が地域によって異なる場合には，垂直的統合が需要を分割する可能性を与える。独占企業にとっては，セグメントに応じて2つの異なる価格・数量戦略を採用するのが最適である。非弾力的セグメントにおいて最適な独占的利益をもたらす価格は，需要が弾力的なセグメントでの最適価格を上回っている。ところが，相対的に低い価格で提供される弾力的な需要地域から非弾力的な事業地域への供給が可能であれば，このような二重価格戦略，さらには最適な独占的利益は危うくなる。従って，価格弾力性が最も高い需要地域での独占企業の統合は，弾力的な地域から非弾力的な地域への供給を阻止でき，非弾力的セグメントの価格を独占価格まで高められる，というメリットを与える（詳細はペリー1989, p. 192以下を参照）。さらに，需要の非弾力的なセグメントにおいてのみ市場を通じて供給されるので，価格差別は外部には認識されないままである。需要の価格弾力性が低いという前提は，技術的な理由で引き起こされているかもしれないし（生産プロセスに関わる制約のために代替の可能性がない），経済的な理由で引き起こされているかもしれない（代替の可能性はあるが，あまりにもコストがかかる）。技術的，経済的な代替障壁が低ければ低いほど，需要の弾力的なセグメントを統合する必要がある。

要するに，ここで簡単に述べた理論から見ると，垂直的統合には，あくまで市場支配力を高めたり，独占的支配を行ったりする効果があることがわかる。このような効果は，水平的合併に比べれば低いものであるが，個々のケースによっては高くなることもある。個々のケースにおいては，共謀コストの引き下げ，市場への参入障壁の構

築,及び価格差別といった前述の条件があるかどうかをチェックしなければならない。市場支配力の増加は,水平的合併のケースと同様に,垂直統合企業がもつ潜在的な効率性のメリットと比べて,検討されねばならない。

取引費用理論から見ると,垂直的統合が市場支配力に与える影響は副次的なものにすぎない。重要なのは,本節で考察した垂直統合が取引費用の節約という形で効率性のメリットをもたらすかどうかという,個々のケースごとに問われるべき問題である。この問題は,よく知られているように,次のような指針によって答えることができる(第3章3.2.4;ピコー／フランク1993,pp.188-190を参照)。

高度の垂直的統合(すでにみたように個々の企業が法的にも組織的にも合併する場合)は,企業間に極めて**特殊**で,**不確実**で,あるいは**複雑**で,買い手から見て**戦略的に重要**な交換関係がある場合,常に効率的である。このような場合,例えば,双方が一致できる売買契約を準備し,合意し,実施し,調整し,そしてコントロールするには費用がかかりすぎるだろう。この種の取引を行う場合は,交換相手が完全に統合されたほうが,より経済的である。長期的な原則に関する一致,資源の共有,及びインセンティブ・システムとサンクション・システムの制度化は,相手方の負担での短期的な利益の実現を妨げ,より強い利害の一本化を生み出し,取引の細目をあらかじめ明記せずに弾力的に適応することを可能にする。このような高度に特殊な取引の場合,統合は規模のメリットを犠牲にすることもない。つまり,このような特殊な取引にあっては,統合されていない生産者も市場の需要をまとめて規模の経済性を享受することはできないからである。

それに対して,取引のさいの複雑性の度合いが低く,安定的で標準的な財を交換している企業間の垂直統合は非効率的になる。この場合,行為者が,売買契約によって市場を通じて取引をするならば,少数者間取引の危険にさらされずに,複数の潜在的な買い手の需要を満たせるだろうし,規模の経済性を享受し,危険を分散するというメリットを利用できるだろう。

最後に,取引のさいの特殊性,不確実性及び複雑性が中程度である交換関係の場合には,中間的な結合形態(例えば,長期的な提携契約)が効率的な調整形態として勧められる。

統合の決定が取引費用に影響を及ぼす,もう1つの特徴は取引の頻度である。特殊性,不確実性,及び複雑性を持つ財・サービスが頻繁に交換される,あるいは頻繁に共同製造されるほど,それに参加している企業を垂直的に統合することはいっそう重要である。取引される財の個数が多いときにはじめて,内製することは割に合うのである。

市場支配力に注目する競争理論や独占理論と異なり,取引費用理論は,垂直的統合を全面的に否定すべきではないことを教えてくれる。むしろ,経験的な調査によると,ある特定の条件下では,垂直統合は,取引費用を引き下げることによって,社会経済または産業部門の効率性に貢献している(ピコー／フランク1993を参照)。

従来の独占禁止政策は,特にアメリカでは,コングロマリット型の合併に対して寛

大であり，垂直統合に対しては，比較的厳しく，水平的合併に対しては厳しいという特徴を持っている。この政策は，基本的には伝統的な均衡理論と独占理論によって正当化されている。そしてその主な関心事は，市場支配力の集中を避けることにある。そこでは市場支配力の集中それ自体が，効率性を危険にさらすと仮定されている。規模の経済性をもたらすことのみがメリットと認められている。ところが，垂直統合を評価するためには，このような従来の見方は補足する必要がある。高度に特殊で，複雑で変化しやすい取引関係の場合，合併によって取引費用が著しく節約されるので，そのメリットは，寡占化または独占化による価格が上昇する効果を補ってあまりあるものである。カルテル庁は，市場占有率という基準だけでなく，取引関係の特徴（特殊性，変化しやすさなど）も基準として垂直統合を評価しなければならない。さもなければ，効率性を損なうことになるかもしれない。独占禁止政策における取引費用理論的な分析は，これまであまり行われてこなかったのである（その代表的な研究については，独占委員会の委任でドイツの石油産業と化学産業を取引費用理論に基づいて調査したディルハイマー［Dirrheimer］1981を参照）。

**価格協定への対抗措置**

競争者間の価格協定は，市場競争を無効にしてしまう直接的な手段である。共謀行動が成功すると，複数の供給者のいる市場もカルテル形成により独占のように機能することになる。

新古典派理論から見れば，共謀が国のカルテル庁によって非常に厳しく監視され，処罰されることは驚くにあたらない。アメリカでは，価格協定は共謀禁止措置の主たる攻撃目標である。どんな価格維持の試みも罰せられる可能性がある。例えば，参加している企業の市場占有率がごくわずかだからといって，それは免責の理由にはならない。また，例えば価格協定の実際の経済効果がどれほど大きかったとしても，それは有罪の判決にとって重要ではない。

最近，とりわけ新制度派経済学的な視点から，特定の形態の価格協定または価格維持は，場合によっては効率性を高めるので，それ自体を処罰する必要はないという見解が現れている。このことはまず第1に，例えばドイツの商取引だけの伝統ではない，いわゆる再販売価格維持のような，垂直的価格維持に当てはまる（これについては，例えば，ブライト［Breit］1991；フィンク［Fink］1988；ハックス1961；ピコー1991c；テルサー［Telser］1960を参照）。再販売価格維持（PBZH）の場合，財のメーカーは，小売りにおける最低価格水準を決定する。価格維持に従わない小売業者は，メーカーによってその財の販売から閉め出される。

均衡理論と独占理論の観点から見れば，再販売価格維持の効果は明らかである。問題は，メーカーが主導する小売業者の共謀的協定であり，これが小売り段階の価格競争を無効にすることである。その結果は競争水準を上回る価格であり，さらにはそれ相応の独占利潤である。従って，再販売価格維持は明らかに消費者の利益に反するものである。市場におけるその他のすべてのタイプの価格協定と同様に，このような協

定自体が禁止されねばならない。再販売価格維持が，他の価格協定と唯一違う点は，それが価格破壊者への供給を停止するメーカーによって実行に移されることだけである。

　新制度派経済学の視点からすれば，再販売価格維持というだけで有罪とすることはできない。品質について説明する必要のある高級製品とか，サービス集約的な高品質製品の場合，再販売価格維持は経済的に有意味であるとされる。この場合，価格競争が許されると，小売業者は，製品の詳細な説明やサービスを放棄して，製品をより安い価格で提供するだろう。そのとき，顧客は専門の小売業者が提供する情報を利用し，その情報に基づき安売り店で購入するだろう。このようにして，常に平均以下の情報しか提供しない小売業者は，多くの顧客サービスを提供してくれる小売業者にただ乗りする。平均以上のサービスを提供する小売業者は，安売り店によって内部化される正の外部効果を生み出すにすぎなくなる。従って，すべての小売業者には，情報とサービスの努力を下方に修正する個人的なインセンティブが生ずる。こうして，当該製品の情報とサービスの水準は，結局のところ次善最適性が実現されるまで，大幅に低下する。メーカー，小売業者，及び顧客の効用は，サービスと情報の水準を上げることで（例えば，販売数量を増やし，製品の適切な利用，事故の減少などによって），高められるが，上述の外部効果がこのことを妨げる。この理論によれば，再販売価格維持は，安売り店の情報提供とサービスに関わるただ乗りを魅力のないものとし（なぜなら顧客にとって価格が同じであれば，より良いアドバイスとアフターサービスが購入の決定要因になる），それゆえ外部効果を阻止する調整・モチベーション形態と解釈される。他方で，財について説明する必要性が標準化の進展や技術進歩によって低下したり，製品の情報が（例えば，メディア，消費者へのアドバイスのような）他の制度によって伝えられるようになると，再販売価格維持は不必要になるといえる。だから例えば，現実に認められている最も重要な再販売価格維持，すなわち出版物の場合には，このような議論で正当化できるかどうかは疑わしいのである。

　伝統的な均衡理論と独占理論は，新制度派的な視点から補う必要のあることがここでも明らかになった。垂直的な価格維持という形態を禁止する前に，価格競争下にある小売業者にサービス低下のインセンティブを与えるような集中的な説明やサービスを必要とする製品が含まれているかどうか，確かめなければならないのである。

### 4.2.2 規制緩和と規制

　政府による市場での規制は，非常にありふれた出来事であり，自明で，一般的に受け入れられているので，まったく意識されないことが多い。

　規制とは，国家がすべての経済行為者に適用するルールとは別に，個人の契約の自由に介入するものである。政府は，例えば市場への参入，入札または価格政策について被規制企業のプロパティー・ライツを制限する（規制の経済学についてはシェファード1990；クルーゼ [Kruse] 1985, 1989；フリチュ／ヴァイン／エヴァース

[Fritsch/Wein/Ewers] 2001とヴィスクシ／バーノン／ハリントン [Viscusi/Vernon/Harrington] 2000を参照。通信部門の規制と規制緩和についてはブランカルト／クニープス [Blankart/Knieps], 1994；クニープス／ワイツゼッカー [Knieps / Weizsaecker] 1989；ピコー／ブゥル1996を参照）。多くの市場において，1人また複数の供給者が排他的な生産の権利ないし供給の権利を国から得ている。同時に，このように認められた独占の市場行動は特定の原則に基づいて国または公的な監督機関によって管理される。その場合，国による規制の監督には，価格や供給をコントロールすることで市場支配のマイナスの効果を取り除くという任務や，安定供給や信頼性といった目標を保証するという任務，あるいは競争への移行を実現させるという任務がある。

　政府の規制による介入の反対が規制緩和である。規制緩和とは政府の監督とコントロールを有効競争に代えることである。規制緩和は，例えば国によって保護され，コントロールされた独占企業に始まり，競争市場に終わるという長期にわたるプロセスである。このような競争市場においては，かつての独占企業は，多くの競争者の中の1つとして振るまうにすぎない。その場合，政府によってすべての企業に適用される法律以外の特殊な介入は，もう不必要になる。

　規制は，特定の市場への政府の特殊な介入として正当化する必要がある。規制が必要となる理由としてはしばしば次のように述べられる。

(1) **外部効果**の存在：これは，経済財の生産または消費が他の経済主体に補填されない正または負の副作用がある場合。
(2) **自然独占**の存在：すなわち，ある市場が，多数の供給者によるよりも，1人の供給者によって供給されたほうが，コスト的に有利になるようなコスト構造である場合。
(3) 独占的地位にはないが非常に大きな市場占有率を持っている，**支配的供給者**が存在する場合，その市場支配力は，政府の規制によってコントロールされることになる。
(4) 例えば，健康とか教育のような特殊な市場は，重要であると同時に，高度の**質の不確実性**という特徴を持つ。この場合，国の規制官庁は，例えば検査，認可の審査とか品質のコントロールによって，情報の非対称性を取り除き，かつ質の確実性を保証するという課題を引き受ける。
(5) 適応力の不足は，需要あるいは供給の価格弾力性が低い市場，例えば農産物市場や労働市場での問題である（詳細はフリチュ／ヴァイン／エバース2001, p.305以下を参照）。例えば収穫の後に食料品の供給量を変えることはできないし（非弾力的な供給価格），人間が生きるためには一定量の食料品が必要なのである（非弾力的な需要価格）。

　政府による規制と規制緩和にはいろいろな例がある。また，エネルギー供給事業，保健衛生制度，鉄道，郵便，通信の分野でも規制が広く行われている。アメリカでは，1975年から1985年にかけて，航空，銀行，運送，鉄道，バス，電話，証券，及びメ

ディアなどの部門において規制緩和が行われた。ドイツでは最近，トラック運輸，内陸水運及び郵便と通信などの部門における規制が撤廃された。鉄道と自動車損害賠償責任保険が，次の規制緩和のターゲットになっている。その目標は，これらの経済部門において，競合する供給網間のこれまで抑えられていた競争を促進することである。

規制や規制緩和のための理論的根拠を与えてきたのは，市場支配力に注目する競争理論や独占理論であった。これらの理論は，競争政策の評価基準であり指導原理であった。このような伝統的な競争理論から見れば，独占は基本的にはネガティブに評価されねばならない（第3章2節を参照）。この理論が提案するデザインは自明である。競争が優れた配分効率を持つことから，経済的な独占的支配力の集中と集積を阻止したり，既存の支配力の集中を解体したりすることが，競争政策の最優先の目標になっている。

ただ正の規模の経済だけは，メリットと認められている。次に単純な価格統制に関する例でこのことを簡単に説明しよう。

## 単純な価格統制のケース

特定の範囲について製品の生産数量の増大とともに単位費用が減少する場合に規模の経済があるといわれる。極端な場合，市場の総需要量が1社だけで生産されるとき，その製品の単位費用は最小になる。これは，**自然独占**と呼ばれる。この場合，規模の経済はおもにテクノロジーに依存する。自然独占の場合には，完全競争の状況にある多数の小規模供給者がその製品を生産すると，その単位費用は，少数の大規模メーカーとか，極端な場合には，たった1つのメーカーがその製品を生産する場合より，はるかに高くつくことになる。このような場合の競争は非効率的な結果になる。

図29は，このことをある地域の電力会社の例で説明している（これについてはシェファード1990，p.492を参照）。規模の利益によって，1キロワット時の平均費用はアウトプットが$O_1$の水準になるまで下がる。定義により，平均費用曲線と限界費用曲線はこのアウトプット水準で交わる。同時に，生産能力（機械の組み合わせ）が需要に最適に調節されているならば，電力の需要曲線と平均費用曲線は平均費用曲線の最低点で交わる。

このグラフを用いると，規制機関の任務を容易に示すことができる。規制機関は，効率性の理由から，電力会社に販売価格$P_1$を指示する。その価格で電力の買い手は，まさにその需要量，すなわち$O_1$を得る。その企業は，規制により生産量の調節者にも適用される「価格は限界費用に等しい」というルールに従って供給するので，独占利潤は得られない。その設備能力は最適に利用され，できるだけ安い費用で電力が作られるので，全体的に効率的な結果が生じる。規模の利益も実現され，独占行為の負の効果も避けられる。

このことは，もし監督官庁の価格指示がなければ，何が起こったかを考えあわせると，明らかになる。規制されていない独占企業は，限界費用は限界収入に等しくなる

図29 自然独占の価格統制の経済分析

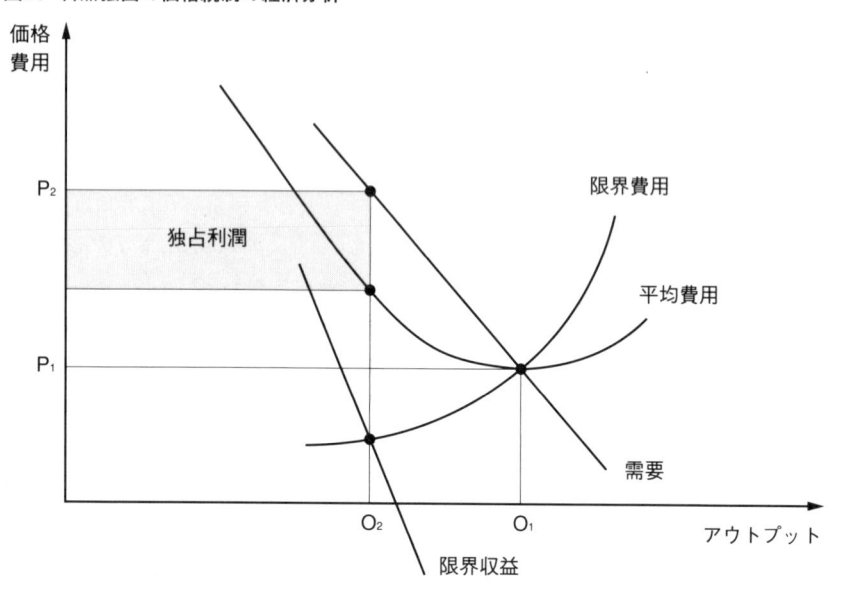

というルールに従って生産量を決定する。限界収入は，市場需要が価格弾力的であるため，定義により価格以下になるので，電力の価格が上昇し，供給が不足することになる。上のグラフで見ると，生産量は$O_2$に減り，価格は$P_2$に上昇する。灰色の長方形が独占利潤に相当する。この独占利潤は，単位利潤（価格から平均費用を差し引いたもの）とアウトプットの量を掛けあわせたものである。

価格統制の目標はこの単純なグラフで，明らかである。独占者による電力の買い手の搾取とそれに関連する内部効率や配分効率の問題が避けられねばならないのである。

### プリンシパル・エージェント理論から見た規制

新制度派経済学は，完全情報を持つ行為者を前提とするような，上で述べたような規制問題へのアプローチをとらない。実際，独占企業に対して慣行的に行われてきた価格統制は，かなりの修正を必要とする。規制官庁が新古典派モデルのいう効率を促進する価格$P_1$を決定するために，規制される独占企業の実際の費用構造と需要構造について信頼できる情報を手に入れようとすると，困難に陥る。独占企業に関する非常に幅広い会計制度の発展ばかりでなく，官庁によるこの会計制度への総合的な調査も必要になる。実際には，このような条件は不十分な形でしか与えられないので，プリンシパル・エージェント理論（詳細は3章3.3を参照）が述べているエージェントの自由裁量の余地のまさに典型的なケースがここにあることになる。ところが，被規

制企業は，ほとんどうち勝ちがたい情報障壁に守られて官庁の措置をかわすという事実だけが規制努力の成功をおぼつかなくするのではない。規制の効率にとっては，もう1つのプリンシパル・エージェント関係が重要である。なぜなら，その官庁自体が政府ないしは最終的には公衆のエージェントにすぎないからである。官庁の活動を完全にモニターすることはできないので，そのスタッフにも自分の目標を，場合によっては公衆の犠牲で追求する可能性がある。

被規制企業の市場が，(1) 需要の価格弾力性が異なる複数のセグメントにわかれたり，(2) 際立った需要変動があると，規制官庁と独占企業との間の情報の非対称性が特に問題になることがわかる（規制の問題についてはシェファード1990, p.492ff. 参照）。

*(1) 需要の価格弾力性が異なるケース*

この場合，企業はそれぞれが別の市場といえる異なる顧客グループ（例えば，電力の買い手の場合，事業者，鉄道，家計）に供給している。そのとき，監督官庁は，それぞれの市場について限界費用を考慮した販売価格を定めるという困難に直面する。ある種の費用を買い手グループに負わせるという問題は避けられない。被規制企業には，監督官庁の情報の欠如を独占的価格差別に利用しようというインセンティブがある。

このような場合には，独占企業はもはや費用ではなく，需要に基づいて価格を定める。独占的商品に対する代替財をまったくないしほとんど持たず，転売することもできない買い手グループは，価格について相対的に非弾力的な需要行動をとる。ここでは巨額の独占利潤が得られるので，この買い手グループに対しては，監督官庁に隠れて高価格政策をとると考えられる。その買い手はその独占的商品に依存しているので，価格が大幅に上昇しても，その需要量は実質的には下がりえない。実際，事業者はしばしば電気エネルギーを他のエネルギー源にとって替えることができるが，家計の場合はそれができないのが通例である。そのような場合には，独占企業が独占に依存する家計を搾取することが容易に想像される。しかし独占企業が，供給の限界費用を上回る電力料金を家計に求め，かつそれを下回る電力料金を特定の事業者に求めるならば，かなりの非効率性が生じ，それはさらに隣接する市場に波及することになる。例えばその事業者の産業では，競争市場で取引されている代替的エネルギー源は，人為的に不利に扱われることになる。

独占企業または寡占企業がそれぞれの市場セグメントに対して費用に注目した価格を決めることにより実行される独占的価格差別を排除することは，規制官庁にとって特に難しい課題である。

*(2) 需要変動*

上記の企業が時間とともに大きく変動する需要を満たしている場合にも，規制官庁は情報を大いに必要とする。例えば，電力とか電話の需要は営業時間の需要ピーク時

に比べて夜間は比較的小さい。電力需要は，暖房を必要とする季節かどうかで，あるいは多くの国では冷房を必要とする季節かどうかで季節的にも変動する。

すべての電力会社は2種類の設備を組み合わせて使用する。ベース負荷に応える設備は，固定費は高いが，変動費は低いという特徴を持っている。このような費用構造のため，これらの機械は，一定のベース需要を応えるため連続的に運転されている。さらに需要のピークに対応するために，ピーク時の負荷に耐える設備が使用される。この設備は，普段稼働していないので，より低い固定費が割り当てられる。その代わり，この設備から生み出される1キロワット時の変動費は，ベース負荷の場合の変動費よりずっと高いのである。その他の要素に加えて，こうした設備の組み合わせによって，1キロワット時の限界費用は電力生産者への負荷に依存することになる。

ところで，電力1単位の価格が，負荷と関係なく決められるなら，経済的に生産されたベース負荷の負担で，高くつくピーク時負荷の電力を提供することになる。ピーク時の負荷の需要者は正の外部効果を内部化することになる。このような需要者は，電力1単位の総費用（電力価格のうちの私的費用＋ベース負荷の負担による補助という形での社会的費用）がこの単位電力によって産み出された効用と一致する点以上に，需要を拡大する。逆に，ベース負荷の需要者は，費用以上の価格をおしつけられ，彼は，単位電力の追加費用がこの費用によってもたらされた効用と一致する点までは需要を拡張しないことになる。要するに，このような非効率性が需要変動を強めるのである。この結果，ピーク時負荷の高くつく電力への過度に刺激された需要に応ずるために，電力会社は，生産能力を拡大する必要がある。

規制官庁が限界費用に基づく価格を指示することでこの種の非効率性を取り除こうとするならば，顧客グループ別の費用構造を正しく評価できなければならないばかりでなく，これらの負荷に応じて修正できなければならない。負荷に応じた（昼夜別または季節別または両者の）費用に基づく価格コントロールのさいには情報の要求が非常に大きくなるのは明らかである。

ここで簡単に述べた問題が明らかにしているのは，規制の成功は，情報の非対称性によってもたらされるエージェンシー問題が解決できるかどうか，またはどれくらいの費用で解決できるかにも依存する，ということである。それゆえプリンシパル・エージェント理論は，競争による解決ができない場合に，効率的な規制に重要な貢献をすると結論づけることができる。これまで，プリンシパル・エージェント理論に基づくデザインに関わるポテンシャルはどちらかといえばはっきりとは述べられてこなかったのである。

### 垂直的統合の特殊ケースとしての規制

さらに，規制という道具は，伝統的な均衡理論や独占理論ばかりでなく，取引費用理論に基づいても利用できるものである。取引費用理論の考え方からいえば，規制とは企業と顧客との間の特殊な関係を調整する手段である。

・特殊な投資

　市場支配力に注目する理論は，買い手が独占的供給者に依存することを強調するが，取引費用理論は，特殊性の問題をよりバランスよく論じる。例えば，電力会社でいえば，第1に発電所の建設，次に買い手への送電線の架設に見られる際立った資本集約が重要である。その結果，電力会社の側では，買い手の機会主義的行動（例えば，太陽発電による電力と発電所による電力間のシステムの変更）に対して無防備な，かなりの特殊な初期投資が行われる。買い手をよりしっかりと統合することは，取引費用的に，企業の利益になる。例えば，特定の地域で国が保証する供給独占は，この特殊な投資を保護するその種の統合の方法である。官庁による独占企業の規制は，顧客から見れば，独占企業による機会主義的な搾取にさらされないようにする垂直統合の一側面である。取引費用理論から見れば，規制は電力会社とその顧客の双方を搾取から守るための両者間の垂直的統合の優れた代替案と思われる。そのさい，前述のとおり，生産者も保護されねばならないこともあるという点は，伝統的理論よりも明らかである。保証された独占的地位がなければ，まったく供給が行われない状況がありうるのである。

・基本的変形

　多くの市場では，1人または複数の供給者が排他的生産権または供給権を政府からえている。そのとき，例えば，携帯電話網の経営者にとって市場に参入するためには，すべてのあるいはいくつかの市場セグメントで認可を受けなければならない。認可の数が限られているときは，最適な認可が行われるように特別な割当て手続が適用されねばならない。

　たいていの場合，一般競争入札に基づく認可は，技術的・経済的に最も優れた事業構想を持つ応募者に対して，規制機関によって無償で割当てられる。アメリカの通信部門の規制官庁である連邦通信委員会（FCC）は，1994年に，もう1つの道を選んだ。すなわち，FCCは，はじめてラジオ周波数と認可を競売で最高額の入札企業に売却したのである。このような競売手続きによって，第1に，稀少資源の効率的な配分が目指され，第2に，アメリカの連邦財政に60億ドル以上の収入が得られたのである。

　デムセッツがすでに1968年に開発したもう1つの競売手続きを代替案として選ぶこともできたかもしれない。すなわち，最高額を提示した供給者にではなく，顧客に対する最低供給価格を示した供給者に認可を与えるというやり方である（デムゼッツ1989の重版，pp.75-90を参照）。このようにすれば，競売手続の持つ効率促進的なメリットを直接顧客に与えることができただろう。

　認可の仕方がどのようなものであれ，そのような手続きに伴う危険性は，ライセンス供与後に契約当事者が形成する特殊性にある。例えば，携帯電話網の認可取得者にとっては，その認可を取得することは技術的・商業的インフラストラクチャーへの特殊な投資をしなければならないことを意味する。逆に，認可を与えた者は，この認可

の期間中,自分の能力を形成することができない。この能力は,認可取得者によって契約が履行されない場合,相当な時間の損失と巨額の費用をかけなければ作り出せないのである。　さらに,契約期間の終了後に認可が再び入札にかけられるとき,認可を与える者は,この認可取得者に依存することになる。1度認可を取得した者は,その投資と経験の蓄積に基づいて,潜在的な競争者に入札で勝てるという意味で,認可を与える者に対する交渉で優位に立つことができる。

このように,契約を結ぶ前には(事前的には)特殊でなかった取引関係が,契約開始後に(事後的に)特殊な取引関係に変わることを,前章で**基本的変形**と呼んだ(第3章3.2.3を参照)。この基本的変形によって,事後的に機会主義的な行動のインセンティブが生じるのである。

### 規制緩和と社会技術の変化

様々な部門において,時間の経過とともに,かつての規制の意義が弱められたり,あるいは完全に失われたりすることがある(これについては,シェファード1990,p.78ff., p.495を参照)。例えば,技術革新が進むと,規模の利益がなくなることが多いので,自然独占を支持する前提はなくなる。例えば,人間を移動させるという点で自動車が,鉄道のような伝統的な輸送機関の規模の利益を低下させたのとまったく同じように,現代の小型プロペラ機はとりわけ地方便でのジェット機の規模の利益を低下させている。そのために,地方で競争している航空会社の最適企業規模と投資需要は縮小する。このような部門で政府の規制によって大規模な航空会社の独占を維持するのは,あまり意味がない。規模は,もう低生産費を実現するための前提条件ではない。アメリカでは,適切な規制緩和によってこの市場に多くの供給者が現れたのである。

規制官庁は,とりわけテクノロジーの変化を考慮に入れながら,規制する産業に自然独占を存続させるための条件がまだあるかどうかを,絶えずチェックしなければならない。被規制企業の関係する市場の一部だけが政府官庁の規制的介入の条件を満たしているような場合は,特に取り扱いが難しい。規模の利益があまり見られないような領域では,比較的小規模の供給者でも経済的に生産できる。このような市場の一部のセグメント,例えば法人向けの通信サービスなどは,潜在的な侵入者にとっては魅力的だろう。というのは,ここには,価格と費用の差が正になる十分な条件があるからである。

英米でクリーム・スキミングとかチェリー・ピッキング(よいとこ取り)と呼ばれる,独占企業の持つ利益をあげやすい市場セグメントに侵入しようとする潜在的侵入者は,たいてい当該の被規制企業によって激しい抵抗を受ける。規制官庁に対しては,独占を維持するために次のような論拠が持ち出される。すなわち,利益をあげやすい事業領域からの収入がなければ,その他の市場セグメントでの消費者価格が引き上げられねばならないとか,企業存続のためには特定の市場にはもはやサービスを提供できない,というのがそれである。鉄道路線の廃止とか選択的供給などは,まさに地方において独占を維持するための重大な政治的関心を引き起こすスローガンである。こ

のような理由で，大きな規模の利益の存在とか特殊な資本に大きな投資をしなければならないといった条件を満たさない市場も，しばしば被規制独占企業の排他的な影響下にあり続けるのである。

　ドイツ連邦鉄道の民営化とそれと同時に行われた規制緩和に関するいまだに続いている議論においても，クリーム・スキミングの論拠が再三持ち出されている。例えば，往来の激しい連邦鉄道の主要幹線に供給する用意のある民間業者は，確かに数多くいる。しかし辺鄙で利用客のあまりない路線が競争市場においてなおサービスを受けられるかどうかは，疑わしい。今日の鉄道のテクノロジー・レベルでは，このことは難しいように思われる。しかし，現在の条件から見ると見込みがないように見える区間も，固定資本への投資を減らし小さな企業規模で利益を生み出しながら市場化することが地方の供給者にとって可能になるような，鉄道に関わるテクノロジーと組織化の方法を開発することは不可能ではない。連邦鉄道という被規制独占企業が存在する限り，このようなイノベーションを引き起こすインセンティブはない。アメリカの地方の航空路線においても，政府がコントロールするカルテルの解消によって，新たな技術的・組織的イノベーションが生まれ，利用客の少ない航空路線が廃止されることはなかった。もし，半分しか座席が埋まっていないボーイング747が損失を出すならば，満席のフォッカーは，容易に費用をカバーしながら操業できる。さらに，いろいろな輸送機関も互いに競争状態にある。利用客の少ない路線は，もはや鉄道テクノロジーでは経済的にサービスできず，おそらく，固定費が少なくて済むバスのテクノロジーを投入するのが理想的な領域であろう。しかしこれらの区間が鉄道に独占され，一律に補助金を与えられる限り，民間のバス会社が効率的にサービスを行うチャンスは全面的に失われるのである。

　以上の考察によれば，クリーム・スキミングの論拠は経済学的に慎重に評価されねばならない，ということになる。

### 4.2.3 民営化と国営化

　国営化とは民間の所有者から企業を没収し，国家が所有する企業が設立されることである。いくつかの国（例えば，フランスやイギリス）では，一部の産業部門全体（例えば，鉱業，製鉄業，自動車産業，航空宇宙産業及び銀行などの部門）が国営化された。国営化された企業の一部は再び民営化され，最終的に再び国営化された。現在，西側諸国で，このような国営化政策を続けている国は見受けられない。（とりわけサッチャー首相のもとで）イギリスも，また（とりわけ財政難から）フランスでさえ国営化は再び大きく後退している。民営化とは，国営化と対をなすものである。民営化とは，国家が所有する企業を民間の所有に移行させることである。例えば，その場合，政府はその国営企業を株式市場で民間投資家に売却する（民営化の経済学については，ヴィッカース／ヤロウ［Vickers/Yarrow］1988；シェファード1990を参照）。

　ドイツでは最近20年間，主要な民間企業が国営化された例は1つもない。それにも

関わらず，歴史的には過去100年間で，国や地方公共団体による企業所有がかなり増大した。サービス部門では今日でも国営企業が数多く見られる。例えばドイツでは，公営の電力・水道事業，国立大学，公営の銀行と貯蓄組合，公営保険，国家による社会保険，公立の病院などがある。ところが，連邦政府，州及び市町村が民営化によって企業所有から手を引くケースが増えている。例えば，連邦政府はつい先頃，ルフトハンザ社の株式を大量に株式市場で売却した。バイエルン州は最近，バイエルンベルク社の株式をフィアク社に譲渡したが，その代わりにコングロマリットであるフィアク社の株式を得たので，これは真の民営化ではない。1996年秋以来，連邦政府はドイツ・テレコム社の所有者としての相対的地位を下げてきている。これは，単独の民営化としてはヨーロッパにおいて最大のものである。

　国営企業を法的に民間企業に転換しても，それはまだ民営化ではないという点に注意しなければならない。経済学の観点からすれば，所有権とプロパティー・ライツが，実際にすべてもしくは大多数が民間の手にある時にはじめて，民営化ということができる。その意味で，ドイツ鉄道株式会社は，依然として国営企業である。

　規制と規制緩和及び国営化と民営化という対概念は，しばしば誤解され，混同されている。規制は国営化を前提としない。私的所有権に伝統的に重きを置いているアメリカでは，規制はまさに国営化の代替案とみなされる。そこでは，被規制企業は，たいてい私的に所有されたままなので，国の規制の範囲内で営利原則に従って経営される。それに対して，ヨーロッパでは，規制と国営化とが結びつくことはめずらしいことではない。

　同様に規制緩和と民営化も，必ずしもお互いを条件としあっているわけではない。鉄道を民間の投資家が出資する株式会社に転換することは，民営化への一歩であるが，自動的に規制緩和を伴うわけではない。価格と供給構造に対する政府の監視が行われなくなったり，新たな競争者が現れて供給独占が崩壊したりしてはじめて，規制緩和という言葉が使われる。鉄道が国有のままであっても，規制緩和を実現することは可能である。例えば，フランスの自動車メーカー，ルノー社は国営企業であるが，比較的規制の少ない産業において多くの競争者を持っている。

## 規制のエージェンシー問題への対策としての国営化

　前節で示したように，規制官庁と被規制企業との間には，企業のモラル・ハザードによって規制による効率上の利得を台無しにしてしまう情報の非対称性が存在しうる。この点を考えると，国営化はエージェンシー理論的な根拠のある制度と解釈できる。すなわち，国営化という制度は，第1に，官庁による企業情報の入手を容易にし，第2に，エージェンシー関係を原則的に解消させるような利害の一本化を実現する。規制官庁と被規制企業の双方のサイドに同一の行為者，すなわち政府がいる。自分で自分をだます理由はないのである。

　このような論証に対して，政府は行為者ではないとか，官庁にも企業にも自己の目標と願望を持つ構成員がいるという反論が，方法論的個人主義の観点から持ち出され

るとしても、国営化は、一方では利害の一本化によって、他方では情報入手可能性の改善によって、規制のコントロール問題を根本的に解決するという論拠には確かなものがある。しかしながら、規制を補完するものとして国営化を推奨する前に、国営化だけがコントロールを容易にするものかどうかという問題を考えなければならない。

というのも、実際、プロパティー・ライツ理論は、国営化による企業の内部効率の低下の危険性を指摘しているからである（これについて詳細は、第6章2の企業形態に関する経済的検討を参照）。

国営企業には、プロパティー・ライツが極端に分散している、という特徴がある。国営企業では、任用された経営者は調整権を持っている。しかしながら、利益の専有権と譲渡権は政府にある。1人ひとりの国民は国家の一員である。その1人ひとりの国民は、国営企業から利益を受け取る直接的な権利を持っていない。それゆえ、国営企業の経営者をコントロールしようという国民の関心は非常に小さい。たとえ特殊なケースにおいてそのようなコントロールへの関心があったとしても、それは政治家の選出を通して間接的にのみ実行される。しかしながら、政治家も同様に、国営企業の利潤や損失の分配に直接あずかることはないので、効果的にコントロールしようとするインセンティブをほとんど持たない。

以上のことから、国営企業の経営者は容易に自分の利害を追求できるといえる。その結果、職員のコントロールへの過少投資、お役所意識と資源の浪費が横行する。

さらに問題を難しくしているのは、国営企業の場合、直接所有の代替メカニズム（所有の代用物）もまったく効果がないか、効果があるとしても極めて限られたものでしかないということである。つまり——

(1) 多くの国営企業は政府が保証する独占的地位を持っており、このことは**販売市場**において競争が持っている調整作用を取り除くことになる。

(2) また多くの国営企業は上場されておらず、公的予算からの補助金のために、資本市場にはほとんど、ないしまったく頼らない。民間企業の所有者は、一般に資本市場でも自分の利益を追求できるが、「豊富な税金」で養われている国営企業にはこのような修正メカニズムがない。それゆえ、**資本市場**もまた国営企業の行動を規律づけることはほとんどできない。

(3) **経営者労働市場**での競争や**利潤に連動する**経営者**報酬**のようなそのほかの所有の代用物もまた、硬直的な公務員法に服している国営企業ではほとんど効果がない。

これらの事実は、プロパティー・ライツ理論によると、一定の（しばしば実際に見られる）条件下では、国営企業の効率性が低いことを予期させるが、それは多くの経験的研究でも検証されている（これについての代表的研究としては、ピコー／カウルマン1985を参照）。

このことから、国営化が規制に「必然的に」伴う手段ではないことが明らかになる。むしろ、よりよい規制によって可能になる効用増大と、国営化への移行がもたらしうる内部効率の損失とを比較検討しなければならない。

**民間では実現できない社会的，政治的目標**

以上の考察によれば，国営化という制度的な道具は，民間の独占的支配に対抗するためにではなく，むしろ，他の条件に応じて実行されねばならない。経済学者の間には，民間企業や規制では実現できない社会的，政治的目的を実現する企業だけを国営化すべきだ，というコンセンサスがある（この点及び以下の論述については，シェファード1990，p.512以下及びピコー／ボルフ［Picot/Wolff］1994を参照）。ここでいう政治的，社会的目標には，特に以下のものがあげられる。

・*必要とされる公共財の供給*

治安，戦時の防衛，道路網などが公共財の重要な例である。ある人がある公共財を消費するとき（例えば，良好な治安状態を享受するとき），そのことが他の人も同じようにその財を消費することを妨げるわけではない。これは便益の非競合性と呼ばれている。公共財の代価を支払わない人をこの財の消費から閉め出すことは難しい。このような非排除性のために，フリーライダーが発生しうる。「治安，法治国家，道路建設などが実現すれば，たとえその代価を支払わなくても，私はそれらを自動的に享受する。私を消費から閉め出そうとすれば，これらの財の供給者は，禁止的なコスト（例えば，すべての道路に検問所を設置すること）を負担しなければならない。これらの財が生産されなくとも，私には失うものは何もない」ということを誰もが考える。個人の立場からすれば，公共財の代価を支払うのは合理的ではない。使用の排除性を保証するコストが高いために，私企業が公共財を供給しても収益をあげることはできない。これを市場の失敗という。こうして，政府独自の活動領域が成立する。というのは，政府は手数料や税金によって必要とされる公共財の生産にすべての国民に出資させることのできる，唯一の機関だからである。こうして，私的所有権（排他的所有権）の明確化，その権利の行使及びコントロールに非常に高い取引費用がかかる領域では国営企業が活躍する。

・*主権の確保*

発展途上国では，多国籍コンツェルンの現地法人の国営化が主権確保という論拠によってしばしば正当化された。この場合，この国営化された企業は，外国に依存せず，当該国を独立させようという政治目標を果たしている。このような論拠は，先進国においても，重要な資源の確保が問題になる場合，無視できない役割を持っている。例えば，エネルギー供給部門や重要な軍需産業において，国営化された企業は主権という論拠で正当化されている。

・*社会平和の保障*

西ヨーロッパにおける国営化の多くは，破産に瀕した私企業の純粋な救済活動であった。巨大な私企業が破産すると社会的に重大な結果を，しばしば特定の地域に集中して招く恐れがある。国営化という手段は，とりわけ選挙が迫っている時には，相

応の補助金でもって社会平和を保障するのに役立つといわれている。振り返って見ると，国営化を通じて構造改革を妨げてはならないということがわかる。多くの国で，鉱業，製鉄業のような政府によって「救済された」産業は，納税者にとって長期にわたって負担になっている。一般に国営化は，すでに論じた理由から，この種の企業の内部効率の増大をもたらさない。

・*価値そのものとしての政府所有*

　企業が政府によって所有されるべきか，あるいは民間によって所有されるべきかという問題は，イデオロギーに関わるものである。従って政府所有と民間の所有は社会の構成員にとってはともに価値そのものだ，ということは想像できることである。つまり，社会的選好が問題になる。所有権の帰属の決定がすでに社会構成員の効用を引き起こすのである。こうして，例えば国営企業は，営利の追求とともに社会的選好に一致し，そして社会の構成員を満足させるという目標をも果たすのである。異なる時代間での，あるいは異なる国家間での（例えば，アメリカと西ヨーロッパ間，それからまた以前の東欧圏），国営化の問題にみられる行動の多様性は，大部分このように説明できるといえる（これについては，シェファード1990, p.512を参照）。

## 公的補助額の検定

　典型的な公企業，国営企業は，需要に応じ，損失のないように財を生産するという，経済的目標を追求すると同時に，それとは異なる社会的，政治的目的をも追求している。国営企業の社会的，政治的要素の範囲と性質は，絶えず変化しているので，常に論議の対象となる。例えば今ドイツでは，ドイツ鉄道の社会的側面は，正確には何で，そしてどのくらいの範囲に及ぶかが問題になっている。ほとんどの人が自家用車による移動を簡単に行える今日では，この問題の答えは，50年前とは確実に異なっている。

　国営企業の果たす社会的，政治的目的の性質と意義に応じて，その企業は政府補助金という形で納税者からの補助を受けている。

　個々のケースにおいて公的補助金の額の検定は，以下のような重大な問題を投げかける（シェファード1990, p.513以下を参照）。

・*補助金支給の公平性の問題*

　補助金支給の規模は，国営企業の持つ社会目標の意義に応じて調節されるだろう。完全な補助金支給とは，国営企業のサービスを直接利用する者（あるいは製品の消費者）が，その代価を支払わない，ということである。例えば，勉学について完全に補助されているドイツの平均的大学生は，税金を支払っているドイツの平均的納税者よりひどく貧しいだろうか？納税者が負担するドイツ鉄道とか石炭による火力発電の損失はどのくらいまで許されるのだろうか，社会的目的によって正当化される程度を越えるまで許されるのだろうか？

・補助金支給規模がもたらすインセンティブ問題

　補助金支給は，必然的に競争力を弱めることになる。効率的に組織したりコントロールしたりするインセンティブは下がる。というのも，発生するコストは補助金で比較的簡単にカバーされるからである。補助金が高いほど，経営者や従業員の効用と企業の効率との相関は小さくなる。個人的効用は，怠けたり（余暇志向），公共財を私的に使いすぎること（公的資源を浪費したり，それに無頓着になること）によって高まる。その結果，内部非効率や配分非効率が生じ，しかも補助金が高いほど，このことは顕著になる。

・補助金支給期間がもたらすインセンティブ問題

　補助金支給を正当化する社会的・政治的な論拠は，様々な理由で時間がたつにつれてなくなるかもしれない。例えば，テクノロジーの発展は，排他的所有権を定めたり，その権利を行使したりするコストに影響を与える。例えば，道路の利用状況をモニターする，カー・ナビゲーション・システムがあれば，政府がすべての道路を用意し，提供する必要性はなくなるだろう。その場合，民間の道路提供者が，今日の小売業者がしているのとまったく同じように，顧客にその消費の代価を求めるだろう。補助金は，例えば公共財を私的な財に変えるような（テクノロジー，あるいは社会的な）発展を促進したり，採り入れたりしたいという，受け手のインセンティブを弱める。つまり自発的に補助金の廃止を目指して努力するというインセンティブを弱める。その結果として生ずるのは，イノベーションを妨げたり，民間の競争が妨げられたり，先延ばしにされたりすることによる配分上の非効率である。

## プラグマティックな見方による取引費用の比較：自製か購買かという「簡単な」問題としての民営化

　取引費用理論から見ると，民営化問題は大幅に「脱イデオロギー化」され，一連のプラグマティックに処理可能な意思決定の問題である。企業全体とか産業全体の民営化について考えるのではなくて，取引費用理論の基準に従って単に財・サービスの最適な垂直統合の度合いの実施が国営企業と省庁に推奨される。このようにしてすべての公共事業について，第3章3.2.4で触れた自製と購買の問題が提起される。国営企業の経営者は，国営事業のどの部分が国営企業内部でもたらされねばならないほど特殊でかつ戦略的に重要なのかについて，また財・サービスのどの部分が特殊性が低く，戦略的に重要でないため市場から調達されるのか，つまり民営化されうるのかについて，そしてまたどの財・サービスが国営企業と民間企業の協調によって生産されねばならないのかについて決定しなければならない（詳細はピコー／ヴォルフ1994，ナッシュオルド［Naschold］u.a.1996参照）。民営化の問題は，取引費用理論の道具を実際に適用することによってそれ自体をテーマにしなくても，解決されるのである。

　結局，政治経済的な措置や国営企業の評価について，伝統的理論のアプローチはまったくまたは不十分にしか触れていないが，新制度派経済学はこれについて新しく

て興味深いパースペクティブを示しているといえるだろう。

## ◆第4章のための演習問題

**1.** ドイツではここ数年，ドイツのいくつかの国内路線をルフトハンザが独占していることに関する議論が盛んに行われている。独占的地位について，新古典派の視点から見た競争市場と比較して評価してみよう。

**2.** ハロルド・デムセッツ（Harold Demsetz）（デムセッツ［Demsetz］1968を参照）は60年代の終わりに，オークションで最も有利な価格で経営を引き受けるものに自然独占の地位を与えよ，と提案した（Demsetz 1968を参照）。このような提案をどのように評価すればよいだろうか？

**3.** 2，3年前まではまだ，ドイツの通信市場を独占状態のままにしておくことが効率的であったのはなぜだろうか？　今日では競争という解決策を選択することができるが，それはどのような条件が変化したからなのだろうか？

**4.** マーストリヒト条約の128条に基づき，EU内の全地域で有効だった書籍の価格協定が，まもなく廃止される。署名活動を通して1000以上の作家や書籍の出版社が，この再販売価格維持の存続を訴えた。あなたは，EUに対してどのように書籍の価格協定の正当性を訴えればよいのだろうか？

**5.** 競争や効率性の見地から，郵政事業の「3分割」（郵貯，郵便，通信）を評価してみよう。

# 第5章
# 組織間関係としての組織

　競争的な関係の中に，様々な種類の組織間関係が存在している。企業は，他の企業に製品を販売し，顧客あるいは原材料をめぐって競争することもあれば，別の企業と提携し，一致して目標を達成することもある。後者のケースは，協調関係である。ここ数年で，共通の利害を追求するための協調関係が，ますます重要になってきている（シュラーダー［Schrader］1993を参照）。

　ここでは，**長期的で，契約に詳細な取り決めがなされており，かつ契約を解消することもできるような企業間の提携**を，協調と呼ぶことにする。協調とは資源結合の一形態であり，協調に参加するパートナーそれぞれの**法的な独立性**は保たれている。提携の種類や規模，契約を結ぶパートナーの権利や義務は契約上の取り決めの中で定められる。従って例えば，契約を結ぶパートナーの誰がどのような資源を持ち寄るのか，そして協調による収益について誰がどのような権利を持っているのか，協議して取り決められなければならないのである。

　効用極大化ないし収益極大化の仮定により，企業家あるいは企業は，提携しなければ得られないような効用ないし収益が期待できる場合にだけ，提携しようとするだろう。従って問題は，自社の内部で「単独で」財を生産する場合や，市場から財を購入してしまう場合と比べて，他の企業と提携して経済的な付加価値が期待できるのはどのような場合なのだろうか，ということである。ここでは新古典派経済学と新制度派経済学のパースペクティブに基づき，企業が提携関係によって(1) **市場支配力**を構築できるとき，(2) 取引費用あるいはエージェンシー・コストを節約することで，**効率性に関わるメリットを得られるとき**，(3) **市場支配力と効率性の双方の最適化が期待されるとき**，企業は協調関係を結ぶであろう，と仮定されている。

## ▓ 5.1 市場支配を目指した協調形態

　市場支配を目指した協調形態には，カルテルと，垂直結合とがある。

### 5.1.1 カルテル

　法的に独立した企業が，競争を制限し，市場支配力を高めるために協調することをカルテルという。ドイツでは，カルテルの形成は，1957年5月27日の競争制限禁止法

(GWB) によって制限されている。さらに，ドイツが国際経済にますます組み込まれていくにつれて，例えば欧州経済共同体創立条約（EWG－V）の85条と86条に基づきEUにおいて進められている，国家を超えた競争政策が重要になってきている。EUには，ドイツと（§1 GWB）と同じく，一般的カルテル禁止条項（EWG－V 85条 I）がある。この禁止条項には，とりわけ同調的行動の禁止（Verbot der Verhaltensabstimmung）（§25 I GWB）と推奨禁止（Empfehlungsverbote）（§38 I, Nr. 10-12 GWB）が含まれている。さらに，GWBもEWG－Vも，この一般的な禁止規制にいくつかの例外を設けている。以下の説明では，政府による立法に重点が置かれる。

原則的には，カルテルは禁止されている。とりわけ，価格カルテルと割当カルテルは，この原則的な禁止に当てはまる。**価格カルテル**は，価格の下限が設定される（最低価格カルテル）か，販売市場で同一価格をそのメンバーに義務づける（統一価格カルテル）かのいずれかである。価格を設定する場合には，しばしば最も非効率的なメンバーの生産コストが目安となる。これによって，競争がもたらす合理化圧力が排除される。他方で，これによって，長期的には当該部門にはるかに大きな損害を与える代替財との競争が促進されることになる。

**割当カルテル**は，価格によって競争を直接制限するのではなく，生産量と販売量を取り決めることによって間接的に競争を制限する。固定的な生産割当ないし販売割当を与えることにより，望ましいレベルで価格を維持する努力が行われる。その実例として，産出割当を制限して，価格の下落を阻止しようとした石油輸出国機構（OPEC）がある。この例はカルテル合意の有効性に内在する問題を示唆している。OPECのメンバーは，囚人のジレンマ（第1章5.2を参照）といえる状況にさらされた。個々のメンバー国にとっては，産出割当を守らない方が有利になる。というのは，この場合，追加的な売上はすべてがその国の利益になるが，供給増による価格の下落は，すべてのメンバーによって共同で負担されるからである。すべてのメンバーがそのように考えると，誰もカルテル合意を守らなくなるので，すべてのメンバー国に損害を与える供給過剰に陥る。従って，合意を守らないケースに対して，十分に厳しい制裁を加えると脅かすことができる場合に限って，カルテル合意は有効である。

社会経済全体の不利益を避けるために，多くの例外が法律によって認められている。これらの例外は，例えば，公益事業，農業などの個々の部門，カルテルのタイプによって決まるものである。適用除外となるカルテル（§§2-8 GWB）には，登録カルテル，異議申立期間を持つカルテル，認可カルテルがある。それらは図30のように要約される。

### 5.1.2 垂直的結合

垂直的結合とは，垂直統合による調整形態と，市場を通じて財・サービスを購入する形態との中間にある形態である（クニープス [Knieps] 2001, p.151）。企業間で，例えば生産者と小売店との間で契約による取り決めがなされる場合，垂直的結合が問

**図30 適用除外カルテル**

| 登録カルテル | 異議申立期間を持つカルテル | 認可請求権のある認可カルテル | 認可請求権のない認可カルテル |
|---|---|---|---|
| 規格・型式カルテル（§5, I GWB） | 条件カルテル（§2 GWB） | 高段階への合理化カルテル（§5, II und III GWB） | 輸入カルテル（§7 GWB） |
| 入札・原価計算基準カルテル（§5, IV GWB） | リベート・カルテル（§3, I GWB） | 国内競争に影響する輸出カルテル（§6, II GWB） | 不況カルテル（§4 GWB） |
| 国内競争に影響しない輸出カルテル（§6, I GWB） | 専門化カルテル（§5a GWB） | | 緊急カルテル（§8 GWB） |
| | 協調カルテル（§5b GWB） | | |

題となるのである。

　垂直統合と異なり，垂直的結合は市場の競争状態に影響を与える。ここではその例として例えば，競争制限禁止法§15に基づいてドイツにおいては出版物についてのみ認められている価格に関する垂直的結合が挙げられる。そこでは原則的に，価格決定あるいは取引条件について取り決めることは禁止されている。

　すぐ頭に思い浮かぶのは，垂直的結合が市場支配力を築くことに力を貸す，ということである。市場支配については，競争制限禁止法§19の中で規制されている。それによれば，市場を支配しているという立場を悪用することが禁じられている（§19 GWB S.1）。これは，様々なタイプの市場閉め出し策に関係しているのである。

　以下で垂直的結合の例に使われるのは，販売に関する垂直的結合である（ノイマン[Neumann] 2000, p.167以下を参照）。ある企業がある地域である特定の小売店にだけ製品を販売する権限を与える場合に，販売に関する垂直的結合が問題となる。逆に言えばこの小売店は，対抗企業の製品を販売してはならない。

　上で説明されたような状況を評価するために，2つの仮定が置かれる：

1. ある企業の垂直統合段階の総数は，生産の深度（Produktionstiefe）とも呼ばれるが，費用対効果の分析（Kosten-Nutzen-Analyse）の結果に左右される（コース[Coase] 1937を参照）。この分析によれば，競争があるケースでは，自製による限界費用が市場を通じて購入する取引費用よりも少なければ，その生産段階が統合されるという。

2. 企業を契約の束と理解することができる（アルシァン／デムセッツ [Alchian/Demsetz] 1972を参照）。このような理解から言えることは，非常に多くの生産段階の財を自ら自製する垂直統合された企業と，垂直的に結合している企業との間にはなんら相違がない，ということである。

このような観点から見れば，誰も垂直的結合に異議を唱えることはできないだろう。しかし，市場支配が現に存在し，その市場支配によって排他的結合が生じうる場合には，競争政策の観点から異議が唱えられることになる。このケースでは，搾取の危険が生じたり，あるいは第3者の自由な行動が制限されたりすることになる。

企業と小売店の間で価格に関する垂直的結合を利用することができるのは，収益をさらに増やすために独占的価格差別（monopolische Preisdifferenzierung）を行う場合である。このような独占的価格差別を行うためには，市場を分割できなければならないが，さらにこの分割された市場間での取引を禁止する市場障壁も重要である。小売店のケースでは，小売店が特定の領域について独占的販売権を持ち，かつその地域外での製品の販売が禁止されれば，その目標が達成される。その結果，この企業の製品は異なる地域で異なる価格をとることができよう。このような独占的価格差別は，様々な分割された市場で需要の価格弾力性が異なる場合に，常に意味のあるものとなる。その場合，需要の価格弾力性が最も低い市場に対しては，最も高い価格をつけることができる。これは，価格弾力性が低いため買い手は製品の代替となるものをほんのわずかしか持ちえず，その結果この製品を供給する人に依存してしまう，ということから説明できる。

このような観点から見れば，垂直的結合は否定的な評価を受けることになる。しかしながら競争を制限するという見方とは反対に，小売店にとっては，販売に関する結合を通して販売を促進するための対策や，その結果品質を高める対策をとるというインセンティブが生ずる。このようなインセンティブは，排他的結合から生まれたものである。ある特定の地域で製品を独占的に販売する権利を持つ小売店は，例えばそのことによって広告，あるいは品質保証に投資をすることができるのでる。

例えば連邦カルテル庁は，フォルクス・ワーゲンが契約工場と，販売に関して排他的に結合することを禁止する決定を下したが，このような決定が下されたのは，この排他的結合によってフォルクス・ワーゲン向け交換部品の供給者のうち半分が閉め出されたためであった（カメッケ [Kamecke] 1998, p. 154を参照）。連邦最高裁判所は，フォルクス・ワーゲンの契約工場に対する市場支配的立場については（GWB§26），この決定を追認したが，しかしながらこのようなデメリットを，排他的結合を通じて品質基準が高められるという事実と対比させた。連邦最高裁の見解によれば，品質の確保というメリットのほうが，競争を制限するというデメリットよりも大きいかったということである。

EUレベルでは，垂直的結合のための認可を得ることができる。これは，1962年2月6日の通達17/62号に従い，欧州委員会（Europäische Kommission）に届け出ること

を前提としている。その結果，申請にあっては，将来の継続的な監査を条件として，垂直的結合がもつ効率上のメリットを考慮した，欧州委員会によるコンフォート・レターが予定されている。

## 5.2 効率性向上を目指した協調形態

　市場支配を目指した協調形態が，競争相手や需要者に対して強い市場ポジションを築くこと，あるいは競争相手を閉め出したり，需要者に対して準独占的な地位を築くことを狙いとしていたのに対し，効率性向上を目指した協調形態については，情報の非対称性，特殊性や不確実性が原因で生じる契約相手の行動リスクを縮小させることが問題となっている。中程度に高い不確実性や特殊性のために枠組み契約を締結し，監視することによって発生する取引費用が，自製したりあるいは外部から購入したりする（3.3.2節を参照）場合よりも低い場合，一般的には自製による協調という形態が選択されるべきである。

　しかし，不確実性や特殊性が非常に高い場合にも，財・サービスの製造に関して協調的形態をとったほうがいい場合があるのである。

**リスク・シェアリングと不確実性の削減**

　協調によって企業のリスクが分散される。このことは，革新的な製品・製造技術への大規模な投資を行うさいに重要である。この例としては，4メガバイトのメモリーの開発のさいのジーメンスとフィリップスの協調や，256メガバイトのメモリーの開発におけるジーメンス，IBM，東芝の協調が挙げられる。

　チップの設計開発や，新しい製造プロセスの開発にかかるコストは，数十億ドルにも上る。協調して開発することで，このケースでは契約者それぞれが，この製品に対する自分の投資分を減らせるだけでなく，製品の市場への導入もうまくいくという見通しが高まる。なぜなら，最も強力な競争相手と共同で行われるからである（フランク／ユングヴィルト [Franck/Jungwirth] 1998）。もっとも，効率性の観点，あるいは市場支配の観点からそのような協調形態を積極的に評価することができるのかどうかは，経済政策的に見れば議論の余地がある。

　一方でのリスク・シェアリングという論点，他方での不確実性の削減という論点は，環境がますますダイナミックになっていることを考えると，特に重要であろう。財の市場，労働市場，そして情報市場はグローバル化している。その結果，従来からある市場，あるいはこれまで閉じていた市場に新たな競争者が参入してくる。売り手市場から買い手市場へと変化することによって要求水準の高まった買い手は，例えば長いリードタイム，あるいは注文が複雑になることで発生するインターフェース問題のような，組織的な機能不全をもはや容認しないし，競争が激しくなっているので，買い手はそれを無理に容認する必要もないのである。企業は競争相手にすばやく反応しな

ければならないので，質，量，期限，そして政治的，技術的パラメータの頻繁な変化を予測することは非常に困難になってきている。特殊な投資はますます価値がなくなるという危険にさらされており，それゆえ不確実性が低い場合よりも著しくリスクが高いのである。そのような環境におかれた企業は，かなり特殊な投資を行う場合には，これまで以上にリスク・シェアリングないしは不確実性の削減に努め，リスクに富んだ中核業務を外部のパートナーと協同で遂行するのである（ピコー1993，ピコー／ライヒワルト／ウィーガント2001，S.269を参照）。

### ノウハウ，資本と生産能力の限界の克服

企業がノウハウ，資本，もしくはその両方を十分に持ち合わせていない場合，あるいはその企業の生産能力が不十分である場合，自製としての財・サービスの生産，つまり垂直統合にとってこのような隘路が障壁となる。このようなケースでは，技術的に複雑で量的に膨大な業務は，それが特殊であっても，もはや1社だけで実施することはできないのである。その例としては，新世代メモリーや新しい基礎的テクノロジー（例えば遺伝子工学）が挙げられる。（例えば，上海のような大都市の地下鉄システムの生産と納入のような）大規模設備・システム事業に見られる，大規模プロジェクトも今ではもっぱら協調によって処理されている。リスク・シェアリングという論拠は，もちろんこの点でも非常に重要である。

### 情報交換における特殊問題

企業は，積極的に新しい製品，新しい生産プロセスあるいは新しい組織プロセスを追求することで競争優位を実現しようとしている。このような追求はイノベーション活動と呼ばれているが，結果的に情報を生み出すということでもある（これについてはフリチュ［Fritsch］1996，p.17を参照）。財としての情報には，その特性により特殊なルールが課されている。つまり，情報は内容を明かさない限り事前に評価することができないという困難さが付きまとうのである。アロー［Arrow］（1974）は，この特性を情報のパラドックスと呼んでいる。このような特徴のため，企業に競争優位を約束する情報は，モラル・ハザードの危険があるためスポット市場では決して取引できないことになる。スポット市場では決して行われない情報の交換は，協調協定を結ぶことで可能になる。

さらに別の特性として，ある種の情報はすばやく波及してしまうという可能性がある。それは正の外部効果，いわゆる波及効果（Spillover）をもたらすものである。波及するスピードがあまりに速いと，企業は情報を生産するためのコストをすべて負担しても，限られた範囲でのみしか優位性を生かせず，企業の情報生産のインセンティブは弱められるのである。ある分野に関心のある行為者同士で協調し，そのような情報を生み出すのなら，このような波及効果は内部にとどめられる。

しかしながら，いわゆる「粘着性の情報（sticky information）」（それについてはヒッペル［Hippel］1994を参照）と呼ばれるような，波及力を持っていないことが逆に特

徴であるような情報も存在する。例えば，その情報を利用するには特殊なノウハウや技術が必要であったり，あるいはそれが暗黙的な知識に基づいていたりするために，そのような情報も市場で交換することはできないのである。協調のフレームワークの中で長期にわたって協同で作業することでようやく，このような「粘着性の情報」を利用できるようになる。このことの根拠になっているのは，情報加工能力の上昇であり，コーエン／レビンサール [Cohen/Levinthal] (1989) はこれを吸収力（absorptive Kapazität）と呼んでいる。このような吸収力は，情報を同時に利用することが少ないばらばらの活動よりも，情報を協同して生み出すときに，学習効果により高められる，と考えられる。例えば研究開発のための実験室を協同で開設したり運営したりする場合，集約的な協調形態のほうが，あまり集約的でない協調形態（例えば長期的な供給契約）よりも好まれる理由として，吸収力の上昇が挙げられるかもしれない。というのも，ある協調する領域に関して自分の情報加工能力が上昇するほど，財・サービスを自製するといって脅すことができるようになり，協調相手のモラル・ハザードの危険も少なくなるし，協調相手に対する依存度つまりホールド・アップの危険も低くなるからである。

以下では様々な協調形態が紹介されており，それらの協調形態が，情報の非対称性，不確実性や特殊性から生じる契約相手の行動リスクを，どのようにして取引費用ないしエージェシー・コストがかからないように扱うのか，といったことが説明されている。そのさいここでは，単純な効率性追求型協調形態と，複雑な効率性追求型協調形態が区別されている。

### 5.2.1 単純な効率性追求型協調形態の選択

企業間の組織形態の効率性は，とりわけ協調関係にあるパートナーが持ち寄る資源の特性によって決まる（この点と以下の記述についてはディートル [Dietl] 1993b, 1995を参照）。この関連で最も重要な特性あるいはメルクマールは，資源への依存性，資源の潜在力，及び資源の柔軟性である。

資源は，それを他の企業の資源と結合させて利用すれば，単独で利用するよりも多くの産出物を生み出す時に，**依存的**であるという。また資源は，他の様々な資源がその資源に依存しているならば，その資源は，**潜在力**があることを意味する。一方の協調パートナーが依存的ではあるが潜在力のない（つまり依存されることのない）資源を持つ場合，彼は相手に一方的に依存することになり，自分の協調相手に脅されるかもしれない（ホールド・アップの危険）。資源の利用法と範囲を判定することが非常に難しい場合，それは**柔軟な**資源であるといわれる（アルシャン／ウッドワード [Alchian/Woodward] 1987, p.117参照）。このケースでは，協調関係に柔軟な資源を持ち込んだ協調相手を監視するさい，高いコストがかかることになる。この場合柔軟な資源の持ち主は，例えばわずかしか財・サービスを提供しなかったり，あるいは粗悪な財・サービスを提供したりするという形で協調相手を犠牲にすることもできてし

まうのである（モラル・ハザードの危険）。柔軟な資源の例としては，特殊なノウハウ，ある協調相手を経由してのみ使える取引関係，あるいはそれを利用するために特殊な人的資本を必要とする，非常に複雑なテクノロジーなどが挙げられる。資源の依存性，資源の潜在力，資源の柔軟性を組み合わせることで，組織デザインへの様々な提言がもたらされる。この提言は図31にまとめられている。

### 5.2.1.1 ライセンス供与

ライセンス供与とは，ライセンサーが開発した製品を生産する権利，あるいはある一定の手法を利用するための権利を，ライセンシーに移転することである。ライセンスの供与が考えられるのは，ライセンサーが，例えば生産設備や資本の不十分さのために，すべてを自分だけで実行することはできないが，例えばブランドネーム，特許権のような非物質財に対して明確に定義されたプロパティー・ライツを持っている場合である。そのようなプロパティー・ライツは，財を生産したり，あるいはテクノロジーを利用したりするのに使うノウハウないしは知識が伝達可能である場合，すなわち明示的な知識が問題になる場合にのみ，明確に定義することができる。ライセンス供与が効率的であるための前提条件としてさらに重要なのは，ライセンスの利用法から，ライセンサーの犠牲をもたらすかもしれない行動の余地が生じえない，ということである（モラル・ハザードのリスクの**不在**）。というのも，製品の普及というメリット，ライセンス料収入というメリットとならんで，ライセンスを与えられた製品とライセンサーのレピュテーションの損害にも目が向けられる必要があるからである。

ライセンサーは，ライセンス契約においてライセンシーがどのように，どの範囲でライセンスを与えられた無形財を利用するのかを規定する。通例，供与されたテクノロジーに対してはまったく特定の利用方法しか認められない。例えば，ライセンシーはふつう，ライセンスを第3者に移転してはならず，また一定の品質基準を維持しなければならないし，さらに一定量の生産だけが認められているのである。その上ライセンサーは，そのライセンスを用いて生産された財の価格決定権を確保することで，ライセンシーの経営政策に対してかなりの影響力を及ぼすことになる。

ライセンシーは自分のノウハウを作らなくなるだけ，ライセンサーに経済的に依存するようになる。このことで，ライセンス契約を解約するないしは契約をもう延長しないぞとか，ライセンシーの競争相手にライセンスを供与するぞとか，あるいは今後ライセンスの形でこれ以上新しいノウハウを利用させないぞ，などといって脅す可能性が出てくる。その結果ライセンス供与による協調形態はホールド・アップのリスクを生じさせるものとなるが，効果的なレピュテーション・メカニズムがあればそのリスクは制限される。なぜなら，ライセンサーは，ライセンシーになろうという意思のある企業を必要としているからである。ライセンス供与は，しばしば市場への俊敏な対応を可能にする。とりわけ制度的条件や消費者の動向がよくわからない，あるいは貿易障壁のある海外市場では，ライセンス供与は自分の製品を市場に浸透させるのに

**図31 単純な効率性追求型協調形態**

| | | 企業Aの資源 | | |
|---|---|---|---|---|
| | | 依存的 | 潜在力はあるが柔軟性は低い | 潜在力があり柔軟性が高い |
| 企業Bの資源 | 潜在力があり，柔軟性が高い | Aにとってモラル・ハザードの危険が存在する(Bがどのように資源を利用するかを監視できない)<br><br>Aにとってホールド・アップの危険が存在する(Aの資源はBの資源に依存している)<br><br>解決策：<br><br>資本参加のより強力な形態としての多数持分(おそらく買収とか合併)<br><br>企業Bに加えて，少なくとも1つのそれ以外の企業との長期的な供給契約 | Aにとってモラル・ハザードの危険が存在する(Bがどのように資源を利用するかを監視できない)<br><br>相互に依存しあっているので，ホールド・アップの危険はない<br><br>解決策：<br><br>BがAに資本参加する | 持ち込まれた資源を監視することができないがゆえに，両者ともに強いモラル・ハザードの危険が存在する<br><br>相互に依存しあっているので，ホールド・アップの危険はない<br><br>解決策：<br><br>ジョイント・ベンチャー |
| | 潜在力はあるが，柔軟性は低い | Aにとってホールド・アップの危険が存在する(Aの資源はBの資源に依存している)<br><br>解決策：<br><br>有効なレピュテーションメカニズムを組み込んだ上で，BがAにライセンスを供与する | 両者ともにホールド・アップの危険ならびにモラル・ハザードの危険はない<br><br>「解決策」：<br><br>低い取引費用の下で共通の関心を遂行するための協調形態としてのコンソーシアム | Bにとってモラル・ハザードの危険が存在する(Aがどのように資源を利用するのかを監視できない)<br><br>相互に依存しあっているのでホールド・アップの危険はない<br><br>解決策：<br><br>AのBに対する資本参加 |

出典：ディートル1995, p.580を修正

有効な方法となる。従って，ライセンシーがライセンサーに依存していることをいいことに，ライセンサーがあまりにもつけ込みすぎると，公平なライセンサーというレピュテーションを傷つけることになる。それゆえ，例えばライセンサーが，ライセン

シーの競合を抑制するためライセンス供与に限度を設ける，ということを契約で確約し，ライセンシーに譲歩することも考えられるのである。

## 5.2.1.2　ジョイント・ベンチャー

　ジョイント・ベンチャーの場合，協調パートナーは，共同プロジェクトの実施のために，法的に独立した1つの共同企業体を設立する。その会社には，パートナー双方が平等に参加するのが通例である。このような，契約的に制約の多い形態の共同作業が考えられるのは，双方のパートナーが柔軟で潜在力の高い資源を持ち寄り，自由裁量的に行動する余地が大きく生じてしまう場合である。この場合，彼らは，相手が持ち寄った資源を共通プロジェクトのために本当に利用しているかどうかを判断することができない。例えば，ニューデリーにおいて発電所を共同で建設し，共同で運営する，インドのエネルギー・コンツェルンとヨーロッパのエネルギー・コンツェルンとの協調の事例がある。インド人の協調パートナーは，現場についての知識を持っている。彼は語学に堪能であり，市当局の特性を熟知している。それに対してヨーロッパ人の協調パートナーは，技術的ノウハウに精通している。協調パートナー双方とも，相手の情報や仕事の内容が正しいことに依存しているが，しかしながら相手の報告が正しいかどうか知ることはできないのである。例えばインドのエネルギー・コンツェルンが発電所の建設という仕事を固定価格で委託し，技術的情報などの資源が市場を通して交換されるようになると，ヨーロッパ人の協調パートナーは必ず，取り決められたよりもわずかな情報の提供で済まそうとするインセンティブを持つだろう。というのも，例えば質の悪い情報を提供することから生ずるコスト優位は，彼の貢献度が低いことから発生する損失の責任を彼に負わせることができない，あるいはそれが非常に難しいがゆえに，全面的に彼の利益になってしまうからである。それに対して，共同企業体において集中的かつ継続的に行われる共同作業は，適切なインセンティブを与え，相互に監視し，コントロールし，制裁を与える可能性を生み出す。なぜなら，パートナー双方が共同で資本参加しており，それゆえ共同の成果に対して大きな関心を持っているがゆえに，そのことによってあらゆる種類の機会主義に脅かされることがなくなるからである。ここでは契約デザインが重要となってくる。

　ジョイント・ベンチャーはとりわけ，テクノロジー的に非常に複雑でもはや1社だけでは処理できないような領域，大規模な研究開発のリスクないし資金面の負担をいくつかの引き受け先に分担させなければならないような領域で生ずる。航空宇宙産業やマイクロ・エレクトロニクス産業での研究開発に関わる協調がその典型的な例であり，そこではどの企業も膨大なノウハウをジョイント・ベンチャーに持ち込むのである。

　さらに，かつての東欧圏と西欧圏の企業間で，または上述のような先進国と第3世界の企業間で行われる協調にとっては，ジョイント・ベンチャーは非常に重要である。それらのジョイント・ベンチャーは，リスク分担のために，あるいは法的強制または経済的強制に基づいて形成される。旧東欧諸国の開放以来，西側の企業と東側の企業

とのジョイント・ベンチャーの数は激増した。例えば，1990年には旧ソ連には1200の共同企業体があった。それが1993年末には，すでに25,000になった。中華人民共和国では，1979年には，188だったジョイント・ベンチャーの数が，1993年末には30,000以上に増えたのである（ラフェー／アイゼレ［Raffëe/Eisele］1994を参照）。

### 5.2.1.3　コンソーシアム

コンソーシアムまたは共同プロジェクトは，たいてい期間の限定されたドイツ民法上の組合という形で形成される。そのさい，コンソーシアム・メンバーは経済的にも法的にも独立したままである。コンソーシアムでは，メンバーは，明確に限定された1つまたはいくつかのプロジェクトを共同で実行する義務を負う。コンソーシアムによって資源関連的なシナジー効果が現れるとともに，大規模プロジェクトに伴う1人ひとりの協調パートナーのリスクも小さくなる。このようなケースでは，共同で利用すれば大きな利益をもたらすと同時に，容易にコントロールすることが可能であるような資源をメンバー企業が使えるという，相互の依存関係が存在するので，比較的柔軟な提携の形態であるコンソーシアムが，効率的な協調形態となるのである。

大規模な建設プロジェクトの共同事業体はその典型である。そこでは，契約パートナーそれぞれが担当した部分の仕事の質や，例えば建設機械のような，共同使用に持ち込まれた資源の利用に関しては，比較的容易に監視できる。銀行も，例えば，巨額の信用を供与するとか，有価証券の発行のために，しばしばコンソーシアムを組む。コンソーシアムという形での企業提携のその他の例は，しばしば情報・コミュニケーションの領域で見られる様々な標準化の試みである（ピコー／ライヒワルト／ウィーガント，2001，p.285を参照）。

### 5.2.1.4　資本参加

資本参加とは，相手企業の資本の会社法上の持ち分を持つことである。企業経営に対して影響力を行使する可能性，利潤の分配に対する請求権，企業が解散した場合の清算による分配に対する請求権及び資本持ち分の額面分の損失に対する責任が，資本参加に伴っている。この資本参加は企業経営の重要な道具になっている。それは，リスク分散や資本投資のための手段として実行される。それは，パートナーが自社との取引において特殊な投資をしなければならず，ひいては，自社に依存するようになる場合に，協調関係を保護するのに役立つ。このようなケースでは，依存関係を機会主義的に利用しない（ホールド・アップの危険がない）という，依存される側のパートナーによる信頼を受けるためのシグナルとして，資本参加が用いられるのである。

しかしながら，一方の協調パートナーが持ち寄る資源が，他方の協調パートナーが持ち寄る資源よりもコントロールしやすい場合にも，資本参加は良い解決策となる。というのもそのとき，より自由裁量の余地をもたらす資源を持ち寄る方が有利な立場に立つからである。ここから生じうるモラル・ハザード問題を制限するために，資本参加は利害を一本化させるための道具として効果的であり，コントロールしやすい資

源の所有者にとってそれは，彼の協調パートナーが今ある情報の非対称性を利用して彼を犠牲にしない，というシグナルとして利用されるのである。従って，資本参加は，特殊な投資に伴うホールド・アップの危険性と情報の非対称性に伴うモラル・ハザードの危険性の双方を防ぐ道具なのである。一方的依存関係なのか，相互依存関係なのかによって，または一方にとってのみ情報上の不利があるのか相互に情報上の不利があるのかによって，機会主義のリスクを少なくするための手段は一方的資本参加であったり，相互の資本参加であったりする。

### 5.2.1.5 デュアル・ソーシング・オプションを持つ長期供給契約

　資本参加と同じように，長期供給契約も，垂直的供給関係において発生するホールド・アップ問題を処理するための解決策となる。サプライヤが，すすんで特殊な物的資本投資や人的資本投資を行えるように，彼らにはある種の保証が提供されなければならない。そのさい，例えばいわゆるライフサイクル契約のような長期供給契約がしばしば結ばれる。この場合，買い手は生産期間中，必要とされる構成部品の特定の部分をそのサプライヤから購入することを保証する。例えば，航空機メーカーは，照明システムのメーカーにある型の航空機のための照明設備の一部をそのメーカーに注文することを保証する。

　部品サプライヤとの長期供給契約は，ある1人のサプライヤ（シングル・ソーシング）とも，2人のサプライヤ（デュアル・ソーシング）とも，あるいは何人かのサプライヤ（マルチ・ソーシング）とも締結されうる。デュアル・ソーシングによる長期的な供給契約は，資本参加と同じくモラル・ハザード問題の処理にも適しているが，しかしながら，問題解決のアプローチの点で資本参加とは異なっている。資本参加が，契約パートナー間の利害を一本化するのに対し，デュアル・ソーシング・オプションを持つ長期供給契約は，情報の非対称性を削減させるのである。情報の非対称性は，少なくとも2つのサプライヤが競争相手に対する生産コスト面での優位性を主張し，競争することによって削減されるのである。このことをはっきりと示すために，次にシングル・ソーシングを，デュアル・ソーシングないしマルチ・ソーシングと比較してみよう。

#### シングル・ソーシングとデュアル・ソーシング

　アメリカでは，長期供給契約は，たいてい簡単な入札によって与えられる。すなわち，部品を提供するすべての潜在的サプライヤは計画原価計算に基づいて入札するように求められる。応札の中から最も有利なものが選択され，そのサプライヤがすべての注文を受ける。シングル・ソーシングの場合に，基本的変形の問題が生じる（これについては3.3.2.3節を再度参照せよ）。事前には特殊でなかった初期の状況から，サプライヤの選抜と発注を経て，事後的に特殊な財・サービスの提供関係が生まれ，その財・サービス関係の潜在的な危険性は，供給契約の継続とともに増大する。というのも，サプライヤにとっては，たとえ彼の応札がはじめは損失をもたらしても，最初

の応札で競争相手よりも低い売値を申し出ることで,「事業を買う」という強いインセンティブが働くからである。提携の間に,あるいは製品を改良していくうちに,そのサプライヤは,後に他のサプライヤへの切り替えを阻止するような特殊な能力を手に入れる。そのような状況のもとでは,サプライヤは,さもなければ下請けを維持できないという言葉を信じさせて,価格を上げることもできるのである（ウォーマック／ジョーンズ／ルース［Womack/Jones/Roos］1990, p.140以下を参照）。従って,ここに取り扱いが困難なホールド・アップ問題が生じるのである。

例えば,ドアの錠を生産しているサプライヤであるキーケルト（Kiekert）は,1998年6月,自動車の完成車メーカーであるフォードと対立して評判になった。キーケルトは表向きはソフト・ウェア上の問題があると言って,2日半にわたり,フィエスタ（Fiesta）とプーマ（Puma）の生産に必要なドアの錠を製造しなかった。その結果フォードの製造ラインは滞り,3600台の車両について期限通りに引き渡せなかったのである。どうやら,キーケルトは,付帯注文の条件を改善するために,圧力をかけようとしたと思われる。フォード側の売り上げ減少は,フォードの試算によると100万マルクに達するとされた（以上のことについては南ドイツ新聞（Süddeitsche Zeitung）1998年6月8日を参照）。

サプライヤが製造する部品に必然的に適応した後で,長期契約の間に引き起こされた価格変化が実際のコストの変化と一致しているかどうか（モラル・ハザードのリスク）を買い手がもはや判断できなくなる状態は,ホールド・アップの問題へと導く。このようなシングル・ソーシングの問題は,たいていの場合,当該部品を内製するという帰結をもたらしていた。しかしながら,価値形成プロセスの柔軟性が問題になる場合はどうだろうか。需要が後退したとき,自社での生産を打ち切ることは,独立のサプライヤと手を切ることよりも難しい。複数の買い手と取引をしている独立したサプライヤは,需要変動に対処しやすいのである。

それゆえ契約の締結後,買い手の資源依存にサプライヤがつけ込むことを妨げるために,すべての部品について,少なくとも2人のサプライヤと取引する（いわゆるデュアル・ソーシング）が買い手にとっては賢明である。これによって供給を停止するという脅迫の可能性がなくなり,それとともにホールド・アップのリスクが減少するのである。加えて,サプライヤ間の財・サービスを直接比較すること（ベンチマーキング）が可能になるので,第1に,情報の非対称性が減り,第2に,機会主義的行動のインセンティブが少なくなる。サプライヤたちがいかなる協定も行わないとすると,モラル・ハザードの問題も減少するのである。

さらに,このシステムは,生産のインセンティブを高めることになる。デュアル・ソーシング・システムが典型的に見られる日本の系列関係は,その例である。サプライヤのうちの1人が,品質と高い信頼度の点で優れていると,さらに複雑な部品を発注されるという形で報酬を受ける。例えば,自動車産業ではこのようにして,タコメーターのサプライヤはコックピットのサプライヤに昇格できる。逆に,品質に問題があったりいい加減だったりするサプライヤは,格下げされることになる。

デュアル・ソーシングの場合，2人のサプライヤに割り当てられる生産量は，シングル・ソーシングの場合の生産量より少ないので，規模による費用逓減のメリット（規模の利益，学習効果）が放棄され，その結果単位コストが相対的に高くなる。結局，デュアル・ソーシングが割に合うのは，インセンティブ構造とコントロール構造の改善による取引費用の節約が，生産の分割がもたらす追加的コストよりも大きい場合だけである。規模の効果が取引費用の節約よりも大きいならば，シングル・ソーシングのリスクは，資本参加によって小さくできることもある。この場合，依存関係の脅威は，規模による費用の逓減を放棄して2人のサプライヤと契約する代わりに，この買い手がサプライヤの企業に資本参加することによって小さくできる。こうすることで，インセンティブ構造の改善と規模の利益が同時に実現されるのである。情報の非対称性が大きいため，提供される財・サービスの価格や品質に関して買い手がまったく判断できない場合，デュアル・ソーシング・オプションを持つ長期供給契約のほうが，資本参加よりも好まれるだろう，と考えられるのである。それに対して，期限が厳密に定められているが，品質的にも価格的にも十分に判断できる財・サービスの提供が問題となり，さらに言えば規模の利益が実現可能である場合は，たいてい資本参加が有効な解決策であるといえる。

### 5.2.2 複雑な効率性追求型協調形態

#### 5.2.2.1 協同組合

協同組合は，複雑な協調形態の1つである。協同組合の経済的意義は，酪農業の例で明らかにできる（ボーヌス [Bonus], 1986参照）。牛乳生産には規模のメリット（規模の経済）が働くので，各地域の牛乳生産工場が1つだけならば，有利に操業できる。牛乳生産工場は，周囲の農場から牛乳を集めて利用する。酪農家は，人，家畜，物への投資を回収するために，搾った牛乳を毎日2回，適切な価格で地域の牛乳生産工場に売らなければならない。酪農家は，すでに述べた規模の経済と製品が腐敗しやすいという理由から，牛乳を長い間貯蔵したり，輸送したり，他の牛乳生産工場に売ったり，あるいは自分で加工したりできないので，地域の牛乳生産工場に売るしかない。このような依存関係は，もちろん一方的ではなく，相互的でもある。周囲の農場から定期的に牛乳を購入する場合に限って，その地域の牛乳生産工場も投資を回収できるからである。

このような状況には常に，取引パートナーの一方が，自分に有利なように牛乳の価格を変えようとする危険がある。あらゆる不測の事態を見越した長期売買契約は，不確実性のために，解決策とはならない。取引パートナーは，必ずしも将来起こりうるすべての展開を知らないので，その契約は必然的に不完全なものにとどまる。このため，牛乳生産工場も周囲の酪農家も依存している供給関係の継続性は危険にさらされている。問題は，このような場合に垂直的統合を行うことが効率的かどうかである。例えば，牛乳生産工場は，周囲のすべての酪農家を買い占めて，その酪農家を従業員

として雇用することもできる。

　このような解決策の障害となるのは，農業に特徴的な経験に裏打ちされ，かつ季節と場所の特別な関係に関連する（特異な）知識である。特異な知識は，実践的経験から得られる。それは多様であり，言語でも伝達できない。従って，酪農家の従業員の業務上の意思決定を，公式の指図によって集権化することはできない。それぞれの従業員は，できるだけ高い収益を生み出すために，どんな措置を採るべきか，日々その場で自ら意思決定しなければならない。このような意思決定は大部分，意思決定者の個人的経験に基づいて行われるので，ほとんどコントロールすることができない。それゆえ，酪農家が独立したままで，彼の意思決定のすべての結果に自ら責任を負う方が効率的になる。従って，垂直統合は効率的な協調形態とはいえなくなる。こうして酪農家と牛乳生産工場双方の特殊な投資を守り，同時に酪農家の独立性を維持するような組織形態を見つけなければならないことになる。このような両者の要求を満たすのが協同組合にほかならない。協同組合は，そのメンバーが協同組合の取引パートナーであるという特徴を持っている。メンバーは，協同組合に必要な資本を提供する。この資本の持ち分は変更できない。協同組合を脱退する者は，出資金を限度としてそれを返してもらえる。脱退する場合に出資金の返還を留保することで，長期的なメンバーシップへのインセンティブが形成される。協同組合における議決権は，たいてい出資金ではなく，頭数によって規定される。

　従ってこの例では，牛乳生産工場を協同組合として組織するのが効率的である。存在する依存関係は，今や協同組合のメンバーとなった酪農家によって内部化される。同時に，彼らの独立性は依然として守られている。もっとも，協同組合の設立が効率的なのは，外部依存関係の内部化によるコストの節約が，内部依存関係の発生によって生じる追加費用を上回る場合だけである。外部依存関係と内部依存関係の間には，その純効果が特にメンバーの数に依存するトレード・オフの関係がある。他の事情が等しければ，協同組合のメンバーの数が少ないほど，その組合のプロパティー・ライツは集中し，メンバー間の社会的コントロールがうまく働くので，内的依存関係が減少する。農業協同組合においては，それぞれが他のメンバーの個人的事情を知っており，自分が期待すべきことを心得ている。協同組合のメンバーが多くなると，このようなメリットはなくなってしまう。

　農業のほかにも，地方のエネルギー産業，卸売業の大部分，及びホームセンターは，協同組合として組織されることが多い。そしてまた，農業信用金庫や信用組合，及び新聞社が創設したアメリカ連合通信社（AP）は登録協同組合である。さらに，アメリカのナショナル・バスケットボール協会（NBA），ナショナル・フットボール・スポーツ・リーグ（NFL），ナショナル・ホッケー・スポーツ・リーグ（NHL），アメリカン・スポーツ・リーグとナショナル・スポーツ・リーグ（AL, NL，どちらも野球）は，チーム・オーナーの協同組合的な連合体である（それについては5.3節を参照）。

#### 5.2.2.2　フランチャイズ組織

　フランチャイズとは，規模の経済を利用し，機会主義的行動の余地を狭め，フランチャイズ・チェーン全体の適応を容易にさせる助けとなる，法的に独立した経済行為者の間の協調形態である。ファーストフード・チェーンと自動車ディーラー，ガソリンスタンド，ブティック，ホテル・チェーン及びレンタカー業などは，フランチャイズ契約によって組織化されることが多い。セブンイレブンや，マクドナルドがよく知られた例である。

　フランチャイザーとフランチャイジーの関係は，次のように組織化される。すなわち，フランチャイザーは，保護されたブランドネームや特定の事業システムを，厳しい規則を守りながら企業家的に利用するライセンスをフランチャイジーに与える。フランチャイジーは，フランチャイザーの名声やフランチャイザーの大がかりなキャンペーンから利益を得るし，またフランチャイザーは，フランチャイジーのモチベーションやセルフ・コントロールから利益を得る。一見したところ，単純なライセンス購入のように見えるが，ここには多くの経済的リスクが含まれている（例えば，ピコー／ヴォルフ［Picot/Wolff］1995を参照）。以下においてまず，フランチャイズという関係のデザインのためにどのような要因を考慮すべきか，検討してみよう（内部領域）。次にフランチャイズというシステムを採用することが，その他の組織形態に比べてなぜ効率的なのだろうか，と問うてみよう（外部関係）。

**フランチャイズ・システムの内部関係の効率的デザイン**

　フランチャイザーがフランチャイジーを選ぶとき，すでに逆選択のリスクが生じている。さらに，契約を結んだ後に，モラル・ハザードのリスクが存在する。というのは，フランチャイザーは，確かにフランチャイジーの売上高（売上の数字）を観察できるが，ブランド全体ないしそのフランチャイズ・チェーンのよい名声の維持や推進に対する貢献は観察できないからである。例えば，マクドナルドのフランチャイジーは，プリンシパルに知られることなく，サービス，衛生及びサービスの品質といったことを節約することができる。フランチャイジーの立場から見れば，そのような行動は，少なくとも，短期的には，まったく合理的だろう。とはいうものの，エージェントとしてのフランチャイジーはそれによってブランドネームの名声を損ない，フランチャイズ・チェーン全体に損害を与えるのである。フランチャイジーがみなこのように振る舞うと，このフランチャイズ・チェーンは崩壊する。それゆえすべての関係者は，そのようなフリーライダーから身を守ることに関心を持つのである。

　これらの2つのリスクは，潜在的なフランチャイジーが，「人質」を出すよう，つまり取引に特殊な投資をするよう義務づける契約を締結することによって，小さくすることができる（クライン／レフラー［Klein/Leffler］1980を参照）。そうすると傾向として，自分が行ったインプットを経済活動の成功で回収する自信のある「良い」志願者だけが応募するという，自己選択のプロセスが進行する。しかも，フランチャイズ・チェーン自体が損害を受けると価値を失うような，引き返すことのできない投資

は，利害を一本化させ，モラル・ハザードのリスクを小さくする。例えば，マクドナルドのフランチャイジーは，ふつう「ハンバーガー大学」と呼ばれるマクドナルドのトレーニング・センターに通い，マクドナルドのレストランのアシスタントとして比較的長期間にわたって無報酬で働くことで，特殊な人的資本を獲得するよう義務づけられている。このフランチャイジーは，このような投資に合意することで，すでに事前に，自分の経済的成功を信じているし，長期的な提携に関心があるというシグナルを送るのである。

　サービス提供の長期的なインセンティブを高めるためには，利潤を自分のものにする権利に加えて，将来の売り上げを増すために行った長期的な投資の譲渡権をもエージェントに譲る必要がある。これは，例えば，フランチャイズのライセンスに市場性をもたせるようにデザインすることによって行われるかもしれない。過少投資を早期に発見するためには，他のフランチャイジーによる社会的コントロールも有効な道具であるといわれている。そのようなコントロールは，規則的なミーティングやトレーニングによって推進される。最後に経営データの比較も，フランチャイザーが有効なスクリーニングを行うための道具であるといわれている。そのような比較は，いろいろなフランチャイジー間だけでなく，フランチャイジーとそのフランチャイザーの直営店との間についても意味のあるものである（ピコー／ヴォルフ1995を参照）。

　ところが，フランチャイジーの投資の価値は，フランチャイズ・チェーンの成功やフランチャイジーの個人としての努力に依存するばかりでなく，同時にフランチャイザーの裁量的な行動にも左右されている。フランチャイジーはまた，自分がホールド・アップのリスクにさらされていると考える。というのは，フランチャイザーは，フランチャイジーが投資をした後で，ライセンスを剝奪したり，彼のすぐ隣の店にもう1つのライセンスを与えたりすることができるからである。この場合，フランチャイザーは，フランチャイジーの売上高から分け前を受けとる一方で，追加的な加盟料をも得るであろう。このようなリスクは，フランチャイザーが自分の名声に依存する点があることで制約されている。彼は，フェアな協調パートナーであるという名声がなければ，新たなフランチャイジーを得られないのである。

　フランチャイズ組織は，もともと一方的な依存関係を複雑な相互依存関係に変えるものであるということができる。フランチャイズ組織の効率性にとって重要なのは，相互依存のバランスである。すなわち，例えば，フランチャイジーが，ブランドネームに「あまりに多くの」投資をしなければならなくなると，ホールド・アップのリスクが，モラル・ハザードと逆選択のリスクを抑えるために受け入れる限度を超えるので，このフランチャイズ・チェーンは競争力を失う。例えば，マクドナルドのフランチャイジーが特殊な人的資本への投資のほかに，建物や室内装飾にも資金を出さねばならないとすると，バランスを失うであろう。そのバランスをとるためには，相互依存をその事業あるいはその事業分野の特殊な条件に適合させねばならない。

　協同組合と同じく，フランチャイズ組織にも垂直統合に比べて明らかにインセンティブのメリットがある。フランチャイジーは相対的に独立性が高いので，ブランド

特有の品質基準を維持したり，望ましい売上高をコントロールしたりするコストが下がる。そういった市場経済的なインセンティブを与えるというメリットに加えて，フランチャイザーは，フランチャイジーのあらかじめ定められた意思決定については（例えば，室内装飾，価格政策）中に入り込んでコントロールできるので，部分的な統合による調整のメリットもある。

　こうして，フランチャイザーは，フランチャイズ全体にわたって，効率性を高めるようにフランチャイズ・チェーンとしての調整を行う権利を持つことが多い。例えば，マクドナルドがその商品群を消費者の健康意識の高まりに合わせたいと思うなら，このフランチャイザーは，フランチャイジー全員にそれに応じた変革を強制できるはずであろう。同じことがクレジット・カードの導入とか，販売促進政策の強制にも当てはまる。これらの意思決定がそれぞれのフランチャイジーの個々の計画に委ねられるならば，規模の利益が犠牲になるだろう。この場合，市場的調整は階層組織による選択的な介入よりも劣っている。ところが，将来は不確実であるためフランチャイズ契約は不完全なものであり続けるので，フランチャイザーが，階層組織的に介入する権利を機会主義的に行使する危険性がある。長期的で集中的なフランチャイズ関係とともに，公正なフランチャイザーであるという名声が危うくなることも，このようなリスクを小さくするものである。図32は，フランチャイザーとフランチャイジーのインセンティブとコントロールの具体的なツールをまとめている。

**図32　フランチャイズ関係の構成要素**

| 契約の当事者 | | ツールの効果 |
|---|---|---|
| フランチャイザー | フランチャイジー | |
| 利潤への残余請求権 | 利潤への残余請求権 | 短期的利害一本化 |
| 営業権あるいはライセンスの譲渡可能性 | — | 長期的利害一本化 |
| 外部との競争（ローカル） | 外部との競争（チェーン全体として） | 長期的インセンティブのデザインあるいは利害一本化 |
| ベンチマーキングチェーン内部の競争 | — | モニタリングと利害一本化 |
| フランチャイザーのコントロール権 | — | モニタリング |
| フランチャイザー仲間によるコントロール | — | モニタリングと利害一本化 |
| — | フランチャイジーの業界団体 | モニタリングと利害一本化 |
| 特殊な投資（人質） | 特殊な投資（人質） | 利害一本化とインセンティブの設定 |
| — | 名声（人質） | 利害一本化とインセンティブの設定 |

出典：ピコー/ヴォルフ1995, p.234

#### フランチャイズと他の組織形態の効率性比較

　ラフォンテーン（1992, p.270）が，アメリカのデータを用いて示しているが，その地方特有の理由で成功が危ぶまれる場合には，フランチャイザーは直営店を設立するよりもフランチャイジングを好む。これらの場合には，現場でのノウハウが特に重要なのである。同様の議論は協同組合についても行った（5.2.2.1節を参照）。現場での（特異な）知識は，プロパティー・ライツを現場の決定機関にできるだけ帰属させる時にはじめて，効率的に展開され，投入される。本部によって完全に管理された直営店は，十分に情報を持っていない本部に企業家的な責任と意思決定権を委ねるため，非効率的になると思われる。そればかりでなく，遠隔地にあるため本部が末端の業務を直接監視するのが難しくなる場合には，フランチャイジングが好まれること，またそのフランチャイジーは，フランチャイザーの直営店より小さくなる傾向がある，ということをラフォンテーンは示している（ラフォンテーン 1992, p.278を参照）。

　従って，ローカルな現場のノウハウが重要であり，モニタリングが困難で，相対的に小さな事業だけが予定されている場合には，フランチャイジングが効率的な組織形態となる。

　ところが，このような条件を満たしている企業が，必ずしもすべてフランチャイジングをしないのは，なぜだろうか。例えば，ホームセンター業界におけるマックス・バール社とOBI社や，冷凍食品宅配のボフロスト社とアイスマン社のように，なぜ，同一の市場に異なる形態に組織化され，しかも同じような規模と収益性を持った企業が長期にわたって共存するのであろうか？

　経営者労働市場の差別化が，経験的に観察されるこのような事態をわかりやすく説明してくれる。まずフランチャイズのオーナー経営者と直営店の経営者とは経営者としてのタイプが異なると仮定しよう（この点と下記の点について詳しくはピコー／ヴォルフ1995, p.223以下を参照）。

　従って，2つのタイプの経営者，すなわち，フランチャイジー・タイプの経営者と直営店タイプの経営者が存在する。フランチャイズ企業は，特にフランチャイジー・タイプの経営者を労働市場で求める。その説明によれば，組織形態の選択とその形態に合った経営者の探索は労働市場のボトル・ネックに依存するが，このボトル・ネックは，競争会社の戦略によって根本的に影響を及ぼされる，あるいは部分的に引き起こされるともいえる。そこで，同質的でない，ローカルな労働市場を考えてみよう。例えば，競合する直営店が**直営店タイプの経営者**をすでに労働市場から引き抜いていると，他の企業が同じセグメントで有能な経営者を獲得するのは比較的高くつくことになる。そのような理由から，この企業は今もなお市場で十分に供給されている他のタイプの経営者によって（少なくとも）同じアウトプットを産み出すような組織形態を探すのである。とはいえ，そのシステムは，首尾一貫していなければならないので，ここに，経営者のインセンティブ・システムだけでなく，組織形態全体も，直営店システムと異なるものになる。

　フランチャイズという組織形態は，経営者労働市場での競争において差別化するた

めのツールであると考えられる。このような差別化が行われているからといって，ある組織形態が他の組織形態より効率的だとは言えない。むしろフランチャイジーと直営店は部分的に異なるインプットによって同じアウトプットを産み出せる機能的等価物であるといえる。このことはなぜ多くの企業がフランチャイジーという組織形態を選択しているのに，他の企業は直営店システムを選んでいるかを説明してくれる。

### 5.2.2.3　ダイナミック・ネットワーク

ダイナミック・ネットワークとは，複数の中小企業が経済的な適応力を改善するために協調する連合体である（マイルズ／スノウ［Miles/Snow］1984, 1986を参照）。予期せぬ需要の変化に適応するという問題は，専門化が進み，迂回生産の長さが増すとともに重要になってくる（第1章2.1を参照）。ダイナミック・ネットワークは経済的には，先物市場や保険市場がない状況の中で不確実性を克服するための効率的な形態として正当化される（この点及び以下の論述についてはディートル1993a, pp.191-197を参照）。

どのような目標をどのような資源を用いて，どのように達成するかについての意思決定は，通常，1つの計画にまとめられる。事前的には，互いに両立しない計画は確かにたくさんあるが，互いに両立しない計画はすべて競争によって退けられる（制度の代用物としての競争の役割については第1章5.4を参照）。計画の修正が大きなデメリットをもたらさずに行われる限り，非常に多くの計画の失敗は，問題とはならない。

ところが，迂回生産を長くしてその実り豊かさを実現するためには，長期の経済計画が立てられねばならない。専門化のメリットと迂回生産とを同時に利用するとすれば，結果として数年間にわたる開発・生産サイクルないし，引き返すことのできない投資，すなわち，代替的使用目的が極めて狭いような投資を行わねばならない。このような場合，予期せぬ需要変動及びそれに伴う計画の修正は資源配分の効率に深刻な影響を与える。そこには，投資の瓦礫の山という形で，資源の無駄遣いの危険性がある。競争が現物市場だけで行われる限り，競争は，資源配分の道具としては役に立たない。競争は先物市場まで拡大されねばならない。

企業は先物市場において，いわゆるヘッジ取引（リスク回避のための防御策）によって，価格や利子や通貨の不確実性及びその他の市場化可能なリスクを投機家に移転する。不確実性のリスクを投機家に移転すれば，これまでそのために企業の内部におかれていた資源を他の目的にまわすことができる。さらに，投機家は，個々のリスクを集めて，リスク全体を減らすのに貢献するであろう。保険市場にもまたこのリスク統合と呼ばれる原則があるし，その効果は，専門化のメリットと結びついてでばかりでなく，特にリスク分散のメリットと結びついて，発揮されている。ここで，分散とは個々の致命的な打撃による経済的負担を複数の人々に振り分けることを言うのである。

しかし，先物市場と保険市場は，品質が標準化されやすく，コントロールしやすい

経済財（逆選択やモラル・ハザードの危険性はそれほどない）についてだけ存在するので，以下においては，先物市場と保険市場が存在しないにも関わらず，すでに述べた専門化，リスク統合，リスク分散のメリットをどのように利用することができるかを示してみよう。

　企業は，不確実性を専門的に処理する1つのツールである。雇用契約では，雇用者は所得の不確実性を引き受ける。これによって，確かに専門化のメリットとリスク分散のメリットは実現されないが，リスク統合のメリットは実現される。リスク統合による不確実性の減少は，「独立した活動に見られる個々の逸脱を傾向的に補填する効果」（ブリュームレ［Blümle, G.］1980, p.260）に基づいているのである。

　専門化，リスク統合，リスク分散による不確実性の効果的な処理は，自立的に意思決定している複数の企業が協調する連合体を前提にしている。そのさい，個々の企業の事業分野が小さいほど，専門化，リスク統合，リスク分散のメリットはそれだけ大きくなる。他方，このためにもはや手に負えないほど多くの依存関係が生まれるが，この依存関係を個々の企業が調整しようとすると，ほとんど解決不能の問題に直面する。

　このような場合には企業間の調整という課題を専門とする中央本部に委ねるほうがよい。図33が示しているように，協調連合体のメンバー同士は，直接的にではなく，中央本部を介して間接的に互いに協調する。これで，必要とされる協調関係の数は

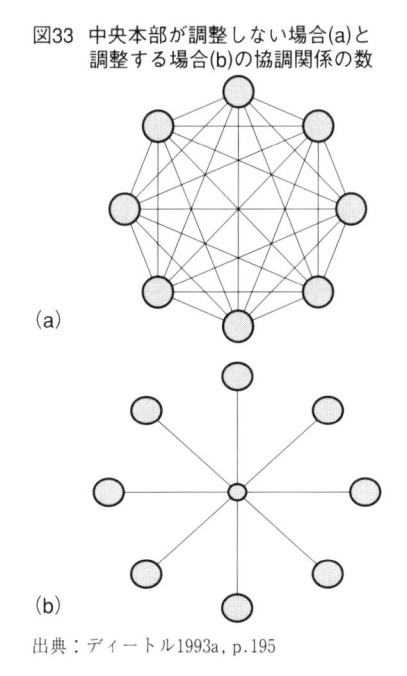

図33　中央本部が調整しない場合(a)と調整する場合(b)の協調関係の数

(a)

(b)

出典：ディートル1993a, p.195

$0.5 \cdot n \cdot (n-1)$ から $n$ に減る。

　個々の企業と協調契約を結んでいるダイナミック・ネットワークの中央本部，いわゆる中核企業は，絶えず最新の環境に適応し，また協定が守られるようモニターすることによって，既存の依存関係を効率的に調整するよう配慮する。この中核企業は，保険の機能をも引き受けられるので，リスク分散の原則によって特殊性の高い投資をしやすくする。このような投資は，結局は，ネットワーク全体の競争力を改善するが，個々の企業にとってはあまりに予測不可能で手を出せない種類のものである。最後に，中核企業は，例えば，中央でマーケティング活動を行い，共同調達を行い，またサービス職能を引き受けることによって，さらに規模の利益を実現する。

　ダイナミック・ネットワーク内の個々の企業は，独立性を維持しているので，先に述べた規模の利益や専門化及びリスク分散のメリットとともに，リスク統合のメリットも利用できる。例えば，その中核企業は，仕事を割り振るさいに，個々の操業の変動をバランスさせる。その上，完全な統合とは異なり，取引費用的に決定される企業の効率性境界を侵すこともないし，競争的な財・サービス提供のインセンティブを下げることもない。ネットワークの中のどの企業も，取引相手を自分で選択できる。価格メカニズムは機能し続けている。ここでは協調関係と競争関係が共存しているので，ネットワークは，まさにダイナミックな産業部門で効率的な組織形態である。

　ネットワーク・メンバー間の相互依存関係が強いので，非協調的行動の危険性は比較的わずかなままである。どの企業も中核企業と同じように，名声を損なうというリスクを持っている。極端な場合には，経済的に相当な不利益をもたらす，協調連合体からの排除という脅しがかけられる。無視すべきでないのは，提携によって生じているネットワーク文化の持つ統合的効果であろう。

　ダイナミック・ネットワークの典型的な例は，ベネトン社であるといわれている（これについては，ジャリロ／マルチネッツ［Jarillo/Martinez］1988，ロレンツォーニ／バーデン＝フラー［Lorenzoni/Baden-Fuller］1995を参照）。イタリア北東部のトレヴィーゾにある中央本部が，全世界にわたって配置されている独立性の高いブティックと現代的な情報・コミュニケーション・システムによって結びつけられている。これによって，需要動向がごく初期の内に知られ，同じく独立性の高いデザイン会社に伝えられる。そのデザインは，CADやCAMテクノロジーを用いて作られるが，中核会社は，それをさらに最もコスト的に有利なメーカーに転送する。そのさい，染色のような流行に依存する工程は，できるだけ後の方に回すというように組織化されている。

　さらにもう１つの例は，アメリカのおもちゃメーカー，ルイス・ゲループ・トイ社である。この会社は，1980年代の半ばに，たった115人の従業員で約6,000万ドルの売上高を達成した。ここでも，独立したデザイナーに開発が委託されている。このおもちゃの生産を引き受けているのは，中国の協調パートナーであり，このパートナーは自ら中核企業として，その受注の大部分を中国の奥地にある小企業に転送している。そこで完成した商品はアメリカに到着するとすぐに，独立した代理店によっておも

ちゃ屋やデパートに売られる。請求書についてもルイス・ゲルーブ・トイ社自身が関わるのではなくて，取り立て代理業者に委ねている。この例では，中核企業は，調整機能だけを引き受けている（ウィルソン［Wilson］1986を参照）。

マイルズ／スノウ（1995）によれば，ダイナミック・ネットワークは，組織形態の長期的な発展プロセスにおける中間段階にすぎない。彼らは，ダイナミック・ネットワークと異なり，中核企業の役割をもはや固定しないようなネットワークをこの連続的な発展の最終段階と呼んでいる。注文を受けたそれぞれのネットワーク企業は，中核企業になり，他のネットワーク企業を調整する。

マイルズ／スノウは，このようなコンセプトをテクニカル・コンピュータ・グラフィック社（TCG）の事例を用いて例証している（この点についてはマチュース［Mathews］1994も参照）。TCG社はEDPサービスを専門とする，オーストラリアの24の中小企業集団である。このグループは全体で200人の従業員を持ち，年間4,300万米ドルを売り上げている。このグループに属している会社はすべて特定のEDPのアプリケーションとか特定の領域の情報テクノロジーに専門化している。これらの会社は，経済的・法的にかなり独立しており，TCGはダイナミック・ネットワークという形に組織化されている。個々の会社は，ネットワークの外部から受注し，それをたいてい姉妹会社との下請け契約という形で処理する。この受注したネットワーク企業は中核企業となり，その他のネットワーク企業を調整する。外部グループに対しては，TCGは均一構造を持つ一体的な企業として振る舞う。すなわち，下請け契約関係は外部からは見えない。このような企業グループがこれまで特に成功した理由は，このグループが企業間のネットワーク関係を管理するために効率的な制度を開発できたからである。この「組織間統治構造」の基本的要素として以下のものが挙げられよう。

*1. 双方向的契約によって調整される独立したネットワーク企業*
　　ここで個々のネットワーク企業間の相互の資本参加の可能性は除外されていない。
*2. 契約締結のさいのグループ企業の相互優遇*
　　TCGグループに属さない企業との契約締結は依然として可能である。
*3. ネットワーク企業間の競争を制限*
　　このルールによってネットワーク企業間の信頼の基礎が築かれる。
*4. 相互に搾取しないこと*
　　ネットワーク企業は，グループ企業との取引から利潤を出そうとはしない。それに応じて相互のサービス関係は，コスト契約に基づいて処理される。
*5. ネットワークの弾力性とグループ企業による事業の自律性の保護*
　　グループ企業は，外部パートナーとの契約締結や，新しい事業分野を開拓するために他のパートナーの同意を求める必要はない。
*6. ネットワークの民主的構成*
　　企業グループ全体の所有者，持ち株会社，中央計画委員会のようなものは存在しない。企業間に成立している事業関係がネットワークを結びつける。

7．ルールを守らないとネットワークから排除される。
　　この排除という制裁の可能性があるために，メンバー企業は確実にルールを守る。
8．新参企業のネットワークへの参入
　　新参企業のネットワークへの参入は歓迎されるのが通例であり，また望ましい。このルールによって，ネットワークはさらに拡大し，永続的に自己革新することができる。
9．企業のネットワークからの脱退
　　いかなるメンバー企業も意志に反してネットワークにとどまる必要はない。脱退はいつでも可能である。
10．個々のネットワーク企業と外部の第三者との関係
　　どの企業も自分のサービスを市場で提供できるので，ネットワーク内部の下請け契約だけに頼っているわけではない。これによって，ネットワーク企業間に元請け－下請けの階層関係が成立しなくなる。

　ここに挙げられたTCGの骨格についての10種類のルールは，ネットワーク内で提携がどのように調整されるのか，についての例となっている。そのような一連の規則を経済学的な観点から批判的にであっても考察することは，ぜひとも必要であろう。例えば，ネットワークのパートナーたちは，ネットワーク内の企業とすでに面識があり，それによって逆選択のリスクが比較的低いという理由から，外部の協調パートナーよりも協調パートナーのほうを優遇する。また，レピュテーションを損なうような情報はすばやく広まるので，モラル・ハザードのリスクは格段に低くなる。従って，ネットワーク・パートナーの相互優遇に関する明確な取り決め（規則2）は必要ない。それに対して，ネットワーク企業の間で競争を制限するという規則3は，ネットワーク企業間の競争が絶え間ない進歩を必然的にもたらし，他の市場にある企業との競争力を確保してくれるという点から見れば，ネットワークの長期の存続を保証するものではないのである。マチュース（1994）によれば，これらのルールは決して明示的に示されたことはなく，実践のプロセスにおいて進化的に暗黙の内に形成されたのである。

### 5.2.2.4　系列

　系列とは，日本に典型的な，産業を超えた企業間協調である。今日の系列組織の大部分は19世紀にまでさかのぼる（この点と以下については，スュドウ［Sydow］1991を参照）。明治期に日本の開国の過程において，政府は，国営企業を創設して日本の工業化を促進した。そしてそれに続く民営化の波が，いわゆる財閥というファミリー・コンツェルンの形成の基礎を創り出した。最も重要な財閥企業は，中心にある持株会社の傘下に統合されていた。さらに多くの資本参加を通して，3つの有名な財閥ファミリー（三井，三菱，住友）は，第2次世界大戦が始まるまでに，個々の産業において50％以上の市場シェアを獲得しただけでなく，国や政府に対して大きな影響

力を及ぼすようにもなっていた。

　第2次大戦後，財閥はアメリカの独占禁止政策の影響のもとで解体された。もっとも，この独占禁止政策の成果は，このコングロマリットの法律上の解体でしかなかった。日本のエリート経営者たちの人的関係は，ほとんど無傷のままだったのである。

　従って，日本の事情をよく知る者は，旧財閥に似た企業協調が戦後急速に形成されたことにほとんど驚かなかった。1947年に独占禁止法が施行されてまもなく，旧財閥出身の経営者たちは，社長会と呼ばれる定期的会合において，解体された財閥構造を系列組織の形で復活させる準備をはじめていた。

　現在日本には，日本企業の総利潤の約25％を占める6大系列がある。旧財閥（三井，三菱，住友）と，三和，第一勧銀及び芙蓉がそれである。それ以外にも，東海銀行，日本興業銀行を中心に形成された2つの中規模の系列組織がある。[1]

　図34の三菱グループの例が示しているように，系列グループの中核は——旧財閥と同じように——銀行，商社，及びメーカーから成っている。それら中核企業は，それぞれが異なる産業部門に属しながら株式の相互持合によって結合している20から30の企業とともに，100社にも及ぶ企業で構成される系列グループの中の小集団，いわゆる金曜会を形成している。この金曜会に属している系列企業の社長は，伝統的な社長会で今日でも定期的に会合し，情報を交換したり，経営政策を調整したりしているのである。

　個々の金曜会メンバー企業の下にはさらに一連の関連企業が大きな集団を形成している。

　系列グループは，人的関係だけでなく，とりわけ金融的，経済的結合関係で支えられている。その場合，相互の株式所有は，一見したところでは比較的わずかである。例えば，東京三菱銀行は，三菱重工業の株式の4～5％しか所有していない。逆に三菱重工業による東京三菱銀行の株式所有は3～4％である。株式の相互持合は，2者間のレベルでは影響力を持たないが，系列グループ全体で見ると重要になる。三菱グループでは，他の金曜会メンバーの持つ資本持ち分を合計すると20％以上になる。それ以外の系列メンバーの持つ資本持ち分を合わせると，さらに値は大きくなる。それにも関わらず，系列メンバーの意志決定の自律性は保たれている。旧財閥とは異なり，そこには統一的なコントロールがない。競争力もかなり保持されている。どの系列企業も，同じ系列のメンバーを取引相手として優先的に選択するけれども，そうしなければならない義務はない。ある系列企業は，他の系列のグループ・メンバーに供給したり，あるいはそこから財・サービスを受けたりすることができる。

　系列全体において中心的な位置を占めるのが系列銀行である。系列銀行は，系列メンバーに必要な資金やサービスを提供し，必要な環境への適応措置やリストラクチャリングの措置の実現に配慮する。系列企業の倒産は，系列全体の威信の失墜とみなされる。企業が経済的困難に陥るとすぐに，系列銀行が必要な信用の保証を引き受ける。このことは，他の銀行にとって，苦境にある企業の背後に系列全体が控えているというシグナルとして役に立つ。このような状況では，系列外の銀行が当該企業に信用を

図34 三菱グループの系列構造

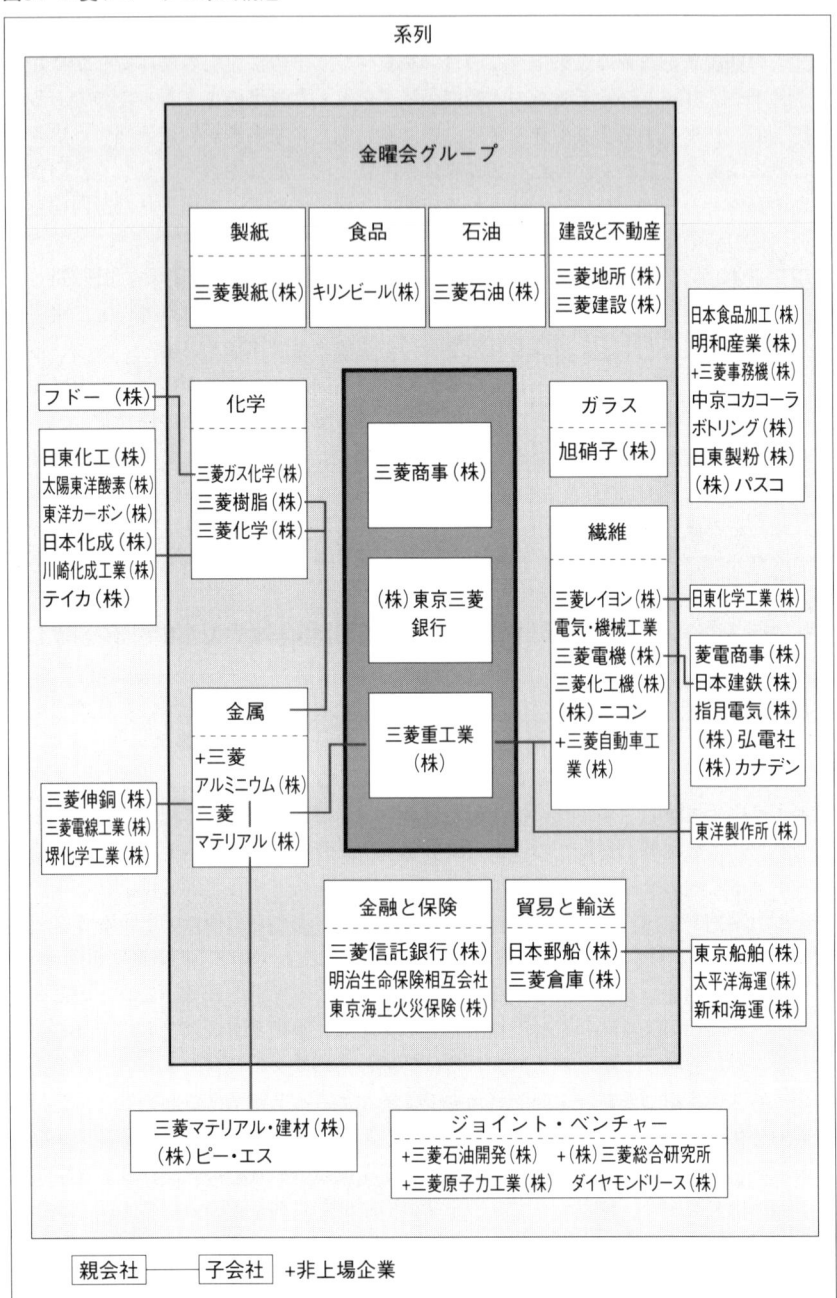

```
系列
┌─────────────────────────────────────────────────────┐
│  金曜会グループ                                      │
│  ┌─────┬─────┬─────┬──────────┐                    │
│  │製紙 │食品 │石油 │建設と不動産│                    │
│  │三菱 │キリン│三菱 │三菱地所(株)│                    │
│  │製紙 │ビール│石油 │三菱建設(株)│                    │
│  │(株) │(株) │(株) │          │                    │
│  └─────┴─────┴─────┴──────────┘                    │
└─────────────────────────────────────────────────────┘
```

【金曜会グループ内】

- 製紙：三菱製紙(株)
- 食品：キリンビール(株)
- 石油：三菱石油(株)
- 建設と不動産：三菱地所(株)、三菱建設(株)

- 化学：三菱ガス化学(株)、三菱樹脂(株)、三菱化学(株)
- ガラス：旭硝子(株)
- 繊維：三菱レイヨン(株)
- 電気・機械工業：三菱電機(株)、三菱化工機(株)、(株)ニコン、+三菱自動車工業(株)
- 金属：+三菱アルミニウム(株)、三菱マテリアル(株)
- 金融と保険：三菱信託銀行(株)、明治生命保険相互会社、東京海上火災保険(株)
- 貿易と輸送：日本郵船(株)、三菱倉庫(株)

【中央コア】
- 三菱商事(株)
- (株)東京三菱銀行
- 三菱重工業(株)

【系列（金曜会外）】

フドー（株）

日東化工(株)
太陽東洋酸素(株)
東洋カーボン(株)
日本化成(株)
川崎化成工業(株)
テイカ(株)

三菱伸銅(株)
三菱電線工業(株)
堺化学工業(株)

日本食品加工(株)
明和産業(株)
+三菱事務機(株)
中京コカコーラボトリング(株)
日東製粉(株)
(株)パスコ

日東化学工業(株)

菱電商事(株)
日本建鉄(株)
指月電気(株)
(株)弘電社
(株)カナデン

東洋製作所(株)

東京船舶(株)
太平洋海運(株)
新和海運(株)

三菱マテリアル・建材(株)
(株)ピー・エス

ジョイント・ベンチャー
+三菱石油開発(株)　+(株)三菱総合研究所
+三菱原子力工業(株)　ダイヤモンドリース(株)

凡例：親会社──子会社　+非上場企業

出典：ドッドウェル・マーケティング・コンサルタント [Dodwell Marketing Consultants] 1994

与えることが容易になる。危機的状況にある系列企業の経営者が適当な期間内に問題の克服に失敗すると、この経営者は、系列銀行の圧力で、そのためだけに専門化した危機管理者に取って替わられる。このようにして、系列内の必要な構造変革は、銀行を介して行われるのである。

ほとんどの系列では、総合商社も重要である。総合商社は、最終生産物を販売することによって顧客と直接接触し、このようにしてすべての市場情報を直接手に入れる。商社内部で戦略的に利用されるこのような情報によって、商社は製品開発を効率的にコントロールできる。その上、総合商社は、しばしば系列内部でのテクノロジーの移転、新企業の設立、あるいは大規模プロジェクトの実行を調整する。

先に説明したように、系列内部では、完全な統合によって重要な市場支配力や競争力を失うことなく、規模の利益を（例えば資金調達部門、戦略的計画の部門などにおいて）実現できる。系列という協調形態の効率性に影響を与えている重要な要因は、明らかに、アメリカと比べて貧弱な日本の資本市場である。日本の資本市場は、株式会社の経営者の行動を規制する働きが比較的弱い。例えば、日本では、企業買収のための市場はないに等しい。アメリカの経営者は、株主の利益のために行動しなかったり効率的に管理しなかったりすると、企業が買い占められて彼が解雇されるはめになることを心配しなければならないが、日本の経営者はこのような危険にさらされていない。資本市場の重要な機能を引き受け、かつ所有と経営の人的分離と結びついた問題を抑制する代替的な組織形態が系列によって形成されたことは、まさにこのような理由から理解できるのである（これについての詳細は、6.2における企業形態の議論とディートル1998を参照）。

### 5.2.2.5 LBO（レバレッジド・バイアウト）企業

LBO企業は、1960年代と70年代における巨大企業の多角化傾向に対する回答として、特にアメリカで生まれた。事業部制組織（6.3.2節を参照）の導入とともに、企業規模が著しく拡大した。厳しい反トラスト法によって、企業経営者には垂直的・水平的方向での成長の可能性がかなり限られていたので、企業の成長、拡大のためには、多角化、すなわち無関連分野への進出しか残されていなかった。多くの企業の経営者は、事業範囲の拡大とともに、人的資本がさらされているリスクの削減と正のシナジー効果の実現を期待した。

多くの場合シナジー効果は現れなかったので、企業内部の多角化によるよりも、株式市場を通した分散投資によって投資リスクをより容易に最小化できる株主から見れば、獲得した価値よりも失った価値の方が大きかった。多くの企業買収によって成立したコングロマリットは、一般に独立の個別企業に比べて効率性の点でかなり劣っていた。その結果、コングロマリットの清算価値は多くの場合その継続価値よりも高くなり、ゆえに、コングロマリットをリストラクチャリングしたり解散したりする経済的インセンティブがあった。コングロマリットのリストラクチャリングや解散によって、企業は本業に集中し、使われなくなった資源は、全体経済にとってより有効に利

用されることになる。

　図35は，LBO企業の構造を示している。LBO企業の所有者は，いわゆるLBO専門家と買収基金に代表される機関投資家（投資基金，保険会社，年金基金など）である。LBO専門家と機関投資家との間には，信託関係がある。LBO専門家は，投資家に代わって資金を管理する。LBO専門家は，適当な買収候補を選定し，それを買占め，リストラクチャリングする。

　大規模なコングロマリットは，高い株式価値を持つことが多いので，それを買収するためには，大量の資金が必要になる。この資金を調達し，加えてそれなりのレバレッジ効果を上げるために，買収資金の大部分は外部調達される。これによって自己資本利益率が高められるだけでなく，高い他人資本比率が，自由に使えるキャッシュ・フローのエージェンシー・コストをも下げる（ジェンセン1986参照）。他人資本比率が低ければ，エージェントとして行動している企業経営者は，一般に，得られたキャッシュ・フローを企業に容易に再投資し，それを自分自身で利用できるようにしておける。自己資本出資者は，たいてい，確実性という理由や非課税のキャピタル・ゲインを得る見込みによって，キャッシュ・フローを留保するために配当金の形でのそれの支払いを放棄するよう説得される。それに対して債権者は，定期的な利子の支払いや借入金返済の形で，キャッシュ・フローの一部を企業から自動的に取り上げる。これによって経営者の機会主義的な行動は有効に制限される。買収受け皿企業の資本構成は，ふつう次のようになっている（グレープナー［Graebner］1991参照）。

　　最優先信用　　　　　　50〜55％

**図35　LBO企業の構造**

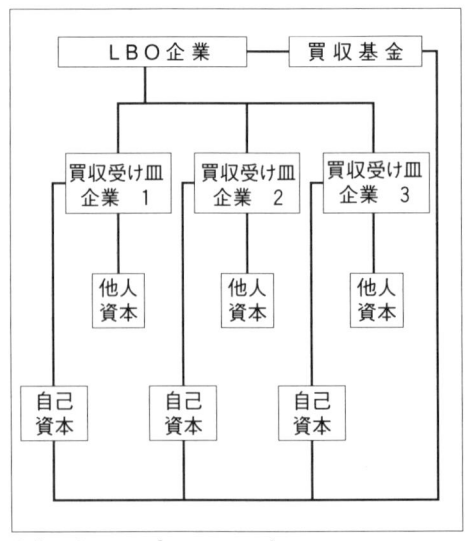

出典：ジェンセン［Jensen, M.C.］1989, p.69

| メザニン資本 | 30〜35% |
| 自己資本 | 10〜15% |

　最優先信用は銀行に与えられる。最優先信用は，支払不能の場合には，この債権者に他の債権者よりも優先的な地位を保証する。いわゆる「メザニン」資本は，支払不能の場合に，当該債権者への返済が自己資本出資者より先になるが，最優先信用の債権者より後になる，という特徴を持っている。例えば，ジャンク・ボンドと呼ばれる利回りが高いがリスクも多い債権は，このメザニン資本の1つである。

　プリンシパル・エージェント問題を減らすためのもう1つの措置として，買収後に新たに指名された買収受け皿企業の経営者は，当該買収受け皿企業の平均以上の自己資本持ち分を取得させられる。このようにして，買収受け皿企業の経営者は，たいてい微々たる自己資本持ち分しか所有していない「通常の」企業の経営者よりも，市場価値を目指した企業経営により大きな関心を示す。

　借入金を返済するための1つのやり方は，買収後すぐに，本業と無関係で経営上必要のない資産の大部分を清算することである。もう1つは，買収の受け皿となった企業をリストラクチャリングし，経済的に健全化した後に，それを株式市場で売却して利益を得るやり方である。買収から株式市場で再び売却するまでの期間は，多くの場合4年から6年である。

　世界で最も知られたLBO企業は，コールバーグ・クラビス・ロバーツ（KKR）である。それは，1989年にRJRナビスコを，それまでの最高の249億ドルで買収することに成功した。KKRのポートフォリオの概略は図36に示される通りであるが，ここでは少数参加を除いている（アンダース［Anders］1992参照）。

　アメリカにおけるLBOの波は，1990年代のはじめにはひとまずおさまった。それは，乗っ取りに対する多くの対抗手段（議決権の制限，多数議決権，「ポイズン・ピル」など）に加えて，アメリカの多くの州で乗っ取りに不利な判決と立法があったからである（詳細はジェンセン1989を参照）。他方でこれは，LBO企業の破産が増加した結果とも解釈できる。

　若いLBO企業が資金調達できるためには，その会社は，少なくとも1つの買収成功例を示さなければならない。買収が成功的に行われるほど，当該LBO企業の名声は高くなるので，次の買収のための新たな資本を調達しやすくなる。そのため，新設のLBO企業は，他のLBO企業との競争において，法外な買収提案を提示するようになる。新設のLBO企業は，買収に成功すれば，競争に必要な名声を勝ち取るが，失敗すれば破産に追い込まれる。LBO専門家のごく一部しか自己資本を調達しないので，彼らは破産のリスクより名声による利潤のチャンスを重視する。その結果，買収価格は過度に上昇し，破産率が増加するのである。

図36 コールバーグ・クラビス・ロバーツ(KKR)のポートフォリオ(少数参加を除く)

| 企　　業 | KKRの持ち分（%） | KKRの役員数（全役員数） |
|---|---|---|
| Safeway | 67 | 5 (9) |
| RJR Nabisco | 50 | 8 (15) |
| Stop & Shop | 59 | 5 (6) |
| Owens-Illinois | 29 | 6 (9) |
| Fred Meyer | 52 | 3 (7) |
| Duracell | 52 | 4 (7) |
| Hillsborough Holdings | 82 | 5 (9) |
| Union Texas Petroleum | 39 | 4 (13) |
| AutoZone | 53 | 4 (7) |
| World Color Press | 57 | 4 (9) |
| K-III Holdings | 88 | 4 (7) |
| Marley | 81 | 6 (13) |
| Idex Corp. | 32 | 5 (9) |

出典：アンダース[Anders] 1992, p.85

## 5.3 市場支配的にも効率性的にも説明可能な協調形態としてのプロスポーツ・リーグ

　プロスポーツ・チームのスポーツ・リーグほど，経済行為者が組織ルールをデザインすることで市場支配による利益と同時に効率性による利益をも達成することができることを明確に示している例はめったにない（以下の説明について詳細はフランク1995a，1999を参照）。「スポーツ・リーグ（連盟）」という協調形態が特異であることを理解するために，さしあたりスポーツ・リーグという組織構造の基本要素を簡単に見てみよう。そこでは，参加しているクラブがすべて同等の発言権を持っていることが重要である。それに続いて，市場支配の観点からも効率性の観点からも説明できる，このようなスポーツ・リーグ内部での合意メカニズムからいくつかの帰結を例示的に示してみよう。

　この説明を現実に即したものとするために，創立以来純粋な私企業として運営されているアメリカのスポーツ・リーグを紹介する。現在，制度的な大変革のさなかにあるドイツのスポーツ・リーグは，伝統的に国家によって奨励され，保護された協会組織（Verbandsorganisation）として扱われていることからかなり特異であり，ここでは必要に応じて言及するにとどめる（これについてはフランク1995a，フランク／ミュ

ラー［Franck/Müller］1998，フランク1999とディートル／フランク／ハーザン
［Dietl/Franck/Hasan］2004を参照）。

## 5.3.1 スポーツ・リーグという組織構造の基本要素

　スポーツ・リーグとは，選手権を開催するために，いくつかのクラブが協調した組織形態である。クラブは，そのようなスポーツ・リーグにチームを資源として拠出している。クラブは，単独でゲームを開催することはできない。また，選手権を開催するにはチーム数が2つでも不十分である。つまり，数多くのゲームが続いていく中で，個々のチームの相対的地位が確定され，チャンピオン，すなわち1位のチームが決められるという点に，まさに選手権の特徴がある。「選手権」という生産物は，アルシャン／デムゼッツ（1972）の見方からすれば，典型的なチームによる生産物であるといえる（それについては3.3.1.3節を参照）。彼らがチーム生産を問題にするのは，共同で産出するプロセスからのアウトプットが参加者それぞれの貢献量すべてを単に加法的に，合計したものではなく，参加者が単独で個別生産することに比べ，共同生産による付加価値の意味でのチーム効果が現れる場合である。このような付加価値は，「選手権」という生産物が持つ特殊な性質に反映されている。すなわちその特殊な性質とは，数多くのゲームが選手権の行方と関連していることで，選手権が競争的な性格を帯びてくる，というものである。このような競争的性格が独特の緊張感を生み出し，それによって個々のクラブが勝手にゲームをするよりも，多くの観客を楽しませることができるのである。このような性質にとって決定的となる基準は，選手権の結果がわからない，という点にある。各クラブの戦力があまりにも違っている，あるいは競争という前提が操作されているという理由で，最初から勝者が確定しているなら，競争の中で「フェアな態度でプレーする」という性格が選手権からなくなってしまい，観客にとってほとんど魅力のないものになってしまうのである。

　アメリカのスポーツ・リーグの制度は，このようなチーム生産が持つ問題に対処したものであるということができる。そこではクラブは，細かい権利をいわゆるコミッショナー，あるいはスポーツ・リーグ会長に譲り渡している。コミッショナーの仕事は，ルールの実施，スポーツにおけるフェアさの維持，そして選手権の評判を上げることにまで至っている。従ってコミッショナーは，アルシャンとデムゼッツの言葉を使えばモニターである。彼は「監視者（Aufpasser）」として，個々のチームの機会主義的行動（規則違反，商業主義，スポーツマンシップに反する行動）がチーム生産物に損害を与えることを妨げているのである。

　アルシャン／デムゼッツ（1972）の論理展開にこだわるなら，スポーツ・リーグにおけるモニタリングが，なぜ本来的な意味での企業にまでならなかったのか（この議論についてはフランク1995a，p.113を参照），と問えよう。その場合に生まれる組織構造は，企業としてのスポーツ・リーグであり，そこではクラブは，例えば法的に独立していない事業部門として運営されることになる。もっとも，このような組織構造

が効果的に,「フェアな」競争が行われていることの市場へのシグナルと解されることはないだろう。というのも,この所有制度では,最上位のモニターに,部門の事業運営に関する残余介入権（residuale Eingriffsrechte）を保証しているからである。それゆえ企業としてのスポーツ・リーグは,このような残余介入権に反して,コンツェルンの意図を知らず,それゆえそれを監視することもできない観客に「侵害しない」というシグナルを送るという問題に必ず直面することになる。この場合は,所有権のうちの残余介入権を放棄し,クラブを企業としてのスポーツ・リーグに統合させないほうが適切なのである。簡単に言えば,選手権の価値を生み出している競争を保証し,競争しているというシグナルを送るという点で,企業化は頓挫してしまうのである。

それゆえ,アメリカのスポーツ・リーグにおけるモニタリングのコンセプトは,コミッショナーの介入権を選択的にのみ与えるというものである。それはもっぱら,ルールの実施,フェアな精神の維持,ブランドの保護に向けられている。ここで,フランチャイズ・システムと類似性が思い浮かばれよう。というのも,フランチャイザーも同様に,ブランドのレピュテーション管理の専門家という役割を演じているからである。OBIあるいはマクドナルドも,契約上保証された介入権を通して,製品構成やブランドのデザインを全体的に適応させるときには,法的に独立したフランチャイジーを「標準化」しているし,品質やサービスに関してレピュテーションを損なうほど節約することを妨げてしっかりと（streng）ブランドを保護し,十分熟慮された制度的手段を用いて制裁を与えるのである（5.2.2.2節を参照）。アメリカのスポーツ・リーグは,決定的な点で適切でないにも関わらず,時おり自身をフランチャイズ・システムであると見なしている。このことは,クラブが特殊な投資を行うことによって生まれる極端な依存関係と関連している。

すでにチーム生産の論理においては,クラブは相手がいなければ生産できないという理由から,そして個々のチームの機会主義的行動（例えば商業主義）や格差のある異なる資源の所有（例えばプレーヤーの質）によって生産物の品質が脅かされる可能性があるという理由から,クラブは互いに強く依存しあっていることが前提されている。しかしながら,とりわけクラブがスポーツ・リーグから脱退することができないがゆえに,それ以上の制度的ルールが求められるのである。というのも,スポーツ・リーグは,ある意味で「明白な独占者」であるからである。優勝チーム,つまり限られた範囲の市場の中で相対的に最も強いチームは,参加チームすべてが順位づけられたただ1つの選手権が存在する場合にのみ決定される。例えば地理的に限定されたドイツのプロサッカー市場において,多くの競合するスポーツ・リーグが複数の「選手権」というチーム生産物を生産しはじめると,数多くのゲームがばらばらに並存することになるので,選手権開催というチーム効果は薄れてしまうだろう。スポーツ・リーグ・カルテルという国家による保護措置がないアメリカでも,スポーツ・リーグが競合している時代には,倒産や合併を通して比較的すばやくスポーツ・リーグの独占的段階に取って代わられたのである（これについてはクワーク／フォルト[Quirk/Fort] 1992,pp.294-361を参照）。

それゆえ，クラブによるチームに対する投資はすべて，非常に特殊なものとなる。そのような状況は，フランチャイズ・システムとして組織化されたモニタリングと同じものではない。というのも，このケースではフランチャイザーは独占的なスポーツ・リーグ主催者であり，とりわけ選手権へ参加する権利をも与えたり取り上げたりすることができるからである。クラブが広範な発言権を持っていて，それによって自分の特殊投資を守ることができる場合を別にして，ホールド・アップの危険を考慮すれば，クラブは以上のことから生じる，スポーツ・リーグ主催者に対する依存関係に入るつもりはないだろう。しかし，チーム生産の論理から見て自由裁量的行動の恐れがある他のクラブに対する依存関係に入るつもりもないだろう。実際に，アメリカのスポーツ・リーグにおいて各クラブは，協同組合に似た協定，いわゆるメジャー・リーグ協定（Major League Agreement）に基づいて，チーム生産プロセスに関する最も重要な取り決めについて，同等の権利をもって採決している。この場合各クラブは，多数決によって，スポーツ・リーグへの受け入れだけでなく（例えばスポーツ・リーグへの参加権は，それぞれの個別ケースにおいてそれに応じた投票割り当てに従ってのみ交渉が継続されたり，あるいは新たに与えられたりする），ゲームのルール，商品化の規則，コミッショナーの指名や罷免などをもコントロールしているのである。このような発言権のメカニズムを，以下ではコオプテーション（現会員による新会員の選出）と呼ぶことにしよう。取引費用理論の用語で言えば，コオプテーションとは，少数者交換における特殊な投資を保護することに役立つ，クラブの前方統合を意味している（これについては3.3.2.3節を参照）。スポーツ・リーグから脱退しなくても，クラブはフランチャイザーからも，別のクラブからも支配されない。なぜなら，コオプテーションによって，選手権の開催を少なくとも部分的にコントロールすることができるからである。プロパティー・ライツの用語で言えば，コオプテーションは，自分の投資によって築いた人的資本や物的資本に関する残余処分権をクラブに与え，プロパティー・ライツがあまりにも希薄になってしまうがゆえに選手権開催のために必要な投資がなされないという事態を防ぐのである。エージェンシー理論の用語で言えば，コオプテーションとは，個々のメンバーが，多数のメンバーに損害を与え，そして結局はスポーツ・リーグ全体に損害を与える機会主義的な行動を防ぐためのインセンティブと制裁の手段である（これについては3.3.1節と3.3.3節を参照）。

　要約すると，協調形態としてのスポーツ・リーグは，フランチャイズ・システムと協同組合の興味深い混合形態である，ということができる。レピュテーション効果に関する監視，統制を専門としているモニターがいるという点で，フランチャイズ・システムと同じであるが，モニターがいわば「下から」，つまりクラブの側から，限定的なモニタリングの代行を委任されている，という点でフランチャイジングとは異なるのである。同等の発言権があるということから，クラブを協同組合的な仲間と呼ぶこともできる。繰り返しフランチャイズ・システムが話題になっているのであるが，クラブのコオプテーションは，アメリカのスポーツ・リーグでは支配的な組織要件なのである。例えばデムマート［Demmert］は次のように述べている：

「個々のクラブそれぞれは、スポーツ・リーグ内で同等の代表権を持っており、そしてクラブ自身は、スポーツ・リーグが持つ権力の唯一の源泉となっているのである。」(デムマート1973, p.15)

次節では、スポーツ・リーグにおけるコオプテーション・メカニズムの効果のうちのいくつかを、さらに詳細に説明しよう。このメカニズムは、そもそも魅力的な選手権を開催するために必要なのであるが、もちろんこれを使って、市場支配力の構築や独占的レントが獲得できるよう、クラブ間で話し合いがなされるのである。話し合いが全体的に禁止されれば、確かに市場支配力は解体されるのであるが、同時に魅力ある選手権を開催するための効率性が損なわれてしまうのである。しかしながら、市場支配の観点からよく批判される個々の規定、例えば以下で議論される拘束ルールや商品化ルールは、効率性の観点から説明することもできるのである。次の節では、これらのルールの曖昧さを指摘することを特に目的としている。その曖昧さを説明するにあたって市場支配の観点がしばしば過大評価され、効率性の観点はたいてい見過ごされているのである。

### 5.3.2 スポーツ・リーグ組織において選ばれたルールの市場支配効果

すでにアメリカの文献には、クラブのカルテル行為を経済学的に研究する伝統が存在している(研究の原点となったロッテンベルク[Rottenberg]1956や、この種の研究において指導的役割を果たしたノル[Noll]1974,1991を参照)。市場支配力に関する研究のベンチマークとなったのは、スポーツ・リーグにおいて協調している各クラブの調達市場と販売市場に関する考察である。説明を単純化して、以下では選手を扱う要素市場、テレビ放映権を扱う販売市場、そしてスポーツ・リーグへの参加権市場を考察してみよう(さらにフランク1995a, p.82以下の概要を参照)。

**選手に対する市場支配のツール**

種々のスポーツ・リーグにおいてクラブは、ルール・システムを使い、今日まで才能のある人材が参加する労働市場に介入してきたのであるが、このルール・システムは非常に多様であり、ここでは実例を挙げて論じるだけにする。例えば選手は、保留条項があると、他のクラブと契約を結ぶことができない。というのも、スポーツ・リーグでは、選手が契約してきたクラブが一方的な契約延長権を持っているからである。オプション条項によれば、あるクラブとの契約が切れる選手が、契約が終わった後すぐに雇い主を変えることはできず、その代わりその後もある一定期間、古い契約条件あるいはそれより劣る条件で、古い雇い主のもとでプレーしなければならないとされている。オプション期間とオプション条件を守ってはじめて、いわゆるフリー・エージェントの地位を獲得し、クラブを変える権利が与えられるのである。補償条項は、選手を新たに契約して雇うクラブが、その選手の以前の雇い主に対して補償する

ことを義務付けている。そのさい，当該クラブ間で協議される金銭的補償を取るか，スポーツ・リーグの担当部局によって集権的に決められた，選手による補償を取るかは自由である。

　選手のコミットメント・システム（Spielerbindungssystem）という言葉に表されるルールには，何らかの形で選手の働く場を自由に選択するチャンスを制限するという点が，共通している。保留条項は，選手が自分勝手にクラブを移籍することを完全に禁止している。オプション条項は，収入を減少させ，オプション期間中，選手自身がリスクをすべて背負うことで選手がクラブを変えて得る潜在的効用を減らしている。補償条項は，代替的な雇い主にとっての選手の経済的価値を引き下げ，その結果選手市場での需要を抑制している。ある特定のスポーツ種目において，先ほど述べたような理由で，競争関係にある同質的なスポーツ・リーグが存在しないなら，保留条項，オプション条項，補償条項やその他の義務規則は，極端な場合，クラブが需要独占の立場で選手契約の交渉を行うことを可能にしているのである。選手の人的資本は，スポーツ以外の場では比較的わずかなレントしか生み出さないので，彼が契約しているクラブの他に代わりとなるのにふさわしい勤め先を見つけられる可能性は低い。それゆえクラブは，コミットメント・ルールを選手の給料を「抑制する」ために利用し，選手の給料と，自由市場で得られる選手の給料との差を独占レントとして自分のものにすることができるのである。選手のコミットメント・システムが緩和されるごとにいつも，平均的な選手給与がかなり上昇し，選手に有利な形で再分配が行われたことを経験的に裏付けることは可能である（クワーク／フォルト 1992，p.212以下，レーン［Lehn］1982,pp.348-349を参照）。

## クラブによる，テレビ放送局に対する市場支配のツール：排他的地域とスポーツ・リーグによる集権的販売

　すべてのアメリカのメジャー・スポーツ・リーグにおいて，テレビ放映権市場については，全国的な放映権と地域的な放映権を区別することで，少なくとも2つの部分市場に分けることができる。全国的な放映権を持てば，そのゲームと関連するスポーツ・イベントを全国的に放送することができる。全国的に放映されないゲームや催し物を放映するために，地域的な放映権が獲得される。この地域的な放映権の獲得者には，スポーツ・リーグ所属クラブの本拠地のある地域でのスポーツ関連の催しを放映する権利が与えられる。実際には，全国的放映権と地域的放映権は相互に重複する部分はなく，異なる生産物であると見ることができる。放送形態が地上波かケーブルかに従ってさらに分割されうる市場は，スポーツ・リーグ所属クラブによってそのつど様々に規制されている。

　スポーツ・リーグがクラブの本拠地であると定めた地域では，そのクラブは，その地域で放送しているテレビ局やラジオ局に対して放映権を売るための排他的権利を持っている。このことによって第1に，別のクラブがあるクラブの本拠地でのゲームを中継することができなくなる。第2に，あるクラブが，自分の本拠地でのゲームの

放映権をラジオやテレビに売ることから得る収入を，もう一方のクラブに分配する必要はない。本拠地での地域的放映権を排他的に商品化する権利を持てば，どのスポーツ・リーグ所属クラブも供給独占者になる。このような状況についての経済学的帰結は明らかである。需要者の側から見れば，その地域のいくつかの放送局が競争状況にあれば，一方的な供給独占が存在することになる。スポーツ・リーグ所属クラブは，地域放映権市場で独占レントを手に入れることができるのである。需要者の側から見て，極端に言えばその地域に放送局がただ1つだけある場合，規制によって相互独占の状況がもたらされることになる。

スポーツ・イベントを全国に広めてくれる全国的放映権は，クラブが個別的に売りに出すのではなくて，スポーツ・リーグによって集権的に，全国放送をしているメディア企業に売りに出される。個々のクラブは議決権に応じた分だけこのような集権的販売に対して発言権がある。テレビの全国放映権を集権的に販売することで，市場の供給サイドは完全に集中するという事態が起こる。このような供給カルテルの結成がどのような帰結をもたらすかは，需要サイドの構造に左右される。全国レベルで競合している大多数の放送局，あるいは権利保有者が数多く存在している状況では，市場販売のカルテル化によって，スポーツ・リーグの供給独占が引き起こされる。スポーツ・リーグは，全国レベルでのテレビ放映権市場で独占レントを得ることができ，放送局ないし権利保有者は，競争的な状況よりも高い価格で，希少な放映権を購入するだろう。

テレビ向きのスポーツ種目の放映権売却で得られる収入が非常に増えることがある。例えばナショナル・フットボール・リーグ（NFL）が，全国放映権を売却することで得られた年間収入は，1970年から1998年の間に4900万ドルから40億ドル以上にまで増加した。しかし，たとえ増加額が独占レントの存在を示唆しているように思われるとしても，スポーツ・リーグが市場支配力を行使しているのかどうか，あるいはどの程度行使しているのかについて，簡単に情報が得られるわけではない。ノル（1982, pp.359-360）は，一方でテレビ放送局とスポーツ・リーグの間の，他方でテレビ放送局と他の番組制作者の間の経済的レントの分配を比較することで，スポーツ・リーグの独占レントを立証しようと試みた。彼は以下のようにまとめている：

「シリーズものの番組制作者が，テレビやラジオの放映から生み出される経済的レントの半分以下しか得られないのに対し，スポーツ企業は，約80パーセントの経済的レントを得ている。スポーツ・リーグが全国的放映権から得る収入ほど，独占的レントをはっきりと表している事例を見出すのは難しい。」（ノル1982, pp.359-360）

このような意見を考慮すると，テレビ放映権を集権的に販売するという原則がドイツのプロサッカーにおいても，ドイツやヨーロッパで競争支持派によって批判的に検討されていることもうなずけるのである。

## 国家,都市,地域コミュニティーに対する市場支配のツール

スポーツ・リーグが市場でのプレゼンスを最適化しようとするとき,選手権によってできる限り多くの価値を生み出すことだけでなく,スポーツ・リーグが生み出した価値のうち,できるだけ多くを自分のものにすることも重要となる。その結果,スポーツ・リーグの規模や,チームの地域的割り振りを最適化しようとするなら,国家,都市,地域コミュニティーに対するクラブの交渉力を最適化することも重要である(ノル1982,クワーク／フォルト1992を参照)。プロスポーツ・チームのクラブはしばしば,その本拠地がある地域の魅力や知名度を上昇させ,その結果,地元の政治家の人気をも高めるので,とりわけ大きなプロスポーツ・クラブは,公的な財源で建てられた競技場,担保,貸付金やその他の形で,かなりの額の「補助金」を得る。

スポーツ・リーグが得る「通常の」収入と,補助金との間にはトレード・オフが発生することを,単純なモデルを使って説明することができる。ここで,1クラブあたりの「通常」収入の平均$E$は,クラブの数$n$に応じて以下のようになると仮定する:

$$E = (20-n)n \tag{1}$$

このケースでは,スポーツ・リーグが10のクラブの参加を認める場合,スポーツ・リーグ内で「通常の」収入が最大となる。スポーツ・リーグが参加クラブを11に増やすと,収入は99に減る。さらにここで,10の大都市と,いくつかの小都市があると仮定しよう。大都市(小都市)のいずれにとっても,クラブがそこに本拠地を置くことにする場合,大都市で2,小都市で1の付加価値が発生する。その結果,10のクラブを有するスポーツ・リーグは,全体で$(20-10)10+10\cdot 2=120$の価値を生みだすが,いずれの大都市もすでに1の補助金を使ってプロスポーツ・チームを呼び寄せているので,これによりスポーツ・リーグが自分のものにできる額は110だけである(大都市の取り分20のうち10は補助金として得られる)。それに対してスポーツ・リーグが9のチームだけに参加資格を与える場合,1チーム分「空席」なので,10の大都市に対するクラブの交渉力は高まる。このことにより,クラブごとの補助金は2にまで吊り上げられる。スポーツ・リーグが9のチームを有することで生み出される価値は$(20-9)9+9\cdot 2=117$にしかならないにも関わらず,スポーツ・リーグは10チーム有しているより9チーム有しているほうがよい。つまり,9のチームしか持たないことで,(地域の取り分18を自分のものとし)スポーツ・リーグは全体で117の付加価値分を自分のものにすることができるのである。

このような,意図的にチーム数を制限する形態は,すべての協同組合の形で編成されたプロスポーツ・リーグにおいて見受けられる。例えば,北アメリカで二番目に大きい都市であるロサンゼルスに現時点では,プロのフットボール・チームはない。野球ではとりわけインディアナポリスとデンバーとワシントン,バスケットボールではサンディエゴとセントルイスとシンシナティに,チームがないのである。

### 5.3.3 スポーツ・リーグ組織の選択的ルールがもつ効率性への影響

**クラブ・レベルでの特殊な投資を保護するための，選手に対するコミットメント・ルール**

　市場支配力の観点から最も強く非難された，優れた選手を調達するための要素市場でのクラブの協調については，少なくとも部分的には，クラブが行う特殊投資を保護する必要があるということから，正当化することができる。選手の優れた能力や技量は，天賦の才能だけでなく，長期にわたる非常に厳しい育成期間にも関係している。これらは，ベッカー [Becker]（1993, p.30以下）の意味での一般的人的資本であるということができる。つまり，選手の人的資本は，別のクラブでも同じように有益に利用することが可能である。クラブが選手の育成に投資をすることは，ふつうに行われるものであり，後進の発掘というキーワードで知られているが，その場合，一般的な人的資本を蓄積することから得られる経済的レントは，特に制度的対策がなければ，自動的に選手に与えられる。なぜならこの選手は，実際に辞めたり，あるいは辞めると脅したりすることで，育成それ自身から得る限界生産物価値の上昇分を自分のものにすることができるからである。従って，この典型的なホールド・アップ状況のために，クラブは選手の一般的な人的資本に投資するのに十分なインセンティブを持たないのである。

　けれども，選手自身が自分を育成するための資金を出すのに十分なインセンティブを持っていれば，それは根本的な問題とならない。しかしここで，選手には投資家として人的資本リスクを扱う上での限界がある。プロの選手になるまでの育成期間は長く，成功するか否かは，多くのコントロールできない要因に左右されるので，選手の人的資本への投資はとりわけリスクが高い。よって，プロの選手になるまでの，健康さ，成長性，運などを若いアマチュア選手が持ち合わせているかどうかを見極めるのは困難である。もっと重要なのは，スポーツにおいて獲得された人的資本は極端に傷つきやすく，いわば生物学的に有限である，ということである。マークハムとテプリッツ [Markham und Teplitz]（1981, p.50以下）は，1968年から1971年の間にプロ野球選手になった812名の選手の無作為抽出調査を行い，6年以上メジャー・スポーツ・リーグのチームでプレーできたのは，これらの選手のうちのわずか2％であったことを明らかにした。このように高いリスクがあるので，選手は一般的な人的資本に自ら投資しようとはしないし，過少投資となるだろう。従って，リスクの観点から見れば，選手の人的資本への投資家としてふさわしいのはその選手が所属するクラブである。なぜなら，クラブは少年チーム，アマチュア・チーム，二軍のチームなど様々に異なるチームを持つことで「投資対象」のポートフォリオを組むことができるし，それに応じて育成リスクを分散させることができるからである。

　さて問題は，育成された選手の人的資本に関するプロパティー・ライツの確保は，クラブによる選手への一方的支配を可能にしているコミットメント・システムを通してなされるべきなのかどうか，ということである。確かに長期契約によって，まさに選手のサービスに関するプロパティー・ライツをクラブが持つことになるだろう。し

かしながら，何度も述べられた見解に反して，長期契約はインセンティブの設定とリスク配分との間に新たなジレンマを引き起こす。というのも，このような契約は簡単に言えば保険契約のように，選手は自分が手を抜いた結果を免疫化できるのである。つまり，選手は長期契約によって「保険をかけられている」程度に応じて，クラブの負担で自分のスポーツ能力をできるだけ長く維持しようとするインセンティブを持つ。その結果彼らは，新しい契約が交渉されるちょうどそのときにまた一生懸命プレーするのである。怪我に見せかけること，生ぬるいトレーニング，過度に慎重な努力は，このような個人による合理的な「維持戦略」である。選手の心の中や意図を監視することはできないので，クラブはこのモラル・ハザード・リスクをコントロールすることもできないのである（この議論について詳しくは，フランク／ユングヴィルト［Franck/Jungwirth］1999aを参照）。

　従って，インセンティブの設定とリスク配分との間のジレンマは，選手のコミットメント・システムがある一定期間，育成された選手の一般的な人的資本に関するプロパティー・ライツをクラブに与えることで，効果的に処理される。クラブはこの期間には，育成した選手に対して限界生産物価値以下の報酬を支払えばよいし，あるいはトレードの場合には，そのプロパティー・ライツに対しても補償を求めることができる。また，リスク配分の点では選手よりもクラブのほうが育成者として適切であり，その結果育成者としての活動から収益を得るのである。当然，クラブによる，選手の一般的な人的資本に関するプロパティー・ライツをどう測定するか，ということが決定的に重要である。育成者としてのクラブの活動から正当に得られる収益と独占レントである収益との間の境界を定めることは簡単にはできないし，本節で十分に論ずることもできない。

## スポーツ・リーグのレベルでチーム効果を保護するための，テレビ放映権の集権的販売

　スポーツ・リーグでテレビ放映権を集権的に販売することも，効率性の見地から説明可能である。その理由は，選手権の開催にさいしてチーム効果と呼ばれたものを思い起こしてみれば，理解できるだろう。すなわち，相互に関連しあった数多くのゲームを開催し，その経過の中で優勝者が出ることから生まれる，視聴者にとっての興奮状態が重要であるということである。クラブは，個々のゲームの放映権をばらばらに販売するのではなくて選手権としてまとめて販売することで得られるチーム生産の付加価値から，追加的収益という形で儲けが得られなければ，おそらくスポーツ・リーグ組織の追加的な取引費用を引き受けようとはしないだろう。その追加的収益は，スポーツ・リーグ組織によってこそ生み出される3つの効率性のメリットによるものなのである。

　第1に，ドイツ・サッカーのブンデスリーガの例で挙げられた，「選手権」という生産物をもう1度思い起こしてみよう。ブンデスリーガでは，18のチームが306のゲームを行い，競争している。個々のゲームがそれぞれに市場で販売される場合，極端な場合では2×306回の個別契約が交渉され，306のゲームそれぞれが評価されなけ

ればならないだろう。もっとも，放映権をどれくらいの価格で販売すべきか，事前に知ることはできない。なぜなら，ゲームの価値は，ゲームの質とともにゲームの経過の中ではじめて明らかになるからである。それゆえ契約パートナーたちは，3.3.2節で取り上げられた測定問題に直面している。そこで説明されたブロック・ブッキング（Block-Booking）によって，つまり最高値をつけた放送局に完全放映権を売却することで，買い手も売り手もコストのかかる品質コントロールや価格交渉を回避できるので，上述の測定問題を解決できるのである。当然，ブロックでの放映権の販売は集権的にのみ実施される。中継技術の改善によって，選手権の全体をスクリーン上で同時に見ることができるようになれば，テレビ放映権の集権的販売のための放映の意義はますます大きくなる。というのも，ゲームをしている間にその日の最優秀ゲームが明らかになるので，前もってゲームの魅力度を順位づける必要がないからである。同時に，テレビ局は，魅力のなさそうなゲームに対してはリスクを割り引くだろうから，よい評判を持つクラブにとっても，個々のゲームを分散して販売して高い収入を得ることはますます難しくなるだろう。それに対してスポーツ・リーグのすべてのゲームを集権的に市場で販売することは明らかなメリットを持っている。なぜなら，「つまらない」ゲームというリスクは，「面白い」ゲームというチャンスによって埋め合わせられるからである。

　第2のメリットは，テレビ局の制作条件に関するものである。テレビ局は放映権を購入した後，「個別のゲーム」という加工されていない生産物から，「メディア効果のある選手権という派生物」を生産することで，付加価値を生み出している。このような付加価値の創出が，もし個々のクラブの退出あるいは個々のクラブの不当な要求によって失敗するならば，放送局がすすんで選手権を毎週放送のシリーズものとしてテレビで放送するとは考えられない。もし毎日のゲームが放送されないなら，報道や最も魅力的なゲームの放送も，ゲームの魅力的な付録になっている競争（月間ゴール数Tor des Monats）も行われないだろう。なぜなら，ひょっとして他の選手権の結果があったり，もっと面白いゲームが行われたり，もっと魅力的なシュートが放たれたかもしれないからである。ここで重要なポストが与えられるのにふさわしいのは，「原材料供給の確保」を保証する人としてのコミッショナーなのである（フランク／ユングヴィルト1999aを参照）。

　第3に，しかし放映権の集権的市場販売に関する取引費用的な論拠は，さらにこれ以上のことを問題としている。シェルハース／エンダーレ［Schellhaaß/Enderle］（1998）は，権利の行使者との明示的な集権的市場販売契約は，暗黙のうちの再分配契約でもあることを指摘した。テレビ放映権の集権的市場販売から得られる収入は，ある一定の基準に従ってすべてのクラブ，つまり二部リーグやアマチュア部門にも配分される。例えば一部リーグのクラブはすべて，ブンデスリーガの中継からほぼ同じ金額の収入を得るので，従って，実際最下位のクラブよりもずっと頻繁にテレビで放映される首位のクラブでも，同じ金額の収入を得るので，ここでは，スポーツ・リーグの内部で「上から下へ」の形で，実質上の収益再分配が行われているのである。このような収

益再分配の必要性については，2つの論拠を挙げることができよう。

　第1に，強いチームから弱いチームへの収益再分配は，リーグ内に力の均衡をもたらし，その結果選手権競争の公平性を増し，娯楽としての価値を高める，というものである。

　もう1つのもう少し間接的な論拠として，スポーツ・リーグ内のいわゆる，戦力補強をめぐる破壊的な競争の緩和が取り上げられている（詳細は次節を参照）。

　競争の緊張感の維持という論点と競争の緩和という論点に合わせて，チーム・スポーツにおける「上から下へ」の形での収益再分配が，経済学的に本当に重要であるとすれば，集権的市場販売を撤廃すると，スポーツ・リーグ内の再分配は本質的に難しくなるのではないかということも問われるべきである。実際シェルハース／エンダーレ（1998）は，再分配の取引コストが，集権的販売の撤廃後では著しく上昇することが確認されることを示している。というのも，個別の市場販売者としてのクラブが，一種の社会基金あるいは共同基金の形で支払うべきだ，という再分配モデルの場合の問題は，各クラブが，測定のための土台が不明確な状況にあって，またとりわけヨーロッパでの競争から生じる「戦力増強へのインセンティブ」が高まっている状況にあって，自分の分担分をきっちりと支払うインセンティブをほとんど持たない，という点にあるからである。

　従って，結局集権的販売は様々な理由から，取引費用に関わるメリットを持ってはいるが，残念ながらそれは現在支配的な競争に関する議論においては正当に評価されていない。その原因はおそらく以下の点にある。すなわち，集権的販売が，利己的に行動する自己販売者がいる体制の中では必然的になくなると思われる，価値あるチーム生産物の管理との関連から認識されていない，という点にある。しかしより厳密に見れば，チーム生産の経済学は，集権的販売の原則を部分的に再び復権させるだけでなく，スポーツ・リーグにおいて集権的な行為が必要であることを一般的に正当化してもいるのである。その限りで，チーム・スポーツの規制緩和には大きな限界があることをそれは強調しているのである。

**戦力補強をめぐる過当競争を緩和するための対策**

　ここ10年で，いわゆるメジャー・スポーツ・リーグ，あるいは人気のあるチーム・スポーツ競技の全国的なスポーツ・リーグは，急速に売上高を伸ばしている。その原因の1つは，テレビ収入の増大であった。例えば連邦サッカー・リーグの放映権の価格は，1992年から2002年の間に，1シーズンにつき7400万ユーロから3億5800万ユーロにまで上昇した。その間，平均的なサッカー・リーグ選手の総収入の平均は，1490万ユーロから6250万ユーロにまで増えた（これと，以下のことに関してはディートル／フランク／ロイ［Dietl/Franck/Roy］2003を参照）。しかしよく知られているように，売上高がかなり上昇したにも関わらず，利益を出せたクラブは非常に限られていたのである。むしろ逆に，多数のクラブが，売上高の増大につれて多額の借金の山を築くことになった。例えば，ドイツの2つのプロサッカー・リーグの総負債額は，1998／

1999年のシーズンから2001/2002年のシーズンにかけて，3億5000万ユーロからおよそ6億ユーロまで増大したのである。全体として，クラブの選手年俸支出は1996年から2001年までの間に，年間およそ21パーセント上昇したのに対し，年間の売上高の上昇率は「たった」16パーセントであった。

収入の増加に逆行して増えるクラブの負債は，ラットレース（過当競争）の結果かもしれない。その場合，クラブによるチームへの投資というよりも，少なくともある意味で過剰投資といえるものを問題にしなければならないだろう。キャネス［Canes］（1970，1974）はすでに早い時期から，スポーツ・リーグにおけるクラブ間での，戦力補強をめぐるラットレース（過当競争）の可能性を指摘しており，競争の歪みに注目する古典的なスポーツ経済学に視点の変更を迫っていた。フランク（1995a，1999），フランク／ミュラー［Franck/Müller］（1998, 2000），ディートル／フランク（2000）とディートル／フランク／ロイ（2003）は，ドイツ語圏でこの視点から，トーナメント理論（ラザール／ローゼン［Lazear/Rosen］1981；ナレブッフ／スティグリッツ［Nalebuff/Stiglitz］1983；ローゼン1986）やいわゆるラットレース（過当競争）の理論（アカロフ1976）と結びつけた。

原則的に，過剰投資に関しては2つの説明方法があり，それらは少なくとも分析的には分離可能である。第1のものは，クラブ責任者（Clubverantwortlich）のインセンティブが，クラブの形態の選択を通して変更される（6.2節を参照）というものであり，第2のものは，メジャー・スポーツ・リーグにおける特殊な競争が，クラブ責任者から見てどのような意思決定が好ましいかに影響を与えるというものである（財・サービスの相対的トーナメントについての考察は，3.3.4.2.2節を参照）。

すでに述べたとおり，クラブの形態の特殊性によって過剰投資を説明できるかもしれない。連邦サッカー・リーグにおいて今でも優勢なクラブ形態は，社団法人という形態である。ごく一般的には，法人の経営者が自分たちの個人的な利益を最大にする，と仮定することができよう。しかしながら，社団法人の定款（Vereinsverfassung）によれば，法人の経営者は，利益を自分のものとする権利を持っていない。それゆえ経営者は，利益を個人的な効用を満たすために利用することはできないのである。社団法人の経営者の効用関数において重要な役割を演じているのは，特に資産と社会的威信（Vermögen und Sozialprestige）である。経営者は，社団法人の活動を通して直接的に，あるいは合法的に，自分たちの資産を増やすことはできない。彼らは，例外はあるが，個人的な責任を負わないので，社団法人の運営を通して資産を減らすこともできない。それゆえ，社会的威信だけが残ることになる。この社会的威信は，スポーツの領域における社団法人の成功と正の関係がある。

単純化のために，2つの社団法人を持つスポーツ・リーグを考えてみよう。そのスポーツ・リーグは（例えばNBA，NFL，チャンピオンズ・リーグ，NHLなどのように）地理的に限定された市場で独占状態にある。今，どちらの社団法人の代表者も，選手の年俸，監督，選手の移籍などに関して，「高い」投資／支出をするか，「ふつうの」投資／支出をするか，の選択を迫られている。2人の代表者は古典的な囚人のジ

レンマ状況にあり，その状況は表9に示されている。一方の社団法人が他方の社団法人以上に投資をすれば，前者は$\Delta$分だけ利益の確率（Gewinnwahrscheinlichkeit）を上昇させ，その結果その経営者の威信に関する期待利益を上昇させる。経営代表者が双方とも同程度の投資を行う場合，利益確率は変わらず（社団法人Aにとっては$W$，社団法人Bにとっては$1-W$），その結果期待された社会的威信も変わらない。

しかしながらどちらの経営者にとっても，投資額を上げることが支配的戦略（dominante Strategie）である。よって必然的に過剰投資が行われることになる。しかしながら結局は，利益確率や，それに付随する，期待された社会的威信は変化せず，選手，監督などだけが，高い給料をもらうのである。

例えば経営者が$n$年間の任期で選出されたという理由で，$n$期にわたりゲームが実施される場合，後方帰納法によって，再び上と同じ結果を得ることができる。最終期においては，支出を高めることが支配戦略となるが，それによってすでに最終期の1つ前の期においてはいわゆる「未来の影（shadow of the future）」なしに，つまり最終期としてゲームが行われている，そしてその前の期にも…などとさかのぼることができる。

どのくらいゲームが繰り返されるのかが事前に知られていない場合，2人の経営者が支出を増やさないことに合意することは可能であろう。2人の経営者のうちの一方がこの取り決めを守らない場合，次期以降，もう一方の経営者が常に高い投資を行うという反応によって彼は「罰せられる」のである。このケースではどちらの経営者も，今期に「契約を破棄すること」で得られるメリットが，契約が破棄されてもう一方の経営者が次期以降，常に高い支出を行う場合に発生するデメリットよりも，大きいのか小さいのかを慎重に考慮しなければならないだろう。「協定破棄」のメリットは，今期に期待される社会的威信がより高まることである。そのデメリットは，今後高い支出を強制的にさせられる，ということである。

そのようなデメリットがあるということは当然，たとえ経営者が個人的に利益を得ることも損失の責任を負うこともないとしても，高い支出が今後，何らかの形で経営者の効用水準にマイナスに作用することを前提としている。今後継続して高い支出を行わねばならなくなることで，利益を自分のものにできない経営者が，反効用を感じる理由が見出されないほど，「未来の影」は過剰投資を妨げなくなるのである。

**表9　2人の社団法人経営者による投資に関する意思決定**

| | | 社団法人経営者A | |
|---|---|---|---|
| | | 普通の投資 | 高い投資 |
| 社団法人経営者B | 普通の投資 | $W, 1-W$ | $W-\Delta, 1-W+\Delta$ |
| | 高い投資 | $W+\Delta, 1-W-\Delta$ | $W, 1-W$ |

社団法人という組織形態によって引き起こされたこのような過剰投資の問題は，例えば社団法人が資本会社に変わる場合のように，利益を自分のものにする権利を明確にしたり，割り当てることで解決することができるのは明らかである。将来の支出が高いことによる反効用は，利益を得たり損失の責任を負ったりする所有者，あるいは所有者の成果に依存して報酬が支払われる経営者にとっては，容易に共感できることである。しかしながら，組織形態を変えることですべての過剰投資問題は解決されるのだろうか？　この問題の真の原因を明らかにするために，以下において，利益を最大化する資本会社が存在するスポーツ・リーグにおける競争をモデル化してみよう。

　ここでは，過剰投資に関する2番目の説明パターンが問題となる。それは，スポーツ・リーグにおける競争の特殊性に焦点を当てるものである。すでにアカロフ(1976)は，過剰投資という結果をもたらす可能性のある特殊な競争プロセスについて論じている。彼は，これをいわゆるラットレース（過当競争）として以下のように描いている：

「ラットレース（過当競争）では，チーズが追加して増やされるわけではないけれども，チーズを獲得するチャンスはネズミのスピードに応じて高まる。」（アカロフ 1976, p.603）

　この記述に一番近い競争の状況にあるのは，それぞれのスポーツ種目でスポーツ・リーグ階層の頂点を形成しているスポーツ・リーグである。スポーツ・リーグの収入，つまり，アカロフの言うチーズが，一定の「範囲内」ではあるが，特定の選手権シーズンでのクラブによる選手への投資にまったく，あるいはほとんど左右されず，そのため外生的なものとして扱われることについては，様々な理由がある。

　第1の理由としては，長期契約で定められた，全国テレビ放映権のブロック販売が，ますます収入源の大部分を占めるようになっていることがあげられる。2番目に，スポーツ・リーグの娯楽としての魅力は，シーズン中の競争から生ずるものであり，各チームの絶対的戦力が数パーセント低下してもこの魅力に影響しない，ということである。3番目に，一部の視聴者が絶対的戦力の低下に気づいたとしても，下位のスポーツ・リーグのレベルに近づいたときにはじめて，トップのスポーツ・リーグからの移籍が真剣な問題となるのである。

　例えば，ドイツのプロサッカーにおける一部リーグと二部リーグとの間の，選手の平均年俸の違いを考えれば，クラブが選手の能力への投資額を減らしても，選手の能力が減るわけではなく，それによって一部リーグの絶対的戦力の平均も低下しない，といえる。一部リーグの年俸レベルが，次善の代替的仕事のレベル（二部リーグでの年俸）にまで下がるときはじめて選手の移籍が問題になる。トップのリーグの年俸レベルが，このような留保利益とはかけ離れているほど，クラブによる選手の年俸への投資は，選手たちの才能のレベルと関係しなくなるし，ゆえにトップクラスのリーグにおいて分配される「チーズ」の大きさと関係しなくなるのである。

このようなわけで、トップ・リーグ全体の収入が、クラブによる短期的な戦力への投資と関係しないのであれば、リーグ全体から見れば、すべてのクラブが選手や監督に、ちょうど次善のリーグへ移籍させないだけの額を支払うときに、利益が最適となるだろう。しかしながら、クラブが利己的に振る舞う時には、そうはならない。選手権においてクラブが提供する個々の報酬は、例えば順位表のランクに左右される観客の評判、あるいは順位表に応じて、プレーオフや優勝決定戦から得られる追加収入によって決まる。順位に応じたものということから、それゆえ、「チーズを獲得するチャンスはネズミのスピードに応じて高まる」というアカロフの記述の第2の部分も満たされる。以下で検討する様々な条件に応じて、クラブはこの2つの前提のもとでは過剰投資に陥りやすいのである。

ここでの議論をより明確にするために、単純なスポーツ・リーグのモデルを用いることにしよう。はじめに、スポーツ・リーグはAとBという2つのクラブから構成されているとする。$R$は、スポーツ・リーグ全体の（さしあたり外生的な）収入である。$\alpha$は、収入から出される優勝者への配当を表している。$x_A$はクラブAによる戦力投資（つまり選手のトレード、選手や監督の年俸ならびにトレーニング場、サポート、医療処置など）、$x_B$はクラブBによる戦力投資であるとする。$W^A(x_A, x_B)$はクラブAが勝利する確率、$W^B(x_A, x_B)$は、クラブBが勝利する確率を表している。ここではクラブAの利益を$G^A$、クラブBの利益を$G^B$で表すことにする。

まずはじめに、このスポーツ・リーグの最適条件を確かめておこう。この2つのクラブのモデルでは、2つのクラブの利益の合計がスポーツ・リーグの利益となる：

$$G^A + G^B = R - x_A - x_B \tag{1}$$

ここでは、スポーツ・リーグの収入は外生的なものとして、すなわちクラブによる戦力への投資に影響されないものと仮定されているので、スポーツ・リーグの最適条件については$x_A^* = x_B^* = 0$である。

しかしながらそれぞれのクラブの視点から見れば、どのクラブも、投資額を高めることで、競争相手の負担の上にスポーツ・リーグ収入からの（期待）受取り分を大きくしようというインセンティブを持っている。クラブAの期待利益は：

$$G^A(x_A, x_B) = \alpha R W^A(x_A, x_B) + (1-\alpha) R [1 - W^A(x_A, x_B)] - x_A \tag{2}$$

となる。（クラブそれぞれが）利益を最大にするには、以下の一次条件が満たされなければならない：

$$\alpha R \frac{\partial W^A(x_A^*, x_B)}{\partial x_A} - (1-\alpha) R \frac{\partial W^A(x_A^*, x_B)}{\partial x_A} = 1 \tag{3}$$

このように置くと、以下の式が得られる：

$$\frac{\partial W^A(x_A^*, x_B)}{\partial x_A} = \frac{1}{\Delta P} \tag{3'}$$

勝利する確率$W^A$は、$x_A$と$x_B$の関数である。それを、いわゆるロジットあるいはプ

ロビット成功関数（Logit- oder Probit-Success-Function）として表すことができる。3.3.4.2節の考察を補足するために，以下ではロジット変数を用いることにする。しかしながら，プロビット変数を使っても基本的には同じ結果が得られる。

$$W^A(x_A, x_B) = \frac{g(x_A)}{g(x_A)+h(x_B)} \tag{4}$$

そのさい，$g(\cdot)$ $(h(\cdot))$ は生産性を表しており，生産性によって，クラブA（クラブB）は戦力へと金銭を移転させるのである。最も単純なケースでは，$g(x)=h(x)=x$ が成り立つ。このケースでは，2つのクラブの限界生産性は同一であり不変である。そのとき以下の式が成り立つ：

$$W^A(x_A, x_B) = \frac{x_A}{x_A+x_B} \tag{4′}$$

そして

$$\frac{\partial W^A(x_A^*, x_B)}{\partial x_A} = \frac{x_B}{(x_A+x_B)^2} \tag{5}$$

(5)式を（3′）式に代入すると，クラブAに対して以下のような反応関数（Reaktionsfunktion）が得られる：

$$\frac{x_B}{(x_A^*+x_B)^2} = \frac{1}{\Delta P} \tag{6}$$

ないし

$$(x_A^*+x_B)^2 - \Delta P x_B = 0 \tag{6′}$$

対称ナッシュ均衡においては，最適な投資レベルは $x^*=x_A^*=x_B^*=\Delta P/4$ となる。つまりどちらのクラブも，スポーツ・リーグの収入からの自分の受取り分を大きくしようと期待して，スポーツ・リーグの最適条件以上に投資を行うのである。2つのクラブはどちらも過剰に投資するが，それでも勝利する確率は変わらないままである。全体的に見れば，どちらのクラブもより悪い状態に移行する。

このような過剰投資は，価格差（$\Delta P$）が大きくなるにつれてますます問題となる。すべてのクラブに対し，その順位表の位置に関係なしにスポーツ・リーグの収入から一定の受け取り分を保証してやれば，すなわち $\Delta P=0$ と設定すれば，過剰投資問題は完全に解決することも可能であろう。

単純化のために，ここでは，2つのクラブから構成されるスポーツ・リーグを想定している。ここからは，スポーツ・リーグの規模が大きくなるにつれて過剰投資問題がどのように変化するのかを検討してみよう。

$\Delta P$，すなわち首位のチームと残りすべてのチームとの収入の差が一定である場合，クラブ$i$に対しては以下のような反応関数がもたらされる：

$$\frac{\sum_{j \neq i} x_j}{(x_i^* + \sum_{j \neq i} x_j)^2} = \frac{1}{\Delta P} \tag{7}$$

対称ナッシュ均衡のもとでは，$x_i^* = x_j^* = x^*$ が成り立つ。ここから，以下の式がもたらされる：

$$\frac{(n-1)x^*}{(nx^*)^2} = \frac{1}{\Delta P} \tag{8}$$

ないし

$$x^* = \frac{(n-1)}{n^2} \Delta P \tag{8'}$$

その結果，投資総額は，$nx^* = \frac{(n-1)}{n} \Delta P$ となる。従って，過剰投資は，スポーツ・リーグの規模が大きくなるにつれて深刻になるのである。

次に，生産性の違いによる影響について考えてみよう。やはり単純化のために，再び2つのクラブからなるスポーツ・リーグを想定してみる。クラブは，金銭を戦力に移転させる。このような金銭移転の過程で，クラブAがクラブBに対し生産性に関する優位性を持っている場合，クラブAは，クラブBよりも少ない投資で，クラブBと同じ戦力を持つことができる。最も単純なケースでは，$g(x_A) = kx_A$，そして $h(x_B) = x_B$ が成り立つ。それゆえクラブAの勝利確率は：

$$W^A(x_A, x_B) = \frac{kx_A}{kx_A + x_B} \tag{9}$$

となる。

クラブAが利益を最善にするための一次条件は：

$$\Delta P \frac{kx_B}{(kx_A^* + x_B)^2} = 1 \tag{10a}$$

同様にクラブBの一次条件は：

$$\Delta P \frac{kx_A}{(kx_A + x_B^*)^2} = 1 \tag{10b}$$

$x_A^* = x_B^*$ のときにだけ，2つの条件を同時に満たすことができる。ナッシュ均衡のもとでは以下の式が成り立つ：

$$x_A^* = x_B^* = \frac{k}{(1+k)^2} \Delta P \tag{11}$$

各々のクラブによる（同一の）過剰投資は，生産性の違い $k$ と価格差 $\Delta P$ の関数である。価格差が一定であって，$k=1$ の値をとる場合に，過剰投資が最大となる。従って過剰投資は，生産性の違いが大きくなるにつれて問題ではなくなる（これについてはバイク［Baik］1994も参照）。生産性の違いが大きくなればなるほど，2つのチームはどちらとも投資しなくなるのである。

これまでは，それぞれのクラブが自分の投資総額を同時的で非協調的に決定する，と仮定されていた。投資が連続的に行われる場合はどうだろうか？　ファースト・ムーバーのメリットはあるのだろうか？　この問いに答えるために，さしあたりここではディジット［Dixit］（1987）の洞察を見てみよう。

はじめにクラブAが投資する場合，クラブAの期待利得は以下のようになる：

$$\frac{dG^A}{dx_A} = \frac{\partial G^A}{\partial x_A} + \frac{\partial G^A}{\partial x_B}\frac{dx_B}{dx_A} \tag{12}$$

方程式の右辺にある最初の加数，すなわち$\frac{\partial G^A}{\partial x_A}$は，最低条件下では0に等しい（一次条件）。$\frac{\partial G^A}{\partial x_B}$は負である。$\frac{dx_B}{dx_A}$の符号は，クラブBの一次条件を陰関数（implizite Funktion）と見なし，$x_A$ならびに$x_B$で微分することで，陰関数の定理（Implizites Funktionentheorem）を使って導き出すことができる。それゆえ：

$$\frac{dx_B}{dx_A} = -\frac{\frac{\partial^2 G^B}{\partial x_B \partial x_A}}{\frac{\partial^2 G^B}{\partial x_B^2}} \tag{13}$$

となり，分母は負となる（二次条件）。分子については：

$$\frac{\partial^2 G^B}{\partial x_B \partial x_A} = \Delta P \frac{k(x_B - kx_A)}{(kx_A + x_B)^3} \tag{14}$$

この項の符号は，$k$しだいである。$k<1$であればこの項は正となる。このケースでは，$dx_B/dx_A>0$であり，それゆえ$\partial G_A/\partial x_A<0$である。従って，クラブAがまず最初に投資を行う場合に，生産性に関して不利な立場にありながらアドバンテージを有する。そのときクラブAは，同時ナッシュ均衡下よりも投資額を少なくし，そのことで期待利得を上昇させるであろう。クラブBも，ナッシュ均衡に比べてクラブAの投資総額が低いことに反応して，自らの投資額を減らすので，全体としては過剰投資が抑えられるのである。

$k>1$の場合は，ちょうど正反対となる。クラブAが，クラブBに先立って，ナッシュ均衡下より多額の投資を行う場合，クラブAは生産性で優位となり，ナッシュ解に比べよりよい状況になる。クラブBとしては，投資額を減らすであろう。しかしながらバイクとショグレン［Baik und Shogren］（1992）は，クラブが投資する時期を自由に決めることができる場合，そのような状況がサブゲーム完全ではないことを示した。生産性に相違があるケースでは，「生産性の低い」クラブにとっては，まずはじめに投資する，ということが支配戦略となる。「生産性の高い」クラブとしては，先に「生産性の低い」クラブに投資させる場合に，よりよい状態となる。このケースでは，投資総額は同時的なナッシュ均衡（simultanen Nash-Gleichgewicht）下よりも低くなる。

$k=1$のときにだけ，$\partial^2 G^B/\partial x_B \partial x_A=0$が成り立つ。このケースでは$dx_B/dx_A=0$であり，その結果$\partial G_A/\partial x_A=0$でもある。従って，クラブ間に生産性の相違がない場合に限り，ファースト・ムーバーのメリットはない。原則的にこの考察は，2つ以上のクラブがあるスポーツ・リーグに対しても適用することができる。

スポーツ・リーグが独占的ではない場合，スポーツ・リーグの収入は，少なくとも

部分的にはスポーツ・リーグ所属クラブの投資に左右されることになる。よって例えば，アメリカのメジャー・スポーツ・リーグとは異なり，ヨーロッパのトップクラスの国内サッカー・リーグは，不完全な形であっても，少なくとも競争状態にはある，と主張することは可能であろう。例えばレアル・マドリードがロナウドやベッカムのような世界的スターと契約すると，スペインの一部リーグ（プリメーラ・ディヴィジオン）の収入は増加するのに対し，セリエAやプレミア・リーグのそれは，他の事情が同じならば，下降するのである。

ここで，スポーツ・リーグの収入を内生化することでこの状況を考察してみよう。そのとき，スポーツ・リーグの収入$R$はクラブの投資関数である：

$$R = R(x_A, x_B, \cdots)$$

そのとき

$$\text{すべての } i = A, B, \cdots \text{ に対して } \frac{\partial R}{\partial x_i} > 0 \text{ かつ } \frac{\partial^2 R}{\partial x_i^2} < 0 \text{ である。} \tag{15}$$

このケースでは，2つの対立する効果が存在する。一方は，フリーライダーを登場させる過少投資問題，もう一方は，ラットレース（過当競争）を引き起こす，過剰投資問題である。まずはじめに，フリーライダー効果と，それに関連した過少投資問題を単独で取り上げてみよう。

あるクラブがスポーツ・リーグの総収入から受け取る配当分が，スポーツ・リーグの総収入の額にだけ左右され，自分の投資額には左右されない場合，フリーライダー問題が発生する。この結果として生じる過少投資問題は，ホルムシュトレーム［Holmström］(1982) によって「チーム・モラル・ハザード（moral hazard in teams）」と名づけられた問題とのアナロジーで説明することができる。

基準として，さしあたりここでファースト・ベスト解を設定する。それは：

$$\text{すべての } i = A, B, \cdots \text{ に対して } \frac{\partial R}{\partial x_i} = 1 \tag{16}$$

クラブがスポーツ・リーグの収入を，ある確定した規則$s_i(R)$に従ってそれぞれ分け合う場合，クラブ$i$はいずれも，スポーツ・リーグの総収入からの（$R$にだけ依存する）配当分$s_i$を得る。そのときクラブ$i$にとっては，以下のような最大化問題が起こってくる：

$$\max_{x_i} G^i = s_i(R) - x_i \tag{17}$$

$s_i(R)$が微分可能であれば，連鎖法則を使って以下の一次条件を得る：

$$\frac{\partial s_i(R)}{\partial R} \frac{\partial R}{\partial x_i} = 1 \tag{18}$$

しかし，「予算制約」があるために，$\sum_i \frac{\partial s_i(R)}{\partial R} = 1$ が妥当でなければならないので，ファースト・ベスト解を実現することはできない。個々の最適条件下では，

$\dfrac{\partial R(x_A, x_B, \cdots)}{\partial x_i} > 1$ が成り立っている。よって，過少投資という事態になるのである。

ラットレース（過当競争）の効果は，クラブが競争での自分のポジションを通して，スポーツ・リーグの収入からの受取り分を大きくすることができる場合に発生する。このケースでクラブは，投資額を大きくすることで自分の受取り分が増える，という幻想を抱いている。しかしすべてのクラブがこのような幻想を抱いているので，実際にはスポーツ・リーグの収入からの受取り分を増やすことなしに，すべてのクラブがこれまで以上に投資するのである。

全体の効果を分析するために，ここでは説明を簡略化して，再び2つのクラブからなるスポーツ・リーグを考えてみる。そのときクラブAにとっての利得関数は，以下のようになる：

$$G^A(x_A, x_B) = \alpha R(x_A, x_B)W^A + (1-\alpha)R(x_A, x_B)(1-W^A) - x_A \qquad (19)$$

この利得関数は，以下のように表すこともできる：

$$G^A(x_A, x_B) = s^A(x_A, x_B)R(x_A, x_B) - x_A \qquad (19')$$

そこでの $s_A(x_A, x_B)$ は，スポーツ・リーグの収入からクラブAが得る（期待）受取り分を表している。簡単な表現を用いれば，いずれのクラブも，スポーツ・リーグの収入から固定した（確実な）受取り分を得るのである。あるクラブが勝利した場合，そのクラブは固定的な受取り分に加えて，さらに勝者としての受取り分をも受取るのである。あるクラブの総期待受取り分は，そのクラブ自身の投資総額とそのクラブの競争相手の投資総額の関数である。この関数は，$R$ではなく，クラブによる個別投資である $x_A$ と $x_B$ にだけ依存するので，フリーライダー効果を過剰に相殺する可能性のある，ラットレース（過当競争）の効果が発生する。これを明らかにするために，ここでクラブAにとっての一次条件を考えてみよう：

$$\dfrac{\partial G^A(x_A^\star, x_B)}{\partial x_A^\star} = \dfrac{\partial s^A(x_A^\star, x_B)}{\partial x_A^\star}R(x_A^\star, x_B) + s^A(x_A^\star, x_B)\dfrac{\partial R(x_A^\star, x_B)}{\partial x_A^\star} - 1 = 0 \qquad (20)$$

$s^A(x_A^\star, x_B)(\partial R(x_A^\star, x_B)/\partial x_A^\star)$ の項が，フリーライダー効果を表している。クラブAはスポーツ・リーグの収入に対する追加的な投資貢献分のすべてを受取るのではなく，$s_A$ 分のみを受取るので，まず過少投資へのインセンティブが生まれる。他方で，ラットレース（過当競争）の効果が生まれる。この効果は，$(\partial s^A(x_A^\star, x_B)/\partial x_A^\star)R(x_A^\star, x_B)$ の項に表れている。クラブAは，投資額を増やすことで，スポーツ・リーグの収入からの（期待）受取り分が大きくなる，と思い込む。クラブBも同じ幻想を抱くので，両クラブとも投資額を増やすが，しかしながら，これによってスポーツ・リーグの収入からの（期待）受取り分が大きくなることはないのである。両クラブとも，単に自分の反応関数を「上へ」「押し上げる」にすぎない。

どちらの効果が優勢であるかは，関数 $R(\cdot)$ と $s^A(\cdot)$ の傾きに左右される。事情に

よっては，ラットレース（過当競争）の効果が，フリーライダー効果を過剰相殺してしまうかもしれない。このことについては，以下の例を使って明らかにすることができよう。

$R(x_A, x_B) = \sqrt{x_A + x_B}$ と $s^A(x_A, x_B) = x_A/(x_A + x_B)$ を想定してみよう。この分配ルールは，一方で「勝者総取り」の分配ルールだと解釈することができる。他方で $x_A/(x_A + x_B)$ の商は，クラブAが1シーズンの内で勝利したゲームの受取り分とも解釈できる。このケースでは，スポーツ・リーグの収入は勝ちゲームの受取り分に基づいてパーセンテージで配分される（この解釈については例えばウィットニー［Whitney］1993，フォルト／クウィーク［Fort/Quirk］1995を参照）。

このケースでスポーツ・リーグ全体から見て利益が最大となる（ファースト・ベスト解）のは，$x_A^* + x_B^* = 1/4$ のときである。この投資総額のもとで，スポーツ・リーグの総収入は 1/2 となる。1クラブごとの（期待）利得は，対称最適条件（symmetrisches Optimum）下で（$x_A^* = x_B^* = 1/8$）そのつど 1/8 となる。個別に利益を最大化する場合，対称的ナッシュ均衡において $x_A^* + x_B^* = 9/32 > 1/8$ が得られる。従って，両クラブとも明らかに，ファースト・ベスト解以上の投資を実行する。スポーツ・リーグの総収入は 3/4 となり，それゆえファースト・ベスト解よりも大きい。投資コストはより高いのだが，クラブごとの（期待）利益はわずかに $3/32 < 1/8$ にしかならない。

クラブの数が増加するにつれ，フリーライダー問題が深刻化するので，スポーツ・リーグの規模が大きくなるにつれ，このような過剰投資は問題にならなくなる。その上，$\partial s^i(x_i, x_j)/\partial x_i$ が小さくなる時，すなわち他の事情が等しければ，クラブが追加的な投資を通してスポーツ・リーグの収入からの（期待）受取り分にほとんど影響を与えることができない場合，過剰投資問題はさらに小さくなるのである。

いくつもの層からなる（例えばドイツにおけるブンデス・リーガとチャンピオンズ・リーグのような）スポーツ・リーグ・システムでは，成績のよいクラブが，スポーツ・リーグの収入から得る受取り分が大きくなることに加え，ヨーロッパ・レベルでのゲームに参加する資格が得られる，ということから，過剰投資問題が激化するのである。これに参加することで，そのクラブは追加的な純収入が得られるので，そのクラブの投資準備高は上昇する。チャンピオンズ・リーグからの潜在的な収入は，これによって「チーズが増える」ことなく，クラブをさらに投資させるよう駆り立てる，追加的な「チーズ」の役割を果たしている。これによって，過剰投資問題を深刻にする，さらなるラットレース（過当競争）の効果が生まれる。このことは，とりわけヨーロッパ・サッカーのトップクラスに見られる。チャンピオンズ・リーグへの出場資格や，それから得られる「チーズ」への期待は，多くのクラブにさらにいっそうの借金の山を築かせようとしているのである。

以上の議論は，スポーツ・リーグにおける過剰投資問題を抑えるための様々な手がかりを示している。利益専有権を明確に規定し，割当てているクラブ形態は，所有者が，社団法人の幹部と異なり，（極端な場合プロパティー・ライツが集中しているので）社会的な威信を，（すべて）自分の負担でしか「買う」ことができないので，戦力

拡張へのインセンティブを抑制するのである。しかしながら，利益専有権を明確に規定し，割り当てている，資本主義的なクラブ形態であっても，スポーツ・リーグの特殊な競争によって，過剰投資へのインセンティブは残ってしまう。理論的な分析によって，外生的な収入があるスポーツ・リーグでは，以下のような措置のすべてが抑制効果を持つ，という結論が導き出される。すなわち，

— トーナメントのランク間にある価格差を小さくする
— スポーツ・リーグの参加チーム数を削減する
— クラブ間にある生産性の相違を保持しておく
— クラブによる投資の意思決定を時間的にばらばらにする

視聴者，あるいは選手などが，別のスポーツ・リーグへ容易に移れるほど，外生的なスポーツ・リーグ収入という想定は非現実的になる。あるスポーツ・リーグが独占的ではない場合，スポーツ・リーグの収入は少なくともある程度は，そのスポーツ・リーグに所属するクラブの投資額に左右される。内生的な収入という点からのスポーツ・リーグのモデル分析は，フリーライダー問題と過剰投資問題が複雑に絡み合っていることを示している。純効果としての過剰投資は，そのような内生的な収入を有するスポーツ・リーグにおいて，例えばクラブが自身の投資額を追加することでスポーツ・リーグの収入からの（期待）受取り分に影響を与えることができなくなるにつれて，不可能になってくる。現状では，スポーツ・リーグの規模が大きくなるにつれて，フリーライダーになろうというインセンティブが高まるので，クラブ数の増加は，同じように抑制的に働くのである。それに対して，順位表で上位のクラブに参加権を与える上の階層の競争の追加によって，それに対応したトーナメントの賞金額が跳ね上がり，フリーライダー問題に比して過剰投資問題が際立たせられることになる。

## ◆第5章のための演習問題

**1.** 企業が協調することで，競争上のメリットはあるのだろうか？ チャンスとリスクを議論してみよう。

**2.** なぜドイツでは価格カルテルと割当カルテルが原則的に禁止されているのか，それを説明せよ。それらによって，全体経済の厚生に対して，あるいはカルテル・メンバー自身に対して，どのような問題あるいは脅威が起こりうるのだろうか？

**3.** ヘルテンバッハ（Hertenbach）（住民約40,000人）は，より効率的なマネジメントを通して，ゴミや廃棄物の処理にかかる費用がもっと抑えられることを期待して，都市による公的なゴミ処理事業を民営化することに決定した。市長は，5年間の期限でゴミ処理に関する権利を，最も安くゴミ処理を行う民間企業に委譲する，と提

案している。市長が提案した処理受注手続きの効率性を，どのように評価したらよいだろうか？　どのような問題が前もって考慮されるべきで，どうすればその問題を抑制することができるのだろうか？

**4.** フォーミュラ１（Formel 1）で活動している，それぞれのチームのエンジニアは，シーズン前あるいはシーズン中，レーシングカーの性能を常に向上させようと努力している。その上不定期にルールが変更され，車の構造変更が必要となる。どちらのケースにおいても，すべての構成部品を調整することが非常に重要である。あなたがフォーミュラ１のチーム・リーダーであるとして，あなたはタイヤメーカー（例えばブリジストン）とどのような契約関係を結べばよいのだろうか？

**5.** 「今年も，コーブルクの中規模自動車サプライヤであるブローゼ自動車部品有限会社（Brose Fahrzeugteile GmbH & Co. KG, Coburg）は，従業員数を約10パーセント増やし，3,800人とした。新しいポストの大部分は海外に設けられたが，国内にも設けられていた。ツヴィッカウにあるメーラネ（Meerane）には，ドイツでは３番目の工場が建設された。その工場は，もっぱら７キロ離れたモーゼル（Mosel）にあるフォルクス・ワーゲンの工場に納品している。何を納品しているかといえば，フォルクス・ワーゲンの組み立てラインへと直接納入され，そしてそこでフォルクス・ワーゲンの従業員によってただドアに取り付けられるだけである，完成モジュールを納品している。フォルクス・ワーゲンにとってのメリットはコスト削減であり，ブローゼにとってのメリットはシステムに対する責任を請け負うことである。」（南ドイツ新聞，97年11月20日，36ページ）このような製造形態から，どのようなリスクが生じ，取引パートナーはどのようにこのリスクから身を守るのだろうか？

**6.** 互いに他の領域では激烈な競争関係にある２つの半導体製造会社が，新しいマイクロチップの開発のために，共同研究プロジェクトを立ち上げようとしている。両企業とも，達成された研究成果をいつでも無制限に利用してもよい，という条件で合意している。研究施設の建設費用は，両企業が分担している。もっとも人件費が，断然最大のコストである。これについては，どちらの企業も自分で派遣した研究者にかかるコストを負担する，ということで合意されている。どのような研究者がどれだけの間派遣されるのかの決定については，各企業に委ねられている。両企業ともそれぞれ異なる，得意なノウハウを持っているので，両企業は協調パートナーがノウハウを共同研究プロジェクトにどの程度持ってきているのかを判断することはできない。このような状況を，**単純な**効率性を目指した協調形態の図式を使って整理してみよう。両企業間での最初の協調プロジェクトを問題にする時，このような協調プロジェクトのフレームワークの中で，どのような問題が予想されるだろうか？　それに対して，両企業がすでに多数の成功した協調プロジェクトを様々な領域で実施していた場合，この状況をどのように判断すればよいのだろうか？

**7.** ある成功しており，非常に有名でもある予備校が，かつての西ドイツに属する州で，大部分がフランチャイジーによって運営されているチェーンの教室を多数持っているが，近い将来かつての東ドイツに属する州においてもフランチャイズのライセンスを与えたいと考えている。そのさいフランチャイジーは，年間のライセンス料を支払う義務のほかに，契約に署名する前段階として，本社で4週間にわたるスクーリングに参加する義務を負う。それにかかる費用は，全額を参加者が負担しなければならない。さらにフランチャイジーは，備品，コンピュータ・ソフトウエアなどに関してフランチャイザーの規準に従って，自分の負担で教室の準備をするという義務を契約上負っている。

a) フランチャイズの長所を明らかにし，自分で教室を持つよりもフランチャイズ契約のほうが賢明である条件を挙げてみよう。

b) スクーリングや，フランチャイザーによってあらかじめ基準が決められている教室のインテリア・デザインを準備するコストを負担することが，プリンシパル・エージェント理論の観点から，フランチャイズ組織にとってなぜ効率的なのか，その理由を考えてみよう。このことで，フランチャイザーにとってはどのようなリスクが発生し，このリスクはどのように抑制されるのだろうか？ 企業の本部から見てプリンシパル・エージェント問題を抑制するために何ができるか，具体例を用いていくつか挙げてみよう。

c) 予備校の分野で，フランチャイザーによるモラル・ハザードの危険は，ポピュラーなファーストフード・チェーンのケースよりも小さい，ということについてあなたはどう考えるだろうか？

**8.** 近年，ドイツのプロサッカーであるブンデス・リーガにおいて選手の年俸が非常に高騰している（ロンドンのアーセナルから移ってきたヴィエラ［Viera］は，レアル・マドリードと650万ユーロの年俸で交渉した）。その上，平均的な選手に対しても法外な移籍料が支払われている（例えばマルコ・ライヒ［Marco Reich］には，FCカイザースラウター［FC Kaiserslautern］からFCケルンへの移籍で600万ユーロが支払われた）。どうしてこのような事態になっているのか，説明してみよう！ このような展開は，スポーツ・リーグの観点から見て効率的なのだろうか？ 解決方法を議論してみよう。

**9.** ドイツのプロサッカーであるブンデス・リーガにおいて，2/3のチームが経営的に行き詰っているのはなぜだろうか？

**10.** ドイツのブンデス・リーガの試合をテレビで放映する権利に関して，集権的に販売することは理にかなっていることなのだろうか。なぜバイエルン・ミュンヘンの経営者であるウリ・ホエネス［Uli Hoeneß］は，それに反対しているのだろうか？

**11.** ボフロストという会社とアイスマンという会社が，訪問販売という方法で，

冷凍食品を大量に販売している。ボフロストは単にドライバーを従業員として有しているだけであり，彼らは固定給を受け取るか，そうでなければ基本給に売り上げへの貢献分をプラスした額を受け取るとしよう。それに対してアイスマンは，自分でトラックを所有するフランチャイジーのドライバーを雇っている，としよう。このような2つの組織形態には，どのようなメリット，あるいはデメリットが存在するだろうか？

**12.** 大学での学業の最後に第1次国家試験（das Erste Staatsexamen）の準備をする，ほとんどすべての法学部の学生は，（第2次国家試験に合格しなければならない試補（Referendare）と同じく），いわゆる受験指導の家庭教師を利用する。受験指導の家庭教師は，「予備校教師」としての役割を果たすわけである。彼らは教室や特殊な教材を使用する。約25年前に，大規模な家庭教師派遣会社（例：アルプマン／シュミット［Aplmann/Schmidt］，ヘンマー［Hemmer］）が設立され，それは当初は，設立者によってそれぞれの地域で経営されていた（例：アルプマン／シュミットはミュンスター［Münster］で）が，その後，法学部があるほとんどすべての大学所在地に広がっていった。あなたがこれらの会社の設立者であったら，どのような組織構造をとって拡大していっただろうか？ それはなぜだろうか？

**13.** ビーレフェルトにあるコンピュータ関連の量販店「PC Spezialist」は，フランチャイザーとして，ドイツに130以上の店舗を持ち，そこではコンピュータ，プリンター，モニターだけでなく，デジタル・ビデオやデジタル・カメラをも販売している。この市場では，同質的な製品の価格競争が激化している。採用されている組織構造の効率性について評価してみよう。購買協同組合は合理的であろうか？

---

1）訳注（p.203）：この節における旧財閥系企業グループ，旧銀行系企業グループの存在については1990年代初期までの姿であることに注意されたい。

# 第6章
# 企業の内部領域としての組織

　4章と5章において明らかにした，市場競争のフレームワークとしての組織と組織間関係としての組織を背景として，本章では企業という視点から，企業内部の制度デザインという問題が扱われる。実際の企業の組織形態と組織化の原理のいくつかを詳細に述べる前に，まず企業組織の基本原理について2，3述べてみよう。そこでまず経営組織論の道具について簡単に概観し，そして同時にこの章の対象とする領域を体系的にまとめてみよう。

## ▓ 6.1 企業組織の基礎

　どんな状況においても優れている唯一の組織構造などというものが存在しないことは，コンティンジェンシー理論がもたらした重要な認識である。むしろ周囲の状況に応じてその時々に特定の組織構造が優先されるべきなのである。それゆえ，組織をデザインするためには，条件と組織変数とが体系化されていること，それらの条件と組織変数の様々な組み合わせの効率上の効果が明らかにされていることが必要である。次の2つの節はこうした話題を扱う（以下について詳しくは，ピコー1999参照）。

### 6.1.1 組織構造の制約条件としての職務の特質

　ここでは組織の道具としての側面に注目して，特に中心的な条件である職務を取り上げよう。企業組織は職務を効率的に達成する手段と理解される。それゆえ，組織構造が，企業職務と組織との関係によって決まるといっても驚くべきことではない。すべての組織研究の出発点としての職務は，すでに初期にはノルトジーク［Nordsieck］(1934)，そして後年にはコジオール［Kosiol］(1976)によって強調された。例えば，具体的目標，指示，生産計画，問題設定とアウトプットといった諸概念が，職務の同義語として使用されている。前後のコンテクストや説明の意図次第で，職務は結果とも見なされるしプロセスとも見なされる。

　組織のデザインは，企業の職務の特性によって決まるという見方の背後には，「構造は戦略に従う」というチャンドラーのよく知られたテーゼが潜んでいる（チャンドラー1962参照）。

　「戦略は構造に従う」（例えばルメルト1974, p.74）というこれとは逆の説は，その

時々の企業構造，とりわけその構造によって生み出された特別な発展のポテンシャル，知識，資源と協働のパターンが，企業の戦略に大きな影響を与えると言っている。

　これら２つの主張の間にある外見上の矛盾は表面的なものである。つまり，**短期的には**，与えられた組織構造は確かに企業経営陣の行為を左右し，従ってまた実際の目標を決定する。重要なのは，競争という条件の中では**長期的には**いつでも，企業が外部環境の中で生き残るためにしなければならない職務の方が組織構造を規定していくということである。

### 企業の職務の組織に関わる特徴

　次の５つの職務に関わる性質が，職務と組織との関係を考えるさいに重要である。すなわち，職務の構造化の度合い，変動性，頻度，類似性，そして特殊性である。構造化の度合いと変動性は，基本的な性質として組織と職務の関係を考察するさいまずはじめに問題となる。頻度と類似性は，第２段階で扱われ，最後の特殊性は職務を内部化するか，外部化するかの決定のさいに重要となる。

　職務の**構造化の度合い**とは，設定された職務が，精確で一義的に整理された処理手続きに分解されうる度合いのことである。構造化の度合いは，例えば職務の自動化と形式化の限界を左右する。高度に構造化された職務の場合には，獲得されるべき成果，必要なインプットそしてまた課題を解決するさいの原因・結果関係が，既知であり，あまり構造化されていない職務の場合にはこれらが未知である。構造化の度合いとい

**図37　構造化の度合の特質**

|  |  | インプットについての知識 ||
|---|---|---|---|
|  |  | 精確 | 曖昧 |
| アウトプットについての定義 | 精確 | 1 たとえば自動車整備のような仕事 | 2 たとえば仕様書に従った開発に見られる裁量的なインプット |
|  | 曖昧 | 3 たとえば資格を得るための研修のようにアウトプットの評価が裁量的な場合 | 4 たとえば広告キャンペーンの企画のようにインプットもアウトプットも裁量的な場合 |

出典：ピコー1999, p.126

う代わりにプログラム化の可能性，限定性，精確性ないし分析可能性という概念もしばしば使用される。

　職務の**変動性**は，達成する職務の質，納期，量，価格などの変更の度合いとその予測可能性に関わるものである。つまり職務を達成するさいに考慮すべき不確実性の度合いが問題となる。しばしば動態性，不確実性あるいは多様性とも言われる。職務の変動性が大きいほど，職務を処理する仕方は，より柔軟に組織化されなければならない。

　以上の2つの基準を組み合わせると，4つのセルを持つ図ができあがる。

**図38　職務の四つの基本形**

| 構造化の度合 ＼ 変動性 | 低い | 高い |
|---|---|---|
| 高い | 1　高度に構造化された，安定的な職務<br><br>　例　簿記<br>　　　鉄鋼生産<br>　　　組立ライン | 3　高度に構造化された，高度に変動的な職務<br><br>　例　コンピュータ・プログラミング<br>　　　建築および土木<br>　　　エネルギー供給 |
| 低い | 2　よく構造化されていないが，安定的な職務<br><br>　例　特殊な工芸<br>　　　教育機関の運営<br>　　　専門店経営 | 4　よく構造化されていなくて，高度に変動的な職務<br><br>　例　研究・開発<br>　　　戦略的計画<br>　　　「ハイテクノロジー」 |

出典：ピコー 1999, p.126

　構造化の度合いと変動性によって，企業の職務を組織と関連する基本的な特徴に従って整理することができる。職務の性質が組織の構造にどう関係するかをさらに詳しく理解するために，条件をもう1段拡大してみよう。次の段階では，ある種類の職務がどれほど頻繁に実行されるのか，そしてそれに加えて，いろいろな職務が実行されねばならないときにこれらの職務がどれほど類似しているのかが，明らかにされる。

　**頻度**という次元は，ある種類の職務について一定期間内に処理することを期待された単位量（例えば，年間1,000トンとか100万トンの生産，10人の顧客または，200人の顧客への対応）を意味している。組織にとって頻度が重要なのは，投資の回収期間に重要な影響を及ぼす，コスト逓減のメリットあるいは規模の経済性が生ずるためである。

　職務の**類似性**は，例えば産出プログラムが多様化して，複数の目標を追求する企業

に見られる特徴である。組織構造的には，それらの職務がどの程度似ているか，あるいは似てないかが重要である。類似性は，職務の技術的な近親性（生産方法と原材料）と市場的な近親性（需要行動，購買者グループ）に関わるものである。類似性または非類似性という代わりに，しばしば企業の職務またはアウトプットあるいは産出プログラムの異質性，多角化の度合いあるいは多様性とも言われる。企業における職務が類似しているほど，範囲の経済性を実現することができる。そのさい，類似した職務は連結生産のメリットと費用上のシナジー効果をもたらす。

**特殊性**という特質によって言われているのは，生み出された財・サービスが予定された財・サービスの受け手にもたらす効用と，第3者がその部分的な財・サービスを使用したときに得られる効用とどれほど乖離しているのか，ということである。こうした乖離が大きいほど，特殊性は高く，また分業関係にあるものを統合する必要性がますます大きくなる（組織的な配置をデザインする上での特殊性の重要性については，3.3.2.3参照）。

### 6.1.2 組織構造の変数

組織構造の変数とは，組織構造のデザインのために利用される道具である。それらの変数は簡単にいうと4つに分類される。
1. 職務の配分
2. 意思決定権の配分
3. 命令権の配分
4. プログラム化

#### 6.1.2.1 職務の配分

職務の配分は，組織を構造化するさいの出発点である。職務の配分は，個々の職務の形成と，個々の職務の担い手としての組織単位の形成という，相互に依存しあっている2つの問題から成っている。

**個々の職務の形成**

個々の職務を形成する場合，職務全体が段階的に分割される。ここでまず問題となるのは，職務を単に等質的な小部分に量的に分割するのか（量的分割），それとも職務を性質によって区別するのか（質的分割）ということである。量的分割は企業内ではめったに行われない（口座管理や顧客サービス業務のアルファベット順での分割）。経済組織においては基本的に質的分割（専門化）が大勢を占めている。その理由は，すでに1776年にアダム・スミスが述べた，定められた職務への専門化のもたらすメリットにある（これについては，1.2.1参照）。

職務の構造化の度合いが高く，変動性が少なく，そして頻度が大きいほど，専門化のメリットは多く実現される。対照的に，うまく構造化されず，かつ頻繁な変更が行

われる職務には，幅広い能力と全体的活動（機能の統合）が必要であり，それゆえ高度な専門化が妨げられることになる。

質的分割を決定するために，経営組織論は職務の分析と総合という道具を開発した（ノルトジーク1934；コジオール1976）。アングロサクソンの経済学の文献では，職務の領域の形成は，「職務のデザイン」（Job Design）という概念で議論されている（例えば，ミルグラム／ロバーツ［Milgrom/Roberts］1992参照）。

**職務の分析**

職務の分析とは，特定の基準に従って職務全体を境界のはっきりした要素に分解し，体系的に整理することである。例えば以下のような職務の特徴が，分析の基準として利用される。

— 業務（どのような機能ないし活動が遂行されるのか）
— 対象（最終的に生みだされる財・サービスはどのようなものか）
— 作業手段（どのような手段によって職務が処理されるのか）
— 職務のレベル（それは意思決定職務なのか，それとも執行職務なのか）
— 意思決定プロセスの段階（それは計画職務なのか，実行職務なのか，あるいはコントロールの職務なのか）

職務全体は，これらのうちの1つないし複数の基準によって職務の要素に分解される。図39は，3つの基準による職務の分析を示している。

**図39 三つの基準による職務分析**

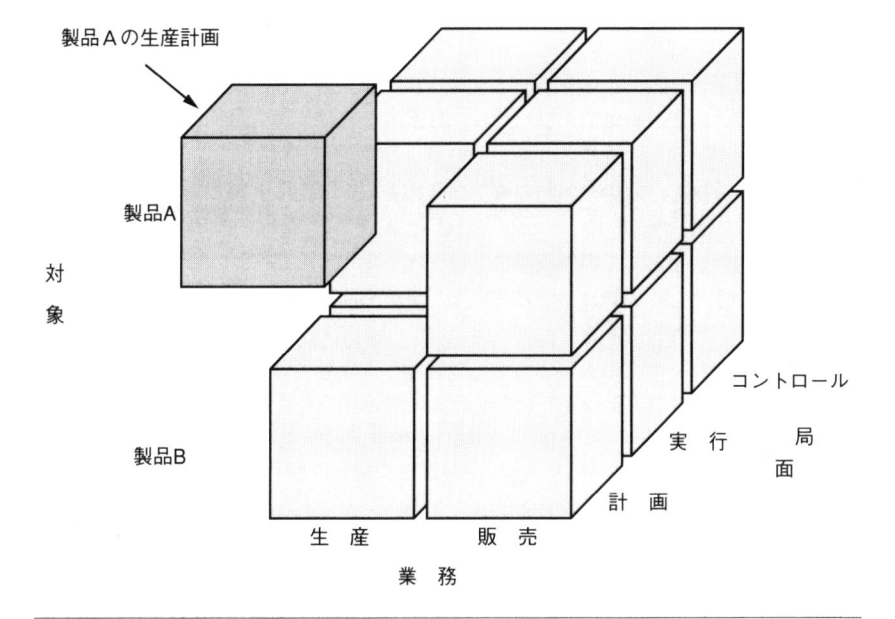

## 職務の総合

　職務の分析で明らかにされた1つの職務の諸要素が，1つの組織単位ないし1人の職務担当者に割り当てられるひとまとまりの職務に対応するのは，むしろ例外的である。それゆえ，分析的に得られた職務の要素は，それらが効率的な組織単位となるように，ひとまとまりの職務に統合されなければならない。統合の基準として，ここでもまた職務分析のさいの特徴が役立つ。

## 職務の分析と総合の指針としての取引費用

　3.3.2.4では，分業のための一般的な指針が取引費用理論に基づいて示された。こうした一般的な指針は，企業における個々の職務形成の問題にも応用できる。

　**第1の原則**によれば，個々の職務は，最終的にはそれぞれの組織単位に割り当てられるひとまとまりの職務間の相互依存が最小になるように形成されなければならない。この原則を守れば，組織単位間の調整費用が削減され，組織単位内では統合的で独立的な職務の遂行が可能になる。**第2の原則**によれば，職務はいわゆる知識経済的に成熟した（wissensökonomischer Reife）段階ごとに分離されなければならない。この原則に従うことによって，職務の担当者間における費用のかかる暗黙知の移転が避けられる。この原則を実践に適用するためには，暗黙知を含むが，次の加工のさいにそのような暗黙知が重要とならないような製品あるいは財・サービスだけを，専門化した職務の担当者が交換するように，個々の職務を形成し，職務の担当者に割り当てなければならない。最後に，**第3の原則**は，この文脈では，職務を確定するさいに，職務が割り当てられるべき担当者の特性ないし状況が考慮されなければならないということである。この原則によれば，個々の職務は，職務担当者が職務達成に必要な暗黙知をできればすでに持っているか，あるいは職務の過程で自動的に習得して維持できるように形成され，彼らに割り当てられなければならないことになる。この原則に従えば，例えば，特定の戦略的ノウハウは，日常的な執行業務に関わることの少ない上位職位において築かれ，維持される。このような戦略的で総合的な知識を必要とするような職務を分割し，現場の個別の専門部門に委ねることはナンセンスである。

## 個々の職務の担い手としての組織単位

　職務の担い手として問題になる最も重要な組織単位は，職位（執行職位，管理職位，スタッフ職位）と部門である。

　**職位**は，その資格のある人によって処理されうるひとまとまりの職務として定義される。それゆえ職位は，基本的には職位にある者と独立している。職位には，組織メンバーに対する企業のフォーマルな役割期待が現れている。

　職務を適切に処理するために，職位には権利と義務，いわゆる権限が付与される。職位のためにひとまとまりの職務を形成する場合，以下のような種類の権限が考慮される（これについては，ヒル／フェールバウム／ウルリッヒ1994, p.125も参照）。

　――　**執行権限**（限られた時間，利用できる手続きの範囲内で委任された職務を処理

する)
- **使用権限**(自分の部署の外にある特定の情報,原材料,工具,機械の利用権)
- **提案権限**(他の職位にある特定の問題に関して議論を求める発議権)
- 次のような**意思決定権限**
  ・施策の権限(与えられた範囲内での特定の行為についての意思決定権)
  ・方針決定の権限(第三者の行為に対する一般的な制約条件の設定権。これは組織化の権利をも含む)
- **指令権限**(特定の問題において,するかしないかを他者に指令する権利)
- **協議権限**(他の職位の意思決定に加わる次のような権利)
  ・共同審議権(ヒアリングの権利)
  ・共同意思決定権(様々な調整規則を伴う合議意思決定。最も強く現れた場合は拒否権)
  ・専門意思決定権(例えば特定の経営変更を行うさいに安全性工学の専門家や環境保護担当者,あるいは経営協議会に賛成を求めるかどうかといった,より大きな問題の特定の側面について最終的に意思決定する権限)
- **職位代表権限**(外部に向かって企業を全体として代表し,あるいは支障のある他の職位担当者に代わって行為する権利)

それぞれどの権限を持つかによって,3種類の基本的な職位が区別される。**管理職位**には,意思決定権と命令権が集中している。**執行職位**は,基本的に執行権限ならびに職務の遂行のために必要となるインフラ構造の利用権限を持つ。**スタッフ職位**は,情報権とヒアリングの権利,ならびに意思決定の準備とモニターのための介入権を持つ。

新制度派経済学から見れば,職位に権限を与えることは,プロパティー・ライツを配分することに等しい(これについては,3.3.1参照)。プロパティー・ライツ理論によれば,どの職位にも,外部効果による厚生の損失と取引費用の合計を最小化するように権限が与えられなければならない。

それぞれある基準によって永続的な形で形成され,管理職位によって管理される複数の職位をひとまとめにしたものが**部門**である。プロパティー・ライツ理論によれば,職位担当者に自分で調整したり動機づける能力がない場合には,管理職位によるモニタリングが必要になる。例えば,チーム生産の効果のために財・サービスの生産が分割できないような場合がそうである(このことについて詳しくは,3.3.1.4参照)。部門の形成によって職務の分割は多段階的で垂直的な構造をとる。

組織において職務を垂直的に分割する場合,とりわけ,第1の分割段階(企業経営者のすぐ下の第2の組織階層)で職務がどのような基準で分化されるかという問題が非常に重要である。

この問題は職務の分け方(部門の専門化とも言われる)に関わっている。どのような職務の分け方を主に採用するか,企業の実際の全体構成を決めるのである。例えば,業務基準を適用する場合には業務別組織(機能別組織とも言われる)が採用され,対

**図40 垂直的職務区分と部門形成**

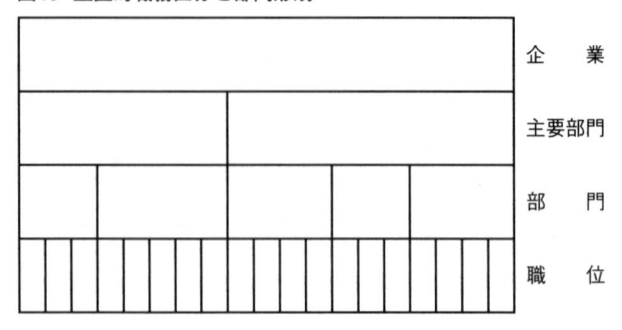

|企　業|
|主要部門|
|部　　門|
|職　　位|

象基準を適用する場合には対象別組織（部門別組織，事業部制組織とも言われる）が採用される（このことについては6.3.2も参照）。

　特に大企業や激しい競争に直面している企業では，職務が類似していないほど，対象別組織形態（対象別スタッフ，対象別本部，事業部制）となる傾向が強くなる。このことは，前に述べた取引費用理論を用いて説明できる。類似していない職務を分離し，それを異なる組織単位に割り当てれば，知識経済的に成熟した段階（異なる暗黙知を含む複数の段階）が同一部門内の付加価値プロセスに紛れ込まなくなり，部門間の相互依存と調整の必要性が削減され，さらの職務達成のノウハウが必要な箇所で生まれ，かつ容易に維持されることになる。このようにして調整コストとモチベーション・コストは最小化される。さらに規模（職務の頻度）もまた，組織を対象別に構成するよう促す。すなわち事業部制組織では，規模が大きくなるにつれ，調整に関わる企業経営者の負担が増える。企業が成長しようとすれば，中枢部門の調整費用を削減しなければならない。こうした削減は，例えば製品別事業部，地域別事業部，顧客別事業部の形成によって達成される（いわゆるM型企業の仮説については，ウィリアムソン1985，p.279以下を参照）。

### 職務の配分と他の構造変数との関連

　第1章で述べられた組織問題との関連で言えば，職務の配分は，まず，一方で分業ないし専門化の構造についての情報と，他方で調整ないし交換の構造についての情報を与える。それゆえ，1.4の用語で言えば，職務の配分という構造変数は，もっぱら組織問題の調整側面の解決に関わるものである。職務の配分は，非生産的な専門化と分業による厚生の損失や，交換・同期化にかかる過大な費用をできるだけ小さく押える「役割」を，組織内の経済行為者に設定する。ところがよく知られているように，利己的であると仮定されている経済行為者は，設定された「役割」を自動的に果たすわけではなく，そこから私的な効用が引き出される場合にだけそうした役割を果たす。なかでも情報の非対称性は，限定合理性（サイモン1957とマーチ／サイモン1958参照）と相互依存関係とともに現れるとき，設定された「役割」を無視し，従って他人

の負担で自分の私的目標を追求する余地を作りだす。まさに経済学的組織論は，1.3でモチベーション問題と呼ばれた組織問題のこの第2の側面を明示的に取り上げている。それは，組織が「役割の構想」という純粋に技術的な問題であるだけでなく，機会主義的で限定合理性をもった行為者が構想された「役割」を実際にも果たすよう動機づける人間的な問題であるということを明らかにしている。

職務の配分の特徴がとりわけ「役割の構想」（調整問題）への貢献にあるとすれば，命令権の配分，意思決定権の配分，組織のプログラム化といったその他の構造変数は，主として「役割に一致させる行動」（モチベーション問題）を生み出すことに貢献する。もちろんこのような区別は，構造変数の主たる機能に注目したものであり，決して絶対的なものとみなされない。実際，命令権と意思決定権の配分ならびに組織のプログラム化は，現実には確かにいっそうの「役割の具体化」にも役立っているが，しかしその重点は，例えば誘因の設定，情報の非対称性の克服と効率的なリスク配分による「役割に一致させる」行動へのモチベーションにある。

職務の配分の後に残された組織の構造化の自由度，すなわち命令関係のデザイン，意思決定権の配分と組織のプログラム化は，以下では，それぞれ独立のデザインの段階として扱われる。本書ではこのような段階的な進め方が採られるけれども，組織の構造化は，諸々の構造変数間に存在する多数の従属関係に明らかなように，ひとまとまりのものとして見なされなければならない。

### 6.1.2.2　意思決定権の配分

意思決定権は，企業における職務をどう達成するかを具体的にデザインする権限に関わる。ある特定の職務を誰が実行すべきか，決めても（命令権），どのようにしてその職務が実行されるべきかが決まるわけではない（意思決定権）。

企業における意思決定権の配分は，権限の委譲と参加という2つの要素から成る。

### 権限の委譲

意思決定権の委譲によって，どの組織単位が職務の達成のためにどのような具体的なデザインの権限を持つべきかが，確定される。意思決定権はもともと基本的に企業のトップに集中しているものなので，権限の委譲とは最上位のレベルから下の階層へ意思決定権を譲り渡すことを意味する。意思決定権が下位のレベルに与えられるほど，委譲の度合いは高くなる。

権限の委譲の度合いが高まるにつれ，下位の企業レベルに対する質的な要求が高まる。権威的で命令的な管理用具に代えて，高い度合いの責任の委譲ないし**権力付与**（Empowerment）が現れる（ボイエット／コン [Boyett/Conn] 1992, p.109以下；ピンチョー／ピンチョー [Pinchot/Pinchot] 1993, p.220以下，これについては6.3.1.2をも参照）。もちろん委譲を行った職位にも責任は残されている。そうでなければ，階層が完全になくなり，企業は崩壊してしまうだろう。

企業における権限の委譲は，公共部門における**補助金の原理**に対応している。補助

金の原理が中央政府の負担軽減を行うのと同じように，権限の委譲は上位の管理職位の情報能力と意思決定能力の量的，質的負荷を軽減する。このようにして，管理の過剰負担の問題が緩和されるのである（ピコー1991d 参照）。

管理者は，全体観を必要とし，集中的なモニターを行わなければ調整・モチベーションができない重要な職務領域に集中するだろう。逆に，第1に下位の階層が正確な現場の情報を持っていて，また第2に下位階層の行為がもたらす損失を把握しやすい職務領域に対しては，意思決定権を委譲することには意味がある。

権限委譲の経済理論ともいえるプリンシパル・エージェント理論が，権限委譲のリスクとその限界を定める道具について詳しく論じている（このことについて詳しくは，3.3.3参照）。

**参加**

意思決定への参加と意思決定の委譲とは区別されなければならない。参加は，下位の階層の人々がどのくらい上位の階層の意思決定に加わるかという問題に関わっている。それゆえ，企業が大幅に権限を委譲しながら参加の度合いを低くしている場合もあるし，またその逆になることもありうる。すなわち，下位の階層の意思決定への参加の度合いが高くても，委譲の程度は低いという組み合わせも考えられる。

参加の範囲は，意思決定の準備となる情報処理プロセスに加わることから，意思決定を実行する前のヒアリングならびにアドバイス，共同の意思決定及び拒否権を経て，自律グループ（6.4.3参照）という形態の下位階層による自己調整・自己決定にまで及ぶ。参加の程度が高まるほど，下位の階層の人々は，それぞれの上位職位の意思形成に関わる機会がより多くなる（このことについて詳しくは，ヒル／フェールバウム／ウルリッヒ［Hill/Fehlbaum/Ulrich］1994, S.239以下をも参照）。図41は，様々なレベルの参加の程度を表している。

参加もまた管理職位と部下との間の情報の非対称性を削減する用具となりうる。しかし，それに加えて，知識を結集し，誤りを早いうちになくすことにより，参加は良い調整方法でもある。新制度派経済学的に言えば，意思決定プロセスに「より多くの合理性」が流れ込み，その結果，調整問題が「限定された合理性」によって損なわれる度合いが減少したということであろう。最後に，部下にとっては職務の達成が彼自

**図41 さまざまな参加の度合**

| 低い参加の度合 | | | | | 高い参加の度合 |
|---|---|---|---|---|---|
| ヒアリング | アドバイス | 意見形成 | 共同決定 | 拒否権 | (部分的)自律的集団 |

ヒル／フェールバウム／ウルリッヒ1994, p.259による

身の（すなわち自分も加わった）意思決定の結果になるという意味で，参加は，モチベーションの効果ももたらすかもしれない。これは，新制度派経済学的には，上司から部下へのプロパティー・ライツの移転に相当する。

それに対してこうした参加には，意思決定プロセスに時間がかかり，ゆえに費用がかかるというリスクがつきまとう。ここにさらに加わるのが，プロパティー・ライツが分散してしまい，意思決定の結果に対する責任が不明確になるという問題である。意思決定の結果が良ければ，誰もが自分の成果であると主張し，そのために中心人物は故意に低く評価され（すなわち成果は集団のものにされる），失敗の方については，それが参加者からは切り離され，生け贄の原理に従って中心人物だけのせいにされる可能性がある。そうなると，彼が慎重すぎる意思決定行動をとってしまうという，インセンティブのひずみが生じる。

効率がとりわけ「過度の限定合理性」によって損なわれていて，またインセンティブの問題があまり重要でない状況において，参加は基本的に適切なように見える。こうした状況はとりわけ，様々な考え方を持ったいろいろな人々の多様でかつ異質な専門知識と協働が必要ないし助けとなるような，複雑であまり構造化されていない職務の解決について生ずる。

### 6.1.2.3　命令権の配分

組織単位間の命令関係ないし指令関係のデザインは，職務の配分と意思決定権の配分によって発生した構造を具体化する。それは形成された組織単位における職務の達成を保証し，組織単位間のスムーズな調整に貢献する。

経営組織論は，ライン組織と機能別組織によって命令権のデザインに関する2つの基本形態を区別している。この基本形態にはさらに様々な変種があるが，どれがどのような形で現れるかは，処理される職務に依存している。

**ライン組織**

ファヨール［Fayol］（1916）にまでさかのぼるライン組織は，上位の管理職位から下位のどの職位へも1本の命令系統しか出ていないし，逆に下位のどの職位も上位の管理職位と1本の命令系統だけでつながっているという特徴を持っている。部下は，彼の直属の上司からのみ命令を受け取り，彼は直属の上司に対してのみ職務を達成する上での責任を負う。命令関係の数はこのように制約されているが，系統の「太さ」については何も言われていない。意思決定権の配分次第で，命令系統における権限の委譲と参加の度合いは様々になる。

管轄と責任が明確であるというメリットがあるとともに，命令系統が長くなる（命令系統は同時に情報の経路ないし事務手続の経路である）という危険と上司の過剰負担（管理の職務を専門化できない）という危険が存在する。階層の数が増えるほど，そして部下の職務が多様になるほど，これらの問題は大きくなる。その場合，上司は部下のために「最適な」分業の内容を認識できず（調整問題），部下の行動の自由度

**図42　ライン組織**

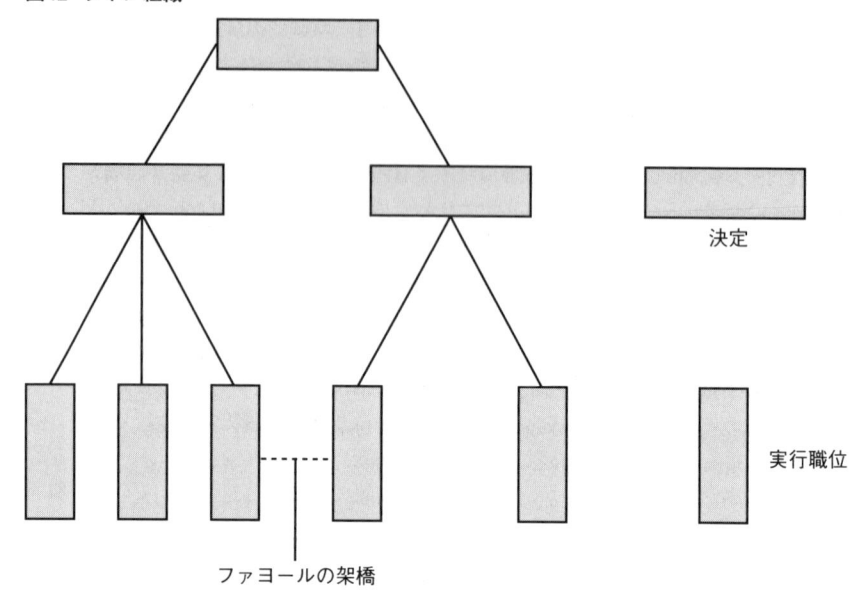

　　　　　　　　　　　　　　　　　　　　　　決定

　　　　　　　　　　　　　　　　　　　　　　実行職位

　　　　　ファヨールの架橋

をコントロールして分業内容が守られるよう配慮できなくなる（モチベーション問題）。組織単位間の横のつながりを認め，これらの上位の管理職を通過させず，もっぱら報告経路として利用する，いわゆるファヨールの架橋も，ライン組織のこの基本的な構造的な欠陥を克服するものではない（ヒル／フェールバウム／ウルリッヒ1994，p.193参照）。

　それゆえ，ライン組織は，主として，よく構造化され，比較的類似していて変動的でない企業の職務に向いている。このことは例えばプリンシパル・エージェント・アプローチ（詳しくは，3.3.3参照）によって説明される。構造化されていれば，透明性が高く，明確に境界線を引ける活動領域を形成できるようになり，公式的な計画システムと統制システムをデザインできるようになる。職務が類似しているので，上司の仕事はより同質的になる。職務が変動的でないなら，絶えず学習を積み重ねる必要がなくなる。結局全体として，上司・部下間の情報の非対称性が減少し，このことは調整活動とモチベーション活動をより有効にすることになる。上司はより容易に監視できるようになるので，より多くの部下を有効に調整し動機づけできるし（**管理限界の拡大**），そのことによって階層の数は少なくなり（**階層組織のフラット化**），情報・コミュニケーションのリンクは短くなる（**経路の短縮**）。

　近年，ライン組織はいわゆるモジュール化と組み合わせることで重要になってきている（これについては，3.3.1.4参照）。モジュール化においては，機能的，階層的に組織された企業において水平的に広く分散していた行為権ないし執行の権限がプロセスごとにモジュールに集中する。同時に垂直的には，プロパティー・ライツないし意

思決定権限が管理者からプロセスにより近い下位の階層に移転される。こうする目標は，できる限り自律的なグループによって統合的に達成される，相対的に独立した職務のセグメントを作ることである。こうして，ダイナミックで複雑な環境においてあまり構造化されていない職務を処理するのに必要な柔軟性を保証する，非常に「細い」ラインを持つライン組織という構図が生まれるのである。

**ライン・アンド・スタッフ組織**

　ライン・アンド・スタッフ組織は，構造化されていない，異質的でしばしば変動する職務を処理するためにライン組織をさらに発展させたものである。特に上司の過剰負担とその結果生ずる調整・モチベーションの困難を緩和するために，ライン組織はライン・アンド・スタッフ組織に修正された。専門化したスタッフは，管理職位に対し意思決定の準備とコントロールにあたって助言しサポートするという職務を引き受ける。スタッフは，問題そのものについては何ら意思決定権を持たないし，またラインに対する命令権ももたない。企業内の他のスタッフ職位に対する命令権があれば，階層組織の中にいわゆる**スタッフ階層**があるといわれる。例えば，本部のコントロール・スタッフは個々の現場レベルにいる下位のスタッフに対して命令できる立場にいる。

　ライン・アンド・スタッフ組織のメリットは，管理職位の専門知識に関わる負担が軽減されることと，彼らに対して質の高いサポートが行われることである。さらにそ

**図43　ライン・アンド・スタッフ組織**

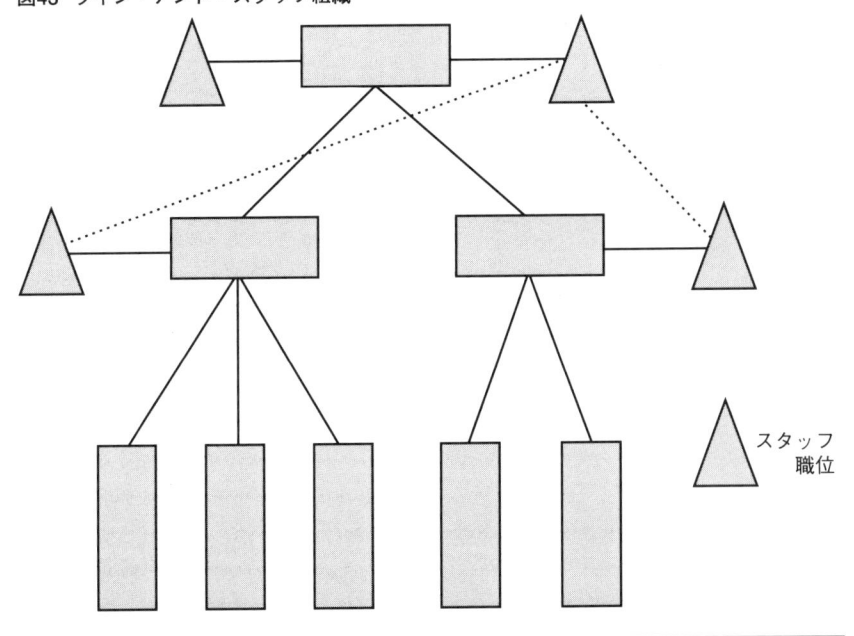

れはプロパティー・ライツを意図的に分散することとも解釈される。ここでは行為者はその行為の所得効果から切り離されているのである。

　異質で，変動的でよく構造化されていない職務が，調整とモチベーションの対象となっている部下の裁量的な行動をもたらしているという状況において，スタッフは，管理職位の専門知識上の負担を軽減するために投入される。しかしライン・アンド・スタッフ組織は，確かに管理職位・部下間のエージェンシー問題を解決するが，新たなエージェンシー問題を発生させる。スタッフは，彼らの専門化された能力と日常的な業務から解放されていることで，管理職位に対してしばしば大きな情報上の優位を持つ。この事情が，彼らに自分自身の目標を追求する戦略的ないし裁量的な行動の余地をあたえる。通常この問題は，意思決定の責任がラインにあるので，スタッフは定義によりその行動の結果に責任をとらないという事態によって，深刻なものになる。自分の不首尾を他者のせいにできるような情報上の優位は，結果的にプリンシパル・エージェント理論の用語でまさにパラダイム的なモラル・ハザードを生じさせる。伝統的な組織論では，この議論は，スタッフの「責任のない専門家の権力」の問題として扱われた。

　スタッフは行動の結果への責任というプロパティー・ライツを原則的に放棄しているにも関わらず，彼らを動機づけることが難しいということは，古くからよく知られている。実際の企業ではこれに関連して「欲求不満と紙屑かごの部門」などといわれている。しかしながら，スタッフの職務に常にまといつくプロパティー・ライツの分散が経済的に効率的たりうる状況もまたあるということを見落としてはならない。

　例えば，スタッフは，新たな理念と製品を生み出し，かつまたリスク回避を取り除くためにしばしば意図的に設置される。創造的な発展のためには，制裁を恐れない実験ができなければならない。このような自由度は，結果に責任を持つラインには欠けているが，スタッフには意識的に与えることができる。もちろん彼らは，その所得が固定しているので必要以上に努力するインセンティブを持っていない。しかし彼らは市場からのプレッシャーとリスクから自由なので，過剰にリスク回避的であったり，またそれゆえに過剰に非創造的に振る舞うインセンティブももたないのである。

　要約すると，ライン・アンド・スタッフ組織は，スタッフ・管理職位間のエージェンシー問題を発生させることによって，管理職位・部下間のエージェンシー問題を解決したといえよう。それゆえ，今日では人々はこのモデルを実際に使うことにはむしろ慎重になっているし，異質で，変動的で，類似性が少なく，よく構造化されていない職務の処理については，ライン組織の代わりにさらにまた別の代替案が求められているとしても驚くにはあたらない。

### 機能別組織

　機能別組織においては複数の命令系統が下位の職位につながっている。このやり方は，フレデリック・W・テイラー［Frederick W. Taylor］（1911）によって主張された管理の専門化（機能化）の原理に由来する。そのいわゆる機能別職長制度においては，

どの労働者も同時に多くの機能的職長（工場監督係，準備係，速度係，検査係，修繕係）の下位にいることとなり，それらのどの職長も明確に定められた職務領域について責任を持ち，命令する。その結果，下位の職位は複数の上司を持つことになる。

まず，専門化によって，管理職位は容易に専門知識を獲得し，維持することができるし，部下に対する情報・コミュニケーションの経路が短くなる。それゆえ，（情報がすべての管理職位に分散されているので）専門化は管理職位のレベルと部下との間の情報の非対称性を縮小させる。しかし同時にプロパティー・ライツ構造が不明確になる。権限と能力に関わるコンフリクトは，個々の労働のインプットとそのインプットの利得上の結果との間の関係をはっきりさせるのを困難にしているし，労働の成果に対して全体的な責任を持たないことは，管理職位が効果的なモニターをするインセンティブを希薄にすることもある。かくして，分散したプロパティー・ライツ構造のために，管理職位と部下の双方が取引費用レベルにおけるマイナスの所得上の結果を注目も処罰もされずにグループ全体に押しつけられるので，機能別組織は，かなりのフリーライディングの余地をもたらすのである。

管理職位の専門化がさらに進められると，追加的に得られる情報は少なくなり，ゆえに管理階層・部下間の情報非対称性の克服に貢献する力は落ちてくる。また同時にプロパティー・ライツ構造がますます分散し，バラバラに出てくる情報を効率的に投入するインセンティブを弱める。それゆえ，現実に観察される機能別組織が，ライン

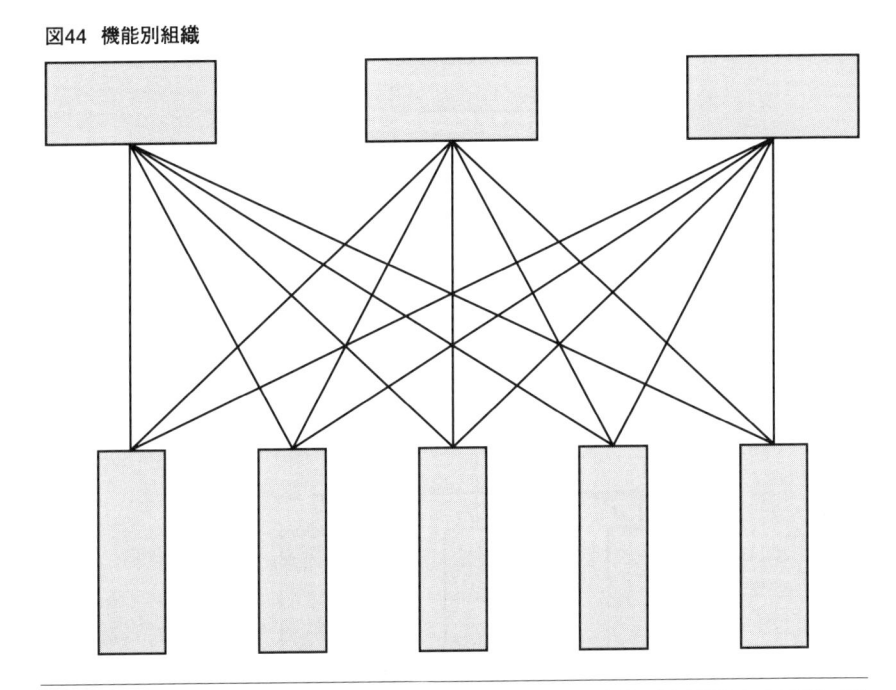

**図44　機能別組織**

組織に比べて管理階層の専門化を限定し，インセンティブ・システムの有効性をあまり損なわないようにしているのは当然である。実際には，機能別組織という基本的な考え方には特に2つの現れ方がある。

・*本部機構*

中央の，経営陣の近くに設置された本部または中枢的な部門は，しばしばスタッフ（人事，財務，会計，計画，法務など）によって構成され，ラインの職位に対して機能的な命令権を持っている。その部門はそのとき専門的な問題についてライン職位に指示を与えられる。大規模な企業になるとこのようにして経営陣の負担が軽減される。さらに同時に責任と権限の体系としてのプロパティー・ライツ構造がある程度明確になる。厳密に言えばここにあるのは，真正のラインないし完全なラインそのものなのであるが，それは単に狭く専門化した命令系統についてだけスタッフによって補なわれているのである。しかし本部のスタッフ部門数が増えればこのメリットは失われる。ラインが，財務や法務のような複数のスタッフ部門の各機能に関連した権限に服することで，権限と責任の体系は明確性を失うのである。このような理由から企業は今日ではますます，代替案として例えば持株会社のような組織形態を選ぶことが多くなっている（6.3.2.2参照）。

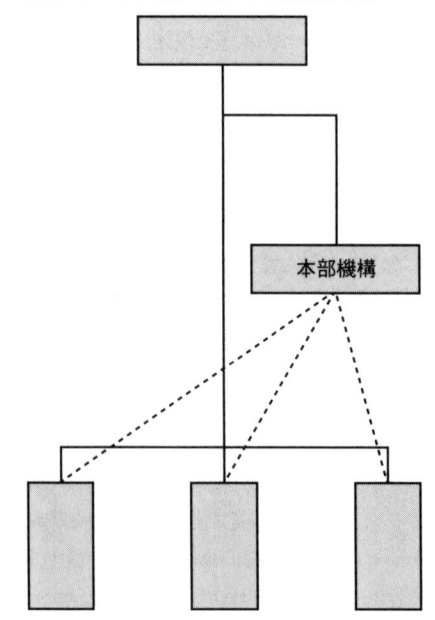

**図45 ライン組織における機能別命令権**

**図46 マトリックス組織**

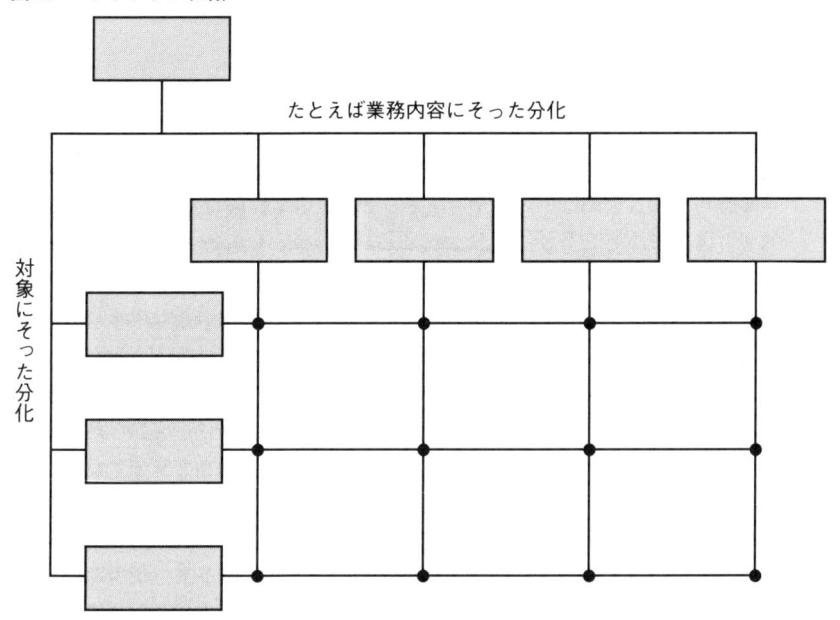

たとえば業務内容にそった分化

対象にそった分化

・*マトリックス組織*

　マトリックス組織においては，組織構造は２つの次元にそって構成される。例えば機能ごとに分けたライン組織に対して垂直的に，対象ごとに分けた第２の分類が導入される。

　命令系統は下位の部門あるいは執行職位において交差する。マトリックスにおける組織単位の，この交差の結果として生ずる重複した職務の数は，マトリックス内部の職務の配分の仕方に依存している（ピコー 1999, p.138参照）。最も少ない場合でも２種類の職務を持つが，その数はもっと大きくなる可能性がある。マトリックスの行の数を$n$とすると，最高 $2+(n-1)$ の職務がある。これを例を用いて明らかにしてみよう。

　図47は，対象別の軸と機能別の軸に従って組織構造が分化している企業である。調達領域における職務配分は機能別に，計画，購入，在庫に分化し，それらの領域のそれぞれには３つのすべての製品領域から要求が出される。それゆえこのマトリックスの行は３つある。このマトリックスにおける１つの組織単位の職務数は，$2+(3-1)=4$ となる。調達領域の内部が３つの対象に従って分化しているのならば，２つの命令系統が生まれるだけとなる。

　マトリックス組織は，あまり構造化されていない，非常に変動的で異質な職務において見られる，すでに述べた管理職位・部下間の情報の非対称性を，プロパティー・ライツをあまり分散させずに，緩和する１つの方法である。２つの基準にそって作ら

**図47 マトリックス組織において重複した従属関係**

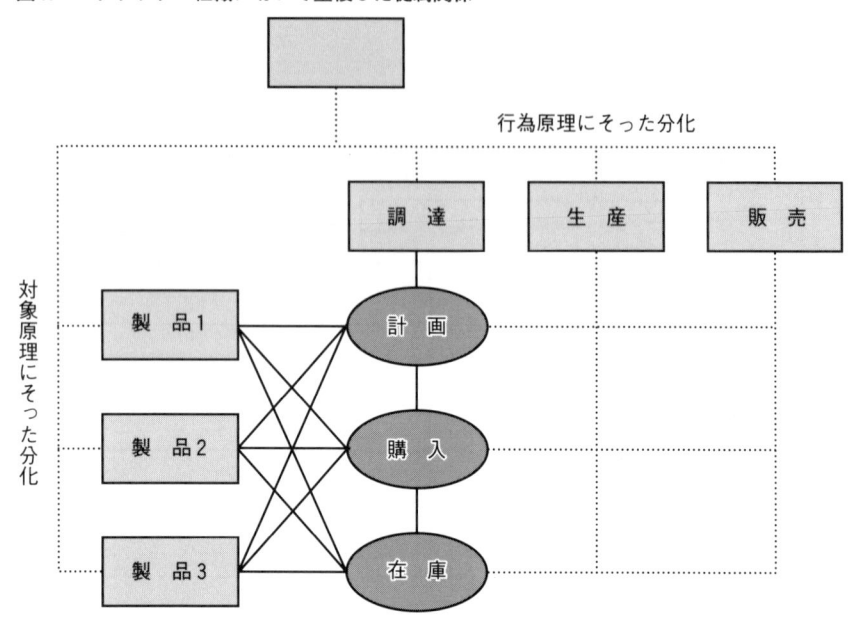

れた専門的で現場に近い命令権限によって，専門的で質の高い調整が可能となるはずである。同時に，（さらにまた）それなりのインセンティブ効果を持つ比較的明確な責任領域はモチベーションを保証するはずである。

　実務経験によると，マトリックス組織はとりわけ組織領域を全体的に見渡せるときに有効に機能する。すなわちそこでは，マトリックス組織は人的関係に基づいていわばチーム的に実現されるのである。この場合，集団文化（Gruppenkultur）のメカニズムが，2重の職務によって分散したプロパティー・ライツの代わりとして機能する（プロパティー・ライツの代用効果については，3.3.1.3参照）。マトリックス組織が大きくなるほど，またそれに関わる組織メンバーの数が増えるほど，集団メカニズムの代用効果は小さくなり，また責任の割り振りが欠如し，疎外を感じる危険がより大きくなる。

### 6.1.2.4　プログラム化

　これまで述べてきたデザイン変数は，組織単位を形成し，それに権利と義務を与えるものであった。それゆえ，企業組織の構成が中心であった。これとは対照的に，組織のプログラム化で問題となるのは，職務の達成のプロセス（職務の流れ，活動，職務の進行，作業）に対して，組織としてどのような影響を及ぼすことができるかという問いである。

　ここで言うプログラム化とは，特定の問題解決のために職務の流れを管理する一般

的指示を示すことである。指示が欠如していたりその場限りであったりする場合に，それらを一般的な指示で置き換えることは，グーテンベルク（[Gutenberg] 1962, p.145）によれば，いわゆる組織の代替原則と呼ばれる。企業におけるプロセスをプログラム化する出発点は多様である（これについて詳しくは，レーマー [Remer] 2000参照）。以下では最も重要な出発点としての，職務の流れ，制約条件と能力，アウトプット，人間の価値観について論述しよう。

### 職務の流れ

企業における職務の流れを細かく標準化することは，おそらく組織のプログラム化の最も良く知られた形態であろう。企業における生産プロセスは，硬直的にプログラム化されることもあれば，弾力的にプログラム化されることもある。硬直的なプログラム化では，企業における職務の流れは細かな点まで計画され確定される。弾力的なプログラム化では，企業における職務の流れに関して複数の代替案が計画される。そして企業や市場の条件によって，ある特定のプログラムが選択されるのである。

職務の流れが標準化できるのは，高度に構造化された安定的な職務の場合だけである（例えば，決まった規則に従った受注伝票の作成，厳密な指示に従った保険申請書の処理，あるいは決まった流れに従った自動車の組立）。職務の流れを標準化すれば，学習効果によって生産性が高まり，より良い技術的サポートが可能になるだけではない。標準化をすれば，さらに調整費用が削減され（例えば指令や問合せが少なくて済む），監視が容易になったり（例えばフォーマルな計画・コントロール・システムによる監視）行動の自由度が限定されることで（例えばベルトコンベヤーでの技術的な強制）権限委譲のリスクが減り，責任の明確化とそれと結びついたインセンティブ効果の実現が可能になる。

経営プロセスを目標適合的にデザインすることは，オルガナイザー，システム分析担当者，及びオペレーションズ・リサーチの研究者の古典的な課題だったのである。

### 制約条件と能力

頻繁に変動したり，執行の段取りが明確に規定できないような作業では，プログラム化の可能性は限られている。しかし，このような作業を一般的な指針によってできる限り管理するために，制約条件あるいは従業員の能力を拠り所とすることができる。

大まかなプログラム化では，一般的な執行方針の設定によって問題解決方法とその結果を限定することができる。例えば比較的大きな企業では，部門間で行われる取引（いわゆる内部取引）のための指針，投資意思決定のための指針，人事のための指針などが存在する。このような指針においては，プロセスのすべての段取りが確定されているわけではないが，かといってプロセスが当の職務担当者のまったくの創意によってデザインされるわけでもない。透明でそれゆえコントロール可能な問題解決方法の保障，調整費用の低減，責任の明確化などが，この場合も実現されるメリットで

ある。

　うまく構造化されず変動しやすい職務の流れを管理するもう1つの方法は，人事の適切な原則と研修プログラムとによって従業員の能力を標準化することにある。これは，インプットに関して経営プロセスをプログラム化することである。このことは，この場合も，分野は違うが医学の例で最もわかりやすく説明できる。つまり種々の能力（外科医，麻酔医，手術担当看護婦など）を1つの手術チームにまとめることで，手術のようにうまく構造化できないプロセスは，望ましい方向（手術の成功）に導かれるのである。

### アウトプット

　今まで述べたプログラム化の形態は，作業プロセス自体の標準化，あるいは作業プロセスのインプットの標準化に関連している。標準化のもう1つの方法は，アウトプットに対する要求の標準化である。これは，「目標による管理」とも「成果による管理」とも言われている。これは，これまで述べた方法を補うものとしても現れる。インプットや問題解決プロセスがほとんど記述不可能か，もしくはうまく構造化されていないが，アウトプットに対する要求が容易に標準化できる場合は，アウトプットのプログラム化が唯一プログラム化可能なものとなる。

　日々の付加価値プロセスに介入するために必要な現場の専門知識を中央本部において構築し維持するには，禁止的な取引費用がかかるので，実際には，例えば大企業の事業部は，企業経営者によってたいていアウトプット別に（例えばコスト責任単位，利益責任単位，あるいは投資責任単位として）管理されている（集権化の問題については，3.3.2.4参照，ならびに事業部制組織について詳しくは，6.3.2参照）。

### 価値観

　問題解決プロセスは，従業員の価値観に影響を及ぼすことによっても管理できる。組織メンバーの一般的な価値観が協調的であるほど，メンバー間の調整がスムーズに行われ，機会主義的行動に対する社会的な障壁も高くなる。価値は，情報の道具でもプロパティー・ライツの代用物でもあるので，インセンティブの道具として機能する。企業内の共通の価値に基づいて文化の点から行動をプログラム化することは，非官僚的で，適応力があり，僅かな取引費用しか発生させない企業内プロセスを進めるためには，少なからぬ重要性を持っている。

　このような理由から，適切な人事選考，新規メンバーの組織内での社会化，ならびに相応の組織開発プログラムと人材開発プログラムによって，組織メンバーの一般的な価値観をできるだけ一致させるよう努力される。他のプログラム化の道具がうまく使えない場合，すなわち構造化されていない，複雑で常に変動する職務を処理する場合には，価値による問題解決プロセスの管理は非常に重要となる。それゆえ，例えばコンサルタント会社や小規模の革新的ハイテク企業が，官僚制組織よりもクランに近いのは驚くべきことではない。

「文化の管理」への努力がほとんどすべての企業において認められるとしても，価値や文化が企業経営者によってどの程度適切に「創出」されているかは，もちろん疑わしい。

プログラム化の度合いが高ければ，これまで述べたどの形態においても，管理者の負担が軽減され，プロセスが統合され，さらにはプロセスの透明性とコントロール可能性が高まる。しかしその一方で，職務の流れのプログラム化と制約条件のプログラム化は，官僚制化の危険や，適応力及び独創力の喪失といった危険をはらんでいる。

価値に基づくプログラム化の場合には，こうした官僚制化の危険は少ないと思われる。その代わりここには，イデオロギーによって操作される「集団思考」という特殊な危険がある。このような集団思考は，企業を市場という外部の現実から「乖離」させることになり，そしてこのことは事業にとってそれ相応の負の結果をもたらすことになる。

## 6.1.3 内部組織構造の3つの考察レベル：企業形態，マクロ組織，そしてミクロ組織

職務の配分，命令権の配分，意思決定権の配分とプログラム化は，経営組織のオルガナイザーにとって重要で古典的なデザイン変数である。ここでは詳しく取り上げないが，もう1つの構造変数は情報・コミュニケーションの領域である。職務，命令権及び意思決定権の配分，ならびに生産・同期化プロセスの制御によって，企業における情報の経路は大幅に規定されるが，情報・コミュニケーションは，そのような組織構造を実際に機能させるのに非常に重要で必要な条件である（これについてはピコー／ライヒワルト／ウィーガント2001参照）。

しかし，企業内部の組織構造を十分正確に記述しデザインするには，これまで述べた構造変数ではまだ十分ではない。つまり，組織のデザインによる調整とモチベーションは，企業においても様々なレベルで行われるからである。つまり，企業内部の組織構造も一枚岩的制度ではなく，幾重にも重なり合う制度の層からなる構成体なのである。

企業内部の制度システムをさらに体系的に記述するために，以下では3つの考察レベルが区別される。

― 企業形態のレベル：ここでは企業におけるプロパティー・ライツの基本的配分が問題となる。
― マクロ組織のレベル：ここでは企業内部の組織の大まかな形態が確定される。
― ミクロ組織のレベル：ここでは付加価値プロセスに直接関わる経済行為者の調整とモチベーションが問題となる。

制度システム一般に妥当する事柄，すなわち上位の制度は下位レベルの制度デザインの範囲を決めるということは，企業という制度システムにおいても当てはまる。

## ■■ 6.2 企業形態／ガバナンス構造

　企業形態は，企業において企業構成員がもつ行為の権利と義務を基本的に確定する。この権利と義務は，一般法に基づいて強制的な性格を持つこともあれば，法規定の枠内で自由にデザインされる場合もある。例えば，ドイツにおける労働者の共同決定は，大企業に対して一般的な法で定められているが，アメリカ合衆国では，そのような共同決定の協定は任意である。強制的な規定が効率的なのは，原則として，その規定が効力を持つどんな状況でもそれが他の規制より優れ，同時に，その規定を作り出したり利用したりする時に，任意の私的な協定を締結する場合よりも少ない取引費用しか発生させない場合だけである。それ以外の場合には，任意法が優先される。

　様々な国に存在する諸企業の形態のすべてをここで評価することは不可能である。それゆえここでは，企業形態について経済学的に重要なものをクローズアップしたいと思う。ガバナンス構造とも呼ばれるこのような形態は，プロパティー・ライツを様々に配分するということによって特徴付けられている（以下の議論についてはフランク2002を参照）。

### 6.2.1 プロパティー・ライツと残余請求権（Residualansprüche）

　3.3.1.1節では，プロパティー・ライツが以下のような権利に分けられた。
— 財を利用する権利（usus）
— 財の形態と内容を変更する権利（abusus）
— 発生した利潤を自分のものにする権利，または損失を負担する義務（usus fructus）
— 財を譲渡し，清算による収益を受け取る権利

　利用する権利と変更する権利とは，財の利用ないし財の投入に関して自由に意思決定できる権利のことを指す。それは，資源利用権（Ressourcenverwendungsrechte），あるいは簡単に調整権（Koordinationsrechte）とも呼ばれる。調整権を持っている人は，資源の投入法に関する決定を許される。それに対して，利潤を自分のものにする権利と清算権は，権利保有者が，資源の利用分からのいわゆる残余分（Residuum）を手に入れてもよいことを規定している。つまりそれは残余請求権である。残余分とは，資源の利用から得られる成果のうちで，法律や契約で正当と認められている請求権のすべてが満たされたあとで残っているものと定義できるが，それは，その大きさが定まっているものではない。

　残余請求権がもつ経済学的な意味とは何だろうか？　例えば企業のような，複雑な資源の束を考えれば，それが明らかになるだろう。

　ファーマ／ジェンセン［Fama/Jensen］（1983a, 1983b）に従って，企業の発生を以

下のように説明することができる。様々な当事者が, 生産プロセスにインプットを供給し, その結果複雑な資源の束が生まれる。労働者は労働力や時間を提供し, 国家はインフラストラクチャーを提供し, 出資者は投資資本を提供するなどといったことである。いろいろな資源が集められるのは, ばらばらに資源を利用することに較べて剰余価値が生み出されるからである。

さて次に, その生み出された生産価値に対して, 1人の当事者を除いてその他のすべての人々に契約的に定められた請求権が認められる。労働という生産要素の提供者は, 契約で決められた賃金を受け取るし, 国家は法的に定められた租税額を徴収する。あるいは他人資本提供者は, 契約に規定された返済額と利子を受け取るのである。このような供給者はすべて, 契約的供給者であるといえる。彼らが持つ請求権は, 決して一定である必要はなく, むしろ変わりうるものであるが, しかしそれは契約で定められた限りのことである。それゆえ例えば労働者, 管理者あるいは販売員は, 完全にいわゆる出来高給で働いているのである。生産個数, 売上高, 販売量などのような一定の業績尺度に応じて, 彼が受け取る報酬は大きくもなり, 反対に小さくもなる。しかしながら, 彼らの報酬は給与体系に従って変化し, そのパターンは契約上定められている。要約すれば, 契約的な供給者は, 法律や契約に基づいて扱う必要のある, (一定不変ではないが) 定められた請求権を持っている。このような, 契約的な供給者が持つ規定された請求権を差し引くと, 残余分が明らかになる。

そうなると, インプットを投入した関係者のうち少なくとも1人は, その報酬として, この残余分で我慢しなければならない。極端な言い方をすれば, これは不完全情報の世界に対する対価である。未来は不確実であって, 後々の環境の変化を簡単に先取りすることはできないし, 契約にそれを取り入れることもできない。もしそれが可能であるとすれば, すべての供給者が, 契約的な供給者になってしまうであろう。その場合, どんな人でも, 生産価値に対する請求権がはっきりと定式化されており, 条件付の契約を結ぶであろう。事前に定義できない残余分というものは存在しないからである。

言い換えれば, 残余分には世界はわれわれが思い描いたようには動いていかないというリスクが伴っている。従って, 契約的な供給者との取り決めの中に偶発的な出来事への対応をあらかじめ考えないまま, 生産価値に影響を与える偶発的出来事が生じるのである。このリスクは, 契約的供給者との取り決めの中に, いわば意図して取り入れられるものではないのであり, つまり「残されている」ものなのである。従って, 投入したインプットに対する報酬として残余分への請求権を持つその当事者は, この「残されている」リスクを背負う人ということになる。

残余請求権は, そのまま純粋に考えれば, 不完全情報の世界での企業家的行為に対する反応であるが, 細かく見れば様々なやり方で表すことができる。ファーマ／ジェンセン (1983b) によれば, 残余請求権が様々な構成をとることによって, 経済的に重要な企業形態 (株式公開会社, 所有者企業, 共同経営, 相互会社, そして非営利組織) を説明することができる。それだけでなく, このようなガバナンス構造が, なぜ

ほかならぬその特殊な適用領域において成立しているのか，ということが理解できるようになるのである。

## 6.2.2 株式公開会社（「近代企業（modern corporation）」）

　株式公開会社（ファーマ／ジェンセン1983b, pp.328-332を参照）の場合，残余請求権は株式の形で与えられている。それゆえ残余請求権は，任意に分割可能であり，株式市場で取引することができる。同時に，残余請求権は調整権と切り離すことができる。すなわち，株主が企業の意思決定機能の役割を果たしてはならないのである。株主（残余請求権の所有者）と経営者（調整権の所有者）を完全に分離することすら可能である。それだけでなく，株式の形をとる残余請求権は，時間的な制限を受けない。すなわち，それは企業が存続していればいつでも有効である。残余請求権をこのように定義することで，このような企業形態を「利用するもの（Benutzern）」にとってのメリットとデメリットが明らかになってくるのである。

### 6.2.2.1　公開会社が持つ本質的な欠点：経営陣へのインセンティブ

　ここでは，バーリ／ミーンズ [Berle/Means]（1932）による古典的研究以来様々に細分化したいわゆるコーポレート・ガバナンスに関する考察を導いてきた，パースペクティブが問題となる。公開会社という形態が，とりわけリスクとの関係から見ると（6.2.2.2節と6.2.2.4節を参照），非常に大きなメリットを持っている，という事実は，時として見過ごされている。しかしながら，優れたリスク管理と，これから説明するプリンシパル・エージェント問題とは，同じメダルの両側面である。

**残余請求権と調整権の分離によるプリンシパル・エージェント問題**
　「近代企業」において，本来の所有者である株主は，企業から身を引き市場へと出て行ったのであった。雇われた経営者が，受託者として事業を営む。今や，受託者と委託者の関係に利害のコンフリクトや情報の非対称性が存在し，周知のようにプリンシパル・エージェント問題が発生するのである。

　経営者と株主との間にある利害のコンフリクトは，公開会社におけるプロパティー・ライツの特殊な配分から直接的に生じる。公開会社の株主は，もっぱら残余請求権の所有者であるのみである。彼らは，企業に対するそのほかの接点を持っていないので，自分の残余請求権から獲られる価値（株主価値）を最大化することに関心がある，と想定することができよう。これはいわば，公開会社の株主が本来持っている経済的役割から直接帰結するものである。投入資本から生じる損益は，匿名の小規模投資家にとっては成果を表している。この成果の正から負までの範囲内で，なぜ彼は企業の市場価値の最大化と彼の残余請求権の市場価値最大化を選択しないほうがよいといえようか？　それに反する行動もすべて合理的ではないだろう。

　経営者の経済的役割は，まったく異なるものとなっている。経営者は残余請求権を

まったく持っていないか,持っていたとしても非常に制限されている(例えば利益参加の形態が異なることによる)。しかしながら彼は,企業内部の意思決定者として,企業に対してもっと別の接点を持っているので,経営者が利益を引き出せる成果は,企業の市場価値だけに限定されているわけではない。

多くの経営者モデルが諸文献において提示されており,それらのモデルにおいては,市場価値最大化に反する行動のうちどのような行動を取れば,経営者が自分の利益を高めることができるのか,詳細に検討されている(例えばボーモル [Baumol] 1959;マリス [Marris] 1963;ウィリアムソン1963;マリス1964;ウィリアムソン1964)。経営者は例えば,知名度が高いこと,キャリア・チャンスが広がること,威信や地位が高くなること,収入が多くなること,仕事が苦痛でないこと,首になりそうにもないこと,などによっても,利益を得ることができるだろう。けれどもこれらの目標はしばしば,企業の市場価値最大化よりも,企業の拡大,従業員スタッフの拡充,多角化などを介したほうが,達成可能性が高い。そのとき,このような企業戦略は,経営者自身にとって価値があるものである。経営者はそのことから利益を得るので,彼は企業戦略の決定のさいに,純粋な市場価値最大化によって正当化される利益とは異なる,さらに別の利益を追求するのである。経営者は効率的な投資ではなく,浪費というべき過剰投資,あるいは誤った投資を行うだろう。しかしながら,経営者は残余請求権をまったく持っていないか,あるいは持っていても(ほんの)一部分しか持っておらず,出資者から資金を(共同)調達するため浪費が可能となるのは明らかである。

経営者と株主との間にある利害のコンフリクトについて,その論理構造を詳しく例示しているのが,従業員の「膨張」の例である(ウィリアムソン1963, 1964を参照)。いわば利潤最適となる従業員数とも言うべきものが存在する,ということはもっともなことであろう。最適な従業員数を下回っているのであれば,追加した従業員が従業員を雇うことから発生するコストを少なくとも相殺できるだけ,企業の利益に貢献してくれるだろう。その場合,株主の視点から見れば,従業員を雇用するということは合理的であろう。それに対して利益を最大化する従業員数を上回っているのであれば,従業員を新たに配置するのにかかるコストはもはや,追加された従業員が企業利益にもたらす貢献だけではカバーされないだろう。この場合,新たに従業員を雇用することは,株主の目標に合わないことである。これに反して,マネージャーにとっては,これは浪費のチャンスとなりうるのである。従って経営者にとって新たに従業員を雇用することは,あい変わらず望ましいことのように思われるのである。

図48において,簡単な利得関数を使って,追加した従業員による市場価値への貢献が表されている(この図表に関してはクレーケル [Kräkel] 1999, p.265を参照)。株主の目的関数を表している無差別曲線は,横軸に平行になっている。株主は残余請求権を持っているだけで,そのほかには企業との接点を持っていないので,残余分の最大化に関心を持つ。従って彼は$G^*$, $M^*$を優先的に扱う。

例えば部長のような,雇用の決定を下す経営陣にとっては,従業員は追加的な「それ自身の価値」を有している。さらに従業員を増やすことで,彼は個人的な労働の苦

図48　分布関数

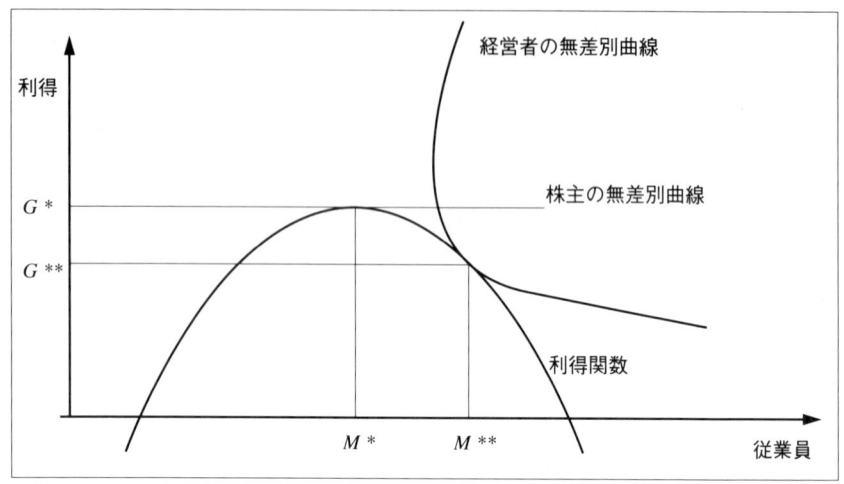

図中ラベル：
- 利得（縦軸）
- 従業員（横軸）
- 経営者の無差別曲線
- 株主の無差別曲線
- 利得関数
- $G^*$, $G^{**}$
- $M^*$, $M^{**}$

出典：クレーケル1999

痛を和らげられるし、他人に対する威信を得るし、自分が解雇される可能性を低くする、あるいはより優れたサポートを受けることで自分の昇進機会を高める、といったチャンスを得るのである。利得への貢献とならんで、従業員の追加によるこのような「それ自身の価値」もが彼の効用関数に含まれることになる。それゆえ、彼の効用関数であるところの無差別曲線は、株主の目的関数とは異なり、横座標に平行ではない。彼は、$G^*>G^{**}$と$M^*<M^{**}$が成り立っているところで、$G^{**}$点、$M^{**}$点を選ぶのであり、それはつまり、より多くの従業員とより少ない利益を優先的に選択することを示しているのである。

　経営者は従業員を利益最大化のための道具としてみているだけでなく、経営者の「浪費」が、従業員にとって直接的な効用を作り出していることになるので、彼らは出資者の視点から見れば、セカンド・ベスト解を選択しているにほかならない。株主は、利益を放棄することで浪費のための資金を提供していることになる。

　出資者はどうしてそれでも一緒にやろうとするのだろうか？　今ここで思い起こされるのは、プリンシパル・エージェント問題に必要な第2の構成要素である、情報の非対称性である。経営者はインサイダーとして、例えば企業の利得関数がどのような形か、といったことについて、出資者よりもはるかに多くのことを知っている。小株主が体系だって情報を持っていないことにも、また純粋に経済的な理由がある（それについては例えばピコー／カウルマン［Picot/Kaulmann］1985を参照）。彼らは企業1つひとつに対してわずかな持ち分しか有していないので、コスト・ベネフィット計算の上では、情報活動への投資は不利となる。小株主は経営者の活動を監視したり、それを判断するための知識を習得したりする、などといったことを試みなければならなくなる。しかしながら、情報活動に多額の投資を行ったからといって、よりよく規律

づけられた経営者が小株主の持ち分の市場価値を高めるとはいえない。こういった場合，小株主みんなが自ら監視活動を行う必要はないと考える人もいるだろう。その代わりに，専門化した株主が，報酬を受けながら他の株主すべての利害を保護するのである。そのための報酬を支払わないような株主でも，利害保護を享受できてしまうのだが，それでも支払いを拒むことは合理的である。つまり，利害の保護は典型的な公共財（öffenlichtes Gut）なのである。

以上のことから言えることは，株主が分散している以上，彼らは公開会社の経営者を現実には監視できない，ということである。図48での $G^{*}-G^{**}$ は，不完全情報の世界でトップ・マネジメントと出資者との間で分業がなされていることの「対価（Preis）」として支払われるエージェンシー・コストを意味している。つまり，経営者はさらに他の予防策がなければ，株主の負担で効用を最大化しようとする余地を原則として持っている，ということである。しかし，さらに他の予防対策とはどのようなものなのだろうか？

**出資者の「長く伸ばされた手」という視点から見たコーポレート・ガバナンス**

コーポレート・ガバナンスという概念のもとに議論される数多くの諸制度は，以上のように，経営者によって企業の市場価値が浪費されることを防ぐという機能を持っていることになる。つまり，この視点から見れば，コーポレート・ガバナンスとは出資者の「長く伸ばされた手」であるといえる。

様々な国の様々な法秩序を見ると，コーポレート・ガバナンスをデザインするさいには，各国の規制の相違が大きな意味を持っていることがわかる。

例えばドイツの会社法は，会社の運営を担当する執行役員会と，経営陣と経営を委託された経営者を監視する取締役会という形で，機能を分離させるよう規定している。企業運営に関して，諸外国においては，このようなドイツの2層システムとは違い，たいてい1層システムがとられている。アメリカ企業の取締役会においては，社外取締役が監査機能を持つ一方，社内取締役は業務運営に関する権限を持っている。銀行や資本市場に関する法律の違いのため，アメリカの銀行がアメリカ企業に及ぼす影響力よりも，ドイツのユニバーサル・バンクがドイツの株式会社に与える影響力のほうがかなり大きい。ドイツでは，共同決定法，モンタン共同決定法，経営組織法の規定が非常に大きく影響している。だから例えば，労務担当執行役員の職務がはっきりと執行役員会において定められているのと同じように，取締役会では被雇用者代表と資本側代表が同数で構成されるよう規定されている。この種の規定に類似したものは，アメリカの規制にはまったく見られない。以下では，コーポレート・ガバナンスの構成要素に関連して特別な意義を持っている場合に限り，各国の規制の相違を取り上げることにする。

各国における規制の相違を理解するためには，原則的に2種類の経済学的な説明が考えられる。とりわけ，各国の発展プロセスにおいて確立してきた様々なインフォーマルな制度（規範，慣習）は，効率性という観点からの説明に対するベンチマークと

なる。そのとき、法律の相違は、各国の他のインフォーマルな制度や、すでに作られたフォーマルな制度にも「うまく適合するもの（fit）」が求められているから存在すると説明される。従って、それぞれの国々の文化的、社会的特殊性がなくなってくれば、規制も効率性の観点から同期化させていく必要があるだろう。

　第2の経済学的な説明において強調されるのは、レント・シーキング行動の効果である（これに関しての概略はタロック［Tullock］1967、ならびに7.2.1節を参照）。それによれば、各国における規制の相違は、様々な国でそれぞれのステークホルダーが、社会全体にコストを負担させながら自分たちが有利になるよう、インセンティブ構造を機会主義的にデザインしているために生じているのである（以下について詳しくはヴェンガー［Wenger］1996, pp.426-427を参照）。経済学的な視点から見れば、以下の場合に、ステークホルダーによる社会的に不利益な活動が予想される：

— グループの規模が限られている場合
— グループの構成員各々に特別なメリットが見込まれる場合
— グループの構成員がお互いに監視しあい、フリーライダーへの制裁がうまく行われる場合
— 負の効果をかなり多くの関係者に分散させることができる場合
— 対立する組織の連合が困難である場合

ヴェンガーは、資本市場に関する法律こそが、ステークホルダーの行動をまさに運命付けていると考えている：

「資本市場に関する法律に対して利害誘導的に働きかける特別なメリットを持っているのは、少数のコンツェルンの役員からなるグループであり、彼らには自分たちで自分たちのために決めるというやり方で、特権的な地位が認められている。彼らは互いに継続してコンタクトを取っており、互いにグループの規範を遵守しているかどうかチェックしあっているので、組織化が容易なのである。その上、膨大な投下資本の利用権が彼らに集中している。そこから、個々の具体的なケースで個々の資本投下と達成した目標とが一義的に関連づけられずに、比率的にはわずかではあるが、まさしく文字通りの意味では圧倒的に多額のお金が、政治家、官僚、監督官庁のメンバー、ジャーナリスト、科学者、公認会計士、弁護士に配分されていくのである。同時に、資本市場に関する非効率な法律によってもたらされるデメリットの方は、投資者からなる大人数のグループに分散される。彼らは、どのようなメカニズムで自分たちの節約によって得られる成果が少なくなるのかを見通すことができないため、すでに抵抗することができなくなっているのである。」（ヴェンガー 1996, pp.426-427を参照）

　ここで「経営者にとって有利な」規制が、トップ・マネージャーと政策決定者との間の馴れ合いの結果であると説明できるのと同じように、「労働者に有利な」規制も、

組織化された労働者代表(特に大規模な労働組合)と「左翼の」政府ないしは政党との間の馴れ合いから生まれたものだということができる。しかしながら、国際的な資本の流動性や、株式の時価総額が高まることによって金融市場の影響力が強まり、その結果、政治が、「株主に有利な」規制という視点から証券所のロビー活動からも影響を受けるようになるかもしれない。

以上のことから、とりわけ以下のような認識が重要であろう。すなわち、コーポレート・ガバナンスが展開されるそれぞれの国々に特有の規制は、様々なステークホルダーに関わっているので、絶対的な意味で効率的である必要はない、という認識である。

それぞれの国々に特殊な規制が個々の具体的ケースでどういう状態にあるかとは関係なしに、株主の「長く伸ばされた手」を制度化しようとする試みを2つのカテゴリーに分けることができる。1つ目のカテゴリーをスーパーバイザー・コンセプト、2つ目のカテゴリーを競争コンセプトと、名づけることにしよう。

・経営陣を規律付けるためのスーパーバイザー・コンセプト

スーパーバイザー・コンセプトでは、専門化した仲介者がいて、その仲介者はほとんど無力になってしまった出資者から依頼を受け、公開会社の経営者を監視し、経営者が企業価値を浪費してしまうことを妨げるという役目を負っている。つまり、プリンシパル・エージェント関係から、プリンシパル・スーパーバイザー・エージェント関係に変わるということである。

・・株主総会と大株主

会社法では、定期的に出資者を集めて株主総会を開くよう規定されており、そこでは経営陣が株主に説明を行わなければならない。プロパティー・ライツ理論的に見れば、株主総会を開くことで、統制機関を通して行われる経営陣の調整権が制限されているといえる。

プリンシパル・エージェント問題に対処するための株主総会という制度がもつ有効性を評価するためには、制裁や規律付けのための手段と、インセンティブとの双方を問わなければならない(クレーケル 1999, pp.292-295も参照)。株主総会による公式的な規律付けは、明らかに実現可能である。例えば株主は、過半数があれば増資の提案を拒絶できるし、取締役会の免責を拒否することもできるし、あるいは極端な場合、株式会社の解散を決議することさえできるのである。その場合、最高経営者はその地位を追われることになる。

それに対して、インセンティブに関する問題については実現が難しい。株式が分散して所有されている場合、すでに取り上げられた株の僅少問題(Geringfügigkeitsproblem)とフリーライダー問題のため、株主総会が持つ公式的な制裁手段を発動させることに株主がほとんど関心を示さない、という事態が起こってしまうのである。

持ち分を集中させることで、このインセンティブ問題を解4決することができるが、

1人の出資者が多くの株式を所有していれば，公開会社はますます所有者企業に近づいていく（6.2.3節参照）。多くの株式を所有する個人出資者は，スーパーバイザーとして経営陣の失策を明らかにするだけでなく，株主総会による制裁手段を発動させるのに必要な多数を容易に集められるのである。もっとも，持ち分を集中させると，資本市場にリスクを分散させることができなくなる。株式会社が所有者企業に近づくほど，エージェンシー問題は解決するが，外生的なリスクにさらされるという代償を払うのである（詳細は6.2.2.2節を参照）。

　ドイツでよく見られる持ち分の集中は，企業による株式所有によって行われる。プロウゼ［Prowse］（1994）の調査によれば，ドイツでは75パーセントの企業が，他企業の持ち分の多数を所有している。再びここに，プリンシパル・スーパーバイザー・エージェント関係が発生していることになる。しかしながら，この関係から生まれるトレード・オフの分析は，単純ではない。一見したところ，株主と経営陣との間にあるプリンシパル・エージェント問題が緩和されているように見える。というのも，過半数を所有している株主は，事業収益の分配に預かる権利を持つことからインセンティブを持っているし，議決権を通して経営陣を規律付ける機会を有しているからである。しかしより詳細に見れば，株式を有している企業の代表者として，スーパーバイザーの役目を果たすのは，やはり最高経営者であることが明らかになる。彼らはたいてい自分も，自身にとっての株主と問題をはらんだエージェンシー関係にある。自分自身が真剣に監督されていない最高経営者が，自分の監視を委ねている最高経営者と同じように真剣には監督しないだろう，という推論は，納得できるものであると考えられる。しかしながらさらに第3の視点から見れば，真剣に監視されていない最高経営者が，スーパーバイザーとしては厳格に監督する，ということの論拠も存在する（プロウゼ1994，p.63を参照）。すなわち最高経営者としてのスーパーバイザーが，利益分配に預かることから得られる収益を制裁を受けずに自分で消費できれば，その過剰利益を株主に広く分配しなければならない場合よりも，さらに効率的に分配を得る権利を管理しようとするはずである。この見地から見れば，自分の企業で無気力に監視させることで，最高経営者は，彼がスーパーバイザーとして関わるのに必要なプロパティー・ライツを与えるのである。

　スーパーバイザーが企業ではなく，投資ファンドや年金基金のような金融仲介業者である場合，分析がいくらか単純になるように思われる。これらの仲介者は，確かにドイツでは今日までほとんど機能していないが，アメリカでは，アメリカ企業の株式の半分以上を所有しているのである（同様にプロウゼ 1994を参照）。出資者は，利回りに基づいて比較的簡単にこの仲介者のパフォーマンスを評価することができ，それが不満足な時はいつでも資金を引き上げられるので（**相互会社（Mutuals）**についての6.2.5節を参照），これらの企業の経営者が持つ自由裁量の余地はわずかしかない。しかし，彼らは厳格に監督されているが，同時に厳格な監督者でもあるといえるのだろうか？　このようなケースでは，普段からいい加減な監督をしている公開会社のトップ・マネージャーが持っているプロパティー・ライツよりも，より効果的な監督

インセンティブをファンド・マネージャーに与えることができるのだろうか？

実際には，たいていファンドは，スーパーバイザーとして活動するのではなく，「足並みをそろえた」，受動的な投資家であると見られている。期待が裏切られた時には，彼らは経営に積極的に介入しようとはせずに，持ち分を売却してしまうのである（ジェンセン 1989を参照）。ファンド・マネージャーがスーパーバイザーとして強く関わろうとしない受動的な立場については，彼らの影響力が法律によって様々に制限されていることから説明できる。さらにまた，ファンド・マネージャーが，利回りの達成という点で投資家によって監督されている，ということを考慮に入れれば，このような行動も理解できるように思われる。企業の経営者が株主価値を損なうような行動をとれば，同じ利回りが見込める別の投資機会がある限り，ファンド・マネージャーは清算しようとするだろう。彼らはこのような方法で，スーパーバイザーの役目をさらに積極的に引き受けることのコストを節約しているのである。

### ・・取締役会／執行役員会（Aufsichtsrat/Board of Directors）

ドイツの企業経営において2層システムがとられていることは，すでに述べた。公開会社の執行役員会には経営陣が属しており，執行役員会には企業経営の責が課されている。取締役会は，執行役員会の監督を行う。それに対して，たいていの他の諸国における企業統治は，1層システムである。アメリカ企業の取締役会のような1層システムにおいては，監督機能の権限は社外取締役に与えられている。彼らは社内取締役とは異なり，積極的に経営に関わるわけではない。

つまり，ドイツにおける取締役会，あるいはアメリカの社外取締役は，経営陣に対するスーパーバイザーの役を引き受けるのである。原則的には，このような監督権の委譲が持つメリットは，スーパーバイザーという専門家のメリット，すなわち卓越した監督の技術を期待できるという点にある。小規模の出資者と比較すれば，インサイダーとしての取締役会にこのようなメリットが，見出されるのは当然である。しかし，スーパーバイザーというものには，それに加えて，監督への十分なインセンティブを持っているかどうか，あるいは十分に規律付けられているかどうか，といった問題もある。

取締役会を通して経営陣を規律付けるための手段は，形式的にはもちろん存在する。取締役会の承認を必要とする取引（zustimmungspflichtige Geschäfte），経営陣の任用や罷免ならびに報酬規定などに関する法的規制があることで，取締役会は規律付けのための大幅な介入が可能となっている。

それに対して，スーパーバイザーにとって十分なインセンティブがあるのかどうか，という問題については，難しい問題があるかもしれない。ここではまず，取締役の実務上の職務における重要な論点を検討してみよう。それは，利害のコンフリクトとか「弱すぎるインセンティブ」と呼ばれるものである。

取締役会において利害のコンフリクトをもたらすのはそこにおける複雑に絡み合った利害関係である。他の企業の代表者がスーパーバイザーの役を引き受ける場合，原

理的には，彼らが自社の経営政策のためにその企業を利用する，という危険が存在する。例えば銀行からの代表者が，担保として必要以上の有価証券を保有させ，保守的な信用保証を強引に推し進めるかもしれないし，あるいはその企業の多角化について非効率な戦略を推し進めるかもしれない。例えばある企業の経営者が，別の企業の取締役会のメンバーであり，その取締役会からある経営者が逆に先の企業を監査する場合には，馴れ合いという問題が発生する。そのようなお互いに監視をする関係にある取締役たちは，自分の出資者に規律付けられずに，「無気力に」監視することで自分の企業も「無気力に」監視してもらうことができる。このような「交換取引」は，互いの監視関係がない限りありえないのである。

　それに加えて，取締役会のメンバーがその企業の株を持っていたり，取引をしていたりしたら，かなりの利害コンフリクトが生ずる可能性があるだろう。だから，スーパーバイザーが例えば定められた保持期間などの理由から，その企業の株式を保有し続けなければならない場合，経営陣のスキャンダルの暴露を抑えようとするかもしれない。また，インサイダー取引から利益を得る可能性があれば，経営陣と馴れ合おうとするインセンティブも働くかもしれない。例えば，企業戦略に関する情報を外部に発表する前に，執行役員が取締役たちに提供すれば，取締役たちは見返りに執行役員たちの浪費行動を大目に見るかもしれないのである。

　密接に絡み合った利害関係によって監査機能が乱用されないように，統治基準の整備のためにいろいろな試みが行われ，様々な禁止措置や情報公開が取り決められている。例えば後者の情報公開が狙っているのは，取締役会の構成員が持つすべての権限を開示することである。それによって，すべての取締役のその企業以外のものに対する責任も明らかにするために，情報開示を極端に推し進め，報酬額の開示までがその対象となる。さらに，株式の保有や取引を厳しく規制したり，それに関する情報を開示することも求められる。

　「弱いインセンティブ」という言葉が意味しているのは，経営者によって企業の市場価値が損なわれた場合に，取締役が持つ責任が不十分であるということである。経営陣の失策が発見されなくて取締役の個人的デメリットはほとんどない，あるいは罰則もないなら，取締役会の仕事への意欲も少なくなる，ということである。このように考えれば，取締役たちがそれぞれ，経営者あるいは政治家としての本来の仕事のほかに，様々な企業で多くの権限を請け負っている，という事実は容易に理解できることである。取締役会の構成員が重複しているために，経営者の監視が，たまにしか集まらず，表面的な情報しか与えられていない「承認するだけの委員会」を通してしか行われないということが懸念されるのである。

　その打開策として，専門分野ごとに分けられた小委員会を作り，取締役会構成員の資格を定めて専門職化し，最低会合回数を定めたりして取締役会の作業基準を決めること，取締役会の責任を定めること（例えば情報を債務化する（Holschuld für Informationen）），1人ひとりの権限を制限すること，守秘義務（Informationsholpflicht）が破られた場合に，取締役会メンバー個人に責任を負わせること，などが提案されて

いる。

　さらに，多様な活動を通して，提案された対策がもたらす純効果が不明確であると思われないようにすべきであろう。というのは，基礎にあるプリンシパル・スーパーバイザー・エージェントという多段階的な関係が，相互の関係をかなり複雑にしているからである。どれほど納得のいく対策であったとしても，ある一定の条件下では逆機能的な副作用がもたらされるかもしれないのである。例えば1人あたりの権限を制限し，取締役の個人的な責任を強化したとしても，確かにインセンティブは強まるが，しかし彼らはリスクから身を守ることができなくなってしまうだろう。確かに彼らの努力水準は上昇するであろうが，しかし同時に，リスク回避的であると同時に価値を損ねるような経営戦略を推し進めることも，彼らにしてみれば本質的に合理的であることになる。こうなると，もはや取締役会は「承認するだけの委員会」というよりも，経営陣と組んで，プリンシパル（出資者，従業員）を犠牲にして「悪事を」働くことに非常に熱心である機関になってしまう。つまりすばやく結託して馴れ合いの可能性を高めるために，よりいっそう「努力」することになってしまうのである。

・・公認会計士
　商法に従って会社の年次財務諸表を監査する公認会計士を任命することによっても，トップ・マネジメントの調整権は制限される。出資者と経営者との間のプリンシパル・エージェント関係の中で，公認会計士も同じように，仲介者的な役割を持つスーパーバイザーであると考えられる。

　しかしながらここでもまた，このスーパーバイザーの役割は法的な規定を通して厳密に定められており，契約でデザインできる範囲は限られている。これまで法的な規定において問題だったのは，とりわけ彼らの監査が適法か否かということに集中していたこと，そして彼らを任命していたのが執行役員であったこと，つまり当の監査される経営陣自身が公認会計士を任命していたことである。それによって，法や企業の定款に反することなく，経営陣は問題のある経営政策を遂行することができるのは明らかである。執行役員会が会計士を任命したり，報酬を支払ったりするのは，利害のコンフリクトと関係がある。というのも，執行役員会は好意を持っている会計士をすすんで選別できるし，会計士と経営陣にとっては馴れ合いになるインセンティブがかなり働くからである。

　しかしながら，好意的な会計士を事前に選別していなくても，監査人との関係を監査という本来の目的と異なるように変えることは，当然予想できることである。会計士は，時間が経過するにつれ，依頼人やその事業環境についての特殊なノウハウを獲得する。それは，その後の監査業務の役に立つものとなる。会計士は，実際に厳しく監査し，ひょっとすると不適性というコメントを出す，あるいはごくごく一般的に言えば，「非常に面倒なことをする」と，経営陣によって委任が取り消されるのではないか，と懸念するだろう。すでに行った特殊な投資から得られる準レントは，失われてしまうだろう。スーパーバイザーが，自分の仕事を首尾よく処理できるよう特殊な

投資を行うことで、彼は自律的になるのではなくて、経営陣と結託するインセンティブを持つようになるのである。

この種の問題（詳細な議論についてはクレーケル1999, pp.300-304を参照）を解決するために、1998年に採択された、企業におけるコントロール及び透明性に関する法律（KonTraG）は、まさに公認会計士の役割を新たに定義付けている：

— 公認会計士は、企業経営の監査により深く関わる。
— 監査を依頼し、報告を受けるのは、取締役会である。
— 任期が設けられ、その任期後、企業は会計監査人を替えなければならない。
— 1社の監査委託に由来する委託料に限度額を設けることによって、依存を防ぐべきである。
— 会計士の賠償限度額をより高くして、監督のインセンティブを強める。

個々の具体的ケースを考えてみると、これらの対策は決して確実なものではない。例えば会計士と取締役会との関係は、これまでの権限委譲関係からプリンシパル・スーパーバイザー・スーパーバイザー・エージェント関係に変化し、その関係は、これまでのものと較べずっと複雑になっている。例えば、経営陣と取締役会とが結託しており、その結託の証拠が十分にある場合、公認会計士による仲介的な規律付けは、どのような意味で何を変えることができるのだろうか？　一社からの委託額に最高限度を設けると、大手の監査法人が優遇されることはまったく明白である。同じく、会計士の任期交替規定によっても、権利を簡単にローテーションさせられる、大手の監査法人が有利である。けれども、個人として責任を負うパートナーが余り関与しない傾向にある大手の監査法人が、本当に優れた監査を行うのだろうか？　6.2.4節で詳わしく論じられる、モニタリングとボンディングの議論によって、疑念が生じることになる。

・・銀行

銀行が社外のスーパーバイザーとしての役目を果たせるよう、ドイツ的モデルであるユニバーサル・バンク・システムが、ドイツに特有の規制として認められる必要がある（以下についてはクレーケル1999, pp.315-319も参照）。アメリカで見られる分離型の銀行システム（Trennbankensystem）とは異なり、ドイツの銀行は様々な分野で活動することが認められており、非銀行セクターの企業の株式を多く所有し、その企業を顧客として多様な金融サービスを提供してもいるので、債権者であると同時に出資者であると言える。さらに、自分の所有する株式の議決権と、顧客所有の株式を銀行が管理することで発生する寄託議決権を行使するのである。

その結果、ドイツの銀行は一般的に、ドイツの巨大企業の議決権の大多数をコントロールしており、これを通して株主総会がもつ規律付け手段にアクセスする。それにより、銀行はとりわけ執行役員の任免と、増資に関する決定を行えるようになる。株

主総会で取締役会における資本側代表が決められるので，従って銀行は取締役会の構成をもコントロールすることができるのである。実際，ドイツのすべてといってもいいほどの巨大企業が，取締役会に銀行の代表者を含んでいるし，この銀行代表者が議長を務めることもまれではない（ロー／［Roe］1993を参照）。銀行は，取締役会を通じて，執行役員の報酬や任免についての決定に関わることができるのである。

しかしながら，ドイツのユニバーサル・バンクは，すでに広い範囲で公式的な規律付けを実行できることに加え，このような規律付けの機会を有効に利用するだけの特権的な知識をも駆使できる。つまり一方で銀行は，取締役会に加わっていることから，インサイダーであるといえる。銀行は，金融サービスを提供すること（口座管理，信用供与，資金管理）で，企業との多様な金融関係を持っているので，企業の重要な財務情報に特権的にアクセスできるのである。結局，いずれにしても銀行に雇われているアナリストの人的資本を監査目的に用いることで，銀行は範囲の経済を利用することができるのである。

従って，銀行は知識と「鋭い剣」との双方を持っているといえる。しかしながら銀行は，株主の視点から経営陣を監視し，スーパーバイザーの役目を果たそうとするインセンティブを持っているのだろうか？　ここで改めて体制としての諸問題が発生する。その中から，特に最も重要な2つの問題を取り上げてみよう。

銀行が多額の他人資本を提供しているが，企業の持ち分を有していない，という状況から，出資者を犠牲にして経営陣と共謀する可能性はかなりあるといえる。経営陣は，いわゆるフリー・キャッシュ・フローの一部を銀行貸付の保護のために使うことで，銀行の代表者を「買収する」ことができるのである。突出した引当金や，さらに企業内の多角化戦略でさえも，たとえそれらが企業価値を損ない，その結果出資者に負担になるとしても，自分の人的資本を多角化するわけではない経営者や，信用の保証に留意する銀行の側から見れば，合理的である。これをさらに突き詰めて考えれば，経営陣は，取締役会にいる銀行側の取締役が浪費的投資を大目に見るという条件で，高い利子の貸付に同意することで，フリー・キャッシュ・フローを銀行側にまわせるということになる。銀行や経営陣によって行われる，株主に対するこのような「略奪」政策は，銀行経営陣のインセンティブが欠けていることとはまったく関係ないことである。逆に，貸付金の保証ないし利回りに対してできる限り注意深く目を配るとき，銀行の経営陣は銀行自身の出資者の手助けをするということの模範例となっている。銀行の，他人資本提供者としての役割が出資者としての役割よりも背後に退けば，上述のような共謀の危険性は少なくなるのである。

もちろん，銀行経営陣のインセンティブに対する疑問を問題にすることもできる。結局は，大銀行自身もほとんどの場合公開会社なのである。すでに繰り返し述べられたように，複雑なプリンシパル・スーパーバイザー・エージェント関係におけるトレード・オフを簡単に見通すことはできない。何よりも，銀行経営陣は他の公開会社の経営者と同じように不完全にしか監視されておらず，だからこそ同じく自分の効用極大化を追求する，と推測されるだろう。上で言及された，銀行幹部と経営陣との間

の共謀問題というコンテクストでは，銀行幹部が手を抜くことで，むしろ出資者にとっては肯定的に作用するであろう。

しかし，本当に銀行経営陣も，不完全な監視のもとにあるといえるのだろうか？銀行は，主として預金から資金をまかなっている（この議論について詳しくはレフラー [Löffler] 1991を参照）。預金者から集められた資金は，他人資本である。自己資本とは異なり，他人資本はルール通りの一種のコントロール作用を持っている。原則的にその預託は，期限付きである。従って銀行経営者は，預金者との信用取引関係が延長されるようにいつも働きかけなければならない。さらにまた，自己資本と違い他人資本は，決まった利子や債務の支払いという形でフリー・キャッシュ・フローを取り崩すのである。債務者が取り決められた支払い義務に応じられない場合，自動的に破産法 (Insolvenzrecht) が適用される。従って，銀行が預金から資金をまかなっている限り，銀行の経営陣は，公開会社の株主にできるものよりもかなり厳しい監視の下に置かれることになる。

このような視点から見れば，ドイツで見られるような，大銀行によって統制された大企業による産業システム（いわゆる「ドイツ株式会社 (Deutschland AG)」）にも，まったくポジティブな側面を見出すことができる。つまり銀行が，コンツェルン本部の役割を果たすのである。預金事業を通して効果的にインセンティブを付与されている銀行の経営陣は，大規模企業での資本分配と，経営陣の監督を引き受ける。そのために必要な知識は，銀行が持っている。取締役会や株主総会へ参加できることで，規律付けのための手段をも手に入れることになる。大企業に対する銀行の自己資本出資分が十分大きければ，信用供与の領域で銀行の代表者と経営陣との間に生じる共謀は，問題ではなくなるであろう。

もちろんこれらのことは，いわば「ゆるい紐帯 (schwach Glieder)」の連鎖でみたされているといえる。銀行経営陣は，預金とは異なる資金調達を強引に行ったり，別の事業をはじめたりすることで，預金事業による監督という不快なものから逃れることができるし，大規模産業企業に対する自己資本出資分が高ければ，それは銀行の出資ポートフォリオにおける「リスクの塊 (Risikoklump)」となるのである。

・経営陣を規律付けるための競争概念

たとえ出資者が，取締役会や公認会計士のようなスーパーバイザーに監督を委譲したり，株主総会の場を利用したりしたところで経営陣の自由気ままな行動を満足に抑制することができないとしても，彼らがまったく無防備であるというわけではない。例えば資本市場，Ｍ＆Ａ市場や経営者労働市場が機能することで，企業形態がもたらす裁量の余地を機会主義的に利用する，公開会社の経営陣の行動が効果的に抑制される，ということを強調しているのが，経営陣を規律付けるための競争という概念である。

このような視点から見れば，透明性が高い競争的な市場を約束するのが，最良のコーポレート・ガバナンスであるといえる。それゆえ，競争概念を議論するさいに主

眼が置かれるのが、とりわけ資本市場やM&A市場における機能障害なのである。

### ・・資本市場での競争

多くの企業経営陣は、資本市場において出資者の資金を求める。投資家は、最も利益の上がるプロジェクトを選択することができる。投資家の資金をめぐる競争の中で、経営陣は、投資家の利害を尊重するというインセンティブを持つであろう。しかしながらさらに、資本市場での競争が持つ規律付け作用についても切り離して議論することもできる。

ここでは、資本を遮断するメカニズムが問題になっているのであって資本を経営陣から取り返すメカニズムが問題となっているのではないという点に、出資者の制裁手段に特有の弱点がある。株主は、1度資本を預けたら、経営陣から取り返すことはもはやできないのである。経営陣に不満があって株主が持ち分を株式市場で売却しても、彼は単に流通市場で取引をしているにすぎないのである。このような株主の市場からの退出によっても資本が経営陣の手から離れるということはなく、むしろ出資者にとってそれは、ダメージを与えるものなのである。すなわち経営陣の業績の悪さから「逃げ」たい出資者は、経営陣のその業績の悪さに甘んじる買い手を見出さねばならない。そのような買い手は、値段がかなり下がった場合にだけ、応じるだろう。従って、市場からの退出による経営陣への制裁は、経営陣にとっては直接資本が取り返されるわけではないのに、出資者にとっては費用のかかるものなのである。経営陣が将来の外部資金調達を制限されるという、相場の下落を通した間接的な経営陣の規律付けメカニズムも、このような出資者にとっての直接的な自損的効果という問題に苦しむことになる。

しかしながらそれに加えて、このメカニズムは、経営陣が将来の外部資金調達に依存している、ということをも前提としている。厳密に考えれば、投資家が持つ資本を遮断する機会は、単に限界のあるヴォイス・オプションにすぎない。このヴォイス・オプションは、将来的に事業を拡大する計画がある場合にだけ効果を発揮するものである。ここでは、資本価値が正である投資プロジェクトの数が、その企業のキャッシュ・フローから調達する可能性を上回っているが、企業の内部で資金を調達する可能性がなくなれば、必然的に外部調達に切り替えられなければならないからである。従って、経営陣は将来的に事業を拡大する計画を持つ場合、そのプロジェクトに対してルールどおり、出資者に「新たな」資金を求めなければならないのである。この「新たな」資金調達のさいには、そのつど拒否される可能性があるので、その結果経営陣は、適切に情報を与え、効率的な投資行動のためのレピュテーションを築こうとするインセンティブを持つのである（例えば、イースターブルーク［Easterbrook］1984を参照）。

それに対して、技術が成熟している伝統的な事業を営む企業の経営陣の場合には、資本市場は、規律付け手段として機能しなくなる（詳しくはジェンセン1986, 1989を参照）。市場が停滞するか縮小する場合、通常マーケット・シェアを維持するために

必要な再投資需要も，縮小するか，あるいはまったくなくなってしまうことさえある。同時に，高いマーケット・シェアや，それによって可能となっている規模の効果と経験曲線の効果によって，かなりの余剰としてのキャッシュ・フローがもたらされる。増加するキャッシュ・フローが，資本価値が正である投資機会を上回っていれば，増えたキャッシュ・フローは，経営陣にとってはフリー・キャッシュ・フローとなる。フリー・キャッシュ・フローがあれば経営陣は，将来の投資のための資金を投資者に求めるといった行動をとらなくてもよくなる。フリー・キャッシュ・フローは，企業価値を下げるような多角化，スタッフの意味のない激増，あるいはフリンジ・ベネフィットに際限なく使われるかもしれない。フリー・キャッシュ・フローは，資本市場を通した株主による制裁のチャンスを体系的になくしてしまう，ということから，ジェンセン (1986) は，「フリー・キャッシュ・フローのエージェンシー・コスト」について論じている。

公開会社というガバナンス構造は，「…現金の収入の多い事業，低成長な事業，あるいは斜陽部門…」(ジェンセン 1989, p.64) における調整のためには不適格である，とジェンセン (1989) は結論づけている。例えば株式の買い戻し (Aktienrückkäufe)（他人資本による自己資本の埋め合わせ），LBOによるM＆A（5.2.2.5節を参照）などのような方策を通して，この種の事業はますます「公開会社の消滅」に至る（ジェンセン1989）。「フリー・キャッシュ・フローのエージェンシー・コスト」は，非効率性を取り除くことでかなりの利益を発生させる可能性があるので，積極的な投資家に対するインセンティブを十分に生み出すのである。従って，この種の事業領域において公開会社の経営陣を規律付ける，という点での資本市場の機能的欠陥を打開する方法は，M＆A市場（6.2.2.1節を参照）と呼ばれる別の市場，あるいは，いわば上位にある市場なのである。

競争による自然治癒力を信頼しているジェンセン (1989) と異なり，他の論者は，株式会社法 (Aktienrecht) の改正を主張している。それによると，公開会社は，単にガバナンス構造の競争において非効率なものが淘汰されていくというのではなく，法的枠組みを変えて，原則的に修正されるべきである。例えばヴェンガーは，小規模出資者に，極端に言えば資本を取り返す権利といったような，「権限を付与すること」について議論している。株式会社の経営陣が，一定の介入レートを前もって予告するよう法的に強制されており，それに向けて株式が公開市場で買い戻されなければならない，というように変更することが可能である。経営陣が買い戻し義務を全うすることができないとき，清算措置を実行に移し，買い手が現れるのを待ち，外部のコンサルタントや監督官庁に経営の権限を譲り渡す，あるいは辞任するよう義務付けられるのである。しかしながらその場合，1度委ねられた資本に対して経営陣が持つ裁量権を取り消すこと，または制限することによって，長期の迂回生産を伴う資本集約的な事業への特殊投資を保証することもできなくなってしまう，ということが考慮されていない（6.2.2節を参照）。そのような提案は，**相互会社（Mutuals）**が持つガバナンス構造に近づく傾向がある。これについては6.2.5節で詳しく議論される。

## ・・M&A市場での競争

　上述の，M&A市場への信頼は，正当なものであるといえるのだろうか？　出資者は，（自分たちにとってもダメージを与える）流通市場での退出を試みることで，経営陣による企業資源の非効率な利用に対処する。売却圧力がかかれば，企業の株価は押し下げられる。企業資源の投入についてより優れたアイデアを持つ買収者は，株式市場で企業を買収しようというインセンティブを持つようになる。誤った資源投入をやめることで得られる株価の上昇は，買収プレミアムを生み出し，それを買収者は，彼が株式を買い取った以前の株主とそれを分け合うのである。企業を買収したあとで利用されていない資源を活用するために，無節制な経営陣の解雇から，コングロマリット型の企業構造を解体し，新たなガバナンス構造へ移行する対策が問題となる。所有権の集中の強化と同時に他人資本調達の強化も目指す新しいガバナンス構造は，すでに述べられたように，とりわけ「フリー・キャッシュ・フローのエージェンシー・コスト」が高い事業で予想されるものである（ジェンセン 1989を参照；5.2.2.4節も参照）。

　ところで，M&A市場を通した経営陣の規律付け，という発想の中心にあるのは，経営陣がこのような一連の展開を正確に理解し，自分にとっての危険を察知する，ということである。まさしくこのような理由から，彼らは浪費的な投資を意識的に控えるようになる。このような規律付けメカニズムの効果に対する批判も，様々に試みられている（以下についてさらに詳しくはクレーケル1999, pp.304-315を参照）。

　第1に，経営陣は，上述の一連の展開の影響を受けずにはいられない。よってまず，敵対的買収を阻止するために，レント・シーキングによって規制を変えようとするだろう。これは，有望な企てであるように思われる。なぜなら，政治家が，外国の「不当な買収者」に対して国内の企業や労働者を保護するという論拠でもって敵対的買収を阻止するといえば，たいてい世間の賛同も得られるからである。

　しかしながら，自分の企業というミクロ・レベルで見ても，敵対的買収の恐れがあることから，即座に効率志向の行動をとらざるをえないというわけではない。浪費的であると同時に威嚇的な対策のリストとして，以下のものがあげられる：

— 経営陣を解雇するさいに，彼らに対して高い補償額を支払う契約
— 費用のかかる社会保障，それを継続することについては，経営組織法によれば，買収者は経営協議会（Betriebsrat）と交渉しなければならない
— 「クラウン・ジュエル」，すなわち，とりわけ革新的な，あるいは成功している企業部門の売却
— 買収するには規模が大きすぎて値が高すぎるような企業を設立するために，提携や合併を自ら主導する

　しかしながら，経営陣による対抗策が様々にあることに加え，上述の一連の展開は，M&A市場がもつ非常に根本的な機能問題をも抱えている。

第1に，乗っ取り屋すなわち買収者の付け値は，他の企業に対して正の外部効果をもたらすと論じられよう（スティグリッツ 1985, 1996を参照）。乗っ取り屋は自分の付け値によって，他のすべての市場参加者に対して，自分が買収のために「報いのある獲物」を見つけたというシグナルを送るのである。そうなると，「見張り役（Späher）」として「獲物」を見つけるためのコストを担う人と，そのほかのすべての「ハンター」との間に，入札競争が発生する。「ハンター」は「見張り役」よりも常に探索コストの分だけ高値をつけることができるのは明らかであり，その結果「見張り役」は報われないことになる。このような予測に従えば，M＆A市場では原則的に探索活動にはわずかな投資しかなされず，そのことは，この市場の機能を損ねるのである。

　第2に，公開会社の株主によるフリーライダー問題も，市場を機能不全にする可能性があるといえる（グロスマン／ハート［Grossman/Hart］1980を参照）。乗っ取り屋によって付け値が与えられる場合，株主は，売却してしまえば売却後の価格上昇分をみすみす逃してしまうと予測する。買収者の方では，後の上昇分を含んだ価格を提示することができるわけではない。というのも，さもなければ彼は買収によってもはや利益を生み出せないと考えられるからである。買収が成功するならば，後々の利益を見込めるので，何もしない（売却しない）ことのほうが明らかに魅力的である。小株主はわずかしか株式を保有していないので，保有し続けるという彼の意思決定は，彼の側から見れば買収が成功するかどうかに関係なく変わらないままである。従って，「保有し続ける」という戦略は，小株主の側から見れば，個別的には合理的である。しかし，小株主全員がそのように考えれば，全体的には買収のチャンスは少なくなるといえる。

　ここで取り上げられた問題，あるいはさらに別の問題であっても，そこからM＆A市場による経営陣の規律付け作用に疑念が生ずるのは当然であろう。また経験的にも，敵対的買収が過去において，ドイツでもアメリカでも，大きな役割を果たしたようには思われないのである（クレーケル 1999, pp.305-315によってまとめられた評価を参照）。

・・*製品市場での競争：1つの誤謬*

　企業製品の販売市場での競争が激しくなるほど，価格－コスト・マージンが少なくなり，その結果経営陣が浪費的投資をするためのレントも少なくなる。同様に，生産要素をめぐる競争が激しくなれば，供給業者によるレントが抑制されるようになる。従って激しい製品市場競争にさらされている企業経営者は，株主が期待するような行動をとる，すなわちいかなる浪費も慎むという選択肢しか持ち合わせていないことになる。

　どのような前提条件のもとで製品市場の競争が機能しなくなるかについては，諸文献において詳しく考察されている。その基本的メカニズムは周知のように，例えば市場への参入障壁の存在によって生ずる市場支配力，あるいは情報の非対称性ないし取

引費用が，経営陣を厳しい競争圧力から解放するというものである。

　ここでこのような周知の議論を詳細に取り上げても，あまり意味がないだろう。原則的に重要な主張はすでに諸文献において見出されることである。つまり，製品市場による規律付けは，株主にとっては慰めにもなりえないということである。経営者が全力を注いでかろうじて何とか収支が合うように生産できる企業が，株主に余剰利益をもたらすことはない。その企業の経営者は確かに規律付けられるが，しかし株主はそこから何も得られないのである。製品市場を通した経営陣の規律付けは，まったく重要ではない。製品市場の競争に活気がなく，規律付けられていない経営陣がそこで生み出されるレントを一部分だけしか浪費しない，というような状況にある株主の視点から見ても，それは明らかに役に立たないものである。

　そもそも，ある企業が，製品市場での激しい競争を制限して余剰利益を生み出し，その配分をめぐって利害のコンフリクトが発生しうる場合にはじめて，経営者の規律付けに関する問題が重要になってくるのである。もし出資者に選択権があるなら，彼らは確実に，経営者がレントを浪費しないようにすべてのレントをとり除くために，製品市場における競争を促進するという手段を「選択」しないだろう。出資者と経営者との間にはそもそも，経済全体の厚生を考える場合と異なり，激しい競争を避け，高いレントを得ることが重要であるという点に利害のコンフリクトがあるわけではない。経営戦略の考察にその典型が見られる（ポーター［Porter］1999，2000を参照）。自分の利害を追求するために出資者が製品市場での競争を期待している，というのは誤りである。経営者が製品市場における競争を部分的に制限し，このようにしてケーキを作り出すことに十分抜け目がなく，その結果ケーキの配分に関する問題が発生する，という前提条件があってはじめて，コーポレート・ガバナンスに関するすべての議論が意味をなすのである。

・・経営者労働市場での競争

　外部労働市場を通じた経営者の規律付けという発想も，一見したところ納得のいく発想であるように思われる。それによれば，経営者は自分が経営する企業の業績を通して，自分が卓越したマネジメント能力を持っているというシグナルを生み出しているのである。その場合，悪い業績，スキャンダル，さらには倒産といったことで，外部労働市場での彼のレピュテーションは決定的に損なわれ，それに応じて他社でポストを得るというオプションもなくなることになるだろう。また，魅力的な退出オプションを持っていない人は，自分の会社でも，報酬交渉において不利な状況にあるといえる。レピュテーションが損なわれるという経営者に対する圧力は，「下からの競争」，すなわち後継者によっても強められる。

　このようなメカニズムを損なうものとは何だろうか？　まず，特定の指標を手がかりにして，経営者個々人の能力を表すシグナルとして測定された企業成果がどの程度適切なものなのか，ということが問われる。周知のように，少なくともさらに2つの要因が，このシグナルを「無効にしてしまう」。つまり，第1に企業成果にとっては，

外生的で，偶然的な出来事も，経営者の経営手腕と同じく重要となる，ということである。第2に経営者が交代する，あるいは昇進するとき，短期的に収入の高いプロジェクトを無理に推し進め，「サクセス・ショー」を演じるインセンティブが生まれる。この問題は，文献の中では「キャリア・コンサーンズ」という言葉で論じられている（これを概説したものとしてクレーケル 1999, pp.183-194, p.299を参照）。経営者が，ある企業では成功しなかったのに，別の企業で成功する事例が実務の世界で目立つということから見て，雇用主は，企業の成果と経営能力との関連を過大評価せず，むしろ経営者の働き方に関する情報を重視しているということが推測される。

　もっと根本的に見れば，以下のような批判的な指摘が挙げられる。ドイツのように様々な企業への参加が見られる規制の中では，経営陣は別の経営陣メンバーによってリクルートされている。彼らは，持ち分と寄託議決権の両方，あるいはどちらか一方を通じて株主総会での過半数を獲得することができる別の大企業の利害を代表している。それゆえ問われるべきなのは，経営陣が－中枢幹部としての－同僚の紹介に最もふさわしい場合に，当該の労働市場で価値あるレピュテーションを築けないか，ということである。この紹介という現象は，様々な経営者モデルの中で詳細に検討されている（6.2.2.1節を参照）。それによれば，経営者の行動は効用極大化よりもより適切であるし，単に企業価値の最大化のみを追求するものではないものとして説明されるのである。経営者の効用は，企業価値だけでなく，様々な要因，すなわち企業規模，売上高，成長，従業員，浪費的な投資などに左右される。そのように考えると，以上のような行動をとらず，企業価値だけを最大化するような経営者が，同僚のたちの間でどのようにして昇進のためのレピュテーションを獲得するのかを理解するのは困難であろう。彼はむしろ，財産を脅かす可能性のある，障害要因であるように思われる。集団としてみれば，ルール破りは望ましくない。このように考えると，経営者は労働市場で，企業価値を最大化する力量以上に，経営能力のポートフォリオについてレピュテーションを獲得するのである。この議論が正しいとするなら，この市場は，株主の利害という本来理解されている意味で経営陣の規律付けに必ずしも寄与するわけではなく，むしろ集団的な行動をとろうとするインセンティブを強めるものとなる。

　以上の議論の補足として，それにも関わらずこの労働市場のために個人的なレベルで利用できる「特効薬」がある，ということがいえる。一定の前提条件のもとでは，経営者は，集団的な行動をとらず，もっぱら企業価値の最大化を追求する同僚が現れるのを待つように動機付けられる可能性がある。つまり，適切にコントロールされていない公開会社の経営者は，自分が参加し，コントロールしている企業では，企業価値最大化志向の経営者を雇い入れるときに，自分たちの個人的な浪費のチャンスを最大にするのである。プリンシパル・スーパーバイザー・エージェントという複雑な関係のコンテクストの中で重要なこの議論は，すでに論じられた。しかしながら，適切にコントロールされておらず，浪費的な経営者にまず配慮せねばならず，次に「他の」経営者の規律付けに関わるのであれば，それは規律付け手段としての経営者労働市場の機能を決して促進するものであるとは決していえないのである。

・システムとコーポレート・ガバナンス

　以上の考察の結論として，以下のことを確認することができる。すなわち，コーポレート・ガバナンスに関するそれぞれの手段のうち，単独であらゆる条件下で申し分なく機能するようなものは1つもない，ということである。しかしながら，手段をまとめて束にすれば，経営陣が極端なやり方で出資者の利害をないがしろにするような状況を防ぐコントロール・システムを作ることは可能であるように思われる。

　いろいろな国々で，それぞれの規制に左右されながら，経営陣のコントロールのために様々なシステムが確立されたことは周知の事実である（これについての詳細はディートル1998を参照）。しかし，図式的に見れば以下のことが見て取れる。すなわち，アングロサクソン的システムはむしろ，競争志向であり，市場を通した規律付けを想定している（例えばM&A市場，資本市場，経営者労働市場）のに対し，ドイツ的モデルでは，むしろ取締役会や銀行のようなスーパーバイザーによるコントロールが有効である。日本的モデルは，ドイツ的モデルと類似しているように見える。というのも，日本のモデルもドイツと同じく，市場ではなく，スーパーバイザーの概念やネットワーク構造（系列，これについては5.2.2.4節を参照）に重きを置いているからである。どのシステムが最も効果的なのか，を理論的に基礎づけて決定することはできない。しかしながら，システム間の距離がますます縮まってくることは明らかであろう。なぜなら，ドイツや日本においても，ネットワークや銀行によるコントロールを抑制して，市場の機能をもっと強くしようという取り組みがなされているからである。

### 6.2.2.2　公開会社の持つ本質的な強み：リスク処理

**分離された残余請求権とリスク分散**

　6.2節の冒頭で触れられた様々な資源のサプライヤを改めて見てみると，資産は複雑な資源の束にまとめられるものであった。そのさい，不完全情報に対処するために，少なくとも1人の契約当事者は，生産物の価値に対する契約に定められた，ないしは法的に定められた請求権のすべてを差し引いて残った残余分（Residuum）で満足しなければならないのである。ここではこの契約当事者を残余請求権者と呼び，それに対して，その他の資源サプライヤすべてを，契約サプライヤと呼んだのである。環境の変化については，契約サプライヤとの契約の中でそれに対する調整的対応が決められていないので，もっぱら残余分の額に反映されることになる。それゆえ，残余請求権者は，契約サプライヤにとって不完全情報や不備契約という経済的リスクに対する保険者となっているのである。さて，このようなリスクを引き受けるためのコストをできるだけ低く抑えるためには，残余請求権をどのようにデザインすればよいのだろうか？

　詳細に見てみると，近代企業という形態が「残されている」リスクを分散するのにうってつけである，ということが明らかになる：

―　残余請求権の担い手，つまり出資者は，企業において他の役割を担うべきではない。それに伴い，彼らはリスクの引き受けに特化することができる。
　―　彼らはもはや企業のインサイダー・サークルに拘束されているわけではないので，残余請求権を任意に配分できるし，株式市場で取引することもできる。その結果，一方で最小限の「リスクポーション（Risikoportion）」の引き受けが可能となり，他方で多くの企業持ち分を通じての，あるいは別の投資（Anlage）を通じてのポートフォリオの組み立てが可能となる。つまり，株式という形で約束されている残余請求権は，投資者の最適なリスク分散戦略の中の一部となるのである。

　このような視点から近代企業を見てみると，資源サプライヤの経済学的な役割が明確になる。すなわち，株主とは，残余請求権を引き受ける契約当事者のことを指す。彼らが株主となるのは，株式としての残余請求権という特殊な形態を利用すれば，契約の中に組み込めないリスクを扱う点で相対的なメリットを享受できるからである。簡単に言うと，彼らはこのリスクを最小限に分割して専門的に引き受けることができ，さらに多数の別の投資をポートフォリオに組んでリスクを相殺できるのである。それゆえ，株主は，他の資源サプライヤすべての保険者という専門的役割を引き受けているのである。
　それに対して，残余請求権が調整権と結び付けられると，リスク分散のチャンスが阻まれてしまうだろう。企業の意思決定者が増えれば，禁止的な取引費用が生ずるだろう。つまり，意思決定者の数が多いということは，結果的に企業内の意思決定プロセスや同期化プロセスは必然的により複雑になり，そのためより費用のかかるものとなるのである。意思決定者としての残余請求権の所有者が，同じ企業でさらに自分の人的資本をも危険にさらすがゆえに，彼にとってのリスクが大きくなり，その結果リスク引き受けのためのコストがさらにかかってしまうのである。

### 保険としてのコーポレート・ガバナンス

　このような視点で見れば，株主と経営者との間のプリンシパル・エージェント関係は，ばらばらに点在する株主（verstreuter Aktionariat）と契約サプライヤとの間の保険関係に変化することになる。その結果，コーポレート・ガバナンスは，このような保険関係がもたらす経済学的諸問題を取り扱うための道具になる。では，ばらばらに点在する株主と企業の契約サプライヤとの間の保険関係には，そもそもどのような経済学的な諸問題があるのであろうか？
　一方で契約サプライヤは，契約上取り決められてはいるが，しかしコントロールするのが難しい努力，慎重さ，入念さなどに関する義務を守らないことで，保険詐欺を働くかもしれない。このカテゴリーには，前節で論じられた，出資者と経営者の関係におけるプリンシパル・エージェント問題が入る。契約で取り決められたことと異なる目標を追求する，ないしはより低い努力水準を選ぶような経営者は，それらの行為

が引き起した利益の縮小を，例えば景気あるいは政治のような外生的なリスクの結果として，すなわち保険の対象となる事故の結果であると説明する。しかしながら，それがうまくいくほど，株主は契約の不備による結果に対して責任を負うだけでなく，被保険者の機会主義的な行動の結果に対しても責任を負うことになる。たとえ，出資者の役割を，古典的な所有者というものではなく，保険者という役割と考えたとしても，経営者の機会主義は変わらない。所有者に対する詐欺が，保険詐欺になるだけである。

しかしながら，これを保険関係として捉えることにはメリットがある。それは，原則的に対称的なモラル・ハザード問題という特徴に目を向けさせてくれるのである。つまり，周知のように保険者もまた，保険契約の裏をかくことができる。彼らは損害が生じても，できる限り自らすすんで処理しない，あるいは一部しか処理しないことで，後からでも被保険者に外生的なリスクを転嫁することもできるのである。

それゆえ，株主価値のための賃金カット，社会保障給付カット，解雇の実施などは，努力，慎重さ，入念さに欠けていることに対する強制的な制裁手段であってはならない。つまり，契約者としての小株主だけが，業績の悪さを偶然の結果とすることで，契約詐欺を働こうとするインセンティブを持つような経営者や他の資源サプライヤから身を守る防護策を必要としているわけではない。経営者や他の資源サプライヤもまた，後になって契約の裏をかいて保険機能を弱体化させるインセンティブを持ち，業績の悪さの責任を問う出資者から身を守る術を必要としているのである。

以上のことから，コーポレート・ガバナンスの機能は「保険によるコントロール」と言い換えるのがおそらく一番よいだろう。規則のデザインについては，取締役会の事例で明らかなように，このような事情ではより込み入った問題を引き起こすことになる。前章で説明されたような，株主の「伸ばされた手」は，「保険によるコントロール」という責務を確実に果たせるわけではない。保険会社それ自体が，保険によるコントロールという機能を引き受けるのであれば，それは「ヤギを庭師として雇い入れる」ようなものである。本節のパースペクティブから見れば，取締役会はむしろ，株主代表とならんで他の重要な契約サプライヤの代表者も入ることができるような，混合形態の委員会であるべきであろう。さらに加えて，複雑なケースで，利益減少があったとして，それがどの程度まで外生的理由（その産業部門固有のリスク，景気，政治など）に起因するものであり，どの程度まで経営者の業績，ないしは固有の専門家を準備できなかったことに起因するものかを判断するために，外部の専門知識が必要となるだろう。取締役会の利害を資源のサプライヤ集団の利害に一致させるようなインセンティブ形態のどれも，保険によるコントロールとしての機能を果たしそうにない。経営陣が相互の株式持ち合いによって取締役会を支配している場合，保険詐欺に対する生ぬるい振る舞いの責任は取締役会に帰せられる。取締役会のメンバーに対して市場価値志向的なインセンティブ・システムを取り入れるということは，この種の保険詐欺が想定されているのである。

### 6.2.2.3 特殊な人的資本とステークホルダー

これまでの考察は,インプットを企業に持ち込む行為者の中でも,特殊な専門的役割を株主に付与してきた。彼はあるときは,エージェントの監視のために必要となる問題を克服しなければならない所有者であった。またあるときは,企業と他の資源の提供者との契約を外生的リスクから守る専門的保険者であった。しかしながら,所有者の役割も保険者の役割も,本節で紹介される考察から見ると,大げさな表現である。

資源に対する古典的な所有権に従うと,行為者はこの資源の投入について最終的な意思決定権を持っている。同時に,プラスであれマイナスであれ,投入資源から生ずる余剰利益についても,彼が当然の権利を有している。このように,古典的な意味での資源所有者は,資源投入の意思決定から派生するプラスの成果とマイナスの成果のすべてを負担するのである(これについては例えばミルグラム／ロバーツ 1992を参照)。

しかしながら,分散所有された株式に関しては,このような古典的な所有権概念との関わりは比較的少ない(これに関してはブレア[Blair] 1995, 1996を参照)。極端に言えば,株式のような最小限の残余請求権は,誰が株式会社における資源投入に関する意思決定を下すとしても,この意思決定の結果のほんの一部分を反映するにすぎないのである。つまり,古典的な所有者と比べ,1人ひとりの小株主には,意思決定に対して責任を持つような役割はほとんど与えられていない。1人ひとりの小株主に対して株式会社での資源投入に関する実質的な最終意思決定権を与えないほうが道理にかなっているのである。彼の意思決定の結果については,むろん他の人によって大部分責任が取られるのである。

本来最も重要な問題は,公開会社においては,誰に対してどのような理由からどのような意思決定権が与えられるべきであるのか,というものである。株主を古典的な所有者として取り上げるとすれば,この問題設定から外れることになる(ブレア1996, p.6を参照)。もちろん古典的な所有者は,意思決定権のすべてを持っているはずである。なぜなら,彼らは意思決定の結果のすべてに対して責任を負っているからである。

しかしながら,小株主は実際には最小限の残余請求権の所有者であるにすぎない。このことは,6.2.2.1節で想定された所有者の役割についても,また6.2.2.2節で想定された専門的な保険者としての役割についても相対化するのである。

**特殊な人的資本への投資とその他の残余請求権所有者**

ブレア(1995, 1996)は,公開会社のその他の契約当事者も,株式資本と同じようにリスクにさらされた投資活動を行いうることを論じている。中でも企業に特殊な人的資本に投資をしている従業員が,その最も重要な集団である。企業に特殊な人的資本とは,その企業に特化した熟練,スキル,ルーティーンや人間関係である。一般的な人的資本と異なり,これらの特殊な知識は,それを獲得した企業の外では利用でき

ないものである。

　従業員は，報酬のうち平均で約15パーセント分を，企業に特殊な人的資本の取得に対する支払いとして受け取っている，といわれている（トッペル［Topel］1991を参照）。その証拠として，例えば従業員が，いわれなき解雇によって別の企業に再就職するさいに，平均して約15パーセントの給与下落を被っている，という事実が挙げられている。解雇された企業に勤めた期間が長ければ長いほど，給与の下落は激しくなり，これは同時に企業に特殊なスキルの補償分を意味しているのである。

　ブレア（1996, p.8以下）は，このような事情を考慮して，以下のような議論を展開している。企業に特殊な人的資本は，企業の生産活動によって生み出される付加価値を高め，企業はこのレントを，企業に特殊な人的資本に投資する従業員と分け合うのである。そのため，会計原則に基づいて算定された企業収益は，企業によって生み出された付加価値については，完全に表現しつくしているとはいえない。付加価値のかなりの部分が，特殊な人的資本に対する補償として，上乗せされた賃金という形で従業員に支払われている。このような賃金の上乗せは，簿記上は費用であるが，経済学的にはそれは費用ではなく，むしろ企業によって作り出された付加価値の一部なのである。賃金はふつう利益確定の前に差し引かれる，という理由だけで，株主が唯一の残余所有権者として現れているが，ブレアの議論においては，特殊な人的資本への投資に対する補償に関する限り，従業員もまた残余所有権者である。

　企業が財務的に逼迫する時には，このことが問題になる。よく知られているように，従業員が持つ賃金の請求権は，債権者と同じように契約で強制できるものではないし，法律でさえ強制できない。このことは，従業員による人的資本への特殊投資に対する補償を記載した契約が，不完全になることを意味している。実際，この種の投資に対して約束された，上乗せ賃金の支払いは，賃金契約を履行し，出資者をも満足させるために企業が十分にレントを生み出せるかどうかに依存しているのである。

　従業員が持つ賃金へ請求権が企業に特殊な能力に対する彼の投資を意味している限り，それは，企業において法や契約で強制される責務のすべてを差し引いたあとの残余分のことを指している。従って従業員は，このような残余分が直面するリスクをも分け合っているのである。配当の支払いと同じように，企業は，好調な時には企業に特殊な人的資本への投資に対して報酬を支払い，不振のときには支払わない。一般的な人的資本への投資は，このようなリスクを持たない。なぜなら，それはいつでも市場を通して利用可能であるからである。つまり，退出できるというオプションが，一般的な人的資本へ投資する投資家にとって防衛策となっているといえる。

　従ってこのように考えれば，従業員と株主は，少なくとも部分的には同一の経済的役割を持っているといえる。彼らは双方とも，それぞれ人的資本と貨幣資本に投資する投資家なのである。双方の当事者について，彼らは，異なった特徴を持ってはいるが，退出のためのオプションを検討するという問題が存在するだろう。

　株主は，投資を実行に移すやいなや，価値を減少させずにこの投資からの退出を保証してくれるオプションを捨てることになる。株式資本は，それがいったん企業に提

供されると，取り上げることはできない。株主は，自分の残余請求権を流通市場で処理できるだけである。しかしながら周知のように，この市場は事業に対してより悲観的な見込みを価格に織り込む。事業がうまくいっていないときに株式市場を通じて退出するということは，かなり自分の首を絞めることになる。確かに株主としては投資から退出するであろうが，先の事例がはっきりと示しているように，かなりの損害を被ることになるのである。

　企業に特殊な人的資本に投資する従業員は，さらに無防備になる傾向がある。企業と締結した契約は必然的に不完全であるし，そもそも企業に特殊なスキルのための市場など存在しえないからである。

　ところで，双方が相手の成果を横取りするというインセンティブが存在しなければ，投資に対するこの種の無防備さは，特に問題とならないだろう。しかし，株主も従業員も両者ともに，法と契約で強制された請求権のすべてを差し引いた後に残る残余分からの支払いを受けるので，従業員の給与上昇と株主にとっての利益上昇とは競合することになるのである。

　このような観点から見ると，企業の市場価値というものは，残余所有者のために生み出された価値全体の一部分でしかないのである。市場価値にばかり注目すると，企業に特殊な人的資本に対する賃金プレミアムという形で従業員に移転されるレントが，無視されることになる。企業戦略の成果を企業の市場価値の変化だけを基準にして評価することはできないだろう。市場価値の上昇と，そして同時に従業員に対する補償額の上昇を考慮に入れることが，企業戦略による価値の上昇を評価する基準として優れているのである。ブレア（1996,p.10）は，1990年から1993年の間にアメリカにおいて，「企業によって生み出された経済的余剰」のうちの約半分が，従業員に支払われている，と見積もっている。では，このことから，コーポレート・ガバナンスに対してどのような帰結が導き出されるのだろうか？

　従業員は，退出ではなく，移動（Abwanderung）によって出資者から自分の人的資本への特殊投資を守ることができるのである。彼らは共同決定，発言（Voice）を必要としてるのであり，さらに投資家として活動しなければならない（退出と発言の問題についてはヒルシュマン［Hirschman］1970を参照）。出資者は，企業内部の残余所有者の介入から自分の投資をうまく守っているということが傾向的に認められるものの，それは満足のいくものではない。出資者による，株式市場での取引を通じた退出オプションは，部分的に自分の首を絞めるものである。それゆえ彼の投資性向も，共同決定によってより保証されるのである。

## コーポレート・ガバナンスと共同決定

　このような視点から見れば，コーポレート・ガバナンスとは，従業員や出資者といった，適切な退出オプションを持っていないすべての残余所有者が，自分たちの利害を共同決定によって互いに守る手段ということになる。つまり結論的に言えば，コーポレート・ガバナンスによって，人的資本家と貨幣資本家との間で，企業が生み

出した剰余価値を公平に分け合うことが保証されているのだ,ということができよう。これは,すべての社会集団が近代企業において経営参加権を必要とすると主張するような,「穏やかな (weich)」ステークホルダー・アプローチを意味しているわけでは決してない。むしろそれは「厳しい (hart)」残余所有者アプローチを意味しているのである。自分の特殊投資を退出を通して防護することができない人だけが,発言権を必要としているのである。ここでは,防護策を持っていない残余所有者の集団の間で力関係のバランスを取ることが,コーポレート・ガバナンスの課題であるといえよう。

### 6.2.2.4　公開会社のその他のメリット

　経営陣へのインセンティブ,リスク処理,そして特殊な人的資本との関係についての主要な議論はさておき,公開会社のガバナンス構造にはさらに別のメリットがある。それらのメリットを基点として6.2.3節から6.2.6節までにおいて議論されるその他のガバナンス構造が見出されるのである。

**企業に特殊な資産を対象として調達される保証資本 (Garantiekapital)**

　ある資産は,その価値が,それを持つある企業にとってよりも他の企業にとって低い場合,企業特殊的といわれる。取引費用を考慮すると (3.3.2節を参照,またファーマ/ジェンセン 1983b,ジェンセン/メックリング 1976,クライン/クラウフォード/アルシァン [Klein/Crawford/Alchian] 1978も参照),企業は,特殊なインプットは所有という形で統合すべきであるということになる。それゆえ例えば,レンタル契約,あるいはリース契約を通じて特殊な資産から生まれるサービスを外部の所有者が購入する場合,外部所有者は事実上自分の投資を他の場所で利用できないので,レンタル契約やリース契約は彼にとってホールド・アップのリスクをはらんでいるといえる。

　たとえ企業自身が特殊な資産の所有者となったとしても,短期的にそれを利用するだけでは問題の解決にならない,ということがいえる。定義的に,この種の資産の価値をすばやく確定し,価値を維持しながら投資から撤退させうるような外部市場は存在しないのである。これらの資産を生産に投入し,製品を持続的に販売することだけが,特殊な資産への投資の回収を可能にするのである。

　つまり,企業はこのような特殊資産を対象として調達するための資本を,ある種の保証資本として長期的に用意しておかなければならない。資本提供者には様々な形で資本を引き上げることが認められているが,それらはみな,すでに投入された資本の保証能力を低下させ,そのために特殊な資産の調達を危険にさらすことになるのである。その企業が行う迂回生産の度合いが長いほど,そしてそこで特殊なインプットを使用するほど,保証資本の調達がより重要となるのである。

　理想的な保証資本は,株式資本である。すでに論じられたようにリスクを分散することができるので,大量の資本を調達することができ,その結果,革新的な大プロ

ジェクトに典型的に見られるような,非常に長く,リスクをはらんだ迂回生産のための資金調達が実現できるのである。その上 1 度調達されると,企業は期限なしにそれを自由に使える。株式は確かに所有者によって売却されはするが,それは株式市場で売却されることになるので,企業にとっては資本の引き上げを意味しない。以上のことは,例えば返還という形で厳格な引き上げが決まっている他人資本には当てはまらない。また,一定の条件が整えば,提供者が返還を要求できるような,他の自己資本形態にも当てはまらない(これについては6.2.5節を参照)。

ある企業の取引相手で,自分の特殊資産が十分な保証資本によって保護されていないような取引相手は,取引のさいに慎重になるだろうし,あるいは追加的なリスク・プレミアムを強く要求するだろう。特殊な資産の清算を強制され,それが原因で唯一の生産的利用が不可能となることが,企業にとって即座に脅威となりうる,ということを取引相手は知っている。それゆえ残余請求権を株式としてデザインすることは,特殊な資産を用意するために多額の資本を必要とし,長い迂回生産が高いリスクをもたらすような事業領域において有利である。それに対して,株式を簡単に引き上げられてしまう企業は,短い迂回生産と特殊でない投資が資産をすばやく,そして価値を損なわずに清算できる領域へと,事業活動をシフトさせねばならないのである。

### 経営陣の専門化

株式に備わっている,残余請求権と調整権の分離という属性は,経営陣の専門職化を可能にする(ファーマ/ジェンセン 1983b, p.330)。意思決定や管理のための専門的知識は,非常に複雑な財・サービスの生産プロセスをコントロールするのになくてはならないように思われる。残余請求権が分離されることによって,経営職の専門家候補の資産状況,ないしはリスク負担を個人的に覚悟しているかどうかと関わりなく,経営の優れた専門家の登場を待つことが可能となるのである。その反対に,残余請求権と調整権が分離していない場合,生産プロセスの調整役を決めるのは,専門知識でなく財産(富)である。かなりの規模で残余請求権をも同時に持っている経営者に関しては,彼が不適任であることが明らかでも,解任することは難しい。それに対して,残余請求権を分離させれば,その事業について能力がある専門家を招聘することができるし,能力が衰えたときに,もっと適格な候補者に交替させることが可能になるのである。経営陣の知識に関しても,衰えることは免れえず,残余請求権が分離されている下では交替を余儀なくされるのである。

### 投資決定のコントロールのための市場情報

株式は株式市場で取引される。資本市場が完全に機能していると仮定すると,すなわち取引費用がゼロであると想定すると,現在のキャッシュ・フローは,将来の期間における機会費用を基礎として,将来のキャッシュ・フローと比較して評価されるであろう。株主は,完全に機能している資本市場では,このようなルールに従って行動する。なぜなら,彼の残余請求権は,時間的な制約を持っていないからである。投資

プロジェクトから発生するキャッシュ・フローのすべては，それに応じた割引率を使って現在価値に割り引かれ，それは，残余請求権の現在の市場価値に反映されることになる。

　株主が時間的な制約を持つ残余請求権を持っているだけなら，その場合投資インセンティブのひずみが引き起こされるだろう。残余請求権が失効する後のキャッシュ・フローについては，その「期間株主（Zeitaktionäre）」は市場の利率で割り引くのではなく，0と評価するであろう。

　調整権と残余請求権の分離が不十分であっても，評価のメカニズムに混乱が生まれ，その結果，投資のインセンティブにも混乱が生まれる。定義的に，当該企業に人的資本のすべてを投入している従業員株主あるいは経営者株主は，ポートフォリオを組んでいる市場株主（Marktaktionäre）よりもリスクを適切に分散することができない。彼らには，企業のリスクに対して十分な保険をかけられないので，リスク回避的に対応するインセンティブがより強く働く。このような理由から彼らは，遠い将来のキャッシュ・フローをひどく敬遠し，たとえ期待資本価値が低くても，現在のキャッシュ・フローをもたらす投資を優先させるのである。

　市場が機能しているという条件下で，残余請求権が分離され，時間上制約も受けていないならば，いろいろなタイプの「将来の成果を犠牲にして現在の成果を挙げる」という考えは，株式公開会社という制度によって，避けられるのである（この点についてはファーマ／ジェンセン 1983b, p.330以下を参照）。

## 6.2.3 所有者企業

　所有者企業が発生するのは，残余請求権と調整権の分離が行われていない時である。経営という職務と，契約や法律上の義務のすべてを履行した後で残る残余分に対する請求権は，極端に言えば所有権を持つ企業家の手に渡ることになる。経験的に見れば，所有者企業はしばしば人的企業（Personenunternehmung）に見出される。しかし小人数の人的会社も，業務執行者であると同時に支配的な自己資本提供者である経営者を持った資本会社も所有者企業というガバナンス構造に属する。

　所有者企業が持つ強みと弱みは，まさしく公開会社の強みと弱みを正反対にさせたものであるといえる。公開会社が持っていたプリンシパル・エージェント問題は，所有者企業においては存在しない。残余請求権の所有者と調整権の所有者との間にある委託者・受託者関係もなくなる。残余所有者と経営者を兼務しているので，浪費的な投資の結果のすべてを内部化することになる。もちろん，所有者兼経営者の数が増えれば，これらのことは妥当しなくなり，周知のフリーライダー問題が発生することになる。

　しかしながら，公開会社に較べて残余請求権が制限されていることから，考慮しなければならないような弱みをも存在する：

― 意思決定権者は，もはや知識や能力に従ってではなく，財産やリスク引き受ける能力に従って選出されることになる。
― 意思決定権者が失策を犯しても，彼を解雇することはできない。なぜなら，所有権は取り消し不可能だからである。
― 所有権を持つ企業家は，金銭のみでなく，彼の人的資本をもその企業に投入している。このような構造においては，分離可能な残余請求権が存在しないので，リスクを市場的に分散させられる専門的保険者はいない。その結果として，あまり分散の機会を持たない行為者がリスクを負わなければならなくなるので，他の事情が同じならば，所有者企業においてはリスクを操作するコストがより高いということになる。保険機能が劣っている結果，事実上例えば従業員のような契約サプライヤがリスクを負うということである。さらに予期されることは，比較的劣悪な，企業内部のリスク分散形態が追求されてしまうことである。つまりリスク回避的な意思決定がなされ，小さくても確実な成果が期待できる資本価値を持つ投資が意図的に優先されてしまうことである。期待収益は投下資本に基づくので，残余請求権の価値が下がることになる。
― 調整権と分離することで得られる残余請求権の可分性や分散性のメリットが存在しないので，大量の資本を調達することが難しい。さらにまた，大所有者（größere Eigentümer）によってもたらされた資本は，保証資本には適していない。大所有者は，「自分が所有する」企業を万が一の場合には解散させ，それによって資本を回収する権利を有しているのである。例えば，特殊な能力を持つ従業員のような，長い迂回生産のために特殊な資産へ投資する「共同投資家」にとっては，自己資本が無効になる可能性があり，それを調達するチャンスも少ないことから，投資を躊躇することになるのである。

全体として所有者企業はむしろ，雇われた経営者が，分離することの難しい自由裁量行動の余地を持つ領域に位置づけることが可能であろう。このことは，とりわけ成熟した産業部門における伝統的事業に当てはまる。ここではフリー・キャッシュ・フローが発生しているので，そのような事業の経営者は，コーポレート・ガバナンスという規律付けの手段から非常に遠いところにいるのである。それゆえ，この領域にある公開会社がますます敵対的買収の犠牲となり，LBO会社によって所有者企業へと再転換されていることは，驚くべきことではない（これについては5.2.2.5節を参照）。M＆A市場は，ここでいわば究極の保険手段として，悪性のプリンシパル・エージェント問題を解決しているのである。

さらにこのような成熟したビジネスの領域では，リスクを分散させようという需要が少ない。そこでは特別な専門知識や特殊知識が企業管理に必要ではないかあるいは固定的に備わっている，ないしは長い迂回生産が企業に特殊な資産への大規模な投資を必要としていない，といった特性を持つ所有者企業の形態が好まれるのである（これについてはファーマ／ジェンセン 1983b, p.346を参照）。

### 6.2.4 共同経営形態（パートナーシャフト，Die Partnerschaft）

　コンサルタント，公認会計士，建築士，医師その他の専門職の人々はしばしば，共同経営というガバナンス構造を採用している。共同経営者（パートナー）は所有権者として残余請求権を所有しており，たいてい中核的な従業員となっている。ここでこのような残余請求権のデザインについて詳しく考えてみよう。公開会社の残余請求権に比べ，共同経営者の残余請求権は様々な制約を受けている，ないしは「傷つけられている」のである（ファーマ／ジェンセン1983b, p.334-337）：

— 残余請求権は調整権と結びついている。共同経営者には残余分に対する権限があるだけでなく，彼らは意思決定の役目をも引き受けているのである。
— 共同経営者の残余請求権は固定したものではなく，むしろ定期的に新しく交渉しなおされる。つまり，自分の株式の額面価値と，払い込まれた株式資本との比率によって株主の持ち分を決定する公開会社と異なり，フレキシブルな分配ルールがある。
— 通常，共同経営者の残余請求権は，彼がその共同経営のメンバーである期間に限られている。このケースでは，共同経営から離れることで利潤への請求権は失なわれる。
— 残余請求権は譲渡できない。共同経営者は意思決定機能を保持し続けることはできないし，同時に自分の持ち分を売却することもできない。

　ファーマ／ジェンセン（1983b）によると，このような残余請求権に対する制約は，専門職の人々が共同作業する場合に発生しうる，プリンシパル・エージェント問題の構造から説明することができる。その説明のために，企業コンサルタント・ビジネスを取り上げてみよう。

#### 6.2.4.1　分散型のプロジェクトと現場でのモニタリング・インセンティブの必要性

　コンサルティング・ビジネスにおいては，プロジェクトという形で複数のチームが，個々の顧客それぞれのケースに現場で従事している。プロジェクトが成功するためには，顧客に特有な状況に関する特殊な知識を得ることが必要である。プロジェクトにおいてコンサルタントはそのための経験を積むのだが，しかしその経験は暗黙的であるために外部へ，例えば中央へ移転させることは極めて困難である。顧客に特有な状況に関する特殊な知識は，現場でのみ生み出され，洗練されていくので，意思決定も現場で下されるべきなのである。

　このようなコンサルタントの分散している知識を効率的に管理（創出，洗練，使用）するために，チームリーダーが採用され，彼に残余請求権が与えられる。それにより，現場でモニタリングを行うために必要な分散した知識を持つだけでなく，それに応じ

たインセンティブをも持つ共同経営者が発生するのである。

### 6.2.4.2　現場での残余請求権とピア・コントロールによる品質のシグナリング

　ふつうコンサルティング・サービスは監視財（Inspektionsgüter）ではないので，顧客はその品質を事前に判断することができない。しかしながら顧客は，助言やサポートを何度も受けることで経験を蓄積し，彼がどれほどプロフェッショナルなサービスを受けたのか，について把握できるようになる。このような経験蓄積プロセスを経たあとで，彼がコンサルティングの質に満足でないならば，その後そのサービス提供者を避けることができるし，他の人にそのサービス提供者の採用をやめさせることもできる。このことは，当該のコンサルタント会社の将来収益を減少させるものとなる。

　コンサルティング・ファームにおいて残余請求権を持っている人は，将来の収益減少に利害関係がある。彼は市場利率で将来の収益を割り引き，将来の収益減少によってすでに今現在の損失を被るのである。残余請求権を持つということは，共同経営者は将来，顧客の「中傷」の犠牲となる可能性があるということである。それゆえ彼は，今現在，質に関する顧客の側の情報の不備に付け入るインセンティブを持っていないというシグナルを送るのである（これについてはクレーケル 1999, pp.343-344も参照）。彼はこのようにして，将来になってはじめて顧客に明らかになる，サービスの品質に対するコミットメントを表明するのである。

　知識集約的なサービスとして，コンサルタントの行為を正しく評価し，コントロールできるのは，同僚（Peer）だけである。ピア・コントロールという手段は，何人かの，それぞれ同じく専門的であり，同じ教育を受けた者に，調整権と残余請求権を配分することで機能するようになる。共同経営者は，サービスの質の低下によって自分自身の残余請求権の価値の減少という損害を被るので，同僚の共同経営者を監視するインセンティブを持つのである。しかしながら，監視することで得られた収益の拡大分は多くの受領者に配分されるのでコントロール・インセンティブは減少するのであるが，コントロール・コストは私的負担のままである。そこに，チーム生産のフレームワークで扱われたフリーライダー問題が発生することになる（3.3.1.3節を参照）。

　従って全体としてみれば，顧客に比べて限られた数の共同経営者からなる共同経営形態においては，残余請求権による現場での意思決定責任とピア・コントロールの機能とが，コンサルティング・サービスの提供者は品質に関するインセンティブを持っているというシグナルを送ることになる。

### 6.2.4.3　人的資本の限定的利用，期間的に制限された残余請求権とフレキシブルな分配ルール

　ほとんどのコンサルタント企業には，重要な技術ないしは機械，つまり1人の共同経営者の世代から次の世代へと受け継がれるべき特殊で物的なキャピタル・ストックは存在しない。共同経営者の誰もが，使い尽くされる資産，すなわち自分の人的資本だけを持ちこんでいるのである。例えばそれを持っている共同経営者が退職し，この

資産が企業からなくなる時，将来のネット・キャッシュ・フローはこれ以上生み出されなくなる。いなくなった共同経営者の残余請求権は，失効することになる。この資産は，もはや品質インセンティブやコントロール・インセンティブを必要としていないのである。彼が引き続き残余請求権を持ち続けるとすれば，この残余請求権は，その後も現役である共同経営者のコントロールや品質のインセンティブをただ単に希薄にするだけであろう。

　柔軟な分配ルールによって，現役の共同経営者の報酬を，彼がその後生み出すであろうネット・キャッシュ・フローに適合させなければならない（ファーマ/ジェンセン 1983b, p.335を参照）。それは，自らで有用なスキルを開発し，そのために持続的な学習を行おうとする，あるいは同僚の共同経営者の学習プロセスやスキルを調べようとするインセンティブを共同経営者たちにもたらすのである。このことは，市場が求める能力のポートフォリオが絶え間なく変化せざるをえないこのコンサルティング・ビジネスにまさに適しているように思われる。学習や新たな能力の構築のための費用は，個人的なものである。共同経営者の持ち分が固定的ならば，ただ乗りをしようとするインセンティブが生まれるであろう。すなわち，学習を怠けることから得られるコストの節約分は私的なものとなるのに対し，コンサルティング・サービスの品質に傷がつくことはすべての共同経営者によって負担されるということからそういった事態が発生するのである。

　それゆえ，分配ルールを定期的に改めて交渉することによって，その市場性に基づいて自分の能力を検討し，新たに需要がある能力を構築しようとするインセンティブが共同経営者にもたらされることになる。このようにして「学習する共同経営形態」が作られる。これは，人的資本の管理に大幅に基礎をおいているようなビジネスにとってまさに意味があるように思われる。

　人的資本が，そのビジネスにとって重要な別の形の資本（つまり例えば特許，技術，手法）に成り代わっていくようになれば，それらの資産に対する権利をある世代から別の世代へと移す，という問題が重要になる。極端に言えば，売買可能な，期間的な制約を受けない残余請求権が必要となる。現世代が自分たちの時代に作り上げた物的資本を買い取らせることが可能なときにだけ，この資本の維持に関しても効率的にやろうとするインセンティブが働く。そうでなければ，彼らの計画期間（Planungshorizont）は企業から退職する時点で終わってしまうことになる。それゆえ，ベテランの共同経営者がこの種のインフラストラクチャー（例えば常連顧客）を作り上げている共同経営形態において，退職のさいに企業の持ち分が買い戻されることがあるのは不思議なことではない。このような買い取り可能な残余請求権がなければ，ベテランの共同経営者は最終年度になると，その常連顧客を維持するために投資をしようとするインセンティブをもはやこれ以上持たないであろう。

## 6.2.5 相互会社など（Mutuals）

　投資ファンド，信用組合，生命保険相互会社などでは，顧客が同時に出資者，すなわち残余請求権の所有者でもあることがよくある。一般的に，この残余請求権は償還可能なものである。すなわち，投資ファンドの投資者，**相互会社**の保険証券所有者などは，自分の請求権を，定款に記されたルールに従って定められている価格で返還を要求することができるのである。

　残余請求権に対するこのような制約（ファーマ／ジェンセン1983b，pp.337-341を参照）は，公開会社と比べてみると，すでに経営陣に対する規律付けという観点から見て，自己資本の引き上げが可能であることを意味している。引き上げが可能であることの第1の効果は，残余請求権の所有者と事業運営を委託された経営者との間に発生する，潜在的なプリンシパル・エージェント問題を緩和することである。残余請求権の所有者は，公開会社の株主よりも「鋭い刀」を持っている。というのも，彼らは経営陣に委託した財務資源を，新規に委ねた後でも引き上げられるからである。それゆえ彼らは，これらの資源利用に関する意思決定のさいには，その決定にはるかに強く関わることができるのである。

　このような裁量的な資本引き上げ可能性には明らかな副作用がある。それは，長期の迂回生産を通して企業の特殊な資産へ投資するさいにこれらの資産を保護させる，保証資本が失われることである。ミューチュアルズは，委託された資本をいつでも引き渡すことができなければならないので，そこでは容易に評価可能で，すばやく換金できる，つまりまったく特殊でない資産に投資しようとするインセンティブが働くのである。

　従って，ミューチュアルズがしばしば金融サービス・セクターに登場することは不思議なことではない。この典型的な例が，投資ファンドである。ポートフォリオ・マネジメントは，企業に特殊な資産を築く必要があるような，企業に特殊な能力では決してない。ポートフォリオ・マネージャーがいろいろな企業で働けるのと同じように，オフィスやコンピュータのような他の資産も企業特殊的ではないのである。投資ファンドはそのポートフォリオに，もっぱら有価証券を持っている。有価証券は市場で取引されるので，非常に容易に，そしてすばやくその価値を確定することができる。さらに，この市場では，容易に換金可能でもある。例えば生命保険会社のような他の事業者も，貯蓄モデルを用いている。そのモデルにおいては，有価証券への投資が重要な役割を演じているのである。その結果彼らも同様に，自分の投資をすばやく評価することができるし，あるいは有価証券の売却を通じて持ち分を換金することができるのである。

　例えば，顧客の情報や顧客関係が決定的な役割を演じている信用組合事業のような，迂回生産や企業特殊的な資源が重要性を持つ事業で金融サービス業者がますます活動するようになれば，残余請求権が償還可能であることがますます負担となってくる。自己資本は引き上げられるがゆえに，このような長期間たってからようやく利益をもたらすような資源への投資が予想より早く断念されねばならない，という危険がある。

引き上げ可能な請求権（保険証券や預金）も株式も同時に存在しているような混合形態に関して，保証資本を準備する必要性があることで，金融サービス業者はますます公開会社へと接近せざるを得なくなるのである。

## 6.2.6 非営利組織

　健康，介護，教育，工芸（Kunst），宗教，貧困層への支援などといった領域では，民間でそのサービスを提供する者は，しばしば非営利組織といわれている。ハンスマン [Hansmann]（1980）による有力な説明モデルによれば，これらの領域におけるサービスの顧客は，受けたサービスの質を判定することはできない。それゆえ，事業者が営利目的であれば，需要者に気づかれることなしにサービスの質を低下させることで，需要者の負担で残余分を最大にしようとするインセンティブを持つことになる。非営利組織は，残余請求権を放棄することで，需要者が情報に関して不利であるという事態を利用して儲けを得ることはない，というシグナルを送っているのである。2つの例を用いて，そのメカニズムを詳しく説明してみよう。

　例えばCARE，Caritasあるいは赤十字のような援助団体は，非営利組織である。それらの組織は主として先進工業国で集められた寄付金を発展途上国での支援活動にまわしている。この文脈では，寄付者自身が，需要者となる。彼らは，世界のどこかよその場所で行われる貧困層の人々のための支援活動に一定の金額を支払う用意がある。なぜある人間が他の人間を助けるか，といったことに関しては，ここでは問題とはならない。ここでは寄付金の存在は経験的事実として取り扱われる。ここで問題となるのは，この種の「支援サービス」に対する需要が存在すると仮定して，この需要はどのようなガバナンス構造があれば充足されるのだろうか，ということである。

　そうすると，先に触れられた情報の非対称性が問題になる。遠く離れた国々で寄付者の金銭を使って支援サービスがなされる場合，寄付者はその場には居合わせないことになる。そのとき，寄付金が支援を必要としている場所に一部分だけしか届かない，あるいはまったく届かない，といった危険が生じる。

　こういった危険はとりわけ，支援サービスの提供者が営利目的の企業である場合に大きいように見える。CAREが営利企業であるなら，所有者がその特権的な介入権を乱用し，寄付金の目的を犠牲にして利益を高めるのではないか，と寄付者は懸念するだろう。その解決策として，ハンスマン（1980）による，いわゆる「非配分制約（nondistribution constraint）」が挙げられる。サービス提供者がこれに従う時には，彼はもはや利益を配分してはならない。実際にはこのことは，残余請求権の放棄に対応している。すべての契約上，法律上の債務を差し引いて残った残余分に対する請求権を持つ契約者は，もはや存在しない。もはや誰も残余分を自分のものにしてはいけないのなら，約束されたサービスの品質を犠牲にして残余分を最大化しようとするインセンティブを持つ者もいないのである。支援サービスの「需要者」がこのように推測していることは明らかである。よって，誰も営利目的の企業に寄付金を提供しようとしな

いので，この種の支援サービスはすべて非営利組織となるのである。

　このようなロジックが当てはめられるのは決して，寄付金管理のための組織に限定されるわけではない。それは，さらに別の例を使って明らかにすることができる。例えばたいていの老人ホームや介護ホームは非営利組織である。老人や病人は，受けたサービスの質を判断することができない，あるいは不正があっても十分に抵抗することができない。このような問題は，薬を使って彼らのコンディションを左右する可能性があるということから，もっと深刻な問題すら起こりうる（ハンスマン 1980, p.864を参照）。ここでもまた，非配分の留保条項を用いれば，意図的に劣悪な介護を行って残余分を最大にしようとするインセンティブを持つ人はいなくなるので，非営利組織が選ばれるのである。

　もっとも，顧客との間に生ずる情報の非対称性を解決するために残余請求権を撤廃することで，2倍の対価が支払われなければならない，という事実は見過ごされてはならない。

　まず第1に，非営利組織では真の所有者がいないので，チーム生産のプロセスを効率的にコントロールするよう動機付けられたモニターが不在である。それゆえ，非営利組織の従業員は，無理をせず，日々を快適に過ごす余地を必要以上に持つ傾向がある。従って，質の悪いサービスからの余剰は，利益にではなく，給料，仕事上の浪費，そして怠慢へと消えることになる。所有者を排除したために生じたモニタリングの空白に対する施策としては，理想に訴えるモチベーションを利用することが挙げられるだろう。非営利組織が，宗教的，イデオロギー的，あるいは民族的な共同体に似ており，その構成員が文化的な慣習や規範によって機会主義的な行動を行えない，ということは珍しくない。基本的に，非営利組織という構造は，特定のイデオロギー，理想，あるいは目標持った人々を取りまとめるための理想的な前提条件なのである。資本家的企業が持つ支配的で，画一的な利益目標が放棄されているがゆえに，具体的な目標を追求する余地が生まれるのである（ローズ・アッカーマン [Rose-Ackerman] 1996を参照）。目標に応じた規範を持つ社会集団をデザインすることが促されることになる。

　第2に，残余リスクは，残余請求権が定義的に除かれてもなくなるわけではない（この点についてはファーマ／ジェンセン 1983b, p.342を参照）。残余請求権の放棄が意味するところは，単にこのリスクを専門的に負う人がもはや存在しない，ということだけである。その結果，その他すべての資源のサプライヤ（例えば従業員）が，必然的にリスクの担い手になる。彼らが，公開会社で資本市場のリスク分散機能を利用できる，資本家的企業における専門的保険者よりもこのリスクの担い手にふさわしいとは必ずしもいえないのである。

　このようなデメリット（怠慢，リスク管理の弱さ）は，市場関係において深刻な情報の非対称性を処理する際の非営利組織のメリットと引き換えに現れるものであり，慎重に考慮されるべきである。例えば保健衛生制度（Gesundheitswesen）のような，営利組織が非営利組織と共存しているような領域に特徴なことは，まさにそのメリットとデメリットのバランスである。しかしながら個々のケースを包括的に説明するた

めには，さらなる別の観点を考慮に入れる必要があるだろう（詳しくはハンスマン 1980, 1981, 1990, ローズ・アッカーマン 1983, 1996, ジェームス／ローズ・アッカーマン［James/Rose-Ackerman］1986, ヴァイスブロット［Weisbrod］1988を参照）。

## 6.3 マクロ組織の諸形態

　企業形態については，一般法か法律の定める範囲内で，企業に関わるプロパティー・ライツが明確にされ，かつまた企業メンバーの持つ行為の権利と義務も大部分が確定される。企業形態によって確定されない部分は，マクロ組織のデザインによって補われる。特に意思決定権と経営権の行使の仕方から，デザインのための大きな自由度が生まれる。経営陣は職務を分割し，これらの職務の担い手としての組織単位を決定し，命令体系と意思決定権を確定し，かつ組織をプログラム化することで付加価値プロセスを統制する権限を持っている。意思決定権と経営権をどのように行使するかによって，多様な組織形態が成立する。以下では5つのいわゆるマクロタイプを詳しく述べてみることにしよう。

### 6.3.1 個々の事業単位の組織

#### 6.3.1.1　機能別組織

　「機能別組織」という概念は，「機能部門別組織」「業務別組織」ないし「目的部門別組織」といった概念と同義である。機能別組織は，トップの下の階層レベル――従って最大の組織単位――を機能別に区分するところに，決定的な構造上の特徴がある。これらの機能部門は通常，物的な財の流れ，ないし受注の処理プロセスに対応している。図49はその単純な例である。

　同じ種類の活動ごとに機能部門を形成することで，高度の分業と専門化が可能になる。それぞれの機能部門は，ある特定の付加価値段階を受けもつにすぎない。経営陣は，上位の企業目標を考慮しながら機能部門間の調整を行わなければならない。それは企業ないし戦略に関わるすべての意思決定を行うのである。

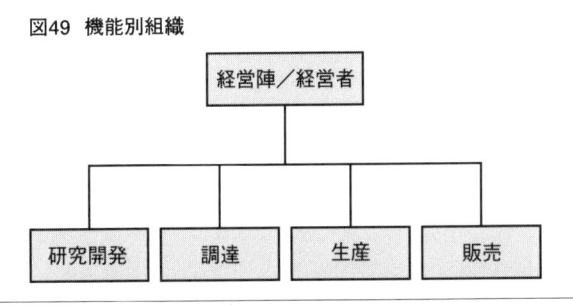

図49　機能別組織

機能別組織の特徴は，職務配分，ならびに意思決定権と命令権の配分から明らかになる。

**機能別組織における職務配分**

機能別組織は，高度の業務別の**分業**と**専門化**を同時に行うことによって，原則として，コスト削減のための前提をととのえる。しかし，多角化の度合いや作業プログラムの変動性が増すと，機能別組織の持つ専門化のメリットは消え失せてしまう。機能部門内及び機能部門間の交換・調整問題が飛躍的に増大すると，調整・モチベーション費用が増大し，これが専門化のメリットを帳消しにするからである。

職務の変動性，異質性，及び頻度がある一定限度に達するまでは，様々な調整・モチベーション手段を用いて，専門化のメリットがまだ上回るような形で機能別組織の交換・調整問題が処理される。以下では指示，目標設定，技術的な制約，標準化ないしプログラム化といった調整・モチベーション手段を個別に述べてみよう。

経営陣が直接的な**指示**によって機能部門を管理できるのは，個々の機能部門を見渡せる場合でしかない。これができるのは，一般に中小企業だけである。小さな企業では，ワンマン企業家が意思決定を1人で行い，機能部門におけるその実行を監督することができる。エージェンシー・コストは，個人による指示と個人によるコントロールによって最小化される。企業家はすべての機能部門について専門家としての能力を持っているので，部下の行為をよく観察し評価することができる。しばしば小規模の企業に見られるように，所有者と経営者が同一人物ならば，プリンシパル・エージェント問題はまったく存在しない。

それに対して中規模の企業になると専門化の度合いは増大する。この場合，1人の経営者がすべての意思決定業務と監督業務を1人で行わなければならないとすれば，その負担は過大になる。限定された合理性のために，彼は様々な機能部門のすべての活動を評価するのに必要な専門知識を持っていない。ここから生じるエージェンシー問題と上述のキャパシティー問題を克服するためには，経営責任を複数の人々に配分し，同時にそれを機能原則に従って組織化するのが有効である。その場合，経営陣はしばしば少なくとも3人から構成される。すなわち全体の調整に責任を持つ最高経営責任者，及び営業担当責任者と技術担当責任者である。従って機能別分業による専門化は，経営陣にも反映されることになる。しばしば経営陣には，最高経営責任者のほかに研究開発，生産，販売，財務，人事などの部門を担当する責任者が含まれる。

経営陣が企業の所有者である限り，彼らは自分の管轄部門の意思決定が企業全体に及ぼす影響を絶えず考慮するだろう。それに対して，経営陣が企業の所有者でない場合，大きなプリンシパル・エージェント問題が生じる可能性がある。経営陣は，彼らの意思決定のさいに企業全体の利益を考えず，管轄部門エゴイズムを繰り広げ，これによって機能部門間の調整を妨げる。それだけでなく，経営陣が業績に依存しない報酬だけを受け取り，残余所得からの取り分がなければ，彼らは自分たちの努力を企業にとって下位最適な水準に下げるだろう。多くの場合，所有者によるコントロールの

手段には限界があるので，所有者側で経営陣の監督を強化しても，経営陣の自由裁量の余地をうまく減らせる見込みはほとんどない。それよりも効果的なのは，利益占有権の一部を経営陣に与えることによって，彼らを企業の成果に参加させることである。このようにすれば，エージェントの利益とプリンシパルのそれとが一致することから，潜在的なモラル・ハザード問題は起こりにくくなる。残余所得は，一部は経営陣の努力によるものの，一部は例えば景気動向や政治的事件などの外生的要因に影響されるので，経営陣が固定的な報酬を完全に放棄して所得に関する全リスクを負うことはあまりない。

　機能部門の規模が大きくなると，経営陣と機能部門の従業員との間のプリンシパル・エージェント問題を，個人的な指示とコントロールだけで有効に規制することはもはや不可能になる。個人的な指示とコントロールによる行為の調整は，指標，実行計画，原価予算及移転価格の形での**目標設定**によって補完され，あるいは代替される（詳細についてはキュッパー［Küpper］2001を参照）。経営陣は計画策定プロセスにおいて，戦略的目標と利用可能な潜在能力からそれぞれの機能部門に対して達成すべき実行計画を導き出す。例えば生産部門は，次の半年間に毎日100トンのセルロースを生産するよう指図される。それぞれの機能部門は，計画原価計算によって算定された原価予算を，この課題を達成するために自由に使うことができる。例えば生産部門は，次の半年間に毎日100トンのセルロースを生産するために500万マルクの総原価予算を受け取る。設定目標の選択は，機能部門に努力するインセンティブを与え，なおかつその達成が品質低下や従業員の過剰負担などを招かないように行うのが原則である。

　このように原価予算の設定によって機能部門を管理し調整する場合，その機能部門管理者（販売は例外）には，産出に関していかなる意思決定の自由もない。機能部門が責任を持つのはただ投入サイド，つまり資源投入だけであるが，機能部門管理者は投資責任を持っていないので，これも非常に限られている。例えば生産部門は，資材の選択と投入，機械の配置，ロット数量の計画，メンテナンス計画，人員投入などの自由度を持っているにすぎない。それに対して経営陣は，立地の選択，機械設備及び従業員の数と資格について意思決定する。

　指標や実行プログラム，原価予算を設定することで，経営陣は執行上の日常業務から解放される。経営陣は戦略的な管理・調整職務にいっそう専念できる。目標設定は継続的な個人的指示の代わりになる。コントロールは計画値と実際値とを定期的に対比することで行われる。その場合，柔軟で適応力のある生産システムを持つ企業は，計画・コントロールに関するローリング・プランの原則に従う。例えば計画期間が6か月であれば，目標値と実際値の比較は通常毎月行われる。そして乖離の分析と将来予測に基づいて，計画値がひと月ごとに書き改められるのである。

　このようなやり方をとる場合，経営陣は目標値と実際値の乖離が許容範囲を超えた，例えば需要の変化のような予期せぬ変化が起こったとき以外は，オペレーティブな日常業務に介入する必要がない。目標値と実際値の乖離がかなり大きい場合は，この原

因が計画のミスにあるのか,それとも機能部門内の非効率性にあるのかが調査されなければならない。後者のケースでは,強制的な配置転換や減給,イメージの低下という形での制裁が機能部門管理者を脅かすので,自分に残されている意思決定の余地を機会主義的に利用しようというインセンティブはかなり弱められる。

大きな機能部門の管理者は,個人的指示の代わりに目標設定を行うことで,その調整・モチベーションの職務を果たすことができる。このためには,機能部門は個々の責任部門(原価責任単位)に細分化されなければならない。1つの機能部門全体で利用できる原価予算は,全体生産プログラムと同様に,部分予算と部分的な生産活動に分解され,個々の原価責任単位に事前に与えられる。機能部門管理者による原価責任単位のコントロールと監督は,経営陣による機能部門管理者のコントロールと同様に行われる。

成果分配による管理と調整は,機能部門のレベルでは問題が多い。というのも,利益率ないし収益率は企業全体の成果を反映するけれども,ある機能部門の企業全体への個別の貢献は反映しないからである。それにも関わらず,従業員に成果に応じた報酬を支払うことは,モチベーションと帰属意識の理由から有益である。一方で従業員に対してしばしばプレミアム,特別配当株ないし従業員株式によって残余所得が一律に分配され,他方で定められた計画・コントロール計算によって,奨励的成果分配を個人の目標達成度に応じて保証するのはこのためである(これについては例えばラウックス[Laux]1995を参照)。

個人的指示による調整とモチベーション,及び目標設定を補完ないし代替するものとして,いくつかのケースでは**技術的な制約**をあげることもできる。例えば流れ作業や決まりきった入力を強いるインタラクティブなコンピュータ・プログラムのような技術的な制約は,行動の自由裁量の余地を最小限に抑えてくれる。

意思決定問題を処理するために主として一般化できる知識が必要な状況(ディートル 1993a,p.177以下参照)では特に,上述の調整・モチベーション手段を**プログラム化**で補完し,あるいは部分的に代替することができる。ケース・バイ・ケースの調整を一般的な調整で置き換えることで,経営者の負担を軽減させることができる。

人間の知識は,それが1つだけのケースに適用できるだけでなく,多くの状況に当てはまり,それゆえ普遍化ができるならば,一般化可能といわれる。例えば標準ソフトウェアの作成に必要な知識は高度の一般化可能性を持っているが,そのプログラムを個別の要求に合わせることは,たいていその時と場所に特殊な性質の知識を必要とする。この例が示すように,一般化可能な知識と特殊な知識とは相互に排除しあうものではない。多くの場合両者の組み合わせが必要である。

### 意思決定権の配分

機能別組織は,最上位の階層レベル,つまり経営陣ないし経営者のレベルへの意思決定権の大幅な集権化を特徴としている。

各機能は,価値形成の流れや受注の処理プロセスにおける個々のステップを表して

いるので，それらは定義により相互依存的である。各機能の問題と目標を企業全体として最適になるよう調整するためには，諸機能を超えて行動する企業トップが強力に介入しなければ（できなければ）ならない。ここから明らかになるのは，意思決定の集権化の必要性である。言い換えれば，本社が機能管理者の自由裁量の余地を制限することは，機能部門間で職務の密接な相互依存があることの結果だということである。従って他の機能部門を巻き込まずに根本的な意思決定を行える機能部門は存在しない（外部効果）。他の機能部門との必要な調整プロセスは，個々の機能部門管理者の自由度を制限することになる。

生産プログラムが異質で変動的であるほど，そして企業が大きくなるほど，機能部門間の相互依存も複雑になり，企業全体にとって最適となるような諸機能の調整も困難になる。

### 命令権のデザイン

命令権は分割されない。各々の従業員は1人の上司からのみ命令を受け取る（ライン組織）。指示の伝達と受け取りの一元性は，一方でそれが責任部門を明確に制度化することによって，プロパティー・ライツとインセンティブがそれ以上分散しないようにする。しかし他方でそれによって，自分の責任部門の専門知識がない上司によるモニタリングという問題や，全体システムのある程度の硬直性と鈍重さがもたらされる（詳細は6.1.2.3を参照）。特に企業規模が増大したり，生産プログラムの異質性と変動性が増大した場合，意思決定に時間がかかったり，実際に誤った意思決定が行われることにもなる。スタッフ，ないし機能部門に対する命令権を持つ本社部門も，この問題を部分的にしか抑制することができない。

### 機能別組織の評価

全体的に見れば，機能別組織が適しているのは，何よりも全体を見渡すことができる中小企業と，製品種類が少なく（理想的ケースでは単一製品企業），安定した市場と高度に一般化された管理知識を持つ比較的大きな企業である。これらの企業の経営者は，戦略的・企業家的職務をおろそかにすることなく，個人的な指示とコントロールによって機能部門を管理できる。製品種類が少なく，安定的市場を持ち，主として一般化可能な知識に基づいて管理されている比較的大きな企業の経営者は，目標設定や技術的な制約及び標準化ないしプログラム化によって，執行上の職務の過重な負担から逃れることができる。

しかし製品種類と市場変動が増大するやいなや，機能別組織の経営陣は，オペレーティブな日常業務に過度に関わって戦略的な経営という職務をおろそかにするか，あるいは機能部門の従業員により多くの意思決定権を委譲するかのジレンマに直面する。意思決定権の委譲は，多角化された比較的大きな企業の機能別組織では，明らかにエージェンシー・コストを増大させる。というのも，自由裁量の余地の拡大によって生じるモラル・ハザード問題が，集権的なコントロールによっても成果分配によっ

ても抑制できないからである。経営者が集権的にコントロールしようとしても、再び戦略的な職務に必要な能力を犠牲にし、それによってもともとの委譲のメリットが失われることになる。奨励的成果分配も不可能であるか、もしくは限られた前提のもとでしか可能ではない。というのも、すでに述べたように、販売部門を除く個々の機能部門に企業全体の成果に対応する利益率ないし収益率を割り当てることができないからである。

### 6.3.1.2　プロセス組織

　機能別の基準による分業と専門化は生産性を増大させる。その一方で、デメリットとして甘んじなければならないのは、個々の活動を企業目標に合わせて調整しなければならないことから生じる適応力の減少と取引費用の増大である。企業に対する調達・販売市場の要求が相対的に安定している限り、機能別に編成された職務の調整にかかる取引費用は、実現される専門化のメリットに比べるとわずかでしかない。柔軟性の限界も問題とならない。機能別分業と専門化の結果として生じる純利益は正である。特に標準化ないしプログラム化と技術的な制約は、機能別の職務を調整するさいに規模のメリット（規模の経済）を実現する。それは調整者による個人的指示の必要性を、ぎりぎりまで減らすことになる。

　しかし、調達・販売市場の変動が頻繁になると、事情は異なってくる。市場の動態性が一定以上になると、柔軟性のデメリットと取引費用が、機能別分業の持つ専門化のメリットを上回るようになる。このような場合に有効なのは、機能別分業の度合いを減らすこと、つまり前後の作業段階を一連の経過（プロセス）に再統合することである。プロセスの重要性に従って、しばしば中核（中心的、主要）事業プロセス（例えば受注処理）、統制プロセス（例えばコントロール）、及び補助的ないし副次的プロセス（例えば維持補修）が区別される。重要なのは、企業組織の中心的出発点が付加価値プロセスだということを再認識することである（例えばノルトジーク［Nordsieck］1934、ガイタニデス［Gaitanides］1999、ピコー／フランク1996を参照）。

　プロセスとは、1つの完結した全体処理プロセスに統合することで、時間とコストが明らかに節約できるような諸活動のセットである。このことは簡単な実例で明らかになる（これについてはハマー［Hammer］1990, p.104以下を参照）。

**図50　プロセス・タイプ**

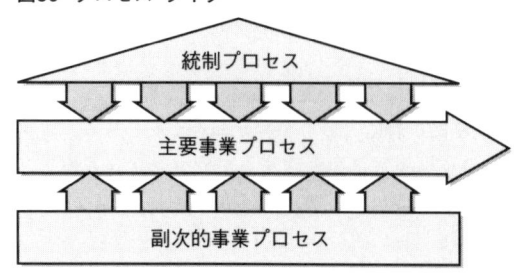

|  |  |
|---|---|
| 統制プロセス | 主要・副次的事業プロセスの統制プロセス |
| 主要事業プロセス | （外部の）顧客利益と直接関係する主要事業プロセス（中核プロセス） |
| 副次的事業プロセス | 内部顧客としての主要事業プロセスを支援する副次的事業プロセス |

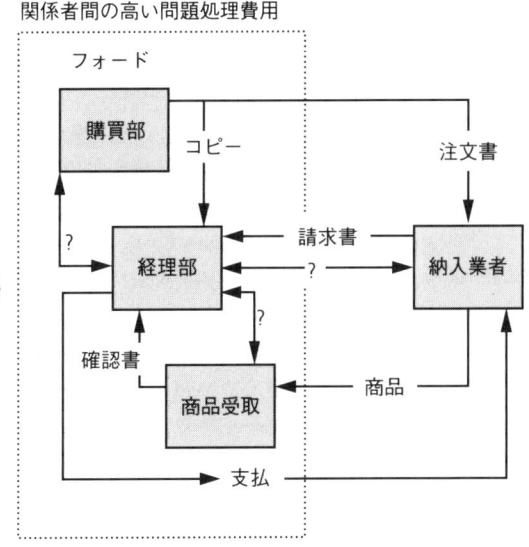

アメリカの自動車産業が深刻な不況を経験した80年代はじめに，フォードの経営陣は組織を適切に再編成することで企業諸部門の効率性を高める決定をした。多くの他の部門とならんで，500人の従業員が従事する購買部の支払部門も改組された。既存プロセスの合理化と新たな情報・コミュニケーション技術の投入によって，従業員数を20%減らすことができた。しかし日本のライバルであるマツダを見て，この成功の喜びも半減した。今やフォードが400人に減らした従業員で購買を処理していたのに対して，マツダはその同じ業務にたった5人しか必要としなかったからである。両社の規模の相違を考慮したとしても，人員配置におけるこの差は，フォードにかなりの生産性の余力のあることを示唆した。図51は，潜在的生産性の確認のために，その後行われたプロセス分析の結果を示している。

　かつては，購買部の注文書のコピーが経理部のところへ送られていた。経理部は商品が入荷したさいに，再び商品受領者から納品書のコピーと納入業者の請求書を受け取っていた。請求書と注文書と納品書が一致すると，それに対する支払が行われた。これらの書類が一致しないよくあるケースでは，原因の究明が行われ，支払が保留され，形式ばった文書のやりとりがはじめられなければならなかった。総じてその部門は，時間の大部分を誤りの処理に費やしていた。誤り排除を改善するだけでなく，誤りをはじめから避けるために，処理プロセス全体が再編成された。図52は新たな「経理部なき」処理プロセスを示している。

　購買部の注文はオンライン・データベースに登録される。納品時に商品を受領する

**図51　フォードの支払処理**

図52 再編成後のフォードの支払処理

| 新しい仕入れプロセス | 結果 |
|---|---|

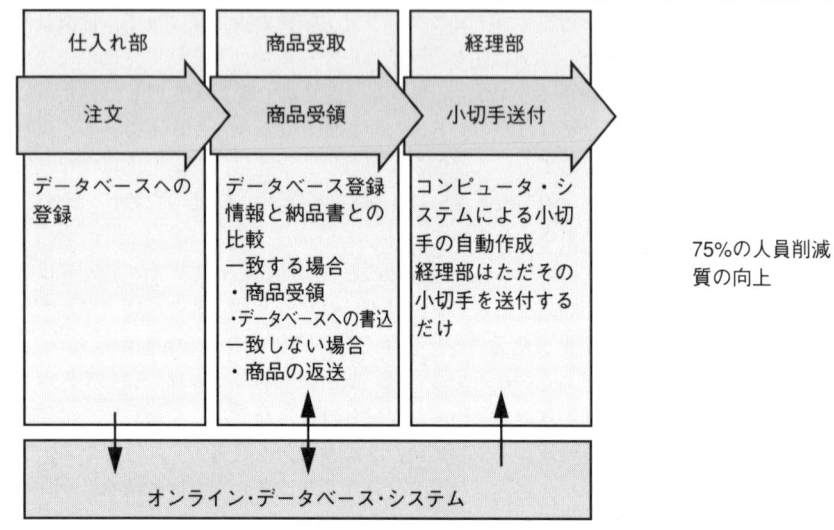

| 仕入れ部 | 商品受取 | 経理部 | |
|---|---|---|---|
| 注文 | 商品受領 | 小切手送付 | |
| データベースへの登録 | データベース登録情報と納品書との比較<br>一致する場合<br>・商品受領<br>・データベースへの書込<br>一致しない場合<br>・商品の返送 | コンピュータ・システムによる小切手の自動作成<br>経理部はただその小切手を送付するだけ | 75%の人員削減<br>質の向上 |

オンライン・データベース・システム

出典：ハマー1990, p.107による

　従業員は，納品された製品が未決済の注文書と一致するかどうかをデータベースに基づいてチェックする。一致すれば納品がデータベースに書き込まれ，そうでなければ商品が返送される。最後に納入業者に対する小切手が，別個に請求書がなくてもコンピュータ・システムによって自動的に作成される。経理部はただこの小切手を送付するだけである。こうしてフォードは，経理部の従業員数を75％削減すると同時に誤りの発生頻度を下げることに成功した。小切手を送付する代わりにヨーロッパで一般的な振替を利用し，電子データ交換で決済するならば，経理部はなくすこともできる。

　他の多く実際の応用例（例えばダヴェンポート［Davenport］1993，ハマー／シャンピー1996，ニッパ／ピコー［Nippa/Picot］1996を参照）を見ても，個々の処理段階を完結した全体処理プロセスに統合することによって，明らかに時間とコストが節約される。

　仕事の統合と結びついた成果責任の明確化は，モラル・ハザードの危険を減少させる。成果責任が明確なプロセス組織では，資源の柔軟性が高い場合に見られる自由裁量の余地を担当者が機会主義的に利用する可能性は，成果責任の曖昧な機能別分業の場合よりもはるかに少ない。

　分業化された個々の活動の統合は，必ずしも業務レベルで行われる必要はない。プロセスの成果に対する責任を明確化するメリットは，計画・管理レベルだけがプロセスの統合を行い，業務活動が相変わらず分業によって専門化のメリットを利用しなが

**図53　機能別組織の逆機能**

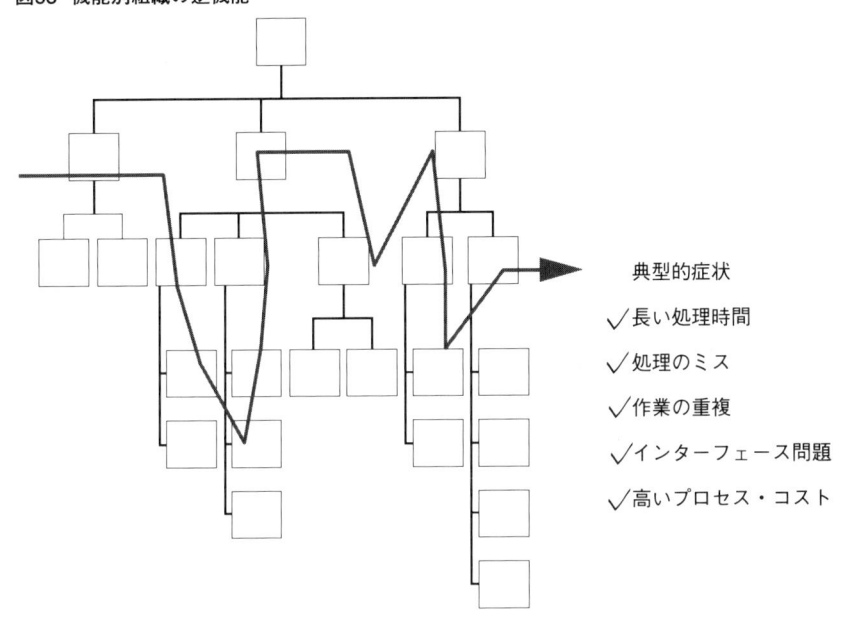

典型的症状
- ✓ 長い処理時間
- ✓ 処理のミス
- ✓ 作業の重複
- ✓ インターフェース問題
- ✓ 高いプロセス・コスト

ら実施される場合でも，十分に実現される。このことは工業企業が明らかにしてくれる。

　機能別組織の場合，製品開発，製造，販売の責任を負うのは，それぞれ別の機能部門管理者である。責任が分断されていると，製品のライフサイクルが短い場合，大きな調整問題を引き起こす。例えば製品開発段階で，すでに将来の生産コストの80％までが決定されると，生産と販売は残りの20％に影響しうるにすぎない。部門ごとに責任者が異なるので，この点は十分に考慮されないことが多い。開発部長は，まずは彼の部門の成果に関心を持ち，販売部門や生産部門の成果には関心を持たない。図53はこの問題を明らかにする。

　この問題は，プロセス別に権限を配分することで回避される。図54が示すように，プロセス責任の場合，機能別責任のインターフェースは存在しない。

　特に強調されるべきことは，連続的な価値形成行為としてのプロセスを，決して企業の境界で「停止」させる必要はないということである。プロセス組織の場合，企業の境界の相対化を特に強調しても問題ない。例えば多くの産業部門において，企業とそのサプライヤとの垂直的な業務提携は，財・サービスの企業内での最適な製造にとって中心的である。これは「拡張された企業概念」であり，プロセス組織は企業の境界を超えたプロセス組織のデザインとしても理解される（ピコー／フランク1996参照）。図55はこの事態を明らかにしてくれる。

図54 プロセス責任と機能別責任

| 研究開発 | 生産 | 販売 |

価値形成プロセスⅠ

価値形成プロセスⅡ

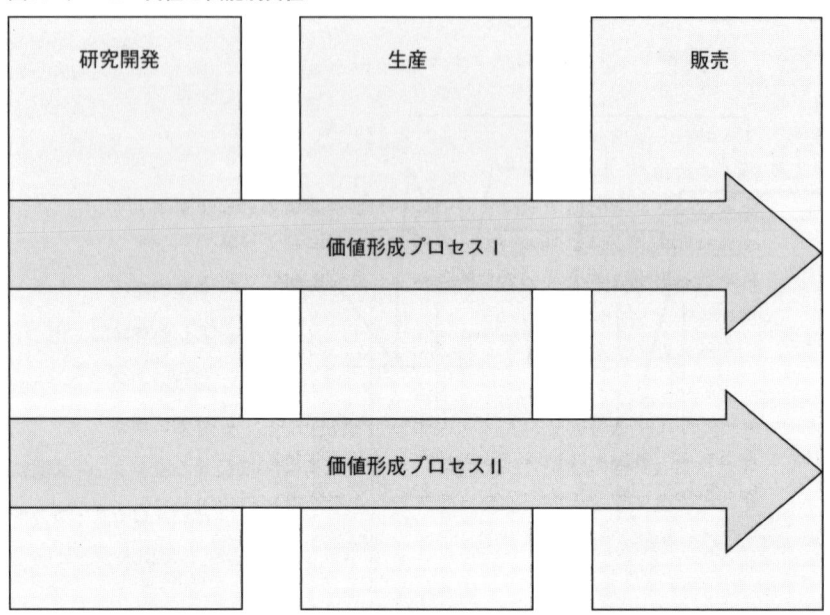

図55 企業の境界を超えたプロセス組織のパースペクティブ

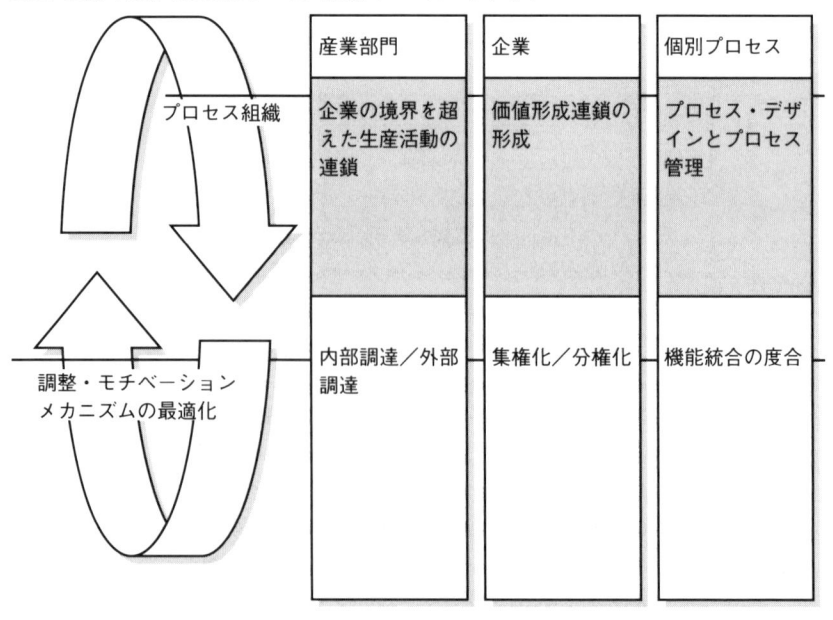

| | 産業部門 | 企業 | 個別プロセス |
|---|---|---|---|
| プロセス組織 | 企業の境界を超えた生産活動の連鎖 | 価値形成連鎖の形成 | プロセス・デザインとプロセス管理 |
| 調整・モチベーションメカニズムの最適化 | 内部調達／外部調達 | 集権化／分権化 | 機能統合の度合 |

責任（と仕事）の水平的統合は，しばしば現代の**情報・コミュニケーション技術**によって可能になる。**データの統合**は，多くの場合職務統合の前提である。例えば，先の例で述べた支払処理がまさに根本的に改善できたのは，本社のデータベースが処理に必要なすべての情報を照会に応じて提供したからである。工業生産においても，現代のCIMシステム（CAD，CAM，など）が，プロセスの計画・実行・コントロールの負担を軽減している。結局強調されるのは，例えば製造を同期化するサプライヤの連鎖（ジャスト・イン・タイム）のケースがまさその典型であるように，相応の情報・コミュニケーション・システムがなければ，企業の境界を超えたプロセスの最適化は考えられないということである。

　プロセス組織の特徴は，職務配分及び意思決定権・命令権の配分という組織変数に関連して次のように体系化できる（以下についてはピコー／フランク1996を参照）。

## プロセス組織における職務配分

　プロセスは機能の統合によって成立する。直接的に問題となるのは，機能別の職務配分をやめてよいのはどの職務領域においてか，ということである。図56が明らかにしているのは，プロセス組織における一連の手続きである。

　それゆえ，プロセス組織の中心問題は，**適切な，つまり企業の成果にとって「重要な」価値形成プロセスの確認**にある。その場合，企業の境界を超えた活動連鎖（例えばサプライヤの連鎖）も意識的に考慮される。どのプロセスが「重要」とみなされる

**図56　プロセス組織における一連の手続き**

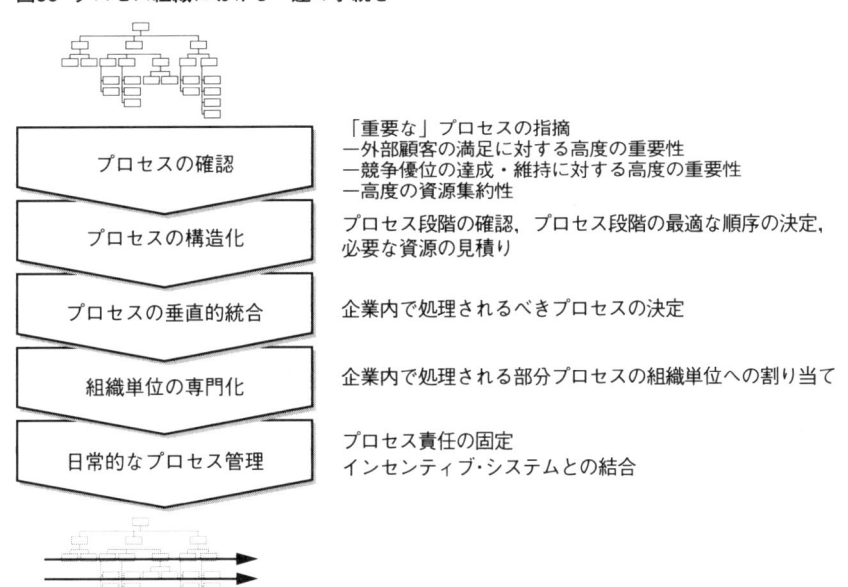

| 手続き | 内容 |
|---|---|
| プロセスの確認 | 「重要な」プロセスの指摘<br>―外部顧客の満足に対する高度の重要性<br>―競争優位の達成・維持に対する高度の重要性<br>―高度の資源集約性 |
| プロセスの構造化 | プロセス段階の確認，プロセス段階の最適な順序の決定，必要な資源の見積り |
| プロセスの垂直的統合 | 企業内で処理されるべきプロセスの決定 |
| 組織単位の専門化 | 企業内で処理される部分プロセスの組織単位への割り当て |
| 日常的なプロセス管理 | プロセス責任の固定<br>インセンティブ・システムとの結合 |

かは，産業部門とどの競争優位を追求するか（コスト・リーダーシップ，製品差別化，あるいは集中）に決定的に依存している。「重要な」プロセスの発見のヒントとなりうるのは，特に次のような諸基準である（これについてはポーター2000を参照）。

— 外部顧客の満足に対してプロセスの持つ高度の重要性
— 競争優位の達成・維持に対してプロセスの持つ高度の重要性
— 高度の資源集約性（労働集約性，時間集約性，コスト集約性，キャパシティーの集約性）

「重要な」プロセスの確認に続くのは，実質的な**プロセスの構造化**である。ここで問題なのは，個々のプロセスないしプロセス段階の「最適な」順序の確認と確定，及び必要な資源・インフラストラクチャーの見積りである。「重要な」プロセスの確認と実質的なプロセスの構造化は，個々の職務を形成する段階といえる。プロセスをどの組織単位に割り当てるかを決めるさいに重要なのは，プロセスの垂直的統合の問題と組織単位の専門化の問題である。

### プロセスの垂直的統合

プロセスはまず企業の境界を厳密に考慮せずに構想されるので，参加企業がその「位置」をプロセス上でどのように定めるべきかが第1の問題として提起される。プロセスのどの活動を1企業で統合するかがどうでもよいとすると，経済的な企業規模を決定するためのいかなる基礎もないことになる。極端な言い方をすれば，原料獲得から「最終的には消えてなくなる」消費財の生産と販売までの全価値形成は1つの活動の連鎖であり，従って1つのプロセスである。このプロセス全体がなぜ現実には1企業において進行しないのかを，われわれは考えてみる必要がある。われわれがプロセスの分析とプロセスの構造化をなお——ひょっとすると今以上に——説き促進できるのはそれからである。

垂直統合の度合いを最適化するための取引費用理論の基準は，プロセスの統合問題にも同様に応用できる（詳細は3.3.2を参照）。

隣接するプロセス段階の関係が**不確実**であれば，その関係は，例えば長期的な包括協定や提携によって調整されるか，あるいは極端な場合には1企業内で調整される。企業の境界を超えたその種の関係を，古典的な市場契約によって調整しようとすれば，非常に多くの取引費用がかかることになる。不確実性に直面していれば，その契約の定式化，コントロール，調整に多くの費用がかかる。不可避的に生じる契約の不備は，契約を機会主義的に再解釈するインセンティブを契約当事者に繰り返し与えるだろう。その代わりに，その種の関係を統合されたシステムで（例えば長期的な包括協定によって，あるいは企業内部で）調整すれば，取引費用の大部分は消えることになる。企業内部では，既存の管理組織による調整によって市場による調整よりもうまく不確実性に対応できる。それだけでなく，企業内での長期的な協働は，コミュニケーショ

ンを容易にし，かつ機会主義的行動を困難にする共通の価値構造を作り出す。

　隣接するプロセス段階の関係が**特殊な**ノウハウや機械への投資を前提とする場合も，プロセスの諸段階は1つの統合された構成体内で（例えば特別な価値形成の協力関係や企業において）調整されるべきであろう。特殊な事前投資は「特殊な用途に向けられた」ものである。それらは，次のプロセス段階のインプットとしてのみ利用可能な財・サービスを生み出す。従って，次のプロセス段階が別の企業に統合されているならば，この企業がサプライヤの行った特殊な投資の価値を決定する。今や買い手であるこの企業は，このようなサプライヤの依存関係を，価格や納入条件に関する新たな交渉に機会主義的に利用できる。特殊な事前投資はこのようなホールド・アップの危険性を招くが，この危険性がもたらす特別な防御の必要性は，市場による調整（「通常」の売買契約）ではほとんど満たすことができない。両者のプロセスがより強固に統合されるならば，ホールド・アップの危険はより低く抑えることができる。そのためには多くの場合，1つのヒエラルキー内での垂直的統合が適当である。

　企業が資本調達やノウハウの構築について限られた手段しか持っていないことを考慮すれば，以上の話は状況に応じて補われるべきである。例えば，資本調達ないしノウハウの障壁があるならば，特殊性と不確実性がある場合でも，プロセスの諸段階を統合することは劣位の戦略になりうるだろう。長期的な協力協定ないし防衛的な対抗取引（「人質交換」）は，そのようなプロセスに対するハイブリッドな調整形態である。

**組織単位の専門化**

　企業の境界を超えたプロセスにおいて，個々の企業の「位置」が定められたあとに提起されるのは，1企業内で処理される個々のプロセスを組織単位（部署，部門）に配分する問題である。この場合，組織単位をプロセス別に専門化するいくつかの可能性があるが，それらは機能優先からプロセス優先にいたる諸段階に対応している（図57参照）。

　ここでは一方で完全にプロセスを優先している場合と，他方でプロセスを考慮に入

**図57　機能優先とプロセス優先**

| | |
|---|---|
| 機能優先 | 機能別専門化 |
| | プロセス別スタッフ職をもつ機能別専門化 |
| | 機能別専門家で構成されるプロセス・チーム |
| | マトリックス・モデルによる機能別組織単位とプロセス別組織単位との協働 |
| | 機能別スタッフ職と協力したケース・マネジメント |
| プロセス優先 | プロセス別専門化としてのケース・マネジメント |

れている場合とを問題にしてみよう。

**純粋なプロセス組織**の場合，企業の全活動がいくつかの価値形成プロセスに細分化される。価値形成プロセスの計画，実行，コントロールに必要な意思決定権は，プロセス管理者に委譲される。プロセス管理者は，その価値形成プロセスを自己責任で部分プロセスに細分化でき，従業員にその実行を委託できる。プロセス管理者がプロセスを自分で処理するならば，それは全面的委託処理，ないしケース・マネジメントと呼ばれる。

このような価値形成プロセスの個々のプロセスへの分解は，次の例で明らかにされよう。コンピュータ・メーカーの「顧客注文処理」の価値形成プロセスは6つの部分プロセスに細分化され（カプラン／マードック［Kaplan/Murdock］1991, p.10参照），それらはプロセス管理者が監督するか，またはケース・マネジメントの場合には自ら実行したりもする（図58参照）。

例えば納期の短縮といった目標は，プロセス組織では，機能別組織よりも本質的に容易かつ迅速に実現される。プロセス管理者は納期に対して責任を負う。彼は必要な情報を持ち，かつできるだけ多くの活動を並行して行い，連続して行う活動をできるだけ減らすように個々のプロセスを調整するインセンティブを持っている。それに対して機能別組織では納期に責任を持つ人がいない。従ってインセンティブだけでなく，プロセスの各段階の調整を最適化しうるのに必要な監督者もいない。

**マトリックス組織**の場合，機能別の企業構造は原則として維持されたままである。その上にプロセス構造が重ねられる。このようにして機能別管理者とプロセス管理者の間に権限と責任の交差が生じる。両者が衝突する場合は経営者が意思決定しなければならない。

マトリックス組織は，まず第1に，機能別分業の持つ専門化のメリットを維持したまま，機能部門を超えた調整を改善するのに役立つ。

組織単位を形成するさいにプロセスと機能のどちらを優先するかという問題は，次のような取引費用理論の原則によって答えることができる。つまり**知識の経済という点で成熟した諸段階間を移行するプロセス段階は組織的に切り離される**，という原則である（詳細は3.3.2を参照）。

この「原則」は「経営学以外」の例を用いて説明できる。医学における患者の手術

**図58 プロセスの細分化**

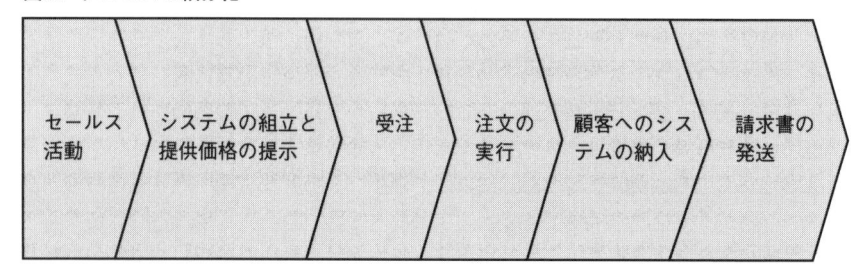

| セールス活動 | システムの組立と提供価格の提示 | 受注 | 注文の実行 | 顧客へのシステムの納入 | 請求書の発送 |

は，容易にプロセスと解釈できる。注目されるのは，このプロセスにはいくつかの機能別に専門化された職位——麻酔専門医，外科医，手術補助看護婦，及び病院看護婦ないし派出看護婦——が含まれていることである。これらの職位は，異なる資格と，異なる技術的補助手段の取扱いを必要とする。1人の人間がプロセスの全責任を引き受ける形でのケース・マネジメントが，この分野でいつの日か行われるだろうことは，まずありえないように思われる。実際その発展傾向は，例えば外科医が個別の専門分野へとさらに専門化していることに見られるように，まったく逆方向である。保険料申請の処理プロセスと異なり，医療的な手術のプロセスは，マスターするのに高度なノウハウの習得と維持が必要となる諸段階を特徴としている。「手術」というプロセスに関わる専門の役者は，手間暇のかかる理論的教育を受けて——そして長年の実践的経験で補って——はじめて，それぞれの役割を「見事に」演じることができる。このプロセスにおける個々の役割は純粋な活動段階とみなしてはならず，むしろ**ノウハウ**が維持され，他の専門家に伝承され，さらに発展させられる**教育ないし訓練**として理解されなければならない。もし医療的な手術のさいにケース・マネジメントを導入すれば，個々のプロセス段階間の調整費用は確実に減るだろう。しかしまた個々の段階の実行の質も落ちることになるだろう。その決定的な理由は2つある。1つは様々な段階のノウハウの習得は1人のケース・マネージャーの能力を超えているからである（限定された合理性）。麻酔学と外科学と看護学を同時にマスターできる人はまずいないだろう。ノウハウは限られた形でしか言語表現できないので，ここでも情報・コミュニケーション・システムによってもたらされる負担軽減はわずかでしかない。しかも，それは同時に教育としての機能を損ない，その結果ノウハウの伝承と発展を制限することになるだろう。

　従って，プロセスの諸段階が異なる学科に対応するケースでは，われわれは機能別の専門化にとどまらなければならない。機能間の調整は，より高次の組織段階で補完的なプロセス別専門化を行うことで達成される。外科医，麻酔専門医，看護婦は完全に1つのチームとして協力できる。しかし彼らは，診療と学習は専門別に行わなければならないので，機能を廃止することはできない。この説明は企業にも転用できる。ケース・マネジメントの例は，例外なく標準的サービスを行う部門からとられている。保険料申請の処理は大部分，**明示的な標準規則**に基づいている。それは経験豊かな外科医や研究開発のエンジニアの持つノウハウとは違って言語表現可能であり，それゆえプログラム可能である。情報・コミュニケーション・システムのもたらすそれなりの負担軽減効果によってケース・マネジメントが可能になるので，機能をノウハウの教育のために維持する必要はなくなる。われわれは個々の職務段階を実行するさいに質の低下を招かずに，職務の統合のもたらす調整のメリットを獲得するのである。

　ケース・マネジメントによって浪費され無価値にされるような分割不可能な資源の性格を持つのは，機能別専門家のノウハウだけではない。機能別に専門化されたテクノロジーも同様に分割できないことが多い。たとえ医療のケース・マネージャーの持つノウハウ問題を無視するとしても，彼は例えばCTスキャンのような特定の専門機

能を持つ器具を他のケース・マネージャーと共用しなければならないだろう。この種の器具を任意の小部分や任意の数に分割するのは明らかに不可能である。**ノウハウやテクノロジーの領域における分割不可能性**は，結果として機能をプロセスから組織的に分離したり，その適切な集権化を生み出すことになる。

すでに述べたように，機能優先からプロセス優先に至る様々な段階が区別される。図59は，どのような条件下でどのような形態のプロセス別専門化が選好されうるかをもう1度まとめたものである（理論的基礎については3.3.2.4も参照）。

例えばノウハウやテクノロジーの領域に見られる分割不可能性のように，インフラストラクチャーや機能に関して高度の特殊性を持つ職務にとっては，機能別専門化が望ましい。それに対して，標準規則によって十分に記述できるような高度のプロセス特殊性と顧客特殊性を持つ職務は，プロセス別の観点に従って集権化できる。インフラストラクチャー・機能の特殊性と，プロセス・顧客の特殊性の中間をとる多くの職務タイプは，機能別とプロセス別とを調整した専門化という意味での混合戦略を必要とする。どちらの特殊性が大きいかによって，この戦略はプロセス別専門化あるいは機能別専門化の方向に向けられる。これらのケースでは情報技術によって新たな解決を実現できる（ピコー 1997参照）。機能別の基準に関してもプロセス別の基準に関しても特殊でない職務は，もはや無視してよい。というのも，それらにとっては外部調達の方が望ましいからである。

**図59 機能別専門化かプロセス別専門化か──デザインの選択肢**

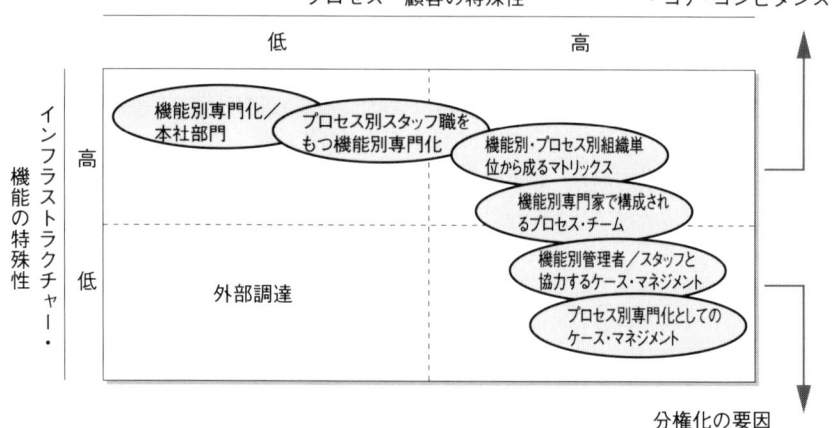

**プロセス組織における意思決定権と命令権の配分**

　プロセス組織に関する論文において多くのスペースを占めているのが，意思決定構造と命令構造の変化と解釈できる叙述である。

　「従業員の役割が変化する——コントロールは『権限委譲』に席を譲ることになる。」（ハマー／シャンピー 1994, p.96）

　「意思決定権がそれぞれの活動を実際に行う従業員に委譲されるならば，従来の管理者の仕事はなくなってしまう。企業は仕事を統率するための『接着剤』としての管理者はあまりいらなくなる。リエンジニアリングを行うと，かつての断片化されたプロセスを1つの全体へとつなぎ合わせるという仕事はもはや必要ないのである。」（ハマー／シャンピー 1994, p.106）

　「オーナーはプロセスに対して最終的な責任を持っている。」（ダヴェンポート1993, p.182）

　「…活動ではなく成果による報酬への変化」（ハマー／シャンピー 1994, p.99）

　組織単位をプロセス別に専門化するための諸条件を所与とすると，実際に意思決定・命令システムをデザインするための新たな余地が生まれる。以下の簡単な考察から明らかになるのは，プロセス別専門化が命令階層を解体し，プロセス・レベル自体への意思決定権の委譲を可能にするということである。プロセス・レベルで生まれるのは正真正銘の「所有者の立場」である（ピコー／シュナイダー［Picot/Schneider］1988参照）。
　プロセスを市場ないし顧客につなぎとめることによって，ケース・マネージャーはその成果を比較的はっきりした収入によって表現できる。彼は1人で受注の処理に関わるので，特定の条件下での所得のばらつきは彼1人の責任といえる。適切なのはケース・マネージャーを「プロセスの所有者」にすることである。例えば，受注高に応じた報酬を払うことによって，彼の行動がもたらす所得の責任を彼自身に負わせるとすれば，コントロールによって彼の自由裁量の余地を制限する必要はない。彼が自分の行動の結果に責任を持つという事実は，彼が自分のコントロールする資源を効率的に投入するという結果を自動的にもたらすからである。それゆえ，プロセス組織の文献において，「権限委譲」「責任の増大」などの見出し語がよく見られるとしても驚くべきことではない。
　それに対して機能別の専門化では，市場での成果を，複雑な一連の過程における1人の担当者に関連づけることは不可能である。それゆえ従業員のずさんな仕事は，プロセス組織におけるように，自動的に市場によって告発されることはない。同様に優れた成果もほとんど認識できない。従業員へのインセンティブを市場に「直結」し，

コントロールを不要にすることはできないのである。機能別の専門化の場合，階層的な監督によって自由裁量の余地を制限することが必要になる（モチベーション問題）。そのうえ，観察の視野が限られていることから，機能別の専門職員（ないし組織単位）間に同様に階層的に処理される調整が必要になる。機能別専門化の場合，階層的命令システムと意思決定権の集権化は，個々のプロセス段階における処理の質とプロセス段階間の調整を保障するための必要条件である。

企業においてプロセスが専門化されているほど，従業員を所有者のような立場に置き，このようにして階層的な命令・意思決定構造——つまりマネジメント・レベル——を解体する可能性が大きくなるのである。

### プロセス組織の評価

プロセス志向型の組織形態は，柔軟性のメリットと取引費用の節約が，機能別分業の持つ生産性のメリットを上回る場合には，常にメリットがある。

実際にプロセス組織が見られるのは，とりわけ純粋に顧客志向的な受注製造に属する企業，ないしは製品やサービスをユニット・システムや基本セットで提供し，一部は個々の顧客希望に合わせる企業か，もしくは特定の顧客グループに対して絶えず反復的なルーティン・プロセスを処理している企業においてである。それは分割不可能な資源に頼らずに遂行できる職務（例えば住宅貯蓄積立申請の処理）であるか，もしくは1つの知識分野の範囲内で十分遂行できるようなノウハウ集約的な職務（例えば住宅建築のさいの設計や現場監督）である。この場合に機能別の分業を行えば，いかなる専門化の利益ももたらさないばかりか，大きな調整問題を引き起こすことになろう。

### 6.3.1.3　プロジェクト組織

プロジェクトというのは，本質的に1回限りという特徴を持つ時間的に限定された職務である。それが1回限りであることから，プロジェクトを所与の組織構造の中で進行させることには問題がある。プロジェクトが複数の機能部門にまたがる性格を持つ限り，プロジェクト固有の職務・権限・責任の配分が必要である。

### プロジェクト組織における職務配分

中心的な問題は，プロジェクトの任務をはっきりさせることである。まず既存の組織単位で処理すれば禁止的な取引費用をもたらすような仕事の要素（活動，プロセス段階）が確定される。次にこの物的・時間的に限定された追加的な仕事の処理のためにのみ，一時的に組織単位が作られる。この組織単位の持つ意思決定権や命令権をどのように配分するかで，様々な形態のプロジェクト組織が区別される。

### プロジェクト組織における意思決定権と命令権の配分

スタッフ・プロジェクト組織，マトリックス・プロジェクト組織，及び純粋なプロ

**図60 スタッフ・プロジェクト組織**

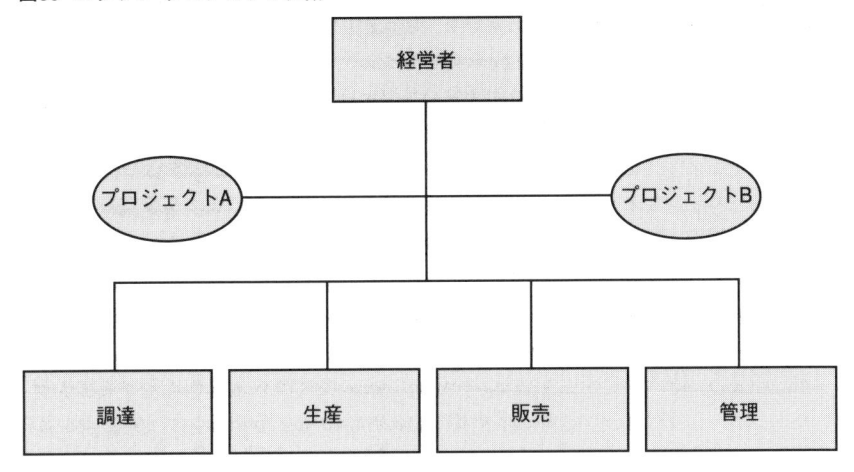

```
              経営者
    ┌───────────┼───────────┐
プロジェクトA          プロジェクトB
    ┌─────┬─────┬─────┐
   調達   生産   販売   管理
```

ジェクト組織が，プロジェクトにおける意思決定権と命令権の配分の基本的な選択肢である（グリュン［Grün］1992，フレーゼ［Frese］1980参照）。

**スタッフ・プロジェクト組織**の場合，プロジェクト参加者の調整とモチベーションの職務はプロジェクト管理者に与えられる。しかし場合によっては従業員に支持されるかもしれないプロジェクト管理者も，機能部門に対してはいかなる公式的意思決定権も持っていない。従ってプロジェクト管理者は，プロジェクト目標の達成のために機能部門管理者に頼らなければならない。

**マトリックス・プロジェクト組織**では，プロジェクト管理者はプロジェクト目標を達成するための公式的な意思決定権を持っている。しかしプロジェクトは通常，プロジェクト管理者が複数の機能部門の資源に頼らなければ実現できないので，必然的に機能部門管理者とプロジェクト管理者との間にコンフリクトが生じることになる。このようなコンフリクトが生じた場合，スタッフ・プロジェクト組織では，経営者によって公式的に機能部門目標が優先されることになるが，マトリックス組織の場合，プロジェクト管理者と機能部門管理者とは公式的に同等の権利をもって対立する。この権限のコンフリクトは意識的に引き起こされるので，争いの調停は1段高い階層段階，つまり経営陣に委ねられることになる。コンフリクトが生じた場合，企業全体の観点から効率的な意思決定ができるのは経営陣だけだからである。

**純粋なプロジェクト組織**の場合，プロジェクトの実行に必要な人員と物的手段は直接プロジェクト管理者の管轄下に置かれる。彼はプロジェクトの全体の流れに対して無制限の命令権を持つ。当該資源に関する機能部門管理者の意思決定権は，プロジェクトの実施期間中は一時的に無効にされる。それによって機能部門の利害よりもプロジェクトの目標が優先されることになる。経営陣によるプロジェクト管理者の管理と調整は，目標設定によって行われる。最も重要な目標設定は納期目標，コスト目標，

**図61 マトリックス・プロジェクト組織**

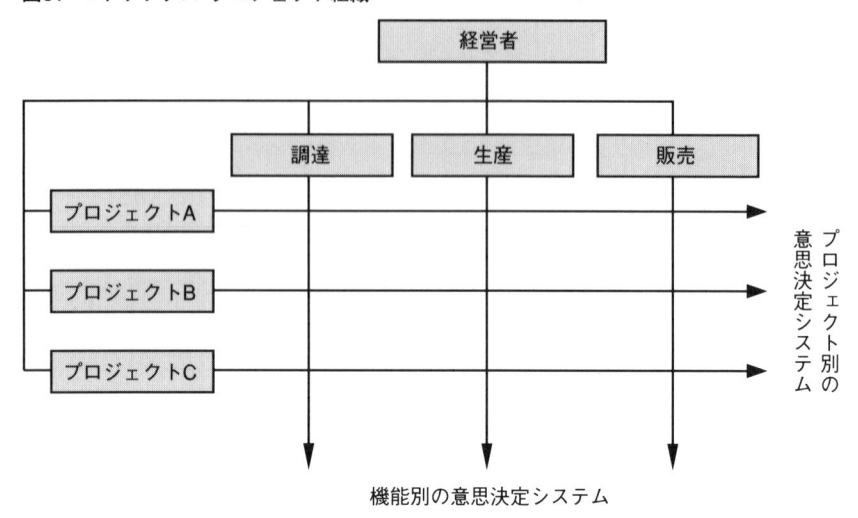

及び品質目標である。重要なプロジェクトはしばしば経営陣のメンバーが直接担当することもあるが，それは個人的な指示によって計画からの乖離に即座に対応できるためである。

　プロジェクトが法的かつ組織的に完全に独立するのは，プロジェクト企業においてである。この組織形態の場合，プロジェクト目標と企業目標とは同じになる。企業は

**図62 純粋なプロジェクト組織**

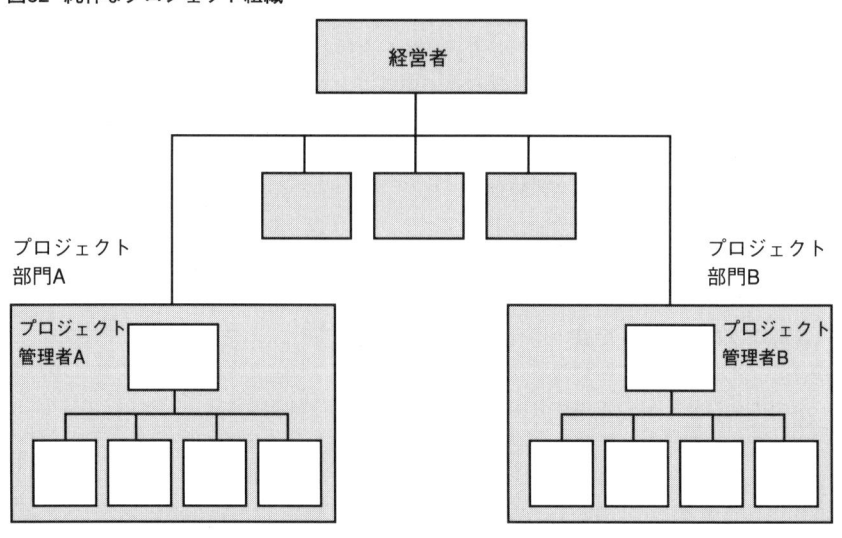

プロジェクトが終了すれば解散する。実際においてプロジェクト企業に相当するのは，例えば機能別組織の形で1回限りのプロジェクト課題を持つような時限的な組織である。

次にそれぞれのプロジェクト組織形態の効率性をプロパティー・ライツ理論によって分析してみよう。

## プロパティー・ライツ理論によるプロジェクト組織の評価

プロパティー・ライツが企業内にかなり分散している場合，「計画外」の1回限りの仕事の達成が妨げられる可能性がある。行為者は，仕事の達成に必要な資源のプロパティー・ライツ，あるいはまた残余請求権（例えば成果分配ないし利益配当）を十分に持っていないので，情報も含めて彼らが利用できる資源を実際にプロジェクト課題のために投入することができない。そこでそれぞれのプロジェクト組織では，何らかの対策が講じられることになる。

プロジェクト組織の場合，資源のプロパティー・ライツは硬直的なライン組織から切り離され，見渡すことのできる小さな単位に割り当てられる。

このようなプロパティー・ライツの新たなグループ化ないし再配分の程度は，選択されたプロジェクト組織の形態によって異なりうる。最も小さいのは，スタッフ・プロジェクト組織における内的なプロパティー・ライツ構造の変化であり，最も大きいのは純粋なプロジェクト組織とプロジェクト企業における変化である。

ここでまず，スタッフ・プロジェクト組織とマトリックス・プロジェクト組織をプロパティー・ライツ理論の観点から批判的に評価すれば，次のように言える。プロジェクト管理者がライン管理者と競合する形で追加的に資源のプロパティー・ライツを獲得することによって，これらの資源のプロパティー・ライツはいっそう分散され，このことが効率的な資源投入へのインセンティブを低減させることにもなりうる。例えばライン管理者が自らの勢力範囲を守るために，できるだけ多くの資源を「予約」して，プロジェクト管理者が資源に手出しできないようにするということが起こるかもしれない。そのような効率の損失は，適切なインセンティブ・システムないし競争を導入することによって阻止できる。従ってそのようなメカニズムはプロパティー・ライツの代用物ともいえる（詳細は3.3.1.3を参照）。それに対して，純粋なプロジェクト組織とプロジェクト企業は，プロパティー・ライツ理論から見れば基本的に肯定的に評価できる。この場合，見渡すことのできる小さな組織単位にプロパティー・ライツが集中され，それによってその組織単位は，第1に「技術的に」プロジェクトの成果を最大化できるようになり，また第2にそうするモチベーションを得ることになる。

このように資源ないし権利を小さな組織単位に専門的に配分することは，いくつかの好ましい結果を持つ。例えばプロジェクト・グループによって，小企業の持つ**柔軟性とイノベーション能力**が大企業でも実現できることになる。

グループが小さく分割できるほど，責任（例えば製造物責任）と成果の割り当てが

厳密にできるので，プロジェクト・グループが小さいほどコントロール，監督，統制が容易になる（**モニタリングの負担軽減**）。成果責任を唯一の組織単位に集中することで，**成果主義的報酬システム**の実行もさらに容易になる。比較的小さなプロジェクト・グループでは，グループ文化（情報の透明性，社会的コントロール）というプロパティー・ライツ代用物も有利に作用する。

プロパティー・ライツの観点から見ると，プロジェクト組織では，時限的に形成され，目のよく行き届く組織単位に多かれ少なかれ権利の束（資源調達，調整，成果占有及び譲渡の権利）が集中する。従って，プロジェクト組織形態に対するプロパティー・ライツ理論的な説明とは次のようになる。すなわち，時限的な仕事の達成に必要なプロパティー・ライツは，企業内で再グループ化され新たに配分されることで，調整・モチベーション問題やプロジェクトの失敗を避けることができる，と。

純粋なプロジェクト組織ないしプロジェクト企業が形成される場合でも，所有権の集中が必ずしも完全には行われないことは，最適な分業と専門化の問題を考慮すれば理解できる。行為者や資源を通常の組織構造におけるその機能から完全に切り離すことは，経験曲線効果と経営規模のメリットを犠牲にすることになる。スタッフ・プロジェクト組織のような組織形態は，このような生産性の低下を，資源と行為者をこれまでの機能にとどめておくことによって，できるだけ小さく抑えようとする。プロジェクトが１回限りで大きいほど，経験曲線効果と経営規模効果は重要でなくなり，それゆえ純粋なプロジェクト組織形態とプロジェクト企業へのプロパティー・ライツの集中が重要になる。

最後にさらに銘記すべきことは，プロジェクト組織の制度化がそれ自身相当の取引費用を生み出しうるということである。必要な改組措置に伴う特別の労力や時間のほかにも，とりわけプロジェクトの終了には問題がある。これらの問題は，１度設置された制度が慣性を持つことから生じる。しばしば参加者は，暫定的にしか計画されていないプロジェクト制度の解散のさいに大事な財産を再び失うことになるので，プロジェクトの進行を長引かせるインセンティブを持つことになる。この例となるのが信託公社とその後継組織である。

### 6.3.2 複数の事業単位を持つ企業組織－事業部制組織

化学会社デュポンのピエール・デュポン［Pierre S. Du Pont］と自動車メーカージェネラル・モータースのアルフレッド・スローン・ジュニア［Alfred p.Sloan, Jr.］によって1920年代にはじめて導入された事業部制組織は，業務的で専門的な意思決定を分権化し，かつ同時に戦略的に重要な意思決定を集権化するという考えに基づいている。

1960年にはドイツの最大企業78社の80％以上が機能別に組織されていたが，1970年にはすでにその割合が40パーセント以下になった。事業部制組織はその間に大企業の支配的な組織形態として定着した。このような理由から，以下では事業部制組織につ

いて特に詳しく論じることにしよう。

　しかしながらまずはじめに，事業部制組織の概念，ならびに持株会社（Holding）とコンツェルンの概念をそれぞれ区分することが重要である。マクロの組織形態としての持株会社とコンツェルンは，よく事業部制組織との関連で言及される，一般的な組織形態の2つである。この理由から，これら2つの組織形態を以下で説明し，違いを明らかにしよう。

　事業部制組織の場合，製品，製品グループ，地域，あるいは顧客に従って事業部化される。それによって，製品あるいは製品グループにとってそのつど必要なコンピタンスが統合されている，第2のヒエラルキー・レベルが生まれる。このようにして生まれた事業部は，コスト・センターとして組織されているのか，投資センターとしてか，もしくはプロフィット・センターとして組織されているのかに従って，自分の意思決定に関して部分的に責任を負っているが，法的な独立性が保障されているわけではない。

　このような事実は，持株組織とは根本的に異なっている。持株組織は，1つの持株会社と，その持株会社が資本参加している，いくつかの法的，組織的に独立した子会社からなる。資金調達に関しては，経済的な独立性は完全に持株会社にあり，経営に関しては持株の形態が権限（Zuständigkeit）を決定する。持株会社の影響力の大きさによって，金融持株会社と管理持株会社（Finanz- und Management-Holding）が区別される。金融持株会社は，子会社を管理運営しようとしないのに対し，管理持株会社の場合には経営陣が持株会社を戦略的に方向付け，企業全体の責任を負うのである。

　コンツェルンとは，経営学ではいくつかの企業が経済的な統一体を形成しているものと理解される。そのさい，統一的に経営がなされていることが，コンツェルンの本質的な特徴として挙げられる（株式法第18条）。それによれば，ある企業が1つないし複数の他の企業に支配的な影響力を行使する場合，常にコンツェルンが存在することになる。そのさい，統一的な経営という特徴は，例えば最小限の参加といった具体的な制度とはっきり結び付けられていない。それら企業は法的には独立したままであり，相互に依存しあっているわけではない。コンツェルンの概念は，非常に幅広くとらえられている。経営の統一体は，原則的に言えば資本参加によっても協同組合契約によってももたらされるし，またフランチャイズ契約や，あるいは長期的な供給契約によってももたらされるのである。

　言及された3つの概念の説明と区分に従い，以下では事業部制組織の特徴が詳しく紹介される。

　事業部制組織の特徴は，職務配分と意思決定権・命令権の配分にある。

## 事業部制組織における職務配分

　事業部制組織では，企業の第2の階層レベルが，つまり経営陣ないし経営者の下のレベルが，製品別，生産技術別，販売地域別あるいは顧客グループ別に大幅に自律的な事業部に分割される（図63参照）。

### 図63　事業部制組織

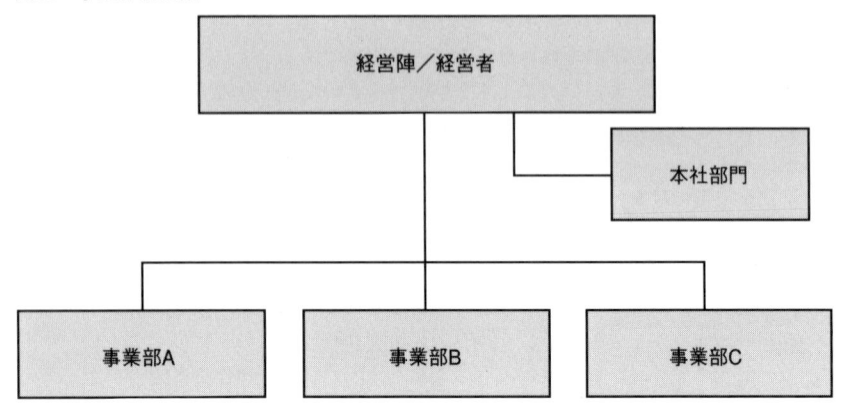

```
              ┌─────────────────┐
              │  経営陣／経営者  │
              └────────┬────────┘
                       ├──────────────┐
                       │      ┌───────┴──────┐
                       │      │   本社部門   │
                       │      └──────────────┘
       ┌───────────────┼───────────────┐
┌──────┴──────┐ ┌──────┴──────┐ ┌──────┴──────┐
│   事業部A   │ │   事業部B   │ │   事業部C   │
└─────────────┘ └─────────────┘ └─────────────┘
```

　経営者と事業部に加えて，たいていの場合，機能別に組織された本社部門が事業部制組織の第3の組織単位を形成している。

　事業部は様々な基準によって形成される。最もよく見られるのは，製品ないし製品グループ別の事業部の形成である。自動車メーカーが，バス，トラック，RV，高級車，大衆車の事業部に分割されるのは，この1つの例である。

　種類の異なる製品が同じ生産技術を使用して製造される場合，製品別に事業部を形成する代わりに，生産技術別に事業部を形成することが考えられる。例えば，化学会社が写真工学，遺伝子工学，石油化学，及び合成製品の事業部を持つとき，その基礎には生産技術別の分割基準がある。

　製品別に次いで実際に最もよく適用される事業部形成の基準は，販売地域別の区分である。地域別の事業部は特に国際的な企業に見られる。そこでは，例えば北米，中南米，アジア・オセアニア，東欧などの事業部が見られる。

　第4の選択基準は顧客別の事業部形成であり，それは特に特定の顧客グループが企業の全製品を求める場合に考慮される。それは，例えば法人業務と個人顧客業務を区別している銀行に見ることができる。

　企業が置かれている状況次第で，最適な事業部形成の基準はそのつど変化する。例えば，生産技術の共通性による事業部の形成は，生産プロセスの統制を簡素化し，研究開発業務の調整を容易にするが，同時に生産された製品が顧客のまったく異なる欲求を満たさねばならず，異なる市場セグメントで販売される場合には，大きな問題をもたらす。化学会社が火薬事業と化学肥料事業を硝酸カリウム加工の事業部へ統合しようとすれば，この種の問題に直面する。

　目標は，相互の財・サービスのやりとりが最少になるような相対的に自律した見通しのよい事業部を形成することである。見通しの良さを求めることと事業部間の財・サービスのやりとりを最少化する努力との間には，トレード・オフの関係がある。

個々の事業部が大きくなるほど，事業部間の財・サービスのやりとりは少なくなる。同時に事業部の規模が増大するほど，その見通しの良さもなくなる。その場合，事業部管理者は，事業部の管理に必要なすべての知識を習得したり，それを継続的に使用することがもはや不可能になる。それだけでなく，事業部の見通しが悪くなると，意思決定者に明確な成果責任を割り振ることがますます困難になる。

　事業部はそれ自体，機能別組織，プロセス組織，ないしはプロジェクト組織でありうる。その場合，事業部内の管理と調整は，その組織形態のそれぞれの原則に従って行われる。

### 事業部制組織における意思決定権・命令権の配分

　意思決定権と命令権の配分の仕方に従って，事業部制組織では様々な種類の事業部と本社部門が成立する。それと同時に経営者の役割が決定される。

#### ・事業部の種類

　提供すべき財・サービスの種類，量，及び価格に対して事業部管理者がその事業部内でいかなる影響力ももたないような事業部は，**コスト・センター**と呼ばれる。事業部管理者の仕事はただ，要求された財・サービスを望まれた品質とできるだけ少ない資源消費で生産することにある。

　**プロフィット・センター**として営まれる事業部は，コスト責任も収益責任も持っている（例えばフレーゼ［Frese］1995参照）。この場合事業部管理者は，生産プログラムと資源投入に関して自律的に意思決定できる。もっとも生産プログラムの大部分は，企業戦略，設備配置，従業員の能力によって決定されているので，収益面での意思決定は何よりも生産量と販売価格に向けられる。

　**投資センターの構想**は事業部管理者の意思決定にもう1つの変数を加える。つまり資本投入という変数である。事業部管理者は，新たな投資を行うべきか，どのように行うべきか，あるいは投資を取りやめるべきかを自ら意思決定する。この場合，事業部管理者は，さらに資本コストを変化させることで事業部の成果に影響を及ぼすことができる。

　企業全体を業務に関して相対的に自律した部分に分割し，それらを企業の全体目標を顧慮しながら主として成果主義的に調整するという事業部制組織の考え方に一致するのは，プロフィット・センターの構想である。コスト・センターの原理に従うと，事業部管理者に認められる自由裁量の余地はあまりにも狭くなる。例えば現場の問題に即した意思決定のような意思決定の委譲のメリットも，責任意識と直接的な成果分配から結果たるモチベーションも，収益責任がなければ大部分失われてしまう。それゆえコスト・センターは，特に前方の生産段階が市場と直接的なつながりを持たない事業部のような例外的なケースにおいてのみ形成されるべきだろう。

　投資センターの構想では，意思決定の自律性が事業部制組織において意図された度合いを超えている。投資の意思決定は戦略的な性格を持つので，経営者の手に残され

るべきものであろう。投資責任が事業部に委譲されるにつれ，事業部はますます自律的になる。極端な場合，経営者はただ資金仲介者として機能するにすぎない（レフラー［Löffler］1991参照）。投資センターが市場価値の基準によって評価されるにつれて，投資センターは価値センターへと発展することになる。

・*事業部制組織における本社部門*

　事業部制組織では，機能別の意思決定権は通常各事業部に分散して配分されている。しかし規模のメリット，分割不可能な資源，法的制約，あるいは調整のメリットの理由から，当該サービス部門を集中させた方がよいような機能もいくつか存在する。そこで次に，これらの部門が事業部の側で買取り義務のある内的なサービス提供者として現れるのか，あるいは買取り義務のない内的なサービス提供者として現れるのか，干渉権を持つ調停者として現れるのか，あるいは経営者ないし事業部のアドバイザー（スタッフ）として現れるのかをそれぞれ明らかにしてみよう。

　規模のメリットは，例えば本社の購買部に注文を集めることによって実現される。それぞれの事業部が自分で注文するなら，購買センターによる共同注文よりも確実に少ない値引きしか得られないだろう。

　研究開発業務は，税金や法律の問題と同様に資源の分割可能性がないために，それぞれの意思決定権の集中を必要とする。研究所はしばしばお金のかかる特殊な設備を必要とする。この特殊な設備（例えば大型計算機，分光器，シミュレーション装置など）は分割不可能なので，分権的な研究開発の場合，そのつど当該事業部から調達しなければならず，その能力を十分に活用することができない。同様のことは，法律や税金の問題にも当てはまる。法律・税金業務を分権的にこなそうとすれば，どんなに小さな事業部でさえ少なくとも1人の資格のある法律家と税理士を採用しなければならないことになるが，そのフルタイムの雇用は保証できるものではない。

　モンタン共同決定法と1976年の共同決定法は，共同決定義務のある企業に人事問題を担当する本社の労務担当執行役員を置くよう定めている。このため多くの企業は，本社に「人事」部門を設置することを義務と見ている。調整のメリットは，例えばロジスティック，データ処理，広報活動など，複数の事業部にまたがる機能を集中させた方がよいことを示している。

　また財務部のように，しばしば複数の理由からやはり，機能別の意思決定権を集中させた方がよいこともある。本社「財務」部門の設置は，調整のメリットも規模のメリットももたらすからである。調整のメリットは，財務に関して企業全体を統一的に調整できることから生まれる。一方規模のメリットは，各事業部のそのつどの資金需要を統合することから生まれる。次の例は統合のメリットを明らかにしてくれる。ある企業が4つの事業部を持っているとしよう。事業部1, 2, 3は計画期間において10,000, 20,000, 80,000貨幣単位の資本需要がある。事業部4は100,000貨幣単位の資本余剰を持っている。受け取り利息と支払利息との差が3％であれば，本社財務部による資本調達は，事業部自身が分権的に資金調達するのに比べ3,000貨幣単位の利子

コストを節約できる。

本社部門は，経営者の直属となることもあるし，相対的に自律したサービス部門として，成果主義的に管理されることもある。後者のケースは，当の本社部門が企業内部にサービスを提供するだけでなく，市場を通して外部の顧客にもサービスを提供するような場合に有効である。本社部門が事業部のために提供するサービスは，移転価格によって評価される。

### ・事業部制組織における経営者

経営者（経営陣）の主要課題は企業を戦略的に経営することにある。経営陣は基本的な競争戦略を策定し，新たな売りに出されている事業部の統合を意思決定し，組織の再編成を開始し，投資の意思決定を行い，そして事業部長と本社部門長を任命・監督し，必要とあれば解任しなければならない。経営者はさらに，事業部と本社部門にどの程度意思決定権を委譲し，かつまたそれを取り上げるかを意思決定する。

これらの仕事を首尾よく成しとげるには，経営陣は日常的に業務上の仕事に関わっていてはならない。さもないと目先の日常業務が経営者の行う先見的な戦略的事業経営を妨げる恐れがある。

このことから，多くの企業においてまだ慣例となっているが，事業部長を経営者陣に加えることは，一般に避けられるべきだろう。そうすれば，機会主義的に振る舞う事業部長が，経営陣のメンバーとしての彼らの機能において，企業全体の効率を犠牲にして個々の事業部の利害を追求するということも避けられるのである。

コスト・センターないし投資センターとして運営される本社部門の管理者もまた，部門的なエゴイズムから免れられないので，彼らにも同様に事業部経営の兼務や経営陣のメンバーになることを禁じるべきだろう。効率的なのは，事業責任や利益責任を持つすべての本社部門を経営者の管轄下に置くことである。加えて経営陣の報酬が成果依存的になり，もっぱら企業全体の成果によって決められるならば，経営者のすべての意思決定が企業全体への効果に基づいて判断され，個々の部門利益が優先されないことになる。

評価及び報酬決定の基礎として考えられるのは，効率性の観点のもとでは第１に企業全体の市場価値の変化である。その企業が上場されていないならば，市場価値の変化はEVA（Economic Value Added）概念（後述参照）によって算定されなければならないだろう。

しかし所得の不確実性を経営陣に全面的に転嫁することは効率的とはいえない。第１に経営陣は，彼らが責任を負うべきすべての所得変動を全面的に負担する財力を持っていない（これについては3.3.1を参照）。所得の不確実性をもっぱら引き受けるのは出資者，特に自己資本提供者であり，他方経営陣が自由に使えるのは第１にその人的資本である。第２に，経営陣はその人的資本の損失リスクのため，リスクの少ない意思決定を選好することになる。このことは，リスク中立的な期待値最大化の意思決定を選好する自己資本提供者の利害に反する。経営陣がリスク中立的な意思決定行

動へと動機づけられるのは，自分の人的資本の損失リスクが減少する場合だけである。そうするための適切な手段は成果依存型の報酬である。もっとも実際にしばしば一般に行われているものとは異なり，成果依存型の報酬は全報酬システムの主要部分とすべきではない。企業全体の市場価値の変化こそ経営者の収入に明らかに反映させられるべきである。このことは，例えば経営陣にこれらの報酬の一部を金銭ではなくストック・オプションの形で支払うことで行われる。

**事業部組織に固有の問題**

しばしば部署ないし部門とも呼ばれる事業部は，一種の「企業内企業」である。事業部制組織というマクロな組織形態の経済的成功は，本質的に事業部の境界を「正しく」定め，事業部経営のために適切な評価基準を定義し，かつ事業部間の取引を効率的に決済することがどの程度うまくいくかに依存している。次に事業部制組織の持つこのような固有の問題を選び，分析してみよう。

・*事業部形成の基準*

事業部形成の原則的なやり方は2つの例に見ることができる。最初の例は図64に示されている（ウィリアムソン1975, pp.138-140参照）。

企業は5つの異なる製品$X_i$を生産する。それぞれの製品は2つの生産段階を経たのち市場で販売される。図64においてQは最初の生産段階である。生産された半製品は，第2の生産段階において生産設備$R_j$によってそれぞれの最終製品に加工される。最終製品$X_1$の生産のためには同一の生産設備が2つある。図64において，このことは上付の添え字で表現されている。点線でかこった部分が最も有利な事業部区分である。

後方の生産段階が半製品を自己の利潤が最大になる移転価格で前方の生産段階に納入する場合，企業全体では最適利潤が得られない。その理由は，利潤を最大化する半製品の価格は後方の生産段階から見れば限界費用以上であるが，企業全体から見れば限界費用に等しいからである。この問題は次の数値例で明らかになる。

企業全体にとっての価格・販売量関数が$p=12-\dfrac{q}{20}$であるとしよう。ここで$q$は価格$p$のときの最終製品の販売量を表している。単純化のために単一製品企業を仮定しよう。価格・販売量関数から明らかになるのは，収益関数$12q-\dfrac{q^2}{20}$及び限界収益$12-\dfrac{q}{10}$である。変動費は企業全体から見て$5q$であるとしよう。そのとき最適生産量と販売量は70製品単位であり，その販売価格は8.5貨幣単位になる。これらの関係は表10の第1列に示されている。

第3列は前方の生産段階について同様の考察を示している。ここでは2つの生産段階を持つ企業が問題なので，企業全体の価格・販売量関数，収益関数及び限界収益は

**図64 事業部の形成**

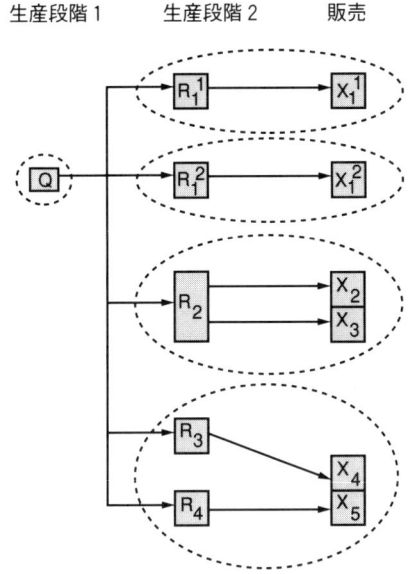

生産段階1　　　　生産段階2　　　　販売

（図省略：Q → $R_1^1$ → $X_1^1$、$R_1^2$ → $X_1^2$、$R_2$ → $X_2, X_3$、$R_3, R_4$ → $X_4, X_5$）

出典：ウィリアムソン1975, p.139

前方の（第2の）生産段階のそれと同一である。第2の生産段階では，最終製品単位あたりの変動費は3貨幣単位である。加えて最終製品1単位の生産に，後方の生産段階から移転価格 $v$ で取得されなければならない半製品1単位が必要だと仮定すれば，前方の生産段階から見て変動費は合わせて $(3+v)q$ になる。従って限界費用は $3+v$ になる。前方の生産段階から見て利潤を最大化する生産量は $q=90-10v$ である。

前方の生産段階が $q=90-10v$ 単位の製品を生産しようとすれば，$90-10v$ 単位の半製品を必要とするので，後方の生産段階の価格・販売量関数は $v=9-\dfrac{q}{10}$ になる（需要関数の逆関数）。それに対応する収益関数は $9q-\dfrac{q^2}{10}$ であり，限界収益は $9-\dfrac{q}{5}$ である。後方の生産段階の変動費は $2q$ であり，従って限界費用は2貨幣単位である。後方の生産段階は35単位の半製品を生産し，5.5貨幣単位の移転価格で前方の生産段階に引き渡すとき，最大利潤を達成する。ここから結論されるのは，全生産量を35単位とし，それを10.25貨幣単位で販売するということである。

この数値例で明らかなように，生産設備Qの管理者に収益責任もコスト責任も負わせること（プロフィット・センターの構想）は非効率だろう。企業全体の最大利潤がもたらされるのは，生産設備Qで製造された半製品が限界費用と一致する移転価格で前方の生産段階に引き渡されるときだけである。この理由から，Qをコスト・センターとして管理し，プロフィット・センターとしては管理しないことが賢明である。

**表10 企業全体および個々の生産段階から見た2段階生産企業における利潤最大化行動**

|  | 企業全体 | 後方の生産段階 | 前方の生産段階 |
|---|---|---|---|
| 価格・販売量関数 | $p = 12 - \dfrac{q}{20}$ | $v = 9 - \dfrac{q}{10}$ | $p = 12 - \dfrac{q}{20}$ |
| 収益関数 | $12q - \dfrac{q^2}{20}$ | $9q - \dfrac{q^2}{10}$ | $12q - \dfrac{q^2}{20}$ |
| 限界収益 | $12 - \dfrac{q}{10}$ | $9 - \dfrac{q}{5}$ | $12 - \dfrac{q}{10}$ |
| 変動費 | $5q$ | $2q$ | $(3+v)q$ |
| 限界費用 | 5 | 2 | $3+v$ |
| 利潤を最大化する生産量 | 70 | 35 | $90 - 10v$ |
| 価格 | 8,5 | $v = 5,5$ | 10,25 |

Qと前方の生産段階$R_j$とを同一の事業部に統合すると,一方でQの半製品に頼らざるをえない他の生産設備を冷遇することになろう。他方で広範に統合すれば過度の集合という危険があろう。そこに生まれるのは,もはや見渡すことも調整もできないあまりに大きすぎる事業部である。

企業が製品をデザインするさいには,絶えず新たな顧客の願望を考慮しなければならないので,第2の生産段階と販売との密接な協力と集中的な情報交換が不可欠である。従って,それぞれの生産・販売部門はそれぞれ合同の部門に統合される。

すでに述べたように,$R_1^1$と$R_1^2$は同じ製品$X_1$を生産する。企業全体から見て販売市場での競合は望ましくないので,それぞれの生産設備には異なる販売地域が割り当てられる。事業部$R_1^1 - X_1^1$と$R_1^2 - X_1^2$とはそれぞれ自己の利益責任を持つプロフィット・センターとして管理される。地域別に事業部を作ると販売市場での事業部間競争はなくなるが,それらが生産する財・サービスに関する両事業部間の競争はそのままである。両事業部とも絶えずもう一方の事業部と財・サービスを競わなければならない。

生産技術は規模のメリットが働くので,製品$X_2$と$X_3$のために別々の生産設備を導入することはできない。顧客別の製造のために,生産部門$R_2$は$X_2$と$X_3$の販売部門から切り離すことはできないので,Qと同様にコスト・センターとして管理される。新しい事業部が見渡すことのできる規模であるかぎり,$R_2$と$X_2$と$X_3$の販売部門を独立のプロフィット・センターに統合するのが,最も有効である。

$R_3$と$R_4$との間にはいかなる生産・サービス関係もない。しかしそれらは,相互に補

完関係にある製品$X_4$と$X_5$(例えばパーソナル・コンピュータのためのプリンター,ディスプレイ)を製造している。それゆえシナジー効果に基づいて,両製品に共通のマーケティングが行われるべきだろう。顧客志向の製造ということを考慮すれば,共同のマーケティング部門の他に両者の生産設備$R_3$と$R_4$をも包括するようなプロフィット・センターとして管理される事業部が成立する。

事業部間の調整コストを最小にしながら同時に各事業部の見通しのよさ(過度の集合の回避)を保つための事業部グループ化の原則は,図65の例で明らかになる(ミルグラム／ロバーツ1992,p.548参照)。

事業部グループ化の原則によって,部門間のコントロール費用を禁止的に高くせずに,各事業部を比較的小さく,従って見渡しうる形に保つことができる。しばしばコントロール問題を引き起こすいくつかの事業部は,1人の担当経営者が責任を持つ1つの事業部グループに統合される。彼の仕事は,そのグループに属する事業部間の調整である。

大企業では,いくつかの事業部グループが形成され,それらがさらに上位のグループに統合されるかもしれない。図65はそのようなグループ階層組織の例を示している。事業部Aと事業部Bの調整問題は「PKW(乗用車)」グループの責任者によって解決されなければならない。それに対してA事業部長とD事業部長が移転価格の額をめぐって衝突するならば,「自動車」という上位グループの責任者がコンフリクトの調停に責任を持つ。最後に事業部AとFとの調整問題は,経営者にまで持ち込まれることになる。

**図65 事業部グループ化の原則**

出典:ミルグラム/ロバーツ 1992,p.548

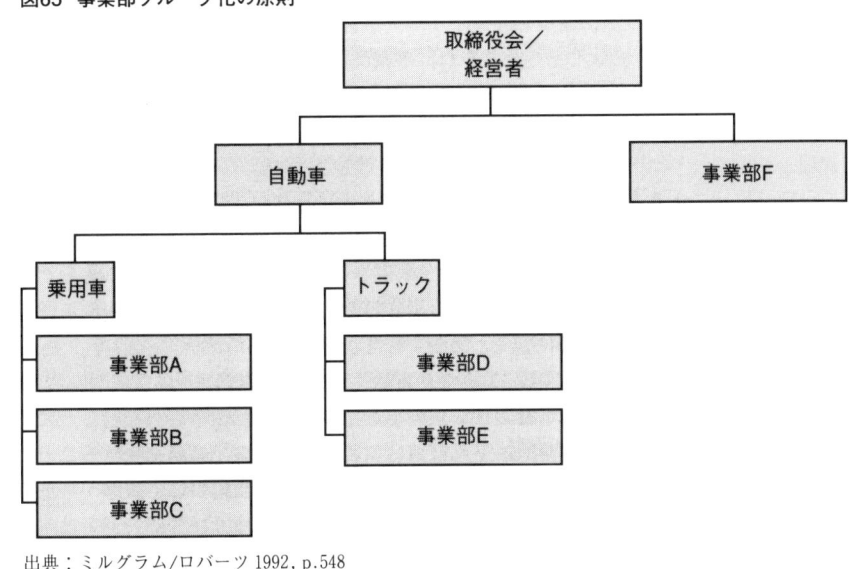

原則としてどの調整問題もできるだけ低次のグループレベルで解決されるべきだろう。意思決定がより高次の階層レベルで行われるほど，意思決定に多くの時間がかかり，また現場の専門知識も次第に入ってこなくなるからである。

・*事業部経営のための評価基準*

業務上の意思決定権を事業部管理者に委譲すると，事業部管理者は，広範にわたる自由裁量の余地を持つことになる。意思決定を委譲することで得られる経営者の負担軽減は，労力を要するコントロール活動によって無にされてはならない。経営者と事業部管理者との間のプリンシパル・エージェント関係において生じるモラル・ハザードの危険を抑えるために，まず第1に試みられるのがエージェント，つまりこの場合は事業部管理者への成果分配である。

事業部の成果を評価するためにしばしば適用される基準は，事業部コスト，事業部利潤，総資本利益率（ROI）あるいは自己資本利益率（ROE）である（これについてはブリックリ／スミス／ツィンマーマン［Brickley/Smith/Zimmermann］1996, p.280以下を参照）。それに加えて，市場価値を利用する評価基準もますます注目されている。市場価値を利用する基準は，事業部が企業全体の市場価値の変化にどれくらい貢献したかに基づいてその事業部の業績を評価する。どのような評価基準を選択するかは，経営者が事業部管理者にどの程度意思決定を委譲しているかに依存している。例えば，事業部がコスト・センターとして管理されているときに，収益を基準として引き合いに出すことは無意味だろう。事業部管理者がもっぱらコスト責任だけを負っている限り，管理者も発生したコストによってのみ評価されるべきだろう。コスト責任だけを負う事業部は，予算管理された機能部門と同様に，所与の原価予算を守るのにどの程度成功しているかによって評価される。事業部管理者が責任を負うべき予算から乖離したら，それが予算オーバーであれば事業部管理者は制裁の脅威にさらされる。それに対して予算が遵守されるか，あるいは予算以下であれば報酬が与えられる。これと同様にプロフィット・センターは目標利潤額（利潤予算）によって成果主義的に管理される。

目標予算額による事業部管理が効率性の点でメリットをもたらすかどうかは，第1にどの程度まで適切な目標予算額が得られるかに依存している。事業部管理者は，何とか理由をつけて目標予算額をできるだけ高く（原価予算），ないしはできるだけ低く（利潤予算）しようとする傾向がある。詳細な計画設定システムと情報システムがないために，経営者は予算決定を行うさいにしばしば前年のデータを参考にする。実際にごくふつうに行われているこのやり方は，かなりの非効率をもたらす。コスト・センター（プロフィット・センター）の事業部管理者が目標予算額を明らかに低く（高く）見積もるとき，長期的に見れば彼はこのような仕方で処罰を受けることになる。事業部管理者がよい成果をあげれば現行の計画設定期間において報酬が与えられるが，次の計画設定期間では目標予算額が調整されるために，事業部管理者は本質的に前より悪い状態から出発しなければならないことになる。全体的に見れば，望ま

しくない行動のインセンティブが生まれる。世俗的な（intertemporal）考えから，事業部管理者はそれ以上の成果が実現できるときですら，設定された目標値を満たそうとしかしないであろう。

　もし事業部コストないし事業部利潤の絶対額を評価基準として採用すれば，予算策定の欠点は避けられる。このようにすれば確かに予算策定の問題は起こらないだろうが，異なる規模や環境条件を持つ事業部間の比較という重大問題が生じることになる。それゆえコスト・センターの場合には，目標予算額を保持し，かつその算定をもっぱら前年値に頼ることなく計画データによって行うことが望ましい。

　それに対して，意思決定権の大幅な委譲によって成果分配による管理と調整がより重要な役割を果たすプロフィット・センターの構想では，規模の相違を収益性指標によって正当に評価しようと試みられる。自己資本利益率（ROE：株主資本利益率）ないし総資本利益率（ROI：投資利益率）といった収益性指標は，事業部利潤を自己資本（ROE）ないし総資本（ROI）に関係づける。事業部の規模を考慮できる以外にも，収益性の指標には，事業部管理者に投下資本に対する責任感を呼び起こすメリットがある。

　投資センターの構想とは反対に，プロフィット・センターの構想の特徴は，投資意思決定を経営者層に集中させることにある。それにも関わらず，現実の事業部は，それがプロフィット・センターであっても無視できない影響力を持っている。多くの場合，新たな投資プロジェクトの発案は事業部によってなされるからである。事業部は経営者に利潤を約束する投資計画を提出し，起こりうるチャンスとリスクについて経営者と議論するのである。

　しかし，収益性指標による事業部の評価も危険がないわけではない。例えば，投資プロジェクトが当該事業部の平均利回りより低い収益性を予期させる場合，その事業部はそのプロジェクトを阻止しようとするだろう。このようにして，場合によっては企業全体に利益をもたらすプロジェクトが阻止され，あるいはまったく提案されなくなる。ある事業部が2つの投資プロジェクト——1つが20％，もう1つが10％の期待利回りを持つプロジェクト——に投資する可能性を持っているとしよう。事業部が例えば15％の利回りを示す場合，事業部管理者は，資本利子8％のもとでの第2プロジェクトの実行が企業全体にとってプラスになるときでさえ，その中止を迫るであろう。

　こうして退職目前の事業部長は，彼の事業部の成果をよく見せるために，必要な代替投資を先延ばしすることに関心を持つかもしれない。

　上述の誤ったインセンティブは，投資センターの構想の場合にはじめてその完全な効果を発揮するけれども，それはプロフィット・センターの構想においても，例えば情報操作によって事業部管理者が投資意思決定プロセスに影響を及ぼしうるような場合には考慮されなければならない。

・市場価値を利用した企業管理

　市場価値を利用した企業管理を主張する人々は，これまで挙げられた評価基準が，企業の市場価値に対する事業部活動の影響を歪んだ形でしか描写しないと非難している。市場価値の観点からすれば，どの意思決定も企業全体の市場価値へのその効果の点で評価されなければならない。このような株主価値パースペクティブ（Shareholder-Value-Perspektive）は，2つの分析レベル，すなわち徴候のレベル（Symptomebene）と原因のレベル（Ursachenebene）からなるものである。この2つのレベルが以下で説明される（ピコー／ベーメ［Picot/Böhme］1999, p.18以下を参照）。

1. 徴候のレベル

　資本市場は効率的に情報を処理しているとみなされているので，資本市場で生み出された情報は，企業管理の成功のために利用可能である。そのさい，企業の業績は市場付加価値（Market Value Added＝MVA）あるいは株主利回り（Aktionärsrendite）といった評価基準を用いて計られながら，資本市場を通して直接的に評価される。MVAは，出資者の観点から見た企業の成果を表しているのである。MVAは，2つの観察時期の間にある企業の市場価値の差異と定義されている。また，株主利回りも成果指数として代替的に利用可能である。キャピタル・ゲイン（Kursgewinne），配当ならびに新株引受権の値（Wert der Bezugsrechte）がそれに含まれる。このアプローチは，株式価格が存在する場合には比較的容易に実行可能であるが，その他すべてのケースでは実現できないし，たいていは事業部に対しても使うことができない。

2. 原因のレベル

　このような欠陥を持っていないのが，資本市場評価計算という原因のレベルである。ここでは，資本市場の評価が企業において擬似的に利用可能であり，その結果，非上場企業に対しても用いることができ，内部収益率（Internal Rate of Return ＝ IRR）や経済的付加価値（Economic Value Added ＝ EVA）といった測定方法に従って方針を定めることができる。EVAは，伝統的な計算制度の数字に上乗せされ，すべての投資家が得た余剰と投資家の資本コストとを対比させるものである。その結果，経済的付加価値はすべての企業レベルで業績の基準として用いることが可能となるのである。

　市場価値を利用した事業部の管理には，2つの根本的な問いが投げかけられている（ピコー／ベーメ1999, p.39を参照）。すなわち，第1の問いは，資本市場が企業全体に期待するところとは何か，という問いである。これを背景として，第2の問いとして本部が事業部に期待するものは何かが，問われる。

　特に資本市場の期待が現れているのが，自己資本の利回りである。資本資産評価モデル（Capital Asset Pricing Model ＝ CAPM）を使えば，この値を評価することができる。このモデルは，長期的な連邦有価証券（Bundeswertpapiere）の現実の利回り（Effektivverzinsung）と，リスク適合的な自己資本プレミアム（risikoangepasste Prämie für Eigenkapital）に基づいており，$\beta$ 要因で掛けられる。例えば長期の連邦有価証券の現実の利回りが5,6パーセントであり，リスク適合的な自己資本プレミアムが5,5パーセントと想定されている場合，$\beta$ が1,3であるなら，12,75パーセントの自己資本コストが発生することになる（5,6％＋5,5％＊1,3）。そのさい $\beta$ とは相対的なリスクの大きさ（relativierte Risikomaß）を表している。その場合，資本構造（自己資本の他人資本に対する割合）や利子状況（Zinssituation）に従って，資本全体の平均コストの基準額（Satz）がもたらされる。資本市場の持続的な期待が，企業の資本コストを明らかに上回る，といったこともまれにありうる。

さて今度は，本部はそれぞれの事業部に何を期待することができるのだろうか？いま一方では，個々の事業部がどのような投資収益率をもたらすことができるのか，といったことが問題となる。ここでまず第1に確かめられるべきことは，事業部が様々な資本構造をとり，様々なリスク特性を持っているがゆえに，事業部特殊的な資本コストは平均の資本コストに一致しない，ということである。それゆえ，すべての事業部が自己資本もしくは他人資本に対して同じ持ち分を有しているわけではないし，あるいは法的に独立した部門の場合，自身の資本構造をも知らないのである。その上，事業部は様々な事業リスクを持っているので，たいてい自己資本コストが異なるのである。このようなファクターは，個々の事業単位の資本利回りに関して期待を確定するさいに考慮に入れるべきものである。

次のステップで問題となるのは，事業部のパフォーマンスへの期待を見出すことである。原則的に（新種の事業を除いて）すべての事業部は，（資本投入コストを上回る）正の価値への貢献（positiver Wertbeitrag）をもたらさなければならないであろう。価値への貢献がマイナスである場合には，価値破壊者（Wertvernichtern）と見なされることになる。そのような事業部は，他の事業部が獲得してきた市場価値を食い潰してしまうので，リストラクチャリング，あるいは撤退が必要となる。今ここで個々の事業部のパフォーマンスへの期待を定めるためには，部門の出発点が考慮されなければならない。出発点が正である事業部，例えば成長著しい事業部の場合，他の事業部よりもはじめから高い要求を突きつけることができるのである。

それでは，事業部はどのようにコントロールされるのだろうか，といった問いに関しては，とりわけ事業部がライフサイクルのどの局面にあるのか，といったことに依存している。スタートアップの段階にある事業の場合には，潜在力志向のコントロールが有益であるように思われる。しかしながら，すでに発展段階にある事業部の場合には，成果志向のコントロールが考えられる。この段階では，MVAの尺度としてのEVAが考慮されるかもしれない。というのも，EVAとMVAは長い目で見れば，この段階で比較的密接な関連を示しているからである（スチュアート［Stewart］1990，p.179以下を参照）。

ついでに言えば，本部がどれほどの価値への貢献を果たすことができるのか，ということについては，議論の余地がある。この議論に関しては，本書ではこれ以上取り扱わない。コメントすべき点は，非常に強く多角化がなされている企業では，本部は

しばしば企業価値の増大に貢献することができないのに対し（コングロマリット・ディスカウント），多角化されておらず，強く集中化がなされている企業の場合には，しばしば本部の政策がシナジー効果を生み出し，それによって価値の増大を引き起こすので，その結果企業価値が増大することになる，ということである。

アメリカ会計処理原則を基礎に用いる場合，EVAの決定のために損益計算から正味営業収益が導出される。このことは付加的な管理費用を回避する。それに対してドイツ語圏ではまず調整勘定が行われなければならない。というのも，ここでは例えば研究開発費の借方勘定への記帳が定められていないからである。事業部固有のリスクの根拠は，資本資産評価モデル（CAPM）によって査定された業界一般の$\beta$要因である（ブリーリ／マイヤース［Brealey/Myers］1991, p.155以下，及びペリドン／シュタイナー［Perridon/Steiner］2002を参照）。

収益性指標と同様にEVAもまた高度の投資責任意識を生み出す。EVAは絶対値なので，それは比例値に典型的な誤ったインセンティブを回避するが，他方では異なる規模の事業部の比較可能性を困難にもする。そのうえEVAは過去に重きをおくので，将来値を表すことができない。しかし長期にわたる様々な経験的調査が示すところによれば，EVAとMVAとの間には比較的密接な関係がある（スチュアート1990, p.179以下参照）。

・*納入と財・サービスに対する移転価格*

事業部制組織においては，本社部門と事業部との間の財・サービス提供を決済するための移転価格が決定されなければならない。

この移転価格は，本質的に2つの機能を持っている。第1に，移転価格は稀少性の指標として，既存の資源について最も利益を生む利用方法を見出すことに役立つ（制御機能）。第2に，その使命は事業部の成果を算出することにある（成果算定機能）。それだけでなく，それはまたしばしば企業内の利益移転のために悪用されることもある。

図66に示されるように，そのつど効率的な価値評価は移転の目標と基礎にある評価状況に依存する。移転される企業内部の財・サービスに対して外部市場が存在するならば，妥当な市場価格が制御の観点からも成果算定の観点からも最も適切な評価となる。しかし取引費用理論からすれば，企業内部で調整されるのは特殊な財・サービスの提供関係だけである。しかし特殊な給付には外部市場が存在しないので，市場価格に合わせることはできない。

市場価格が存在しない場合，制御機能に関しては，行われる意思決定が短期的か長期的かが区別される。短期の場合，変動費だけが影響を受け，それゆえ意思決定にとって重要である。変動費は，企業内部に隘路が存在しない限り制御機能を果たす。しかしキャパシティの隘路が生じるや，発生した機会費用を変動費に代わって評価しなければならない。機会費用は，企業の内部で財・サービスを生産することから引き起こされる逸失利益である。もし隘路状況で価値評価としての変動費に固執するなら

図66 状況に応じた移転価格の算出

|  | 外部市場が存在する | 外部市場が存在しない | |
|---|---|---|---|
|  |  | 企業内部に隘路が存在しない | 企業内部に隘路が存在する |
| 制御機能 | 市場価格 | 限界費用<br>（短期計画の場合）<br>フル・コスト<br>（長期計画の場合） | 機会費用<br>（短期計画の場合）<br>フル・コスト<br>（長期計画の場合） |
| 成果算定機能 | 市場価格 | シミュレートされた市場価値<br>（フル・コスト＋正味価値形成への相応の関与分） | シミュレートされた市場価値<br>（フル・コスト＋正味価値形成への相応の関与分） |

ば，場合によってはかなり間違った資源配分が行われることになろう。次の例を用いてこの危険性を見てみよう。機械Xが隘路となっていると仮定しよう。それは考察される計画期間において運転時間が1,000時間に限定されている。さらに機械Xによって2つの半製品AとBが生産されると仮定しよう。変動費，必要な機械稼働時間，及び半製品加工による正味価値形成の見積りは，以下の図67の通りである。

このように変動費だけを考慮すれば，半製品Aを生産することになろう。しかし半製品Aは，半製品Bと比べ機械への負荷が相対的に大きいために，計画期間において最大50単位しか生産することができない。この総利益は2,500（50×50）になる。しかしBを生産すれば，定義によって8,000（200×40）の総利益が可能になろう。

効率的な資源配分は，生産の意思決定が機会費用を考慮に入れて行われる場合にはじめて実現する。1単位の半製品Aを生産する意思決定は160の逸失利益を生む。というのも，機械Xでは半製品A1個の代わりに半製品B4個を製造できるからである。

図67 2つの製品の正味価値形成の見積り

| 半製品 | A | B |
|---|---|---|
| 変動費 | 10 | 20 |
| （機械Xでの）必要な機械稼働時間 | 20 | 5 |
| 正味価値形成の見積り | 50 | 40 |

従って1単位のAは160（40×20/5）の「費用」がかかるのに対して，1単位のBは12.5しかかからない。別の言い方をすれば，1単位のAの機会費用は160であり，1単位のBのそれは12.5にすぎないということである。

長期計画の場合は，総コストが意思決定にとって重要である。そのうえ隘路はキャパシティーの拡張によって取り除くことができる。長期的にはすべてのコストがカバーされなければならないので，求められている制御機能を果たすのはフル・コストだけである。

成果の算出のさいには，短期計画と長期計画との区別は，隘路が存在するかどうかという問題と同じく重要ではない。もしも発生したコストの一部しか納入側の事業部の貸方勘定に記入しないとすれば，その事業部は故意に冷遇されることになるし，他方受領側は故意に優遇されることになろう。その結果，受領側の事業部に有利な成果移転が行われることになろう。

このことは，部分コストではなくフル・コストが貸方記入される場合でもなお当てはまる。仮定により外部市場が存在しない場合の部門間の財・サービスの提供は，取引費用理論的に見ると高度の特殊性を持っている。すなわち正味価値形成が相対的に大きい。財・サービスを提供する側の事業部の貸方勘定にフル・コストのみを記入する限り，受領側の事業部は正味価値形成すべてを自分のものにできる。それは再び不当な成果移転を生むことになる。厳密にいえば，正味価値形成分は特殊な投資の負担に応じて両事業部で分配されなければならないだろう。そのために効率的な移転価格は，フル・コストと正味価値形成への相応の関与分とからなる。

理論的に基礎づけられた価値評価を実務に転用することはかなり困難である。制御の観点から見て効率的な価値評価は，コスト構造についての詳細な知識だけでなく，隘路のある場合は価値形成についてのかなり詳細な情報を必要とする。財・サービスを提供する側の事業部は，成果算定という理由からできるだけ高い移転価格を望んでいるので，コスト構造を実際よりも不利に示そうとする傾向を持つだろう。しかしこれによって，この事業部は成果の算定に影響を与えるだけでなく，それによって制御機能を侵すことにもなる。

評価の問題が発生しないようにするために考えられる措置は，事業部の統合，財・サービスを提供する側の事業部をコスト・センターとして管理すること，そして交渉による解決である。事業部を統合すれば企業内部での財・サービスの移転という問題は片付くが，そのとき事業部の規模は，場合によっては見渡すことができないほどになってしまう。このことは事業部制組織の基本的な考え方に反することになる。その妥協案が，事業部形成のところですでに指摘したように，相互に密接に関連する事業部の事業部グループへの統合である。

財・サービスを提供する側の事業部をコスト・センターとして管理すれば，インセンティブに関わる誤った資源配分と成果算定の問題を避けることができる。他方でこれによって，本来意図された収益責任に関する事業部の業務上の自律性が失われることになる。意思決定権の委譲をコスト責任に限定することは，当該事業部がもっぱら

企業内で需要される前段階の，または中間的な製品を製造する場合にのみやる価値がある。

最後に交渉による解決は，正味価値形成をめぐってかなりの取引費用を発生させる論争を引き起こす恐れがある。

結局多くのケースにおいて，移転価格は，当該事業部グループの責任者ないし経営者によって階層組織的に決定せざるをえないだろう。

**現実に見られる事業部制組織の形態**

とりわけ今世紀中葉以降，事業部制組織の導入は企業の急成長に役立った（チャンドラー［Chandler］1977参照）。その理由は，事業部制組織が他企業の買収と合併を容易にするためである。経営者は業務上の活動から解放されることで買収戦略の展開にますます専念し，適切な吸収の候補を選ぶことができる。

機能別組織の場合と違って，買収された企業の併合に比較的問題が少ないのは，新たな買収のたびごとにこれまでの組織構造を変える必要がないからである。つまり吸収された企業を大幅に独立した事業部として既存の組織構造に統合できるからである。

機能別組織とは反対に，事業部制組織が活発に買収を行っても，すぐに成長の限界に突きあたるということはない。業務上の意思決定権の委譲は成果主義的な管理・調整と結びついて，経営者の統制の幅を拡大する。

今日実際に見られる事業部制組織の形態は，多品種製造企業，多国籍企業及びコングロマリットである。

・多品種製造企業

多品種製造企業が成立する主な理由は，特許化できない知識を繰り返し利用することにある（ティース［Teece］1982, pp.49-53参照）。特許化できない知識の特徴は，その無限の限界生産性にある。1度獲得された知識は，それが財・サービスを生み出す能力を損なうことなく任意の頻度で利用できる。従ってこのような知識はできるだけ利用する可能性の多いところに投入されるべきだろう。しかし，ある企業から他の企業に知識を移転させようとすると，禁止的な高さの費用が生じてしまうことになる。

人間の持っている知識は，それが無意識の内のものであるか，あるいは意識されていても明文化できない場合には，常に特許化することができないものとみなされる。その上現行の特許法によれば，明示的すなわち明文化できる知識であっても特許が与えられないカテゴリーに属する知識がかなり存在する。例えばプロセス・イノベーションはその1例である。

知識が法的理由から特許化できなくとも明文化ができれば，原則的に他の企業に譲渡することは可能であろう。現実には，特許化できないが明示できる知識について有効な市場が，いつでも成立するかは疑わしい。当該知識を開発した企業は，潜在的な

知識利用者となりそうな企業にその知識の価値を納得させなければならないだろう。しかし，潜在的な知識利用者がその知識の価値を確認できるのはそれを知ってからである。しかし知識の開示のあとでは，もはや利用者にとって代償を支払ういかなるインセンティブも存在しない。

特許化できない明示的知識に対して有効な市場が成立するのは，提供された知識の質を事前に知らなくても請求された価格がその効用を下回ることを示すシグナルと保証として潜在的な知識利用者に役立つような評判を，知識利用者が交換関係を繰り返すことで得た場合だけである。評判を築くためには，しばしば反復的な交換関係が前提となるので，市場における取引は，特許化できないが新しい明示的知識を規則的に生み出すような企業にしか行えない。

暗黙知，つまり明文化できず，従って特許化もできない知識にとって，市場取引による普及はもとより不可能である。ある企業から別の企業への暗黙知の譲渡は，その利用がその暗黙知をもはや前提としないような製品（ないしサービス）を通してか（ディートル1993a, p.174参照），あるいは従業員の交換を通してしか可能でない。従業員の交換は一般に禁止的に高い取引費用を伴うので，製品ないしサービスによって知識を伝達できないケースでは，企業内部で知識を利用することが唯一効率的な解決策となる。

企業のそれまでの生産プログラムには含まれていないが技術的に類似した製品の製造に適しており，しかし同時に上述の理由から市場的に取り引きされない特許化不可能な知識を企業がもった場合，生産プログラムの拡張が提案される。獲得された知識の持つ経済的効用すべてを実現するにはこのようなやり方しかない。例えば，エンジンについて特許化できないノウハウを開発した自動車企業にとって望ましいのは，オートバイや船のエンジン，場合によっては飛行機のエンジンを自社の生産プログラムに加えることである。

もちろん企業内での知識利用は機能別組織においても行うことができる。機能別組織は生産プログラムが拡張されるとすぐに調整・管理能力の限界にぶつかるので，多くの多品種製造企業は一定規模以上になると事業部構造を持つようになる。

・*多国籍企業*

多品種製造企業と同様に多国籍企業も，市場が不完全なときに先駆者としての利潤を得るための手段である。

輸入障壁や通商関税，為替相場のリスク，輸送費は，企業家が輸出によって先駆的利潤を追求するのを妨げる可能性がある。特許化できる製品イノベーションの場合，特許を取得してその後に外国企業にライセンスを供与することが，できるだけ大きな先駆的利潤を得るのに適した方法である。

評価やコミュニケーションの問題のために先駆的知識について有効な市場が存在しない場合，外国への直接投資がこの先駆的知識を国際的に利用する，唯一の方法である（ウィリアムソン1981b, ティース1980, カピッチ [Kappich] 1989）。

・コングロマリット

　多品種製造企業とは対照的に，コングロマリットはその製品群に技術的関連のないことに特徴がある。コングロマリットの成立理由として考えられるのは，経営陣の機会主義的な行動，部門を超えた管理と組織の知識，及び資本市場の不完全性である。

　資本会社の経営陣のメンバーは，まず第1に人的資本を投入する。投入された人的資本の特殊性の度合いは，基本的変形のために企業への帰属期間が長くなるほど増大する。このような人的資本は，倒産した場合に著しく価値を失う。極端な場合，経営陣のメンバーには失業の恐れがある。自分の損失リスクを資本市場を通じて適切なポートフォリオ戦略によって減らせる資本会社の所有者と異なり，経営者はリスクを減らすために企業内での多角化に頼らざるをえない。

　もともとの本業と関連のない分野への企業の多角化は，多くの場合全体経済的には非効率である。このことは企業買収における市場価値の発展を調べた経験的研究が証明している（ジェンセン／ラバック［Jensen/Ruback］1983参照）。経営者がリスクの減少によって追加的に得るものより自己資本提供者が失うものの方が総額では大きい。従って自己資本提供者は，無関連分野へのいかなる種類の多角化も禁止する経済的インセンティブを持つことになる。加えて自己資本提供者がこうすることで得られる効用の一部をリスク・プレミアムの形で経営者に与えるならば，両者ともよりよい状態になる。

　経営陣が多角化を行うもう1つの動機は，自分たちの勢力範囲を拡大したいという願望である。大きな資本会社にとって典型的な所有と経営との分離は，多くの場合獲得されたキャッシュ・フローの使用に関してコンフリクトを引き起こす。利益占有権者である所有者に資本市場においてより収益性の高い投資の可能性がある場合でも，経営者は好んでそのキャッシュ・フローを自分自身の領域にとどめ，企業内で再投資しようとするだろう。企業を拡大するための継続的な利潤蓄積は，（市場ポテンシャル，カルテル法といった）業界内の成長限界に達するやいなや，必然的に無関連分野への多角化に向かうことになる。所有者と事業経営を行う意思決定者とのコンフリクトは，経営陣ないし執行役員の成果依存的な報酬が企業の市場価値に連動させられることで回避される。採算のとれない再投資は企業の市場価値を減少させる。市場価値連動型の報酬の場合，このことは必然的に減給につながるので，利潤を蓄積し，それを権力という動機だけで企業の拡大に投入するインセンティブは減じられることになる。

　部門を超えた管理と組織の知識は，コングロマリットが成立するもう1つの理由である。経営者が部門を超えた管理と組織の知識を持っているような企業は，本業の部門ではそのノウハウの優位性を部分的にしか利用することができない。管理上のイノベーションから生まれる先駆的利潤を完全に汲み尽くせるように，企業は必然的に多角化しなければならないことになる。

　最後に，コングロマリットは不完全な資本市場に対する反応と解釈される（ウィリアムソン1975参照）。この観点からすれば，経営者は資金仲介者の役割を引き受ける。

自己資本所有者の監督・コントロール権は大規模な株式会社の場合非常に分散されている。小株主にとってコントロールの費用はコントロールによって得られる利益に比べて禁止的に高い。加えて情報がかなり不足し，介入権も限られているため，コントロールの可能性もわずかしかない。

経営者が自己資本提供者（プリンシパル）と事業部管理者（エージェント）との間の仲介者として機能するならば，エージェンシー問題は減少する。経営者は事業部内の非効率をなくすのに必要な介入権を持っている。自己資本提供者とは対照的に，経営者はあらゆる関連情報を直接的に入手できる。彼らはその専門知識によってこれらの情報を部外者よりも有効に活用できる。それだけでなく，様々な事業部の管理者との長年にわたる協働の中で，経営者は個々の事業部管理者による成果予測を彼らの信頼度に基づいて格付けする能力を発揮する。経営者が，事業部にそれ自身が獲得したキャッシュ・フローを自動的に再投資させず，またその資金に最も収益率の高い利用法を見つけるよう取りはからうことによって，経営者は内部資本市場として機能する。

事業部のコントロールと調整の改善によって節約されたエージェンシー・コストが，新たに生まれた自己資本提供者と経営者とのエージェンシー関係において発生するエージェンシー・コストを上回る場合，経営者の仲介機能は常に経済的に効率的だといえる。

**事業部制組織の評価**

これまでの詳細な考察から言えるのは，事業部制組織というマクロ形態が，均一ではないが相対的に安定的で構造化された職務を繰り返し行うような企業（多角化された大企業）にとって適しているということである。同質的な職務を行う企業でも，それが非常に大きく，かつそれ以上の成長を望んでいるならば，事業部形成（例えば地域別ないし顧客別事業部）によって調整問題を機能別組織の場合よりも本質的にうまく処理することができる。

## 6.4 ミクロ組織の諸形態／生産の組織

この節では，基本的な付加価値プロセスにおける経済行為者たちの調整とモチベーションが，考察の対象となっている。伝統的な経営学では，このようなテーマは，生産の組織ないし生産領域の組織といわれている。

近年再び，企業の基本的な付加価値プロセスである生産の領域において，効率性の向上をめざす多くの新しい試みが行われている。リーン生産，CIM（Computer Integrated Manufacturing），TQM（総合的品質経営），フラクタル工場，セル生産方式，ジャスト・イン・タイムなどのスローガンは，今日の製造業者にとって最大の挑戦となっている（これらの展開については，ウォーマック／ジョーンズ／ロース

1990；フレーゼ1993；オルトマン［Ortmann］1995；シェア［Scheer］1990；ワーネッケ［Warnecke］1993；ウィルデマン1998を参照せよ）。このことは非常に驚くべきことである。なぜなら，この生産の領域は，十分に成熟し，非常に安定した領域であるとみなされてきたからである。言い換えれば，生産はテイラー主義的な意味で「最適化されつくし」，従ってよく機能する「機械仕掛け」であるという理解が，支配的であった。当然，企業の実践においても，経営学においても，間接的な付加価値プロセスに注意が集中し，財務の問題，戦略の問題，計画の問題，マネジメントの構想などが，もっぱら議論されてきたのである。

　ところが，グローバル化した競争が，まずアメリカの製造業者において，ついで西ヨーロッパの製造業者において，競争など想像もされなかったところ，すなわち工場で起こったのである。例えば，ドイツという国の工業立地の将来をめぐる議論を詳細に見ると，結局のところそれはドイツの工場の競争力をめぐる議論であることが明らかになる。国際的な競争の中で危機にさらされているのは，なんといっても，ドイツの生産の職場なのでである（例えば，ルッツ／ハルトマン／ヒルシュ－クラインゼン［Lutz/Hartmann/Hirsch-Kreinsen］1996；サウアー／ヒルシュ－クラインゼン［Sauer/Hirsch-Kreinsen］1996；マイル［Meil］1996；ライヒワルト／コラー［Reichwald/Koller］1996を参照せよ）。

　経営的な議論における生産領域の「再発見」にとって特に重要なのは，マサチューセッツ工科大学（MIT）の国際的自動車産業研究プログラム（International Motor Vehicle Program, IMVP）の調査（世界の組立工場調査 World Assembly Plant Survey 1989）であった。これは，「リーン生産方式が，世界の自動車産業をこう変える」（The Machine that Changed the World）という書名で1990年に公刊された（この著作と以下の論述についてはウォーマック／ジョーンズ／ロース1990を参照せよ）。この著作においては，自動車産業の国際比較が包括的に行われ，一方では日本の自動車産業の有意な優勢が経験的に検証されているとともに，他方では（そしてこのことがここでは重要なのだが）その優勢の理由は日本的な生産コンセプトの優越性に求められている。この生産のコンセプトがアメリカあるいはヨーロッパの旧来の生産構造に比してあらゆる領域において業績の著しい優位をもたらすものであることが，明らかにされた。例えば，日本では新製品が市場に導入されるまで半分の時間とコストしかかからない。同時に，製造における工具と人員への投資は半減した。生産性，品質，弾力性といった基準に対する一連の指標のすべてについて，日本の生産コンセプトは旧来の（アメリカ及びヨーロッパの）生産構造に比べて約2対1で業績の優位を示していると，実証されたのである。

　図68は，種々の大ロット生産企業の生産性と自動化の程度の対比に基づいて，80年代末における日本の自動車産業の優勢を示している。

　この図は工場の自動化の程度（組立工程総数に対する自動化された組立工程数の比率で表される）と生産性の間の関係を示している。自動化が上昇するにつれて作業時間が低下する傾向が見てとれる。すなわち，自動化の増加は作業時間の減少を意味し

**図68 大ロット生産企業のオートメーションおよび生産性の対比　1989**

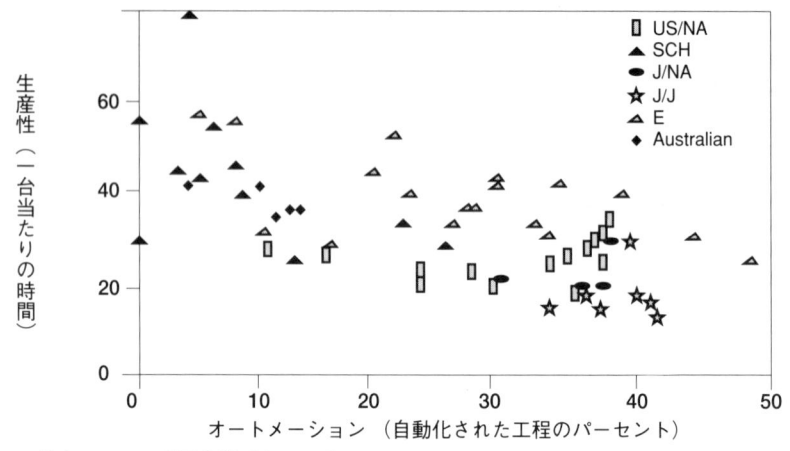

縦軸：生産性（一台当たりの時間）
横軸：オートメーション（自動化された工程のパーセント）

凡例：
- US/NA
- SCH
- J/NA
- J/J
- E
- Australian

US/NA：北米における米国企業所有の工場
SCH　：発展途上国（メキシコ，ブラジル，台湾，韓国）における工場
J/NA　：北米における日本企業所有の工場（米国企業とのジョイント・ベンチャーを含む）
J/J　　：日本における日本企業所有の工場
E　　　：ヨーロッパ企業所有の工場

出典：ウォーマック/ジョーンズ/ロース 1990, p.95

ている。注目に値するのは，自動化の程度を所与としたときの，最も効率的な工場と最も生産性の低い工場との間の差である。例えば，日本国内の日本企業所有の工場で，最も低い自動化の程度（約34％）を有するものは，同程度に自動化されたヨーロッパの工場の半分の作業時間，その他の国々の同程度に自動化された工場の3分の1の作業時間しか必要としない。世界で最高度に自動化された（組立工程総数の約48％）ヨーロッパの工場を見ると，日本の34％しか自動化されていない工場よりも，70％多くの作業時間を必要としているのがわかる。IMVP研究において測定された結果や，その他の結果から，調査の時点でヨーロッパの自動車会社の作業組織，人員の資格，人事管理の領域において存在した未利用の潜在的生産性を推測することができる。

　その後，MITの研究者たちによって紹介された日本の自動車産業の生産コンセプトは，「リーン生産」というスローガンのもとにほとんど1つの神話にまでなった。このコンセプトは，実践の場では，行政やサービス業のような他の分野にも移植されるべき生産の「王道」として称賛され，それにつれて，あらゆる国と産業の企業にとって国際的競争力のための必要十分条件として喧伝された（この問題に関する批判的考察については，クリマー/レイ [Klimmer/Lay] 1994を参照せよ）。ここで多くの批判的な意見（例えば，多くの命題が絶対的であるかのように表現されていることへの疑念，理論的な構造化と調査の厳密さとに関する方法上の疑問，自動車産業に他の産業

を代表させることへの疑問など）がありうるとしても，見誤ってはならないのは，リーン生産が生産ないし直接的な付加価値プロセスを再び企業の最適化努力の核心領域にしたということである。

　本節ではこのような展開を考慮に入れ，生産の領域における制度的なデザインという問題に絞って検討してみよう。（再び）「発見」され，それゆえ強い実践的なデザインの関心の的となるすべての領域と同じく，生産の領域も現在，種々の，どちらかといえば「理論的に整理されていない」最適化のアイデアを実験する場となっている。基本的な付加価値プロセスの領域における制度のデザインを体系的に議論できるようにするためには，生産組織の古典的な諸形態から考察しはじめることが，適切であるといえる。これらの伝統的な形態の生産組織には，例えばサービスの生産のような他の領域においても見いだされうる特定の諸原則が基礎になっている。伝統的な生産組織の長所と弱点，適合領域を前提とすると，新しい組織形態あるいは原則は，市場の要請あるいは諸条件の変化に対する企業の制度的な反応として解釈できる。新しい形態の生産組織に関する詳細な議論に続いて，ウォーマック／ジョーンズ／ロース（1990）によって唱えられたリーン生産の組織内容が，少し詳しく検討される。

## 6.4.1 伝統的な生産組織の形態

　生産組織における2つの伝統的な組織形態はジョブ・ショップと流れ作業である。そのほかに実践的に重要な移動式の（建設・建造現場での）生産の形態がある。しかし，それらはここではこれ以上考慮しない。ジョブ・ショップに基づく生産の古典的な組織形態ないし組織類型はジョブ・ショップ生産とよばれ，流れ作業の原則に基づく。それは流れ作業生産とよばれる。以下，これらを，職務の配分，命令・意思決定権の配分，組織プログラミングという組織をデザインする上での変数の観点から簡単に記述し，批判的に評価してみよう。

### 6.4.1.1 ジョブ・ショップ生産

**職務の配分**

　ジョブ・ショップに基づく生産においては，同種の機能ないし処理を行う作業場所と設備は，すべて1つの製造技術的・組織的ユニットにまとめられる（この点については，例えばキーザー／クビチェク1992, p.308以下を参照せよ）。作業を集中すると同時に対象を分散することにより，機能的に特化したジョブ・ショップ（旋盤，ボール盤，フライス盤などのジョブ・ショップ）を有する構造が生まれる。生産物ないし製造タスクは，そのつど必要となる作業に応じてこれらのジョブ・ショップを通過しなければならない。そのさい個々のジョブ・ショップはいわゆる中間在庫によって切り離されている。これらの中間在庫には，その次の加工段階・ジョブ・ショップの直前の製造タスクがたまる。従って，ジョブ・ショップ生産における原材料の流れは連

**図69　ジョブ・ショップ生産**

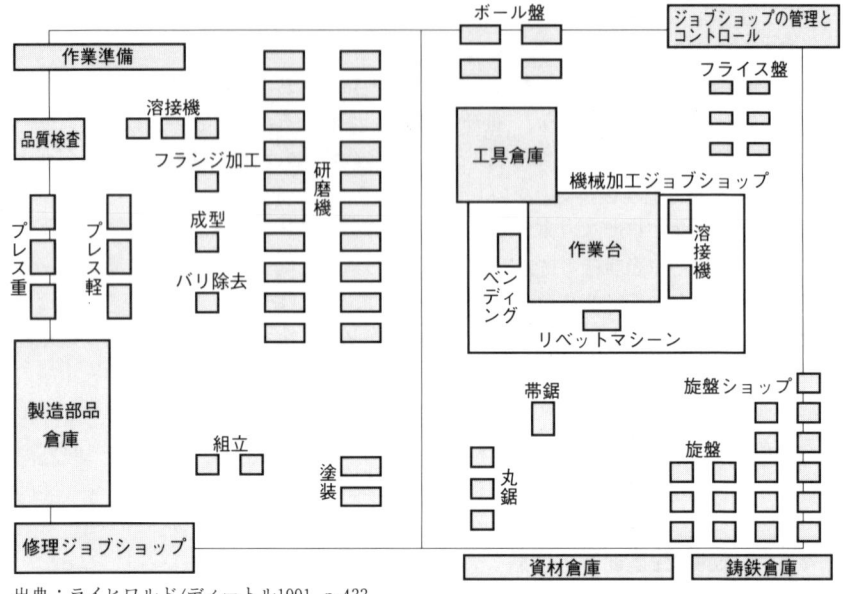

出典：ライヒワルド/ディートル1991, p.433

続ではなく，加工段階の中間での滞留によって中断される。ジョブ・ショップにおける製造はいわゆるロット加工という特徴を持っている。1つのロットは，前段階の中間在庫から取り出され，中断なしに順次加工され，そして次の段階の中間在庫に引き渡される，一定数の同種生産物ないし中間生産物である。1個の加工という極端な場合には「ロットサイズは1」であるということになろう。

「ジョブ・ショップ」という組織ユニットにおける個々の作業レベルでの職務の配分を考えると，特に流れ作業生産と比べると，作業の専門化はそれほどではないといえる。個々の作業の担当者は，特にジョブ・ショップ生産にとって典型的な小ロット生産及び受注生産のもとでは，生産物ないし製造タスクが変るたびに多くの異なった作業をしなければならない。従って，ジョブ・ショップにおける作業は個々のあらかじめ決められた操作に分割されえない。速成の補助工ではなく，多能工的な熟練工と職長がジョブ・ショップ生産の特徴である。

ジョブ・ショップの職務配分の主要な特徴は，第1に，作業を基準とし（従って生産物ごとに分けない），中間在庫によって切り離されていることであり，第2に，作業の専門化が相対的に少ないことである。このような職務配分から，ジョブ・ショップ生産の長所と弱点，そして適合領域についての結論を引き出すことができる。

・*長所*

ジョブ・ショップ生産の最も大きな長所はその弾力性にある。仕様を変更された製

品，あるいは新しい製品を比較的たやすくジョブ・ショップの1つに置くことができる。なぜなら，各ジョブ・ショップ自体も個々の作業も製品に対して専門化していないからである。予期していなかった外生的な出来事によって，あるいは自らの問題解決のために起こりうる生産過程の撹乱が，生産過程全体を停止させることはない。なぜなら，第1に，各製造工程は中間在庫によって切り離されており，第2に，製品が多様であるため，撹乱と関係のない製品あるいは構成部品の製造に転換できるからである。同様に，製品種類ごとの需要変動も，すなわち生産設備の構成変更ではなく，設備の配置換えによって，比較的容易に受けとめられる。取引費用理論の用語法によれば（3.3.2を参照せよ），ジョブ・ショップ生産は，1つの製品あるいは製品種類だけのために行われた投資，つまりその製品について特殊な投資の規模が小さいという特徴を持っている。ジョブ・ショップ生産を行っている企業は，製品について特殊な投資の割合の高い生産構造を持っている企業に比べて，他の事情が等しければ，買い手のありうるホールド・アップ行動にも，外生的な市場リスクにもさらされる程度がより小さい。買い手が決まっている製品を製造するときに，ジョブ・ショップ生産は，製品について特殊な，それゆえ自動的に買い手を特定してしまう事前投資をしないことで，ホールド・アップのリスクを減少させるのに適した手段となりうる。しかしまた，それ以上に，ジョブ・ショップ生産は，例えば少数者間の取引ではないけれども需要行動の予測不可能な変動を伴う市場において登場するような外生的リスクを，減少させる。取引費用理論の用語法によれば，この場合，不確実性という要因を処理するために適しているということになる。

・弱点

　ジョブ・ショップ生産の弱点は一言でいえば，「生産性が低い」ことであるといわれている。1.2節と1.3節の用語に従えば，分業と専門化の非生産的な構造による「不完全性」ということになる。ジョブ・ショップの構造が製品別にあまり専門化されていないことや，ジョブ・ショップにおける作業現場があまり専門化されていないことから生ずる，一連の「創造的な」作業が，学習効果や，規模のメリット，及び大きなコスト逓減効果をもたらす高度に専門化した技術の開発・投入も妨げることになる。異なる製造タスク・職務間での頻繁な交代の必要性は，相当の（精神的にも）段取りコストを要求する。個々の職務がノウハウ集約的であるほど，個々の職務担当者にとって専門能力の維持と育成は困難になる。ここで取り上げている個々の職務担当者というミクロレベルでの諸問題は，生産プロセスというレベルではコントロールの問題となる。実際のジョブ・ショップ生産では，多段階の生産工程を質の異なる製造タスクが通過するため，多くのジョブ・ショップの前に待ち行列ができることがまれではなく，同時に別のジョブ・ショップにおいて空転コストが発生する。特に多段階生産において加工しなければならない個別注文が多い場合には，それらの製造プロセスの計画とモニタリングは，困難な調整問題となる。ジョブ・ショップ生産の場合，個々の注文の通過時間ないし加工時間を最小化し，同時に種々のジョブ・ショップに

おけるすべての生産設備と作業場所をコスト最適に利用しようとしてもあまりうまくいかない。むしろ，注文が急ぎのものであれば，たいてい機械のキャパシティーを超えてしまう。ジョブ・ショップ生産におけるこの目標コンフリクトは，一般に「工程計画のジレンマ」と呼ばれる。これらの調整問題を支援するために，オペレーションズ・リサーチにおける様々な決定・最適化モデルが投入される。

ジョブ・ショップ生産は，相対的にわずかな製品別専門化によって，生産物に特殊な資本の拘束を低くし，それが，需要の不確実性と少数者間の取引という状況において取引費用上のメリットをもたらすということが，前に論じられた。しかし，ここでは，純然たる柔軟性のメリットが問題になっているにすぎない。なぜなら，ジョブ・ショップ生産が資本拘束あるいは資本コストを全体として低下させるということは，決して確認されていないからである。例えば，このシステムにおいて常に存在する中間在庫（それに対応する材料の在庫時間を伴う），そして時間と空間を必要とする多様な運搬過程のことを1度でも考えてみれば，それだけでもすでに，加工されていない材料と半製品に対してかなりの利子と在庫コストがかかっている，といえる。それから，材料の移動それ自体によって発生する運搬費用が別にあげられる。この費用も，距離が長くなると，多数の不連続の移動によって，かなりのものになる。

・適合領域

ジョブ・ショップ生産の長所と弱点の分析から言えることは，高度の柔軟性を特に必要とする生産に，それが適しているということである。それほど頻繁には反復されない，中程度以下に構造化された変動的な生産が，適している。例えばこのような生産には，受注生産（例えば，設備の建造）と混合ロット生産（例えば，専用機械の組立）があげられるだろう。

**命令・意思決定権の配分，組織プログラミング**

すでに詳しく論じたように，職務の配分は，まず一方では分業ないし専門化の大まかな構造に関する情報，他方では交換ないし調整の大まかな構造に関する情報を提供する。従って，職務の配分は，参加している経済行為者たちに一種の「役割」を与えることによって，特に組織問題の調整の側面を解決することを目標としている。この役割が守られれば，非生産的な専門化・分業や，コストのかかる交換・調整プロセスによって生ずる厚生上の損失が，できるかぎり小さく抑えられることになる。しかし，経済行為者は，利己的であると仮定されているので，与えられた「役割」を素直に演じるわけではない。そうするのは，そこから私的な効用を引き出すときだけである。特に，非対称的な情報と依存関係は個々人に，与えられた「役割」をないがしろにし，従って他人を犠牲にして，自分の私的な目標を実現する余地を作り出す。それゆえ，組織化は，単に「役割を計画する」という純技術的な問題であるだけでなく，計画された「役割」を実際に演じる，機会主義的で，限定された合理性を持つ行為者を動機づけるという人間的な問題でもある。

その意味でジョブ・ショップ生産も，職務配分の結果としてだけでは完全には記述されえない。命令・意志決定権の配分ならびに組織プログラミングは，職務配分によって与えられたジョブ・ショップ生産における「役割記述」を補完するだけでなく，とりわけ行為者を「役割と一致した」行為へと動機づけることを確かなものにする。

　命令権は，主にある特定の職務を誰が果たすべきかという問題に関わるのに対して，意志決定権においては，その職務がどのように遂行されるべきかという問題が，中心にある（これについて詳しくは6.1.2.2と6.1.2.3を参照せよ）。ジョブ・ショップ生産にとって特徴的なのは，ライン組織に従って命令権が集中すると同時に，現場の熟練労働者の階層へ意思決定権が委譲されることである。

　ジョブ・ショップのように異質な注文が混在するという特徴を持つ不連続な生産プロセスのコントロールは，命令権の集中によって対処される。ジョブ・ショップ内部では，命令系統は職長のもとに集まる。彼はその権限において，誰がどのような職務を達成すべきかを決める。このような「職長を中心とする」命令構造の長所は明らかである。すなわち権限・責任関係が明白なため，集中した所有権，従って強いインセンティブが生じる（詳しくは3.3.1を参照せよ）。このライン構造の短所もすでに一般的に分析されている。すなわち，事前に設定された事務手続きによって，意思決定プロセスが長くなる。とりわけタスクが変動したり，異質であったりする場合，意思決定者に過大な要求がなされ，意思決定プロセスの質が低下する。この問題に対する解決策は，一般的には，職長の階層での専門化・単能化ではなく，従ってインセンティブ構造に対して否定的な結果を持つライン組織の緩和ではなく，むしろジョブ・ショップ内の熟練労働者階層への意思決定権の委譲である。受注生産や小ロット生産という様々に変動する要求をうまくこなしていくために必要な，専門的経験に基づく暗黙知は，取引費用理論が言うように，分権的に「現場で」最も良く育まれ，開発される。従って，最も良いのは，熟練労働者が多くの領域での自分の経験に基づいて，自分たちに与えられた職務を具体的にどのように解決するかを，自分で決めることである。熟練労働者はその暗黙知を適切に伝えられないので，情報を集中化し集権的に意思決定しようとして，分権的な専門知識を必要としても，結局は意思決定者の情報が不足するという結果をもたらすだろう。加えて，情報的に不足している集権的意思決定者に対する熟練労働者の大幅な情報上の優位は，作業プロセスにおけるかなりの裁量的行動の余地をもたらすだろう。それに対して熟練労働者の作業結果が職長によって評価されやすいほど，意思決定の委譲はうまく機能する。なぜなら，裁量的行動の余地を利用することに対抗するインセンティブが，設定されるからである。

　組織プログラミングに関していえば（詳しくは6.1.2.4を参照せよ），受注生産と小ロット生産の特徴である，異質性，変動性，低い構造化の程度のために，プロセスの標準化という硬直的な手段がとれないことは，明らかである。環境条件，価値，アウトプットに基本的に結びつけようとはせずに，従業員の能力に適切に影響を与えることが，ジョブ・ショップ生産の場合のプログラム化の手段の役割であるように思われる。熟練労働者と職長は，それぞれのジョブ・ショップにとって特徴的な職業訓練を

受けており，かなりの柔軟性が要求されても，職務を確実に達成する。生産の現場レベルで高い能力を要求するという点で，まさに，ジョブ・ショップ生産は，次に論じられる流れ作業生産と大きく異なっている。

### 6.4.1.2 流れ作業生産
#### 職務の配分
　流れ作業による生産においては，機械と作業場所は生産物の加工工程の順序に従って配置される。従って，いわゆる加工ステーションが空間的に直列に配置されるようになる（この点についてはキーザー／クビチェク1992, p.308以下を参照せよ）。比喩的に言えば，ここでは製品に合わせて生産設備が用意されるのであって，その逆ではない。職務の分析と総合（6.1.2.1を参照せよ）のためには，製造する製品について集中し，同時に個々の作業について分散するという原則が当てはまる。
　製造する製品について集中がどれほど強く行われるか，すなわち生産構造を1つの製品にどれほど合わせられるかに応じて，流れ作業生産は2つの基本形態，すなわち，ライン生産とタクト生産（狭義の流れ作業生産）に区別される。

・ライン生産
　ライン生産の場合，製造設備と作業場所は，類似の製造工程を持つ2種類以上の製品が，同じ製造ラインで生産できるように，選択され，配置される。従って，1つの製造ラインでは限られた複数品種の製造が可能である。製品の種類が異なれば，少なくともいくつかの作業場所には（時間や加工の種類と範囲に関して）異なる要求がされるので，作業場所間の厳密な時間的同期化も自動的な連結も，ライン生産では実行不可能であるといえる。実際には，変動と撹乱を調整するために各作業場所の間に比較的小さな中間バッファーをおかなければならなかったり，製造タクトを断念しなければならないことになる。
　ライン生産の結果，類似の製造工程を有し，かつ1つの製造ラインで生産されうる製品のために，部課ないし組織単位が形成される。ライン生産においては製品を1つに絞らないので，「同じラインで生産しうる」製品の範囲によって制限されているとはいえ，ある程度の製造の柔軟性が，維持されている。しかし，この柔軟性が残されているために，同一作業を同一の場所に集中させるジョブ・ショップ生産に比べればはるかに少ないとはいえ，ある種の生産性の損失（例えば，なお残るステーション間の同期化の問題，中間在庫に拘束された資本，それなりの規模とコスト逓減との効果を有する高度に専用化された工具と機械の投入の断念，など）がその代償として生じる。これに対して，このような生産性の損失を徹底的に除去することを目指しているのが，タクト生産ないし狭義の流れ作業生産である。

・タクト生産ないし狭義の流れ作業生産
　狭義の流れ作業生産では，製造する製品の集中という原則が完全な形で実現される。

機械と作業場所はある特定の製品ないし部品の製造のために選択され，必要な加工段階の順序で配置される。ある特定の製品・部品だけを専門的に製造し，それ以外の品種を製造しないことで，形成されるべきすべての作業場所の作業内容を統一的な基本時間単位（いわゆるタクト）に同期させ，作業場所を自動的に（例えばベルト・コンベアによって）連結することができる。作業場所間の中間バッファー（及びそれに対応した在庫時間）は不要になる。1つの連続的な加工プロセスにある半製品は，ステーションの間をまさに「流れていく」のである。ステーション間の半製品の搬送を自動的に遂行する手段のうち，ベルト・コンベアが最もよく知られている。このことから，流れ作業生産は，一般にライン生産と呼ばれている。

**図70 流れ作業生産**

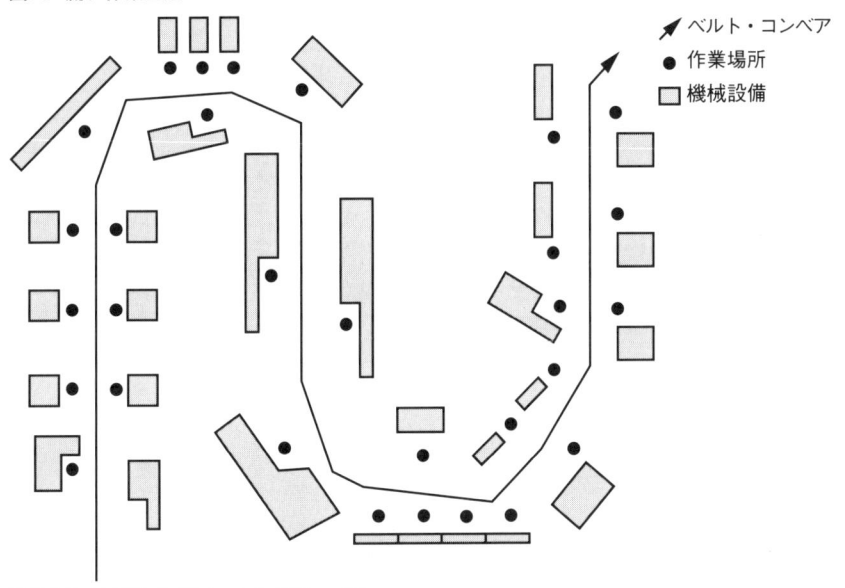

出典：ライヒワルト/ディートル 1991, p.435

　流れ作業生産における個々の作業現場レベルでの職務配分を見ると，作業現場は高度に専門化されていることがわかる。フレデリック・テイラーが，古典といわれる彼の著書『科学的管理法の諸原理』（テイラー1911を参照せよ）において記述した原則から見ると，流れ作業生産は，いわゆる作業のテイラー主義化である。この言葉のもとでは（これはテイラーの業績を簡単に展望することにもなるのだが）特に3つのデザイン原則が理解されている。まず，流れ作業生産では，管理的労働と執行労働とが厳密に分離されている。その場合，工場それ自体にはもっぱら純粋な直接労働だけが残り，一方すべての計画・コントロール活動は工場から専門化された中央部門に移される。次に，工場にとって典型的な，執行労働は，大部分作業別に分割され，その結

果，作業現場の職務は，極端な場合には，わずかに１つの作業だけになる。最後に，小さく分割された現場作業の流れは，時間・動作研究によって，高い経済性が得られるよう最適化されている。

極端な場合には作業を単純で，予め定められた未熟練労働にしてしまう作業のテイラー主義化の結果として，流れ作業生産は，ジョブ・ショップ生産と異なり，工場における従業員に対して（相対的に）僅かな能力しか要求しない。

部署の形成から作業現場の専門化にいたるまでの，これまでに述べた職務配分を基礎とすると，流れ作業生産の長所と弱点，及び適合領域については，次のように言うことができる。

・*長所*

流れ作業生産の長所は，「高い生産性」という言葉で要約できる。これにとって決定的に重要なのは，一部は個々の作業現場というミクロレベルで，一部は製造プロセスにおける作業現場の協働というレベルで作用する種々の要因である。例えば，作業現場レベルで同種の作業を繰り返し反復することで，現場作業員には相当の学習効果が現れる。それに加えて，専用機械と専用工具の投入方法の改善は，それなりの規模の効果とコスト逓減効果をもたらす。同時に，作業現場レベルでの作業内容の単純化は，能力に対する要求を低下させるので，労務費に対してプラスの効果をもたらすような，未熟練工や見習い工の雇用が可能になる。もっと一般的には，作業内容の単純化と標準化によって，企業家（資本提供者）の労働力への依存性が大幅に低まると，言えるかもしれない。「テイラー主義化された」労働者は簡単に代替できるということが，労働者のホールド・アップ行動から企業家を守り，生産性の高い物的資本への大規模で長期的な投資を可能にする。換言すれば，もしも企業家が労働者の特殊な人的資本に依存しているとすれば，人的資本を引き揚げることが原則として可能であることを考慮すると（この点については3.3.3を参照せよ），物的資本への企業家の長期的投資から得られる経済的収益を労働者が占有する可能性が存在することになろう。他の防衛手段がないとすれば，そのようなホールド・アップ行動に対する不安から，企業家は，生産性を高めるための物的資本への投資を中止するかもしれない。従って，大量生産にとって特徴的な，製造の大幅な機械化と技術化は，標準化された作業の技術的なサポートを原則としてより容易にするだけでなく，労働者をテイラー主義的に無力化することによって，企業家が生産性を高めるために行う物的資本への投資を，労働者の自由裁量行動から防御することにもなる。

製造プロセスにおける個々の作業現場の協働というレベルに考察の重点を移すと，ここでもまた，ジョブ・ショップ生産と比べて，本質的な相違が明らかになる。製造段階間の同期化の問題はすべて，本来の製造プロセスにおいて消滅している。この問題は，製品の製造プロセスに従って生産設備を配置し，製造を統一的なタクトに合わせて自動的に連結することで，それゆえ本来の製造が行われる前に，すでに解決され

ている。これは，製造に組み込まれた「プログラムされた同期化」である。その結果，タクト生産においては，ステーション間の中間在庫と在庫時間が消滅する。このことは利子コストと在庫コストを直接的に低減させるだけでなく，さらに製造速度の高速化と通過時間の短縮によって，生産性とコストにも効果を及ぼす。最後にまた，無視されるべきではないのは，テイラー主義的に単純化された製造プロセスの持つ基本的に高い透明性である。それによって，上司は，生産プロセスにおける労働者をよりよくコントロールできるようになり，また流れ作業生産においては作業場所とベルト・コンベアを前提とする技術的制約とともに，裁量的な行動の余地が比較的効果的に抑制される。また，この点に関連して述べておくべきことは，標準化されたプロセスでは特に，公式的な計画，コントロール，制御の手段を投入することによってモニタリング活動を支援したり，あるいは多くの領域でそれによってモニタリング活動を代替したりすることさえできるということ，そしてこのようにしてマネジメントの負担を減らすことができるということである。この点は，組織プログラミングにおいて改めて取り上げる。

・弱点

　流れ作業生産は，ふつう「柔軟性の欠如」という言葉に要約されるような，一連の問題点ないしリスクを伴っている。この概念は，ジョブ・ショップ生産における柔軟性の概念と同様に，ここでは比較的広く解釈されているように見えるかもしれないが，われわれもこの概念を用いることにしよう。流れ作業生産にとって特徴的な，特定の製品への極端な集中が意味するのは，生産構造全体を1つの製品向けに「あつらえる」こと以外の何ものでもない。生産設備への投資があまりに製品に特殊なものであると，典型的には，製品の交替あるいは変更のさいに多大な段取りコストが発生する。従って生産構造全体の直接的な基準である対象をそのように変更することは，できるかぎり避けなければならない。それゆえ，流れ作業生産は，外生的な市場リスクないし需要リスクに大いにさらされている。この点でさらに問題となるのは，製造設備のコストの大部分が，それが製品に特殊であるということだけで固定コストとみなされなければならないということである。完全に製品に特殊な製造設備は，定義的に，他の製品の生産に転用できないので，需要の後退，従って減産の場合でも発生する資本コストは，設備の再配置によって回避することができない。流れ作業生産の持つ高い固定コストのために，需要量ないし生産量が後退すると，単位コストが急上昇する。従って，流れ作業生産は，他の製品への需要の変化に対してだけでなく，突然の需要の後退にも，非常に敏感に反応する。

　生産構造が製品に特殊であることによって，外生的な市場リスクと関わるこの問題に加えて，企業外部の取引相手との関係における行動リスクに関わる問題が発生する。例えば，ある企業が完全に買い手に特殊な製品を流れ作業の原則に従って生産しているならば，このことは，買い手の需要に合わせて生産構造全体が「あつらえ」られているということなので，買い手が強力な脅しの手段を持っていることを意味している。

このホールド・アップ問題からだけ見て,サプライヤの内部組織形態としての流れ作業生産が存続可能であるべきだとすれば,買い手との高度の統合を保証する制度上の取り決め(長期的な契約,資本参加など)によって,流れ作業生産が防御されなければならない(このテーマについて詳しくは3.3.2を参照せよ)。

すでに述べた外生的な市場リスクに関する問題や,外部の取引相手との関係における行動リスクに関する問題に加えて,内部の撹乱,例えば予期せぬ故障も,流れ作業生産の柔軟性のなさを明らかにする。各ステーションが自動的に連結されていたり,生産設備の再配置が不可能であったり,作業対象の中間在庫がないために,製造プロセスにおける撹乱ないし障害は製造全体を停止させることになる。製造システムの全体的連結は,本来は生産性の上昇に貢献するものであるが,他面ではまた,(いわば「プログラムとして組み込まれた同期化」の欠点として)ほとんど自動的にすべての領域に拡がるような撹乱と故障に対する耐性のなさを生み出しているのである。

・適合領域

原則として,組織形態というものは,その弱点を決してあらわにせずにその長所を特に発揮させるような場合に,推薦されるべきである。この原則に従えば,流れ作業生産は,うまく構造化され,安定しており,標準化され,そのうえ頻繁に反復される生産の職務を果たすのに適しているように見える。従って,流れ作業生産は,大部分の消費財産業にとってだけでなく,例えば標準化された工業用の一次加工品にとっても特徴的であるような,市場を志向した大量生産という古典的な領域に向いた生産組織である。成熟した消費財に対する安定した匿名の大量需要は,柔軟性のなさという言葉に要約される流れ作業生産の弱点が現れないための前提を作り出す。製品の安定性(と同時に,マーケティング手段を通じて消費者に示唆される製品の可変性),及び分散した需要をグローバルに集計することによる(統計的な)需要の安定性が,「機械仕掛けの生産」を外生的な市場リスクから保護する。行動リスクは,任意に変えられる匿名の相手との取引においては,いずれにせよ現れない。同時に,同じ作業を何度も繰り返すことで,学習効果が生れたり,高いコスト逓減効果をもたらす専用機械が利用できたりするようになり,それによって生産性を上昇させることができる。同様に,生産プロセスにおける撹乱も,反復の回数が増えるにつれてますます効果的に除去されるようになる。

**命令・意思決定権の配分,組織プログラミング**

流れ作業生産にとって特徴的なのは,ライン・アンド・スタッフ・システムに従った命令権の配分,企業のトップへの意思決定権の大幅な集中化,ならびに製造プロセスの徹底した標準化である。ここでは,「組織プログラミング」という構造変数から説明をはじめることにしよう。

非常に頻繁に同じことを反復するような,安定的で,うまく構造化された職務は,職務達成のプロセスを強制的かつ一律に制御するための最善の前提を提供する。これ

はプロセスの標準化といわれる（この点について詳しくは6.1.2.4を参照せよ）。流れ作業生産は，プロセスの標準化の模範的な応用例である。実際，まさにすべての生産設備と作業現場の職務は，前もって一律に確定された製品の製造プロセスに従って，「あつらえ仕立て」されている（「プログラムされた同期化」）。個々の作業場での厳密に確定された作業プロセスは，製造設備とベルト・コンベアによって遂行される技術的強制と一緒になって，製造における自由行動の余地をはじめから大幅に制限し，しかも製造プロセスの中央による計画とコントロールのための前提を作り出す。

6.1.2.4で詳細に論じられた組織プログラミングの一般的な長所と短所をここでこれ以上論じなくても，命令権と意思決定権の配分についての結論をすでに引き出すことができる。

　流れ作業生産の場合には，作業場の作業内容はあらかじめ効果的に確定しているし，作業場間は「プログラムに従って同期化」しているので，製造プロセスにおける職長の活動の必要性は，ジョブ・ショップ生産の場合よりもはるかに少ない。ジョブ・ショップ生産においては，命令を通じて製造プロセスを調整し，期待されている作業目標に向けて従業員を動機づけるのは職長であった。他方，流れ作業生産においては，製造それ自体と，資材管理，ロジスティクス，作業準備，メンテナンス，品質管理のような補助部門との調整の必要がはるかに大きくなる。それは，すでに上で論じたように，流れ作業生産が材料の流れないし作業プロセスにおける撹乱に対して特に敏感だからである。このような，製造それ自体における組織問題が事前におおむね解決されている一方で，最適化された「機械仕掛けの製造」を管理部門と同期化することが困難であるような特殊な構造の結果として，命令権はライン・アンド・スタッフ・システムに従って配分されることになる。命令権は製造の場からかなりの程度奪われ（このことは，すでに述べたように，職長階層の意義の喪失ということに現れている），トップ・マネジメントに集中する。経営者自身は，職能別に専門化した本部とスタッフ職位（例えば，生産・ロジスティクス本部，資材管理本部，品質管理本部）の助けを借りて，第1に，プロセスの標準化によって製造そのものにおける組織問題が「あらかじめ解決」されることを保証し，第2に，間接部門と製造とのインターフェースでの調整問題を継続的に処理するよう配慮する。安定的で匿名の大量需要を充足する企業にとって，生産の計画とコントロールが伝統的に組織の最重要領域（従って経営者の主たる注目点）とみなされているのは，理由のないことではない（これについては，ピコー1999を参照せよ）。

　プロセスの標準化とライン・アンド・スタッフ・システムによる命令権の配分というすでに述べた要素と，職務配分のところで論じられた作業のテイラー主義化から導かれるのは，トップ・マネジメントへの意思決定権の大幅な集中である。プロセスの標準化というプログラミングの手段は，製造現場レベルにおける意思決定の余地をできるかぎり抑制することに基づいている。状況に応じて投入される創造的な判断力に代わって，あらかじめ確定された作業プロセスが置かれる。作業のテイラー主義化は，純粋に製造に関わる職務を単純化し分割することによって，プロセスの標準化を実施

に移すための手段である。プロセスの標準化を伴うテイラー主義的な職務配分が，すべての管理的労働の内容をトップ・マネジメントに移し，かつトップ・マネジメントがスタッフ職位とともに，製造の組織問題の「事前的解決」や製造と間接部門との間のインターフェースに対して命令権を持つならば，当然，意思決定もまたトップ・マネジメントにおいてなされることになる。

### 6.4.2 職務条件の変化と企業の対応策

　ジョブ・ショップ生産は，中程度から低い程度までの構造化の程度を有するような，比較的異質でそれほど頻繁には反復されない職務に適した組織形態であると述べた。そのような条件のもとでは，ジョブ・ショップ生産によって保証される柔軟性が決定的に重要である。同時に，このような職務の性質は，流れ作業生産の特徴である生産性効果の実現を妨げることになる。

　十分に構造化され，高い頻度で反復される安定的で同質の職務の場合には，逆になる。この場合，柔軟性のようなジョブ・ショップ生産の長所は余計なものとなる。そのかわりに重要なのは，学習効果，規模の経済，資材の流れの最適化などによって，できるだけ高い生産性を生む生産組織の形態を確立することである。まさにそれを行っているのが，流れ作業生産である。

　ところが，流れ作業生産を実現するための理想的前提とされてきた職務条件が，ますますまれにしかみられなくなってきた，という指摘がある。関係文献では，この理由は市場の動態化にあるといわれている（これについては，例えば ハマー/シャンピー［Hammer/Champy］1996を参照せよ）。その１つは，競争の国際化ないしグローバル化によって，「安定した」独占が次第に消滅しているという指摘である。競争はますます，立地の優位，例えば労務費と労務関連費に関しても行われるようになっている。もう１つは，多くの市場の飽和傾向が結果として「飽き飽きした」消費者の愛顧を得るためには製品イノベーションしかないような，製造業者の激しい競争を生んでいる，という指摘である。また，いわば「賢い」消費によって工業社会の「灰色の大衆」と「標準化された日常」から抜け出したいと望む消費者の欲求の多様化と移ろいやすさも，ますます頻繁に話題にされる。

　これらすべての展開を生産組織の領域に移すと，それはまず第一に職務の特徴の変化，そして組織化の条件の変化を意味する。特に，生産職務の安定性，同質性，そして反復回数が減少し，その結果生産構造の柔軟性という基準がより重要な問題にされることになる。もちろん，このことに関して見逃されてならないのは，市場ないし消費者のみならず，企業それ自身も，生産構造の柔軟化を後押ししうるということである。もしいくつかの企業が，例えば生産性の損失をまったく，あるいはほとんどもたらすことなく，柔軟性の利益を得るような生産構造の創造に成功したとすれば，それらの企業は，市場において製品のバラエティーを増やしたり，顧客の要望をより柔軟に考慮したり，製品イノベーションをより迅速に行ったりすることによって，この生

産構造を競争に利用するであろう。

ところで，新しい形態の生産組織を開発し実施する必要性についての議論は，新しいものではなく，70年代にすでになされている。しかし，革新的な生産形態の導入に関する当時の議論の中心にあったのは，現在のような競争の側面ではなく，むしろイデオロギー的な「人間の正義」という側面であった。その例として挙げられるのは，国の補助を受けた「労働生活の人間化」（HdA）のプログラムであり，それは特に労働科学，管理論，労働心理学，組織心理学の分野で，思考と研究に多くの重要な刺激を与えた。しかし，市場志向的なマネジメントを重視しなかったために，競争力の増大に対するその成果は限られていた。例えば，「生産2000」，「サービス2000」というプログラムのような，教育，科学，研究，技術のための政府のかなり新しいプログラムは，企業が現在直面している新たな競争上の挑戦を，強く考慮している。

競争状況ないし職務状況の変化によって必要となってきた，古典的な生産組織の柔軟性と生産性とのジレンマを解決ないし回避するための方法として，企業は様々な対応策をとることができるが，それらは3つの基本的なカテゴリーに分類することができる（このことと以下のことについては，キーザー／クビチェク1992，p.322以下を参照せよ）。すなわち，ユニット組立原則ないしモジュール組立方式の追求，相応の新素材の投入とセットになった，製造志向設計という理念の追求，そして新しい生産組織形態の開発と移植である。まず，はじめの2つのカテゴリーを簡単に説明してから，生産組織の領域におけるイノベーションを，新たな節で詳細に論じることにしよう。もちろん，ここで分析上別々に論じられるとしても，3つの方法はけっして相互に排除しあうものではなく，むしろ例えば「リーン生産」の構想におけるように，3つが同時に移植されるものであるということに注意しなければならない。

**モジュール生産方式ないしユニット組立原則の追求**

モジュール生産方式ないしユニット組立原則の背後にある理念は，標準組立部品のレパートリーをいろいろに組み合わせることによって，バラエティー豊かな最終製品を目指すことである（この点については ゼップフェル［Zäpfel］2000，p.69以下を参照せよ）。従って，最終製品のバラエティーは，もっぱら標準組立部品を組み合わせる生産工程の最終段階で作り出される。この最終段階より前の，ユニットの標準部品が生産されるすべての生産段階は，かつての大量生産（流れ作業生産といってもよい）が行われている。

ユニット組立という理念は，今日の産業において，単に1製品タイプの枠を超えたものであるのみならず，ますますメーカーや時間の枠を超えたものとなってきている。ユニットが1製品タイプの枠を超えているというのは，あるメーカーが，ある時点で売りに出すモデルのタイプを一定の標準部品からいろいろと組み合わせて作る場合である。例えば，自動車産業では，複数のモデル・シリーズにおいて特定のエンジンやギアの種類を指示できるのがふつうである。さらに，例えば大型リムジンの分野で自動車産業の種々の共同プロジェクトが示しているように，特定の部品ファミリーは，

しばしば1メーカーの枠を超えて複数のメーカーにおいて大量に製造される。そのような，メーカーの枠を超えたユニット生産を，共同事業，ジョイント・ベンチャーなどとして最も良く組織化するにはどのようにすればよいかという問題は，前章で論じたので（5章を参照せよ），ここではこれ以上取り上げない。ユニットが時間の枠を超えているというのは，部品ファミリーないし組立部品のライフサイクルと最終製品のライフサイクルとが連動しない場合である。従って，それは結局，モデル交代時に旧モデルの部品をどれだけ新モデルにそのまま受け継ぐことができるかという問題である。実際，例えば自動車産業では，特定の部品ファミリーは特定のモデル・シリーズよりもはるかに長期にわたって生産されている。例えば，シリンダブロックは3ないし4車種のシリーズを，車軸は2ないし3車種のシリーズを「生き続ける」のである。

製品タイプ，メーカー，時間の枠を超えたユニット組立は，「ユニットまでの」生産職務を安定化し，比較的高い反復頻度を確保するという機能を持っているので，今まで述べてきた大量生産の持つ生産性上のメリット（学習効果，規模の経済，プログラムされた同期化など）をすべて享受できる。文献では，モジュール組立方式に関連して，いわゆるパラドックスが述べられている。最終製品レベルでのバラエティーが著しく増大したことで「大量生産の終焉」とよく言われるが，それは，実際には，ユニット形成という既述の形態によってその生産個数が著しく増加することもまれではない部品ファミリー・レベルでの，大量生産の著しい躍進とともに生じている，というパラドックスである（これについてはキーザー／クビチェク1992，p.323を参照せよ）。もちろん，種々の理由からユニット形成にも限界がある。この点で挙げられるのは，例えば市場における戦略的な差別化の必要性がある場合である。特に，企業は，独立した第3者に標準モジュールを供給する場合，代替部品市場が出現する危険を計算に入れなければならない。また，特に1メーカーの枠を超えるユニットは，生産される財・サービスの持つメーカー特殊性を自動的に失うことになる。取引費用理論的には（詳しくは，3.3.2を参照せよ），企業の存在は，大部分，特殊な取引を行う場合の比較優位から説明される。仮に，極端な場合として，すべての取引がメーカーを超えたモジュール化によって特殊性を失うとすれば，この場合に考えられる最終製品のレベルでの企業の存在理由はもはやないであろう。この問題はパーソナル・コンピュータ（PC）業界においてすでに観察されている。すべてのメーカーがその装置をほとんど同じモジュールから組み立てているので，PC供給業者の古典的な製造段階は極端にその意義を失ってしまった。実際，PCの買い手にとっては，組み込まれる部品のレベルが決定的に重要なのである。なぜなら，特殊性がかなりこちらへ移ってきたからである。インテルやマイクロソフトのようなかつての部品メーカーないし補完財メーカーの経済的発展や，PCの市場での成功にとってこれらの構成部品ないし補完財の持つ意義が（例えば「インテル内蔵」という宣伝文句1つを考えてみよ），この展開をまったく明瞭に示している。この業界においては，まったく取引費用理論の考察のとおりに，PCメーカーのレベルでは企業という調整形態が解消しつつあり，

かつての半製品のレベルで調整が拡大しているといえる。イノベーションも，従ってまた特殊性もこちらに移ってきたので，人々もＰＣ業界といえばインテルやマイクロソフトのような企業を考えることが多くなり，オリベッティ，ジーメンス，あるいはヒューレット・パッカードのような企業を考えることがますます少なくなってきている。従って，企業の観点からすれば，多くの取引を「脱特殊化」する危険が，大量生産の理想に向けられたユニット組立の構想の限界といえる。重要なのは結局，大量生産の持つ古典的なメリットのために，モジュール組立方式によって企業としてどの程度までイノベーションと特殊性を手放すことができるかを常に考えることである。

個々の企業の観点から，技術進歩というものをあれこれ考える余地のない，ただその選択に追随するか市場から撤退するしかないような，ほとんど外生的に決定される過程として理解するならば，ユニット組立の構想の限界はもっと明らかになる。特に，イノベーションの圧力によって大きな製造の柔軟性が求められるような時代には，それまでのモジュールの多くは一瞬にして陳腐化する。例えば車体製造における軽量構造や，エンジン技術における高圧直接噴射のディーゼル機関のような重要なイノベーションは，ヨーロッパの自動車産業において，旧モデルからそのまま新モデルに受け継がれる部品の割合を，少なくとも中期的には現在の平均29パーセントから急激に減少させることになるだろう。

**製造志向設計と新素材の投入**

「製造志向の設計」というキーワードのもとに国際的な普及を見ている，いわゆる「製造を意識した」製品設計によって製造を単純化するという考えにおいては，生産性目標と柔軟性目標の双方が追求される。例えば，適切な製品構造によって，最終製品当たりの部品点数を減らしたり，作業工程や組立工程を単純化したりすることで，要素投入量や加工時間などが減り，その結果生産性が上昇する。部品点数の減少と組立工程の短縮・単純化が，実物資本と人的資本への一般的な投資や製品に特殊な投資の必要を縮小させるにつれて，同時に柔軟性の利益が得られる。事前投資がそれほど製品に特殊なものでなければ，生産設備の再配置によって，他の製品に有利となるような需要の変化にも容易に対処できる。このような生産設備の再配置の結果としての固定コストの減少は，生産設備への一般的な投資の縮小の結果としての固定コストの減少とあいまって，生産量の後退が単位コストを上昇させる作用を弱めることになる。このようにして，需要の変化のみならず，需要の変動にもより容易に対処できるのである。

生産性と柔軟性に対する同様の潜在的効果を持つのは，新素材による古い素材の代替を促進する場合である。材料工学における著しい進歩（これについては，グラスファイバーで強化された合成物質，結合材料，セラミック材料などを考えてみよ）によって，素材を換えることで，しばしば非常に低コスト（これはより低い材料価格や材料のより単純な加工によりもたらされる）で同様のないしは改良された製品機能を実現できるようになった。「組立部品に特殊な」投資（例えば，自動溶接機に代わる

接着剤の吹付け機械）の必要性を著しく低下させる新しい加工方法（例えば，溶接に代わる接着）の形で現れる，材料のより単純な加工は，市場の要求の変化へのより迅速な対応と同時に，より大きな柔軟性を可能にする。

もちろん，生産性と柔軟性を高める新素材の投入は，「製造志向の設計」という包括的な枠組みの一部ともみなすことができる。

### 新しい形態の生産組織

今まで述べてきた，生産性目標と柔軟性目標とを両立させるための2つの方法を，これから述べる新しい形態の生産組織と比較すると，これらは，流れ作業生産に現れる大量生産の組織上の基本論理を，覆しているわけではないことが明らかになる。むしろそれは，「流れ作業生産を基にしながら」それに特定の補完・変更を加えることによって，この実証済みの構想を，変化した職務条件のもとでも生き残れるようにするものであるように思われる。このことは，まさにすべての変動性を意図的に最終生産段階に集中することによって，それ以前の生産諸段階における流れ作業生産をしばしばよりいっそう拡張するモジュール組立方式を見れば，最も明らかになる。

生産組織の新しい形態ないし原則という場合に以下で理解されるのは，職務配分，命令・意思決定権の配分，プログラミングを直接的に行おうとする，流れ作業生産やジョブ・ショップ生産といった伝統的な組織形態に対する組織上の「攻撃」である。これは組織論の書物において考察の中心に置かれている事柄なので，節を改めて論じることにしよう。

### 6.4.3 新しい形態の生産組織

新しい形態の生産組織は，生産性目標と柔軟性目標を同時に実現しようという試みの結果である。ますます動態的で異質な生産職務を課されているため，古典的な流れ作業生産という制度では適切に対応することができないのである。かといって，コスト低減の圧力のため，古典的なジョブ・ショップ生産へ立ち返って，大量生産の特徴である生産性のメリットを完全に犠牲にすることもできないのである。

### 職務の配分

職務配分は，**個々の職務を形成する**段階と，個々の職務の担い手としての**組織単位を構成する**段階とに分類される（これについて詳しくは6.1.2.2.1を参照せよ）。職務配分は，最終的には，職場というミクロレベルにおいて，ある程度の**職場の専門化**が行われて具体化される（図71を参照せよ）。

・**下位職務の構成**

新しい形態の生産組織のもとでは，生産職務はいわゆる**製造ファミリー**に分割される。製造ファミリーとは，類似した製造プロセスを通過する部品ないし生産財のグ

**図71 新しい形態の生産組織における職務配分の諸段階**

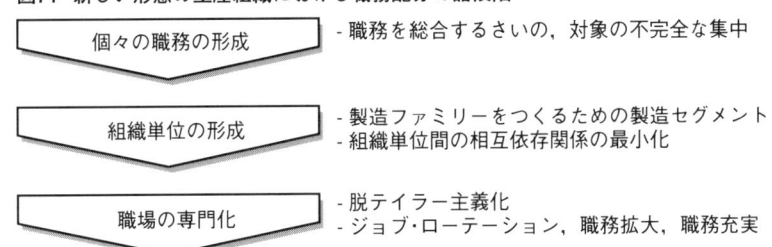

| 個々の職務の形成 | - 職務を総合するさいの，対象の不完全な集中 |
| 組織単位の形成 | - 製造ファミリーをつくるための製造セグメント<br>- 組織単位間の相互依存関係の最小化 |
| 職場の専門化 | - 脱テイラー主義化<br>- ジョブ・ローテーション，職務拡大，職務充実 |

ループである。厳密にいえば，製造ファミリーへの生産職務の細分化は，下位職務を形成するさいの基準として，対象による基準と作業による基準を併用することを基本としている。下位職務を形成する第2の段階，すなわち職務の総合を基準に考えると，製造対象の集中は不完全といえる。特定の製品の生産に必要なすべての作業が統合される流れ作業生産は，製造対象の完全な集中に基づいている。しかし，ここで職務の総合の基礎になっている製造ファミリーと，「製品」という対象との関係は，けっして明確ではない。それは第1に，1つの製造ファミリーに異なる部品ないし生産財が属しているからであり，また第2に，1つの製造ファミリーからの個々の部品がいろいろな製品に入り込むことがあるからである。

・*組織単位の構成*

　1つの製造ファミリーをつくるのに必要なすべての生産設備と作業場は，単に空間的に製造技術単位に統合されるだけでなく，組織単位にも統合される。これは，近年**セル生産**[1]と呼ばれるようになってきている（図72を参照せよ）。

　1つのセル生産内ですべての「関連する」部品が組み立てられることによって，それぞれのセル生産は「それぞれ異なっていて関連性のない」分野に専門化されるので，セル間の相互依存関係は最小化される。このように組織単位間の相互依存関係を最小化するという経済的な機能については，前に詳しく論じたので（3.3.2.4を参照せよ），ここでは簡単に示唆するにとどめておく。**相互依存関係の最小化**は，外部効果を他の組織単位に転嫁する可能性を減らし，行動の成果を，それを引き起こしたセルとしての組織に帰属させることで，より強いインセンティブ効果をもたらす。

　この点に関して古典的な組織論が強調したのは，そのようにして生じたセルとしての組織が，独立に，かつ摩擦の損失なく，企業の中の企業（この場合は，工場の中の工場）のように独自の目標設定を追求できるということである。確かに，非常に異質な製品ないし製品種が製造されるような生産に対し，明確で，同時に操作的な目標を定式化することは，困難であろう。しかし製造ファミリーのレベルで製造がセル化されたならば，目標の定式化だけでなく，また執行や統制も，いっそう容易になるであろう。異質な製品が製造される製造全体というレベルでは，多様な相互依存関係のために，成果を評価するための実用的な尺度が存在しないという観察が，セル生産化の

**図72 製造をセル化するさいのレイアウトのデザイン**

・セル化の前：完全な作業志向

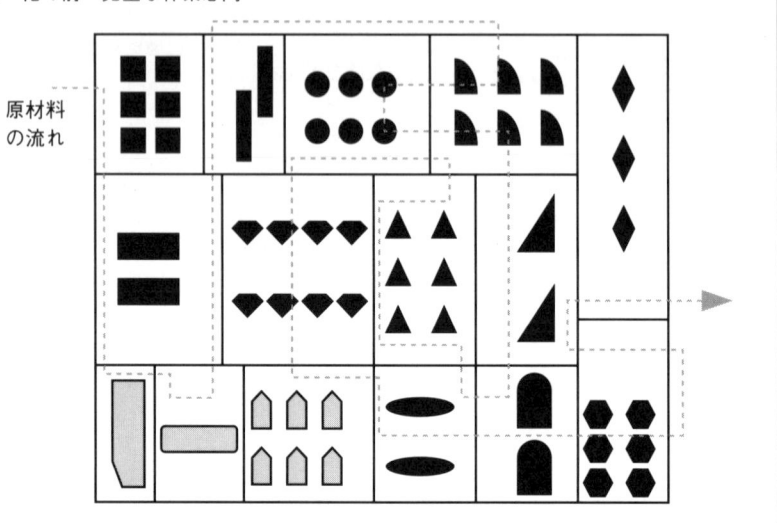

原材料の流れ

・セル化の後：製品志向の強化

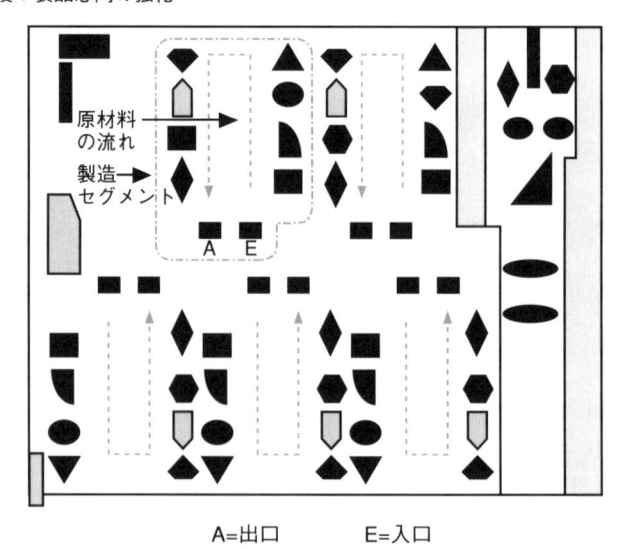

原材料の流れ

製造セグメント

A=出口　　E=入口

出典：ヴィルデマン［Wildemann］1995, p. 113

努力の源である，いわゆる「フォーカスド・ファクトリー」構想（これについては，スキナー［Skinner］1974，p.114以下；ヴィルデマン1998，p.109以下を参照せよ）の基本的な認識である。

・*職場の専門化*

　個々の職場というミクロのレベルでは，この新しい形態の生産組織は，作業のいわゆる**「脱テイラー主義化」**を特徴としている。工場内の執行労働と，中央の管理部門に移る管理的労働との区別は，ますます不鮮明になる。この区別にかわって，製造の前段階で行われる管理的な計画職務，製造の後段階にあるコントロール職務，ならびに支援的なメンテナンス職務を，第1にできるかぎり直接的な製造現場に残しておき，第2にそれらをある程度まで執行担当者の直接の製造職務に統合することになる。例えば自動車産業における車体組立を例とすると，あるラインの製造チームのメンバーとして品質検査員がおり（コントロール職務の分権化），あるいは溶接ロボットの監視とメンテナンスについても責任を持つ設備操作員がいる（メンテナンス職務の分権化と設備操作職務の職場職務への統合）（この点については，キーザー／クビチェク1992, p.327以下を参照せよ）。

　しかし，執行労働と管理的な労働との厳格な区別が放棄されるだけでなく，同様に，執行労働を作業別に細かく分解することも，減ってきている。これに関しては，ジョブ・ローテーション，職務拡大，職務充実といった構想が特によく知られている（これについては，ライヒワルト／ディートル1991, pp.439-441を参照せよ）。**ジョブ・ローテーション**とは，他の職場担当者と現場の職務を計画的・定期的に交換することにより，職場担当者の活動の自由度を高めることを狙いとしている。それに対して，**職務拡大**では，前後の加工工程を併合することによって，生産プロセスにおける職場担当者の通常の活動範囲を拡大することが試みられる。ジョブ・ローテーションと職務拡大とがもっぱら職務の種類と範囲に，つまり執行労働に焦点を当てているのに対して，**職務充実**は，現場の職務に意図的に計画，制御，コントロールの要素を加えるという意味で，前2者よりも進んでいる。職務充実は，極端な場合には，前節のプロセス組織のところでケース・マネジメントとして述べられたように（6.3.2.1 を参照せよ），職務の大幅な統合に至る可能性がある。生産の領域においてケース・マネジメントが存在するのは，1人の職場担当者（あるいは1つのチーム）が，製造対象を製造セルのすべての加工工程を通じて加工し，かつ同時に付随する計画・コントロール活動（例えば，資材の配置，ロットの作業順序の計画，機械負荷，機械の調整，品質管理）を予め決められた枠内で遂行する場合である。

・*長所と弱点*

　ジョブ・ショップ生産と流れ作業生産におけるように，ここでもまた，セル生産の長所と弱点は，職務配分の仕方から直ちに導かれる。もちろん，この場合にも，生産組織の形態は，まず命令権と意思決定権の配分を通じて，そして組織プログラミング

を通じて，十分正確に記述されるといえる。ただよく知られているように，組織問題のモチベーションの側面の処理に関しては，職務配分はわずかな示唆しか与えない。

## ・・流れ作業生産に比べた場合の柔軟性の利得

古典的な流れ作業生産に較べて，ここで述べられた職務配分形態は著しい**柔軟性の利得**をもたらす。言い換えると，もはや安定的でもないし，同質的でもなく，高い頻度で反復されるとも言えない職務状況でさえ，問題なく処理されうる。その理由として様々なものが挙げられるが，われわれにとってはそのうち次のようなものが重要であるように思われる。第1に，閉じられた，ほんの僅かしか相互に依存しないセルを作ることで，**生産の連結が切り離され**，その結果，撹乱と停止が全面的に拡がることがなくなる。第2に，セル生産の基礎にある考え方として，対象への集中が不完全であるということで，**製品に特殊な投資**が大幅に**減少**する。もちろん，いずれにしても，投資はなお「製造ファミリーに特殊」である。従って，1つの製造ファミリーに属するすべての生産の成果・部品の中では，生産単位（生産設備と労働力）は組み合わせを変えることができる。さらに，1つの部品ファミリーからある特定の部品が種々異なった最終生産物に使われるので，生産単位と最終生産物との間の関係はまったく非特殊的である。その結果，需要が他の生産物へ移行するといった外生的な市場リスクを，よりたやすく，すなわちまず製造ファミリーの組み合わせを変えることで，次に製造ファミリー内部での生産単位の組み合わせを変えることで，処理することができる。生産単位を別の用途で操業させることができるので，1つの生産物における需要後退は，流れ作業生産の場合のように，直ちに単位当たりコストの上昇（空転コストによる）となることはない。加えて，顧客が1人しかいない生産物の生産（少数取引者の状況）が，企業をホールド・アップという行動リスクにさらす度合いも，そう大きくはない。なぜなら，その最終生産物は確かに顧客が特定化されているけれども，（多くの生産物に使える）製造設備への投資はそうではないからである。結局，個々の作業現場というミクロのレベルにおける労働の「脱テイラー主義化」から生じる柔軟性効果を，無視すべきではない。部分的な職務統合，あるいは広汎な職務統合によって**作業現場担当者の質が向上**すれば，例えば，セル生産という職務分野の中で労働力を柔軟に投入することが可能になる。特に柔軟性の利得として現れる職務統合のもう1つのメリットは，しばしば，「最小のフィードバック・コントロールによる，迅速でしっかりした意思決定」及び「現場の情報」というスローガンでまとめられる。もちろん，ミクロ・レベルでのこのような効率性への効果を包括的に論ずることは，モチベーションの問題の検討を前提にしており，ここでは時機尚早である。

以上の論述から，セル生産の職務配分は，流れ作業生産の職務配分よりも，動態的で多様な職務状況によりよく適応することが，明らかだろう。

## ・・ジョブ・ショップ生産に較べた場合の生産性に関わるメリット

高い柔軟性ということでいえば，周知のように，古典的なジョブ・ショップ生産の

職務配分もそれを実現している。しかし，それは代替案とはなりえない。なぜなら，セル生産は，古典的なジョブ・ショップ生産の職務配分と比べてかなりの**生産性のメリット**を持つからである。この生産性のメリットが生じるのは，製造ファミリー，すなわち生産プロセスにおいて一定の「類縁性」を持つ部品に組織単位を**特化**させることで，対象への比較的高い集中度を保つためである。流れ作業生産によってよく知られている長所が，少なくとも部分的には維持されているのは，結局この「類縁性」のおかげである。例えば，製造ファミリーの生産プロセスにおける類似性により，セル生産の中でかなりの**学習効果**が達成される。さらに，セル内部では，よく知られている**規模とコスト逓減の効果**を持つ，比較的高度に専門化された工具や機械が投入されうるのである。

同様に，作業現場のレベルでの職務配分についても，セル生産の持つ生産性上のメリットのための論拠を，数多く見出すことができる。極端な場合にはセル生産の内部で**ケース・マネジメント**にいたるような職務統合は，作業を基準として分断された作業組織に見られる，個々の加工工程間のインターフェースや情報伝達のさいの問題点を取り除く。同時に，権限の境界とともに知覚の境界をも意図的に除くことで，個々の製造注文ごとの**プロセス加工の状況の見通しがよくなる**。同じ論法で，職務統合は，仕事の成果の作業現場担当者への**帰属**を容易にし，それによって明確な，権限と責任の構造を作り出す（集中されたプロパティー・ライツ，これについては，3.3.1 を参照せよ）。プロセスの外の顧客（他のセルないし企業外部の需要者）は，ケース・マネジメントという極端な場合には，たった1人の，しかも権限のある交渉相手を持つことになる。そして，このことは，情報とコミュニケーションにおいてかなりの単純化をもたらすのである。

作業現場のレベルでの職務統合がもたらすこのような長所から，作業現場の専門化が行われなくなることによる短所が差し引かれなければならない。ここで決定的に重要なのは，専門化のメリットは生産職務の安定性，同質性，そして反復頻度に直接的に依存しているということである。職務状況が不安定であればあるほど，多様であればあるほど，作業現場を高度に専門化しても生産性のメリットは小さくなる。職務内容が常に変化するならば，学習効果も，高度に専門化された工具の投入の可能性も，無視できる。言い換えると，大量生産の古典的条件（安定的，同質的で，高い頻度で反復される職務）がなくなるほど，大きくなった職務統合のメリットから，ますます小さくなった専門化のデメリットが差し引かれることになる。

要約すると，セル生産化のもとでの新しい職務配分は，流れ作業生産がその生産性のメリットをもう十分に発揮しなくなるところで，高い生産性を確保するとともに，ジョブ・ショップ生産のような生産性に関わるデメリットを被らずに，柔軟性をも提供するといえよう。職務の変動性を独立変数として選ぶと，セル生産化は，流れ作業生産に対しては，職務変動性が非常に低い場合に，またジョブ・ショップ生産に対しては，職務変動性が非常に高い場合に劣っていることが，明らかになる（図73を参照せよ）。

**図73 職務内容の変動性と代替的な生産組織形態**

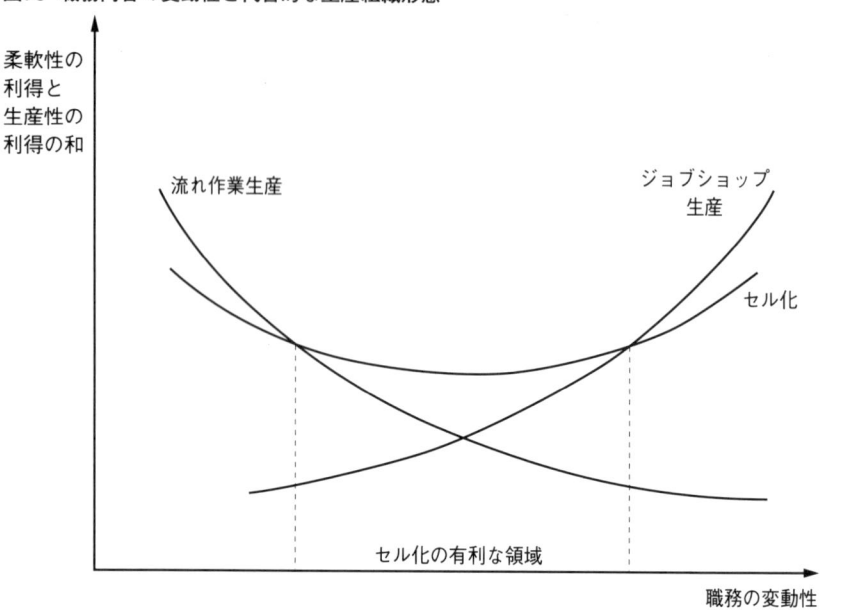

縦軸：柔軟性の利得と生産性の利得の和
横軸：職務の変動性

流れ作業生産　　ジョブショップ生産
セル化
セル化の有利な領域

　ここで使われているデザイン諸変数は，経済行為者たちのための分業・専門化の構造と交換・調整の構造とをさらに詳しく記述することには役立つものである（調整の問題）。しかしそれらの変数はまた，インセンティブの設定と情報非対称性の除去にも役立つので，デザインされた構造は，私利を追求し限定的合理性を持つ行為者たちによって実際に実行もされる（モチベーション問題にも役立つ）。職務配分からは，意思決定権の配分のためのガイド・ラインが直ちに導かれるのである。

**意思決定権の配分**

　すでに述べた工場における「作業の脱テイラー主義化」は，執行労働を統合して単に量的に多様な作業を行わせるだけでなく，その前段階の**計画職務**，後段階の**コントロール職務**，そして支援的な**メンテナンス職務など**質的に異なる活動を統合することを意味している。しかし，ここで問題になっているのは，管理的な職務内容，つまり意思決定という職務である。従って，テイラー主義的な構造を克服するさいの職務統合は，工場における意思決定職務の（その結果，意思決定権の）委譲ないし分権化を引き起こすのである。

　意思決定職務・意思決定権を製造の現場に委譲することの経済効果を，生産計画職務，コントロール職務，メンテナンス職務の順に分析してみよう。

・生産計画職務の委譲

　明らかなことは，一部でほとんどイデオロギー的に宣伝されている，企業内での意思決定の「トータルな委譲」は，機能しえないということである。なぜなら，企業というものは，制度としてまさに階層組織の最上位へのプロパティー・ライツの（従って意思決定権の）集中を基礎としているのであるが，そのような委譲は，制度としての企業の解体に等しいからである。それゆえ，基本的にどの計画職務が中央から移されねばならないかを，まず明らかにしよう。

　3.3.2.4節における取引費用理論的な考察によると，いわゆる経営政策的なインフラに関わるような職務は，下位の専門部門に委譲されえない。すなわち，そのような職務を達成するためには，応用的な実務的専門知識が問われているのではなく，一般的で，いろいろな領域を結びつける大局的な知識が問われているのである。このことは，企業の市場，技術そして組織に関する環境についての知識を前提にするとともに，全般的なコンテキストを考慮するために個々の状況を相対化することを前提にしている。それゆえ，このような経営政策的なインフラ構造に関わる職務は，「現場の」具体的な職務から解放された，相対的に独立していて大局的な見方をする，職務担当者によってできるかぎり達成されるべきであり，従って集権化されるべきである。

・・生産計画職務の集権化

　生産計画の中でも委譲できないのは，**戦略的事業分野**の決定，製品体系の決定，そして**生産プロセスの枠組みに関する事項**の決定である。戦略的事業分野の決定は，企業が長期的にその生産活動と市場活動を集中させるべき製品と市場を決めるものである。従って，ここでは生産領域に関して言えば，将来の生産可能性という意味で潜在的な生産プログラムの計画が問題になっているのである。戦略的なガイドラインは，製品体系の決定によって，後に実際に生産される具体的な製品に言い換えられる。

　生産プロセスの決定は，生産されるべき生産物の量と時間の確定から，原材料の配備，ロット・サイズの確定，キャパシティーとフローのスケジューリング，そして手順計画，機械手配にまで関わる。これらの意思決定問題のすべてが，経営政策的なインフラ構造に関わっているわけではない。しかし，各セル間に残された相互依存関係の結果として生じる意思決定問題は，このカテゴリーに属する。この相互依存関係の根拠は**工程の依存関係**であるかもしれないし，**分割できない資源**であるかもしれない。従って，例えば，ある組立部品が，種類，数量，完成時期について市場戦略的に考慮される最終生産物に利用されるかぎり，その組立部品の生産量と時期は，セル生産を越えて調整されねばならない。従って，生産物ごとに特定の期間に生産されるべき数量を中央で決めること，そしてこのガイドラインを，個々のセル生産における製造ファミリーにとって義務となる数量と期限の目標に言い換えることが，不可欠である。分割できない資源とは，多くのセルに力を貸さなければならない特殊な機械であるかもしれないし，専門家であるかもしれない。このような資源をセル生産に与えてしまうと，外部効果ないし各領域の狭い視野のために，最善の意思決定が行われない恐れ

があるので，このような資源の投入に関する意思決定は集権化されなければならない。

##　・・生産計画職務の分権化

　それに対して，その他の，ロット・サイズの計画から機械の手配にいたる生産プロセスに関する意思決定は，個々のセルにおいて分権的に計画することができる。製造ファミリーに対する数量と期限のガイドラインを前提として，残された意思決定の余地は，「現場の」経験的知識を利用すれば，少なくとも原理的には，効率的に使われる。実際にこの意思決定の余地が効率的に使われるか，それとも裁量的な行動に到らないかどうかは，補完的な制度にかかっている。

　先に述べたように，戦略的な事業分野の決定，製品体系の決定，そして生産プロセスの枠組みに関する事項の決定は委譲可能ではない。その他のすべての計画職務については，製造に委譲する可能性のチャンス，リスク及び条件を問うことができる。

　これらの（3.3.2.4の用語法を使えば，専門に特殊な）計画職務を分権化するチャンスは，問題に近接した，応用的な「現場の」知識を投入する利得に依存している。これらの知識は大部分暗黙的なものであり，「仕事を通じた学習」によって更新される。これらの暗黙知を形式化する上での障壁が，コミュニケーションについても，従ってまたこの領域における意思決定の集権化についても自然な限界となっている。このような専門知識を分権的に「管理」することの，メリットは，古典的な組織論においては，「問題に近接した意思決定」，「不測の事態への迅速な反応」，「情報・コミュニケーション・システムに負担をかけない」などといった表現によって記述されている。そのようなメリットに対して考えられるデメリットとしては，例えば「意思決定権の譲渡による中央のコントロール上の損失」，「より統合された職務プロフィールのため分業・専門化のメリットが失われること」，ないしはそれと関連して，「権限を委譲される者に対してより高い資格が要求されること」などが挙げられる。最後の点はまさに，その従業員への企業経営者の依存が高まるという問題をも含む，一連の問題を表すものである。

##　・・委譲ないし集権化の程度に対する職務特性の影響

　もちろん，ここでも，処理されるべき職務が構造化されていなかったり，変動的であったり，類似していなかったりすればするほど，これらの短所はそれだけ重要でなくなると言える。作業現場担当者に対する要求が常に変化する場合には，専門化のメリットが得られることはますます少なくなり，そして同時に資格の要求も増大する。それに加えて，創造的に活動する職務担当者を中央でコントロールするための条件も同様に悪くなる。ここには，次節で詳しく扱う，他者によるコントロールに対する有効な代替案がある。同時に，職務の動態性と異質性が増加するに伴って，分権化の持つ既述のメリットも増大する。一般化できない，永遠の「個別事例」に直面する場合には，暗黙の，経験に基づいた知識がいっそう重要になる。出来合いの，分析的に用

**図74 生産計画職務の集権化の程度**

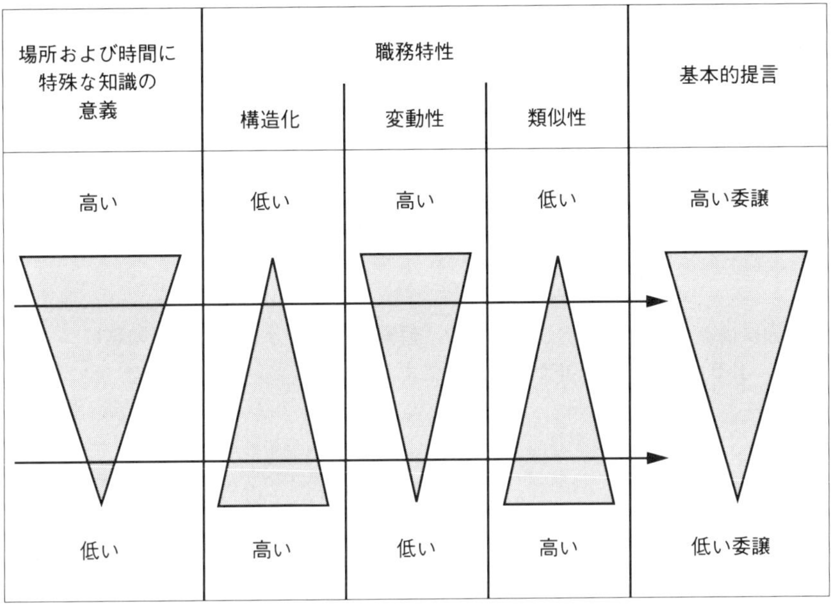

| 場所および時間に特殊な知識の意義 | 職務特性 | | | 基本的提言 |
|---|---|---|---|---|
| | 構造化 | 変動性 | 類似性 | |
| 高い | 低い | 高い | 低い | 高い委譲 |
| 低い | 高い | 低い | 高い | 低い委譲 |

意された解決方法に頼れないことから，迅速な反応と問題への近さがますます前面に出てくる。公式的な情報・コミュニケーション・システムを経由した，中央で意思決定するのに適した情報の獲得は，ますます疑わしくなる。図74は，生産計画職務を委譲するさいのデザインの提言をもう1度まとめている。

・コントロール職務の委譲

計画職務の委譲についての議論から類推すると，コントロールの「トータルな」委譲，すなわち**他者によるコントロールを自己コントロールに代えること**は，企業という内部組織が行う代替案ではない。他者によるコントロールはモニタリングの一部であり，それをなくすことは，市場を介して相互作用する独立の経済行為者のために企業を解体することを意味している。

このような委譲の論理は，原理的には妥当なので，ここではコントロール職務の分権化が持つ補完的な側面にのみ立ち入る。3.3.3.4で論じられた，プリンシパル・エージェント理論の一般的な説明・デザインへの貢献が示しているのは，非対称情報と依存関係とが相互作用することによって，経済行為者間に発生する裁量的行動の余地が，基本的には2通りの方法で処理されうるということである。すなわち，第1に，**情報の非対称性の制限**によってであり，第2に，**インセンティブの設定**によってである。非常に一般的に言えば，プリンシパルは，エージェントに対する情報の不利を補うために，コントロールという用具を使う。これは，他者によるコントロールないし

コントロールの集権化と言える。逆に,相応のインセンティブ（例えば,成果への参加）を介して,エージェントの利害がプリンシパルの利害に一本化されるならば,プリンシパルによる他律的なコントロールは放棄することができる。なお存在する情報の非対称性にも関わらず,エージェントは,自分自身にとって最善のものを取り出すために,自ら自分の労働をコントロールに服させる。まさにこの意味において,自己コントロールないしコントロールの委譲ということができる。自己コントロールとは,経済的に見れば,あらかじめ効率的なインセンティブを設定したことの結果でしかない。この背景があって,コントロール職務の委譲の問題を,よく知られたエージェンシー理論上のインセンティブ対コントロールの問題として解釈することができるのである。

**十分に構造化され，安定し，同質の，頻繁に同じように反復する職務について，（他者による）コントロール**がうまく機能するということは，よく知られている。その理由は，キーワードを集めると次のようにまとめられる。すなわち，狭く限定し，見通しやすい作業現場の職務を配列する可能性，公式的な計画・コントロール・システムを投入する可能性，作業プロセスの標準化の可能性などが，それである。職務状況が動的で異質になるほど，（他者による）コントロールはそれだけ難しくなる。第1に，プリンシパル側の必要とする情報がますます広範囲に及ぶようになり，そして第2に，テイラー主義化という，確立した負担軽減の用具，すなわち作業プロセスの標準化と公式的コントロールが役に立たなくなるからである。

このような職務状況のもとでは，**エージェントの業績について意味のある，測定可能な指標を利用できるならば**，従ってアウトプットがたやすく評価されるならば，**インセンティブの設定（自己コントロール）**は常により優れた用具となりうる（図75を参照せよ）。

セル生産の持っている1つの重要なメリットは，それが製造ファミリーという形で生産領域における組織単位に対し，比較的よく標準化された「境界線」を引けるということにある。セル生産の成果は，製造ファミリーの製造部品によって比較的明確に測定できる。後で論じられるセル生産内部のインセンティブ設定の問題にここでは触れないとしても，ここで，職務状況が動態化する場合に（他者による）コントロールが役に立たないという問題は，セル生産のレベルでは，インセンティブ・システムをセルの成果に連結させることにより解決されうるということを確認しておくことはできるだろう。

とりわけ，アメリカないし西ヨーロッパの工場を日本のそれと比較すると，ここで概略した様々なコントロールの考え方が絶えず前面に出てくる（ウォーマック／ジョーンズ／ロース1990を参照せよ）。広汎に工場に権限委譲された（そしてインセンティブによって代替された）コントロールが，同時に「ゼロ・ディフェクト生産」を伴って行われる日本側の工場に対して，アメリカ側では広汎に集権化されたコントロールが行われ，そして検査工程に膨大な資源が投入されている（工場敷地の20％，作業時間の25％）。大量生産の時代にうまく機能した作業組織上の考え方が，職務状

図75 コントロール職務の集権化の程度

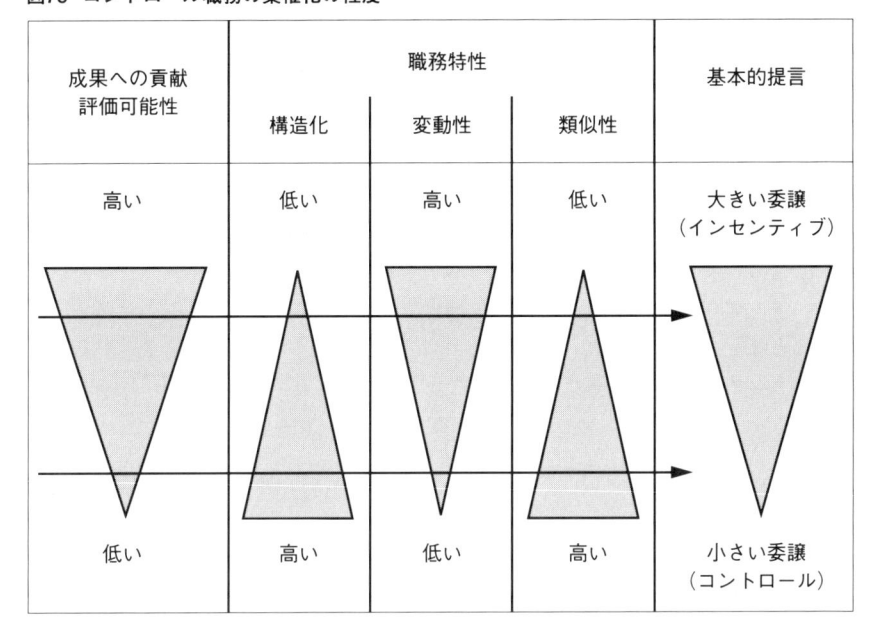

| 成果への貢献 評価可能性 | 職務特性 | | | 基本的提言 |
|---|---|---|---|---|
| | 構造化 | 変動性 | 類似性 | |
| 高い | 低い | 高い | 低い | 大きい委譲（インセンティブ） |
| 低い | 高い | 低い | 高い | 小さい委譲（コントロール） |

況が変化した後でははっきり劣ったものであるということが，明らかになっている。

・メンテナンス職務の統合

　まず，直接的な製造そのものにメンテナンス職務が統合されるという場合に，いったいなぜ意思決定権の委譲が問題になるのかということを説明しなければならない。その理由は，メンテナンスと修理の作業が，発生時点についても，その進行の点でも完全には計画できないということである。この作業は，通常，**判断力と創造的な問題解決能力**を必要とする。従って，そのような職務に関わる従業員は，意思決定の自由度と，比較的包括的な訓練を必要とする。それゆえ，製造職務へのメンテナンス職務の統合は，この意思決定の自由度を委譲することと同じことになる。

　少し前に簡単に述べた分権化の論理は，原理的には，メンテナンス業務についても等しく当てはまる。共同で利用されている分割できない資源とか，あるいは工程の依存性によって，各セル間に重大な相互依存関係がないかぎり，メンテナンスの分権化は，分散した暗黙の専門知識をよりよく活用するというよく知られたチャンスと，専門化のメリットを失うというリスクを持っている。古典的な組織論においては，分散した専門知識をより効率的に投入することについては，故障の速やかな除去による設備の利用度の上昇，労働者をダウン時にも投入しその能力一杯まで作業させること，あるいは統合的な作業によってモチベーション上の効果が生じることといったメリットが，挙げられる。通常の作業職務にメンテナンスを統合することの**モチベーション**

効果は，例えばプロパティー・ライツ理論の用語を用いると次のように説明できる（これについては，3.3.1を参照せよ）。すなわち，自分の機械を自らきちんと使える状態にしておく人というのは，その機械の有用性（Verfügbarkeit）に影響を与え，「意味ある」メンテナンス活動の結果を内部化しているのである。なぜなら，内部化とはメンテナンスの失敗の責任が，誰に属するかを明らかにしているからである。従って，職務の統合は，プロパティー・ライツの集中を引き起こし，そして負の外部効果を引き起こす可能性を制限することで，インセンティブを強化する。

設備の利用とメンテナンスを統合して専門化のメリットを放棄することについては，デメリットとして，学習効果の損失から，より高い資格が求められるようになること，そしてそれに関連して人的資本の供給者に対して企業経営者が依存するようになることなど，すでにいろいろと言及されてきた。もちろん，メンテナンス職務の統合の問題においても，作業現場の職務がもともとすでに異質で，変動的であれば，「失うかもしれない専門化のメリット」はそれだけ少ないと言える。同時に，分権的な知識を活用するというメリットは，上昇する。従って，新しい生産組織形態は，先程述べた職務状況の変化にあって，メンテナンスの領域においても大幅な分権化にいたると言えるように思える。

しかしながら，メンテナンスにおいても，**分権化できない職務**が残っている。高度のテクノロジーによる多くの製造設備は，細部については，特別の教育を受けた専門家たちによってはじめて理解される。そのとき，その人たちの知識は，多くの複数のセルが（実際のメンテナンス業者の場合には，多くの企業が）利用せざるをえない分割不可能の資源という性格を持っている。われわれの用語法によれば，このようにして各セル間の重大な相互依存関係が生じ，メンテナンス職務のセルへの委譲（例えば，専門家を1つのセルに固定的に配属することによって，あるいは彼の職務を設備のオペレーターが引き受けることによって行われる委譲）は当然できなくなる。委譲の問題は，一般に，はじめに述べたように，分割不可能性と工程の依存関係とによる相互依存の問題をけっして発生させないような「どちらかというと単純な」メンテナンス業務についてのみ，取り上げられる。

まとめると，変動的で多様な職務状況のもとで生き残れる新しい形態の生産組織は，活動分野の拡大のみならず，（完全にではないにしても！）広範囲にわたる工場への**意思決定権の委譲**をも求めているのである。

セル生産化の基本的な特性は，現在では，例えば購買，設計と開発，あるいは品質保証というような間接部門にも移植されるようになった。それのよく知られた例は販売セルであって，そこでは注文の処理とデザインが製品ないし対象別に一緒に行われているのである。

### 命令権の配分

命令権の配分は，職務の配分や意思決定権の配分と無関係ではない。集権的な意思決定権が例えば計画（事業分野計画，製品体系の計画，生産プロセスの基本設計）の

領域に残される程度に応じて,ライン組織あるいはラインアンドスタッフ組織に従う適切な集権的命令構造がなければ,これらの命令権は効果を持たない。他方,すべての意思決定権が分権化されていれば,集権的な命令構造は無効であろう。

さらに議論を進めるためには,命令システムにおける2つの段階を分けて考えてみよう。すなわち,各セル**にまたがる**命令構造と,セル**の中**の命令構造である。さらに,命令系統は事務手続きの経路であり,従ってまた同時に情報の経路であるということが,考慮されるべきだろう。それゆえ,命令構造によって（公式的な）情報構造も同時に確定される。

・セルにまたがる命令構造

セルにまたがる命令構造は,**ライン組織ないしライン・アンド・スタッフ組織の痕跡**ということができる。ライン組織ないしライン・アンド・スタッフ組織は,事業分野計画,製品体系の計画,生産プロセスの基本設計,分割不可能な資源の投入ないしメンテナンスなどに残されている集権的な意思決定権を有効に実施させるために必要とされる。大部分の意思決定権がセルに委譲されてしまったので,ライン組織ないしライン・アンド・スタッフ組織の痕跡ということができる。分権的に認められた意思決定の余地に対して,トップ・マネジメントにまでいたる事務手続きのルートと情報の経路を構築する必要はない。加えて,特定の前提条件のもとで相互依存関係が残っている場合でさえ,垂直的な情報と事務手続きのルートは,非常に単純な水平的情報構造によって代替可能である。

製造のセル化が効果的に実行されたならば,セル間に残された交叉の場所は,比較的見通しやすいものである。結局,供給側のセルの製造ファミリーのレパートリーから正確に定められた部品を,供給すること,これだけが問題になる。この点で,セル間に標準化された相互依存関係があるということもできるだろう。まさにそのような標準化された相互依存関係は,集権的な情報・命令構造を作らなくても,比較的簡単に分権的に,すなわち最小のフィードバック・システムによって調整されうる。その限りで命令構造と組織プログラミングに違いはなくなるのである。

ヴィルデマン（1998）はこの点に関連して,**スーパー・マーケット原則ないし「引き取り」の原則**の導入について述べている。スーパー・マーケットにおいては,商品は棚に置かれており,顧客は商品をそこから取ってくればよい。棚の商品が空になるか,あるいは一定量を下回れば,スーパー・マーケットの従業員が倉庫から商品を取ってきて再び棚に補充する。さらに,倉庫が,一定の最小在庫量を下回れば,サプライヤによって再び補充される,というように続く。「空になったバッファ在庫を再び補充せよ」という単純な規則によって,価値形成段階の連鎖全体にわたって,そのつど供給段階の側で供給の注文ないし製造の注文が起こされる。

日本の工場においてこのスーパー・マーケット原則は**カンバン・システム**として広く普及している。一定の在庫部品の入ったコンテナが,材料の搬送と情報の伝達の役割を同時に果たし,製造段階ないしセルの間の調整を請け負う。そのコンテナが空に

なるか，一定の最小の部品在庫量を下回るかすれば，関連する部品供給側に対して供給ないし生産の注文が自動的に起こされる。これは，例えば，コンテナから取り出されて見えるようにされたいわゆる**カンバン**を介して，実行される（図76を参照せよ）。

各生産工程 n の後に 1 つのバッファ在庫置場がある。バッファ在庫置場にある部品の詰まったコンテナには，生産指示カンバン P が付けられている。引き取りカンバン T を付けたコンテナが，生産工程 n の前の小さな搬入置場に置かれている。工程 n における生産は以下のような材料と情報の流れをを引き起こす・

1. 後工程 n＋1 から従業員が 1 枚の引き取りカンバンと空のコンテナを持って生産工程 n のバッファ在庫置場にやって来る。従業員はそこで空のコンテナを部品の入ったコンテナと交換する。部品の詰まったコンテナから生産指示カンバンをはずして，カンバン・ポストに入れる。持ってきた引き取りカンバンを部品の詰まったコンテナに付け，そのコンテナを持って中間在庫置場を去る。空のコンテナはそこに残しておく。
2. そのカンバン・ポストは工程 n の従業員によって頻繁に空にされる。その中に生産指示カンバンがあれば，そこに記載された品種と数量について製造注文が発せられる。
3. その製造のために必要な部品を工程 n の従業員は工程 n の搬入在庫置場のコンテナから取り出す。このコンテナが空になれば，そこから引き取りカンバンをはずし，搬入在庫置場にあるポストにそれを入れる。
4. その部品を工程 n の従業員は，手順 2 で述べた部品を製造するために，使用する。完成した部品は，手順 1 で工程 n に置かれた空のコンテナに入れられる。
5. そのコンテナが新しい部品で満たされると，従業員はすぐに生産指示カンバンを付けて，コンテナをバッファ在庫置場に置いておく。
6. 工程 n の従業員は一定の時間の後に，搬入在庫置場のポストの中の引き取りカンバンと空のコンテナを前工程 n－1 のバッファ在庫置場に持って行き，手順 1 でのように空のコンテナを部品の詰まったコンテナと交換する。

手順 6 は，前工程 n－1 のことであるけれども，手順 1 に対応する。これで回路が閉じる。製造は，最終段階（例えば，完成品倉庫）から調達（例えば，原料のための）にいたるまでこのようにして組織化される。材料と情報はそのつど反対の方向に流れる（これについて詳しくは，キュッパー／ヘルバー1995, p.294 以下を参照せよ）。

このように生産注文が，費消する工程から生産する工程へ1段階先に与えられることによって，生産の進行全体は，それぞれ2つの生産段階ないしセル間の最小のフィードバックを通じて調整される。生産プロセスの集権的な制御を伴うすべての情報の集中化は，不必要である。スーパー・マーケットの例の場合と同様に，部品供給をうまく機能させるために，すべての「顧客」に質問し，その購入計画をシミュレーションし，そして複雑な待ち行列と計画モデルについて膨大な計算をする必要はない。

**図76 カンバン・システムにおける部品と情報の流れ**

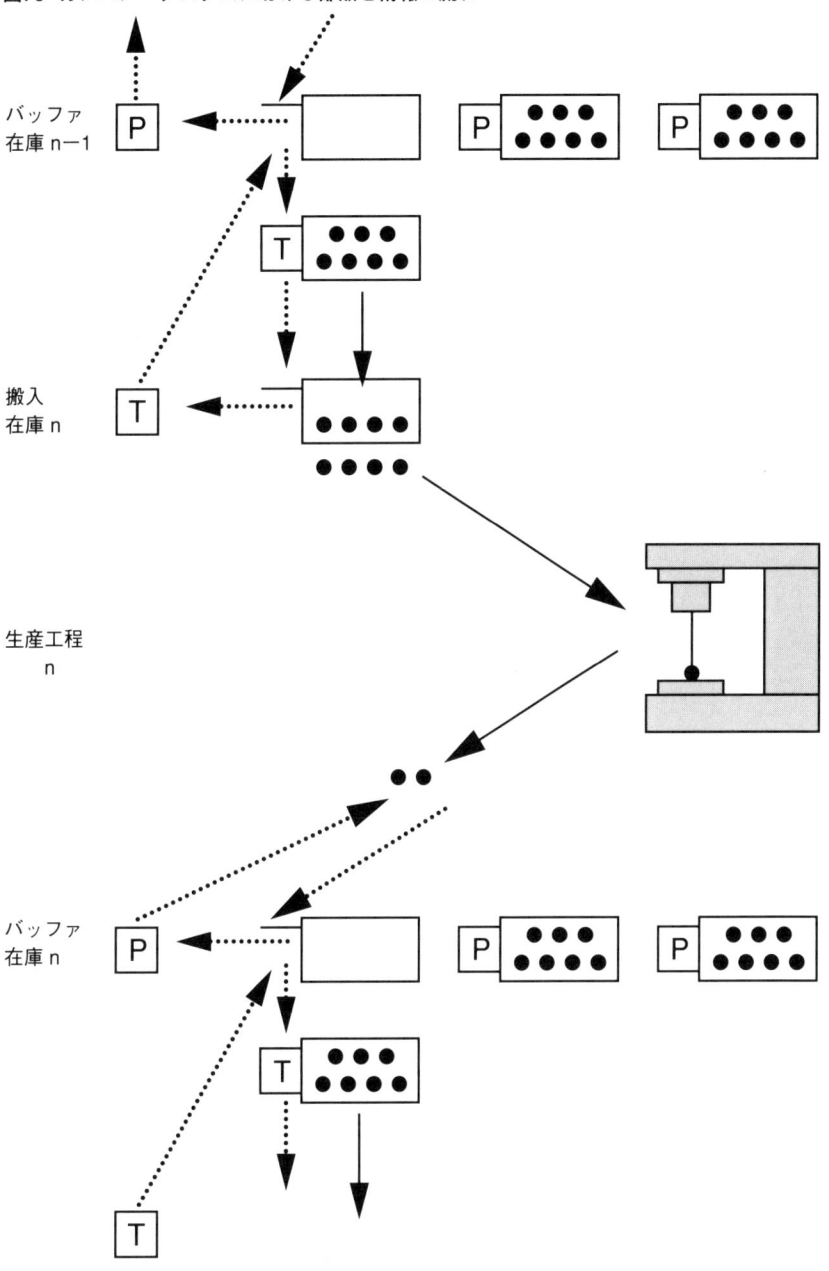

バッファ
在庫 n−1

搬入
在庫 n

生産工程
n

バッファ
在庫 n

出典：キュッパー/ヘルバー［Kupper/Helber］1995, p.293

価値形成プロセスの各段階が，必要なときにコンテナを満たすという単純な規則に従えば，大きな情報処理費用なしに部品供給はうまく機能する。従って，集権的な計画システムにおける場合とは異なり，分権的なカンバン・システムにおいては誰もそれほど多くの情報を処理しなくてもよい。あるいは，まったく処理しなくてもよい。

ここで，集権的な計画経済に対する分権的な市場経済の優位についてのハイエク[Hayek]の見解とのアナロジーが，自然と思い浮かべられる（ハイエク1945を参照せよ）。空間的，時間的に特殊な状況についての個人的な暗黙知をも中央の計画当局に伝える必要性を考えると，集権的な計画経済の情報要求は，禁止的に高い。それとは反対に，価格の中に凝縮された情報を単純な方法で分権的に反応する人々に利用しうるようにする，市場メカニズムはもっと効率的である。ここでは行為者たちは，価格という情報から，自分たちの，分散した，必然的に限定された知識を有効に処理しうるのでる。従って，例えば，銅の価格高騰は，個々人がその価格変動の背景を特に徹底して調査しなくても，数十万の人々の行動を望ましい方向に導くのである。

情報の流れを生産の進行そのものに直接的に連携させるほど，分権的な制御は有効になる。そこで，例えば，**カンバンを付けたコンテナは，情報と部品を同時に運んでいる**。従って，情報は，例えば書類への記入やコンピュータへのインプットによって，製造の進行そのものに加わえて生み出されたり，伝えられたりする必要のあるものではなく，むしろ物理的な生産の「（結果として生ずる）廃物」なのである。日本の工場は，多くの点で，情報プロセスを可能なかぎり生産プロセスに直接的に連携させ，そしてそのようにして情報の集中化と集権的な命令構造を不必要にしようとしている。生産における現場在庫，標準化されたコンテナ，設備の運転待機を示すランプ，産出物の種類と量を視覚化するために着色されたコンテナ，口頭でのコミュニケーションを可能にする作業場を空間的に集積するレイアウト，これらは，生産と情報を結びつける試みの若干の例にすぎない（ヴィルトマン1998を参照せよ）。

自分の職務領域と，その達成に必要な資源及び協働パートナーとについて作りだされた見通しのよさは，ルールとか命令の必要性，従って管理階層の必要性を減少させる。集権的な命令構造，事務手続き，そして情報構造は，生産と情報の連携によって解体されるのである。

最後に，ここでもう１度，スーパー・マーケット原則を介した**小さなフィードバック・システムの導入**に対する，はじめに挙げた制約について論じておくべきである。この原則は，**生産段階ないしセル間の相互依存関係が標準化されている場合にのみ**，機能する。市場から要求される職務の変動性と多様性がセル生産化によって対応できるかぎり，すなわち顧客の要求が製造ファミリーの既存の部品のレパートリーで応じられるかぎりでは，「空のコンテナを満たせ」という一般的な規則の情報内容は妥当する。この情報内容は，引き取り側の工程が過去にすでに費消してしまったものの生産を，引き渡し側の工程において開始させる。従って，引き取り側の工程は将来においても同じ品種を同じ数量で費消することが，自動的に仮定されることになる。しかし，市場の要求がセルの部品レパートリーからもはや組み合せられないなら，カンバ

ンは情報の運び手としては不適切である。前段階で生産されるべきものは，もはや以前と同じものではない。生産プロセスの集権的な計画と制御，従ってまた集権的な情報と命令の構造が必要になる（この点については，ウィルデマン1998, p.37, p.47以下を参照せよ）。

・セル内部の命令構造：グループの意義の増大
　新しい形態の生産組織にとって特徴的なのは，セル内部で階層的な命令構造が柔軟になっていることである。極端な場合には，セルの中で広汎な自己組織化ないし自己制御が行われるように，固定的な命令系統を放棄するようになる。このコンテキストで，**チーム構造ないしグループ組織**への移行，あるいは**グループ作業**への移行が話題になっている。

　文献ではグループ組織はふつう少し広く定義される（これについては，例えばシャンツ［Schanz］1996 を参照せよ）。すでに職務の配分と意思決定権の配分について論じられた側面が，基本的なメルクマールとして重要である。そのさい特に重要なのは，**製造へ意思決定権を委譲すること，ないしは執行労働に管理的な職務という要素を加えること**である。この側面はここでは詳しく繰り返す必要はない。むしろここで重要なのは，なお残されている組織デザインという問題を扱うことである。すでに述べたように，セル生産の職務に「管理的な職務要素を加える」と，例えばセル内部の職務配分を制御する方法にかんする問題が提起される。この内部的な職務配分は，一方の極端な場合には，関係者に完全に前もって与えられているが，しかしまた，他の極端な場合には，参加的な意思決定過程において場合ごとに新たに交渉され，協定される。前者の代替案は，ライン組織の頂点に1人の職長がいるというセル内の階層的命令構造を前提とするのに対して，後者の代替案はまさに，前もって与えられる階層的なライン組織の廃止を意味する。後者の場合には，作業配分をそのつど新しく調整することで，セル生産における**一時的な命令構造**もそのつど新たに取り決められる。例えば，一定の期間ないしは特定の注文についてチームの成員によってその役割を果たすように選ばれる**グループのまとめ役**，あるいは**コーディネータ**という形の命令構造がそのつど取り決められるのである。

　要約すると，職務配分と意思決定権の配分の後になお，命令権の配分の代替的な形態と言えるような組織デザインの問題が残っている。セル生産内部における硬直的な命令系統が少ないほど，そして内部的な作業配分が参加的な方法で調整されるほど，それだけセル生産内のチーム組織あるいはグループ組織が適切なものとなる。従ってまた，この意味で**様々な段階のチーム組織の**について語ることもできる（図77を参照せよ）。

　チーム組織あるいはグループ組織の概念が，基本的に固定的な命令系統の廃止を意味すると定義されたので，今度はそのチャンス，リスク，そして適合領域を議論してみよう。

**図77 さまざまな段階のチーム組織**

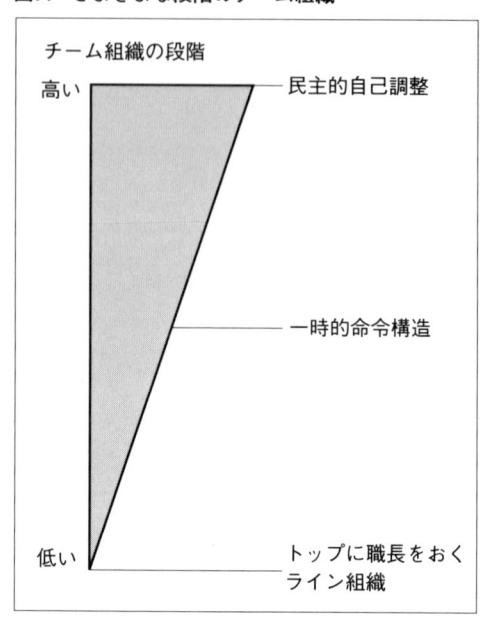

```
チーム組織の段階
高い ─────────── 民主的自己調整


              ─── 一時的命令構造



低い ─────────── トップに職長をおく
              ライン組織
```

・チーム組織ないしグループ組織のチャンス，リスク，そして適合領域

　グループ作業の**チャンス**は，参加的な作業のデザインによるインセンティブ効果と，人的資本のすばやい構築ならびに人的資源の広範な利用のチャンスによって実現される柔軟性のメリットにある。

　参加的な作業デザインは，個々のグループメンバーの自己調整の度合いが高くなるということに反映される。このことは，適切な効用関数があれば，モチベーションに関する効果を持つだろう。例えば，より興味のもてる職務，より少ない単調さによって，あるいは，作業プロセスが自分の意思決定の結果であったり，少なくとも共同の意思決定の結果であったりするがゆえに，モチベーションに関わる効果があるだろう。さらに，様々に変動する職務をそのつど適性に応じてグループ内部で配分し，そのようにして硬直的な作業構造に対し生産性上の長所を達成する可能性がでてくる。確かに，特に重要なのは，一方で意識的に要求されるグループメンバーの多機能性から生じ，他方で新たな職務のために作業構造をそのつど新しく設計することから生じる柔軟性のメリットである。グループメンバーの多機能性に必要な前提条件は，グループメンバーの個々人が，ベルトラインで高度に専門的な仕事に従事する場合よりもずっと多種多様な人的資本を駆使できる，ということである。グループメンバーが長期にわたり相互作用を行い，このようにして明示的な知識だけでなく，共通の活動を通して暗黙的な知識をも伝えたり手に入れたりすることができるので，作業グループを通してそのような人的資本の構築がコスト的に有利に実現可能となるのである。あるグ

ループメンバーがもつ様々な知識は，短期間のうちに他のすべてのグループメンバーも自由に使うことができるようになる。

グループ作業の**リスク**は，専門化のメリットを失うことや，参加的な意思決定プロセスのために費やされる時間とコストのかかる資源とならんで，とりわけ**グループ内部のモラル・ハザードの問題**と，**グループと管理層との間のモラル・ハザードの問題**の中に現れている。まず，グループ内部のモラル・ハザードの問題の可能性について議論してみよう。

効果的なセル生産化は，なるほどセルのレベルで測定可能な業績をもたらすが，セル内の個々のグループメンバーの個人の業績貢献については何も言わない。セル生産内の作業構造が柔軟であるほど，そして（その結果）セル生産に要求される職務が変動的かつ異質であるほど，この個人の業績貢献の測定はそれだけ困難である。そのことから，受け入れられる費用で他のメンバーの業績をモニターし，評価することは，個々のグループメンバーにはできないと結論づけられる。機会主義的行動が発生する余地を狭めるためには，報酬システムをセルの成果に連動させるだけでは不十分である。手抜きによって引き起こされるセルの成果の減少は，それを引き起こした者に部分的にしか打撃を与えないが，より少ない努力，より少ない注意などはすべてその人の利益になるので，自分の「骨惜しみによる利益」を越える損害をグループに転嫁するインセンティブが存在する。この場合，アルシァンとデムセッツ（Alchian/Demsetz）によって記述された，「チームにおける手抜き」という古典的問題が重要なのである（アルシァン／デムゼッツ1972を参照せよ）。

さしあたりモラル・ハザードの問題がないとすれば，セル内の**職務状況**が動的で多様なものからなるほど，グループ組織によって失われる専門化のメリットが少なくなるというよく知られた議論が，ここでも成り立つ。同じ論法で，そのさい，グループ組織の柔軟性という可能なメリットが，ますます決定的になる。そこから導かれるのは，セル内の職務のダイナミックさと多様性が増すとともに，グループ組織がますます有利になるということであるが，これは，上で述べたモラル・ハザードの問題点を考えると，修正を要するように思える。すなわち，職務のダイナミックさと多様性が増すにつれて，裁量的行動の余地もますます大きくなるので，他のチームメンバーの個人的業績のコントロールもますます困難になる。「チームにおける手抜き」の問題が解決されなければ，グループ組織は機能しえない。

グループ内部の機会主義的行動を減らすために，**2つの解決策**が考えられる。プロパティー・ライツ理論の用語法で言えば，第1の解決策は**所有権の集中**に基づくものであり，第2の解決策は**所有の代用物の投入**に基づいている（3.3.1節を参照）。

アルシァンとデムセッツ（1972）は，「チームにおける手抜き」を防ぐために，プロパティー・ライツをグループから取り上げて1人の行為者（いわゆるモニター）に集めることを提案した。それ以前には，グループメンバーは，一定の明確に定められたインセンティブの受取に対して，一定の明確に定められた貢献の提供を義務づけられていた。モニター（ないし，モニターの階層における最上位のモニター）は，意思

決定権とコントロール権を持ち，彼はこれらを残余請求権とドッキングさせることで効率的に実行するのである。プロパティー・ライツ理論においてすでに詳しく論じられたこの提案は，ここでの状況において一連の重要な含意を有する。この提案は，結局，これまで新しい形態の生産組織について特徴的として記述してきたデザイン・パラメタの撤回を意味する。職務配分のフレームワークにおいて記述されたような，執行労働の作業内容と管理的な作業内容に関して製造職務を豊かにすること，製造へ意思決定権（計画，コントロール，メンテナンス）を委譲すること，固定的な命令階層を撤廃すること，これらはモニタリングの論理に矛盾する。モニタリングは，命令権に関しては，その頂点に残余所有者が立っている硬直的なライン組織を意味する。この残余所有者は，資源の投入についてすべての基本的な意思決定権を持っている。できるかぎり有効にコントロールできるように，モニターはその被雇用者に対し，できるかぎり単純で見通しのきく職務領域を作り上げるであろう。

　これまでに述べられたことによれば，アルシャンとデムセッツによって普及された古典的なモニター構造は，なるほど「チームにおける手抜き」の問題を解決するかもしれないが，しかしその代償として動的で多様な職務状況の要請に応じないことになるだろう。これまでに明らかになったように，集権的・テイラー主義的な構造の持つ専門化のメリットは，より変動的で異質なものからなる生産職務のもとでますます失われ，そして同時に生産組織の柔軟性がますます強く前面に押し出されてくるので，新しい生産形態は職務の統合，意思決定の委譲，そして脱階層組織化に基づくものとなっている。モニターによる解決は，市場によって緊急に要求されている柔軟性にとって不可欠な，これらのデザイン・パラメタの放棄を求めている。このことから言える結論は，「チームにおける手抜き」の問題は，職務の統合，意思決定の委譲，脱階層化を放棄せずに，解決されなければならないということである。

　他に取りうる解決策は，所有権ではなく，**所有の代用物**に手掛かりを求めるものである。すなわち，それはグループ文化のメカニズムを活性化することである。製造チームが，社会学者によって社会集団と表現される制度に結合されていく程度に応じて，グループ内部のモラル・ハザード行動は２つのメカニズムを通じて自動的に制限される。第１に，社会集団は，様々に共有された経験を持つため，**情報共同体**である。コミュニケーションは，何度も試された共通の解釈メカニズムを通じて，長い説明や正当化なしに，それゆえ比較的摩擦もなしに，機能する。情報の大部分が速やかに共有された情報になるということで，情報の非対称性，従って気づかれずに行う手抜きの余地ははるかに少なくなる。第２に，社会集団は，グループとの個人の同一化，そして「われわれ」という感情の発生を通じて，**制裁共同体**でもある。追放，尊重の取消し，社会的名望の喪失，「面目の失墜」などは，グループとの同一化が個人の効用関数の構成要素であるときには，常に規則の違反者に対してグループが行う制裁の重要なオプションである。情報共同体に基づく優れたコントロール手段と，制裁共同体に基づく有効なインセンティブ手段とは，社会集団においてモラル・ハザード問題に大きな役割を演じなくさせる。

ここで述べた，グループ文化のメカニズムのような所有の代用物を直接的にデザインすることは困難である。通常は，せいぜいのところ，それを助長する環境が生み出されるように，配慮しうるにすぎない。そのさい特に3つの条件が重要に思われる。ここで簡単に解説しておこう。社会集団の形成は，参加者による徹底的な**フェイス・トゥ・フェイスの相互作用**を前提にしている。明らかに，技術的なコミュニケーション媒体は，人間のコミュニケーションのレパートリーの特定の側面しか伝えられず，それゆえ必要なグループ凝集を作り出すには十分ではない（このことについては，例えば，フォン・ローゼンシュティール［von Rosenstiel］2000, p.292以下を参照せよ）。集中的に，そしてフェイス・トゥ・フェイスでコミュニケーションを行う必要性には，第2の条件，つまり社会集団の成員数には限界があるという条件も関連している。例えば，文献では，**製造チームの上限**はおよそ20人ぐらいと考えられている（この点については，シャンツ1966, p.189を参照せよ）。さらに，グループ内の固定的な階層的命令構造を放棄したときに得られるような，チームメンバーの**相対的な平等**が，グループの凝集を促進するといわれている。

　セルにまたがる命令構造とセル内の命令構造を考察すると，第1に，インセンティブ・システムを明確に測定可能なセルの成果へ連動させること，第2に，セル内に社会集団を形成するための諸条件を創設すること，これらが行為者たちの効率的な調整とモチベーションにとって決定的に重要であるということができる。

　「われわれ」という感情を作り出したり固有のグループ規範を作り出すといったグループ効果は，確かにグループ内部のモラル・ハザードのリスクを減少させるが，しかしながら同時に，セル・レベルで正確なアウトプット規準が存在しない場合にはとりわけ，**グループと管理層との間のモラル・ハザードのリスク**を高めるものとなる。管理層に反して自由裁量で行動する余地を持つようになる理由として，グループが共同作業の中である特定の職務を成しとげるために作り上げた，特殊な人的資本が挙げられる。他の部門，他のグループ，あるいは他の人々はこの人的資本をうまく使うことが**できない**ので，その潜在的パフォーマンスを適切に判断し，正確なパフォーマンス規準とアウトプットの目標をうまく与えるための最良のノウハウを使いこなせるのは，そのグループ自身であることになる。グループの規範や価値に裏打ちされている自己の利害を主張することで，グループが，例えばパフォーマンス規準の作成のためにパフォーマンスを評価するさいに，有利な労働，賃金関係からうまみを得るために，自分の可能性を故意に低く評価する，といった事態が引き起こされうる。その上さらに彼らは，過失やいい加減な点を隠し，企業固有の資源を私的に利用するために自由裁量で行動する余地を利用できるのである。

　一方でグループが機会主義的に行動する可能性と，他方で企業が柔軟性を持つ必要性が高まっているという2つの間にあるトレード・オフを解決するために，本質的な点で従来のコンセプトとは異なるようなグループ作業の形態が考えられる。すなわち，グループあるいはチームの共同作業が，全員での職務を達成する場合に限るという形態である。それによると，グループメンバーの誰もが新しい職務やグループを割り当

てられる。航空会社は，この原則に従ってクルーを配置している。航空会社は，フライトの間にクルーが引き受けるすべての職務ないし役割を定義し（例えばコックピットでは機長，副操縦士，場合によっては航空機関士，客室ではチーフパーサー（責任ある地位にあるキャビン・アテンダント），場合によってはセカンドパーサー（代理で責任を負うキャビン・アテンダント），そしてさらに飛行機のタイプに応じて数が異なるキャビン・アテンダント，それぞれのフライトごとにその資格を持った行為者に対して以上の役割のうちの1つを割り当てるのであり，その結果クルーは常に配置を変えながら仕事をすることになるのである。人的資源の配置に関して高い柔軟性を持っていることに加え，このコンセプトはその上さらに2つの本質的なメリットを持っている。一方で，乗務員間で絶え間なく経験や知識が交換されるので，その結果，例えばサービス部門で，改善策を比較的コストをかけずに取り入れることができる。それに加えてさらにこのシステムは，長期的に共同作業するチームが，仕事の「正しい」割り当てについての，管理層の利害に反するような規範を発展させる，というリスクを減少させている。このリスクは，サービスを低下させ，さらにセーフティー・チェックの管理が怠慢になってしまうという結果に導く可能性があるのである。

　日本では，多くの工場で製造部門や開発部門においても，作業者，職場長とエンジニアの絶え間ないローテーションが行われるのがふつうである。新しい仕事の手順はどれもたちどころに標準化される。すなわち正確に記述され，実施するさいに義務的なものとして規定されるので，どの労働者も，多額の準備コストを用意することなしに新しい職務を請け負うことができるのである。このような標準化コストは，労働者自身がいわゆる標準作業指示書を作成し，タクト時間，作業の流れ（Arbeitsabfolge）や標準在庫に関する正確な指示を確認することによって少なくなり，標準化プロセスにおいてもフレキシブルさが保たれるのである。このように分権的に実行される標準化は，フレキシブルな生産プログラムにとって前提条件であるといえる。なぜなら，生産プロセスを変更するさいに，直ちに，そしてその場で様々な適用の可能性が吟味され，そしてテストされたヴァリエーションのうちの最良のものが，標準の作業方法として規定されるからである。柔軟性のメリットを利用するための，そしてモラル・ハザードのリスクを減少させるための手段として，かなり意識的に労働力の絶え間ないローテーションが行われる。さらに加えて——これはこのようなグループ作業というコンセプトのさらなるメリットであるのだが——，まさに先のクルーの場合のように，役割がすでにあらかじめ与えられているので，グループ内部で時間やコストのかかる参加的意思決定プロセスに費やす資源を減らすことができるのである。

### 組織プログラミング

　組織プログラミングという方法は，職務配分と意思決定・命令権の配分とに密接に関連している。標準化された作業方法に基づいてくりかえし，明確に定義された役割ないし職務が，行為者個々人に割り当てられるというまさにその理由から，上述のグループ作業のコンセプトはとりわけ生産的であるといえる。また，**資格のプログラミ**

ングによって，すべての労働者が新しい活動のためのスタンダードを定め，新しいスタンダードをすぐに受け入れることができるようになり，またそれによって労働者の誰もがどの生産部門に対しても投入可能となるので，このコンセプトは非常にフレキシブルであるともいえる。さらにまた，このコンセプトはとりわけオープンである。なぜなら，標準作業シートが自由裁量的な行動の余地を非常に制限するからである。ここでは，フレキシブルな**プロセスのプログラミング**（Ablaufprogrammierung）がうまくいっているように見える。

それに対して，グループ作業に関する伝統的なコンセプトの場合，自己調整の度合いが高くなればなるほど，流れ生産に典型的にみられるプロセスの標準化が難しくなる。職務を統合すること，そして固定的な命令階層を持たないシステムの中で，管理的要素や作業内容の参加的な共同デザインをすることで製造職務を「豊かにすること」は，作業プロセスの不透明さを助長する。セル生産の成果が明確に規定されうる場合には，**アウトプット志向のプログラミング**が不透明な作業プロセスにおいても役割を発揮することができる。つまりセル内部の調整とモチベーションに際しては，上で述べたように，グループ文化のメカニズム，従って**価値を対象としたプログラミング**が頼りにされる。より幅広い職務プロフィールと，セル内の行為者のより柔軟な投入のため，グループ作業に関する伝統的コンセプトにおいても**資格のプログラミング**が，流れ作業生産の場合よりもはるかに重要になってくる。

### 6.4.4 リーン生産

1990年にウォーマック／ジョーンズ／ロースによって公刊されたMITの研究「リーン生産方式が，世界の自動車産業をこう変える」（ウォーマック／ジョーンズ／ロース 1990を参照せよ）以来，リーン生産ないし「スリムな生産」は，競争能力に対するキー・コンセプトになった（この新しい組織形態の日本における生成については，7.1.1を参照せよ）。今では，専門家の議論においては，生産組織の領域ないし組織一般をはるかに越える一連の合理化の試みやマネジメントの原則が，リーン生産と結びつけられるようになっている。さらに，最近では，「リーン」という概念の適用分野がもっと多面的になっている。その広がりは，例えば，リーン・バンキング，リーン行政，リーン・コンピューティング，リーン販売，あるいはリーン・コントローリングのような研究分野を見れば，たやすく推測できる。

単にその普及のみならず，リーン生産のコンセプトの主張も注目に値する。この点についてクリマー／レイ［Klimmer/Lay］は次のように述べている。

「すべての産業国家と産業部門における企業は，長期的に競争能力を維持し続けるためには，その生産とマネジメントのコンセプトをリーン生産の意味で再構築しなければならない。この『唯一最善の方法』に従わない者は，国際的な競争において『スリムな』企業に敗れていくだろう。」（クリマー／レイ 1994，p.818）

しかし，ここでは，「リーン運動」の包括的な主張についても，その多面的な試みや合理化の諸原則についても，議論はしない（これについては，例えば，クリマー／レイ 1994を参照せよ）。そのかわり，以下では（組織に関する著作という目的にふさわしく），リーン生産の組織的要素を問題にする。そのさい，手掛かりにするのは，もっぱらウォーマック／ジョーンズ／ロースのオリジナルな論文，ないしは1992年に出版されたそのドイツ語翻訳版であって，もはやほとんど展望しえないほど多い「派生的文献」ではない。

　組織論としてのリーン生産に注目することには，2つの含意がある。第1に，ウォーマック／ジョーンズ／ロースは，マーケティングの側面とマネジメントの側面にも2つの章をそれに当てて，リーン生産の構成要素として記述しているが，ここでは考察されない。第2に，リーン生産という組織的構成要素は直接的生産の領域を踏み出すとともに，同時にこの章で論じられているミクロ組織という領域をも越えている。なぜならば，生産組織とならんで，サプライヤ関係の組織と新製品開発の組織がリーン生産の中心にあるからである。リーン生産の，生産組織以外の組織的構成要素について議論することは，すでに組織間関係の組織と企業のマクロ組織のところで論じた組織の構成要素に，話しを戻すことになる。明らかに，このことは，リーン生産が，組織のコンセプトとしても，多くの，すでによく知られている個々の要素から成り立っているということを，示している。従って，とりわけ，リーン生産について報告されている「劇的な」効率上の効果は，それ自体として取り上げれば，むしろ「劇的ではない」個々の構成要素が整合的に共同作用していることに原因を求めることができる。

　リーン生産の個々の要素に関する以下の記述は，MITの研究からの多くの原文を（ドイツ語翻訳版を使って）引用している。そのようにして，成功するリーンの構想が，本書においてこれまでに述べられてきた多くの経済的なレバレッジないしメカニズムを利用しているということが，示されよう。もちろん，これらのメカニズムは，理論に基づいて生み出されてきたものではなくて，第2次大戦終了後に日本の工業に対してなされた効率性の要請に基づいて生み出されたのである。

## スリムな生産組織

　ウォーマック／ジョーンズ／ロースによって提供されている，「スリムな生産」という組織的特徴に関する記述は，本書で使われている組織変数の体系には対応していないが，多くの言明がこの体系化に関係づけることができる。

　**職務配分**という部分については，特に，現場のレベルでの作業の職務統合を論じている言明が，見出される。そこで，ウォーマック／ジョーンズ／ロースはスリムな工場について，例えば次のように書いている。

　「それは，職務と責任を，生産ライン上の自動車に実際に価値を付加している作業員にできる限り委ねる。」（ウォーマック／ジョーンズ／ロース1992, p.103）

「まず，作業員に多様なスキルが教えられる必要がある。実際，職務をローテーションし，作業員がお互いの職務を達成しうるように，その作業グループにおけるすべての仕事について教えられる必要がある。それから，多くの補助的なスキル，すなわち機械の簡単な修理，品質検査，作業場の清掃，材料発注を習得する必要がある。」（ウォーマック／ジョーンズ／ロース1992，p.99）

管理的な職務内容について直接的な製造現場の職務を豊富にすることは，ここで用いられている用語法によれば，**意思決定権の委譲**とも解釈されうる。スリムな生産における職務統合は，古典的な大量生産に関するテイラー主義的な構造に比べて，工場内部の光景にも現れる。ウォーマック／ジョーンズ／ロースは古典的な大量生産業者であるGMのフレーミンハム工場を訪問して，次のように報告している。

「工場の現場でわれわれは，期待していたものを見つけてまわった。それは，多くの逆機能を伴った古典的な大量生産という環境である。われわれは，組立ラインに隣接する通路を見下ろすことからはじめた。そこは，われわれが間接的な作業員とよぶ人たちでいっぱいだった。それは，同僚を応援にいく作業員，故障を修理しに行く機械修理工，作業場の清掃係，在庫部品の運搬係である。これらの作業員の誰も実際には価値を付加しておらず，そしてこの作業員たちにその仕事をさせるための，もっとよい方法を会社は見つけることができるのである。」（ウォーマック／ジョーンズ／ロース 1992, pp.81-82）

これと対照的なものとして，トヨタの高岡工場における光景が次のように記述される。

「まず第1に，ほとんど誰も通路にはいなかった。GMではあれほど目立った間接的な作業員の群れがいないのである。そして，目に入るすべての作業員は，自動車に価値を実際に付加している。」（ウォーマック／ジョーンズ／ロース 1992, p.83）

**命令構造**について言えば，「スリムな生産」は以前に述べたグループ組織の諸原則によっている。その場合，チームのリーダーないし職長はその職務の達成とグループの調整について責任を負う。このことに関連して，ウォーマック／ジョーンズ／ロースはトヨタの生産システムについて次のように詳しく論じている。

「第1の手順は，職長というよりは，リーダーを有するチームに，作業員をグループ化することであった。チームには1組の組立工程，生産ラインの持ち場が与えられ，必要な作業をどうすれば最もよく遂行できるかについて，ともに取り組むよう言われていた。チームのリーダーは，チームの調整だけではなく，組立の仕事も行い，そして，特筆すべきことに，欠勤した作業員のあとを埋めた。大量生産工場では聞いたことのない考え方である。」（ウォーマック／ジョーンズ／ロース 1992, p.61）

すでに述べた**職務統合と意思決定権の委譲**は，このような生産チームのレベルでは以下のように述べられる。

　「ついで，大野（トヨタの生産責任者－引用者註）は，作業場の保守，簡単な工具の修理，品質検査といった仕事をチームに与えた。最後に，最終段階において，チームが円滑に動きはじめた後に，彼は，チームが皆で工程を改善する方法を提案するために，定期的に時間をとったのである。」（ウォーマック／ジョーンズ／ロース 1992, p.61）

　問題が発生したさいに，ライン，つまり生産プロセスを止めることが，各作業員の制度化された権利であるというところで，「スリムな生産」のもとでの意思決定権の委譲は特に明らかになる。だいぶ前にカンバン・システムとの関連で述べたように，これは，情報の流れをできるかぎり直接に生産プロセスに結びつけ，そしてそうすることによって，情報の集中と集権的な命令構造に基づく鈍重な集権的制御を無用にするという1つの方法である。ラインの停止が発生させる空転原価だけを考慮するならば，生産プロセスの停止はどのような事情のもとでも回避されるべきであるとする，「とにかくラインを動かせ」という考え方（ウォーマック／ジョーンズ／ロース 1990, p.56）がでてくる。しかし，ラインの停止が，誤りに関する情報を得，その情報を伝え，誤りの速やかで有効な除去を開始させる，最も確かな手段であるということを，認めるならば，ラインの停止に新たな光が当てられる。古典的なラインにおいて誤りが系統的に隠蔽され，倍加されるということと比べるならば，特にそうである。

　「作業員はすべて，誤りはラインの終端で捉えられるであろうし，ラインの停止を引き起こすいかなる行動も懲戒されると，当然考えるだろう。初期の誤りは，不良部品が取り付けられるのであれ，良い部品が不適切に取り付けられるのであれ，組立工によってすぐに合成され，ラインに沿って送られる。ひとたび欠陥部品が複雑な車に組み込まれてしまうと，それを矯正するのに膨大な量の作業が必要になるだろう。そしてラインの終端まで問題は発見されないであろうから，問題が見つかるまでに多数の同様の欠陥車が組み立てられてしまうであろう。」（ウォーマック／ジョーンズ／ロース 1992, p.62）

　ラインが先まで進んでしまうことにより，問題がその発生の場所で，従ってその原因が最も容易に発見されうるところで，除去されないため，その問題はむしろ偶然の出来事として取り扱われる。単純に，検査部門においてコストのかかるやり方でそれを取り除き，そしてその問題がもはや現れなければいいと望むにすぎない。従って，ラインを動かすという強制力が，直接の原因情報へのアクセスを妨げるのである。この情報は，現場での誤りの認識と除去のいわば「副産物」として生ずる。この直接の情報を放棄するのならば，集権的に制御される，コストのかかる調査プロセスにおいて，問題の原因に関する情報がようやく生産されざるをえない。この集権的な誤りの

除去の取引費用は，通常，逓増的に高くなり，その結果，品質の欠陥とその除去によってさらに高いコストが発生する。ラインを止める権利を委譲することの帰結をウォーマック／ジョーンズ／ロースは次のように確認している。

「すべての作業員がラインを止めることができるトヨタの工場において，今日では，歩留りは100％に近づいている。すなわち，実際にはラインはけっして止まらないのだ！（対照的に，生産ラインの管理者以外に誰もラインを止めることができない大量生産工場では，ラインは絶えず止まる。これは，仕損じを修正するためではなく——それは最後に修理される——材料供給と調整の問題を処理するためである。その結果，90％の歩留りが立派な管理のしるしであるとしばしばみなされる。）……今日では，トヨタの組立工場は，実際上，手直し作業の場所を持っておらず，ほとんど手直し作業を行わない。対照的に，われわれが示すであろうように，多数の現在の大量生産工場は工場の面積の20％，その総稼働時間の25％を，仕損じの修理に費やしている。」（ウォーマック／ジョーンズ／ロース 1992, pp.62-63）

原因の情報とならんで，誤りが発生したら直ちにラインを停止させるという個々の作業員の権利ないし義務は，非常に強い**コントロールとインセンティブのメカニズム**をも含んでいる。すなわち，誤りは直ちに確認され，除去されなければならないので，各作業員は生産の成果に対して責任を負っているのである。ある誤りを除去するために，ラインが停止されるならば，その誤りは，直接的にそれを引き起こした作業員の責任になる。ラインの停止は，引き起こされた誤りをすべての作業員に伝え，その結果，存在するグループの圧力（例えば，ライン停止の回数があまりに多ければ，賃金の減少につながるから）のために，個々人にとって，できるかぎり誤りなく生産するという高いインセンティブが生ずる。従って，トヨタにおいてほとんどゼロに近づきつつあるライン停止は，単に現場でのよりよい意思決定状況によって説明されるだけでなく，とりわけ，それと結びついたインセンティブとコントロールのメカニズムからも説明されうる。

階層的な情報・命令系統を**情報と生産**との，できるかぎり直接的な**連結**に代えることは，スリムな工場のもう1つの側面に反映される。

「旧式の大量生産の工場においては，管理者は，工場の状況に関する情報を知っていることが自分たちの権力の鍵であると考えて，それを用心深く守る。高岡工場のようなリーンな工場においては，すべての情報（日毎の生産目標，昨日までの生産台数，設備の故障，人員の不足，残業時間の必要，等々）が，どの仕事場からも見ることのできるアンドン（電子表示板）に，表示される。工場のどこかでなにかうまくいかないときには，いつでも，手助けの仕方を知っている従業員の誰かが，手を貸しに走っていく。」（ウォーマック／ジョーンズ／ロース1992, pp.103-104）

まとめとして,「スリムな生産」組織と,かなり前に組織論の体系において述べた新しい形態の生産組織との間には,非常に大きな類似点があると,確認することができる。重複を避けるために,「スリムな生産」の組織はこれ以上論じないでおく。

### スリムな部品供給関係の組織

部品供給チェーンの調整に関するウォーマック／ジョーンズ／ロースの論述は,取引費用,特殊性,ホールド・アップなどの概念にはまったく言及していないが,新制度派経済学的な考察に対して,まことに驚くべき感度を示している。部品供給関係の組織は,分析すると,まったく重なり合わないわけではないが,2つの部分問題に分けられる。まず,企業の最適な生産深度の問題が立てられる。この問題は,よく知られているように,取引費用理論の範例的な適用分野である(3.3.2を参照せよ)。さらに,製造業者とサプライヤとの垂直統合に関して中程度の長所が言われるすべての部品供給関係について,効率的な協調形態の問題が立てられる。この問題については,プリンシパル・エージェント・アプローチを用いて,答えられる(3.3.3と5を参照せよ)。

・垂直統合

取引費用理論は,よく知られているように,生産費用を基準とした古典的な調達政策の先を行っている。古典的な政策では,「作るか,買うか」という問題が,外部調達のさいの市場価格と,自社の意思決定に依存する製造原価との比較に基づいて決定される。そのような考察は,あまりに近視眼的であり,サプライヤと製造業者との間の依存関係の存在ないしは事後的な発生を完全に見誤っている。この依存関係は,機会主義的な行動の余地をもたらし,それが高い監視とコントロールのコストによるものであれ,あるいは依存するリスクを恐れるあまり協調がはじめからまったく生じないからであれ,サプライヤと完成車メーカーの間で分配可能な全体としての利益を減少させる。

「作るか,買うか」の意思決定の基礎として近視眼的な生産コストの考察が不適切であることを,ウォーマック／ジョーンズ／ロースは次のように述べている。

「『まずコストだ』というのが完成車メーカーの決まり文句である。部品ごとに低い値を付けることが,入札に勝つために絶対必要である。しかし,サプライヤも,1つの新型車の後続ビジネスがしばしば10年は続くことに,気づいている。それに,取替部品の市場があり,それははるかに長いかもしれない。そこで,現実に,サプライヤは,1年契約にではなく,潜在的には,20年間継続するビジネスについて入札する。もしそうなら,業者は,コストを下回る値を付けるべきだろうか? そうすることは魅力的である。なぜなら,サプライヤは,いったん部品が生産されはじめると,許容しうる品質と納品の実績があれば,コストの改訂を求めて完成車メーカーのもとへ行くことができるかもしれないからである。すなわち,『われわれは,必要とする寸法

の鋼鉄を手に入れることができない。だから，切断コストがわれわれの見積りを越えつつある』と，言うかもしれない。あるいは，『わが社の労働組合が就業規則の変更を求めており，それがコストを上昇させている』とか，『ハンドルを鋳造するために買った新しい機械が，手作業で仕上げないと，適切な品質を与えない』とか，言うかもしれない。加えて，一般的なインフレーションを考慮するために設定された，継続契約のための年度ごとのコスト改訂という伝統が存在する。完成車メーカーは，個々の事情を調査せずに，この改訂を全面的に認めてしまいがちである。個々の場合を調べることは，端的に多くの努力を要求するだろう。もちろん，サプライヤは，実際には，時間がたつに従って生産コストが低下するとほとんど確信している。なぜなら，時間がたつに従って，その部品を生産する経験を得るからである。そこで，以後の年度のコストの改訂は，初期の入札でカネを失っても，後続の事業でカネを儲けさせることになるかもしれない。」　（ウォーマック／ジョーンズ／ロース1992, p.148）

　ウィリアムソンの意味での基本的変形と，そしてそこから出てくる純粋に生産コストを基準とした部品供給政策におけるホールド・アップのリスクとについての補足的な記述は，まさに範例的である。

　「最後に，新しい生産工具への大きな投資を必要とするいくつかの部品については，いったん生産が全面的に稼働してしまうと，完成車メーカーは，新しいサプライヤを得ることを，極端にコストがかかり，そして不都合であるとみなすかもしれない。これらの部品のサプライヤは，価格を吊り上げる能力が時間とともに増加することに賭けるかもしれない。このような考えは，『仕事を買う』，すなわち足掛かりを得るために故意に低い値を申し出る誘惑を，ほとんど抗いがたいものにする。」（ウォーマック／ジョーンズ／ロース1992, pp.148-149）

　生産コストに基づいたサプライヤの意思決定の取引費用問題は，多くのページにわたって非常に具体的に記述されている（ウォーマック／ジョーンズ／ロース1992, pp.145-152）。この関連で特に決定的に思えるのは，情報の機密保持への，システムに内在的なインセンティブである。

　「大量生産の完成車メーカーは，このゲームを何千回も戦ってきており，入札に成功した業者が後で価格改訂のためにやって来るということを十分予期している。従って，完成車メーカーの製品設計者が，サプライヤの本当のコストについてなんらかのイメージを持つことが，重要である。そうすれば，設計者は川上からの価格改訂を正確に推定することができる。しかし，それは難しい仕事である。市場的な入札の1つの主要な特徴は，サプライヤが完成車メーカーと唯一の情報，すなわち部品の入札価格しか共有しないということである。他の点では，サプライヤは，たとえ完成車メーカの1部門であったとしても，自分たちの操業についての情報を用心深く守る。どの

ようにその部品の製作を計画しているかについて，そして自分たちの内部の効率性について情報を抑制することにより，完成車メーカーから利益を隠す能力を最大にしていると信じている。」(ウォーマック／ジョーンズ／ロース 1992, p.149)

お互いに相手に機密を明かさないというスポット市場に特徴的な政策が，不確実な取引という背景のもとでは特に不可欠なシステム・コンポーネントの改良プロセスを，大いに困難にする。不確実な取引は，部品をすべては旧型製品から継承しないような製品の開発と導入の局面において，特に現れる。

ウォーマック／ジョーンズ／ロース (1992, pp.152-153) は，古典的な大量生産の，生産コストを基準にした部品供給政策の特徴を次のようにまとめている。

「今までに明らかになったはずであるが，成熟した大量生産の部品供給システムは，関係者の誰にとっても概して満足のいくものではない。サプライヤは，後になって設計プロセスに関与させられるが，設計を改善するために何もできない。その製造は，やっかいで，コストのかかることであるかもしれないのである。サプライヤは，サプライヤの特殊な問題を理解しない買い手からの，強いコスト圧力のもとにある。その結果，できそうもない入札が契約を勝ちとり，後で改訂されることになる。そのことは，現実的な入札によって契約を失った業者のものよりも高い部品コストを，生じさせうる。このような成り行きは，完成車メーカーがコストを正確に推定することを，難しくする。入札者たちを互いに争わせようとする努力は，部品が生産されている間，改善された生産技法のアイデアを共有することを，非常に躊躇させることになる。換言すれば，彼らは，自分たちの学習曲線を1つにするインセンティブをまったくもたない。せいぜいのところ，典型的な大量生産の部品供給システムは，サプライヤの利益を非常に低く押さえることができるにすぎない。完成車メーカーの購買部門は，この事実をその成功の主たる証拠として挙げるかもしれない。しかし，部品のコストは，サプライヤの利益とはまったく別の問題であり，非常に高いままであるかもしれない。そして，品質は，満足のいくものでもなく，改善のしにくいものであるかもしれない。これらすべては，誰も他のものと本当にコミュニケーションしないからである。確かに，もっとよい方法がある。」

あちこちのページでの，スリムな部品供給関係のシステムに関する記述（ウォーマック／ジョーンズ／ロース 1992, pp.153-164) は，垂直統合についての新制度派経済学的な提言を直接移植したように思われる。例えば，部品を自社で生産するという意思決定は，短期的な生産コストを基準とするのではなく，まったく明らかに，取引の特殊性を基準にするとされている。

「リーンな完成車メーカーは，特許技術によるものであれ，製品に対する消費者の知覚によるものであれ，自動車の成功にとって不可欠とみなされる一定の部品の詳細

な設計を，サプライヤには委譲しない。ふつう完成車メーカーの社内の供給部門に留保される部品の顕著な例は，エンジン，トランスミッション，主要車体パネル，そしてますますそうなりつつあるが，自動車の機能を制御する電子的な制御システムである。」（ウォーマック／ジョーンズ／ロース 1992, p.155）

　全体として明らかになるのは，スリムな部品供給システムにおける完成車メーカーは，特殊で不確実な取引のコアにもっぱら集中するから，大量生産におけるよりもわずかな生産深度を示すということである。スリムな部品供給のもとでは，最終製品に占める部品供給の比率が，生産コストを基準とした古典的なシステムのもとでよりも，はるかに高いにも関わらず，スリムな製造業者はより少ない数のサプライヤと協働する。この協働は，本質的に，より集中的で長期的であるので，取引費用理論の用語法に従って，協調という言葉を使うことができる。古典的な大量生産が，取引を階層組織的に（自社製造），あるいはスポット市場を介して（生産コストに基づく入札手続き）調整するのに対して，スリムな部品供給関係は，非常に強く協調的な取り決めに基づいている。

　「サプライヤと完成車メーカーの関係はほとんどすべて，いわゆる基本契約の文脈の内部で処理される。この契約は，一方において，完成車メーカーの，そしてサプライヤの，一緒に仕事をするという長期的な約束の表明にすぎない。しかし，この契約は，品質保証，発注と引き渡し，特許権，資材供給のみならず，価格を決定するための基本ルールをも確立するのである。要するに，この契約は協調的な関係の基礎を置くものであり，欧米におけるサプライヤと完成車メーカーの間の比較的敵対的な関係とは根本的に異なるものである。」（ウォーマック／ジョーンズ／ロース 1992, p.155）

　協調的な取り決めによって，標準化され，安定した取引を調整するさいに市場が持っているインセンティブのメリットと，不確実性と特殊性を処理するさいにより高い統合度が持っているメリットとが結びつけられる。協調的な取り決めの詳しいデザインはそれ自体1つの問題である。

・*協調形態*
　製造業者とサプライヤとの長期的な供給契約は，ホールド・アップのリスクを処理するさいに，市場に比べて明らかなメリットをもたらす（これについては，5.2.1.5節も参照せよ）。この点で，そのような契約は，取引当事者間の利害の一本化が生じるほど，有効である。イノベーションによる連続的な製品改良という目標に，製造業者とサプライヤの利害を向けさせる可能性を，ウォーマック／ジョーンズ／ロースは次のように述べている。

　「共同活動からの利益を分けあい，サプライヤが企てる追加的な活動からの利益は

サプライヤに自分のものにさせるということに，同意することで，完成車メーカーは，サプライヤのアイデアの便益を独占する権利を放棄する。そのような便益は，欧米のサプライヤが放棄することを恐れているものであろう。他方，日本の完成車メーカーは，サプライヤがますます進んでイノベーションとコスト削減の工夫を提案し，協力して仕事をするということから，利得を得ている。このシステムは，不信の悪循環を協調の良い循環に置き換える。」（ウォーマック／ジョーンズ／ロース 1992，p.158）

　スリムな部品供給のシステムは，ホールド・アップのリスクを処理する手段を，モラル・ハザードの予防と結びつける。例えば，いわゆるデュアル・ソーシングの慣行は，そのための1つの方法を提供している。

　「どの会社も絶えず一所懸命にやらせるために，完成車メーカーは，ふつう，部品注文を，2社以上のサプライヤ・グループに分ける。完成車メーカーは，この手段を，価格を切り下げるためにはとらない。価格は，入札によって決められないで，完成車メーカーと，暫定的に指名されたサプライヤとの間の相互的な調査によって決められるということを，思い出して欲しい。むしろ，完成車メーカーは，この手段を，品質の低下や納入期限の遅延を防ぐためにとるのである。サプライヤが品質や信頼性に欠けるところがあっても，欧米における通常のやり方とは異なり，完成車メーカーはその会社との契約を打ち切らない。そのかわり，罰則として，一定の期間，仕事の一部を，そのサプライヤから，その部品の他のサプライヤに移す。コストと利益マージンは予定の標準取引高に基づいて慎重に計算されているので，取引高の一部をよそに廻されるということは，その非協調的なサプライヤの収益性に破壊的な効果を与えかねない。トヨタやその他の会社は，長期的な関係を維持することがシステムにとって本質的に重要であるけれども，このような形の罰則がみんなに規律を守らせるのに非常に効果的であるということを，発見した。」（ウォーマック／ジョーンズ／ロース 1992，p.162）

　デュアル・ソーシングは，一方で，2業者の直接の業績比較（ベンチ・マーキング）という方法で，サプライヤ・製造業者間の情報の非対称性を減らすことによって，他方で，契約高を変えることによる懲罰と報奨というインセンティブ手段によって，機会主義的行動を制限する。
　取引関係を完全に解消することなく，懲罰と報奨によってインセンティブを設定するもう1つの方法が，日本に典型的なピラミッド型のサプライヤ・システムの組織から出てくる。

　「典型的には，第1階層のサプライヤは，専門化した製造業者として独立の会社である第2階層のサプライヤのチームを持っている。第2階層の会社は会社で，供給ピラミッドの第3，あるいは第4階層の補助業者と契約するかもしれない。これらの会

社は，第2階層の会社によって提供される製図によって個々の部品をつくる。」
(ウォーマック／ジョーンズ／ロース 1992, p.154)

　平均以上の品質・改善努力を示すサプライヤは，ピラミッド内部で昇格する，つまり例えば，タコメーターのサプライヤからコックピットのサプライヤへ昇格（これについては，5.2.1.5節も参照せよ）するという報奨を与えられることもある。このような懲罰と報奨の機能によって，サプライヤ・システムというピラミッド型組織は，情報構造を著しく単純化させる。企業内部の機能別組織から事業部制組織への移行においてそうだったように，本部は，ここでは製造業者は，最下部のプロセス階層にいたるまで，ここでは最下部の部品サプライヤの階層にいたるまで，コストのかかるプロセス制御をもはや行わなくてもよい。それにかえて，成果を基準にして第1階層のサプライヤを制御することで，十分なのである。事業部のトップ・マネジメントが，その事業を，与えられたガイドラインの範囲内で，独立して経営するように，第1階層のサプライヤは，それ以下の供給ピラミッドを相対的に独立して調整する。このことについて，ウォーマック／ジョーンズ／ロースは次のように論じている。

「第1階層のサプライヤの技師からの連続的な情報を用いて製品計画ができあがると，自動車のいろいろな部分（サスペンション，電気系統，照明，エアー・コンディショナー，座席，ステアリング等々）が，その部分のサプライヤの専門家にまわされ，詳細な設計が行われる。第1階層のサプライヤは，完成した自動車の，合意された性能仕様にそったコンポーネント・システムを設計し，作ることに対し全責任を負う。……供給の取り決めの本質は，ある特定の部品あるいはシステムについて完成車メーカーが実際には比較的わずかのことしか知らないかもしれないということである。」
(ウォーマック／ジョーンズ／ロース 1992, p.154)

**スリムな新製品開発**
　スリムな新製品開発にとって独特なのは，いわゆる主査制度である。それは，新製品の開発を統一的なプロセスと捉えた上で，このプロセスを期限つきの職務としてプロジェクト・チームに委ねることにより，純粋なプロジェクト組織とプロセス組織とをそれぞれ本質的なところで結びつけている（これについては，本書の6.3.1.2と6.3.1.3を参照せよ）。そのような開発プロジェクトの成功を確実にするために，プロジェクトの長，いわゆる主査に，強く集中したプロパティー・ライツが与えられる。加えて，企業の利害に合わせてプロパティー・ライツを使うことは，強いインセンティブを作り出す所有の代用物によって確保されている。

「日本の最良の会社においては，主査の地位は大きな権力を持っており，そして，おそらく，会社の中で最も切望されるものである。実際，従業員たちがトップへの踏み台としてその地位を求めることもある。」(ウォーマック／ジョーンズ／ロース 1992,

p.118)

　主査は，製品開発のプロジェクトの経過全体に最初から参加する比較的小さなチームを編成する。このチームのメンバーは，企業のあらゆる機能領域から参加し，開発職務に携わる代わりにもともとの部門の職務からは解放される。マーケティングの専門家，製品計画担当者，デザイナー，そしてあらゆる領域からのエンジニアの参加は，製品開発における高度のプロセス志向を可能にし，そうすることで，製品開発プロセスの最終局面になってはじめて結果を合成されるような，伝統的な，領域ごとに特殊化した製品開発が有する，インターフェースの問題を防止する。
　チームのメンバーたちは，様々な機能部門から集まってきているし，プロジェクト期間中もそことの結びつきを残しており，プロジェクトへの参加が終われば，場合によってはそこに戻るのであるが，にも関わらず，彼らはプロジェクト・チーム内部で献身的に働く強いインセンティブを持っている。

　「……プログラムの期間中はその人たちは明らかに主査のコントロール下にある。チームの中でどのように働くかが，主査の評価を受けて，その人たちの次の配置，おそらく別の開発チームであろうが，その配置を調整する。」（ウォーマック／ジョーンズ／ロース 1992，p.119）

　チームとその長に対する強いインセンティブ効果とならんで，日本における開発プロジェクトの質と速度に関する成功のための，もう1つの決定的な要因は，チーム調整の取引費用が意識的に低く保たれているということであろう。このことは2つの点において明らかになる。すなわち，プロジェクトの続行中は，そのプロジェクトに新しいメンバーは参加せず，むしろ，プロジェクトでの仕事を終えたチーム・メンバーは，プロジェクトが続いていても，チームを去るので，チームの規模が制限される。従って，アメリカやヨーロッパの典型的なプロジェクトの開始時にはおよそ900人のメンバーが参加し，プロジェクト終了時には平均しておよそ1400人のメンバーが参加しているのに対して，日本の開発プロジェクトはおよそ480人のメンバーで始まり，その終わりには平均しておよそ330人のメンバーが参加している。メンバー数が多いことによって必要になる調整費用と，そのことによって発生する取引費用を度外視しても，欧米の新製品開発プロジェクトにおいてはプロジェクトの終了がほとんど必然的に遅くなるということが，明らかになる。なぜならば，プロジェクトが終わりに近づくにつれて，調整費用が，低くなる代わりに，ますます高くなり，従ってプロジェクトの終了時に必要な資源を拘束するからである。取引費用を低下させる第2の要因は，コミュニケーションと合意形成のプロセスの公式化された形態にある。日本のプロジェクト・チームにおいては，プロジェクトの目標，資源の配分などに関して必ず起こるコンフリクトを，プロジェクトのはじめに徹底的に争わせる。チームが合意に達したならば，すべてのメンバーが，なされた調整を承諾する旨の公式的な宣誓書に

署名する。この自己責任が，プロジェクト進行中の取引費用集約的な合意形成プロセスを防止し，そして本来のプロジェクト目標に資源を集中させる。

このようにコントロールされたプロジェクト調整の形態は，日本の新製品開発のもう1つの特徴，すなわち製品の構成部品の同時開発を可能にする。ウォーマック／ジョーンズ／ロース（1992, p.121以下）はこの手順を，自動車の車体のデザインと，車体の各部分の成型に必要な金型とを並行して開発する例を用いて解説している。ヨーロッパでは，車体のデザイナーが精密な図面を示したときに，ようやく金型の製造がはじめられるのに対して，リーン生産においては両方の開発過程が同時に始まる。

「彼らはどうしてそうできるのだろうか？それは，この設計者と車体の設計者が直接対面して接触するからであり，そしておそらくは以前の製品開発チームで一緒に仕事をしたことがあるからである。……もちろん，この過程はかなりの程度の予期というものを含んでいる。金型の設計者は，パネルの設計者と同じくらいパネル設計のプロセスを理解しなければならないし，パネルの設計者の最終的な解決を正確に予期できなければならない。金型の設計者が正しく予期すれば，開発時間は激減する。」(ウォーマック／ジョーンズ／ロース 1992, p.122)

### リーン生産の評価

リーン生産の構想は，MITの研究グループによる体系化と定式化以来，盛んに議論されている。そのさい，批判は，リーン生産という構想それ自体にも，ウォーマック／ジョーンズ／ロースによる評価にも向けられている。批判点は，日本の自動車工業で「発見」された構想を他の国や業種に移転させることに対する疑念とまったく同様に，データの把握と選別の方法に関わるものでる。確かにこれらの批判点を根拠なしとはしえないとしても，日本の自動車製造業者の成功が事実であることは確かである。

ここでは，職務の配分，命令権と意思決定権の配分等の組織論上の変数を用い，かつまたインセンティブ・メカニズムと取引費用の考慮を援用して，リーン生産の個々の構成要素を説明することが試みられた。この試みで，この構想が組織論的に見てまったくよく理解できる「成功のためのレバレッジ」を制度化しているということが，示されただろう。多くの個々の要因とならんで，特に，企業内部の従業員及び企業外部のサプライヤとのあらゆる関係の長期性は，裁量的な行動の余地を狭め，そして利害を高度に一本化することを，保証するように思われる。なぜならば，この長期性があってはじめて，（部分的に）不完全な契約関係における行動期待からの乖離が有効に制裁しうるようになるからである。

本節におけるリーン生産に関する概観は，これまでの諸文献に比べて短いし，基本的に見えるとしても，いくつかの（ミクロ）組織的な考察によってリーン生産の有効さは体系的にあとづけられうるということを，示すことができた。リーン生産を実際に移植するために考えるべきことは，経済的成功は，組織的な全体的構想の首尾一貫

した追求に基づいているのであって，表面的な「スリム化」によって得られるものではないということである。

### 6.4.5 サービス生産におけるミクロ組織

これまでの節では，最初にあげた理由から，例示的に工業的生産とその中心にある付加価値プロセスが対象にされてきた。もちろん，概説された可能性の多くは類推的に他の分野にも当てはまる。

一方では，サービス生産が，同様の努力をますます必要とするようになってきている。高度に分業化された流れ作業生産やジョブ・ショップ生産から離れて，対象別，チーム別，グループ別を基準とする作業形態に向かう発展が，工業的生産における発展と比肩しうる形で起こっている。とりわけ，顧客と接触する局面でそうである（特に，銀行，保険会社）。機能に関連づけられた手続きと専門化のメリットの多くが十分に利用されうることも稀ではないバック・オフィスにおける，一部だけまたは完全に標準化された処理と対照的に，フロント・オフィスにおいては顧客を全体的に，プロセスを基準にして見ている（ハルト［Hardt］1996,p.100f以下を参照せよ）。そのようにして，フロントにおけるケース・マネジメントないしプロセス・専門化と，バックにおけるインフラ構造ないし機能の専門化との実際的な組み合わせが生じる（詳しくは6.3.1.2を参照せよ）。

このような理由から，本節ではサービスの生産が取り扱われる。

昨今，サービスの生産がかなり重要性を増してきている。今日では，EUにおける職場のうち約70パーセントが，サービスに当てられている。経済学者のジーン・フォウラスティー［Jean Fourastie］は，すでに40年代にこのような展開を予測していた。彼は，第一次セクター（農業セクター）と第二次セクター（工業生産物の製造プロセスという意味での生産セクター）に比べて，第三次セクター，すなわちサービス部門がかなり重要になってくるだろう，と予測していたのである。

### 6.4.5.1 サービスという概念の区分（Abgrenzung）

サービスという概念それ自体に関して，経営学の中で明確な定義が決められているわけではない。しかしながら，物的なアウトプットとサービス（Sach-und Dienstleistung）とをそれぞれ区分するために，3つの異なるアプローチがある。

1. 第1のアプローチにおいては，サービスの概念は，アウトプットを列挙することで確定される（ランガード［Langeard］1981,p.233を参照）。
2. 第2の可能性は，物的なアウトプットとの比較という消極的定義に基づいたサービスの定義の中に見られる。
3. 最後に第3の可能性は，本質的メルクマールに基づいたサービスの定義に見られる。

最初の2つの方法は，満足な結果をもたらさないことがたびたびあるので，たいていのケースでは第3の方法が考慮されることになる。

　例えばサービスとは，無形であり，物的なアウトプットと同等のものと見られている（ゲルハルト［Gerhardt］1987,p.79を参照）。同様に，多くの文献において一義的なサービスとそうでないサービスとが区別されている。そのさい区分の基礎となるのは，サービス行為に用いる手段の性質である。その結果，**会計プロセス**は一義的なサービスとなるが，洗車は一義的でないサービスとなるのである。

　本質的メルクマールを使ってサービスを定義するアプローチには，3つのそれぞれ異なる観点がある。すなわち，ポテンシャル志向のアプローチ，プロセス志向のアプローチと成果志向のアプローチである（ヒルケ［Hilke］1989,p.10以下を参照）。

1. ポテンシャル志向のアプローチにおいては，サービスは約束されたアウトプット（Leistungsversprechen）であると理解されている。それは，ある状態の変化や保持に関連している。このケースではサービスは，サービスを提供する準備があることの中に現れている。例えば救急活動のケースに見られるように，顧客からのサービスの需要があってはじめて具体的な形を取るのである（マイヤー［Meyer］1998,p.21を参照）。
2. プロセス志向のアプローチによるサービス概念においては，例えば授業のケースで見られるように，ある経験に直接参加することで得られる，顧客にとっての効用が生まれている（ベレコーフェン［Berekoven］1974,p.25を参照）。
3. 成果志向アプローチの考察では，例えばソフトウエアの場合に見られるように，ある対象物の創造あるいは破壊の中にサービスの効用があることになる（コーステン［Corsten］1997,p.23を参照）。

　要約すれば，これら3つのアプローチは，それぞれ独立に並存しているわけではなく，むしろ相互に結び付けられており，それぞれ補足しあっている。そしてこれらの中には，物的アウトプットとサービスとの相違を明らかにできるようなメルクマールが見出される。それは，外部の生産要因（顧客）を含むことと無形性であろう。そうすると，サービスの定義は，以下のようになる。すなわち，「サービスとは，外部の生産要因を投入して，未知の需要（fremder Bedarf）のために経済的無形財（immaterielle Wirtschaftsgüter）を生産することを指している。サービスが無形となるのは，それを生産するさいに原材料という内部の生産要因の形で物質的資産が投入されないからである。」（マレリ［Maleri］1973,p.123）

1. 外部の生産要因の包摂

　　物的アウトプットやサービスを生産する場合，生産されるべき財を可能な範囲で最善に製造することができるように生産要因が組み合わせられる。これに関して言えば，物的財を生産する場合，主として内部の生産要因が用いられる。内部の生産

要因とは，製造企業が調達するかあるいは自ら製造し，その後で財に組み合わせられるような要因のことを指している。以上のことは，サービスを製造する多くの場合に難しいといえる。サービスの場合，顧客の領域に入り込んでいる外部の生産要因を生産のさいに考慮することが重要となってくる。物的アウトプットとサービスが異なる点は，生産要因の投入の計画可能性という点である。物的アウトプットの生産の場合，潜在的な買い手の存在を考慮せずにアウトプットが製造される。それに対してサービスの場合には，アウトプットの製造と，顧客がそのアウトプットを利用することは，同時に決定される。買い手によるこのような関与は，外部生産要因と呼ばれる。それは，サービスの生産のためのフレームワークに決定的な影響を及ぼしているのである。

2. 無形性

多くのサービスは，無形性という特性を持っている。その理由として，サービスの生産のさいに原材料が投入されない，という点があげられる。無形財という概念は，サービスという概念の同義語として用いられることさえたびたびある。しかし，これらを同一視することは正しくない。

上に挙げられたサービスの特殊性に基づけば，それを生産するときには，物的アウトプットの生産の場合とは違う問題を処理することが重要となってくる。次節では，サービスの生産のさいの特殊性が取り扱われる。

### 6.4.5.2 サービスを生産する際の特殊性

サービスを生産するさいには，以下のような特殊性が発生する。

1. 生産に先んじた販売

すでに前で論じられたように，サービスを生産するさいにはたびたび外部の生産要因が必要となる。この生産要因は顧客によってはじめて生産プロセスに持ち込まれるので，生産者は需要者を考慮せずにこの生産要因を調達することはできない。このような理由から，例えば企業コンサルティングの場合のように，さもなければ必要な外部生産要因が使えなくなってしまうという理由から，多くのサービスは生産する前にすでに顧客に売却されていなければならない。外部生産要因が必要であるという点から生じるさらにもう1つの結果として，純粋なサービス提供の約束の販売が挙げられる。サービスの生産者は，サービスを提供するという，いわば約束を売っているのである。サービスの生産は実際には，契約が締結された後でようやく，顧客の協力のもとになされる。生産者は様々な理由から，約束されたサービスの提供を妨げられるかもしれないので，顧客にとっては少なからぬ不確実性が残っているのである。このような事実と関連しているのが，生産と移転の同時性である。外部生産要因を取り込んだときにだけサービスの生産が可能となるという事実は，

内部の生産要因と外部の生産要因が同時に組み合わせられる，ということを前提としている。

2. 多層的な生産プロセス

　サービスは，それが生産される前にまず販売されていなければならないので，生産はいくつかの段階を経ることになる。生産要因の投入を自分だけで計画することはできない。同様に，販売量を決定することもできず，単にサービスの供給量を予測することができるだけである。加えて以上のような特性に基づけば，サービスの在庫を持つことも考えられない。これらのことは，1つには外部の生産要因を考える必要があるということ，もう1つにはサービスに在庫能力がない，ということに関連している。サービスが在庫能力を持たない，ということと同じく，外部の生産要因を取り込むことでサービスのアウトプットが特殊な性格を帯びるようになることから，たいてい第3者がサービスを利用することもできないのである。

3. 1時点に関連したサービス生産と期間に関連したサービス生産

　サービス生産のもう1つの特殊性は，1時点に関連した生産と期間に関連した生産とを区別できることである。それは，物的アウトプットの製造のさいには見られない。時点志向の生産のケースでは，サービスの製造は目標となる成果が実現される瞬間に終了となる。これの例は，輸送が終われば終了する，輸送サービス供給が挙げられる。それに対して期間志向のサービス生産の場合には，供給されるべきサービスは時間的な制限を受けない。その例としては，保険サービスが挙げられる。

### 6.4.5.3　サービス・プロセスをコントロールする際の特殊性

　サービスをコントロールする場合，以下のような問題が生じる。

　第1に，サービスというアウトプットの把握が困難である点があげられる。サービスにおいては原材料が生産に投入されず，その結果無形の財となるので，アウトプットの量もアウトプットの質も評価が非常に困難となる。いくつかの部門においては，量を測定するという目的のために，外部生産要因という形でのインプットが測定されている。例えば交通機関においては，たいてい乗客数量が測定されている。

　さらに，いくつかのサービスにおいては，買い手にとっての効用を評価することが困難であるように思われる。

　サービスを生産する際のもう1つの問題は，空転コストという現象である。サービスの販売は，外部の生産要因を取り入れているという理由から，予測が不可能なので，必要となる生産キャパシティーを計画することはできない。従って生産キャパシティーの利用度は，大きく変動することになる。そのうえサービスを生産している企業は，需要の変動にさらされており，またこれにフレキシブルに対応することができない。以上のことは，すでに説明された，第3者が利用することが難しいようなサー

ビスにおいてとりわけ見られるものである。

### 6.4.5.4　サービスの生産に対するデザインのための提言

すでに論じられたように，無形性と外部の生産要因の影響という特性を用いて，物的アウトプットとサービスを区別することができる。しかしながら，物的アウトプットの製造の場合でも，外部の生産要因がますます大きな役割を演じるようになっている。例えば特殊な機械を生産するケースでは，顧客の望みや技術的要請をかなり強く考慮しなければならないので，外部生産要因の影響が大きいといえるのである。同時に外部生産要因の範囲は，サービスの領域においても変化している。以下に掲げられている図は，構造化可能性，変動性と外部生産要因の取り込み，という基準に従ったサービスの区分を示しており，それぞれの範囲に例が示されている。

多くの企業，例えば銀行などが，物的アウトプットとサービスの両方の生産を依頼されている，という事実は，フロント・オフィスとバック・オフィスが存在している，ということに反映されている。フロント・オフィスは顧客とコンタクトを取っており，銀行のケースでは例えば支店（あるいはインターネット・ポータル）がその例として挙げられる。そこでは顧客の要望をダイレクトに受け取ることができるので，その結

**図78　サービスのタイプとその事例**

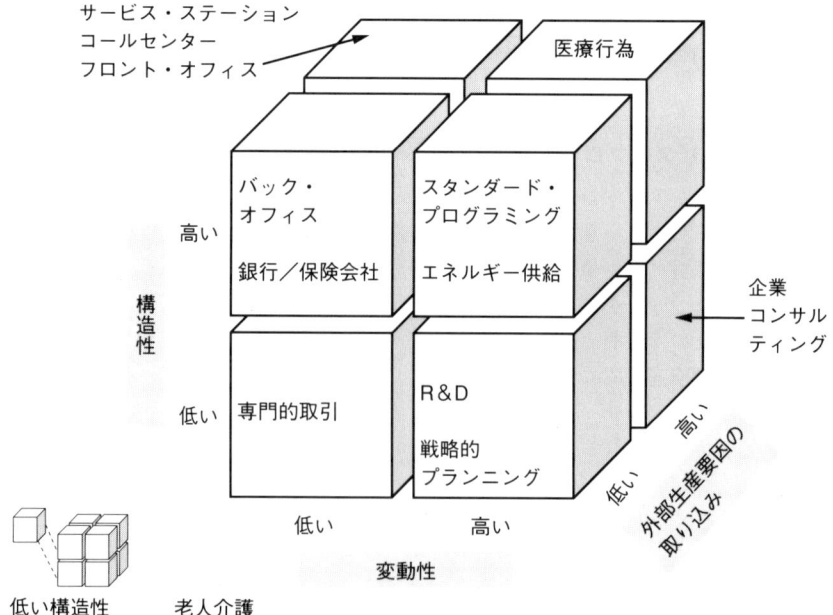

（図：構造性（高い／低い）×変動性（低い／高い）×外部生産要因の取り込み（低い／高い）の3次元キューブ）

- サービス・ステーション／コールセンター／フロント・オフィス
- 医療行為
- バック・オフィス　銀行／保険会社
- スタンダード・プログラミング　エネルギー供給
- 専門的取引
- R&D　戦略的プランニング
- 企業コンサルティング

低い構造性　　老人介護
低い変動性　　大学
高い顧客集約性　投資コンサルティング

果顧客という外部の生産要因の取り込みの度合いは非常に高くなる。ここでサービスがなされるのである。しかしながら，フロント・オフィスだけでは，すべてのビジネス・プロセスをこなしていくことは不可能であろう。このような理由から，バック・オフィス，例えば会計事務のような裏舞台で働く従業員がいるのであり，彼らはフロント・オフィスで扱われたプロセスをさらに処理するのである。ここでは外部の生産要因の影響ははるかに小さく，ビジネス・プロセスは物的アウトプットの製造の場合に近いものとなる。

サービスと物的アウトプットとが関連していることは，フロント・オフィスとバック・オフィスとの区別の中に表されているのみでなく，物的アウトプットの生産のケースですでに論じられた方法（6.4.1節を参照）がサービスの生産のケースにも投入できる，という事実の中にも現れている。

そのさい明らかになることは，変動性が高い職務はむしろジョブ・ショップ生産を使って製造される傾向がある，ということである。流れ生産はサービスの領域の中では，外部の生産要因の取り込みが少ないような，構造化可能性が高く変動度が低い職務にだけ向いている。それに対して，外部の生産要因の取り込みが大きいとき，変動性が低い職務のケースでは製造のセル化が考えられる。

本節でなされた考察は，適切に修正すれば，他の重要な付加価値プロセスに対しても有効である。例えばイノベーション・プロセス，コントロール・プロセス（Steuerungs- und Kontrollprozesse）を同じようにしてミクロ組織的に分析し，デザインすることは

**図79 サービスと生産方法のタイプ**

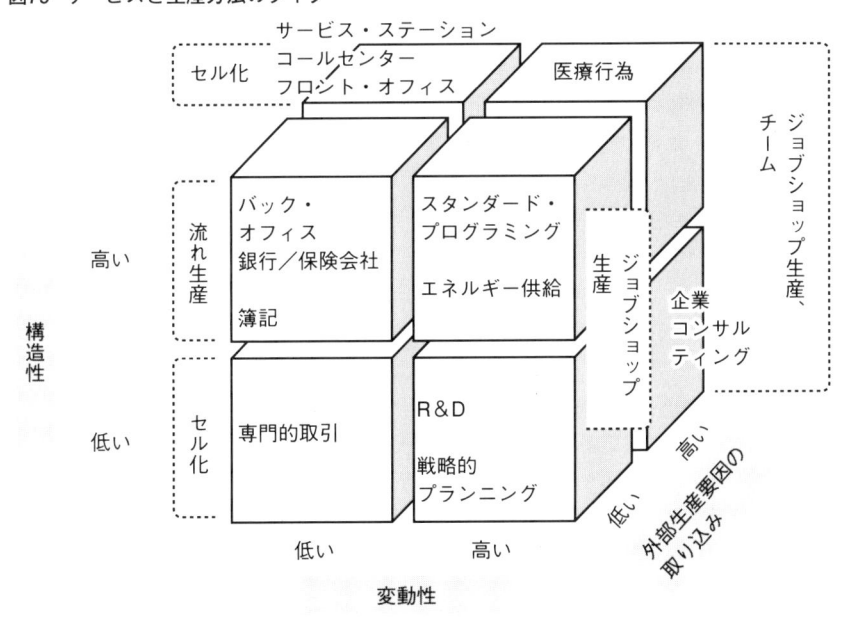

可能である。まさに様々な部分プロセス間のインターフェースのコントロールや克服のためにも，全体的プロセス・マネジメントの構想（6.3.1.2節を参照）とならんで，グループのコンセプトが，例えばクロス・ファンクショナル・チームの形で用いられることも珍しくない（ピコー／ライヒワルト／ウィーガント 2001，9章を参照）。

このような指摘は，ミクロ組織の形態が，ここで議論された生産の領域を超えてはるかに重要な意義を持っている，ということを明らかにするかもしれない。

## ◆第6章のための演習問題

**1.** 大学を卒業し何年か仕事をした後で，あなたはコンサルティング・ファームを設立し独り立ちすることを決意した，とする。その会社の将来の活動の組織論的に重要な職務メルクマールに関してどのような特性が見られ，そこから組織構造のデザインに関してどのような結論が引き出せるのだろうか？

**2.** 民営化を効率的に行い，決められた期間内で東ドイツ経済を競争的な構造にするために，信託公社（Treuhandanstalt）がもう一度設立された，としよう。あなたは，信託公社の組織構造を設計する，という任務を引き受けている。それについてあなたの考えを体系的に説明してみよう（重要なことは，かつての信託公社の有していた実際の組織構造に関する知識は，ほとんど重要ではない，ということである）。

**3.** 標準化されたコンピュータ・キャビネットの組み立てを専門的に行っている，ある小さな企業では，企業の所有者のほかに，調達，生産，販売と経理に関わる20人の従業員が働いている。例えば財務，法務，あるいは企業戦略のような他の職務に関しては，企業の所有者自らが行っている。基本的には所有者が個人的に指示を出すことで個々の職務の管理ないし調整を行っており，全般的な意思決定は単独で下されている。企業の所有者はあるセミナーで，個々の部門の成果への参加に関連した目標の設定，技術的制約の利用，種々の形態のプログラミング，命令権や意思決定権の委譲可能性のような，管理方法や調整方法に気づいた。彼は，自分の企業に取り入れるためにこれらの形態を試すことを決め，あなたをコンサルタントとして雇う。その企業家に，どんな提言をすることができるだろうか？

**4.** 電気通信市場で供給業者として活動している，もともとは小規模の単一製品製造企業が，近年かなり成長し，今ではいくつかの市場で複数の製品を供給している。このようなノウハウ集約的，資本集約的市場の成長のトレンドにこの先もついていき，市場の要求に長期に応じることができるように，社長の女性後継者はその企業を事業部化された株式会社に改変したいと考えている。企業の所有者であり，すべての権限を持つ彼女の父は，そうなると会社や採用した管理者に対するコントロー

ルが失われ，企業の利害に反した行動がとられるようになってしまうという危険があると見ている。古典的な所有者企業と株式会社をプロパティー・ライツ理論の視点から比較し，父親の危惧を解消する手段があることを示してみよう。企業の観点から見れば，株式が広く分散している（分散所有）ほうがメリットがあるのか，それとも株式の分散が小規模である（過半数所有）のほうがメリットがあるのか，どちらであろうか？

5. 合資会社，ないしは有限会社と比べて有限合資会社は，プロパティー・ライツ理論のパースペクティブから見ればどのようなメリットを持っているのだろうか？

6. 財団法人や社団法人の場合，利益取得権，あるいは譲渡権が定義，配分されていない，ということがなぜメリットを持ちうるのか，明らかにしてみよう。

7. 木材加工産業向けの特別仕様の小型機械を製造することを主たるビジネスとしているある中規模企業が，長いリードタイムを短縮するために，機能別組織からプロセス組織への移行を決断する。これに関連して，ケース・マネージャーに，こまごまとした職務を委譲するという計画がなされている。彼は，職務のすべてを遂行するという形で（in Form einer ganzheitlichern Auftragsbewältigung）1人で注文を処理しなければならないのである。このような職務遂行方法を評価し，ケース・マネジメントの代替案となりうるものを示してみよう。どちらに決定すればよいのだろうか？　特にプロパティー・ライツ理論の観点から議論してみよう。

8. あなたは，学術的な研究グループのプロジェクト・リーダーである。あなたと5人の協働者たちは，総合病院（Kreiskrankenhause）のリオーガニゼーションによる，患者への治療の質に対する影響を調査する。患者へアンケートを行ったり病棟での仕事を観察することで，詳細なプロジェクト・レポートという形でリオーガニゼーションの成果を市当局に報告しなければならない。協働者たちは，近くの大学の経営学部に常勤しており，このプロジェクトのために多くの時間を費やすことができる。あなた自身は，そのようなプロジェクトを編成し，実施することで，フリーランスとして報酬を得る。プロジェクトが終われば，あなたは新しい仕事を探さなければならないが，協働者たちは元の職場に戻ることになる。プロジェクトがスタートする前に，そのような状況から生じる問題を経済学のパースペクティブから分析してみよう。所与の条件下でプロジェクトが最善の結果を収められる調整手段やモチベーション手段を見つけてみよう。

9. 多様ではあるが比較的安定しており，構造化されている，反復性の高い職務を処理できる機能別組織に比べ，事業部制組織をとることで，企業にとって原理的にどのようなメリットが生じるであろうか？　様々な種類のうち，どのような種類の事業部制組織が実際に最も頻繁に見られるのだろうか？　考えられるその発生理由を示してみよう。

**10.** 事業部化された企業において事業部「GB A」は，50単位の中間生産物「ZP 1」と，25単位の中間生産物「ZP 2」という特殊なアウトプットを，生産段階の後方に位置する事業部に供給している。そのさい，「ZP 1」1単位を製造するための変動費用は2,5，「ZP 2」の場合は5貨幣単位である。「GB A」内で「ZP 1」1単位を加工するのに必要な時間は5分であり，「ZP 2」の場合は1,25分である。一単位の正味付加価値（Nettowertschöpfung）に対する見積もり貢献額は12,5貨幣単位であり，「ZP 2」の場合は10貨幣単位である。1度追加注文されると，これまでのように「ZP 1」50単位ではなく，次の月には10パーセント余分に「ZP 1」が必要となる。高額のペナルティーを回避するために，経営陣は必要な中間生産物「ZP 1」のすべてを次の月に製造するという決定を下す。

a) 「GB A」のキャパシティーが以下のようになっている場合，効率的な資源配分を保証するためには，「GB A」は追加注文全体に対して価格をどのようにつければよいだろうか？
   a1) 1月あたり400分
   a2) 1月あたり300分
   a3) 1月あたり281,25分
b) 「GB A」はどのような方法で運営され，どのように事業部長に対して効率的な報酬を与えればよいだろうか？
c) 事業部「GB A」は，一方で中央本部EDVからアウトプットの納入を受けている。EDV部門が市場へのアクセスに基づいて（aufgrund ihres Marktzugangs）プロフィット・センターとして運営されている場合，「GB A」の成果を効率的に算出することが可能となるためには，これに対する支払い価格をどのくらいにすればよいだろうか？ 中央のEDV部門の設置に賛成する理由を挙げてみよう！

**11.** 新しい形態の生産組織に特徴的なことは，セル生産内部のヒエラルキーに基づく命令構造が弱体化していることである。セル生産内部のチーム組織あるいはグループ組織においてどのようなメリットやデメリットが見られ，遂行しなければならない職務のダイナミクスや多様性が高まる中で，それが持つ意義はどのように変わるのだろうか？ アルシャンとデムゼッツ（1972）は，グループにおける「手抜き」の問題を解決するために，グループメンバーのプロパティー・ライツを縮小させ，モニター（監視者）にそれを集めよ，という提案を行った。このような方法は，セル生産内部では効率的であろうか？

**12.** 従来型の生産形態と比較した日本型の生産構想（リーン生産）の優位性に関して，それを適用した領域を2つ使って説明してみよう。

**13.** ある企業が鉄パイプ（Stahlröhren）を生産しており，鉄鋼の生産とパイプの製造という2つの生産段階を持っている。その企業は市場では価格販売関数（Preis-

Absatz-Funktion ＝ PAF) $p=10-q/16$ （$p$ は価格, $q$ は数量）の状態にある。企業全体の変動費用は, パイプを製造するごとに3貨幣単位かかる。経営陣に対する成果連動型の報酬制度を導入したため, 生産段階は独立したプロフィット・センターに改変された。鉄鋼生産の前方に位置する生産段階の職長は, PAFが $t=8-q/8$ の状態にある。そこでの $t$ は, 中間生産物のパイプ製造への移転価格を表している。鉄鋼生産の変動費用は鉄鋼ごとに1貨幣単位であり, パイプ生産の変動費用はパイプごとに2貨幣単位である。パイプがいかなる単位であっても, 1単位の鉄鋼が必要である。

a) 前方段階のプロフィット・センターのマネージャーは, 移転価格をどのくらいに設定するであろうか？
b) そのようにして獲得された企業収益はなぜ最適ではないのだろうか, そしてどこが収益増加を成しとげることができるのであろうか？
c) 企業全体の最大収益はどれくらいであろうか？

1) 訳注(p.353)：いわゆるセル

# 第7章
# リオーガニゼーション：組織の再編成

　組織問題は動的なものである。今ある組織形態は，時間がたつとともに効率的でなくなるかもしれない。組織の変化とは制度の変化を意味しているが，それは非常に限られた範囲でしか計画できないものである（例えばピコー／フィードラー [Picot/Fiedler] 2002，キーザー [Kieser] 1994を参照）。本章ではこのような動的な変化によって引き起こされるリオーガニゼーション：組織の再編成という問題を考えてみよう。ここではリオーガニゼーションは一貫して経済学的パースペクティブから分析され（ヴォルフ [Wolff] 1999も参照），その点で，リオーガニゼーションの別の側面を重点的に扱うこれまでのアプローチ（これについては，例えば，ガベーレ [Gabele] 1992の指摘，さらに，ヴィッテ [Witte] 1973を参照せよ）と異なっている。本章は2つの節から構成されている。第7.1節では，リオーガニゼーションが必要となる原因が体系的に整理される。効率的でない組織形態は，効率的なものに代えられなくてはならない。もちろん効率的でない組織形態から効率的な組織形態に移るときには，摩擦が生じるだろう。つまり，リオーガニゼーションのコストが発生するのである。第7.2節は，リオーガニゼーションのコストが発生する原因を分析し，このリオーガニゼーション・コストを最小化するための根本的なデザインの可能性を示している。

## ▪▪ 7-1 リオーガニゼーションが必要となる理由

　第1章において組織問題は，分業と専門化のために生ずる調整・モチベーション問題がもたらすとされた。分業と専門化は，知識と能力が様々なだけでなく，1人ひとり異なる利害と目標を持つ多数の人々が生産プロセスに参加するということを意味している。組織問題とは，そこで調整・モチベーションのコストの発生を最小化することにある。本書では，この問題を解決するために新制度派経済学の道具を使用する。
　多くの伝統的な経営組織論のアプローチと異なり，新制度派経済学は，組織問題の一般的な形での解決，つまりどんな状況についても解決させるような可能性を否定している。実務において見られる様々な組織問題は，それぞれの状況に特殊な性質を持っている。それらの組織問題を最も良く解決する組織形態は，関連する状況によって，そのつど異なっている。それゆえ，現実に様々な組織形態が存在しているという事実は，効率性という理由から説明される。
　新制度派経済学の理論には，次のような共通の基本構造がある。つまり，分業的な

生産プロセス $i$ において現れている調整・モチベーションのコストは，そのプロセスを形作る状況と選ばれた組織形態との関数と見なされるという構造である。このような形式的な関係は，次のように表現される。

すべての $i$ について，
調整／モチベーション・コスト $i = f(状況\ i,\ 組織形態\ i)$ 　　　　　(1)

例えば，取引費用理論は，状況を状況のメルクマール $ij$，特殊性の度合い，不確実性の度合い，戦略的意義，そして頻度を用いて表現する。プリンシパル・エージェント理論（プロパティー・ライツ理論）のフレームワークにおいては，状況は主として基本的な情報の非対称性（外部性）によって特徴づけられる。状況とは組織形態を選ぶものによって左右されないような環境の状態といえよう。

これに反して組織形態 $k$ は，組織者の意思決定領域に属している。つまり意思決定変数である。組織形態 $k$ の選択については，様々な組織のレベルに応じて，複数の代替案から選ぶことができる。計画経済と市場経済，国家独占と規制された私企業といったものは，競争的な市場という組織レベルで考えられる意思決定の代替案である。企業のレベルでは，意思決定の担当者は，例えば，機能別組織，事業部制組織，プロセス領域の組織，プロジェクト組織といったものの中から選択することができる。

調整・モチベーションのコスト $ik$ は，効率性を考慮する意思決定基準である。競争において生き残っていくためには，責任のある組織者はすべての組織レベルで，所与の状況 $i$ のもとで最も低い調整・モチベーションコストをもたらす組織形態を選ばねばならない。しかしながら組織問題はそれで究極的に解決されたわけではない。今日の状況において効率的とされた組織形態も時間の経過とともに以下のような理由でその優位性を失うかもしれない：

- 新しい組織形態が開発される。
- 重要な状況の特性が変化する。
- より適切な理論が開発される。

この3つの理由のそれぞれが，古い組織形態が，新しい組織形態にとって代わられるリオーガニゼーションのプロセスを引き起こす可能性を持っている。以下において，こういったリオーガニゼーションのプロセスの経済的側面を，この3つのリオーガニゼーションの原因について分析してみよう。

### 7.1.1 新しい組織形態の開発

資源の稀少性とその結果として生ずる競争とは，欲求充足のための新しくてよりよい手法を持続的に開発させ続ける。このようなイノベーションのプロセスは新しい製品と生産手法の開発のみならず，生産プロセスの組織化も巻き込むものである（ハウシルド［Hauschildt］, 1997）参照）。新しい組織形態が開発されたために，古い組織形

態はそのときの基本的な状況 $i$ が変わらなくてもその効率性を失うかもしれない。

　新規な概念を合理的に論ずることはできないし，未来が不確実であることも否定できないので，新しい組織形態は予見できるものではない。従って組織イノベーションの効果は，回顧的にしか分析できない。自動車産業における組織の変転は，これについての示唆に富む例を提供している（これについては，チャンドラー［Chandler］1962，ウォーマック／ジョーンズ／ロバーツ［Womack/Jones/Roos］1990，ミルグラム／ロバーツ1992を参照）。

　自動車産業の今世紀の最も重要な産業部門としての興隆は，ヘンリー・フォード［Ford, H.］が工場的手工業経営に代えて，流れ作業の技術によって，大量生産を導入したときに始まった。フォードは，大規模化・専門化がもたらすメリットを徹底的に利用することですべての階層の人々に手が届く自動車を製造するという目標を追求した。彼はいわゆるT型モデルという標準的な製品のみを製造し，会社を専門化された機能領域に区分した。単品生産戦略と機能別組織とは経営内の職務を配分するさいに高度な専門化を可能にした。流れ作業と大量生産とは，大規模化・専門化のメリットを徹底して生産コストのメリットに換えた。精密な計画化と技術の力で，分業が進められると必ず現れる調整の問題を最小化した。それゆえ得られた生産コストの低減はそのまま顧客に転送することができた。フォードは，価格優位に基づいて，米国における自動車市場のシェアの50％以上を獲得した。フォードの最強の競争者，GMのシェアはやっと10％強であったし，そのうち4％は，代表車種であるシボレーによるものであった。

　フォードとちがってGMは，単品生産企業ではなく，異質な，かつては独立していた自動車・部品メーカーの集合体だった（ビューイック，キャディラック，シボレー，オークランド，オルズモービルなど）。このような企業構造のためにGMは確かにいろいろなタイプの自動車を提供できたが，主たる競争相手であるフォードのようには大規模化・専門化のメリットを実現できなかった。GMの個々の部門の生産量は，フォードの生産量にまったく及ばなかった。加えて，車種の多様性は，それぞれの機能領域においてかなりの支出をもたらしたので，GMはフォードとの価格競争に勝てる状態にはなかった。いろいろなタイプの自動車を提供できるというメリットですら，個々の部門の市場戦略が調整されておらず，互いに利益を生み出すというよりも競争したので，首尾一貫して生かされなかった。

　このような時にアルフレッド・スローン［Sloan, A.］がGMの経営を任された。彼はGMの競争上の優位，つまり車種の多様性を製品・市場戦略として部門間で調整してから利用することで，GMを自動車産業のリーダーにしようとした（スローン1967参照）。キャディラックは，最上位の市場セグメント用の高級車として製造された。他の部門は，すべての市場セグメントをカバーするように，それぞれその下に続く顧客層に専門化することになった。スローンの戦略を実行するには，個々の部門間で包括的な調整が必要だったので，従来の組織形態は適切ではなかった。しかしまた機能別組織にしても，調整・モチベーションのコストが高くなりすぎてスローンの意図は

いかされなかった。機能別組織ならば確かに意思決定権・命令権が集権化しており，自動車タイプ間で必要とされる調整は保証されるが，同時に，GMが，意図通りに個々の市場セグメントから特殊な要請に応ずることはできなかった。フォードの単品生産戦略に較べて，スローンの市場志向的な多品種戦略は，広範囲にわたるその市場セグメントに特殊な情報を処理するために，意思決定権・命令権を分権化する必要があったのである。

　スローンは問題に気づいた。包括的なリオーガニゼーションを進める上で彼は，戦略に関わるすべての意思決定・命令権限を持った事業本部を創った。事業本部の下に，それぞれ割り当てられた市場セグメントのために特定のタイプの自動車を製造する互いにかなり独立した事業部に会社を分割した。スローンは，すべての業務上の意思決定・命令権限を事業部の管理者に委譲した。事業部の管理者は，成果を基準としてコントロールされたので，本部は日常的な業務から解放され，戦略的な課題とより重要な調整機能に専門化することができた。

　スローンのリオーガニゼーションは成功した。GMは市場シェアをまず高級車の市場セグメントから拡大しはじめた。あらゆるタイプの自動車に共通する標準化された構成部品は，中央で製造されたので，GMは，大規模化・経験のメリットによって，下位の市場セグメントにおいてもその価格・性能比を改善した。これに車種の多様性という優位が加えられて，GMは，下位の市場セグメントでも価格競争にうち勝つことができた。1940年までにGMの市場シェアは，45％に達し，フォードのそれは16％に落ちた。スローンによって導入された事業部制組織は，その後の企業の成長と製品の多角化を促進し，結局多くの多品種生産企業により組織形態の手本として模倣された。

　第2次大戦直後のトヨタは，地域的で，世界的にはどうということのない自動車メーカーだった。トヨタは確かに賃金コストの優位を持っていたが，米国の市場リーダーの資本集中的な大量生産方式をまねるには，必要な財務資源を持っていなかった。資本がわずかであるために生ずる不利を最小化するために，豊田英二と大野耐一は，とりわけ生産プロセスをジャスト・イン・タイムの原理に従って組織化するとともに，多くの職務を独立したサプライヤに移した。ジャスト・イン・タイムの原理は，資本を消耗させる在庫維持コストを減少させた。これは，第6.4.4節で詳しく扱ったリーン・プロダクションの1つと考えられる。フォードとGMはそれぞれの生産段階を中断させずに作業できるように，大量の中間在庫を持たねばならなかったが，豊田と大野は，おのおのの生産段階が必要に応じて，必要な前段階または中間生産物を供給されるように生産プロセスを調整した。このためには優れた情報システムと最大限にまで高められた品質の信頼性が必要であった。納期が誤っていたり，遅れたりした中間生産物は，すべての後に続く生産段階を麻痺させたのである。

　必要とされた品質の信頼性を達成するために，品質に関する責任は分権化された。それぞれの生産段階は，そのアウトプットを欠陥なしに製造し，時間通りに供給する

責任があった。それぞれの生産段階がこのような責任を果たせるように，トヨタはその生産チームを機械の使用のみならず，機械のメンテナンス，修理についても教育した。一方での機械の使用と他方の機械のメンテナンス・修理との分業によってえられる専門化メリットは，これによってのがされてしまったが，モチベーション・品質の優位によって報われた。結局，品質のスタンダードの高さが最終生産物において反映された。

　トヨタは米国のリーディング・カンパニーたちに較べると，大きな専門化した機械によるコスト低減から利益を得るのに必要な資本も市場シェアも持っていなかったので，その生産設備のフレキシブル化に専念し，多くの部品製造を独立したサプライヤに移管した。生産のフレキシビリティーを高めたことは，モデル・サイクルを短縮させた。50年代から60年代にかけてGMはやっと12年おきにその専門化した機械をフルチェンジしたモデルにあわせて切り替えられたが，トヨタは6年おきに新しいデザインのモデルを導入した。新しいデザインのモデルはそれぞれが同時に技術的改良を市場にもちこんだので，トヨタは市場シェアを拡大した。

　サプライヤは製品のイノベーションに密接に組み込まれた。GMやフォードと異なり，トヨタには，すべての特殊な前・中間生産物を自分で製造したり，あるいはサプライヤをまるごと買収したりする余裕はなかった。トヨタはそれゆえ，特殊で複雑な部品製造をもサプライヤに移管しなければならなかった。そこで現れた情報・エージェンシー問題をトヨタは，長期的協調関係というフレームワークにおいて最小化した。同時にトヨタは，そのサプライヤに自動車の構成部品全体の製造を依頼し，そのためサプライヤの総数は比較的少なかった。

　それらサプライヤのネットワークに支えられてトヨタは，様々な市場セグメントの特殊な要求に対してよりフレキシブルに反応することができたし，製品イノベーションをより迅速に進められた。トヨタはこのようにして世界市場でのシェアを高めた後に，残されていた，そして利用されずにいた大規模化のメリットを大きな生産設備の設置によって享受する土台を作った。そのさいトヨタは，新しい生産設備をしばしばそのアメリカの手本よりもさらに大規模なレベルで実現したのである。

　自動車産業における組織の変遷は，組織イノベーションがどのように既存の効率性を変えるか，明らかにしている。組織的イノベーションのプロセスは，たいてい事後的に合理的なデザイン行為として記述されるのであるが，それらはしばしば進化的な特色を持つものである。制度の合理的な構成と改革はそれを行う人間の本性からして限界を与えられている。人間はすべてを知っているわけではないし，自由かつ無制限にコミュニケーションしあえるわけでもない。要するに，人間は限られた範囲でのみ合理的なのである。しかし人間はまったく無知であるわけでもない。彼らは，情報とコミュニケーションのコストのために，知識に空白があること，そしてそれゆえに複雑な問題を解決する試みにしばしば誤ることを知っているのである。

　制度を改革するさいに誤りを犯す危険は，図3（p.10）の制度階層の最下位レベル

において最も少ない。これには2つの理由がある（ディートル1993a，p.73-78参照）。第1に，制度階層の最下位レベルでのデザインの余地は，上位の制度の構造によって狭く限定されている。第2に，最下位のレベルでは制度的改革の結果をより高いレベルでよりも容易に評価できる。制度階層を上に動くほど，デザインの余地はより大きくなり，結果はより複雑になる。最上位のレベル，基本的制度のレベルでは，改革の範囲を限定するようなさらに上位の制度は存在しない。デザインの可能性に限界はないが，その結果も評価できない。直接引き起こされたデザインの結果とならんで，すべての下位レベルのデザイン可能性の変更を経て間接的に引き起こされる結果も顧慮されねばならないだろう。これは人間の合理性の限界を超えている。それゆえ効率的な制度の構造は，合理的に計画された（下位のレベルの）制度と，進化的に発生した（上位のレベルの）制度とからなる。

　進化的に発生した制度は，ハイエクによれば（1979，p.27），何らかの計画委員会がそれまで手に入れることができた以上の知識を具現している。それらは長期的な進化プロセスにおいて他の制度との競争をし，淘汰プロセスをサバイバルしてきたのである。だからといってこれらの制度に改善の余地がないわけではない。ただ，これらの改善の余地を計画的に利用することが人間の能力を越えていると主張されるのみである。

　それゆえ効率的な組織イノベーションは，合理的な計画によってのみ行われるわけではない。組織イノベーションはしばしば進化的な側面を持っているし，中でも特にそれらが制度階層の上位レベルでの変更を伴う場合そういえるだろう。

　組織的イノベーションの内容は予測されえないものであるが，組織イノベーションが有望と思われる領域を見いだすことはできる。すでにアダム・スミスとベーム・バベルクが知っていたように，経済的な生産性の上昇は，分業という専門化のメリットと迂回生産の実り豊かさに基づいている（1.2.1節参照）。手元にある資源を消費財の生産に直接投入せず，投資財の製造に使用するとき，それを迂回生産という。次に投資財を用いて元来よりも多くの量の消費財が製造されうる。このような実り豊かさは消費を時間的に遅らせることのみによって手に入れられるわけではない。迂回生産と専門化のメリットを同時に利用することで，非可逆的な投資（埋没費用）がもたらされる。そこには様々な経済的依存関係が生じているのである。

　専門化と迂回生産によって得られた生産性のメリットが，調整問題，搾取の試み，誤った投資の犠牲にならないように，適切な組織形態が必要である。組織形態が適切でなければ，禁止的に高い調整・モチベーション・コストのために専門化の度合いを増すことも，また迂回生産を拡大することもできないだろう。

　禁止的に高い調整・モチベーション・コストのために分業と迂回生産という，より生産的な形態が実現されないところではどこでも，イノベーション圧力が存在する。このイノベーション圧力は，調整・モチベーションが不十分なために最高の生産性メリットが実現されていないところで最も大きい。このようなところで組織イノベーションは，最高の効果を示すのである（制度の変遷についてはノース［1988］も参

照)。

　組織イノベーションは，それまでの調整・モチベーションのコスト水準を下げることで，分業と迂回生産の限界を変えている。同時に最大のイノベーション圧力のある領域が移動するのである。

### 7.1.2 重要な状況特性の変化

　本書の基礎となっている状況理論的フレームワークにおいては，組織形態というものは新しい組織形態が開発されなくとも（状況的に）効率的でなくなることがある。基礎的状況（方程式における状況 $i$）の根本的特性が変化し，もともと選ばれている組織形態が代替的な組織形態よりも高い調整・モチベーションのコストを引き起こすようになる場合がそのケースである。

　新制度派経済学から見て重要な状況特性の変化は，稀少性の変化であるかもしれないし，選好の変化の結果でもあるかもしれないし（7.2.1節），また新しいテクノロジーが出現した結果であるかもしれない（7.2.2節）。組織イノベーションの内容とは異なり，状況変化の影響は新制度派経済学のフレームワークで予測することができる。基本的変形という取引費用理論のコンセプトを用いて，状況変化それ自体さえ予測することができる（7.2.3節）。

#### 7.1.2.1　稀少性・選好の変化

　稀少性または選好の変化は資源や財の経済的価値に影響を与える。資源あるいは財がより稀少になれば，その価値は上昇し，逆であれば下降する。このような事情は単純な例で明らかにできる。原油の埋蔵量がはじめ考えられていたよりもずっと少ないことが確認されると，バレルあたりの原油価格は上昇する。逆に，それまで知られていなかった原油鉱床の存在が発見されるとバレルあたりの原油価格は下がる。選好の変化についても同様の関係が見られる。消費者が医学的な知識を得てミネラル・ウォーターを他の飲み物よりも好むようになれば，ミネラル・ウォーターの価格は高くなる。逆の場合は安くなるのである。

　稀少性または選好の変化は，それ以前のプロパティー・ライツ構造の効率性に影響を与える。プロパティー・ライツ理論的に見ると，内部化のメリットと取引費用との差が最大になるような所有権構造が効率的である。限界分析的に考えると，外部効果を内部化する限界は，内部化の限界効用が限界取引費用と等しくなるところである。効率性の限界を超えると，追加的に発生する専門化コスト，割当コスト，移転コスト，実行コストが内部化を進めて得られる追加的優位を越えるのである。

　（限界）内部化メリットの高さは，所有権が，関係している当該資源，または当該財の価値に依存しているので，効率的な内部化限界つまり効率的なプロパティー・ライツ構造は，稀少性または選好の変化の結果，ずれる。例えば地球の多くの地域で広がっている水資源の不足は，水利権を明記し，強制するようになる。海洋資源を持続

的に乱獲した結果，漁獲量を割り当て，強制して外部効果をより包括的に内部化することが効率的になる。他方，多くのサービス領域において情報がますます過剰に提供されるようになると，所有権構造が分散する。つまり詳しく説明されたり，利用されたりしなくなる。

ステークホルダー・アプローチから株主価値アプローチへのトレンドの変化は，選好の変化がプロパティー・ライツ構造の効率性に影響を与えた例である。ステークホルダー・アプローチによると，すべての「ステークホルダー」（顧客，サプライヤ，従業員，国家，資本家）の利害が，企業目標を決めるさいに考慮されるべきである。それに対して株主価値アプローチは，企業の市場価値つまり自己資本提供者（株主）の資産を最大化することが企業の最上位の目標であるという見解である。他のステークホルダーの利害は，それが企業の市場価値の極大化という目標に役立つときにのみ考慮にいれられる。株主価値志向への選好の変化を与えられたものとすると，企業の経営者を企業の市場価値変化へ参加させることが効率的になる。利潤と連動した報酬を受け取る権利を経営者に与えることで，正の外部効果，この場合市場価値の上昇が内部化される。

### 7.1.2.2　新しいテクノロジー

新しいテクノロジーの導入は，新しい外部効果の発生，取引費用の減少，スケール・メリットの変更，特殊性の度合いの変化，情報の非対称性の変化をもたらす。

**新しい外部効果**は，新しいテクノロジーの結果，そのテクノロジーの投入によって補填されない効用の変化が現れるときに発生する。これの典型的な例は，ラジオ放送の導入である。ラジオ放送の導入によって，正の外部効果も負の外部効果も発生した。消費者（放送の聴取者）が正の外部効果を，つまり補填されない効用の上昇から利益を得るのに対して，生産者（放送局）は，周波数の重複の結果，負の外部効果に耐えなければならない。正の外部効果の内部化は，禁止的に高い取引費用を引き起こしただろうから，完全な内部化は放棄された（放送料金は，不完全で概算的な弁済でしかない）。負の外部効果について事態は別のようである。ここでは，厚生の損害は取引費用よりも高い。それゆえ，放送権が規定された。これは周波数のライセンスという形で放送機関に与えられ，国家によってコントロールされた。

組織イノベーションと同じように，テクノロジー上のイノベーションもまた取引費用が引き起こすイノベーション圧力の中で発生しうる。**取引費用が減少すると**，効率的な内部化の境界が移動する。一連の行為は，変更されたプロパティー・ライツ構造によって行為者により包括的に割り振られうる。これにより資源利用は改善され，厚生は上昇する。このような背景のもとで，2人の経済史家，ノースとトーマス（1973）は，西洋の経済的勃興の主たる原因を取引費用の節約とより集中したプロパティー・ライツ構造の相互作用の内に見いだしている。

このような論証のロジックはラジオ放送の例で明らかにすることができる。禁止的に高い取引費用は，イノベーション圧力を作り出し，その圧力がより性能の良いグラ

スファイバー・ケーブルの開発に貢献したのである。ケーブルを経由した中継放送は，正の外部効果，つまり消費者への取引費用を減少させる部分的内部化を可能にした。

4.2.2節に示されたように，自然独占は，規模の経済性の上昇という特徴を持つ。**規模の経済性による収益**は，テクノロジー的に条件づけられているので，テクノロジー上の変化は，自然独占の発生も解消ももたらし得る。例えば有線電話によるコミュニケーションの導入は，自然独占を発生させた。規模による収益が増大するとき（自然独占）と規模による収益が下降するとき（例えば4.2.2節）とでは，効率的になる競争組織が異なるので，この種のテクノロジー上の変化はリオーガニゼーション・プロセスを引き起こす。現在の電電事業の民営化と規制撤廃の波はこのような脈絡を明らかにしている。

取引関係の特殊性の度合いは，最も重要な取引費用理論的状況特性である。特殊でない取引関係が古典的な市場契約によって効率的に調整されうるのに対して，特殊な投資が行われねばならない取引は，より複雑な監視メカニズム，モチベーション・メカニズム，コントロール・メカニズム（これについては例えば，詳細には3.3.2.4節を参照）を要求する。特殊性の度合いが変化するやいなや，それに応じた組織適応が必要になる。

特殊性の度合いの変化はしばしば技術的進歩の結果である。そのさい新しいテクノロジーは，その取引関係の特殊性の度合いを上昇させることもあるし，減少させることもある。例えば輸送力が改善されれば，立地の特殊性が減少するが，新しい生産技術は，多くの場合，機械特殊性の上昇をもたらす。前者では，垂直的な分解が，後者では，垂直的統合が必要になる。さらに近年では，情報とコミュニケーションの領域における多くのテクノロジー上の発展が経済的取引関係の特殊性の度合いを変えた。そのさい特殊性の度合いの減少は，しばしば企業組織にとってかなり重要な帰結を持っている（これについて詳しくは，ピコー／ライヒヴァルド／ウィーガント2001，ピコー／リッパーガー／ヴォルフ1996，ピコー1996を参照）。

**情報の非対称性**の種類と範囲は，関係者のリスクに対する態度とならんで，プリンシパル・エージェント理論のフレームワークにおいて重要な状況特性である（第3.3.3節を参照）。特殊性の度合いと同じように，情報の非対称性の種類と範囲もまた，一般的には予測されないテクノロジー的に条件づけられた変化に服している。ここでもまた新しいテクノロジーによって発生したリオーガニゼーションの必要性は間接的にのみ，つまり変更された情報非対称性のプリンシパル・エージェント理論的分析によってしか見いだされない。例えば，新しい情報テクノロジーは，情報の非対称性を減少させ，かくしてモラル・ハザード問題を縮小させる。この場合，高価なモニタリング・コントロール・システムはリスク・プレミアム付きの成果への参加と同じく，不必要になる。他方，新しいテクノロジーは関係する資源の柔軟性の度合いを高める。この場合，高価なモニタリング・コントロール・メカニズムまたは成果への参加の拡大が効率的になる。

#### 7.1.2.3 基本的変形

ウィリアムソン（1985, p.61-63）は，事前的には特殊でなかった取引関係から事後的に特殊な取引関係に移ることを基本的変形と呼んでいる（3.3.2.3節も参照）。かくして基本的変形とは，取引費用理論的に重要な状況の変化なのである。

基本的変形が見られる取引では，契約の締結以前には（事前的には）集中的な競争関係が支配的である。取引パートナーは契約締結の時点ではまだ取引特殊な投資を行っていない。取引特殊な優位は，契約関係の経過においてようやく（事後的に）生ずる。事後的に獲得される優位としては，とりわけ取引特殊な人的資本が重要である。その典型的な例は，学習・経験効果である。通例，このような学習・経験の優位は，それを他の取引関係で利用しようとするとかなり価値を失う。

さらに特にコミュニケーションの領域において取引関係がある間に，取引特殊な節約が発生する。契約を果たす内に，場合によっては必要とされる契約の変更，延長において，おのおのの取引パートナーは，相手の特殊な欲求についての感受性を発達させる。それ以上に取引パートナーは，しばしば，コミュニケーション・コストを節約する特殊な言語を発達させる。そのとき，とかく複雑になりがちな契約変更のさいに，ちょっとした示唆や簡単な指示で，十分なのである。

基本的変形は，取引費用理論的に重要な状況特性の変更，つまり特殊性の度合いの変更から生ずる，リオーガニゼーションの必要を発生させる。事後的に発生する準地代が機会主義的な取引パートナーの好餌となることを防ぐためには，古典的な市場関係は新古典的または関係的契約関係に取って代わられねばならない。

### 7.1.3 よりよい理論の開発

組織理論が真であるかどうかを究極的に決定することはできない。理論は論理的に矛盾しておらず，またそこから導出された仮説が経験的に反駁されていない限り，理論は真理であるという資格を持ち続ける（ポパー1994）。仮説が将来的に反駁される可能性は取り除けないので，この真理であるという資格は暫定的なものである。絶えず，導出された仮説が経験的に反駁されたり，よりよい理論が開発されたりする可能性はいつでもあると考えられねばならない。よりよい理論が開発されると，もともと選択されていた組織形態が非効率的であることが明らかになるかもしれない。例えば，古い理論が一方での調整・モチベーションのコストと他方での状況特性及び組織形態との間の方程式（7.1節）に示された関数関係を絶対的に正しく表現しているわけではないことが考えられる。

## ■■ 7.2 リオーガニゼーション・コスト

分業を伴う生産活動では，生産費用も取引費用も生じるのと同じように，リオーガ

ニゼーションにおいて2種類のコストが発生する。第1の種類のコストは，リオーガニゼーションによって引き起こされた計画・実施コストを内容としている（分析，コンサルティング，研修への支出，情報システムの変更など）。これらのコストは生産コストに対応するものである。

　第2の種類のコストは，取引費用に似たものであり，摩擦的損失（調整・モチベーション・コスト）の結果として生ずる。このような調整とモチベーションがもたらすリオーガニゼーション・コストは，人間の不完全性に由来するものである。このような不完全性は，3.3節において検討された新制度派経済学的アプローチのさいと同じように，個々人の効用極大化と情報費用との結合に起因するものである。情報費用の存在は経済主体がすべてを知っているわけではないということを意味する。契約は不完全なままにとどまる。契約のすき間は，機会主義的な契約パートナーに，個人的な利得を相手のコストで獲得する可能性を与える。リオーガニゼーションのプロセスにおいて重要になる機会主義は，いわゆるレント・シーキングである（第7.2.1節）。それはインフルエンス行動とそのコストという形で現れる（第7.2.2節）。インフルエンス・コストが高ければ，リオーガニゼーションがもたらす効率性のメリットが失われるかもしれないので，インフルエンス・コストを限定するのためのデザイン的提言が開発される（7.2.3節）。

## 7.2.1 レント・シーキング

　リオーガニゼーション・プロセスにおいて生じているほとんどすべての調整・モチベーション問題は，レントと準レントの存在にその起源がある。経済理論においてレントと呼ばれているのは，取引パートナーが，取引関係において実際に受けとっている報酬と，この取引パートナーがこの取引関係に入っても良いと考えるのに最低限必要な報酬額との差である。従ってレントとは資源を提供するさいの機会費用を超える報酬部分である。

　それに対して準レントと呼ばれるのは，取引パートナーが取引関係において受け取っている報酬と，この取引パートナーをその取引関係から退出させないために少なくとも必要な額との差である。準レントはかくして資源を使用するさいの機会費用を越える報酬部分である。

　レントと準レントの違いは次のように説明されよう。潜在的な取引パートナーがある取引関係にはいるためには，少なくともこれによって発生するすべての費用がカバーされねばならない。すべての費用を超える報酬額はレントである。それに対してある取引パートナーがすでに存在する取引関係から退出しないでいるためには，しばしば，変動費用がカバーされるだけで十分である。取引関係にはいるさいの機会費用は，従って少なくとも取引関係から退出するさいの機会費用と同じだけある。従って，準レントは決してレントよりも小さいことはないし，本質的にレントよりも高いと仮定しうる。準レントの値は，取引関係において特殊な投資が行われる時にはいつも，

レントの額を超えるのである。例えば，さもなければ両親の企業に入社し，そこで年間10万ユーロの給料をもらう見込みしかなかったある商学部の卒業生（Diplom-Kauffrau）が，卒業後にデュッセルドルフのコンサルティングファームと，年額16万ユーロの給料を受領するという雇用契約を結ぶ場合，年間のレントの額は6万ユーロになる。その卒業生がデュッセルドルフに引っ越し，年換算で3万ユーロの特殊投資（住居，ゴルフクラブの会員権など）を行った後では，そのコンサルティングファームは，彼女が退職しないようにするためには，ちょうど年間7万ユーロの給料を彼女に支払えばよいのである。この場合（年間の）準レントは9万ユーロになる。

　レントと準レントがあるからといって原則として非効率的だというわけではない。機会費用を越えて支払われている報酬は効率的な資源配分を達成するのに不必要であるという論証は誤っている。それは競争のダイナミックスを見誤っている。競争が経済的な進歩をもたらす発見に駆り立てるのは，レントと準レントの存在のおかげである。レントと準レントという形での企業家利潤の見込みがなければ，すべての企業家からインセンティブが取り去られるだろう（カーズナー［Kirzner］1973参照）。しかし，効率性を促進させる作用を持つのはレントと準レントという形での企業家利潤をめぐる競争だけではない。レントまたは準レントを支払わねばならないという重荷もまた配分を改善するよう仕向ける。結局経済的な進歩を進めるのは，一方での利潤ないしレント獲得と他方での利潤浸食またはレント浸食との間の相互作用なのである。

　それに対して，すでに存在するレントおよび準レントを再配分しようとするすべての活動は，非効率的である。このような活動が引き起こすコストにはいかなる社会的効用も対置されないので，それは厚生の損失になる。

　それゆえ，レント及び準レントという形での企業家利潤を得るために行われる効率を促進させる努力は，すでに存在するレント及び準レントの再配分を目標とする非効率的な努力と厳格に区別すべきである。用語的にはこの区別は「プロフィット・シーキング」と「レント・シーキング」という概念で区別される。「プロフィット・シーキング」が効率性を促進させる企業家的利潤の追求を表すのに対して，「レント・シーキング」という概念は，厚生を減少させるような配分をめぐる闘争を意味している（トリスン［Tollison］1982, p.577参照）。

　レント・シーキングははじめ公共部門に典型的な問題として見いだされた（タロック［Tullock］1967；ブキャナン／トリスン／タロック［Buchanan/Tollison/Tullock］1980）。国家による規制は，レントと準レントを産み出し，それは，厚生を減少させる配分闘争を引き起こす。例えば多数の企業が，レント及び準レントを自分のものとするために，自分たちに保護関税，市場への参入制限，補助金，輸入制限などをするよう，国家の決定機関に働きかけることによって自分たちの資源を非生産的に使用している。

　しかし民間部門の効率性もまた「レント・シーキング」によって損なわれている。これは労働市場が不完全なために生ずるものである（ミルグラム［Milgrom］1988参照）。完全な労働市場では，良い職も悪い職も存在しない。すべての被雇用者は，自

分の機会費用に応じて報酬を受け取る。そこにはレントも準レントも存在しない。2つの職が同一の資格を要求しているがしかし昇進のチャンスが異なる場合，魅力的でない方の職は，完全労働市場では，昇進チャンスがわずかであることの埋め合わせとしてより高い労働報酬が支払われるときにのみ席がふさがる。このような条件では，すべての従業員は，すべての明らかになっているメリットとデメリットについて相応の賃金の修正により完全に報われているので，自分たちの上司の意思決定に対して無差別であろう。

それに対して，不完全な労働市場では企業の内部にレントと準レントが発生する。企業はしばしば新しい従業員を雇うために，必要以上に高い報酬を提供する。多くの従業員は，彼らの入職の後にその企業に特殊な投資をしなければならないので，しばしば基本的な変形が存在する。このような基本的変形のために勤め口を変えることはかなりのコストを引き起こす。これによって準レントが発生する。これらの従業員は，彼らの機会費用にふさわしい報酬を受け取っていないのである。

不完全な労働市場で，例えば研修のような特殊でない投資もまた，当該従業員がその後で企業により高い賃金を要求できる，またはより高い賃金をだす，新しい雇用者を見つけられるレント及び準レントをもたらす（これについては，ベッカー［Becker］1993参照）。簡単にいうと，不完全な労働市場では，魅力的な職と魅力的でない職がある。上司の意思決定は当該従業員の効用水準を左右する。賃金に対する相応する補填は行われないので，資源を無駄に使う配分の闘争が発生する。

被雇用者とならんで，企業外の人々のグループもまた企業の意思決定に関わりを持ちながら，相応する補填を受け取らずにいる。例えば企業の立地の決定は，不動産所有者の資産，近郊交通企業の資産，市，または地方公共団体の資産に影響を与える。債権者はとりわけ，信用を与えている企業の賃金・配当政策に関わっている，等々である。これらの人々もまたレント及び準レントを追求し，配分闘争に手を出すことを試み，自分たちに有利なように意思決定に影響を与えようとする。

## 7.2.2　インフルエンス行動とインフルエンス・コスト

### 7.2.2.1　概念の解説

　ミルグラム／ロバーツは，レント・シーキングというモチベーションを持つ行為をインフルエンス行動（influence activity）と呼んだ（例えば1988, 1990参照）。考えられるインフルエンス行動には，説得，賞賛とお世辞とならんで，脅し，誘惑，威嚇，サボタージュ，または意識的に誤った情報を与えて操作することがある。

　機会主義的な人々がインフルエンス行動に投資するためには，3つの前提が満たされねばならない。第1に彼らは（レントの）再配分の意思決定に潜在的に関わっていなければならない。第2に彼らには意思決定を行う者とコミュニケーションをする道が開かれていなければならないし，第3にインフルエンス行動が成果をもたらすという見込みがなければならない。

インフルエンス行動はいわゆるインフルエンス・コストというコストをもたらす。ミルグラム／ロバーツ（1992, p.270）によると，これには，インフルエンス行動によって直接的に引き起こされる資源の消耗だけが含まれるわけではない。インフルエンス・コストは，インフルエンスを受けた決定が質を悪化させる結果として生ずる厚生の損失をも含んでいる。質が悪化するのは，すでに存在する情報の非対称性のため意思決定者がインフルエンスの試み，特に操作の試みに気づかないからである。情報処理能力に限界がないときにだけ，つまり完全情報のときだけ，意思決定者はインフルエンスを与える試みに対して免疫を持っている。

インフルエンス・コストは，リオーガニゼーション・コストの本質的な構成要素であり，結果的に3つの組織レベルすべてにおいてかなりの非効率性をもたらす。競争的な市場組織を改革するときには，例えば，企業が，その最も優秀な従業員，ならびに外部の専門家，弁護士事務所，コンサルティング会社に，国家の意思決定機関に対して影響力を発揮するよう依頼する危険がある。

中間組織または企業組織内でリオーガニゼーションを試みるさいには，関係者が彼の自由にできる資源を生産的に使用せず，インフルエンス行動のために消耗させる危険がある。例えばそのさい，電話代，旅費，賄賂，または贈り物のような物的な資源とならんで，とりわけ労働時間や努力注入のような非物資源が非生産的に消耗される。

さらに，このようなインフルエンスが試みられる結果，リオーガニゼーションが非効率的に行われる，または効率的にリオーガニゼーションが試みられないとき，しばしば大きな厚生上の損害が生ずる。例えば，自然でない独占が黙認されたり，非効率的な提携契約が結ばれたり，特殊な投資を伴わない取引関係が企業内部に取り込まれたりするときに発生するコストを思い起こせるだろう。

多くの（特に合理的に計画された）リオーガニゼーションでは，インフルエンス・コストとならんでしばしばかなりの計画・実施コストが生ずるので，リオーガニゼーション・コストの総額が効率性の利得を上回る危険がある。このような場合，リオーガニゼーションをまったく行わないことが有利だろう。それゆえ，リオーガニゼーション・コスト，特にインフルエンス・コストの最小化が試みられるだろう。

#### 7.2.2.2 インフルエンス行動の概説

前節では，インフルエンス行動に対してどのような前提条件が与えられる必要があるか，を説明した。本節では，インフルエンス行動をもっと正確に分析してみよう。

インフルエンス行動をとるとき，従業員は戦略的に振る舞う。そのさい戦略的な振る舞いとは，ある人（インフルエンスを与える人）が別の人（標的となる人）に対して意識的に影響力を及ぼそうとすることを表している。この定義は，どの程度までインフルエンス行動が成功するのか，そしてどの程度まで標的となる人がそのインフルエンスに影響されるのか，といったことに関しては何も明らかにしていない。すべての従業員のうちの大多数がリオーガニゼーションを実行するさいに戦略的に振る舞

う，ということをいくつかの調査は示している（ピコー／フロイデンベルク／ガスナー［Picot/Freudenberg/Gassner］1999, p.54を参照）。従って彼らは，他の人へのインフルエンスを通して，リオーガニゼーション・プロセス，あるいは新しい構造に積極的に影響を及ぼそうとするのである。

　リオーガニゼーションのさいの戦略的振る舞いを，プロセスと見ることができる。インフルエンスを与える人は，計画したり実行するさいに様々な局面を経ることになる。まず最初に，個人的な願望にたとえられるような，リオーガニゼーションに対する主観的なイメージが生まれる。このような主観的な認識と願望との乖離からインフルエンス行動の目標が生まれる。インフルエンスを与える人は，その目標に応じて標的となる人を選び出す。標的となる人にインフルエンスを与えるために，インフルエンスを与える人は自分の権力基盤を再確認する必要があるし，この分析に基づいて様々な戦術の中からいくつか選び出さなければならない。これらの戦術は，インフルエンス戦術と呼ばれる。インフルエンスの結果に応じて，インフルエンスを与える人はそれを続けることもあるし，目標が達成されたとすることもあるだろう。

　以下では，上に挙げられた変数をもっと詳しく分析しよう。

　インフルエンスの目標は，変化の計画に関する予想と願望の差によって決定される。予想は，主観的認識から生じるが，それに対して願望のイメージは，インフルエンスを与える人の個人的選好が反映されている。インフルエンスの目標を確定すると，今度は標的となる人を探し出すことが必要となる。標的となる人とは，インフルエンスの目標を達成することを可能にするような従業員であるだろう。インフルエンス行動の標的となる可能性のある人は，原則的には部下，上司，同僚あるいはプロジェクト・チームのメンバーである。

　インフルエンスの可能性は，様々な権力基盤に基づいている。そのさい権力とは，変化を引き起こす可能性のことを指している。それは，変化が実現されるかどうかとは無関係である。そのさい，インフルエンスを受ける人の意思に反して変化が引き起こされる可能性があるが，必ずしもそうである必要はない。原則的には，権力基盤に関して2つのタイプが区別される。一方で，資源が権力のポテンシャルを呼び起こし，もう一方で，行為オプション（Handlungsspielräume）が重要なものとなる。

　資源とは，いくつかの財やサービス（Güter und Leistungen）であり，有形無形のものでありうる。リオーガニゼーション・プロセスを背景とすれば，4つの異なるタイプの資源を区別することができる。すなわち，知識，労働力，物的資本と関係資本（Beziehungskapital）である。

　行為オプションは，インフルエンスを与える人が原則的にどのような行為を行うことができるのか，を決定する。

　リオーガニゼーションに関連して，5つの重要な権力基盤が明らかになる。すなわち，関係のネットワーク（Beziehungsnetz），日常のパフォーマンス（Leistung im Alltag），知識，行為オプション，そしてプロジェクト・チームとのつながり（der Draht zum Projektteam）である（ピコー／フロイデンベルク／ガスナー 1999, p.65を参

照)。

インフルエンス戦術とは，インフルエンスを与える人が標的となる人に影響力を行使することを目的として引き合いに出される行為のことである。影響力の行使を試みるさいに，ある戦術が単独で，あるいはいくつかの戦術が組み合わさって，公開あるいは非公開に用いられる。リオーガニゼーションに関連した，いくつかの基本戦術を見て取ることができる（ピコー／フロイデンベルク／ガスナー1999, p.68以下を参照）。すなわち，情報を伝達すること，チャンスをとらえること（Zupacken），感情を利用すること，提携すること，取引，そして威嚇である。上に挙げられた戦術をモデルにして，従業員による様々な行動タイプを分析することができる：

— 決断に迷う人（Zauderer）の場合，すべての戦術に比較的不得手であることが特徴的である。
— リーダーの場合，提携を結ぶ戦術に比較的長じていることが特徴的であると思われる。
— 戦術家（Taktierer）の場合，取引と感情を利用することに比較的長じていることが特徴的である。
— 実用本位の人（der Sachliche）は決断に迷う人と同じような状況にあるが，情報を伝達するという戦術をより頻繁に使っている。
— チームのプレーヤーは，情報を伝達すること，チャンスをとらえること，そして感情の利用を比較的上手に利用する。
— コーチは，情報を伝えることとチャンスをとらえることという戦術を用いる。
— 独裁者は，比較的頻繁に威嚇と取引の戦術を使う。

インフルエンスの成果は，インフルエンスを与える人の観点から見た目標達成の度合いで決定され，その意味でそれは常に相対的なものとなる。しかしながら，インフルエンス行使者（Beeinflusser）にとっての期待純効用が0以上であるならば，インフルエンス行動は成功したと見なされてもよいであろう。

### 7.2.3 デザインのための提言

リオーガニゼーション・プロセスのデザインや経営陣が公然と介入することによるリオーガニゼーション・コストを問う場合，行為者や，変化が求められている制度が考慮されなければならない（ピコー／フィードラー［Picot/Fiedler］2002を参照）。従って，経営陣による介入（意図的な組織化）は，リオーガニゼーションにとって重要な知識の配分がむしろ集中していて明示的であり，権力の配分が集中しており，変化に適応する意思があるという意味で組織メンバーの選好構造が多くを要求するものではなく，利害が対立する傾向にある時，成功が見込まれるように思われる。制度の場合には，その制度の変化による，諸個人に対する期待純効用がむしろ低く，制度の

レベルが基礎的ではなく2次的なものであり、形態の拘束性（Formgebundheit）、つまり制度の文書化が進んでいるということが重要であるように思われる。このような条件がそろっていないほど、そろっていないほうが多いのであるが、自己組織化や詳細に計画できない進化による変化がもたらされる。

　行為者を新たに考察し、リオーガニゼーション・プロセスにおいて発生するリオーガニゼーション・コストを最小にしようとする時には、リオーガニゼーションのパラメーターがインセンティブに適合しているかどうか（これについては1.4節を参照）に留意しなければならない。これが意味しているのは、従業員の選好構造が考慮されなければならない、ということである。この選好構造の特性次第で、効率的なリオーガニゼーションという意味でインセンティブが意味を持つようになるのである。そのさい、インセンティブの構成要素の知覚された重要性と、その実際の特性とが対比される必要がある（図80を参照）。

　以下で、4つの領域を持つマトリックス（Vier-Fleder Matrix）を見てみよう（ピコー／フロイデンベルク／ガスナー 1999, p.148以下を参照）。マトリックスにおける2つの軸は、それぞれ、一方はインセンティブが個々の従業員にとってどのくらい重要であるか（インセンティブへの敏感さ（Anreizsensitivität））、もう一方はリオーガニゼーションのさいにどのくらいの程度インセンティブが要求されるのか（インセンティブ設定の程度）、を表している。このように区分することで、以下のような4つの領域、すなわち、無駄な骨折り（Vergebene Liebesmüh）、成功要因（Erfolgsfaktoren）、適切な場所での節約（Einsparungen am rechten Fleck）と失敗要因（Misserfolgsfaktoren）が生じる。効率性の領域（Effizienzpfad）と記されているところは、非常に重要なインセンティブを従業員に提示し、むしろ重要でないインセンティブを放棄させること

**図80　成功要因マトリックス**

インセンティブ設定の程度が高い

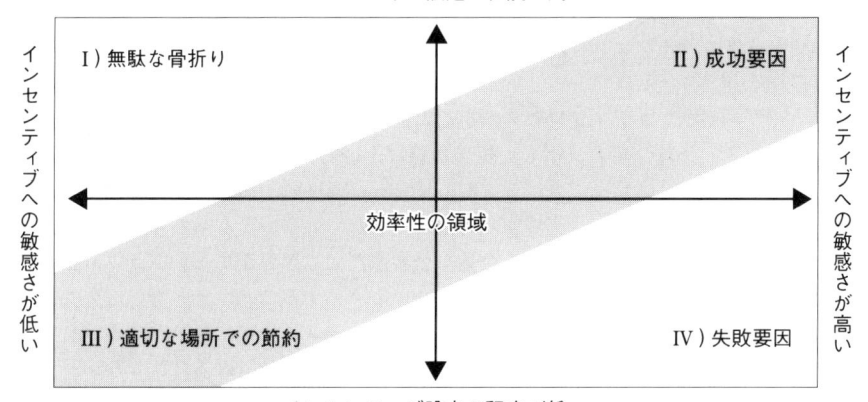

| I）無駄な骨折り | II）成功要因 |
| --- | --- |
| III）適切な場所での節約 | IV）失敗要因 |

（左軸）インセンティブへの敏感さが低い　（右軸）インセンティブへの敏感さが高い

中央：効率性の領域

インセンティブ設定の程度が低い

出典：ピコー／フロイデンベルグ／ガスナー 1999, p.148

が重要である，ということを示しているのである。そのさい，インセンティブ適合性（Anreizkompatibilität）について話題にすることもできる。その他の特性はすべて，無駄な骨折りであるか，失敗要因である。もちろん実際には，参加者の選好を認識することが困難であることが頻繁に見られる。そのため，集中的な検討と，それぞれの領域に関するかなりの知識が必要となる。

　従業員の参画（Beteiligung von Mitarbeitern）を問題にするさいに，次のようなトレード・オフが考えられなければならない。このリオーガニゼーション・プロセスに参加する者が多いほど，すべての関連する情報がリオーガニゼーションの意思決定に入り込む可能性が大きくなる。場所と時間について非常に特殊な知識を必要とするリオーガニゼーションのさいには，まさに，リオーガニゼーションを中央で計画し，直接的な関係者を意思決定から閉め出すことは危険だろう。確かに参加する関係者が増えればインフルエンス・コストも上昇する。とりわけ，リオーガニゼーションの決定が包括的な配分上の効果という結果をもたらすならば，関係者は自分たちの参加の可能性を，誠意をもって受け取るのではなくて，操作の目的にも利用するだろう。結局，関係者の参加によって得られる情報上の利得が，彼らの参加によって覚悟しなければならないインフルエンス・コストを超えるときにのみ，彼らを参加させるべきであろう。このようなコンテキストを考えると，関係者の参加の可能性を限定するものと配分上の効果を制限するものとの2つのデザインに関する提言が導かれる（これについては，ミルグラム／ロバーツ1992, pp.273-280；1995, pp.251-256も参照）。

### 7.2.3.1　参加可能性の限定

　関係者を参加させることにより特殊な情報が手に入れられ，それによって得られる利得は確かにあるが，それが，インフルエンス・コストに較べてわずかな場合，参加を限定した方がいいだろう。この場合に，一般的な，中央で入手できる知識に基づいて決定できるリオーガニゼーションが何よりも重要である。参加の可能性を限定するというのは，具体的には，(1) リオーガニゼーション・プロセスを迅速に進める，(2) リオーガニゼーションの決定を構造化する，(3) 階層組織を解体しておくことが考えられる。

　リオーガニゼーション・プロセスが迅速に進められるほど，インフルエンスの余地は少なくなる。極端な場合，新しい組織形態は，「爆弾投下」の原理に従って導入される（キルッシュ／エサー／ガベレ［Kirsch/Esser/Gabele］1979参照）。関係者にはインフルエンス行動を計画し，実施する時間が残されていない。もちろんこのようなやり方は，共同決定法を持つドイツの企業や公共部門では限界がある。ドイツの企業では共同決定法のため従業員が完全に参加しないようにすることはできない。公共部門では民主主義の原理がリオーガニゼーション・プロセスを迅速に進めさせない。参加の可能性を限定するためには，せいぜい異議申立期間が短縮されるにすぎない。

　爆弾投下戦略の弱い形態は，リオーガニゼーション・プロセスを構造化することである。この場合，限られた範囲で参加の可能性がある。中央の決定機関はリオーガニ

ゼーション・プロセスの大まかな構造を提示するだけで，詳細を示さない。意思決定には残されたところがあるので，関係者が自分たちの知識と，そして場合によっては自分たちの機会主義的な目標をも持ち込むことが可能である。

　階層組織を解体することで意思決定権が分散する。かくしてインフルエンスの活動をはじめる場所としての中央決定機関がない。これの典型的な例は，リオーガニゼーションを目的とした事業部門の独立化である。例えばドイツ連邦郵便が，電信電話事業での根本的なリオーガニゼーションを容易にするために，これを本体から切り離し，独立した株式会社に変えたのがそれである。独立した結果，この事業部門の従業員がドイツ連邦郵便の中央にインフルエンスすることでリオーガニゼーションの決定に影響を及ぼす可能性がなくなったのである。

### 7.2.3.2　配分上の効果の限定

　リオーガニゼーションをしようというときにはたいてい関係者の特殊な知識を意思決定に取り込む必要がある。彼らはリオーガニゼーションの帰結をより適切に判断できるばかりではない。しばしば彼らはリオーガニゼーションの必要性をも上位の意思決定機関よりも根本的に早く認識することもある。この場合，参加の可能性を限定することは，かなりの効率性の損失をもたらすだろう。

　確かに，関係者の知識の消耗をもたらさないように利用するには，インフルエンス行動を少なくしなければならない。これは配分上の効果を限定することで達成される。レント及び準レントの再配分が起きないような，リオーガニゼーション・プロセスでは，インフルエンス行動に投資する誘因はない。

　日本の企業では，リオーガニゼーションがもたらす配分上の効果は，終身雇用，ジョブ・ローテーション，固定的な，ほとんど年功原理に基づく報酬システムによって最小化されている。これによって依存的な従業員のリスク嫌悪もまた考慮に入れられる。彼らのリスク嫌悪の結果，彼らはリオーガニゼーションの結果としてより高いが大きな不確実性（変動）を伴う賃金を期待できるときですら，リオーガニゼーションに抵抗する。終身雇用の原理は，生産性を上昇させるリオーガニゼーションの提案を従業員が職を失うという心配からボイコットしないことを保証しているのである。

　配分上の効果の限定は日本の企業では，従業員の参加と大いに結びつけられている。例えばミクロ組織のレベルでは，クオリティー・サークルによって関係者がリオーガニゼーションの意思決定に直接彼らの知識を持ち込むだけでなく，自身でリオーガニゼーションのイニシアチブをとることが確保されている。欧米の企業ではこのような経営手法は，TQCというスローガンのもとで模倣されている。日本以外でも，配分上の効果は主として企業資本への従業員の参加によって限定されているのでる。

　多くの場合，一部のインフルエンス行動は，制度を学習するときに生じたサンク・コストのためにでてくる。様々な制度は調整・モチベーション・コストの低減に貢献する前に，まず学習され，理解されねばならない。そのさい生じるコストは，しばしば過小評価されている。このコンテキストでドイツの再統合のさいに生じた，市場経

済的制度の学習と理解のコストを思い起こせよう。

1度学習された制度は決まって調整・モチベーション・レントをもたらすので，制度を変更するさいには，いつもかなりの抵抗が見込まれねばならない。このような抵抗とその結果としてのインフルエンス行動は，新しく投入した学習コストを回収する時間が少ないほど，大きい。このような背景を考えると，なぜ古参の従業員，または古いメンバーが一般的に改善と見られるリオーガニゼーションによる制度変更に比較的強い抵抗を示すかが明らかになる（これについては，スティグラー／ベッカー［Stigler/Becker］1977参照）。このような世代間の再配分に由来するリオーガニゼーションへの抵抗は，選択定年制，割り増し退職金，年功賃金制によって弱めることができる。年功賃金制は，従業員が若い頃は，自分の限界生産物の価値以下の賃金を受け取り，高齢時には自分の限界生産物の価値を越える賃金を受け取るシステムである。このような時間的に遅らされた報酬は，従業員を長期的に1つの企業に結びつけるだけではない。古参の従業員の短期的な計画の視野を埋め合わせるものでもある。

とりわけリオーガニゼーション・プロセスに上位の制度の変更が内容として含まれているとき，上のような問題は，制度が内面化されているため強化されている。基本的制度は，初期の社会化プロセスにおいて（しばしば無意識のうちに）内面化されている。それにより，それらは社会的現実の堅固な構成要素になる。その例は，社会の基本的価値観であり，規範である。

経済的なパースペクティブから見て，内面化された制度を急に変更することは，多くの関係者に禁止的に高いリオーガニゼーション・コストを引き起こす。多くの関係者は彼らの内面的に条件づけられたレント及び準レントの損失について十分に補填されえない。この場合，デザインの可能性はすぐに壁に突きあたる。それでもやはり制度的ネットワーク外部性に基づいてできる限り多くの関係者が新しい（変更された）制度を学習する必要がある。この意味において，計画経済的に組織された社会から市場経済的に組織された社会への移行は「十分な量」の市場経済的基本原理が「理解」されたときにのみ，期待された成果をもたらすのである。

### ◆第7章のための演習問題

**1.** 70年代に，日本でエネルギー価格が上昇したためにアルミニウム生産による利益を出せなくなった時，三菱化学（Mitsubishi Chemical），住友化学（Sumitomo Chemical）と昭和電工（Showa Denko）はアルミニウム部門を独立させた。つまり，独立した，もともとの親会社に依存しないアルミニウム企業が設立されたのである（アベグレン／スターク［Abegglen/Stalk］1985を参照）。このようなリオーガニゼーションには，どのようなメリットがあるだろうか？

**2.** 新しい組織形態が開発されることで，その基礎となっている状況を変えること

なしに，現在の組織形態の効率性をどの程度まで減少させることができるのか，それを説明してみよう。

**3.** リオーガニゼーションに参加するということが，なぜそんなに重要な役割を持っているのだろうか？　様々な側面を説明してみよう。

**4.** 関係者をリオーガニゼーション・プロセスに関与させる機会を抑制するのはどういう場合であれば合理的であろうか？　また，そのためにどのような可能性を利用すればよいだろうか？

**5.** レント・シーキングによって動機付けられた行為を，インフルエンス行動と呼ぶことができるが，それは様々な操作の試みを伴っている。可能性をいくつか挙げてみよう。機会主義的に振る舞う個人がインフルエンス行動に投資するようにするためには，どのような前提条件が満たされている必要があるのだろうか。そしてインフルエンス行動からどのくらいのコストが発生するのだろうか？　さらに，リオーガニゼーション・プロセスにおいて，それにかかるコストを最小にすることに関して考慮されなければならない潜在的諸問題を論じてみよう。

# 文 献

Abegglen, J. C./Stalk G. Jr.(1985): Kaisha — The Japanese Corporation, New York (Basic Books)1985. 『カイシャ―次代を創るダイナミズム』ジェームズ・C.アベブレン,ジョージストー著,植山周一郎訳,講談社 (1986/06)

Aghion, P./Tirole, J.(1997): Formal and Real Authority in Organizations, in: Journal of Political Economy, Vol. 105(1997), S. 1-29.

Akerlof, G. A.(1970): The Market for »Lemons«: Quality Uncertainty and the Market Mechanism, in: Quarterly Journal of Economics, Vol. 89(1970), S.488-500.

Akerlof, G. A.(1976): The Economics of Caste and of the Rat Race and Other Woeful Tales, in: Quarterly Journal of Economics, Vol. 90(1976), S.599-617.

Albach,H.[Hrsg.](1989):Organisation:Mikroökonomische Theorie und ihre Anwendung, Wiesbaden(Gabler) 1989.

Albach, H.(1989): Vorwort, in: Albach, H. [Hrsg.]: Organisation: Mikroökonomische Theorie und ihre Anwendung, Wiesbaden(Gabler) 1989, S. 17-24.

Alchian, A. A.(1950):Uncertainty, Evolution, and Economic Theory, in: Journal of Political Economy, Vol. 58(1950), S. 211-221.

Alchian, A. A./Allen, W. R.(1974): University Economics: Elements of Inquiry, 3. Aufl., London u. a.(Prentice Hall) 1974.

Alchian, A. A./Demsetz, H.(1972): Production, Information Costs, and Economic Organization, in: American Economic Review, Vol. 62(1972), S. 777-795.

Alchian, A. A./Demsetz, H.(1973): The Property Rights Paradigm, in: Journal of Economic History, Vol. 33(1973), S. 16-27.

Alchian, A. A./Woodward, S.(1987): Reflections on the Theory of the Firm, in: Journal of Institutional and Theoretical Economics, Vol. 143(1987), S. 110-136.

Anders, G.(1992): The »Barbarians« in the Boardroom, in: Harvard Business Review, Vol. 70(1992), No. 4, July-August, S. 79-87.

Arrow, K. J.(1971): Essays in the Theory of Risk Bearing, Chicago(Markham) 1971.

Arrow, K. J.(1974): The Limits of Organization, New York, London(W. W. Norton) 1974. 『組織の限界』K. J. アロー著,村上泰亮訳,岩波書店 (1976/07)

Axelrod, R.(1984): The Evolution of Cooperation, New York(Basic Books) 1984. 『つきあい方の科学―バクテリアから国際関係まで』ロバート・アクセルロッド著,松田裕之訳,東京HBJ出版局 (1986)

Backes-Gellner, U./Lazear, E. P./Wolff, B.(2001): Personalöonomik: Fortgeschrittene Anwendungen für das Management, Stuttgart(Schäffer-Poeschel) 2001.

Baik, K. H.(1994): Effort Levels in Contests with Two Asymmetric Players, in: Southern Economic Journal, Vol. 61(1994), S. 367-378.

Baik, K. H./Shogren, J. F.(1992): Strategic Behavior in Contests: Comment, in: American Economic Review, Vol. 82(1992), S. 359-362.

Baker, G.(2002): Distortion and Risk in Optimal Incentive Contracts, in: Journal of Human Resources, 2002, S. 728-751.

Baker, G./Gibbons, R./Murphy, K. J.(1994): Subjective Performance Measures in Optimal Incentive Contracts, Quarterly Journal of Economics, Vol. 109(1994), S. 1125-1156.

Baker, G./Gibbons, R./Murphy, K. J.(1999): Informal Authority in Organizations, Journal of Law, Economics and Organization, Vol. 15(1999), S. 56-73.

Baker, G./Gibbons, R./Murphy, K. J.(2001): Bringing the Market Inside the Firm, in: American Economic Review: Papers and Proceedings, Vol. 91(2001), S. 212-217.

Baker, G./Gibbons, R./Murphy, K. J.(2002): Relational Contracts and the Theory of the Firm, in: Quarterly Journal of Economics, Vol. 117(2002), S.39-84.

Bartling, H.(1980): Leitbilder der Wettbewerbspolitik, München(Vahlen)1980.

Barzel, Y.(1982): Measurement Costs and the Organization of Markets, in: Journal of Law and Economics, Vol. 25(1982), S. 27-48.

Barzel, Y.(1989): Economic Analysis of Property Rights, Cambridge(Cambridge University Press) 1989. 『財産権・所有権の経済分析——プロパティー・ライツへの新制度派的アプローチ』J. バーゼル著, 丹沢安治訳, 白桃書房 (2003/05)

Baumol, W.(1959): Business Behavior, Value and Growth, New York (MacMillan) 1959.

Baumol, W./Panzar, C./Willig, R.(1982): Contestable Markets and the Theory of Industry Structure, New York(Harcourt Brace Jovanvich) 1982.

Becker, G. S.(1993): Human Capital: A Theoretical and Empirical Analysis with Special Reference to Education, 3. Aufl., Chicago, London (University of Chicago Press) 1993. 『人的資本：教育を中心とした理論的・経験的分析』G. S. ベッカー著, 佐野陽子訳, 東洋経済新報社 (1976/07)

Berekoven, L.(1974): Der Dienstleistungsbetrieb: Wesen-Struktur-Bedeutung, Wiesbaden (Gabler) 1974.

Berg, H.(1992): Wettbewerbspolitik, in: Bender, D. [Hrsg.]: Vahlens Kompendium der Wirtschaftstheorie und Wirtschaftspolitik, Bd. 2, 5. Aufl., München(Vahlen) 1992, S. 239-299.

Berle, A. A./Means, G. C.(1932): The Modern Corporation and Private Property, New York(MacMillan) 1932. 『近代株式会社と私有財産』A.A.バーリー, G.C.ミーンズ共著, 北島忠男訳, 文雅堂 (1958)

Bernoulli, E.(1954): Specimen theoriae novae de mensura sortis, in Commentarii Acade-miae Scientiarum Imperialis Petripolitanae. Exposition of a New Theory on the Mea-surement of Risk, in: Econometrica, Vol. 22(1954), S.911-930.

Blair, M. M.(1995): Ownership and Control, Washington D.C.(Brookings Inst.) 1995.

Blair, M. M.(1996): Wealth Creation and Wealth Sharing, Washington D.C.(Brookings Inst.) 1996.

Blankart, Ch. B./Knieps, G.(1994): Das Konzept der Universaldienste im Bereich der Telekommunikation, in: Herder-Dorneich, P./Schenk, K.-E./Schmidtchen, D. [Hrsg.]: Jahrbuch für Neue Politische Ökonomie, Bd. 13, Tübingen(Mohr) 1994, S. 238-253.

Blümle, G.(1980): Ungewißheit und Verteilung in marktwirtschaftlichen Ordnungen. Funktion und Berechtigung des Gewinns in marktwirtschaftlichen Ordnungen unter Berücksichtigung von Ungewißheit, in: Streissler, E./ Watrin, C. [Hrsg.]: Zur Theorie marktwirtschaftlicher Ordnungen, Tübingen(Mohr) 1980, S. 253-288.

Böm-Bawerk, E. v.(1889): Kapital und Kapitalzins. Zweite Abteilung: Positive Theorie des Kapitals, Erster Halbband(Buch I und II), verwendete Ausgabe: 3. Aufl., Innsbruck(Verlag der Wagner'schen Universitätsbuchhandlung) 1909.

Bonus, H. (1986): The Cooperative Association as a Business Enterprise: A Study in the Economics of Transactions, in: Journal of Institutional and Theoretical Economics, Vol. 142(1986), S. 310-339.

Borch, K. (1962): Equilibrium in a Reinsurance Market, in: Econometrica, Vol. 30(1962), S. 424-444.

Bork, R. H. (1978): The Antitrust Paradox: A Policy at War with Itself, New York(Macmillan) 1978.

Boyett, J. H./Conn, H. P. (1992): Workplace 2000 : The Revolution Reshaping American Business, New York(Penguin) 1992.『ホワイトカラー業務革命』J. H. ボイエット, H. P. コン著, 小野善邦訳, ティビーエスブリタニカ (1994/11)

Brealey, R. A./Myers, S. C. (1991): Principles of Corporate Finance, 4. Aufl., New York u. a. (McGraw-Hill) 1991.

Breit, W. (1991): Resale Price Maintenance: What Do Economists Know and When Did They Know it?, in: Journal of Institutional and Theoretical Economics, Vol. 147(1991), S. 72-90.

Brickley, J. A./Smith, C. W. Jr./Zimmermann, J. L. (1996): Organizational Architecture: A Managerial Economics Approach, Homewood(Irwin) 1996.

Buchanan, J. M. (1975): The Limits of Liberty: Between Anarchy and Leviathan, Chicago u. a. (University of Chicago Press) 1975.『自由の限界：人間と制度の経済学』J. M. ブキャナン著, 加藤寛監訳, 黒川和美, 関谷登, 大岩雄次郎訳, 秀潤社 (1977)

Buchanan, J. M./Tullock, G. (1962): The Calculus of Consent. Logical Foundations of Constitutional Democracy, Ann Arbor (University of Michigan Press) 1962.

Buchanan, J./Tollison, R./Tullock, G. (1980): Toward a Theory of the Rent-Seeking Society, College Station(Texas A&M University Press) 1980.

Bühner, R. (1992): Management-Holding: Unternehmensstruktur der Zukunft, 2. Aufl., Landsberg / Lech (Moderne Industrie) 1992.

Burrell, G./Morgan, G. (1994): Sociological Paradigms and Organizational Analysis. Elements of the Sociology of Corporate Life, Aldershot (Arena) 1994.『組織理論のパラダイム：機能主義の分析枠組』G. バーレル, G. モーガン著, 鎌田伸一ほか訳, 千倉書房 (1986/07)

Canes, M. E. (1970): The Economics of Professional Sports, Unpublished Doctoral Dissertation, UCLA University of California Los Angeles 1970.

Canes, M. E. (1974): The Social Benefits of Restrictions on Team Quality, in: Noll, R. (ed.): Government and the Sports Business, Washington D.C. (Brookings) 1974, S. 81-113.

Chandler, A. D. Jr. (1962): Strategy and Structure: Chapters in the History of Industrial Enterprise, Cambridge(Harvard University Press) 1962.『経営戦略と組織：米国企業の事業部制成立史』A. D. チャンドラー・ジュニア著；三菱経済研究所訳, 実業之日本社 (1967/12)

Chandler, A. D. Jr. (1977): The Visible Hand. The Managerial Revolution in American Business, Cambridge(Belknap Press) 1977.『経営者の時代：アメリカ産業における近代企業の成立』A. D. チャンドラー・ジュニア著, 鳥羽欽一郎, 小林袈裟治訳, 東洋経済新報社, (1979/10)

Chatterjee, S. (1991): Gains in Vertical Acquisitions and Market Power: Theory and Evidence, in: Academy of Management Journal, Vol. 34(1991), S. 436-448.

Cheung, S. N. S. (1983): The Contractual Nature of the Firm, in: Journal of Law and Economics, Vol. 26(1983), S. 1-21.

Coase, R. H. (1937): The Nature of the Firm, in: Economica N. S., Vol. 4(1937), S. 386-405.『企業・市場・法』R. H. コース著, 宮沢健一, 後藤晃, 藤垣芳文訳, 東洋経済新報社 (1992/10)

Coase, R. H. (1960): The Problem of Social Cost, in: Journal of Law and Economics, Vol. 3(1960), S. 1-44.

Cohen, W./Levinthal, D. A.(1989): Innovation and Learning: The two Faces of R & D - Implications for the Analysis of R & D Investment, in: Economic Journal, Vol. 99(1989), S. 569-596.

Corsten, H.(1997): Dienstleistungsmanagement, 3. Aufl., München/Wien (Oldenbourg) 1997.

Davenport, T. H.(1993): Process Innovation. Reengineering Work through Information Technology, Boston (Harvard Business School Press) 1993. 『プロセス・イノベーション:情報技術と組織変革によるリエンジニアリング実践』T. H. ダベンポート著, 卜部正夫ほか訳, 日経BP出版センター (1994/07)

Dawes, R. M.(1980): Social Dilemmas, in: Annual Review of Psychology, Vol. 31(1980), S. 169-193.

Demmert, H.(1973): The Economics of Professional Team Sports, Lexington(Lexington Books), 1973.

Demsetz, H.(1964): The Exchange and Enforcement of Property Rights, in: Journal of Law and Economics, Vol. 7(1964), S. 11-26.

Demsetz, H.(1967): Toward a Theory of Property Rights, in: American Economic Review, Vol. 57(1967), S. 347-359.

Demsetz, H.(1968): Why Regulate Utilities?, in: Journal of Law and Economics, Vol. 11(1968), S. 55-66.

Demsetz, H.(1976): Economics as a Guide to Antitrust Regulation, in: Journal of Law and Economics, Vol. 19(1976), S. 371-384.

Demsetz, H.(1989): Efficiency, Competition, and Policy. The Organization of Economic Activity, Oxford(Blackwell) 1989.

Deutsche Bundesbank(1999): Kapitalmarktstatistik Mai 1999, Statistisches Beiheft zu Monatsbericht 2, Frankfurt a. M. 1999.

Dietl, H.(1993a): Institutionen und Zeit, Tübingen(Mohr) 1993.

Dietl, H.(1993b): Institutionelle Koordination wirtschaftlicher Abhängigkeit, Arbeitspapier, Ludwig-Maximilians-Universität München, 1993.

Dietl, H.(1995): Institutionelle Koordination spezialisierungsbedingter wirtschaftlicher Abhängigkeit, in: Zeitschrift fü Betriebswirtschaft, 65. Jg.(1995), S. 569-585.

Dietl, H.(1998): Capital Markets and Corporate Governance in Japan, Germany and the United States: Organizational Response to Market Inefficiencies, London, New York (Routledge) 1998.

Dietl, H. M./Franck, E.(2000): Effizienzprobleme in Sportligen mit gewinnmaximierenden Kapitalgesellschaften: Eine modelltheoretische Untersuchung, in: Zeitschrift für Betriebswirtschaft, Vol. 70(2000), S. 1157-1175.

Dietl, H. M./Franck, E./Hasan, T.(2004): Eine institutionenökonomische Analyse der Organisation professioneller Teamsportligen, in: Horch, H. D./Heydel, J./Sierau, A. [Hrsg.]: Tagungsband zum 4. Kölner Sportökonomie-Kongress, Köln(Institut für Sportökonomie und Sportmanagement), 2004.

Dietl, H. M./Franck, E./Roy, P.(2003): Überinvestitionsprobleme in einer Sportliga, in: Betriebswirtschaftliche Forschung und Praxis, Vol. 55(2003), S. 528-540.

Dietl, H. M./van der Velden, R.(2003): Ungenaue Leistungsmessung und leistungsabhängige Entlohnung in einem Multitasking-Principal Agent-Modell, in: Wirtschafts-wissenschaftliches Studium, Vol. 32(2003), S. 318-321.

Dietl, H. M./van der Velden, R.(2004): Verfügungstheorie - Property Rights, in: Schreyögg G./v. Werder, A. [Hrsg.]: Handwörterbuch Unternehmensführung und Organisation, 4. Aufl., Stuttgart(Schäffer-Poeschel) 2004, S. 1566-1572.

Dirrheimer, M. J.(1981): Vertikale Integration in der Mineralöl- und Chemischen Industrie: Gutachten im Auftrag der Monopolkommission, Meisenheim am Glan(Hain) 1981.

Dixit, A. (1987): Strategic Behavior in Contests, in: American Economic Review, Vol. 77 (1987), S. 891-898.

Dodwell Marketing Consultants (1994): Industrial Groupings in Japan. The Anatomy of the Keiretsu, Tokyo(Dodwell Marketing Consultants) 1994.

Easterbrook, F. H. (1984): Two Agency-Cost Explanations of Dividends, in: The American Economic Review, Vol. 74(1984), S. 650-659.

Eisenhardt, K. M. (1988): Agency- and Institutional-Theory Explanations: The Case of Retail Sales Compensation, in: Academy of Management Journal, Vol. 31(1988), S. 488-511.

Erlei, M. (1998): Institutionen, Märkte und Marktphasen, Tübingen(Mohr) 1998.

Ewert, R./ Wagenhofer, A. (2000): Interne Unternehmensrechnung, 4. Aufl., Berlin(Springer), 2000.

Fama, E. F./Jensen, M. C. (1983a): Separation of Ownership and Control, in: Journal of Law and Economics, Vol. 26(1983), S. 301-325.

Fama, E. F./Jensen, M. C. (1983b): Agency Problems and Residual Claims, in: Journal of Law and Economics, Vol. 26(1983), S. 327-349.

Fayol, H. (1916): Allgemeine und industrielle Verwaltung(dt. Übersetzung der 1916 erschienenen französischen Originalausgabe: Administration Industrielle et Générale), Müchen u. a. (Oldenbourg) 1929. 『産業ならびに一般の管理』H. ファヨール著, 佐々木恒男訳, 未来社 (1972)

Ferguson, A. (1767): An Essay on the History of Civil Society(Nachdruck d. Originals, Edingburgh 1767), verwendete Ausgabe Edingburgh(Univ. Press) 1966.

Fink, R. H. (1988): Resale Price Maintenance: A Market Process Approach, Dissertation, New York University, 1988.

Fisher, F. M. (1990): Industrial Organization, Economics and the Law, New York u. a. (Harvester Wheatsheaf) 1990.

FitzRoy, F. R./Kraft, K. [Hrsg.] (1987): Mitarbeiterbeteiligung und Mitbestimmung im Unternehmen, Berlin, New York(de Gruyter) 1987.

Fort, R./Quirk, J. (1995): Cross Subsidization, Incentives, and Outcomes in Professional Team Sports Leagues, in: Journal of Economic Literature, Vol. 33(1995), S. 1265-1299.

Franck, E. (1991): Kürstliche Intelligenz. Eine grundlagentheoretische Diskussion über Einsatzmöglichkeiten und -grenzen, Tüingen(Mohr) 1991.

Franck, E. (1992): Körperliche Entscheidungen und ihre Konsequenzen für die Entschei-dungstheorie, in: Die Betriebswirtschaft, 52. Jg. (1992), S. 631-647.

Franck, E. (1995a): Die ökonomischen Institutionen der Teamsportindustrie: Eine Organisationsbetrachtung, Wiesbaden(Gabler) 1995.

Franck, E. (1995b): Neue Arbeitsformen: Die elektronische Aufhebung raum-zeitlicher Grenzen, in: Reinermann, H. [Hrsg.]: Neubau der Verwaltung, Heidelberg(R. v. Decker) 1995, S. 38-61.

Franck, E. (1999): Zur Organisation von Sportligen — Übersehene ökonomische Argumente jenseits von Marktmacht und Kollusion, in: Die Betriebswirtschaft, 59. Jg. (1999), S. 531-547, S. 213-225.

Franck, E. (2002): Zur Verantwortung des Verwaltungsrates aus ökonomischer Sicht, in: Die Unternehmung, 56. Jg. (2002).

Franck, E./Jungwirth, C. (1998): Produktstandardisierung und Wettbewerbsstrategie, in: Wirtschaftswissenschaftliches Studium, 27. Jg. (1998), S. 497-502.

Franck, E./Jungwirth, C.(1999a): Zwischen Franchisesystem und Genossenschaft: die Organisationsform 〈Liga〉 im Profisport, in: Die Unternehmung, 53. Jg.(1999), S. 3-14.

Franck, E./Jungwirth, C.(1999b): Das Konzept der Gruppenarbeit neu aufgerollt — Ein Versuch zur Beseitigung eines Mißverständnisses, in: Zeitschrift Führung + Organisation, 68. Jg.(1999), S. 156-161.

Franck, E./Müller, J. C.(1998): Kapitalgesellschaften im bezahlten Fußball: Einige in der Umwandlungsdiskussion übersehene verfügungsökonomische Argumente, in: Zeitschrift für Betriebswirtschaft — Ergänzungsheft, 2/98, S. 121-141.

Franck, E./Müller, J. C.(2000): Problemstruktur, Eskalationsvoraussetzungen und eskalationsfördernde Bedingungen sogenannter Rattenrennen, in: Schmalenbachs Zeitschrift für betriebswirtschaftliche Forschung, Jg. 52, 2000, S. 3-24.

Franck, E./Picot, A.(2001): Organisationsdesign als Bewirtschaftung von Rationalitätslücken, in: Thom, N./Zaugg, R. J. [Hrsg.]: Excellence durch Personal- und Organisationskompetenz, Bern(Paul Haupt) 2001, S. 133-156.

Franck, E./Bagschik, T./Opitz, C.(1997): Der Flottenmanager als Intermediär zwischen Hersteller und Nutzer: Eine theoretische Untersuchung, in: Die Betriebswirtschaft, 57. Jg.(1997), Heft 2, S. 203 - 217.

Frese, E.(1980): Projektorganisation, in: Grochla, E. [Hrsg.]: Handwörterbuch der Organisation, 2. Aufl., Stuttgart (Poeschel) 1980, Sp. 1960-1974.

Frese, E.(1992): Organisationstheorie: Historische Entwicklung, Ansätze, Perspektiven, 2., überarb. und erw. Aufl., Wiesbaden(Gabler) 1992.

Frese, E.(1993): Geschäftssegmentierung als organisatorisches Konzept: Zur Leitbildfunktion mittelständischer Strukturen für Großunternehmen, in: Schmalenbachs Zeitschrift für betriebswirtschaftliche Forschung, 45. Jg.(1993), S. 999-1024.

Frese, E.(1995): Profit Center: Motivation durch internen Marktdruck, in: Reichwald, R./Wildemann, H. [Hrsg.]: Kreative Unternehmen — Spitzenleistungen durch Produkt— und Prozeßinnovation, Stuttgart(Schäffer-Poeschel) 1995, S. 77-93.

Frese, E.(2000): Grundlagen der Organisation: Konzept — Prinzipien — Strukturen, 8., überarb. Aufl., Wiesbaden(Gabler) 2000.

Frey, B. S./Osterloh, M.(1997): Sanktionen oder Seelenmassage? Motivationale Grundlagen der Unternehmensführung, in: Die Betriebswirtschaft, 57. Jg.(1997), S. 307-321.

Frey, B. S./Osterloh, M.(2000): Pay for Performance — Immer empfehlenswert?, in: Zeitschrift für Führung und Organisation, 69. Jg.(2000), Nr. 2, S. 64-76.

Fritsch, M.(1996): Arbeitsteilige Innovation —Ein Überblick über neuere Forschungs-ergebnisse, in: Sauer, D./Hirsch-Kreinsen, H.(Hrsg.): Zwischenbetriebliche Arbeitsteilung und Kooperation: Ergebnisse des Expertenkreises »Zukunftsstrategien« Bd. 3, Frankfurt a. M., New York(Campus) 1996, S. 15-47.

Fritsch, M./Wein, T./Ewers, H.-J.(2001): Marktversagen und Wirtschaftspolitik: Mikroökonomische Grundlagen staatlichen Handelns, 4. verb. Aufl., München(Vahlen) 2001.

Fukuyama, F.(1995): Trust: The Social Virtues and the Creation of Prosperity, New York u. a.(The Free Press) 1995. 『「信」無くば立たず』F. フクヤマ著, 加藤寛訳, 三笠書房(1996/04)

Furubotn, E. G./Pejovich, S.(1972): Property Rights and Economic Theory: A Survey of Recent Literature, in: Journal of Economic Literature, Vol. 10(1972), S. 1137-1162.

Furubotn, E. G./Pejovich, S.(1974): Introduction: The New Property Rights Literature, in: Furubotn, E.

G./Pejovich, S. [Hrsg.]: The Economics of Property Rights, Cambridge(Ballinger) 1974, S. 1-9.

Gabele, E.(1992): Reorganisation, in: Frese, E. [Hrsg.]: Handwörterbuch der Organisation, 3. Aufl., Stuttgart(Poeschel) 1992, Sp. 2196-2211.

Gaitanides, M.(1999): Prozeßorganisation: Entwicklung, Ansätze und Pro-gramme prozeßorientierter Organisationsgestaltung, 2. Aufl., München(Vahlen) 1999.

Gerhardt, J.(1987): Dienstleistungsproduktion: eine produktionstheoretische Analyse der Dienstleistungsprozesse, Bergisch Gladbach/Köln(Eul) 1987.

Gibbons, R.(2001): Firms(and other Relationships), in: DiMaggio, P. [Hrsg.]: The Twenty-First Century Firm: Changing Economic Organization in International Perspective, Princeton, S. 186-199.

Graebner, U. A.(1991): Die Auseinandersetzung mit Leveraged Buyouts, Frankfurt a. M.(Knapp) 1991.

Green, J.R./Stokey, N.L.(1983): A Comparison of Tournaments and Contests, in: Journal of Political Economy, Vol. 91(1983), S. 349-364.

Grindley, P.(1995): Standards, Strategy and Policy: Cases and Stories, Oxford u.a.(Oxford University Press) 1995.

Grossman, S. J./Hart, O.(1980): Takeover Bids, the Free-Rider Problem, and the Theory of the Corporation, in: Bell Journal of Economics, Vol. 11(1980), S. 42-64.

Grossman, S. J./Hart, O.(1983): An Analysis of the Principal-Agent-Problem, in: Econometrica, Vol. 51(1983), S. 7-45.

Grossman, S. J./Hart, O.(1986): The Costs and Benefits of Ownership: A Theory of Vertical and Lateral Integration, in: Journal of Political Economy, Vol. 94(1986), S. 694-719.

Grün, O.(1992): Projektorganisation, in: Frese, E. [Hrsg.]: Handwörterbuch der Organisation, 3., völlig neu gestaltete Aufl., Stuttgart(Poeschel) 1992, Sp. 2102-2116.

Gutenberg, E.(1962): Unternehmensführung, Organisation und Entscheidungen, Wiesbaden (Gabler) 1962. 『企業の組織と意思決定』E.グーテンベルグ著, 小川洌, 二神恭一訳, ダイヤモンド社 (1964)

Habermas, J.(1981): Theorie des kommunikativen Handelns, Bd. 1 u. 2, Frankfurt a. M.(Suhrkamp) 1981.『コミュニケイション的行為の理論』(上巻),『同』(中巻),『同』(下巻) J. ハーバーマス著, 河上倫逸ほか訳, 未来社(1985-1987)

Habermas, J.(1984): Vorstudien und Ergänzungen zur Theorie des kommunikativen Handelns, Frankfurt a. M.(Suhrkamp) 1984.

Hammer, M.(1990): Reengineering Work: Don't Automate, Obliterate, in: Harvard Business Review, Vol. 68(1990), No. 4, July-August, S. 104-112.

Hammer, M./Champy, J.(1996): Business Reengineering. Die Radikalkur für das Unternehmen, 6. Aufl., Frankfurt a. M. u. a.(Campus) 1996.

Hansmann, H. B.(1980): The Role of Nonprofit Enterprise, in: The Yale Law Journal, Vol. 89(1980), S. 835-901.

Hansmann, H. B.(1981): The Rational of Exempting Nonprofit Organizations from Corporate Income Taxation, in: The Yale Law Journal, Vol. 91(1981), S. 54-100.

Hansmann, H. B.(1990). Why do Universities have Endowments, in: Journal of Legal Studies, Vol. 19(1990), S. 3-42.

Hardt, P.(1996): Organisation dienstleistungsorientierter Unternehmen, Wiesbaden(Gabler) 1996.

Harris, M./Raviv, A.(1979): Optimal Incentive Contracts with Imperfect Information, in: Journal of Economic Theory, Vol. 20(1979), S. 231-259.

Hauschildt, J.(1997): Innovationsmanagement, 2. völlig überarb. und erw. Aufl., München(Vahlen) 1997.

Hax, H.(1961): Vertikale Preisbindung in der Markenartikelindustrie, Köln(Westdeutscher Verlag) 1961.

Hax, H.(1991): Theorie der Unternehmung — Information, Anreize und Vertragsgestaltung, in: Ordelheide, D./Rudolph, B./Büsselmann, E. [Hrsg.]: Ökonomische Theorie und Betriebswirtschaftslehre, Stuttgart(Poeschel) 1991, S. 51-72.

Hayek, F. A. v.(1945): The Use of Knowledge in Society, in: American Economic Review, Vol. 35(1945), S. 519-530. 『市場・知識・自由：自由主義の経済思想』F.A.ハイエク著，田中真晴，田中秀夫編訳，ミネルヴァ書房，(1986/11)

Hayek, F. A. v.(1969): Die Ergebnisse menschlichen Handelns, aber nicht menschlichen Entwurfs, in: Freiburger Studien. Gesammelte Aufsätze von F. A. von Hayek, Tübingen(Mohr) 1969, S. 97-107.

Hayek, F. A. v.(1979): Liberalismus, Tübingen(Mohr) 1979.

Heinen, E.(1991): Industriebetriebslehre als entscheidungsorientierte Unternehmensführung, in: Heinen, E. [Hrsg.]: Industriebetriebslehre: Entscheidungen im Industriebetrieb, 9., vollst. neu bearb. und erw. Aufl., Wiesbaden(Gabler) 1991, S. 1-71.

Hilke, W.(1989): Grundprobleme und Entwicklungstendenzen des Dienstleistungs-Marketing, in: Hilke, W. [Hrsg.]: Dienstleistungs-Marketing, Wiesbaden(Gabler) 1989, S. 5-44.

Hill, W./Fehlbaum, R./Ulrich, P.(1994): Organisationslehre, Bd. 1: Ziele, Instrumente und Bedingungen der Organisation sozialer Systeme, 5., überarb. Aufl., Bern u. a.(Haupt) 1994.

Hill, W./Fehlbaum, R./Ulrich, P.(1998): Organisationslehre, Bd. 2: Theoretische Ansätze und praktische Methoden der Organisation sozialer Systeme, 5., verb. Aufl., Bern u. a.(Haupt) 1998.

Hippel, E. v.(1994): Sticky Information and the Locus of Problem Solving: Implications for Innovations, in: Management Science, Vol. 40(1994), S. 429-439.

Hirschman, A. O.(1970): Exit, Voice and Loyalty, Cambridge Mass.(Harvard Univ. Press) 1970. 『離脱・発言・忠誠：企業・組織・国家における衰退への反応』A.O.ハーシュマン著，矢野修一訳，ミネルヴァ書房(2005/06)

Holmström, B.(1982): Moral Hazard in Teams, in: Bell Journal of Economics, Vol. 13(1982), S. 324-340.

Holmström, B./Milgrom, P.(1991): Multi-task Principal Agent Analysis: Incentive Contracts, Asset Ownership, and Job Design, in: Journal of Law, Economics and Organization, Vol. 7 (Special Issue)(1991), S. 24-52.

James, E./Rose-Ackerman, S.(1986): The Nonprofit Enterprise and Market Economics, Chur u.a.(Harwood Acad. Publ.) 1986. 『非営利団体の経済分析：学校,病院,美術館,フィランソロピー』E.ジェイムズ，S.ローズエイカーマン著，田中敬文訳，多賀出版 (1993/05)

Jarillo, J. C./Martinez, J. I.(1988): Benetton S.p.A., Case Study, Harvard Business School, Boston 1988.

Jensen, M. C.(1986): Agency Costs of Free Cash Flow, Corporate Finance, and Takeovers, in: The American Economic Review, Vol. 76(1986), S. 323-329.

Jensen, M. C.(1989a): Active Investors, LBOs, and the Privatization of Bankruptcy, in: Journal of Applied Corporate Finance, Vol. 2(1989), S. 35-44.

Jensen, M. C.(1989b): Eclipse of the Public Corporation, in: Havard Business Review, No. 5, Sept.-Oct. 1989, S. 61-74.

Jensen, M. C./Meckling, W. H.(1976): Theory of the Firm: Managerial Behavior, Agency Costs and Ownership Structure, in: Journal of Financial Economics, Vol. 3(1976), S. 305-360.

Jensen, M. C./Meckling, W. H.(1979): Rights and Production Functions: An Application to Labor-managed Firms and Codetermination, in: Journal of Business, Vol. 52(1979), S. 469-506.

Jensen, M. C./Ruback, R. S.(1983): The Market for Corporate Control. The Scientific Evidence, in: Journal of Financial Economics, Vol. 11(1983), S. 5-50.

Jungwirth, C.(1998): Die beruflichen Ein- und Aufstiegschancen von Frauen - Förderwirkung und Barrieren durch MuSchG und BErzGG, Wiesbaden(Gabler) 1998.

Kamecke, U.(1998): Vertical Restraints in German Antitrust Law, in: Martin, S. [Hrsg.]: Competition Policies in Europe, Amsterdam(Elsevier) 1998, S. 143-159.

Kaplan, R. B./Murdock, L.(1991): Core Process Redesign, in: The McKinsey Quarterly, Vol. 2(1991), S. 27-43.

Kappich, L.(1989): Theorie der internationalen Unternehmenstätigkeit: Betrachtung der Grundformen des internationalen Engagements aus koordinationstheoretischer Per-spektive, München(Florentz) 1989.

Kappler, E./Rehkugler, H.(1991): Konstitutive Entscheidungen, in: Heinen, E. [Hrsg.]: Industriebetriebslehre - Entscheidungen im Industriebetrieb, 9., vollst. neu bearb. und erw. Aufl., Wiesbaden(Gabler) 1991, S. 73-240.

Keller, E.(1992): Management in fremden Kulturen: Ziele, Ergebnisse und methodische Probleme der kulturvergleichenden Managementforschung, Stuttgart(Haupt) 1992.

Kenney, R./Klein, B. J.(1983): The Economics of Block Booking, in: Journal of Law and Economics, Vol. 26(1983), 497-540.

Kieser, A.(1994): Fremdorganisation, Selbstorganisation und evolutionäres Management, in: Zeitschrift fü betriebswirtschaftliche Forschung, 46. Jg(1994), S. 199-224.

Kieser, A.(1995): Organisationstheorien, 2., überarb. Aufl., Stuttgart u. a.(Kohlhammer) 1995.

Kieser, A.(Hrsg.)(2001): Organisationstheorien, 4. Aufl., Stuttgart u.a.(Kohlhammer) 2001.

Kieser, A./Kubicek, H.(1992): Organisation, 3., völlig neu bearb. Aufl., Berlin, New York(de Gruyter) 1992.『組織理論の諸潮流』A. キーザー, H. クビチェク著, 田島壮幸監訳, 千倉書房(1981/01)

Kirsch, W./Meffert, H.(1970): Organisationstheorien und Betriebswirtschaftslehre, Wiesbaden(Gabler) 1970.

Kirsch, W./Esser, W.-M./Gabele, E.(1979): Das Management des geplanten Wandels von Organisationen, Stuttgart(Poeschel) 1979.

Kirzner, I. M.(1978): Wettbewerb und Unternehmertum, Tübingen(Mohr) 1978.『競争と企業家精神：ベンチャーの経済理論』I. M. カーズナー著, 江田三喜男ほか訳, 千倉書房(1985/07)

Klein, B./Crawford, R. G./Alchian, A. A.(1978): Vertical Integration, Appropriable Rents, and the Competitive Contracting Process, in: Journal of Law and Economics, Vol. 21(1978), S. 297-326.

Klein, B./Leffler, K.(1980): The Role of Market Forces in Assuring Contractual Performance, in: Journal of Political Economy, Vol. 89(1980), S. 615-641.

Klimmer, M./Lay, G.(1994): Lean Production: Ein Begriff wird zum Mythos, in: Die Betriebswirtschaft, 54. Jg.(1994), S. 817-835.

Knieps, G.(1997): Neuere Entwicklungen in der Wettbewerbspolitik, in: Wirtschaftswissenschaftliches Studium, 26. Jg.(1997), S. 232-236.

Knieps, G.(2001): Wettbewerbsöonomie, Berlin(Springer) 2001.

Knieps, G./Weizsäcker, C. C. v.(1989): Telekommunikation, in: Oberender, P. [Hrsg.]: Makroöonomie, München(Vahlen) 1989, S. 452-490.

Kosiol, E.(1976): Organisation der Unternehmung, 2. Aufl., Wiesbaden(Gabler) 1976.

Kräkel, M.(1999): Organisation und Management, Tübingen(Mohr Siebeck) 1999.

Kreps, D. M.(1990): A Course in Microeconomic Theory, Princeton(Princeton University Press) 1990.

Krüger, W.(1994): Organisation der Unternehmung, 3., verb. Aufl., Stuttgart u. a.(Kohlhammer) 1994.

Kruse, J.(1985): Ökonomie der Monopolregulierung, Göttingen(Vandenhoek & Ruprecht) 1985.

Kruse, J.(1989): Ordnungstheoretische Grundlagen der Deregulierung, in: Seidenfuß, H. S. [Hrsg.]: Deregulierung — Eine Herausforderung an die Wirtschafts- und Sozialpolitik in der Marktwirtschaft, Berlin(Duncker & Humblot) 1989, S. 9-33.

Kübler, F.(1998): Gesellschaftsrecht: Die privatrechtlichen Ordnungsstrukturen und Regelungsprobleme von Verbänden und Unternehmen, 5., neu bearb. u. erw. Aufl., Heidelberg(Müller Jur.) 1998.

Kunz, H.(1985): Marktsystem und Information:»Konstitutionelle Unwissenheit« als Quelle von »Ordnung«, Tübingen(Mohr) 1985.

Küpper, H.-U.(2001): Controlling: Konzeption, Aufgaben und Instrumente, 3., aktual. u. erg. Aufl., Stuttgart(Schäfer-Poeschel) 2001.

Küpper, H.-U./Helber, S.(1995): Ablauforganisation in Produktion und Lo-gistik, 2., völlig neu bearb. und erw. Aufl., Stuttgart(Schäffer-Poeschel) 1995.

Lafontaine, F.(1992): Agency Theory and Franchising: Some Empirical Results, in: Rand Journal of Economics, Vol. 23(1992), S. 263-283.

Langeardt, E.(1981): Grundfragen des Dienstleistungsmarketing, in: Marketing — Zeitschrift für Forschung und Praxis, 3. Jg.(1981), S. 233-240.

Laux, H.(1995): Erfolgssteuerung und Organisation Bd. 1: Anreizkompatible Erfolgs-rechnung, Erfolgsbeteiligung und Erfolgskontrolle, Berlin u. a.(Springer) 1995.

Laux, H./Liermann, F.(1997): Grundlagen der Organisation: Die Steuerung von Entscheidungen als Grundproblem der Betriebswirtschaftslehre, 4., vollst. überarb. Aufl., Berlin u. a.(Springer) 1997.

Lazear, E./Rosen, S.(1981): Rank-Order Tournaments as Optimum Labor Contracts, in: Journal of Political Economy, Vol. 89(1981), S. 841-864.

Lehn, K.(1982): Property Rights, Risk Sharing and Player Disability in Major League Baseball, in: Journal of Law and Economics, Vol. 25(1982), S. 348-349.

Leibenstein, H.(1966): Allocative Efficiency versus »X-Efficiency«, in: American Economic Review, Vol. 56(1966), S. 392-415.

Levin, J.(2003): Relational Incentive Contracts, in: American Economic Review, Vol. 93(2003), S. 835-857.

Löffler, E.(1991): Der Konzern als Finanzintermediär, Wiesbaden(Gabler) 1991.

Lorenzoni, G./Baden-Fuller, C.(1995): Creating a Strategic Center to Manage a Web of Partners, in: California Management Review, Vol. 37(1995), No. 3, S. 146-163.

Lutz, B./Hartmann, M./Hirsch-Kreinsen, H. [Hrsg.](1996): Produzieren im 21. Jahrhundert. Herausforderungen fü die deutsche Industrie: Ergebnisse des Expertenkreises »Zukunftsstrategien«, Bd. 1, Frankfurt a. M., New York(Campus) 1996.

Macneil, I. R.(1974): The Many Futures of Contracts, in: Southern California Law Review, Vol. 47(1974), S. 691-816.

Macneil, I. R.(1978): Contracts: Adjustment of Long-Term Economic Relations under Classical, Neoclassical and Relational Contract Law, in: North-western University Law Review, Vol. 72(1978), S. 854-905.

Maleri, R.(1973): Grundzüge der Dienstleistungsproduktion, Berlin/Heidelberg/New York(Springer) 1973.

March, J. G./Simon, H. A.(1958): Organizations, New York (Wiley & Sons) 1958.『オーガニゼーションズ』J. G. マーチ, H. A. サイモン著, 土屋守章訳, ダイヤモンド社 (1977/05)

Markham, J./Teplitz, P.(1981): Baseball Economics and Public Policy, Lexington (Lexington Books) 1981.

Marris, R.(1963): A Model of the »Managerial Enterprise«, in: The Quarterly Journal of Economics, Vol. 77(1963), S. 185-209.

Marris, R.(1964): The Economic Theory of Managerial Capitalism, London(MacMillan) 1964. 『経営者資本主義の経済理論』R. マリス著, 大川勉ほか訳, 東洋経済新報社 (1971)

Mathews, J.(1994): The Governance of Inter-Organisational Networks, in: Corporate Governance, Vol. 1(1994), S. 14-19.

Mathews, R. C.(1986): The Economics of Institutions and the Sources of Economic Growth, in: Economic Journal, Vol. 96(1986), S. 903-918.

McKelvey, B./Aldrich, H. E.(1983): Populations, Natural Selection and Applied Organizational Science, in: Administrative Science Quarterly, Vol. 28(1983), S. 101-128.

McKenzie, L. W.(1951): Ideal Output and Interdependence of Firms, in Economic Journal, Vol. 63(1951), S. 785-803.

Meil, P. [Hrsg.](1996): Globalisierung industrieller Produktion: Strategien und Strukturen: Ergebnisse des Expertenkreises »Zukunftsstrategien«, Bd. 2, Frankfurt a. M., New York(Campus) 1996.

Mertens, P./Bodendorf, F./König, W./Picot, A./Schumann, M.(2001): Grundzüge der Wirtschaftsinformatik, 7., neu bearb. Aufl., Berlin u.a.(Springer) 2001.

Meyer, A.(1998): Dienstleistungs-Marketing: Erkenntnisse und Praktische Beispiele, 8. Aufl., Augsburg(FGM-Verl.) 1998.

Meyer, M. A./Vickers J.(1997): Performance Comparisons and Dynamic Incentives, in: Journal of Political Economy, Vol. 105(1997), S. 547-581.

Miles, R. E./Snow, C. C.(1984): Fit, Failure, and the Hall of Fame, in: California Management Review, Vol. 26(1984), No. 3, S. 10-28.

Miles, R. E./Snow, C. C.(1986): Organizations: New Concepts for New Forms, in: California Management Review, Vol. 28(1986), No. 3, S. 62-73.

Miles, R. E./Snow, C. C.(1995): The New Network Firm: A Spherical Structure Built on a Human Investment Philosophy, in: Organizational Dynamics, Vol. 23(1995), S. 5-18.

Milgrom, P.(1988): Employment Contracts, Influence Activities and Efficient Organizations, in: Journal of Political Economy, Vol. 96(1988), S. 42-60.

Milgrom, P./Roberts, J.(1988): An Economic Approach to Influence Activities in Organizations, in: American Journal of Sociology(Supplement), Vol. 94(1988), S. 154-179.

Milgrom, P./Roberts, J.(1990): Bargaining Costs, Influence Costs, and the Organization of Economic Activity, in: Alt, J. E./Shepsle, K. A. [Hrsg.]: Perspectives on Positive Political Economy, Cambridge u. a.(Cambridge University Press) 1990, S. 57-89.

Milgrom, P./Roberts, J.(1992): Economics, Organization, and Management, Englewood Cliffs (Prentice Hall) 1992. 『組織の経済学』P. ミルグロム, J. ロバーツ著, 奥野正寛ほか訳, NTT出版 (1997/11)

Milgrom, P./Roberts, J.(1995): Continuous Adjustment and Fundamental Change in Business Strategy and Organization, in: Siebert, H. [Hrsg.]: Trends in Business Organization: Do Participation and Cooperation Increase Competitiveness?: International Workshop, Tübingen(Mohr) 1995, S. 231-264.

Morgan, G. (1986): Images of Organization, Beverly Hills u. a. (Sage Publ.) 1986.

Nalebuff, B./Stiglitz, J. (1983): Prizes and Incentives: Towards a General Theory of Compensation and Competition, in: Bell Journal of Economics, Vol. 14 (1983), S. 21-43.
Naschold, F./Budäus, D./Jann, W./Mezger, E./Oppen, M./Picot, A./Reichard, C./Schanze, E./Simon, N. (1996): Leistungstiefe im öffentlichen Sektor: Erfahrungen, Konzepte, Methoden, Berlin (Ed. Sigma) 1996.
Nelson, R. R./Winter, S. (1982): An Evolutionary Theory of Economic Change, Cambridge (Cambridge University Press) 1982.
Neumann, J./Morgenstern, O. (1944): The Theory of Games in Economic Behavior, New York (Wiley) 1944. 『ゲームの理論と経済行動』J. ノイマン, O. モルゲンシュテルン著, 銀林浩ほか監訳, 東京図書 (1972)
Neumann, M. (2000): Wettbewerbspolitik － Geschichte, Theorie und Praxis, Wiesbaden (Gabler) 2000.
Nippa, M./Picot, A. [Hrsg.] (1996): Prozeßmanagement und Reengineering: Die Praxis im deutschsprachigen Raum, 2. Aufl., Frankfurt a. M., New York (Campus) 1996.
Noll, R. G. (1974): Government and the Sports Business, Washington D.C. (Brookings) 1974.
Noll, R. G. (1982): Major League Sports, in: Adams W. [Hrsg.]: The Structure of American Industry, New York (Macmillan) 1982, S. 348-387. 『アメリカの産業構造』W. アダムス編, 金田重喜監訳, 青木書店 (1984/05)
Noll, R. G. (1991): Professional Basketball: Economics and Business Perspectives, in: Staudohar, P. D./Mangan, J. A. [Hrsg.]: The Business of Professional Sports, Urbana u. a. (University of Illinois Press) 1991, S. 18-47.
Nordsieck, F. (1934): Grundlagen der Organisationslehre, Stuttgart (Poeschel) 1934.
North, D. C. (1988): Theorie des institutionellen Wandels: Eine neue Sicht der Wirtschaftsgeschichte, Tübingen (Mohr) 1988.
North, D. C. (1992): Institutionen, institutioneller Wandel und Wirtschaftsleistung, Tübingen (Mohr) 1992. 『制度・制度変化・経済成果』D. C. ノース著, 竹下公視訳, 晃洋書房 (1994/12)
North, D. C./Thomas, R. P. (1973): The Rise of the Western World. A New Economic History, Cambridge (Cambridge University Press) 1973.
Nutzinger, H. G./Backhaus, J. (1989): Codetermination, Berlin (Springer) 1989.

Ortmann, G. (1995): Formen der Produktion: Organisation und Rekursivität, Opladen (Westdt. Verl.) 1995.
Ouchi, W. G. (1980): Markets, Bureaucracies, and Clans, in: Administrative Science Quarterly, Vol. 25 (1980), S. 129-141.

Pennings, J. M. (1973): Measures of Organizational Structure, in: American Journal of Sociology, Vol. 79 (1973), S. 686-704.
Perridon, L./Steiner, M. (2002): Finanzwirtschaft der Unternehmung, 11., überarb. u. erw. Aufl., München (Vahlen) 2002.
Perry, M. K. (1989): Vertical Integration: Determinants and Effects, in: Schmalensee, R./Willig, R. u. a. [Hrsg.]: Handbook of Industrial Organization, Amsterdam (North-Holland) 1989, S. 185-255.
Picot, A. (1981): Der Beitrag der Theorie der Verfügungsrechte zur ökonomischen Analyse von Unternehmensverfassungen, in: Bohr, K./Dru-karczyk, J./Drumm, H.-J./Scherrer, G. [Hrsg.]:

Unternehmensverfassung als Problem der Betriebswirtschaftslehre, Berlin(Schmidt) 1981, S. 153-197.

Picot, A.(1982): Transaktionskostenansatz in der Organisationstheorie: Stand der Diskussion und Aussagewert, in: Die Betriebswirtschaft, 42. Jg.(1982), S. 267-284.

Picot, A.(1984): Verfügungsrechte und Wettbewerb als Determinanten der Entwicklung des Verwaltungsbereichs von Organisationen, in: Boettcher, E./Herder-Dornreich, P./Schenk, K.-E. [Hrsg.]: Jahrbuch für Neue Politische Ökonomie, 3. Bd., Tübingen(Mohr) 1984, S. 198-222.

Picot, A.(1985): Transaktionskosten, in: Die Betriebswirtschaft, 45. Jg.(1985), S. 224-225.

Picot, A.(1986): Transaktionskosten im Handel. Zur Notwendigkeit einer flexiblen Strukturentwicklung in der Distribution, in: Betriebsberater, Zeitschrift für Recht und Wirtschaft, Beilage 13/1986 zu Heft 27/1986, S. 2-16.

Picot, A.(1990): Organisation von Informationssystemen und Controlling, in: Controlling, 2. Jg.(1990), S. 336-357.

Picot, A.(1991a): Ökonomische Theorien der Organisation. Ein Überblick über neuere Ansätze und deren betriebswirtschaftliches Anwendungspotential, in: Ordelheide, D./Rudolph, B./Büsselmann, E. [Hrsg.]: Betriebswirtschaftslehre und Ökonomische Theorie, Stuttgart(Schäfer-Poeschel) 1991, S. 143-170.

Picot, A.(1991b): Ein neuer Ansatz zur Gestaltung der Leistungstiefe, in: Schmalenbachs Zeitschrift fü betriebswirtschaftliche Forschung, 43. Jg.(1991), S. 336-357.

Picot, A.(1991c): Resale Price Maintenance — What do Economists Know and When did They Know it? Comment, in: Journal of Institutional and Theoretical Economics, Vol. 147(1991), S. 94-98.

Picot, A.(1991d): Subsidiaritätsprinzip und ökonomische Theorie der Organisation, in: Faller, P./Witt, D. [Hrsg.]: Erwerbsprinzip und Dienstprinzip in öffentlicher Wirtschaft und Verkehrswirtschaft, Festschrift fü K. Oettle, Baden-Baden(Nomos) 1991, S. 102-116.

Picot, A.(1993): Contingencies for the Emergence of Efficient Symbiotic Arrangements, in: Journal of Institutional and Theoretical Economics, Vol. 149(1993), S. 731-740.

Picot, A.(1996): Neue Kultur der Verständigung, in: Information Management, 11. Jg.(1996), S. 63-66.

Picot, A.(1997): Information als Wettbewerbsfaktor — Veränderungen in Organisation und Controlling, in: Picot, A. [Hrsg.]: Information als Wettbewerbsfaktor, Stuttgart(Schäffer-Poeschel) 1997, S. 175-199.

Picot, A.(1999): Organisation, in: Bitz, M./Dellmann, K./Domsch, M./Egner, H. [Hrsg.]: Vahlens Kompendium der Betriebswirtschaftslehre, Bd. 2, 4., überarb. u. erw. Aufl., München(Vahlen) 1999, S. 107-180.

Picot, A./Böhme, M.(1996): Controlling in dezentralen Unternehmensstrukturen, München(Vahlen) 1999.

Picot, A./Burr, W.(1996): Regulierung und Deregulierung im Telekommunikationssektor, in: Schmalenbachs Zeitschrift für betriebswirtschaftliche Forschung, 48. Jg.(1996), S. 173-200.

Picot, A./Dietl, H.(1990): Transaktionskostentheorie, in: Wirtschaftswissenschaftliches Studium, 4. Jg.(1990), S. 178-184.

Picot, A./Dietl, H.(1993): Neue Institutionenökonomie und Recht, in: Ott, C. v./Schäfer, H.-B. [Hrsg.]: Ökonomische Analyse des Unternehmensrechts, Heidelberg(Physica) 1993, S. 307-330.

Picot, A./Fiedler, M.(2002): Institutionen und Wandel, in: Die Betriebswirtschaft, 62. Jg.(2002), Heft 3, S. 242-259.

Picot, A./Fiedler, M.(2002): Evolution von Institutionen und Management des Wandels, in: Zeitschrift für Betriebswirtschaft, 72. Jg.(2002), Erg.-H. 2, S. 83-93.

Picot, A./Franck, E.(1992): Informationsmanagement, in: Frese, E. [Hrsg.]: Handwörterbuch der

Organisation, 3., völlig neu gestaltete Aufl., Stuttgart(Poeschel) 1992, Sp. 886-900.

Picot, A./Franck, E.(1993): Vertikale Integration, in: Hauschild, J./Grün, O. [Hrsg.]: Ergebnisse empirischer betriebswirtschaftlicher Forschung: Zu einer Realtheorie der Unternehmung, Festschrift für E. Witte, Stuttgart(Schäffer-Poeschel) 1993, S. 179-219.

Picot, A./Franck, E.(1996): Prozeßorganisation — Eine Bewertung der neuen Ansätze aus Sicht der Organisationslehre, in: Nippa, M./Picot, A. [Hrsg.]: Prozeßmanagement und Reengineering. Die Praxis im deutschsprachigen Raum, 2. Aufl., Frankfurt a. M., New York(Campus) 1996, S. 13-39.

Picot, A./Kaulmann, T.(1985): Industrielle Großunternehmen im Staatseigentum aus verfügungsrechtlicher Sicht, in: Schmalenbachs Zeitschrift für betriebswirtschaftliche Forschung, 37. Jg.(1985), S. 956-980.

Picot, A./Kaulmann, T.(1989): Comparative Performance of Government-owned and Privately-owned Industrial Corporations — Empirical Results from Six Countries, in: Journal of Institutional and Theoretical Economics, Vol. 145(1989), S. 298-316.

Picot, A./Michaelis, E.(1984): Verteilung von Verfügungsrechten in Großunterneh-mungen und Unternehmensverfassung, in: Zeitschrift für Betriebswirtschaft, 54. Jg.(1984), S. 252-272.

Picot, A./Schneider, D.(1988): Unternehmerisches Innovationsverhalten, Verfügungs-rechte und Transaktionskosten, in: Budäus, D./Gerum, E./Zimmermann, G. [Hrsg.]: Betriebswirtschaftslehre und Theorie der Verfügungsrechte, Wiesbaden(Gabler) 1988, S. 91-118.

Picot, A./Schuller, S.(2001): Corporate Governance, in: Jost, P.-J. [Hrsg.]: Der Transaktionskostenansatz in der Betriebswirtschaftslehre, Stuttgart(Schäffer-Poeschel) 2001, S. 78-105.

Picot, A./Wolff, B.(1994): Zur öonomischen Organisation öffentlicher Leistungen: »Lean Management« im öffentlichen Sektor?, in: Naschold, F./Pröhl, M. [Hrsg.]: Produktivität öffentlicher Dienstleistungen, Gütersloh(Bertelsmann Stiftung) 1994, S. 51-120.

Picot, A./Wolff, B.(1995): Franchising als effiziente Vertriebsform, in: Kaas, K. P. [Hrsg.]: Marketing und Neue Institutionenlehre, Sonderheft der Schmalenbachs Zeitschrift für betriebswirtschaftliche Forschung, 35. Jg.(1995), S. 223-243.

Picot, A./Bortenlänger, C./Röhrl, H.(1996): Börsen im Wandel — Der Einfluß von Informationstechnik und Wettbewerb auf die Organisation von Wertpapiermärkten, Frankfurt a. M.(Knapp) 1996.

Picot, A./Freudenberg, H./Gaßner, W.(1999): Maßgeschneidertes Management von Reorganisationen, Wiesbaden(Gabler) 1999.

Picot, A./Reichwald, R./Wigand, R. T.(2001): Die Grenzenlose Unternehmung — Information, Organisation und Management, 4., vollst. überarb. Aufl., Wiesbaden(Gabler) 2001. 『情報時代の企業管理の教科書：組織の経済理論の応用』A. ピコー, R. ライヒワルド, R. T. ウィーガント著, 宮城徹訳, 税務経理協会 （2000/03）

Picot, A./Ripperger, T./Wolff, B.(1996): The Fading Boundaries of the Firm — The Role of Information and Communication Technology, in: Journal of Institutional and Theoretical Economics, Vol. 152(1996), S. 65-79.

Pinchot, G./Pinchot, E.(1993): The End of Bureaucracy and the Rise of the Intelligent Organization, San Francisco(Berrett-Koehler Publ.) 1993.

Polanyi, M.(1962): Personal Knowledge, Towards a Post-Critical Philosophy, verwendete Ausgabe: 2. Aufl., London(Routledge & Kegan Paul) 1962. 『個人的知識：脱批判哲学をめざして』M. ポラニー著, 長尾史郎訳, ハーベスト社 （1986/05）

Popper, K. R.(1994): Logik der Forschung, 10., weiter verb. und verm. Aufl., Tübingen(Mohr) 1994. 『科学的発見の論理』K. R. ポパー著, 大内義一, 森博訳, 恒星社厚生閣 （1972）

Popper, K. R.(1998): Objektive Erkenntnis. Ein evolutionärer Entwurf, 4. Auflage, Hamburg(Hoffmann und Campe) 1998. 『客観的知識:進化論的アプローチ』K. R. ポパー著, 森博訳, 木鐸社 (1974)

Posner, R. A.(1998): Economic Analysis of Law, 5. Aufl., Boston u. a. (Little, Brown & Co.) 1998.

Porter, M. E.(1999): Wettbewerbsstrategie: Methoden zur Analyse von Branchen und Konkurrenten, 10., durchges. u. erw. Aufl., Frankfurt a. M., New York(Campus) 1999. 『競争の戦略』M.E.ポーター著, 土岐坤ほか訳, ダイヤモンド社 (1982/10)

Porter, M. E.(2000): Wettbewerbsvorteile. Spitzenleistungen erreichen und behaupten, 6. Aufl., Frankfurt a. M., New York(Campus) 2000. 『競争優位の戦略:いかに高業績を持続させるか』M.E.ポーター著, 土岐坤ほか訳, ダイヤモンド社 (1985/12)

Posner, R. A.(2001): Antitrust Law: An Economic Perspective, 2 ed., Chicago (Rand McNally) 2001.

Prahalad, C. K./Hamel, G.(1990): The Core Competence of the Corporation, in: Harvard Business Review, Vol. 68(1990), No. 3, May-June, S. 79-91.

Pratt, J.(1964): Risk Aversion in the Small and in the Large, in: Econometrica, Vol. 32(1964), S. 122-136.

Pratt, J. W./Zeckhauser, R. J.(1985): Principals and Agents: The Structure of Business, Boston(Harvard Business School Press) 1985.

Prowse, S.(1994): Corporate Governance in an International Perspective, BIS Economic Papers, Vol. 41(1994).

Quirk, J./Fort, R. D.(1992): Pay Dirt: The Business of Professional Team Sports, Princeton (Princeton University Press) 1992.

Raffée, H./Eisele, J.(1994): Joint Ventures — nur die Hälfte floriert, in: Harvard Business Manager, 3. Jg.(1994), S. 17-22.

Reichwald, R./Dietel, B.(1991): Produktionswirtschaft, in: Heinen, E. [Hrsg.]: Industriebetriebslehre — Entscheidungen im Industriebetrieb, 9., vollst. neu bearb. und erw. Aufl., Wiesbade n(Gabler) 1991, S. 395-622.

Reichwald, R./Koller, H.(1996): Integration und Dezentralisierung von Unternehmensstrukturen, in: Lutz, B./Hartmann, M./Hirsch-Kreinsen, H. [Hrsg.]: Produzieren im 21. Jahrhundert. Herausforderungen für die deutsche Industrie: Ergebnisse des Expertenkreises »Zukunftsstrategien«, Bd. 1, Frankfurt a. M., New York(Campus) 1996, S. 225-294.

Remer, A.(2000): Organisationslehre, 5. Aufl., Bayreuth(REA Verlag Managementforschung) 2000.

Richter, R./Furubotn, E.(1999): Neue Institutionenöonomik: Eine Einführung und kritische Wüdigung, 2., durchges. und erg. Aufl., Tübingen(Mohr) 1999.

Ripperger, T.(1998): Organisation durch Vertrauen, Tübingen(Mohr) 1998.

Roe, M. J.(1993). Einige Unterschiede bei der Leitung von Unternehmen in Deutschland und Amerika, in: Ott, C./Schäer, H.-B. [Hrsg.]: Ökonomische Analyse des Unternehmensrechts, Heidelberg(Physica-Verl.) 1993, S. 333-370.

Rose, G./Glorius-Rose, C.(1995): Unternehmungsformen und -verbindungen: Rechtsformen, Beteiligungsformen, Konzerne, Kooperationen, Umwandlungen(Formwechsel, Verschmelzungen und Spaltungen) aus betriebswirtschaftlicher, rechtlicher und steuerlicher Sicht, 2., überarb. Aufl., Köln(O. Schmidt) 1995.

Rose-Ackerman, S.(1983): Social Services and the Market, in: Columbia Law Review, Vol. 83(1983), S. 1405-1483.

Rose-Ackerman, S.(1996): Altruism, Nonprofits, and Economic Theory, in: Journal of Economic Literature, Vol. 34(1996), S. 701-728.

Rosen, S.(1986): Prizes and Incentives in Elimination Tournaments, in: American Economic Review, Vol. 76(1986), S. 701-715.

Rosenstiel, L. v.(2000): Grundlagen der Organisationspsychologie: Basiswissen und Anwendungshinweise, 4., überarb. und erw. Aufl., Stuttgart(Schäffer-Poeschel) 2000.

Ross, S.(1973): The Economic Theory of Agency: The Principals Problem, in: American Economic Review, Vol. 63(1973), S. 134-139.

Rottenberg, S.(1956): The Baseball Players' Labor Market, in: Journal of Political Economy, Vol. 64(1956), S. 242-258.

Rumelt, R. P.(1974): Strategy, Structure, and Economic Performance in Large American Industrial Corporations, Boston (Harvard University Press) 1974. 『多角化戦略と経済成果』R. P. ルメルト著，鳥羽欽一郎ほか訳，東洋経済新報社（1977/05）

Sauer, D./Hirsch-Kreinsen, H. [Hrsg.](1996): Zwischenbetriebliche Arbeitsteilung und Kooperation: Ergebnisse des Expertenkreises »Zukunftsstrategien«, Frankfurt a. M., New York (Campus) 1996.

Schanz, G.(1994): Organisationsgestaltung: Management von Arbeitsteilung und Koordination, 2., neu bearb. Aufl., München(Vahlen) 1994.

Schanz, G.(1996): Gruppenarbeit in der industriellen Produktion, in: Wirtschaftswissenschaftliches Studium, 25. Jg.(1996), S. 189-193.

Scheer, A.-W.(1990): CIM: Der computergestützte Industriebetrieb, 4. Aufl., Berlin u. a.(Springer) 1990.

Schellhaaß, H. M./Enderle, G.(1998): Die zentrale Vermarktung von Europapokalspielen aus ökonomischer Sicht, in: Wirtschaftsdienst: Zeitschrift für Wirtschaftspolitik, 78. Jg.(1998), S. 294-300.

Scheuble, S.(1998): Wissen und Wissenssurrogate: Eine Theorie der Unternehmung, Wiesbaden(Gabler) 1998.

Schmalensee, R.(1973): A Note on the Theory of Vertical Integration, in: Journal of Political Economy, Vol. 81(1973), S. 442-449.

Schmidt, K.(2002): Gesellschaftsrecht, 4., völlig neu bearb. und erw. Aufl., Köln u. a.(Heymann) 2002.

Schneider, D.(1994): Allgemeine Betriebswirtschaftslehre, 3., neu bearb. und erw. Aufl., 2. Nachdr., München u. a.(Oldenbourg) 1994.

Schrader, S.(1993): Kooperation, in: Hauschildt, J./Grün, O. [Hrsg.]: Ergebnisse empirischer betriebswirtschaftlicher Forschung: Zu einer Realtheorie der Unternehmung, Festschrift für E. Witte, Stuttgart(Schäffer-Poeschel) 1993, S. 221-254.

Schreyögg, G.(2000): Organisation: Grundlagen moderner Organisationsgestaltung; mit Fallstudien, 3., überarb. und erw. Aufl., Nachdr., Wiesbaden(Gabler) 2000.

Schumann, J.(1999): Grundzüge der mikroöonomischen Theorie, 7., neubearb. und erw. Aufl., Berlin u. a.(Springer) 1999.

Scitovszky, T. de(1943): A Note on Profit Maximization and its Implications, in: Review of Economic Studies, Vol. 11(1943), S. 57-60.

Shavell, S.(1979): Risk Sharing and Incentives in the Principal and Agent Relationship, in: Bell Journal of Economics, Vol. 10(1979), S. 55-73.

Shepard, A.(1987): Licensing to Enhance Demand for New Technologies, in: Rand Journal of Economics,

Vol. 18(1987), S. 360-368.

Shepherd, W. G.(1990): The Economics of Industrial Organization, 3. ed., London(Prentice Hall) 1990.

Siegert, T./Böhme, M./Pfingsten, F./Picot, A.(1997): Marktwertorientierte Unternehmensführung im Lebenszyklus — Ein Analyse am Beispiel junger Geschäte, in: Schmalenbachs Zeitschrift für betriebswirtschaftliche Forschung, 49. Jg.(1997), S. 471-498.

Simon, H. A.(1957): Models of Man. Social and Rational. Mathematical Essays on Relational Human Behavior in a Social Setting, New York(Wiley & Sons) 1957. 『人間行動のモデル』H. A. サイモン著, 宮沢光一監訳, 同文館出版 (1970)

Simon, H. A.(1976): Administrative Behavior. A Study of Decision-Making Processes in Administrative Organizations, 3. Aufl., New York(Macmillan) 1976. 『経営行動：経営組織における意思決定プロセスの研究』H. A. サイモン著, 松田武彦ほか訳, ダイヤモンド社 (1989/02)

Simon, H. A.(1986): Rationality in Psychology and Economics, in: The Behavioral Foundations of Economic Theory, Supplement to The Journal of Business, Vol. 59(1986), S. 209-224.

Skinner, W.(1974): The Focused Factory, in: Harvard Business Review, Vol. 52(1974), No. 3, May-June, S. 114-121.

Sloan, A. P.(1967): My Years with General Motors, London(Pan Books) 1967. 『GMとともに：新訳』A. P. スローン・ジュニア著, 有賀裕子訳, ダイヤモンド社 (2003/06)

Smith, A.(1776): An Inquiry into the Nature and Causes of the Wealth of Nations(Nachdruck des Originals London, 1776), München(Idion) 1976. 『スミス：国富論』A. スミス著, 水田洋訳, 河出書房新社 (2005/01)

Spence, M.(1973): Job Market Signaling, in: Quarterly Journal of Economics, Vol. 87(1973), S. 355-374.

Spence, M./Zeckhauser, R.(1971): Insurance, Information and Individual Action, in: American Economic Review, Vol. 61(1971), S. 380-387.

Spremann, K.(1988): Reputation, Garantie, Information, in: Zeitschrift fü Betriebswirtschaft, 58. Jg.(1988), S. 613-629.

Spremann, K.(1989): Agent and Principal, in: Bamberg, G./Spremann, K. [Hrsg.]: Agency Theory, Information, and Incentives, Berlin u. a.(Springer) 1989, S. 3-37.

Spremann, K.(1990): Asymmetrische Information, in: Zeitschrift für Betriebswirtschaft, 60. Jg.(1990), S. 561-586.

Stewart, G. B.(1990): The Quest for Value, New York (Harper Business) 1990. 『EVA創造の経営』G. B. スチュワート, Ⅲ著, 河田剛, 長掛良介, 須藤亜里訳, 東洋経済新報社 (1998/10)

Stigler, G. J.(1968): The Organization of Industry, Homewood(Irwin) 1968. 『産業組織論』G .J. スティグラー著, 神谷伝造, 余語将尊訳, 東洋経済新報社 (1975/12)

Stigler, G. J./Becker, G. S.(1977): De Gustibus Non Est Disputandum, in: American Economic Review, Vol. 67(1977), S. 76-90.

Stiglitz, J. E.(1974): Incentives, Risk and Information: Notes Towards a Theory of Hierarchy, in: Bell Journal of Law, Economics and Organization, Vol. 6(1974), S. 552-579.

Stiglitz, J. E.(1985): Credit Markets and the Control of Capital, in: Journal of Money, Credit, and Banking, Vol. 17(1985), S. 133-152.

Stiglitz, J. E.(1996): Whither Socialism?, Cambridge, Mass.(MIT Press) 1996.

Stuckey, J.(1983): Vertical Integration and Joint Ventures in the Aluminium Industry, Cambridge(Harvard University Press) 1983.

Sydow, J.(1991): Strategische Netzwerke in Japan — Ein Leitbild für die Gestaltung interorgani-sationaler

Beziehungen europäischer Unternehmungen?, in: Schmalenbachs Zeitschrift für betriebswirtschaftliche Forschung, 43. Jg.(1991), Nr. 3, S. 238-254.

Taylor, F. W.(1911): The Principles of Scientific Management, London (Harper & Row) 1911. 『科学的管理法』F.W. テーラー著，上野陽一訳編，産業能率短期大学出版部（1969/11）

Teece, D. J.(1980): Economies of Scope and the Scope of the Enterprise, in: Journal of Economic Behavior and Organization, Vol. 1(1980), S. 1-25.

Teece, D. J.(1982): Towards an Economic Theory of the Multiproduct Firm, in: Journal of Economic Behavior and Organization, Vol. 3(1982), S. 39-63.

Telser, R. L.(1960): Why Should Manufacturers Want Fair Trade?, in: Journal of Law and Economics, Vol. 3(1960), S. 86-105.

Thiel, M.(2002): Organisation und Implementierung des Wissenstransfers, Wiesbaden(Gabler) 2002.

Thompson, J. D.(1967): Organizations in Action. Social Science Bases of Administrative Theory, New York(McGraw-Hill) 1967. 『オーガニゼーション・イン・アクション：管理理論の社会科学的基礎』J. D. トンプソン著，鎌田伸一ほか訳，同文館出版（1987/06）

Tietzel, M.(1981): Die Ökonomie der Property Rights: Ein Überblick, in: Zeitschrift für Wirtschaftspolitik, 30. Jg.(1981), S. 207-243.

Tirole, J.(1992): The Theory of Industrial Organization, Cambridge(Ma.), London(MIT-Press) 1992.

Tollison, R. D.(1982): Rent Seeking: A Survey, in: Kyklos, Vol. 35(1982), Fasc. 4, S. 575-602.

Topel, R.(1991): Specific Capital, Mobility, and Wages: Wage Rise with Job Seniority, in: Journal of Political Economy, Vol. 99(1991), S. 145-176.

Tullock, G.(1967): The Welfare Costs of Tariffs, Monopolies and Thefts, in: Western Economic Journal, Vol. 5(1967), S. 224-232.

Ullmann-Margalit, E.(1977): The Emergence of Norms, Oxford(Clarendon Press) 1977.

Varian, H. R.(2001): Grundzüge der Mikroöonomik, 5., überarb. Aufl., München u. a.(Oldenbourg) 2001. 『入門ミクロ経済学』H.R. ヴァリアン著，大住栄治ほか訳，勁草書房（2000/04）

Ven, A. van de/Ferry, D. L.(1980): Measuring and Assessing Organizations, New York(Wiley) 1980.

Vernon, J. M./Graham, D. A.(1971): Profitability of Monopolization by Vertical Integration, in: Journal of Political Economy(1971), S. 924-925.

Vickers, J./Yarrow, G.(1988): Privatization: An Economic Analysis, Cambridge u. a.(MIT Press) 1988.

Viscusi, W. K./Vernon, J. M./Harrington, J. E.(2000): Economics of Regulation and Antitrust, 3. ed., Cambridge(Ma.), London(MIT-Press) 2000.

Wallis, J. J./North, D. C.(1986): Measuring the Transaction Sector in the American Economy 1870-1970, in: Engermann, S. L./Gallman, R. E. [eds.]: Long-Term Factors in American Economic Growth, Chicago(University of Chicago Press) 1986, S. 95-148.

Warnecke, H.-J.(1993): Revolution der Unternehmenkultur: Das fraktale Unternehmen, 2. Aufl., Berlin u. a.(Springer) 1993.

Weisbrod, B.(1988): The Nonprofit Economy, Cambridge, Mass.(Harvard University Press) 1988.

Welge, M. K.(1987): Unternehmensführung, Bd. 2: Organisation, Stuttgart(Poeschel) 1987.

Wenger, E.(1987): Managementanreize und Kapitalallokation, in: Herder-Dornreich, P. [Hrsg.]: Jahrbuch für neue politische Oekonomie, Tübingen(Paul Siebeck) 1987, S. 217-240.

Wenger, E.(1996): Kapitalmarktrecht als Resultat deformierter Anreizstrukturen, in: Sadowski, D./Czap, H./Wächter, H. [Hrsg.]: Regulierung und Unternehmenspolitk, Wiesbaden(Gabler) 1996, S. 419-458.

Werder, A. v.(1986): Organisationsstruktur und Rechtsnorm: Implikationen juristischer Vorschriften für die Organisation aktienrechtlicher Einheits- und Konzernunternehmungen, Wiesbaden(Gabler) 1986.

Whitney, J. D.(1993): Bidding Till Bankrupt: Destructive Competition in Professional Team Sports, in: Economic Inquiry, Vol. 31(1993), S. 100-115.

Wiedemann, H.(2001): Gesellschaftsrecht, 6., völlig neu bearb. Aufl., München(Beck) 2001.

Wildemann, H.(1998): Das Just-In-Time Konzept: Produktion und Zulieferung auf Abruf, 5. überarb. u. erg. Aufl., München(TCW-Transfer-Centrum) 1998.

Williamson, O. E.(1963): Managerial Discretion and Business Behavior, in: The American Economic Review, Vol. 53(1963), S. 1032-1057.

Williamson, O. E.(1964): The Economics of Discretionary Behavior: Managerial Objectives in a Theory of the Firm, Englewood Cliffs, N.Y.(Prentice-Hall) 1964.

Williamson, O. E.(1975): Markets and Hierarchies: Analysis and Antitrust Implications. A Study in the Economics of Internal Organization, New York(Free Press) 1975. 『市場と企業組織』O. E. ウィリアムソン著, 浅沼萬里, 岩崎晃訳, 日本評論社 (1980/11)

Williamson, O. E.(1979): Transaction Cost Economics: The Governance of Contractual Relations, in: Journal of Law and Economics, Vol. 22(1979), S. 233-261.

Williamson, O. E.(1981a): The Economics of Organization: The Transaction Cost Approach, in: American Journal of Sociology, Vol. 87(1981), S. 548-577.

Williamson, O. E.(1981b): The Modern Corporation: Origins, Evolution, Attributes, in: Journal of Economic Literature, Vol. 19(1981), S. 1537-1568.

Williamson, O.E.(1985): The Economic Institutions of Capitalism. Firms, Markets, Relational Contracting, New York(Free Press) 1985.

Williamson, O. E.(1989): Transaction Cost Economics, in: Schmalensee, R./Willig, R. D. [eds.]: Handbook of Industrial Organization, Vol. I, Amsterdam(North-Holland) 1989, S. 135-182.

Williamson, O. E.(1990a): Die ökonomischen Institutionen des Kapitalismus. Unternehmen, Märkte, Kooperationen, Tübingen(Mohr) 1990.

Williamson, O. E.(1990b): A Comparison of Alternative Approaches to Economic Organization, in: Journal of Institutional and Theoretical Economics, Vol. 146(1990), S. 61-71.

Williamson, O. E.(1990c): The Firm as a Nexus of Treaties: an Introduction, in: Aoki, M./Gustafsson, B./Williamson, O. E. [eds.]: The Firm as a Nexus of Treaties, London(Sage Publ.) 1990, S. 1-25.

Williamson, O. E.(1991): Comparative Economic Organization: The Analysis of Discrete Structural Alternatives, in: Administrative Science Quarterly, Vol. 36(1991), S. 269-296.

Williamson, O. E.(1993): The Evolving Science of Organization, in: Journal of Institutional and Theoretical Economics, Vol. 149(1993), S. 36-63.

Wilson, J. W.(1986): And Now, the Post-Industrial Corporation, in: Business Week, Vol. 3(1986), S. 64-71.

Wilson, R.(1968): The Theory of Syndicates, in: Econometrica, Vol. 36(1968), S. 119-132.

Witte, E.(1973): Organisation fü Innovationsentscheidungen: Das Promotoren-Modell, Göttingen(Schwartz) 1973.

Wittgenstein, L.(1953): Philosophische Untersuchungen, verwendete Ausgabe: 3. Aufl., Frankfurt a.

M.(Suhrkamp) 1975.『『哲学的探求』読解』L. ウィトゲンシュタイン著，黒崎宏訳・解説，産業図書（1997/04）

Wolff, B.(1995): Organisation durch Verträge, Wiesbaden(Gabler) 1995.

Wolff, B.(1999): Anreizkompatible Reorganisation von Unternehmen, Stuttgart(Schäffer-Poeschel) 1999.

Wolff, B./Lazear, E. P.(2001): Einführung in die Personalökonomik, Stuttgart(Schäffer-Poeschel) 2001.

Womack, J. P./Jones, D. T./Roos, D.(1990): The Machine That Changed the World: Based on the Massachusetts Institute of Technology 5-Million-Dollar 5-Year-Study on the Future of the Automobile, New York u. a.(Rawson Ass.) 1990.『リーン生産方式が，世界の自動車産業をこう変える：最強の日本車メーカーを欧米が追い越す日』J. P. ウォマックほか著，沢田博訳，経済界（1990/11）

Womack, J. P./Jones, D. T./Roos, D.(1992): Die zweite Revolution in der Autoindustrie: Konsequenzen aus der weltweiten Studie des Massachusetts Institute of Technology, 7. Aufl., Frankfurt a. M., New York(Campus) 1992.

Zäpfel, G.(2000): Taktisches Produktionsmanagement, 2., unwesentlich veränd. Aufl., Berlin, New York(De Gruyter) 2000.

# 索引

## ア行

意思決定権限 … 241
インセンティブ効果 … 101
インセンティブ問題 … 176
インフルエンス・コスト … 411
エージェンシー・コスト … 73
X-効率性 … 36
LBO … 205

## カ行

外部効果 … 164
外部性 … 48
価格カルテル … 180
価格差別 … 160
価格統制 … 165
確実性等価物 … 97
ガバナンス構造 … 256
株式公開会社 … 258
貨幣 … 12
カルテル … 179
関係的契約 … 16, 131, 145
完全競争 … 40
カンバン … 366
管理職位 … 241
機会主義 … 31, 58, 59
企業合併 … 158
企業の内部領域 … 30, 235
稀少性 … 1
規制 … 163
規制緩和 … 163
機能別組織 … 248, 293
基本的制度 … 10
基本的変形 … 60, 169
基本的ルールと規範 … 11
逆選択 … 75, 81

協議権限 … 241
協調形態 … 383
協同組合 … 192
共同経営形態 … 287
共同決定 … 282
クールノーの点 … 43
経営者労働市場 … 275
系列 … 202
限界収入曲線 … 42
権限の委譲 … 243
言語 … 11
限定された合理性 … 58, 59
交換 … 2
厚生上の損失 … 73
厚生の損失 … 50
公認会計士 … 267
合理性の問題 … 32
コーポレート・ガバナンス … 261, 278
国営化 … 171
個人の効用極大化 … 31
古典的契約 … 15
コングロマリット … 333
コンソーシアム … 187, 189
コントロール・コスト … 73

## サ行

サービス生産 … 388
財の形態と内容を変更する権利 … 47
財を譲渡し,清算による収益を受け取る権利 … 47
財を利用する権利 … 47
参加 … 244
参入障壁 … 159
残余請求権 … 256
事業部制組織 … 314
シグナリング … 77, 83, 288

| | |
|---|---|
| シグナリング・コスト | 73 |
| 自己選択 | 78, 86 |
| 市場 | 155 |
| 市場組織 | 30 |
| 自然独占 | 164 |
| 執行職位 | 241 |
| 執行役員会 | 265 |
| 資本参加 | 187, 189 |
| 囚人のジレンマ・ゲーム | 14 |
| 需要曲線 | 42 |
| 需要独占 | 44 |
| 需要の価格弾力性 | 167 |
| 需要変動 | 167 |
| 準レント | 409 |
| ジョイント・ベンチャー | 187, 188 |
| 使用権限 | 241 |
| 情報の非対称性 | 407 |
| 情報の偏在 | 58 |
| 職位代表権限 | 241 |
| 職務拡大 | 355 |
| 職務充実 | 355 |
| 職務の構造化の度合い | 236 |
| 職務の分析 | 239 |
| 職務の変動性 | 237 |
| ジョブ・ショップ生産 | 337 |
| ジョブ・ローテーション | 355 |
| 所有権の代用物 | 52 |
| 所有者企業 | 285 |
| 指令権限 | 241 |
| 進化論的アプローチ | 34 |
| シングル・ソーシング | 190 |
| 人権 | 11 |
| 新古典的契約 | 15 |
| 新古典派アプローチ | 35 |
| 新制度派のアプローチ | 46 |
| 垂直的結合 | 180 |
| 垂直的統合 | 168 |
| 垂直統合 | 68, 380 |
| 垂直統合の度合 | 69 |
| スーパー・マーケット原則 | 365 |

| | |
|---|---|
| スクリーニング | 78, 84 |
| スタッフ職位 | 241 |
| ステークホルダー | 280 |
| スポーツ・リーグ | 212 |
| 生産の組織 | 334 |
| 制度 | 9 |
| 制度の階層 | 10 |
| 正の外部性 | 48 |
| 製品市場での競争 | 274 |
| セル化の有利な領域 | 358 |
| セル生産 | 353 |
| 専門化 | 1 |
| 相互会社 | 272, 290 |
| 組織イノベーション | 404 |
| 組織間関係 | 30, 179 |
| 組織問題 | 5 |
| 組織理論 | 24 |

## タ行

| | |
|---|---|
| 代替制度 | 19 |
| ダイナミック・ネットワーク | 198 |
| タクト生産 | 342 |
| 多国籍企業 | 332 |
| 脱テイラー主義化 | 355 |
| チーム生産 | 51, 55 |
| 長期的な供給計画 | 187 |
| 調整問題 | 6 |
| 提案権限 | 241 |
| デュアル・ソーシング | 190, 384 |
| 同期化 | 2 |
| 特殊な資産への投資 | 71 |
| 特殊性 | 58 |
| 独占 | 41 |
| 取締役会 | 265 |
| 取引の雰囲気 | 62 |
| 取引費用 | 48, 50, 57, 67 |
| 取引費用理論 | 57, 147 |

索引 441

## ハ行

派生的制度 …………………………12
発生した利潤を自分のものにする権利，
　　または損失を負担する義務 ………47
パレート最適 ………………………37
非営利組織 …………………………291
負の外部性 …………………………48
フランチャイズ組織 ………………194
プリンシパル・エージェント理論 …72, 147, 166
プロジェクト組織 …………………310
プロスポーツ・リーグ ……………208
プロセス組織 ………………………298
プロパティー・ライツ …………18, 256
プロパティー・ライツ理論 ……46, 147
分業 …………………………………1
法 ……………………………………12
方法論的個人主義 …………………31
ホールド・アップ …………76, 122, 145

## マ行

マトリックス組織 ……………251, 306
見えざる手 …………………………39
ミクロ組織 …………………………334
民営化 ………………………………171
モジュール化 ………………………55
モジュール生産 ……………………349
モチベーション問題 ………………6
モニタリング ………………………287
モラル・ハザード ………75, 89, 371, 373

## ラ行

ライセンス供与 ……………………186
ライン・アンド・スタッフ組織 …247
ライン生産 …………………………342
ライン組織 …………………………245
リーン生産 ……………………375, 387
リオーガニゼーション ……………399
リスク・シェアリング ……………183
リスク配分 …………………………99
リスク分散 …………………………98
立憲的制度 …………………………17
レバレッジ・エフェクト ………52, 57
レバレッジド・バイアウト ………205
レピュテーション・エフェクト …56
レント・シーキング ………………409

## ワ行

割当カルテル ………………………180

■ 新制度派経済学による **組織入門**〔第4版〕
市場・組織・組織間関係へのアプローチ 〈検印省略〉

■ 発行日──2007年5月16日　初版発行

■ 訳　者──丹沢安治・榊原研互・田川克生
　　　　　　小山明宏・渡辺敏雄・宮城徹

■ 発行者──大矢栄一郎

■ 発行所──株式会社白桃書房
　　　　　　〒101-0021　東京都千代田区外神田5-1-15
　　　　　　☎03-3836-4781　📠03-3836-9370　振替00100-4-20192

■ 印刷・製本──藤原印刷

Ⓒ Yasuharu Tanzawa, Kengo Sakakibara, Katsuki Tagawa, Akihiro Koyama, Toshio Watanabe, Tetsu Miyagi 2007
Printed in Japan　ISBN978-4-561-26461-3 C3034

Ⓡ〈日本複写権センター委託出版物〉
本書の全部または一部を無断で複写複製(コピー)することは，著作権
法上での例外を除き，禁じられています。本書からの複写を希望され
る場合は，日本複写権センター(03-3401-2382)にご連絡ください。
落丁本・乱丁本はおとりかえいたします。

Y. バーゼル 著　丹沢安治 訳

# 財産権・所有権の経済分析
プロパティー・ライツへの新制度派的アプローチ

ある資源の価値を享受できる者はそれに対するプロパティー・ライツ（所有権）を持つという命題から，法や規制，契約慣行など制度一般を読み解き，コーポレートガバナンス，環境，知的財産権といった問題のための基礎理論を提供する。

ISBN978-4-561-96091-1　C3033　　A5判　　216頁　　本体 2,900 円

---

D.W.オーガン・P.M.ポザコフ・S.B.マッケンジー 著　上田 泰 訳

# 組織市民行動

従業員が自発的に同僚を助け，その援助が集まることで，組織の効率や機能が高まる。これが組織市民行動（OCB）である。OCBが従業員の態度や職場環境からどう影響を受け，評価や業績にどう影響を与えるのか，詳細に分析する。

ISBN978-4-561-26458-3　C3034　　A5判　　304頁　　本体 3,800 円

株式会社　白桃書房

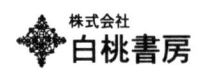

（表示価格に別途消費税がかかります）